Teerã, Ramalá e Doha

Teerã, Ramalá e Doha

memórias da política externa ativa e altiva

2ª edição

CELSO AMORIM

Benvirá

Assistente de pesquisa Mariana Costa G. Klemig
Preparação Maria Sílvia Mourão Netto
Revisão Tulio Kawata
Diagramação Nobuca Rachi
Capa William Rezende Paiva
Imagem de capa Reprodução de *fac-simile* da mapoteca do Ministério das Relações Exteriores, Rio de Janeiro
Impressão e acabamento nononono

Dados Internacionais de Catalogação na Publicação (CIP)
Angélica Ilacqua CRB-8/7057

Amorim, Celso, 1942-
Teerã, Ramalá e Doha : memórias da política externa ativa e altiva. / Celso Amorim. – 2. ed. – São Paulo: Benvirá, 2018.
520 p.

ISBN 978-85-5717-207-4

1. Brasil – Relações exteriores 2. Política internacional 3. Oriente Médio – Relações Internacionais I. Título

CDD-327.81
18-0076 CDU-327(81)

Índices para catálogo sistemático:
1. Brasil – Relações exteriores

2ª edição, março de 2018

Av. das Nações Unidas, 7221, 1º Andar, Setor B
Pinheiros – São Paulo – SP – CEP: 05425-902

SAC 0800-0117875
De 2ª a 6ª, das 8h às 18h
www.editorasaraiva.com.br/contato

EDITAR 10370 CL 670680 CAE 625241

A imagem que ilustra a capa é uma reprodução do planisfério de Jerônimo Marini, de 1512. Uma tapeçaria nele baseada faz parte da decoração do gabinete do ministro das Relações Exteriores, em Brasília. Segundo registros históricos, essa seria a primeira vez em que o nome do Brasil aparece em uma representação cartográfica. Jerusalém, ou a região da Palestina, aparece ao centro. Por influência árabe, o sul aparece na parte superior e, o norte, na parte inferior.

Foram feitos todos os esforços para identificar os autores das fotos usadas neste livro, porém isso nem sempre foi possível. Caso os detentores dos direitos se manifestem, editora e autor se comprometem a dar os devidos créditos na próxima edição.

À Ana, minha companheira,
por seu amor e sua paciência;
Aos meus filhos Vicente, Anita,
João e Pedro, que realizaram
os sonhos que eu sonhei;
A todos aqueles, jovens de espírito,
que acreditam no Brasil
e no seu povo.

Sumário

Prefácio 9

I. A Declaração de Teerã: oportunidade perdida? 13

II. O Brasil e o Oriente Médio 105

III. Doha: o fio da meada 297

Índice remissivo 491

Prefácio

Pouco depois de haver lançado meu *Breves narrativas diplomáticas*,* que cobriu episódios referentes à política externa na fase inicial do governo Lula, várias pessoas me perguntaram – algumas diretamente, outras por intermédio de amigos comuns – se não haveria uma "continuação".

A princípio, não achei que fosse necessário fazê-lo, em parte porque meu livro anterior, *Conversas com jovens diplomatas*,** uma reunião de algumas das palestras que proferi no Instituto Rio Branco, cobria alguns dos fatos mais importantes ocorridos a partir de meados de 2005; e em parte porque o próprio *Breves* fazia incursões mais além do período estrito de que pretendi tratar (de 2003 a 2004). Pensando com mais vagar, concluí que era necessário algum complemento ao que fora publicado, sobretudo porque os episódios narrados no *Conversas*, muitos deles relatados no "calor dos eventos" – o que não deixava de conferir certo frescor aos textos –, careciam de sistemática e de uma reflexão mais aprofundada, que somente a visão retrospectiva pode oferecer.

Com o apoio e o estímulo da Saraiva, expressos principalmente por minha paciente e atenciosa editora, Débora Guterman, dediquei-me à tarefa de recompor os fatos mais relevantes que constituiriam o novo livro. Minha intenção era simplesmente prosseguir com as narrativas, sem a preocupação de que fossem

* Amorim, Celso. *Breves narrativas diplomáticas*. São Paulo: Benvirá, 2013. Na nota introdutória do livro, menciono que, no momento em que foi anunciado o convite para que eu fossse ministro das Relações Exteriores do governo do presidente Lula, fiz breve pronunciamento em que defini o tom da nova política externa brasileira. Foi então que usei a expressão "ativa e altiva".

** Amorim, Celso. *Conversas com jovens diplomatas*. São Paulo: Benvirá, 2011.

"breves" ou "longas". Como a Declaração de Teerã voltara a aparecer no noticiário em virtude da retomada de entendimentos entre o grupo chamado de P5+1 e o Irã, decidi começar por aí. Logo verifiquei que o tema exigia um tratamento mais cuidadoso do que o que recebera no *Conversas*. Havia a necessidade de tornar mais explícitos certos detalhes, bem como fornecer antecedentes que ajudassem o leitor a entender atitudes (de países ou, em alguns casos, de pessoas). Assim, vi-me a braços com uma narrativa bem mais alentada do que qualquer outra, seja do *Breves*, seja do *Conversas*. O tema continua de grande atualidade. No mesmo dia em que escrevo este prefácio, li uma entrevista com o autor norte-americano Vali Nasr sobre outro tema, BRICs, em que o jornalista brasileiro indaga, em tom de perplexidade, se o autor considera que a Declaração de Teerã foi, de fato, uma vitória. Esse tipo de dúvida, que constatei até mesmo entre altos funcionários brasileiros que lidam diretamente com o tema nuclear, por si só justifica a escolha do assunto para esta narrativa.

Recordando os tempos em que dei aulas de Teoria Política e de Relações Internacionais na Universidade de Brasília, sou levado a observar o potencial interesse da narrativa sobre a Declaração de Teerã como um possível "estudo de caso", em que as atitudes de países e, em especial, de seus líderes transparecem por meio de um catalisador muito específico: o "acordo de troca", proposto inicialmente como instrumento de criação de confiança em torno do programa nuclear iraniano e depois renegado pelos próprios proponentes como uma manobra dilatória do Irã, em que Brasil e Turquia foram apontados como vítimas inocentes da "perfídia" de Teerã. Despindo-me da minha condição de ator nesse processo e vestindo, por um momento, o traje de professor, sou tentado a ver nesse episódio, tal como narrado aqui, material de análise sobre a política externa das grandes potências, o emaranhado de motivações que as condiciona, e os aspectos éticos envolvidos na "razão de Estado" de cada país e no comportamento dos indivíduos. Naturalmente, seria ainda mais interessante comparar este relato com os que eventualmente venham a ser feitos por outros participantes na série de acontecimentos que culminaram na Declaração. Mas isso já não é tarefa para mim.

A decisão de incluir um relato sobre a *rationale* e as peripécias de nossa política em relação aos países árabes (e, por via de consequência, a Israel) foi puramente casual. Tinha um texto praticamente pronto, a tradução de um artigo que escrevera para uma publicação estrangeira. Achei que seria uma boa base para uma narrativa e pus-me a adaptá-lo. Na verdade, nada sobrou do original, que é, além de muito mais curto, uma tentativa de explicar para um público estrangeiro as razões do nosso interesse pelo mundo árabe, com alguma contextualização conceitual no quadro da política externa brasileira. Embora elementos conceituais figurem na narrativa, tal como vai aqui apresentada, eles se mesclam de maneira orgânica (ou, pelo menos, foi o que tentei fazer) com fatos e experiências que vivi em relação a uma região do mundo tão complexa e tão diversa e que, ao mesmo tempo, busca afirmar sua unidade. A extensão da narrativa corresponde a um longo aprendizado e a um conjunto de descobertas, cujo sentido geral até hoje não domino inteiramente. Nunca, por exemplo, teria previsto a "revolução" representada pela Primavera Árabe. Somente para que o leitor tenha uma ideia da dificuldade de uma percepção clara, compartilhada pela maioria dos analistas, em fevereiro de 2011, quando eu não era mais ministro do Exterior, fui convidado pela Al Jazeera a dar uma palestra em Doha. Demonstrando algo que, em retrospecto, pode ser qualificado como um descuido irresponsável, aproveitei a viagem para excursionar pelo interior da Síria com o objetivo principal de visitar Palmira, a cidade que, como grande centro comercial, foi, em certo sentido, a verdadeira capital de um vasto território que se estendia, na Antiguidade, desde os limites orientais do Levante até as fronteiras do Irã. Um mês depois, esse roteiro se tornaria impossível.

Mais do que fatos, essas duas "longas narrativas" são também um testemunho sobre pessoas que exerceram (algumas delas ainda exercem) grande influência sobre o destino da região. Elas compõem também, no que tange ao nosso país, o quadro de uma *travessia* – de uma inibida "potência média", confinada à sua própria região – ao *status* de ator global, reconhecido e incentivado por uma grande variedade de países que interagiram conosco. *Ator global* foi também a forma como o Brasil foi percebido por seus parceiros e por grande parte da mídia internacional em função do seu papel nas negociações comerciais multilaterais da OMC, objeto da terceira "longa narrativa" deste livro. As citações ao longo do texto dispensam que me alongue sobre esse aspecto neste prefácio. Importa notar que, como o programa nuclear iraniano, a Rodada Doha voltou à atualidade – ainda que nem sempre de forma positiva ou otimista – com o acordo de Bali e as dificuldades que têm cercado sua implementação. Assinalo também um fato com o qual a maior parte da opinião pública brasileira – mesmo a "bem informada" – provavelmente não está familiarizada. É que, diferentemente do que ocorre na maioria dos grandes *parceiros comerciais*, no Brasil, o ministro do Exterior é também o responsável principal pelas negociações no âmbito da OMC. Esse "acúmulo" de funções sem dúvida sobrecarrega a agenda do chanceler, mas propicia uma visão política ampla, de que outros negociadores, em princípio, não dispõem. Inversamente, como responsável pelos temas de comércio, sempre palpitantes, o ministro das Relações Exteriores do Brasil obtém acesso direto a líderes de outros países, que dificilmente teria exclusivamente como chefe da diplomacia.

* * *

Além da já mencionada Débora Guterman, três outras pessoas foram fundamentais para que eu pudesse levar esta tarefa a bom termo: o jovem e brilhante diplomata Luiz Feldman, sempre rico em sugestões (a ele devo, por exemplo, as citações de San Tiago Dantas ao final de um dos capítulos); minha competente e dedicada assistente de pesquisa, Mariana Klemig, que sistematicamente corrigiu os textos, tornando-os mais precisos, além de contribuir com a preparação de notas que em muito os enriqueceram; e minha mulher, Ana, que, durante todo esse período, acompanhou com carinhosa atenção e notável tolerância a elaboração destas narrativas.

I

A Declaração de Teerã: oportunidade perdida?

O ponto de interrogação que integra o título deste capítulo não é puramente retórico. Embora eu esteja convencido de que, no momento em que foi emitida, a Declaração de Teerã teria contribuído para um encaminhamento pacífico da controvérsia em torno do programa nuclear iraniano, é difícil dizer se sua aceitação teria resultado em uma solução definitiva para a questão. A História, ao contrário da Física, não permite afirmações seguras ou absolutas sobre as consequências decorrentes da mudança de uma única variável. Como assinalo ao longo desta narrativa, em relação a certos aspectos, certamente a recusa da Declaração implicou perda de tempo e piora nas condições de negociação. Além disso, as sanções econômicas causaram privações a uma boa parte da população iraniana que nada tinha a ver com a orientação da liderança do país sobre esse e outros temas. Mas – é possível argumentar – essas mesmas privações podem ter influído para que se produzissem mudanças no panorama político iraniano, as quais, por sua vez, teriam facilitado a retomada das negociações no contexto de uma barganha mais ampla, com compromissos recíprocos, que a Declaração de Teerã não cobria. É possível especular-se *ad infinitum* a respeito. Não é esse o propósito desta narrativa, que apenas busca reproduzir, de certo ângulo (de um país, de um governo e de uma pessoa), os fatos e as circunstâncias que constituíram um capítulo, controverso talvez, mas sem dúvida significativo, da história recente da política externa brasileira.

Pano de fundo

Ao longo dos oito anos do governo do presidente Lula, poucas situações em que a diplomacia brasileira esteve envolvida, ou iniciativas que tomou, ilustram de modo tão claro as potencialidades da nossa ação política no plano internacional – e, ao mesmo tempo, as limitações do chamado "poder brando" – quanto o processo que culminou na Declaração de Teerã, de 17 de maio de 2010, por meio da qual o Brasil, juntamente com a Turquia, procurou encaminhar uma solução pacífica e negociada para a questão do programa nuclear iraniano.

É sempre difícil determinar com precisão o início de um processo. O impulso que levou o governo brasileiro a se empenhar na busca de uma solução negociada para a espinhosa questão do programa nuclear iraniano obedeceu a fatores endógenos e exógenos. Tratarei dos segundos mais adiante nesta narrativa. A motivação interna tem, por sua vez, duas origens. Uma delas vinha do desejo do presidente Lula de ter uma política externa verdadeiramente universal, não limitada por vetos de qualquer tipo. Isso já havia sido demonstrado em algumas ações do período inicial do governo, entre elas a viagem do presidente aos países árabes (inclusive os considerados "proibidos" pela nossa mídia, como Síria e Líbia).* Associava-se a esse impulso a percepção da importância política e econômica do Irã. Essa visão, no caso do presidente, provinha – ouso pensar – mais de sua prodigiosa intuição do que de alguma análise detalhada. Em mais de uma oportunidade, muito antes das manobras diplomáticas que desembocariam na Declaração de Teerã, o presidente já me manifestara, em conversas durante os intermináveis voos no "Sucatão" e depois no "Aero Lula", seu interesse em visitar o Irã e dar início a uma relação importante com o país. Consciente das complexidades que cercavam a situação internacional do Irã e com o meu "prato" bastante cheio de questões polêmicas como ALCA, Venezuela, negociações com a União Europeia, ASPA,** entre outras, eu evitara inicialmente estimular uma aproximação que me parecia prematura e arriscada. A escassez de tempo e a intensidade da agenda externa se encarregaram de adiar possíveis iniciativas com relação a Teerã.

---

* Nesse sentido, ver a narrativa sobre Oriente Médio nesta obra e ainda: Amorim, Celso. *Breves narrativas diplomáticas*. São Paulo: Benvirá, 2013, capítulo 7.

** Cúpula América do Sul-Países Árabes (ASPA), integrada pelos doze países da América do Sul e pelos 22 da Liga dos Estados Árabes. A I Cúpula ASPA, em 2005, também reconhecceu como membros as organizações de integração das duas regiões: a Liga dos Estados Árabes (LEA) e União das Nações Sul-Americanas (Unasul). A criação da ASPA está descrita em detalhes na narrativa sobre Oriente Médio, neste livro.

Como responsável direto pela condução da política externa, eu tinha um interesse natural por temas ligados à paz e à segurança, desenvolvido principalmente à época em que fui representante permanente do Brasil junto às Nações Unidas – após ter sido ministro do governo Itamar Franco –, quando me vi pessoalmente envolvido em questões delicadas, como a relativa ao Iraque.* Sem dúvida, esse interesse, fomentado por frequentes contatos com personalidades ligadas a esses temas, também teve algo a ver com nossa participação nas negociações sobre o programa nuclear iraniano, ocorrida entre 2009 e 2010. Eu intuía que, nas circunstâncias que vivíamos na época, se o Brasil desejasse uma maior proximidade com um Estado visto como "pária", ainda que injustamente, era necessário legitimá-la com alguma ação que contribuísse para o equacionamento da questão nuclear. Eu tivera experiência, ainda que limitada, em assuntos de desarmamento. Havia inclusive – fato raro e que dificilmente se repetirá, dada a expansão do número de membros do órgão – presidido duas vezes, em 1993 e em 2000, a Conferência do Desarmamento (CD) de Genebra, o "único órgão negociador sobre desarmamento", usando jargão da ONU. Na primeira dessas duas oportunidades, coordenara a resposta consensual da CD ao relatório do secretário-geral da ONU, Boutros-Ghali, intitulado "Novas dimensões do desarmamento".** Também durante essa primeira presidência, logrou-se dar um passo inicial com vistas à negociação de um tratado abrangente sobre testes nucleares (CTBT, na sigla em inglês). Durante minha segunda presidência, tentei em vão estabelecer um programa de trabalho para a CD. As *Amorim Proposals*, resultantes desse esforço, foram por alguns anos a base de outras tentativas, igualmente fracassadas. Eu havia participado também de comissões que lidaram com desarmamento nuclear, especialmente a chamada Comissão de Camberra, cujas propostas tiveram impacto nas discussões – infelizmente com pouco resultado prático – sobre essa importante questão.*** Minha presidência dos "painéis" do Conselho de Segurança da ONU sobre o Iraque, na década de 1990, permitiu que eu me familiarizasse com os aspectos práticos relativos à verificação de medidas de

---

* Amorim, op. cit., 2013, capítulo 1.

** Boutros Boutros-Ghali. *New Dimensions of Arms Regulation and Disarmament in the Post-Cold War Era: Report of the Secretary-General on the Occasion of Disarmament Week*, 1992. UN DOC. A/C.1/47/7.

*** As conclusões da Comissão de Camberra foram, de algum modo, retomadas quando da elaboração dos treze passos para o desarmamento, presentes no documento final da VI Conferência de Revisão do Tratado de Não Proliferação Nuclear (TNP), de 2000 (Documento: NPT/CONF.2000/28, *Parts I and II*). Nessa ocasião, coube-me presidir a delegação brasileira, que teve importante atuação no contexto da chamada "Coalizão da Nova Agenda".

desarmamento. Dessa última experiência, extraí também a convicção de que o Brasil tinha um papel a desempenhar nesse tipo de questão. Passei a achar (como acho até hoje) que, desde que nos dedicássemos seriamente ao tema, nossa voz seria ouvida.

Graças a essas experiências, que vinham de antes do governo Lula, mas também em função das iniciativas que desde o início do seu governo o Brasil havia tomado em assuntos globais, especialmente quando da invasão do Iraque, eu mantinha uma boa interlocução com outros atores diretamente envolvidos na questão iraniana, notadamente o Alto Representante da União Europeia, Javier Solana (com quem ademais coincidira como chanceler, durante o período de Itamar Franco), e o diretor-geral da Agência Internacional de Energia Atômica (AIEA), Mohammed El-Baradei. Com este último, o diálogo se intensificara em virtude do regime de inspeções aplicado pela AIEA ao programa nuclear brasileiro, para o qual, com o necessário apoio técnico, havíamos encontrado uma solução prática, sacramentada durante uma visita que El-Baradei fez ao Brasil em 2007. Em minhas frequentes passagens por Bruxelas, ligadas principalmente a negociações comerciais – quando costumava me encontrar com Solana – ou em reuniões como as de Davos – onde em geral estava com ambos –, houve, por iniciativa minha ou de um deles, conversas sobre questões da atualidade internacional em que o tema Irã sempre aparecia. Também em conferências internacionais, como a relativa à reconstrução do Iraque, em junho de 2005, ou sobre o Afeganistão, em 31 de janeiro do ano seguinte, tive oportunidade de dialogar com Javier Solana sobre a questão iraniana. Mantinha-me assim informado sobre as propostas que iam surgindo e as reações, em geral negativas, do governo iraniano. Esse acompanhamento, mesmo a certa distância, era suficiente para que eu percebesse com alguma clareza que as "ofertas" ocidentais estavam fadadas à recusa por desconhecerem um fato essencial: o Irã jamais aceitaria um esquema que o privasse da possibilidade de enriquecer urânio, um direito que o Tratado de Não Proliferação, apesar de todos os seus desequilíbrios, não veda aos Estados ditos "não nucleares" (ou seja, não possuidores de armas nucleares). Certas sugestões para "criação de confiança", algumas com origem na União Europeia (e, portanto, com a provável autoria ou coautoria do meu amigo Javier Solana), também me pareciam irrealistas. Uma delas estipulava que não haveria novas sanções contra Teerã em troca do compromisso iraniano de não prosseguir com seu programa de enriquecimento. Essa proposta ficou conhecida como *freeze-for-freeze*. Parecia-me altamente improvável que Teerã, além da questão de princípio do tratamento discriminatório – que não era sem importância –, viesse a concordar com a renúncia de um direito (ou algo percebido como tal) apenas para não sofrer penalidades adicionais. Numa comparação simplista, mas gráfica, disse a Solana, ao menos uma vez, que essa proposta equivalia a, ao torcer o braço de alguém, causando-lhe dor, dizer algo como: "Se você for bonzinho, não vou torcer mais e a dor vai ficar como está; caso contrário, vai aumentar". A evolução dos fatos mostrou que eu estava certo: o Irã nunca levou essa proposta a sério.

Na realidade, interessei-me bastante pela questão. Segundo pude perceber por meus contatos, havia uma virtual unanimidade, pelo menos no Ocidente, em relação ao fato de que o Irã havia transgredido normas da Agência ao não notificá-la previamente de sua intenção de desenvolver capacidade de enriquecimento. Os argumentos usados pelo Irã, por outro lado, não eram de todo convincentes. Lembro-me de haver recebido, em meu gabinete em Brasília, um emissário iraniano que veio falar do tema. Referindo-se a uma suspeita decorrente da descoberta de certa quantidade de urânio enriquecido em suas instalações, o emissário imputou esse fato à contaminação (*sic*) de uma partida de urânio adquirida em um país da antiga União Soviética. Sem dúvida, Teerã apresentava outros argumentos para justificar seu programa à luz de alguma minúcia técnica contida nas regras da Agência relativas a prazos e notificações. Entretanto, tais argumentos não eram aceitos pelos países ocidentais. Faltava-me um conhecimento aprofundado do tema que me permitisse formar juízo sobre uma possível violação das normas. Mas, mesmo admitindo que tal violação tivesse ocorrido – dizia a meus interlocutores ocidentais –, a comunidade internacional, em função de uma eventual transgressão, não deveria tratar o Irã como um país pária. Fazendo uma analogia com o tratamento dispensado pelas empresas controladoras de cartões de crédito a um cliente faltoso, o mais sensato não era "banir" o Irã do convívio internacional, em especial da "comunidade" de membros do Tratado de Não Proliferação Nuclear (TNP). O risco de uma atitude punitiva de caráter permanente era se firmar no Irã a convicção de que a penalidade a que estava submetido se deveria, sobretudo, à circunstância de ser um país islâmico (e adversário de Israel) ou antiocidental, acentuando a sensação de discriminação. Em geral, meus interlocutores ouviam com atenção – ou pelo menos curiosidade – o que chamei de "teoria do cartão de crédito", mas não a levaram suficientemente a sério de modo a se deixarem guiar por ela. Alguns de meus colegas de países desenvolvidos, como o secretário do Exterior britânico, Jack Straw, também trataram do tema com o Brasil. Mas, como Ariel Sharon em relação aos árabes,* acreditava que o possível papel do Brasil consistia em persuadir Teerã a aceitar as propostas ocidentais. Foi disso que o ministro do Reino Unido tentou

* Ver a narrativa sobre Oriente Médio nesta obra.

me convencer durante a conversa que tivemos por ocasião da visita de Estado de Lula à Grã-Bretanha. Tais tentativas de nos envolver no processo como meros agentes auxiliares da linha de ação ocidental eram um evidente *non-starter*, para me valer de uma expressão anglo-saxã que, como tantas outras, tem desbancado as de origem francesa no vocabulário diplomático internacional.*

Não tenho registros de que o tema do programa nuclear iraniano tenha sido levantado com frequência nas conversas bilaterais entre líderes. Uma exceção foi o diálogo telefônico entre o presidente Lula e a chanceler Merkel, em 26 de janeiro de 2006, que versou sobre os mais diversos assuntos, desde a programação de visitas bilaterais e encontros entre a União Europeia e a América Latina até as articulações concernentes à ampliação do Conselho de Segurança da ONU. Do ponto de vista do Brasil, entretanto, a questão central dessa conversa era a sequência a ser dada à Conferência Ministerial da OMC, que acabara de ser realizada em Hong Kong. No entanto, Merkel logo introduziu o tema do Irã, que parecia preocupá-la. A chanceler disse que essa preocupação era compartilhada pelos outros membros do grupo negociador europeu (Grã-Bretanha e França).** Indicou que a Alemanha desejava chegar a um consenso na Junta dos Governadores da AIEA e, no caso de lograr-se elevar o caso à sua consideração, no Conselho de Segurança. É interessante notar que, em sua resposta, o presidente Lula, mesmo admitindo ser necessário exercer pressão sobre o Irã para que "cumprisse os compromissos assumidos e evitasse declarações públicas que dificultassem as negociações", reiterou o entendimento brasileiro quanto ao "direito legítimo" dos Estados signatários do Tratado de Não Proliferação Nuclear (TNP) ao desenvolvimento de tecnologia nuclear para fins pacíficos. No entendimento do presidente, o melhor caminho para a solução da questão "continuava sendo o do diálogo e da negociação". Expressou ainda que, "por não estar diretamente ligado ao assunto [mas ser um país empenhado em soluções pacíficas], o Brasil teria [não só condições] (...) [mas] toda a disposição de contribuir para uma solução".

---

* Javier Solana e El Baradei não foram os únicos com quem conversei sobre o Irã. Tive diálogo com Condoleezza Rice, citado adiante nesta narrativa. Em minha visita a Moscou, em outubro de 2005, tive ocasião de tratar do assunto com o ministro Sergei Lavrov e com Igor Ivanov, secretário do Conselho de Segurança e ex-chanceler. Lavrov pareceu concordar com a ideia, que eu já havia expressado a outros interlocutores, de que o Irã teria direito ao ciclo nuclear completo, mas precisaria recuperar a confiança. Ivanov fez-me revelação interessante. Disse que o Irã queria substituir a *troika* (França, Alemanha e Reino Unido) por um grupo mais amplo que incluiria Rússia, China, Índia, África do Sul e Brasil.

** O grupo negociador europeu era, por vezes, chamado de "Grupo dos Três". Em mais de uma ocasião, o grupo que viria a ser chamado de P5+1 (ver adiante) é referido como 3+3 (isto é, os três europeus mais Estados Unidos, Rússia e China).

Essa conversa com a chanceler Merkel antecedeu em cerca de uma semana a decisão da Junta de Governadores, que enviou o tema ao Conselho. Apesar desse diálogo inicial, os alemães não viriam a ser interlocutores atuantes quando do nosso envolvimento mais profundo com a questão, dois ou três anos depois.

Uma das discussões mais produtivas de que participei sobre o programa nuclear iraniano com autoridades ocidentais se deu com a ministra das Relações Exteriores da Confederação Suíça, Micheline Calmy-Rey. A Suíça, país neutro e com potenciais interesses comerciais no Irã, já vinha discutindo o tema com as autoridades de Teerã em busca de uma solução que permitisse romper o impasse que se havia criado em função de intransigências recíprocas. Tratei do assunto com a ministra helvética em pelo menos duas ocasiões: na visita oficial que fiz a Berna, em outubro de 2007, e naquela que, em reciprocidade, Calmy-Rey fez a Brasília cerca de um ano depois. Também abordamos o tema em conversa telefônica (possivelmente mais de uma). Como resultado desses entendimentos, que buscavam uma forma razoável de encaminhar a questão, enviei como emissário a Berna o embaixador Georges Lamazière, então nosso representante na Dinamarca e dono de uma significativa experiência em desarmamento. Todavia, esse diálogo bem-intencionado entre um país em desenvolvimento e uma nação rica, e oficialmente neutra, não chegou a resultar em efeitos concretos.

Primeiros movimentos

Em 2 de novembro de 2008, fiz minha primeira viagem a Teerã, dezessete anos após a última, e creio que única, visita realizada por um chanceler brasileiro, o ministro José Francisco Rezek, no governo do presidente Collor. O governo iraniano vinha dando insistentes sinais do desejo de se aproximar do Brasil. O presidente Ahmadinejad chegara mesmo a programar uma viagem a Brasília, no contexto de um périplo que faria à América do Sul/América Latina após a Assembleia Geral das Nações Unidas. A viagem teria passagens por La Paz e Caracas. A inclusão do Brasil em um circuito planejado com antecedência, sem consulta prévia ao nosso governo, não me parecia adequada, e por mais de um motivo. Dada a importância do Brasil nos contextos regional e global, nosso país deveria ser o centro e não o apêndice de uma eventual viagem do líder iraniano. Por outro lado, ser inserido em um circuito essencialmente "ALBA"* agravaria

* A Alianza Bolivariana para los Pueblos de Nuestra América é o nome em espanhol para o grupo de países liderado pela Venezuela. À época dos fatos aqui narrados, a ALBA, era constituída por Bolívia,

desnecessariamente a atitude negativa da nossa imprensa e da nossa elite mais conservadora em relação a uma eventual aproximação com Teerã. Só para se ter uma ideia de que essas preocupações não eram exageradas, tempos mais tarde, já durante as negociações da Declaração de Teerã, um semanário de grande circulação publicaria reportagem em que traçava um paralelo, por meio de fotos justapostas, entre uma imagem minha e a do presidente iraniano, ambos supostamente unidos no ódio a Israel. Tratei diplomaticamente de indicar ao chanceler iraniano, Manouchehr Mottaki, com quem até então tivera pouco contato, que seria melhor programar uma visita em outro momento, em um contexto mais apropriado. Em especial, enfatizei que uma visita presidencial deveria ser bem preparada, o que implicava reuniões prévias de caráter técnico e entendimentos entre os respectivos ministros do Exterior. Mottaki concordou e, após algumas tratativas, ficou acertada minha ida a Teerã em novembro. Embora um observador crítico pudesse ver nesses cuidados um intuito puramente protelatório, a verdade é que minha preocupação fundamental consistia em assegurar que a visita ficasse tão "blindada" quanto possível dos ataques da mídia, que acabariam tendo reflexo em outras áreas da política externa. Pessoalmente, eu não tinha nenhuma visão preconcebida em relação ao Irã, ainda que pudesse ter minhas reservas quanto à natureza confessional do regime dos aiatolás. Como ministro de Itamar Franco, encontrei-me, à margem da Assembleia Geral da ONU, em Nova York, com o ministro iraniano Ali Akbar Velayati. Por coincidência, havia estado com Velayati na visita que este fizera ao Brasil durante a gestão de Francisco Rezek, quando eu me ocupava da área econômica do Itamaraty. Antes do encontro em Nova York, quando eu ainda era embaixador em Genebra, durante a minha primeira presidência da Conferência do Desarmamento, em 1993, havia mediado, com êxito, uma divergência em torno da coordenação de um dos grupos de trabalho da Conferência pelo representante iraniano, suspeito de haver participado da invasão da embaixada dos Estados Unidos em Teerã. O relacionamento diplomático com Teerã era fluido. Ainda no tempo em que fui chanceler de Itamar, nossa embaixada cuidou dos interesses da Argentina, a pedido do nosso vizinho, logo após o atentado à AMIA,* em Buenos Aires, em 1994, cujo planejamento fora atribuído ao Irã. Como embaixador nas Nações Unidas, no período entre 1995 e 1999, defendi, na questão dos direitos humanos, uma

---

Cuba, Dominica e Nicarágua, além da própria Venezuela e ostentava ideologia fortemente crítica do sistema capitalista.

* Associação Mutual Israelita Argentina. Na ocasião, a explosão de um carro-bomba matou 85 pessoas e feriu outras 300.

postura que permitisse manter o Irã engajado em alguma modalidade de diálogo com a "comunidade internacional".* Como ministro, pelas mesmas razões, resisti a pressões, inclusive de alguns colegas de governo (supostamente poderosos), no sentido de passar a votar a favor de projetos condenatórios ao Irã na Comissão (hoje Conselho) de Direitos Humanos da ONU. Essas pressões provinham, sobretudo, de pessoas ligadas à Comunidade Bahá'í. Instruí nossa delegação em Genebra a criticar, na justificativa do voto, as restrições à liberdade religiosa, e a manter a postura brasileira de abstenção.

Meu cuidado com a visita presidencial não se limitava ao formato. Continuava convicto de que alguma medida em relação ao tema nuclear contribuiria para dar legitimidade à viagem, inserindo-a no contexto dos esforços internacionais de buscar uma solução para o "problema" do programa nuclear iraniano. Por essa razão, fiz questão de que, além dos encontros protocolares e das discussões com meu colega das Relações Exteriores, minha estada em Teerã incluísse uma reunião com Saeed Jalili, secretário-geral do Conselho Supremo de Segurança Nacional do Irã, e principal responsável pelas negociações com a União Europeia e a AIEA. Estive também com o presidente Ahmadinejad, que me recebeu com grande cortesia. Nada de muito substancial, porém, ocorreu nesse encontro.

Antes de partir para Teerã, conversei por telefone com Javier Solana, que, mais uma vez, me explicou a proposta europeia e me atualizou sobre tratativas recentes. Solana pediu-me que insistisse com os iranianos sobre a importância de uma reação positiva. Não me recordo se, nessa ocasião, também falei com El-Baradei e Calmy-Rey, meus dois outros interlocutores sobre o tema. Na conversa com Jalili, tratei de transmitir a mensagem de Solana, com meu próprio adendo quanto à conveniência de manter aberto o diálogo e evitar o isolamento diplomático. Minha conversa com o secretário do Conselho enveredou para alguns aspectos técnicos, que seria incapaz de reproduzir. A conclusão mais relevante que tirei foi a confirmação de que Teerã jamais aceitaria uma solução que cerceasse seu direito de seguir enriquecendo urânio. E, menos ainda, sob a pressão de sanções.** Devo admitir que o Brasil cometera um erro ao aceitar, em fevereiro de 2006, como membro da Junta de Governadores da AIEA, que a questão

---

* Utilizo a expressão "comunidade internacional" com certa relutância, pois muitas vezes é empregada para se referir, de fato, à opinião de um grupo de países ocidentais, membros do Conselho de Segurança da ONU. Cf. Amorim, Celso. *Conversas com jovens diplomatas*. São Paulo: Benvirá, 2011.

** Até então, o Irã fora objeto de três rodadas de sanções no Conselho de Segurança. Ver Resoluções: 1.737 (2006); 1.747 (2007); 1.803 (2008).

do programa nuclear iraniano fosse levada ao Conselho de Segurança.* Em geral, minha posição em relação a essas tentativas de dar uma natureza mais política ao tema era de abstenção, até porque já vira de perto como funcionava a engrenagem do Conselho e sabia dos riscos de se desencadear uma série de ações e reações, que muitas vezes terminavam em tragédias humanitárias, quando não no uso da força armada pura e simplesmente. Apesar disso, a certa altura, diante da pressão internacional e da posição de países que costumavam votar conosco, como a Índia, aceitei a ideia de "seguir o quadro parlamentar", que tão frequentemente serve de biombo para evitar situações difíceis. A decisão teve o apoio da Rússia, como o ministro do Exterior, Sergei Lavrov, me antecipara no encontro que havíamos tido, poucos dias antes, à margem de uma conferência sobre o Afeganistão realizada em Londres. Egito e Iêmen, entre outros países em desenvolvimento, acompanharam a maioria. Antes da votação, Brasil, Índia e África do Sul haviam logrado aliviar um pouco o texto, acentuando o caráter "informativo" dos relatórios ao Conselho, mas isso não impediu que este viesse a aplicar sanções ao Irã, as quais, pelas mesmas razões discutíveis, o Brasil viria a apoiar. Nesse caso, a África do Sul foi mais coerente e absteve-se na decisão da junta. Nossa atitude certamente não foi decisiva para permitir que o tema subisse de fato ao CSNU (e, portanto, para que sanções viessem a ser adotadas). Tampouco guardo recordação de que, em algum momento, esse posicionamento tenha sido levantado pelo Irã como óbice aos nossos esforços de mediação. De todo modo, a atitude que tomamos não deixava de ser incoerente com a postura de valorização do foro da AIEA e de busca de uma solução negociada.

No nosso encontro de novembro de 2008, Jalili expôs seus pontos de vista com firmeza. Embora cortês – a ponto de me levar até o pé da escada na saída (momento em que reparei que mancava de uma perna, segundo me foi dito, como sequela de ferimento sofrido durante o conflito com o Iraque) –, não ofereceu nenhum tipo de abertura que me permitisse vislumbrar um papel mediador ou facilitador para o Brasil. Não deixou de afirmar, porém, que me daria conhecimento da resposta que apresentaria à União Europeia, o que de fato ocorreu algumas semanas depois. Na época, o documento iraniano não me causou boa impressão. Tecia considerações de ordem geral sobre geopolítica, direitos dos Estados e a ordem mundial, mas sem um posicionamento claro sobre a proposta. Com o tempo, as negociações viriam a tomar outro rumo, e a ideia central da proposta europeia de "criação de confiança" à base do *freeze-for-freeze* seria deixada de lado. Saí do encontro com Jalili achando que minha expectativa de que

* Resolução de 4 de fevereiro de 2006 da Junta de Governadores da AIEA (GOV/2006/14).

o Brasil pudesse, juntamente com países como a Suíça, contribuir para uma solução negociada da questão iraniana ainda estava longe de poder se concretizar.

Nas demais reuniões, principalmente com Mottaki, tratei da preparação da visita de Ahmadinejad ao Brasil, a qual – cedo ou tarde – viria a ocorrer. Poucos meses depois, o chanceler iraniano retribuiu minha visita. Na ocasião, reiterou diretamente ao presidente Lula a intenção do chefe de governo iraniano de vir ao Brasil em breve. Creio ter sido esse o momento em que a visita foi formalmente anunciada. Houve algumas idas e vindas, porém, durante os preparativos. Nos contatos entre os cerimoniais, os iranianos reclamaram de aspectos protocolares e das críticas da imprensa brasileira. Em algum momento, foi necessário explicar que, sendo o Brasil um Estado plenamente democrático, não tínhamos – nem desejávamos ter – controle sobre a nossa mídia e que, portanto, não nos responsabilizávamos pelo que ela publicava. Diante da iminência das eleições no Irã, o governo iraniano preferiu adiar a viagem, inicialmente marcada para ocorrer no primeiro semestre, para outra data, mais próxima do final do ano.

Preparativos para a visita

A partir do anúncio da visita, a imprensa brasileira passou a fazer marcação cerrada sobre tudo o que ocorria no Irã. Com total incompreensão – verdadeira ou fingida – das regras que regem as relações entre Estados, a visão dominante entre nossos "formadores de opinião" parecia implicar que, ao aceitarmos a vinda de Ahmadinejad ao Brasil (ou, como gostavam de dizer alguns críticos, "ao estender o tapete vermelho" ao presidente iraniano), estaríamos legitimando as violações de direitos humanos e os desvios das práticas democráticas eventualmente cometidos pelo regime de Teerã. Era, a meu ver, indiscutível que a Guarda Revolucionária e outros órgãos ligados à segurança interna cometiam abusos ao reprimirem manifestações. Mas isso não tornava o Irã um interlocutor de menor importância, quer por sua influência na região, quer em decorrência da própria questão nuclear. Nesse, como em outros casos, incomodava-me a atitude desbalanceada dos críticos. Curiosamente, nunca fomos questionados, por exemplo, quando das duas visitas do presidente Bush ao nosso país. Nem se insinuou que, ao recebê-lo, estaríamos endossando a prática de tortura em Guantánamo ou a invasão do Iraque sem autorização da ONU. Uma declaração de Lula em apoio ao processo eleitoral e à vitória de Ahmadinejad, feita de afogadilho, sob pressão dos jornalistas brasileiros no saguão de um hotel do Cazaquistão, acirrou ainda mais o ânimo belicoso de parte da mídia, empenhada em uma "guerra santa" contra a visita programada. A despeito da deplorável repressão aos partidários de Mir-Hossein Mousavi (o candidato derrotado), a probabilidade de que os números oficialmente divulgados por Teerã estivessem próximos da realidade foi confirmada pela análise de um sério *think tank* norte-americano, baseada em pesquisas realizadas na semana anterior ao pleito.*

Tampouco ajudavam a criar um clima menos hostil as declarações do líder iraniano, em que negava o Holocausto ou sustentava que o Estado de Israel deveria desaparecer. Em longa conversa de Lula com Ahmadinejad, à margem da Assembleia Geral da ONU (cerca de dois meses antes da visita), nosso presidente procurou convencê-lo não só dos equívocos contidos nessas afirmações, do ponto de vista histórico, mas do caráter contraproducente de tais arroubos. O presidente do Irã minimizou o alcance de suas declarações, alegando que não pregava a destruição física do Estado de Israel ou de seus habitantes, mas a dissolução jurídica do Estado judeu (ou "entidade sionista", como ele o chamava) em um Estado não confessional que abrigasse tanto judeus como palestinos e cristãos. No caso do Holocausto, dizia Ahmadinejad, não se tratava de negar que judeus tivessem sido mortos em grande número, mas de evitar que isso fosse usado para justificar a opressão e a perseguição dos palestinos. Evidentemente, essas qualificações canhestras, feitas em privado, não eram suficientes para melhorar a imagem pública do presidente iraniano.

Cabe aqui um comentário sobre a personalidade de Ahmadinejad. Mais do que um fanático imbuído de uma missão espiritual ou ideológica, o líder iraniano sempre me pareceu um populista autoritário e pragmático, constantemente preocupado em fortalecer suas credenciais com os líderes religiosos, além de buscar reforçar-se na Guarda Revolucionária. Apesar de sua obediência ostensiva aos rituais muçulmanos (pediu-nos, por exemplo, que, durante sua visita ao Brasil, reservássemos um espaço no Palácio Itamaraty onde pudesse se recolher para as orações), Ahmadinejad estava, a meu ver, mais próximo dos líderes latino-americanos, que buscam o contato direto com o povo, deixando de lado estruturas partidárias e institucionais, do que dos próprios aiatolás de seu país. Recorde-se que Ahmadinejad foi o primeiro presidente extraído não dos meios religiosos, mas do mundo da política. Fora prefeito de Teerã e, aparentemente, contava com apoio das camadas mais pobres da capital. Frequentemente, entrava em choque com representantes do clero xiita e, até mesmo, com o Líder Supremo, que, em

* A pesquisa eleitoral foi conduzida por Ken Balley e Patrick Doherty, por meio do *think tank Terror Free Tomorrow: The Center for Public Opinion*, em conjunto com a New America Foundation. Seus resultados foram publicados em reportagem do *Washington Post* em 15 de junho de 2009.

mais de uma oportunidade, o desautorizou ou revogou nomeações feitas pelo presidente, inclusive de ministros. Nada disso justifica os destemperos verbais a que se permitia, destinados essencialmente a fortalecer sua posição perante os grupos religiosos ou outras forças de índole radical, como a Guarda Revolucionária.

Embora frequentemente me sentisse incomodado pelos ímpetos verbais do presidente iraniano, achava absolutamente justificável e necessária para o Brasil a busca de relações mais próximas com um país de peso, cujo papel na política global e regional me parecia indiscutível. Aliás, em que pese às idas e vindas que cercam o tratamento do tema, esse papel tem sido progressivamente reconhecido no encaminhamento da situação da Síria. Por volta da mesma época (2008/2009), o Brasil vinha aumentando sua presença nas discussões sobre o Oriente Médio. Nas muitas conversas que mantive com líderes da região, a importância de Teerã, para o bem ou para o mal, sempre sobressaía, o que reforçava a conveniência de uma política de engajamento. Além disso, o Irã oferecia um mercado extremamente promissor para produtos brasileiros. Em certo momento, nossas exportações chegaram a ultrapassar os dois bilhões de dólares (e não com a venda de armas ou algum material perigoso, mas, sobretudo, de pacíficos frangos). Por isso mesmo, na visita que fiz a Teerã, em novembro de 2008, levei comigo uma importante comitiva de empresários.* Devo admitir, porém, que, no meu entender, as considerações comerciais não eram determinantes. Uma possível mediação brasileira na questão nuclear – de que eu ainda não desistira, apesar das dificuldades –, além de representar uma contribuição para o legítimo objetivo de fortalecer a paz, seria também uma maneira de elevar nossa estatura no tabuleiro político mundial.

Já comentei que não tinha conseguido extrair da minha primeira visita a Teerã elementos que permitissem vislumbrar como poderíamos colaborar, no médio prazo, na solução da questão central do relacionamento entre o Irã e o Ocidente. Tampouco percebia, da parte dos Estados Unidos ou de outros parceiros importantes, sinais claros de que estivessem dispostos a abandonar a mera condenação do Irã e passar a uma política de real engajamento. No máximo, o que ofereciam era a perspectiva de não agravar ainda mais as punições em troca da renúncia, por Teerã, do direito ao enriquecimento de urânio para fins pacíficos.

---

* A *Folha de S.Paulo*, em reportagem recente que trata da viagem de uma comissão de parlamentares brasileiros ao Irã, divulgou que a corrente de comércio Brasil-Irã recuou de US$ 2,4 bilhões em 2011 para US$ 1,6 bilhão em 2013. A queda é atribuída, pelo jornal, às sanções a que o governo iraniano está submetido e à suposta falta de interesse político do atual governo em dinamizar a relação bilateral, em comparação com o governo Lula. In: *Folha de S.Paulo*. "Irã cobra 'retomada' de relação com o Brasil". 17 de fevereiro de 2014.

O fato que iria mudar esse panorama pouco encorajador foi o encontro entre Lula e Obama, à margem da cúpula do G8 Plus, que ocorreu em L'Aquila, pequena cidade italiana nos Apeninos, que acabara de ser abalada por violento terremoto que deixara várias vítimas. A tragédia, aliás, certamente contribuiu para a decisão de Berlusconi, à época criticada por muitos, de manter o local como sede do encontro. Curiosamente, revendo minhas notas desse período, não encontro senão uma referência totalmente *en passant* a esse encontro entre os dois líderes em meio a outras brevíssimas indicações sobre a Cúpula propriamente dita. Não era incomum que, em virtude do acúmulo de tarefas e a sucessão de compromissos, fatos importantes como aquele tenham passado quase em branco nos meus registros. Mas, dado o interesse com que já vinha tratando da questão iraniana, eu mesmo me espanto ao constatar essa omissão.

Desde que o presidente Chirac abriu (ou melhor, entreabriu) as portas do G8, durante a reunião de Évian, em 2003, o Brasil foi sistematicamente convidado, até 2009, às cúpulas do grupo. A única exceção foi o encontro realizado em Sea Island, nos Estados Unidos, em 2004. Parece-me apropriado fazer uma pequena digressão sobre a tentativa de ampliar, ainda que com muitas restrições, esse mecanismo informal da governança global. O que viria a acontecer com a nossa participação nas discussões sobre o programa nuclear iraniano não deixa de ter algo a ver com a atitude ambígua dos países mais ricos e poderosos em relação ao papel das nações ditas emergentes, ora desejando compartilhar com elas certas responsabilidades (ou empurrar-lhes alguns encargos), ora recusando-lhes um papel efetivo nas grandes decisões internacionais. Esse G8 ampliado assumiu vários formatos, dependendo do país anfitrião e das circunstâncias do momento, mas o mais comum foi um G8+5, que abarcou, além dos oito países ricos (sete mais a Rússia, esta, no dizer do próprio Putin, por deter a bomba atômica), China, Brasil, Índia, África do Sul e México. Para esses cinco países, no entanto, tratava-se de uma participação marginal, já que os "emergentes" não eram chamados a dar sua opinião sobre as decisões mais importantes. Em alguns casos, houve documentos específicos do G8+5 sobre algum tema, mas a declaração principal dos encontros continuava a ser a que emanava do G8. Assim foi na Cúpula de Évian e assim continuaria a ser até a reunião de L'Aquila. Certamente, da parte dos membros do G8 não havia o desejo de dividir com os países em desenvolvimento decisões que dissessem respeito à paz e à segurança. No nível ministerial, os "+5" eram eventualmente convidados para reuniões que diziam respeito ao meio ambiente ou a crimes transnacionais, temas em que a cooperação desses países era obviamente indispensável, mas não para encontros de ministros das Relações Exteriores. Embora a abertura a uma participação, ainda que limitada, pudesse ser vista como o começo de um processo e refletisse algum grau de reconhecimento das mudanças que se estavam operando no quadro internacional, esse modelo era obviamente insatisfatório. Referindo-se às cúpulas, Lula chegou a dizer que não estava disposto a comparecer a esses convescotes para participar apenas do cafezinho. Houve alguma tentativa de aprimorar o diálogo, com o passar das reuniões, mas o surgimento das cúpulas do G20 financeiro (não confundir com o G20 de comércio, tão citado por mim nas narrativas que lidam com a OMC) praticamente retirou o sentido desse tímido ensaio de reforma de um foro informal sobre a governança mundial.

Com o tempo, o próprio G8 foi se tornando um mecanismo menos relevante. (No momento em que escrevo estas linhas, voltou a ser G7 após a exclusão da Rússia.) A constatação da diminuição do peso relativo do grupo me levou a afirmar, em 2009, após uma palestra na Universidade de Paris, que o G8, como foro mundial de encaminhamento (se não tomada) de decisões, morrera. Alguns meses mais tarde, com palavras mais suaves, por certo, o presidente americano viria a dizer o mesmo, ao enaltecer o papel do G20 durante a cúpula de Pittsburgh, qualificando-o como o principal foro global sobre temas econômicos. Insisto, porém, no paralelo: assim como as potências dominantes, principalmente ocidentais, procuravam atrair grandes países em desenvolvimento para seu lado e os mantinham a distância dos processos decisórios, também no caso do Irã, algumas delas, sobretudo os Estados Unidos, vislumbraram a possibilidade de se valer do apoio de países como Brasil e Turquia em proveito próprio, sem contudo aceitá-los como "membros plenos" dos círculos restritos onde as deliberações eram tomadas.

Apesar de tudo, esses encontros políticos no mais alto nível tinham algum mérito. Um deles é que possibilitavam, para além dos discursos e declarações, encontros face a face e sem grande perda de tempo com protocolo entre chefes de Estado e de governo, que normalmente teriam poucas ocasiões de se ver. Durante as reuniões à margem do G8 entre Lula e Bush, passado o trauma do Iraque, o tema geralmente dominante, além de eventuais questões bilaterais, era a Rodada Doha, em que o Brasil havia sido reconhecido como um ator fundamental por seu próprio peso e também por sua liderança entre os países em desenvolvimento. Em L'Aquila, com a proximidade da COP-15,* a questão candente era a mudança climática, inclusive a célebre discussão sobre um teto máximo aceitável

* COP-15: 15ª Conferência das Partes da Convenção-Quadro das Nações Unidas sobre Mudança do Clima, realizada em Copenhague, de 7 a 18 de dezembro de 2009.

para o aquecimento global até 2050. Como de hábito, essa questão opunha países ricos e países pobres, com os "emergentes" colocados na berlinda.

Obama havia pedido um encontro bilateral com Lula. Esse fato era um dos atrativos de uma reunião cuja agenda formal dificilmente desembocaria em algum resultado, o que inevitavelmente levaria a mídia (e nesse caso não só a nossa) a qualificar a cúpula como um fracasso, uma perda de tempo e de dinheiro etc. Além disso, haveria o habitual jogo de "empurra" para identificar intransigências e responsabilidades. O encontro entre os dois presidentes, na presença dos chanceleres e de um ou outro assessor, não durou mais de meia hora. Minha agenda registra quarenta minutos, mas isso provavelmente inclui o tempo para deslocamentos, cumprimentos etc. Na reunião entre Lula e Obama pouco se falou do tema central da Conferência, embora alguma menção possa ter sido feita. Também pode ter havido alguma referência sucinta à Rodada Doha, então em estado de hibernação. O assunto mais importante – aquele que muito provavelmente motivara o pedido de encontro – foi o Irã.

Já descrevi em outro texto* como o presidente dos Estados Unidos se referiu à sua abertura ao governo de Teerã, que não teria encontrado eco no regime dos aiatolás. No dizer de Obama, sua "mão estendida" fora deixada no ar. Segundo o presidente, seus gestos não haviam encontrado a reciprocidade esperada. Assim, o objetivo de produzir um degelo nas relações entre os dois países, rompidas desde o episódio dos reféns em seguida à revolução iraniana, não fora alcançado. O presidente norte-americano parecia sincero no seu desejo de distender a relação com Teerã. O Brasil e, especialmente, Lula ("o cara", como Obama o qualificou, em uma das cúpulas do G20, em um misto de admiração e paternalismo) poderiam ajudar. "Precisamos de amigos que possam conversar com países que se recusam a falar conosco", foi mais ou menos o que disse Obama, com a questão nuclear obviamente no pano de fundo. Era o estímulo de que necessitávamos para nos engajar em maior profundidade nas discussões sobre o tema. Vale notar que, por essa época, já se delineara claramente a perspectiva de o Brasil vir a ser eleito membro não permanente do Conselho de Segurança para o período 2010-2011. Em ocasiões anteriores, havíamos demonstrado levar muito a sério o disposto no artigo 24 da Carta da ONU** e pautar nossa conduta pelo sentido da responsabilidade inerente à condição de membro do Conselho.

---

* Amorim, op. cit., 2011, capítulo 12.

** Art. 24.1: "A fim de assegurar pronta e eficaz ação por parte das Nações Unidas, seus Membros conferem ao Conselho de Segurança a principal responsabilidade na manutenção da paz e da

A reunião em L'Aquila ocorreu no início de julho de 2009. Nos meses que se seguiram – e que antecederam a visita de Ahmadinejad a Brasília –, mantive intensa conversação com meus dois velhos interlocutores, El-Baradei e Javier Solana, ambos infelizmente prestes a deixar os respectivos cargos. Essa circunstância foi, aliás, lembrada com frequência, inclusive nos meus telefonemas ao chanceler iraniano, já que havia forte e justificada presunção de que seus sucessores seriam mais rígidos.* Também nessa época recebi um telefonema do ministro turco, Ahmet Davutoglu, interessado em saber como estávamos vendo a situação, na expectativa da visita de Ahmadinejad. Houve ainda visitas ao Brasil de emissários norte-americanos ligados ao tema nuclear iraniano. Recordo-me de dois deles: Gary Samore, um assessor do Conselho de Segurança Nacional – cuja opinião nesse tipo de assunto é muito respeitada –, e William (Bill) Burns, que sucedera outro Burns (Nick), do tempo de Bush, com quem mantivera proveitoso diálogo, inclusive sobre a *vexata quaestio* da reforma/expansão do Conselho de Segurança das Nações Unidas.

Do ponto de vista do protocolo, nem Samore nem Bill Burns seriam meus interlocutores naturais. Com efeito, ambos tiveram reuniões com as respectivas contrapartes (um chefe de Departamento e/ou subsecretário, no caso de Samore, e possivelmente o secretário-geral do Itamaraty, no caso de Burns). Mas eu tinha interesse em acompanhar de perto a evolução do tema iraniano, sobretudo a partir da "deixa" de Obama a Lula. Burns era um funcionário de alto nível, em relação ao qual o atendimento a um pedido de visita de cortesia se aplicava com naturalidade. A conversa com Samore foi mais técnica e pouco me ficou dela, afora a ênfase no empenho do presidente norte-americano em avançar na busca

segurança internacionais e concordam em que no cumprimento dos deveres impostos por essa responsabilidade o Conselho de Segurança aja em nome deles".

* No caso da AIEA, o novo diretor-geral, o japonês Yukiya Amano, confirmaria inteiramente as minhas expectativas pessimistas. Não teve papel ativo nas ações que se seguiram à Declaração de Teerã, limitando-se praticamente a servir de pombo-correio entre o chamado "Grupo de Viena", constituído por EUA, Rússia e França, e o Irã, no período entre a Declaração de Teerã e a adoção das sanções. Em visita ao Brasil, relacionada com o programa nuclear da Marinha, tivemos um encontro em que a impressão que fazia dele como um burocrata internacional, sem veleidades à independência perante as grandes potências, especialmente os Estados Unidos, se reforçou ainda mais. Quanto à União Europeia, minha amiga, a britânica Catherine Ashton, que por algum tempo fora negociadora comercial no lugar antes ocupado por Peter Mandelson, teve inicialmente uma atitude algo tímida. Lembro-me apenas de uma longa conversa que tivemos em Madri, já após a Declaração de Teerã, quando da preparação de uma Cúpula da Parceria Estratégica UE–Brasil, em que a Alta Representante foi uma ouvinte atenta, mas não propriamente engajada, na busca de uma solução. Essa inibição provavelmente se devia ao fato de ser nova no cargo e contrasta com seu papel positivo, segundo o noticiário, nas negociações mais recentes entre o P5+1 e o Irã.

de uma solução diplomática para o impasse com o Irã. Além disso, ressaltou o desejo de que o Brasil "ajudasse" a fazer com que o dossiê progredisse. Burns foi mais específico e, que me lembre, mais enfático. Não seria exagerado afirmar que, mais do que uma conversa, o diálogo com o subsecretário de Estado norte-americano, ocorrido pouco antes da visita de Ahmadinejad, foi uma *démarche* para que o Brasil fizesse ver ao Irã a grande vantagem que o país extrairia da aceitação da oferta feita pelo P5+1,* por meio da AIEA, e impulsionada principalmente pelos Estados Unidos, de um "acordo de troca".

Em que consistia essencialmente esse acordo? Como havia surgido? Segundo pude depreender de conversas com vários interlocutores, inclusive El-Baradei e Solana, além dos próprios emissários norte-americanos, alguns meses antes o Irã solicitara a intermediação da Agência Internacional de Energia Atômica para adquirir no mercado internacional pastilhas (ou varetas) contendo elemento combustível com urânio enriquecido a 20% para o reator de pesquisas de Teerã (TRR, na sigla em inglês, frequentemente usada no noticiário internacional), que produz isótopos para diagnóstico e tratamento de câncer. Dois pontos devem ser frisados. Um é de natureza essencialmente técnica e consiste no fato de que, uma vez convertido em elemento combustível, o urânio não pode (ou, pelo menos, não facilmente) ser reconvertido ao seu estado anterior e, portanto, voltar a ser enriquecido em graus mais elevados, aproximando o Irã da capacidade de produzir uma bomba atômica. A outra consideração é de natureza político-legal. O Irã, como qualquer outro país, tem o direito de requisitar à Agência ajuda para obter material de uso exclusivamente pacífico e, nesse caso, de finalidade ligada à saúde de sua população. Diante da solicitação iraniana, os ocidentais, mais especificamente os norte-americanos, segundo me foi dado a entender, tiveram uma ideia "esperta": propuseram que o Irã pagasse o valor das pastilhas de combustível que ia receber não em dinheiro, mas com uma quantidade proporcional de urânio levemente enriquecido (LEU, na sigla em inglês) que já fora capaz de produzir. Essa proporção era aproximadamente de dez para um, isto é, cada quilo de urânio enriquecido a 20% correspondia a dez quilos de LEU. Assim, o pedido legítimo do Irã seria atendido e, ao mesmo tempo, se retiraria desse país uma parte do seu estoque de urânio, tornando mais distante o horizonte em que o Irã se tornaria uma potência nuclear militar (supondo que fosse essa efetivamente sua intenção) ou um *threshold State* (um Estado com capacidade de produzir um artefato nuclear).

---

* P5+1: grupo composto pelos cinco países que são membros permanentes do Conselho de Segurança das Nações Unidas, mais a Alemanha.

A ideia era simples e engenhosa. O Irã receberia o elemento combustível de que necessitava (cuja matéria-prima consistia em urânio enriquecido a 20%) e os países ocidentais garantiam que a quantidade remanescente de LEU no Irã não seria suficiente para construir uma bomba e, muito menos, um "arsenal nuclear".* Como em geral ocorre com as ideias aparentemente simples, pelo menos na política, havia algumas questões a resolver. A primeira delas dizia respeito à quantidade de urânio a 20% contido nas pastilhas de combustível que o Irã iria obter e, por conseguinte, a quantidade (peso) de LEU que o Irã entregaria. A razão aproximada entre uma e outra era, como assinalei, de 1 para 10, isto é, cada quilo de urânio enriquecido a 20% e transformado em combustível equivaleria a 10 quilos de LEU (com enriquecimento entre 4% e 5%).** Vale acrescentar que o urânio levemente enriquecido é utilizado principalmente para produção de energia elétrica. Como a quantidade que deveria ser retirada, segundo os proponentes, para privar o Irã de ter uma bomba em prazo curto era de cerca de 1.200 quilos de LEU, seria necessário convencer Teerã a adquirir 120 quilos do elemento combustível. Tal fato, em si mesmo, já era um problema, uma vez que, como me foi várias vezes afirmado pelas autoridades iranianas em conversas subsequentes, uma quantidade bem menor de elemento combustível seria suficiente para o período de vida remanescente do reator. Uma segunda dificuldade residia no local onde o LEU ficaria depositado até que fosse transformado em elemento combustível ou que este lhe fosse entregue. Em várias oportunidades, o governo de Teerã expressou inconformidade com a proposta ocidental de que o urânio enriquecido de sua propriedade fosse enviado a outro país. Considerava essa exigência uma afronta à sua soberania. Além disso, com base em experiências anteriores, que vinham desde o tempo da brusca transição do regime do xá para o de República Islâmica, Teerã nutria grande desconfiança com relação ao Ocidente. Temia que, caso algo desse errado no decorrer do processo, o LEU que lhe pertencia não

* Tratarei da diferença conceitual entre uma coisa e outra mais adiante, ao relatar minhas conversas em Israel, meses mais tarde.

** Faz-se necessária uma brevíssima explicação sobre o conceito de enriquecimento: o urânio encontrado na natureza é composto de dois isótopos: U^{235} e U^{238}. O primeiro deles é instável e, portanto, propício à fissão nuclear, e pode ser usado tanto para produzir energia como para fazer uma bomba, além de outros empregos possíveis, como o medicinal. O enriquecimento consiste essencialmente em aumentar, por meio da separação isotópica, a proporção do U^{235}. O processo mais usado no enriquecimento de urânio é o da centrifugação. Considera-se que, para a produção de energia elétrica, basta que o urânio seja "levemente" enriquecido. Para atividades de pesquisa, essa proporção é normalmente maior, em geral 20%. Para um explosivo, ela deve estar acima de 80%. Segundo os especialistas, o salto de 4% ou 5% para 20% é mais complexo e trabalhoso do que o de 20% para 80%.

fosse devolvido. Não é difícil imaginar o grau de insegurança que esse tipo de temor inspirava nos agentes responsáveis pela negociação. Nessa perspectiva, o Irã sugeriu que os 1.200 quilos de LEU que Teerã entregaria ficassem depositados na ilha de Kish, uma área de livre comércio que faz parte do território iraniano. Aceitava, contudo, que o urânio ficasse sob a supervisão da AIEA. Tanto quanto sei, o Ocidente nunca considerou seriamente essa sugestão.

Finalmente, haveria ainda que se resolver um terceiro problema, relativo aos "tempos" das diferentes ações envolvidas na troca. Teerã sustentava que não era justo embarcar de imediato o LEU que lhe pertencia e ter de aguardar por um longo período, provavelmente mais de um ano, para receber o elemento combustível. Nos termos metafóricos com que a proposta fora apresentada, não havia razão para que o Irã fizesse um "pagamento" com tanta antecipação. Nas negociações que ocorreram, alguns meses mais tarde, já com a participação do Brasil e da Turquia, o Irã insistiu no conceito de simultaneidade: a liberação do LEU somente se daria quando da entrega das pastilhas de combustível. Ao longo do tempo, esse conceito foi sendo flexibilizado: Teerã parecia se satisfazer com uma espécie de simultaneidade parcial, isto é, liberaria uma parte, provavelmente metade, quando o acordo fosse adotado e o restante no momento do recebimento do elemento combustível. Mas isso tampouco foi considerado aceitável pelos proponentes do lado ocidental, ansiosos por promover uma redução substancial e imediata do estoque de LEU existente no Irã. Não tenho elementos para dizer se, no momento em que a proposta norte-americana foi feita, em setembro/outubro de 2009, e em princípio aceita pelos negociadores do Irã, todas essas preocupações foram levantadas de forma explícita. Na verdade, elas foram ficando mais claras à medida que Brasil e Turquia foram se aprofundando no assunto, na tentativa de reviver o acordo.

Nesse período, há nas negociações do P5+1 com o Irã um hiato que intrigou os analistas. Por que motivo uma proposta aceita *ad referendum* pelo negociador iraniano foi depois vetada por Teerã? Dada a natureza do sistema político iraniano, é difícil conceber que o representante do Irã na AIEA atuasse com autonomia em um tema de tal sensibilidade, sujeitando-se a ser desautorizado. O mais provável é que tivesse o endosso do governo, inclusive do próprio Ahmadinejad. Esse endosso teria sido retirado, na última hora, devido a pressões de forças mais poderosas, inclusive do próprio Líder Supremo. Tudo parecia indicar que Ahmadinejad – e seu comportamento nas negociações subsequentes o confirma –, apesar de seu viés populista e autoritário, era, acima de tudo, um político pragmático, interessado em livrar a economia do país das pesadas sanções impostas pelo CSNU ou unilateralmente. Ahmadinejad sabia que essas sanções se tornariam ainda mais pesadas na ausência de um acordo. Esse recuo por parte do Irã e as razões que o inspiraram viriam a ser objeto de algumas discussões que tivemos com as autoridades iranianas, muito especialmente no encontro de Lula com Ahmadinejad em Brasília.

A recusa, pelo Irã, do "acordo de troca" constituiu uma forte decepção para os proponentes. Como já indiquei, mantive nessa época várias conversas telefônicas com El-Baradei e Solana. Ambos expressaram forte expectativa em relação ao papel que, na perspectiva da visita presidencial, o Brasil poderia desempenhar no sentido de convencer o governo iraniano a aceitar a proposta, vista por ambos como um importante gesto de criação de confiança. Durante os meses que antecederam a visita do presidente iraniano ao Brasil, encontros e telefonemas se sucederam. Já me referi à vinda de emissários. Quanto aos telefonemas, falei com Hillary Clinton pelo menos duas vezes. Nas conversas com a secretária de Estado, temas como a situação do presidente deposto de Honduras, Manuel Zelaya, e a preparação da COP-15 também surgiram e podem até ter sido os assuntos principais, mas o Irã estava sempre presente. Nesse mesmo período, visitou o Brasil o secretário do Conselho de Segurança Nacional dos EUA, o general Jim Jones, não sei se a convite de Nelson Jobim, então ministro da Defesa, ou de Marco Aurélio Garcia, assessor internacional do presidente. Ignoro os detalhes do que conversou com esses meus colegas. Seguramente, foram abordados assuntos como o anúncio da reativação da Quarta Frota, voltada para o Caribe e o Atlântico Sul, e a então momentosa questão das bases norte-americanas na Colômbia. No diálogo que tive com Jones, além desses temas, tratamos longamente da situação no Oriente Médio, com ênfase no conflito entre Israel e Palestina. O general havia lidado diretamente com a questão, como enviado à região, e deixara uma impressão positiva, inclusive entre os palestinos, de pessoa objetiva, desejosa de encontrar uma solução para os problemas. Confirmando esse conceito, durante nosso encontro emitiu opiniões bastante sensatas sobre as condições necessárias à retomada do processo de paz, ainda sob o impacto dos ataques israelenses a Gaza. Naturalmente, falamos também sobre o Irã, mas não tenho registro de que tenhamos abordado, em algum grau de detalhe, os elementos que seriam necessários a uma solução. Jones, entretanto, viria a ser um interlocutor importante, sobretudo do meu colega turco, em fase posterior do processo.

Foi nessa época que recebi Bill Burns. Vejo que essa audiência não foi registrada em minha agenda, possivelmente por ter sido marcada de última hora. De todos os argumentos que forneceu em seu esforço para obter o apoio brasileiro a fim de persuadir os dirigentes iranianos das vantagens do "acordo de troca", um deles me pareceu especialmente persuasivo. Burns sublinhou que, ao propor um arranjo que envolvia o LEU produzido em território iraniano, o P5+1 estava de fato aceitando a realidade de que o Irã enriquecera urânio. De algum modo, isso contrariava certas resoluções do Conselho de Segurança, que, como o meu interlocutor reconheceu espontaneamente, teriam de ser "adaptadas". A questão do direito ao enriquecimento para fins pacíficos era, a meu ver, um elemento essencial para que o Irã pudesse aceitar algum tipo de acordo. A ausência desse elemento, aliás, era a principal razão do fracasso de tentativas anteriores de engajar o Irã em um diálogo efetivo. Embora, que me lembre, Burns não tenha chegado a usar as palavras "reconhecer" ou "reconhecimento", havia, "nos comentários que fez", um passo conceitual importante que, em minha opinião, o Irã deveria considerar.*

Pouco tempo depois, Ahmadinejad chegaria ao Brasil cercado de intensa polêmica. A maior parte da mídia brasileira não parecia se sensibilizar com o fato de que estávamos trabalhando pela paz e buscando contribuir para a resolução de um complexo dossiê político-diplomático, e que, ao fazê-lo, estávamos "prestando um favor" que nos fora pedido, inicialmente de forma política, pelo presidente dos Estados Unidos, e, em seguida, de modo mais técnico, por um de seus emissários. Não terá sido à toa que, dias antes da visita de Ahmadinejad a Brasília, esteve no país, em visita oficial, o presidente de Israel, Shimon Peres. A "coincidência" não escapou à mídia internacional. Segundo minhas notas da época, o *Washington Post* referiu-se a elas como "*duelling visits*". Seja como for, o diálogo com esses dois chefes de Estado, no espaço de uma semana (para completar o quadro altamente simbólico do universalismo da nossa diplomacia, no mesmo período receberíamos também o presidente da Autoridade Palestina, Mahmoud Abbas), demonstra que, em nosso relacionamento internacional, procurávamos um delicado equilíbrio e uma atitude de abertura às diferentes posições.

A visita

Antes de narrar a sequência de eventos que vai da visita de Ahmadinejad até os dias decisivos que antecederam a Declaração de Teerã, cabe fazer um rápido retrospecto da evolução recente do diálogo político entre o Brasil e os Estados Unidos, indiscutivelmente o principal ator, afora o próprio Irã, nesse processo. Em que pese às divergências sobre uma variedade de tópicos, o diálogo político entre Brasil e Estados Unidos durante o governo Lula se manteve em nível bastante

* Essa aceitação *de facto* é um dos aspectos do acordo provisório de 2013, entre o Irã e o P5+1.

alto, contrariamente ao que os comentários de alguns críticos – entre os quais ex-ministros e embaixadores aposentados – poderiam fazer supor. Para não recuar em relação aos temas de que já tratei em *Breves narrativas diplomáticas*, refiro-me a duas visitas de Bush ao Brasil em um período de dois anos, em 2005 e em 2007. De uma dessas visitas, em que se firmou um memorando de cooperação sobre etanol, guardo a imagem do presidente dos Estados Unidos com um capacete da Petrobras, algo totalmente impensável para alguém da minha geração, que havia acompanhado a campanha "o petróleo é nosso". Para além desse aspecto gráfico, no encontro de 2007 entre os dois presidentes, em São Paulo, Bush trouxe na comitiva suas ministras mais importantes para a área externa: Condoleezza Rice, secretária de Estado, e Susan Schwab, representante comercial dos Estados Unidos (USTR). Foram abordados, então, em clima de grande cordialidade e entendimento, temas que iam desde a cooperação com terceiros (notadamente países caribenhos e centro-americanos, no caso do etanol, e países africanos, especialmente São Tomé e Príncipe, no que toca ao combate à malária) até questões de coordenação em negociações comerciais multilaterais.

Durante a reunião de mais de sete horas (se incluirmos o jantar de trabalho) que se realizou em Camp David, em março de 2007, com a presença dos principais ministros e assessores de ambos os lados, os dois presidentes abordaram temas altamente delicados, como a relação dos EUA com o Oriente Médio e os esforços norte-americanos na região, que depois levariam à convocação da Conferência de Annapolis, no final daquele ano. Durante essa conversa, Bush chegou a dizer, por exemplo, que a guarda costeira norte-americana estava pronta a impedir uma imigração maciça de exilados cubanos, mas também agiria para frustrar qualquer tentativa dos cubanos de Miami de invadirem a ilha.

Esse grau de confiança presidiu também minhas discussões com a secretária de Estado, Condoleezza Rice. Naturalmente, o assunto Venezuela e a questão do Haiti estavam sempre presentes, mas a retomada do processo de paz entre Israel e Palestina e a posição da Síria no conflito foram assuntos de que tratamos com alguma frequência. Condoleezza não se limitava a dar recados – hábito tão comum entre os representantes norte-americanos. Era também uma ouvinte atenta. Ao contar-lhe, a propósito de uma recente viagem ao Oriente Médio, a dura impressão que me causara a grande quantidade de barreiras ao movimento de palestinos, inclusive de altas autoridades, e o fato de as crianças serem obrigadas a fazer enormes desvios, por vezes de mais de uma hora, para irem à escola, a secretária de Estado deu-me a impressão de escutar com grande atenção.

Não vou incorrer na pretensão de que meus relatos possam ter influído de alguma maneira nas atitudes norte-americanas em relação a Israel, até porque seguramente relatos semelhantes – ou até mais dramáticos – eram feitos pelos próprios palestinos, mas, poucos meses mais tarde, os israelenses relaxaram alguns dos controles mais ofensivos. Condoleezza Rice interessou-se pelo Foro IBAS (composto por Índia, Brasil e África do Sul) como possível mediador de conflitos. Essa apreciação positiva se refletiu no fato de que esses três países foram os únicos, dentre as nações em desenvolvimento não islâmicas ou de fora da região, a serem convidados para a Conferência de Annapolis. Evidentemente, esse bom entendimento não excluía diferenças de opinião nem impedia que gestões de natureza comercial bilateral constassem nas nossas conversas pessoais ou telefônicas (a questão da possível compra dos aviões de caça para a nossa Força Aérea já despontava como tema no relacionamento Brasil-EUA). Mesmo no auge da crise de Gaza, em janeiro de 2009, que enterrou as esperanças de um acordo ainda durante o governo Bush, mantivemos contato telefônico bastante intenso.

Curiosamente, o único registro que tenho de uma conversa com a secretária Rice sobre o programa nuclear iraniano é uma nota de 28 de setembro de 2005, em que me refiro a um encontro seguido de almoço no Departamento de Estado alguns dias antes. No *tête-à-tête* que precedeu a reunião formal, tratamos essencialmente de dois pontos: Irã e Venezuela. Dado o interesse dessa anotação, transcrevo o trecho correspondente: "Sobre o Irã, há óbvia preocupação [da parte de Washington] com a abstenção brasileira na última votação [no Conselho da AIEA] que preparava o caminho para a remessa ao Conselho e [com] a expectativa de que possamos apoiar a Resolução a ser apresentada em novembro (...). Expliquei-lhe que, em parte, nossa posição decorria da experiência com outras questões levadas ao CSNU e à cadeia de eventos, difícil de parar. Perguntei-lhe (...) se os EUA já não tinham 'o prato cheio' com a situação do Iraque. Condoleezza procurou transmitir que esse país caminhava para a normalização. Quanto ao Irã, o temor de um isolamento internacional teria mais efeito. Chegou a acenar (...) [com] a possibilidade de sanções diplomáticas. Recordei algo que havia dito a Solana, isto é, que não se devia transmitir ao Irã a percepção de que era intrinsecamente mau e que, portanto, nunca poderia ter acesso a enriquecimento. Seria melhor tratar a questão como a de alguém que não é mais alvo de confiança e necessita tempo para recuperá-la. Condoleezza (...) [não foi totalmente] refratária a essa abordagem, mas não me pareceu entusiasmada. Perguntei-lhe se havia conversado com Sergei Lavrov* e [indaguei] o que ele teria dito a respeito: 'Mais ou menos as mesmas coisas que você', foi a resposta, curta e significativa". O tema

* Diplomata de carreira, Sergei Lavrov foi embaixador na ONU de 1994 a 2004, quando assumiu o posto de ministro das Relações Exteriores no lugar de Igor Ivanov.

do Irã, embora já fosse objeto de preocupação a ponto de ensejar resoluções do Conselho de Segurança, não se havia tornado ainda foco das principais manchetes. Por outro lado, tampouco havia ocorrido a Washington que o Brasil pudesse vir a ser um intermediário nessa questão, até porque, diferentemente de Obama, Bush jamais demonstrara o desejo de qualquer tipo de *breakthrough* nas relações com o regime dos aiatolás. Essa aspiração é que esteve por trás da solicitação de Obama a Lula, em L'Aquila.

A chegada de Barack Obama à Casa Branca e a de Hillary Clinton ao Departamento de Estado não mudariam substancialmente o padrão do diálogo, pelo menos em um primeiro momento. Logo no início da nova administração norte-americana, Lula foi convidado para uma reunião de trabalho na Casa Branca. Esta ocorreu por ocasião de uma viagem previamente programada a Nova York, cujo objetivo central era atrair investimentos para o Brasil, em meio à crise desencadeada pela falência do Lehman Brothers. Esse encontro inicial foi dominado principalmente por questões financeiras e comerciais. Naquele momento, tínhamos ainda alguma esperança de reavivar a Rodada Doha, que fora um tema sempre presente nas conversas entre Lula e Bush. A OMC, entretanto, não era uma prioridade do novo presidente norte-americano, voltado principalmente para questões internas, como a reforma do sistema de saúde, e pouco disposto a gastar capital político na difícil tarefa de convencer o Congresso dos benefícios de um acordo comercial multilateral. Os comentários feitos então pelo assessor econômico Lawrence Summers, que havia ocupado altos postos no governo Clinton, pareceram baseados em um tipo de pensamento que não levava em conta as mudanças no panorama global dos últimos anos, inclusive o papel ampliado dos países em desenvolvimento nas negociações. Que me lembre, nenhuma questão política internacional foi tratada com maior profundidade. Obama, embora muito afável e sorridente, transmitiu-me naquele encontro uma impressão de superficialidade. Mesmo sua atitude simpática em relação a Lula diante das câmeras escondia, a meu ver, certo paternalismo, que contrastava com a postura franca e direta de Bush.

A presença conciliadora do presidente Lula na Cúpula das Américas, em abril de 2009, na qual Obama iria, pela primeira vez, se encontrar coletivamente com líderes sul-americanos, entre os quais alguns muito críticos dos Estados Unidos, como Chávez, Morales e Correa, certamente contribuiu para amenizar o clima da conferência. Na sessão de abertura, por acaso fiquei sentado ao lado de Hillary Clinton, que se mostrou simpática e bem-humorada a ponto de comentar com Lula, no breve encontro bilateral que tivemos à margem da reunião de Obama com a Unasul, que havia ficado "fofocando com seu ministro do Exterior". Cerca de um mês depois, em São Pedro Sula, Honduras, na reunião que discutiu a reincorporação de Cuba à OEA, procurei manter uma posição moderada, sem abrir mão de princípios (diferentemente dos países da Alba, bem mais incendiários), o que seguramente contribuiu para evitar que a resolução adotada contivesse linguagem desnecessariamente agressiva em relação aos Estados Unidos. Aliás, Hillary Clinton, com quem, a seu pedido, já me havia encontrado na parte da manhã, ao entrar na sala em que se realizariam as negociações, logo após o almoço oferecido pelos anfitriões hondurenhos, veio sentar-se ao meu lado e disse: "Vou ficar aqui para estar protegida". Exageros e agrados diplomáticos à parte, a secretária de Estado contava com o Brasil para encontrar uma solução que não deixasse os Estados Unidos em posição de isolamento (este evidentemente nunca seria total, pois Washington sempre contaria com o apoio de alguns países, como Costa Rica, Colômbia e, até certo ponto, México). Foi esse o sentido de nossa atuação. Trabalhamos por uma resolução consensual, que acabou sendo aprovada, não sem alguns solavancos.* Evitamos assim um confronto, sem que isso afetasse o resultado substantivo da reunião: a revogação da suspensão de Cuba da OEA.

Não cito esses exemplos com o objetivo de realçar que Estados Unidos e Brasil mantinham uma "relação especial", embora somente uma boa dose de confiança recíproca possa explicar a atitude de Colin Powell, já em 2004, ao instruir seu assessor, Roger Noriega, a consultar um diplomata brasileiro quanto ao teor do discurso sobre a Venezuela** que aquele assessor faria para os senadores norte-americanos. Essa relação, obviamente, não esteve isenta de desencontros. Talvez o mais importante deles, já no período Obama/Hillary, tenha sido o resultante das visões divergentes no episódio da deposição do presidente Zelaya, de Honduras. Nesse caso, em termos práticos, os Estados Unidos apoiaram (ou, pelo menos, foram condescendentes com) o golpe que derrubou o líder populista, enquanto o Brasil assegurava "abrigo" ao presidente deposto. Mesmo assim, o diálogo entre Washington e Brasília sobre Honduras nunca foi interrompido. O que quero dizer é que, quando Obama fez o pedido de apoio a Lula para o seu proclamado esforço de aproximação com o Irã, ao qual se seguiram sugestões concretas sobre a participação que o Brasil poderia ter no "acordo de troca", essa atitude se apoiava em um histórico recente de diálogo político intenso e produtivo, em que pese às divergências quanto a temas específicos.

---

* Cf. Amorim, op. cit., 2011, capítulo 9.

** Narrei esse episódio em Amorim, op. cit., 2013, capítulo 2.

As comunicações de Obama com Lula e de Hillary comigo no período imediatamente anterior à visita de Ahmadinejad já denotavam menor otimismo quanto às tratativas com o Irã, mas continuavam a revelar – ou assim me parecia – um grau elevado de confiança na nossa relação. Na véspera da visita, dia 22 de novembro, Obama dirigiu-se a Lula por meio de uma carta em que, entre outros assuntos, tratou da questão iraniana em quatro substanciosos parágrafos. Afirmando que o encontro de Lula com Ahmadinejad se daria em um momento crucial, Obama reiterou seu compromisso com a diplomacia. Não deixou de acenar, entretanto, com a possibilidade de sanções, no que chamou de "uma abordagem de dois trilhos" (*dual track approach*). Obama disse não ser seu objetivo humilhar o Irã ou isolá-lo, mas era perceptível que o *mood* demonstrado em L'Aquila havia se alterado em alguma medida. O presidente norte-americano concluiu a missiva com a afirmação de que valorizava o "sábio aconselhamento" (*wise counsel*) de Lula e nutria a expectativa de continuar a trabalhar "nesse e em outros importantes temas globais e hemisféricos".

Antes de qualquer visita presidencial, eu passava um rápido *briefing* para o presidente. Muitas vezes, essas conversas eram interrompidas por assessores que vinham tratar de algum aspecto da agenda ou de protocolo. Em outras ocasiões, por falta de tempo, o *briefing* se limitava ao fato de eu acompanhar, eventualmente explicando um ponto do texto ou outro, a primeira leitura que Lula fazia dos discursos que pronunciaria ou dos chamados "pontos de conversação", que serviriam para orientar o diálogo com o visitante. No caso da visita de Ahmadinejad, eu advertira o presidente de que necessitaria de algum tempo para lhe expor o estado das negociações sobre a questão nuclear, tema cujo tratamento não se podia limitar a afirmações de ordem genérica ou à reiteração de posições de princípio, embora estas fossem igualmente importantes. Regularmente, eu prestava contas ao presidente dos movimentos que estavam ocorrendo e chamava sua atenção para os aspectos mais importantes da questão, de modo a que estivesse preparado para responder a alguma pergunta ou comentário, no caso de telefonemas ou encontros com outros líderes. Até então, entretanto, não tinha tido ocasião ou necessidade de uma exposição detalhada sobre aspectos técnicos (ou quase técnicos) das discussões que vinha mantendo com diversos interlocutores. Lula dispôs-se a ouvir-me com atenção, mas, pouco depois de eu haver iniciado uma explicação algo pormenorizada sobre o "acordo de troca", o presidente me interrompeu: "Você conhece o assunto, Celso; você fala". Concordei com Lula que poderíamos proceder desse modo, mas ponderei que era importante que ele introduzisse o tema com uma apresentação política que daria respaldo ao que eu viesse a dizer. Era, a rigor, uma observação desnecessária, que fazia por excesso de zelo, pois não havia dúvida de que Lula agiria desse modo.

A reunião com Ahmadinejad, como tantos outros encontros presidenciais, realizou-se no meu gabinete no Itamaraty. A essa época, o Palácio do Planalto estava sendo reformado, o que tornava ainda mais natural a escolha das instalações do Ministério das Relações Exteriores. Mas a opção pelo Itamaraty, em particular pelo gabinete do ministro, como local para reuniões presidenciais não deixava de conter um elemento simbólico do apreço que o presidente tinha pela Casa de Rio Branco. De início, a reunião contou com vários participantes. Lembro-me, no lado brasileiro, da presença dos ministros (ou representantes) da Indústria e Comércio, da Agricultura, de Minas e Energia, da Ciência e Tecnologia, além do assessor especial do presidente, Marco Aurélio Garcia, e do embaixador do Brasil em Teerã, Antonio Salgado. É possível que estivesse presente algum representante da área econômica ou do Banco Central, pois um dos pontos de grande interesse dos iranianos – e também dos nossos exportadores – consistia na criação de um arranjo de pagamentos que permitisse contornar os bloqueios unilaterais impostos pelos Estados Unidos e, em alguns casos, pela União Europeia. Noto – embora volte a frisar que o nosso interesse principal no diálogo com o Irã ultrapassava o aspecto comercial – que as exportações brasileiras vinham crescendo exponencialmente. Passados quarenta minutos do diálogo sobre temas bilaterais, Lula, como já me havia anunciado, pediu que a conversa ficasse restrita aos dois presidentes e os respectivos chanceleres. Todos os demais, salvo os intérpretes, deviam se retirar. O presidente iraniano concordou e assim se fez.

A propósito dos intérpretes, assinalo como curiosidade que a tradução não era feita diretamente do português para o farsi e vice-versa. Lula tinha seu próprio tradutor, que ia vertendo o que nosso presidente dizia para o inglês, ao passo que o intérprete de Ahmadinejad, possuidor de um primoroso conhecimento da língua inglesa, traduzia o teor do diálogo para o farsi. Esse procedimento, indispensável no caso, alongava sobremodo o tempo necessário para a comunicação e aumentava a possibilidade de algum mal-entendido. Como já observara em ocasiões anteriores, algumas sutilezas ficavam *lost in translation*. Mesmo sem conhecer uma palavra do idioma persa, vez por outra, ao perceber que algum conceito não havia sido entendido, eu próprio tratava de repetir o que havia sido dito pelo presidente (ou, ocasionalmente, por mim) em inglês, idioma cujo domínio passivo Ahmadinejad parecia possuir.

Em sua "introdução política", marcada pela busca de empatia com as dificuldades que o Irã estava vivendo, Lula enfatizou a necessidade de Teerã não se isolar. Preservado o seu direito a um programa nuclear pacífico, inclusive ao enriquecimento de urânio, era preciso encontrar uma fórmula que permitisse eliminar ou pelo menos aliviar as dúvidas dos países ocidentais para evitar que fossem adotadas novas medidas punitivas (justas ou injustas, não vinha ao caso). Também era importante que o Irã se reintegrasse plenamente ao convívio das nações. O presidente brasileiro reiterou sua disposição em colaborar ativamente na busca de um entendimento que preservasse os direitos e a dignidade do Irã. Assinalou que conversava frequentemente sobre o tema com vários líderes de países envolvidos na questão. Em seguida, passou-me a palavra para que, em tom mais técnico, expusesse o estado das negociações. Abordei então o acordo de troca como instrumento de criação de confiança, referindo-me em detalhe aos elementos que o compunham. Expus também o argumento que me fora apresentado por Burns, segundo o qual, ao aceitar o "pagamento" do elemento combustível com LEU produzido no Irã, a comunidade internacional estaria estendendo um reconhecimento de fato ao programa de enriquecimento iraniano.

Ahmadinejad não respondeu diretamente a esse ponto. Preferiu se concentrar nos aspectos que o haviam levado inicialmente a recusar a proposta feita pelo P5+1. Admitiu que, num primeiro momento, se inclinara a concordar com ela, mas que a intensa propaganda ocidental, especialmente nos EUA, no sentido de que o acordo "atrasaria o programa nuclear iraniano em pelo menos um ano" teria despertado forte reação no seu país, tanto da parte de setores dirigentes (aludia, obviamente, ao aiatolá Khamenei, sem mencioná-lo) como da oposição, representada, entre outros, por Mousavi.* Este chegara a dizer, segundo Ahmadinejad, que a aceitação do acordo proposto seria uma "capitulação". Com bastante franqueza, o presidente iraniano deixou transparecer que, ao lado de disputas ideológicas (não usou esse termo), havia uma intensa luta pelo poder em seu país, luta que envolvia diversas personalidades e grupos. Esse fato não me passara de todo despercebido quando da minha primeira visita ao Irã e iria se confirmar em encontros que ainda viria a ter. Eu notara, por exemplo, que havia uma evidente tensão entre o chefe do Executivo e o presidente da Assembleia, Ali Larijani, defensor de uma posição mais "dura" na questão nuclear. Tampouco faltaram, na exposição do nosso interlocutor, queixas quanto ao comportamento ocidental. Foi especialmente crítico em relação à França, que, segundo ele, nunca devolvera o material nuclear enviado para beneficiamento, ainda no tempo do xá.

* Mir-Hossein Mousavi Khameneh foi primeiro-ministro do Irã de 1981 a 1989. Foi candidato presidencial em 2009, na polêmica eleição em que Ahmadinejad foi vitorioso. Durante os protestos que se seguiram à proclamação dos resultados, Mousavi atuou fortemente como membro da oposição ao governo.

Essa falta de confiança era justamente um dos fatores que levava o Irã a insistir na tese da "simultaneidade". Lula voltou a falar de sua intenção de colaborar para um eventual acordo, sublinhando sempre os riscos de um isolamento. Deixou implícito também, com a delicadeza necessária, algo que eu já dissera de maneira menos diplomática, em conversas com Mottaki e outras autoridades, a saber, que a persistência ou o agravamento do impasse inevitavelmente comprometeria a possibilidade de cooperação entre Irã e Brasil. De maneira a não deixar dúvida, foi transmitida a mensagem de que, embora desaprovasse as sanções, que considerava contraproducentes, o Brasil, em linha com seu tradicional apego ao sistema multilateral, não deixaria de cumprir as determinações das Nações Unidas. Quanto às medidas unilaterais, não nos sentíamos obrigados por elas. Reconhecíamos, entretanto, que, do ponto de vista prático, tinham reflexos negativos em algumas áreas importantes de potencial cooperação, como energia e petróleo, uma vez que empresas brasileiras com operações nos Estados Unidos e na União Europeia temiam sofrer algum tipo de retaliação. Essa preocupação valia, inclusive, para empresas estatais, como a Petrobras e o Banco do Brasil, já que em larga medida eram guiadas por considerações de natureza econômica e comercial mais do que política.

Em algum momento da conversa, Ahmadinejad abordou as acusações que vinha recebendo de "ocultamento" em relação à usina de Qom. Sublinhou que a revelação sobre a existência da usina partira do próprio Irã, e que o comportamento de Teerã a esse respeito se enquadrava nas normas da AIEA.* Ao tempo em que desfiou suas queixas sobre os interlocutores ocidentais, Ahmadinejad reafirmou seu desejo de voltar ao diálogo, apesar dos problemas internos que essa atitude poderia lhe causar. Diferentemente da imagem que a mídia ocidental projeta (ou projetava), o sistema político iraniano está longe de ser monolítico. Respeitada a figura do Líder Supremo, a luta de facções é intensa. Essa disputa ocorre não apenas entre diversos setores corporativos, como a Guarda Revolucionária e o clero, por exemplo, mas também no interior da própria camada de religiosos. Há aiatolás mais liberais, como o atual presidente Rouhani e o ex-presidente Khatami; há pragmáticos, como Rafsanjani, e, naturalmente, há os defensores intransigentes da revolução xiita. Ainda que de forma limitada, esses conflitos

* Tendo acompanhado o noticiário internacional sobre essa revelação, feita enquanto transcorria o debate na AGNU e as denúncias de que era aquela a prova que faltava para demonstrar a má-fé do Irã, não posso, em retrospecto, deixar de notar que o tema de Qom praticamente desapareceu do debate público no momento em que o P5+1 voltou a se engajar com o Irã, em 2013/14. À época, entretanto, era um tema importante, que voltaria a aparecer em outras conversas.

refletiam tendências da sociedade civil. Dentro desse contexto, Ahmadinejad necessitava manter e ampliar o apoio popular que conquistara como prefeito de Teerã e que o levara à presidência. Para isso, precisava garantir um mínimo de estabilidade econômica, o que era impossível na vigência das sanções internacionais (da ONU ou unilaterais). Esse fato, mais do que sua suavidade e seu permanente sorriso de simpatia durante as conversas bilaterais, é que me fazia crer na sua sinceridade quando falava do desejo de uma solução negociada para o tema nuclear.

Se Ahmadinejad dera pouca atenção ao argumento de Burns sobre o "reconhecimento", mesmo que apenas tácito, do programa de enriquecimento, Mottaki, que ficara calado durante praticamente toda a reunião com os presidentes, salvo uma ou outra intervenção no sentido de sublinhar a boa-fé do Irã e a falta de credibilidade dos interlocutores ocidentais, demonstrou compreender o alcance simbólico dessa "aceitação de fato". Quando voltei ao tema com ele, a caminho da Sala Brasília do Palácio Itamaraty, onde se realizaria, com grande atraso, o almoço oficial, o ministro iraniano admitiu tratar-se de um argumento de peso. Todavia, não deixou de matizar essa concordância com raciocínios especiosos sobre como o acordo era ainda mais favorável para os Estados Unidos e seus aliados. Nos cerca de seis meses que se seguiram até a Declaração de 17 de maio, esse equilíbrio de concessões seria objeto de muitas discussões com o ministro iraniano nas mais variadas circunstâncias: por telefone, nas minhas visitas a Teerã e à margem do Fórum Mundial de Davos.

Em carta datada de 26 de novembro, o presidente Lula respondeu à missiva que Obama enviara no dia 22. Em sua resposta, Lula tratou de vários temas (a COP-15; a situação em Honduras; a Rodada Doha; o Haiti; a Palestina). Dedicou quatro substanciosos parágrafos à questão iraniana, com ênfase no programa nuclear. Relatou minuciosamente vários aspectos da conversa que havia mantido com o presidente Ahmadinejad no dia 23. Lula enfatizou o esforço para convencer o presidente iraniano, no sentido de que este deveria aproveitar a oportunidade oferecida pela proposta da AIEA com vistas a uma melhor inserção internacional do Irã. Acrescentou que havia até mesmo estimulado o diálogo direto entre Teerã e Washington. Na carta, nosso presidente transmitiu a impressão, que autenticamente tivera, de que Ahmadinejad não estava fechado ao diálogo, embora sofresse forte pressão interna (especialmente do Parlamento, de membros do Conselho de Segurança Nacional e da oposição). Relatou ainda a desconfiança manifestada por Ahmadinejad em relação ao cumprimento, pelo Ocidente, da parte que lhe caberia no acordo de troca e que era preciso encontrar maneiras de superá-la. Disse também que havia feito notar a Ahmadinejad que "uma postura de confrontação ou de indiferença" poderia acarretar novas sanções que prejudicariam a cooperação do Irã com outros países. Afirmando que haveria espaço para negociar, o presidente Lula exprimiu a convicção de que "o diálogo deveria continuar, mas por canais sigilosos, sem a difusão de desdobramentos que possam ser invocados pelos adversários da paz". Era uma alusão indireta, mas bastante clara, à "guerra de propaganda" que o presidente iraniano havia apontado como causa do recuo de Teerã em relação ao acordo. Finalmente, referiu-se à possibilidade de "soluções criativas" sobre a base da proposta da Agência Atômica, exemplificando com o eventual encurtamento do intervalo entre o envio do urânio pelo Irã e o recebimento do combustível.

No mesmo dia dessa carta-resposta, cujo teor foi antecipado ao governo norte-americano, recebi um telefonema da secretária de Estado, que queria tratar principalmente de três temas: a COP-15, a situação em Honduras e o projeto de resolução sobre o programa nuclear iraniano sob a consideração da Agência Atômica. A estes, do mesmo modo que o presidente, eu acrescentaria a questão da Palestina. No tocante ao projeto de resolução sobre o programa nuclear, apresentado pela Alemanha, a secretária afirmou que o texto havia sido redigido em "linguagem moderada", com base em conclusões constantes do relato do diretor-geral. Fez referência à revelação sobre a instalação de enriquecimento em Qom e mencionou a recusa (*sic*) pelo Irã da proposta sobre a troca de urânio. Procurou amenizar os possíveis efeitos negativos da resolução, dizendo que esta não visaria medidas punitivas, mas a "unificação de posições [dos membros da Junta de Governadores da Agência Atômica] sobre as obrigações do Irã". A fim de sinalizar que estava a par da carta-resposta do presidente Lula, Hillary Clinton finalizou sua exposição sobre esse tópico com manifestações de apreço pelas posições que o Brasil e o próprio presidente vinham tomando sobre o tema.

Comentei uma a uma as afirmações da secretária de Estado. Disse que nossa posição em relação ao projeto de resolução seria ditada primordialmente por nossa preocupação em não prejudicar a interlocução que havíamos iniciado com Teerã sobre o programa nuclear. Acrescentei que Lula "levara muito a sério" o pedido de ajuda feito por Obama em L'Aquila para que convencesse Ahmadinejad a corresponder às aberturas propostas a Teerã. No nosso entender, com base em mensagens recebidas de emissários credenciados do governo dos Estados Unidos, essas aberturas incluíam a proposta do "acordo de troca". Com tais considerações em mente, não me parecia produtivo insistir em condenações que inevitavelmente limitariam o espaço de manobra de Ahmadinejad, levando-o a optar pelo "caminho fácil" da radicalização. Em sua tréplica, Hillary admitiu que a análise que eu apresentara sobre uma luta pelo poder no Irã era valiosa e concordou que a proposta do acordo de troca assumira um caráter simbólico nesse contexto. Disse, porém, que o Irã parecia estar caminhando de uma ditadura teocrática para uma ditadura militar, comandada pela Guarda Revolucionária. A secretária de Estado ainda acrescentou alguns argumentos em defesa do projeto de resolução, mas evitou fazê-lo em tom peremptório.

Três dias após a visita de Ahmadinejad, desembarcava em Manaus Nicolas Sarkozy. Em função da situação geográfica de seu departamento ultramarino da Guiana, o presidente francês fora convidado para o encontro de cúpula da Organização do Tratado de Cooperação Amazônica (OTCA). Sarkozy, como Chirac, via na associação de sua imagem com a de Lula um trunfo importante para conquistar uma parte do eleitorado da esquerda mais moderada. Essa interlocução privilegiada com um líder metalúrgico de uma grande democracia emergente era também uma forma de realçar o prestígio internacional do governante francês. A proximidade da Conferência de Copenhague, em que Sarkozy almejava um papel de destaque (com óbvios reflexos sobre a opinião pública de seu país) também estava por trás desse gesto pouco usual. A parceria estratégica entre Brasil e França se desenvolvera nos últimos anos, impulsionada pela afinidade em relação aos grandes temas globais (exceto pela Rodada Doha e, em particular, os subsídios agrícolas). No primeiro encontro entre Lula e Jacques Chirac, no início de 2003, ficara clara a visão compartilhada dos dois chefes de Estado em temas candentes como o Iraque. Ao longo de 2003 e 2004, a parceria franco-brasileira assumiria vários contornos, com especial destaque para o envolvimento pessoal dos dois presidentes na Campanha Global de Combate à Fome e à Pobreza. Foi também a partir de 2003 que Paris passou a apoiar de forma explícita a pretensão brasileira de vir a integrar, como membro permanente, o Conselho de Segurança das Nações Unidas (até então, a posição francesa se expressava de forma mais genérica, em favor da presença dos "grandes países do Sul"). Do ponto de vista da política internacional, Chirac era um gaullista que valorizava, sobretudo, a soberania da França e o papel que desempenhava no mundo. Se não um ideólogo, era um praticante da multipolaridade, o que naturalmente o aproximava do líder de origem operária de um país em desenvolvimento em busca de maior reconhecimento no concerto das nações. Sarkozy, que tivera sérias desavenças com seu antecessor por questões de política interna, procurou valer-se do capital que Chirac havia acumulado nas relações com o Brasil. Diferentemente deste, cuja figura de *grand seigneur* evocava, de alguma forma, o passado de grandeza da França, o novo presidente procurava transmitir a imagem de um líder de ideias modernizantes, o que, no imaginário francês, corresponde, até certo ponto, à figura do americano empreendedor e bem-sucedido. Talvez por isso, uma de suas primeiras ações no plano internacional foi fazer a França regressar ao comando integrado da OTAN, da qual o general De Gaulle a havia retirado.

As declarações e as atitudes de Sarkozy sobre temas da governança internacional eram ambíguas. Por um lado, soava revolucionário, ou pelo menos reformista, quando propunha que o G8 fosse expandido com a inclusão de Brasil, Índia, China, México e África do Sul (que já integravam o G8+5), além de outros, como Egito e Indonésia, todos teoricamente em pé de igualdade. Esse tema foi objeto de intenso diálogo, inclusive epistolar, entre o Brasil e a França. Por outro lado, suas afirmações sobre a reforma do Conselho de Segurança eram, em geral, menos claras que as de seu antecessor. Mais de uma vez, deixou de mencionar expressamente o Brasil, talvez para não descontentar o México, país com o qual a França tem laços políticos e econômicos importantes. Essas omissões eram sempre explicadas *a posteriori*, de forma a minimizá-las, pelo eficiente assessor diplomático de Sarkozy, Jean David Levitte.* Quanto ao Irã e seu programa nuclear, especificamente, Sarkozy também demonstrava uma atitude ambivalente. Nas conversas do presidente francês com Lula, e nas de seu assessor internacional comigo, a ênfase era sempre colocada na busca de uma solução diplomática. Essa postura mais aberta contrastava com declarações para consumo interno e com atitudes que a França adotava em foros internacionais, sobretudo o europeu, onde frequentemente advogava posturas mais duras, inclusive a ampliação das sanções. Por certo, o empenho da França em se aproximar do Brasil em áreas como a nuclear e de defesa tinha forte componente comercial. Paris percebia na "parceria estratégica" a oportunidade de bons negócios. Não havia nada de errado nisso, na medida em que os interesses podiam coincidir, como ocorreu no caso do programa brasileiro de submarinos. Mas é preciso entender as motivações que levavam o governo francês a uma postura oscilante em questões internacionais. Em relação a essas, Paris buscava minimizar as diferenças e estimular um entendimento que, em retrospecto, se revelou mais difícil do que parecia. No final de agosto de 2009, fui a Paris, convidado por Bernard Kouchner, a fim de fazer um pronunciamento aos embaixadores franceses reunidos no Quai d'Orsay.

---

* Levitte, que fora representante nas Nações Unidas e embaixador em Washington, viria a ser meu principal interlocutor no tema do Irã. Vale notar que, diferentemente de períodos anteriores, havia nessa época uma nítida, ainda que informal, divisão de trabalho entre a assessoria internacional da presidência francesa, à qual estavam confiados os temas de natureza estratégica, e o Quai d'Orsay, então chefiado pelo simpático e midiático Bernard Kouchner, mais conhecido por suas ações humanitárias quando esteve à frente da organização Médecins sans Frontières e da representação das Nações Unidas no Kosovo.

Na ocasião, recebi a visita de Levitte na embaixada do Brasil. Entregou-me cópia do discurso pronunciado pelo presidente da República no mesmo fórum a que eu iria me dirigir no dia seguinte. "*Ton ami, Nicolas Sarkozy, m'a demandé de la rendre.*" O assessor presidencial fez questão de assinalar para mim os trechos em que o presidente francês se referia ao Brasil e ao presidente Lula e sobre governança global, com conceitos semelhantes aos nossos. Mas a mensagem central de Levitte dizia respeito à possibilidade da compra, pelo Brasil, do caça francês Rafale. A esse respeito, expressou a expectativa de que um anúncio nesse sentido pudesse ser feito antes da visita que Sarkozy faria ao Brasil proximamente.

Em Manaus, aonde o presidente francês viera fundamentalmente buscar um alinhamento com o Brasil com vistas à COP-15, as conversas de Sarkozy com Lula não se limitaram a aspectos climáticos. Falou-se de Oriente Médio e especialmente do Irã. Com relação a este, a França, coincidindo com os Estados Unidos, gostaria que o Brasil apoiasse o projeto de resolução apresentado pela Alemanha na Junta de Governadores da AIEA. Para isso, um dos assessores de Sarkozy expôs argumentos semelhantes aos que haviam sido apresentados no telefonema de Hillary Clinton, com ênfase nas revelações sobre a usina de Qom. Tratei logo de dizer, em conversa lateral com um colaborador do presidente francês, que não favorecíamos atitudes condenatórias que não contribuíssem para o entendimento com Teerã. A diferença de percepções e de atitudes não impediu que Lula – que por essa época, como eu próprio, ainda depositava forte confiança na possibilidade de ações coordenadas com a França em relação a esse e outros temas – abordasse a questão iraniana com o presidente francês. Lula fez um breve relato do encontro que tivera com Ahmadinejad, em Brasília, poucos dias antes. Assim como na carta a Obama, enfatizou a percepção de que o presidente iraniano estava autenticamente empenhado em retomar o diálogo sobre a questão nuclear, mesmo que para isso devesse enfrentar forte oposição em seu país, inclusive nos círculos do poder. Sarkozy nada disse para contraditar essa impressão, mas acrescentou: "Só poderei recomeçar um diálogo com o Irã quando a cidadã francesa Clotilde Reiss for libertada".* Acrescentou que, tão logo isso ocorresse, estaria pronto para falar com o líder iraniano. Autorizado por Lula, dirigi ao presidente francês uma pergunta direta: "Entendo que esse telefonema não será apenas para agradecer a eventual libertação, mas sim para iniciar um diálogo?". "*Bien sûr*", respondeu-me Sarkozy, sem nenhuma hesitação.

---

* O caso da libertação da cidadã francesa é comentado também em Amorim, op. cit., 2011, capítulo 12.

Após breve passagem por Quito para uma reunião de ministros da Defesa e das Relações Exteriores dos países da Unasul, em que o tema principal era a questão das bases norte-americanas na Colômbia, parti em um avião da FAB para Genebra, com escalas em Boa Vista e na Ilha do Sal. Ia participar de uma reunião ministerial da OMC, na qual, como esperado, nada de muito relevante aconteceu. Nesses dias, ocorreram dois fatos importantes, relacionados com a nossa tentativa de contribuir para uma solução pacífica e negociada para a questão do programa nuclear iraniano: a AIEA adotou o projeto de resolução* em que mais uma vez condenava o Irã, sem o apoio do Brasil, e, em grande medida – se bem me lembro – por influência nossa, o da África do Sul; ato contínuo, o parlamento iraniano "instruiu" o governo de Teerã a começar sem delongas o enriquecimento de urânio a 20%. Ao tomar conhecimento das duas ações, que certamente tornavam o entendimento entre as partes ainda mais remoto, considerei que, dado nosso envolvimento, aprofundado pelas visitas recentes, devíamos agir de alguma forma. Liguei para o presidente Lula e obtive sua autorização para, mais uma vez, dirigir-me ao país persa, onde tentaria falar com Ahmadinejad. Chamei então nosso embaixador, que imediatamente se pôs em campo. O presidente iraniano prontamente confirmou que me receberia. Não o faria em Teerã, pois estava em giro pelo país, mas na histórica cidade de Isfahan, famosa por suas mesquitas e palácios. Essa mudança de destino apenas aguçou ainda mais minha vontade de partir rapidamente de Genebra. A cidade suíça é povoada de jornalistas, inclusive correspondentes dos principais jornais brasileiros, sempre ávidos por um "furo", de preferência contendo algum elemento de intriga. Foi quase um milagre preservar por algumas horas o sigilo em torno do meu destino. Aliás, só pude alcançá-lo em tempo porque, como indiquei antes, contava com o transporte de um avião militar brasileiro.

Cheguei a Isfahan à noite e fui alojado em um luxuoso hotel, um antigo *caravanserai* reformado, com um belo pátio central e salões ricamente adornados. Infelizmente, tive pouco tempo para "curtir" a minha estada naquele exemplar de arquitetura tipicamente muçulmana. Na manhã seguinte, dividi meu tempo entre uma conversa, quase puramente *pro forma*, com o ministro Mottaki e a visita às fabulosas mesquitas e palácios dessa cidade que foi sede da dinastia safavida. Noto, por curiosidade, que em alguns desses palácios as pinturas murais em nada revelavam o puritanismo xiita dos aiatolás. Não só reproduziam figuras

---

* Resolução adotada pela Junta de Governadores em 27 de novembro de 2009, sob o título *Implementation of the NPT Safeguards Agreement and Relevant Provisions of Security Council Resolutions 1737 (2006), 1747 (2007), 1803 (2008) and 1835 (2008) in the Islamic Republic of Iran.*

humanas, banidas das versões mais radicais do Islã, como continham representações bastante liberais de encontros românticos entre príncipes e princesas da mitologia persa. É um raro tributo à tolerância do clero xiita que, contrariamente ao que fizeram os talibãs com a gigantesca estátua de Buda, essas expressões da criatividade artística da corte persa dos séculos XVI ou XVII não tenham sido destruídas ou danificadas. Ao contrário, são cuidadosamente preservadas e incluídas no roteiro cultural oferecido a viajantes estrangeiros.

O encontro com Ahmadinejad deu-se aproximadamente às 19 horas, em uma bela sala de audiências de um antigo palácio no centro de Isfahan. Durou cerca de uma hora. Estava também presente, do lado iraniano, o ministro Mottaki. Do lado brasileiro, apenas o embaixador brasileiro em Teerã me acompanhou. Foi uma conversa longa, em que o mesmo intérprete que estivera no Brasil fazia intervenções apenas ocasionais, sobretudo após as falas do presidente, o qual tratou logo de sinalizar, com um gesto de mão, que não era necessário traduzir o que eu dizia em inglês. Concentrei-me em três temas, todos relacionados com a evolução recente e com a conversa de poucos dias antes entre Lula e Sarkozy. Referindo-me à desconfiança revelada por Ahmadinejad com relação ao cumprimento, pelo Ocidente, ou mais especificamente pela França (supondo que fosse ela a fabricar as varetas de combustível, uma entre as várias hipóteses aventadas), da parte que lhe caberia no *deal*, transmiti-lhe a disposição, que nos fora expressa pelo governante francês, em ter Lula como garantidor da operação, papel a que o nosso presidente obviamente não se furtaria. Ahmadinejad mais uma vez reiterou sua total confiança no líder brasileiro, mas não deu seguimento a esse aspecto da minha exposição. Outro tema, este diretamente relacionado com as decisões da AIEA e do Parlamento iraniano, foi o do início do enriquecimento a 20%. Disse a Ahmadinejad que, embora pudesse compreender suas dificuldades domésticas, consideraria muito positivo que adiasse por algum tempo a execução dessa medida, abrindo espaço para as negociações. O presidente iraniano reagiu de forma curiosa: por um lado, aludiu com ainda maior franqueza do que fizera em Brasília à oposição que sofria internamente; por outro, afirmou que não poderia, ele próprio, fazer um anúncio público como lhe pedia. Tendo em mente ministros e assessores do P5+1, autorizou-me, contudo, a comunicar aos meus "interlocutores" que me dera a "garantia" de que procederia dessa forma. Solicitei então, seguindo sugestão de um de meus colaboradores, que postergasse o início da produção do urânio a 20% por dois meses. A rapidez com que Ahmadinejad assentiu em atender a essa solicitação me fez pensar que eu talvez tivesse sido excessivamente modesto. Fiquei com a impressão de que se tivesse dito três ou quatro meses teria obtido a mesma reação. Seja como for, meus "interlocutores" (na expressão de Ahmadinejad), já empenhados no curso punitivo da abordagem de dois trilhos, não deram grande importância ao fato. Por exemplo, o então titular do Foreign Office britânico, David Miliband (cujo pai, Ralph Miliband – um guru da esquerda do mundo acadêmico britânico nos anos 1960 e 1970 –, havia sido meu supervisor na famosa London School of Economics), limitou-se a considerar a oferta uma "manobra protelatória", como se o Irã tivesse algo a ganhar com o atraso no enriquecimento.

O terceiro tema tratado foi o da jovem francesa suspeita de espionagem detida no Irã. Ahmadinejad disse inicialmente que se tratava de uma questão que estava nas mãos da justiça iraniana, na qual não podia interferir. Ao longo da conversa, ficou claro que esse impedimento não era absoluto, tendo o próprio presidente revelado que uma tentativa de solucionar o caso havia sido frustrada devido ao vazamento da manobra por um terceiro país envolvido. Deixou entrever que haveria campo para uma negociação que envolvesse também a soltura, pela França, de um cidadão iraniano acusado de haver assassinado o ex-premiê Shapour Bakhtiar em 1991. Tratava-se de uma operação complexa, cheia de sutilezas, um verdadeiro "jogo de sombras", em que os dois países teriam de concordar com uma troca sem, contudo, parecer fazê-lo. Mantive longas conversas telefônicas a esse respeito tanto com Mottaki como com Levitte. Afinal, as circunstâncias vieram a facilitar a solução do caso, devido a uma decisão "autônoma" da justiça francesa.

Com o benefício da visão retrospectiva, constato que, assim como o presidente Lula, eu depositava muita esperança no apoio que a França poderia dar a nossos esforços pacificadores. Além dos fatos mais recentes, já citados aqui, eu guardava a lembrança da excelente cooperação que mantivera, no tempo em que atuei no Conselho de Segurança, com meu colega francês Alain Déjammet, um fino diplomata de grande capacidade intelectual, com quem compartilhara momentos difíceis, sobretudo na questão iraquiana, no final dos anos 1990, quando se discutia a possível automaticidade de um ataque armado ao Iraque, caso o país descumprisse suas obrigações. No contexto daquelas discussões, busquei uma solução de compromisso entre posições conflitantes. Antes de apresentá-la formalmente, consultei Déjammet, pois não desejava deixá-lo isolado, na companhia nem sempre confortável de Rússia e China. Déjammet me respondeu de forma surpreendente: "O que for aceitável para o Brasil é aceitável para a França". O mesmo clima de entendimento em questões de natureza global prevaleceu nas relações que mantive com o chanceler Dominique de Villepin, quando da invasão do Iraque em 2003. Esse otimismo em relação à atitude francesa logo viria a se revelar ilusório, ainda que por alguns meses, mesmo depois da adoção de sanções pelo Conselho de Segurança com total endosso de Paris, meu interlocutor no Élysées fizesse questão de reafirmar que "*Sarkozy est un homme de parole*".*

Operação Yasemin

Ao longo do mês de dezembro de 2009, a troca de telefonemas sobre a questão iraniana continuou intensa. Minha agenda registra conversas com Hillary Clinton, David Miliband e Jean David Levitte, entre outros. Dentre os demais membros do P5+1, recordo-me de uma chamada que fiz ao ministro alemão, Guido Westerwelle, sem grandes consequências. Nessa fase, meus contatos com os chanceleres dos outros dois integrantes do grupo, Rússia e China, foram mais escassos. Esse fato, visto da perspectiva de hoje, não deixa de ser curioso, sobretudo no caso do ministro russo, Sergei Lavrov, com quem mantinha muito boa relação desde o tempo em que havíamos sido colegas no Conselho de Segurança, com estreita coordenação em temas como o Iraque e mesmo a antiga Iugoslávia. Em tempos recentes, fora uma proposta feita por Lavrov e rapidamente acolhida por mim, à margem da Assembleia Geral da ONU, que levara à institucionalização dos BRICs como foro político. Com o ministro chinês, um típico membro da burocracia de Beijing, meus contatos, embora cordiais, eram de natureza mais formal.

No início de janeiro, nosso envolvimento no dossiê iraniano receberia novo impulso. Tinha programado uma visita à Turquia, onde presidiria com o ministro do Comércio turco, Zafer Çaglayan, a comissão mista bilateral. Mais uma vez, o fato de usar "dois chapéus", o político-diplomático e o de negociador comercial, se revelaria extremamente útil. Aproveitei minha estada na cidade a fim de atender a um convite, feito pelo chanceler Davutoglu, para proferir uma palestra aos embaixadores turcos que participavam de uma reunião anual em Ancara – distinção que seria repetida mais tarde com meu sucessor, o ministro Antonio Patriota, mas que até então era inédita. O convite era indicativo do alto grau de afinidade, e mesmo de confiança, existente no relacionamento entre Turquia e

---

* Nas recentes revelações de Edward Snowden sobre espionagem, li com algum espanto (menos pelo fato e mais pela desfaçatez) o comentário de um funcionário francês, segundo o qual não havia, na época, nenhuma razão para que Washington se preocupasse com os "entendimentos" que Paris mantinha conosco sobre a questão nuclear iraniana. Tudo o que os franceses desejavam, teria dito ele, era nos manter engajados nas conversações sobre a compra de aviões Rafale para a FAB. Infelizmente, não guardei o recorte de jornal em que apareceu essa surpreendente manifestação de sinceridade.

Brasil. Tive encontros de trabalho com o presidente Abdullah Gül e, naturalmente, com meu colega, Ahmet Davutoglu. Em ambos os casos, a questão iraniana figurou com destaque. Como assinalei, já tivera conversas telefônicas a respeito do Irã com o ministro das Relações Exteriores da Turquia, por iniciativa deste, antes da viagem de Ahmadinejad ao Brasil. Foi nesse meu encontro em Ancara que começaram a ser desenhados os contornos de uma ação conjunta Brasil-Turquia em relação à questão do programa nuclear iraniano. Comparando nossas notas sobre o assunto, Davutoglu e eu verificamos que havia forte convergência nos esforços que, cada um por seu lado, estávamos fazendo em prol de uma solução diplomática baseada no acordo de troca, originalmente proposto ao Irã pelo P5+1. Também mencionei a Davutoglu nossas tentativas de obter do Irã uma moratória para o início do enriquecimento de urânio a 20%. Mais ou menos nessa época, os jornais ocidentais noticiaram a declaração do ministro Mottaki de que, caso o Ocidente não retomasse as negociações, o Irã começaria a enriquecer urânio a 20% "dentro de um mês". A declaração, feita em tom peremptório, usual no caso dos governantes iranianos, foi interpretada no Ocidente como um ultimato. Dadas as divisões internas sobre o tema nuclear em seu país, talvez fosse intenção de Mottaki transmitir justamente essa impressão. Curiosamente, um jornal iraniano, considerado porta-voz oficial do governo, esclareceria que, na realidade, a afirmação de Mottaki fora uma maneira de se referir positivamente à "proposta de uma nação amiga", uma óbvia referência a minha conversa com Ahmadinejad em Isfahan. Davutoglu e eu acertamos que Turquia e Brasil passariam a atuar em coordenação nas tratativas sobre o programa nuclear iraniano. Meu colega chamou essa ação conjunta de "Operação Yasemin", uma alusão carinhosa à minha neta, cujo pai é um diplomata turco. Nossas conversas haviam revelado grande coincidência de objetivos. Concordamos que os nossos esforços deveriam se concentrar na aproximação entre o que o Irã se dispunha a fazer e as exigências ocidentais, uma vez que, em princípio, o conceito da troca não era questionado por nenhum dos dois lados.

Tal aproximação estava longe de ser uma tarefa simples. Da parte iraniana, insistia-se em que o LEU a ser entregue à custódia internacional deveria permanecer em seu território, mesmo admitindo que isso ocorresse sob a supervisão da AIEA. Alegando os motivos que tinha para desconfiar do Ocidente, o Irã seguia defendendo a simultaneidade entre a remessa de LEU e o recebimento do elemento combustível. Sobretudo – e isso ficou ainda mais claro na minha conversa com Mottaki à margem do foro de Davos –, o Irã resistia a entregar a quantidade de urânio enriquecido requerida pelo P5+1 (1.200 quilos). Em um raciocínio revelador de uma cultura milenar voltada para o comércio, disse-me o chanceler Mottaki que, em toda transação comercial, cabe ao comprador – e não ao vendedor – determinar a quantidade a ser adquirida, em função de suas necessidades. As exigências ocidentais, por seu turno, iam no sentido oposto. Os Estados Unidos começavam a dar sinais de que os termos inicialmente propostos para o acordo em relação à quantidade poderiam já não ser suficientes, em face do estoque adicional que o Irã teria conseguido acumular desde outubro, algo em torno de 600 a 800 quilos, segundo as estimativas. Foi isso que depreendi de uma conversa telefônica com o general Jim Jones, pouco antes do encontro trilateral entre o presidente Lula, o primeiro-ministro da Turquia, Recep Erdogan, e o presidente Obama, durante a conferência sobre segurança nuclear realizada em Washington, em abril de 2010. Diante desse distanciamento progressivo de posições, que se expressava também em relação a outros aspectos, como o enriquecimento a 20%, cheguei a pensar que nossos esforços não teriam futuro. Meu colega turco, entretanto, continuava esperançoso. Minha percepção, que pode não ser exata, era que, talvez baseados no fato de serem membros da OTAN e de manterem com os EUA um diálogo estratégico-militar mais amplo, nossos amigos turcos estavam mais confiantes quanto à capacidade de obterem flexibilidade na posição norte-americana em relação a algum aspecto das três dimensões básicas do acordo de troca (quantidade, tempo e local). Essa expectativa é que os teria levado a apresentar aos interlocutores de Washington (notadamente ao general Jones) um documento informal (*non paper*) do qual nos deram conhecimento e ao qual, mais por solidariedade do que por convicção, em certo sentido, nos associamos.

Entre o encontro de Ancara e a conferência de abril em Washington, não cessaram os contatos pessoais e telefônicos com os principais interlocutores. Já me referi à conversa com Mottaki em Davos. O encontro ocorreu em uma pequena sala mal iluminada de um hotel daquela estação de inverno, que, durante alguns dias do mês de janeiro, se torna o centro das atenções mundiais. Nessas ocasiões, a cidade suíça, que já abrigara sanatórios para tuberculosos, como o magistralmente descrito por Thomas Mann em *A montanha mágica*, é convertida em sede de uma espécie de feira livre sobre temas econômicos e políticos. Naquele ano, quando a Rodada Doha parecia jazer moribunda, minhas atenções estavam principalmente voltadas para a situação do Haiti, logo após o terrível terremoto que abalou o país caribenho. Participei de uma mesa-redonda sobre o Haiti com o presidente Clinton e de um jantar patrocinado pelo Programa Mundial de Alimentos, entre outros eventos. Ainda assim, dispus-me a conversar com meu colega iraniano. Com a iniciativa do encontro, Mottaki revelou engajamento, inclusive o desejo de se avistar com o embaixador Levitte, mas não trouxe nenhuma novidade substancial em relação a posicionamentos anteriores.

Em conversas telefônicas com alguns ministros dos países-membros do P5+1, meus "interlocutores" (nas palavras de Ahmadinejad) continuavam a evidenciar ceticismo quanto à disposição iraniana de chegar a um acordo ou de cumprir suas promessas. David Miliband, que era meu amigo pessoal em função da circunstância familiar a que aludi antes e que, logo depois de nomeado para o Foreign Office, chegara a me visitar em uma de minhas passagens por Paris – para onde se deslocou –, era um dos mais incrédulos quanto às intenções iranianas. Na conversa que tivemos por ocasião da Conferência de Washington, relembrou as dúvidas que havia levantado em um artigo publicado pelo *International Herald Tribune*.* Disse então, com uma possível dose de ironia, que o texto, no qual defendia a aplicação de sanções ao Irã, era, na verdade, uma carta dirigida a mim. A mesma desconfiança transpareceu no diálogo com Guido Westervelle, ministro alemão com quem mantinha relações muito amigáveis, decorrentes de nossa parceria no âmbito do G4 na ONU.** O fato mais importante no que toca à atuação do Brasil sobre esse tema, desde o encontro com Davutoglu em Ancara até a reunião trilateral de Washington, foi a visita de Hillary Clinton ao Brasil, no início de março.

Os personagens do drama

Consulto minhas notas relativas ao período que antecedeu a vinda da secretária de Estado ao Brasil. Encontro uma referência a uma conversa no meu gabinete em Brasília com o subsecretário Bill Burns, em 26 de fevereiro. Burns veio preparar a visita de Hillary. Sua postura era bem distinta daquela que tivera quando de sua vinda anterior a Brasília. Naquela ocasião, Burns viera buscar apoio para convencer os iranianos de que deveriam aceitar o acordo de troca. Dessa vez, o subsecretário revelou-se cético quanto à possibilidade de qualquer entendimento com Teerã. Deu a entender que os Estados Unidos estavam empenhados em aprovar novas sanções no Conselho de Segurança da ONU, além daquelas que, por

---

* O artigo, intitulado "Averting the Iranian Nuclear Flashpoint", foi publicado no *International Herald Tribune* em 27 de março de 2010.

** Grupo composto de Brasil, Índia, Alemanha e Japão, voltado para a ampliação do número de membros permanentes do Conselho de Segurança da ONU.

iniciativa do Executivo ou do Congresso, já impunham unilateralmente. Somente então, com o Irã em uma posição de fraqueza, faria sentido, segundo meu interlocutor, voltar à mesa de negociações. Sem muita expectativa de convencer Burns, transmiti uma proposta que me havia sido feita pelo chanceler iraniano, por telefone, alguns dias antes, com o claro intuito de que chegasse aos norte-americanos. Era uma ideia complexa, que se desdobrava em cinco pontos. Baseava-se no acordo de troca, mas afastava-se dele em alguns detalhes importantes (quantidade, simultancidade). Recordo-me que, por algum motivo que não consegui de pronto entender, continha um elemento novo: o combustível para o reator de pesquisa iraniano proviria dos próprios Estados Unidos. Excluída toda motivação de natureza econômica, essa nova "nuance" talvez tivesse em mira o desejo de Teerã de obter desde logo um claro compromisso da parte norte-americana. Isso seria coerente com a desconfiança que, mais de uma vez, as autoridades de Teerã haviam manifestado em relação a outros potenciais fornecedores, como a França e mesmo a Rússia. Burns ouviu polidamente, mas não deu sinal de que Washington pudesse considerar a nova sugestão iraniana.

Minhas anotações contêm também o registro de uma conversa telefônica com Mottaki, em que este demonstrara ceticismo quanto a um encontro direto com alguma autoridade norte-americana (possibilidade que havia sido contemplada pelo general Jones em telefonema recente). "Um encontro direto com funcionários norte-americanos é um assunto muito complexo e demandará muitas consultas", disse-me Mottaki, deixando a impressão de que essa era uma questão que estava acima da sua capacidade de decisão e, na verdade, até mesmo do presidente Ahmadinejad. Em outras palavras, estava implícito na referência de Mottaki que somente o Líder Supremo poderia autorizar um passo dessa ordem. Essa resistência ao diálogo direto com o representante de Washington me pareceu algo contraditória em relação à sugestão de que o combustível para o reator de pesquisa de Teerã fosse fornecido pelos Estados Unidos, como parte da proposta que eu transmitira a Burns. Mas essa era só mais uma das muitas contradições que encontraria ao longo do processo. Concluí esse meu registro com a seguinte observação: "Assim, às vésperas da visita de Hillary Clinton e dois meses e meio antes da viagem do presidente Lula a Teerã, meu 'otimismo profissional' começa a ceder diante das múltiplas dificuldades que tenho encontrado".

A reunião com Hillary Clinton no Itamaraty, no dia 3 de março, durou cerca de três horas, sem contar o almoço e a entrevista de imprensa. Abordamos temas variados, como Honduras, relações com Cuba e, evidentemente, o Irã. Foi uma conversa densa, respeitosa, mas marcada por divergências. No encontro que ambos tivemos com a mídia, as diferenças de abordagem sobre a questão iraniana ficaram evidentes. Alguns dias depois, a bordo do avião presidencial, rumo a Israel, um colega de Ministério se referiria à observação de um amigo seu sobre "a firmeza e a elegância" com que eu defendera as posições brasileiras. A conversa em meu gabinete nunca se afastou do tom amistoso que caracterizava os diálogos que mantinha com a secretária de Estado. Recordo que, diferentemente do que ocorria com a maioria dos visitantes, sentamo-nos no mesmo sofá, o que deu um ar de certa "intimidade" ao encontro. Nem por isso as diferenças foram menos evidentes. Embora tenha reiterado que as "portas para um acordo permaneciam abertas", Hillary deixou claro que o governo norte-americano já havia feito uma opção e que, na "abordagem de dois trilhos", as sanções teriam agora prioridade em relação às negociações. Mais tarde, viria a perceber que isso se devia fundamentalmente ao fato de que Washington fora (ou estava sendo) capaz de persuadir Rússia e China a não vetarem um eventual projeto de resolução com esse objetivo. Mas, à época, isso não estava tão claro para mim. Em vários momentos, a secretária salientou a importância que os Estados Unidos atribuíam à posição do Brasil. Hillary procurou convencer-me da necessidade do apoio brasileiro ao curso de ação que Washington pretendia adotar no Conselho de Segurança. Diante da insistência nesse ponto – e com uma referência às nossas discussões sobre a ampliação do CSNU, não desprovida de ironia –, senti-me obrigado a recordar que o Brasil era membro não permanente do Conselho e, por conseguinte, não detinha o poder de veto. Esse fato, entre outros, me levava a estranhar o empenho tão grande em obter nosso endosso. Refletindo sobre a razão desse interesse, reiterado com ênfase, lembrei-me de algumas situações pelas quais havia passado como representante brasileiro junto ao Conselho. Em uma delas, em que se discutiu a questão de Angola, ainda em meio à guerra civil entre o governo do MPLA e a Unita de Jonas Savimbi, a mera ameaça de abstenção brasileira fez com que uma resolução fosse modificada de modo a acomodar nossa preocupação quanto a um tratamento excessivamente brando dispensado aos rebeldes, que vinham sistematicamente desrespeitando as decisões da ONU e prolongando a cruenta guerra civil angolana. No caso do Irã, uma atitude favorável às sanções por parte de países como Brasil e Turquia – mesmo que não tivessem a capacidade de impedir a adoção de uma eventual resolução – teria um efeito legitimador não desprezível. Além disso, a posição desses países poderia ter como efeito inibir o apoio de um ou outro membro permanente, o que já ocorrera no passado, em situações, é verdade, não tão cruciais.* Nos dias e semanas que se

* Em 1994, em votações sobre o Haiti, a abstenção do Brasil seguramente influiu na decisão chinesa de se abster.

seguiram, declarações de um lado e de outro revelavam um progressivo afastamento de posições. A retórica de Ahmadinejad tampouco ajudava. Retomando o tom bombástico que utilizara em relação a Israel e ao Holocausto, o presidente iraniano afirmou, em dado momento, que "o 11 de Setembro é uma mentira".

Foi nesse clima pouco auspicioso que chegamos a Washington para participar da Cúpula sobre Segurança Nuclear convocada por Obama.* Apesar das dificuldades, Turquia e Brasil não haviam desistido da Operação Yasemin. Como já tive ocasião de comentar, nesse período, antes e durante o mês de abril de 2010, meu colega turco foi mais proativo. Em nossas conversas telefônicas, Davutoglu deu-me detalhes do *non paper* que pretendia entregar aos norte-americanos com elementos de um acordo que pensava ser aceitável para o Irã, após consultas que fizera com autoridades daquele país. Entre as flexibilidades que seriam introduzidas na proposta inicial de acordo, havia a ideia de uma "simultaneidade parcial". Segundo o esquema sugerido, o Irã faria a entrega imediata de somente uma parte do LEU. Uma parte substancial (possivelmente metade) só seria enviada para fora do país por ocasião do recebimento do elemento combustível para o TRR. Não me recordo bem – e nunca guardei cópia desse *non paper* –, mas é provável que o esquema proposto comportasse outras flexibilidades e nuances, por exemplo, com relação à quantidade de LEU a ser entregue pelo Irã. A expectativa de Davutoglu era que a presença do presidente Lula e do primeiro-ministro Erdogan em Washington ensejasse a oportunidade para um encontro trilateral com o presidente Obama, no qual se poderia proceder a uma discussão substantiva dessas ideias.

De fato, o encontro trilateral acabou ocorrendo à margem da Cúpula, mas em circunstâncias pouco favoráveis. Pressionado pelo tempo, e preocupado com o resultado da reunião multilateral, Obama, que aparentemente já tivera conhecimento da proposta turca (que tratou como se fosse turco-brasileira), demonstrou pouca disposição para qualquer tipo de abertura. O tom de suas observações oscilou entre a impaciência e a irritação. Disse que tinha outras prioridades em sua agenda e qualificou de "ingênuas" as iniciativas que visavam atrair o Irã para uma solução puramente diplomática. O tom do presidente norte-americano incomodou profundamente o presidente Lula, que, logo após a reunião trilateral – que não durou mais de vinte minutos –, considerou seriamente abandonar a

---

* A Cúpula sobre Segurança Nuclear ocorreu em Washington em 12 e 13 de abril de 2010, com o objetivo principal de fortalecer a segurança dos materiais nucleares em posse dos países para impedir seu uso por parte de grupos terroristas. Quarenta e sete países, inclusive o Brasil, estiveram presentes.

Cúpula, sendo finalmente convencido por mim, com a provável ajuda do Marco Aurélio e de Mauro Vieira, nosso embaixador em Washington, a permanecer até o final do evento, que, fosse como fosse, tinha natureza multilateral.

Um fato merece registro especial. Em certo momento do encontro com Lula e Erdogan, visando justificar a urgência das sanções, o presidente norte-americano argumentou que a demora em adotá-las poderia ter como consequência um ataque armado de Israel ao Irã. Não recordo exatamente as palavras que utilizou, mas o conteúdo era esse. A afirmação me pareceu duplamente espantosa. Primeiro porque, em certo sentido, o presidente da maior potência do planeta acenava com a ameaça de um ataque militar que seria perpetrado por um terceiro país, aliado seu, mesmo que o objetivo de Obama fosse evitar sua concretização. Segundo, porque a afirmação equivalia a uma confissão de que, na relação especialíssima entre Washington e Tel-Aviv, era o protegido – e não o protetor – quem detinha a chave das iniciativas. Recordo-me de haver feito essa observação ao presidente Lula, que compartilhou da minha perplexidade.

Apesar de inesperada, partida de quem partiu, a avaliação de Obama tinha algum fundamento. A possibilidade de que o Irã pudesse atingir o *status* de potência nuclear ou mesmo de um *threshold state* era percebida por Israel como uma "ameaça existencial". Um mês antes, durante a visita de Estado de Lula a Israel, o tema Irã foi recorrente. O presidente, Shimon Peres, o primeiro-ministro, Benjamin Netanyahu, e a líder da oposição, Tzipi Livni, revelaram, todos, estar muito preocupados quanto às nossas iniciativas sobre o programa nuclear iraniano. Faço questão de dizer que nenhum dos três demonstrou desconfiança quanto ao Brasil e inclusive chegaram a estimular nossos contatos com a Autoridade Palestina em um momento, como tantos outros, de crise no diálogo entre Ramalá e Tel-Aviv. Ainda mais significativo foi que, nessa ocasião, Netanyahu nos pediu que ajudássemos na retomada das negociações com a Síria sobre as Colinas de Golã.* Mas, no que dizia respeito ao Irã, os três pareciam concordar que o simples diálogo com Teerã com vistas a uma solução pacífica para o impasse nuclear legitimaria um regime que tinha como um de seus principais objetivos a destruição do Estado de Israel.

Essa preocupação era tão real que levara o primeiro-ministro a sugerir que eu recebesse "especialistas" com informações de inteligência sobre a alegada natureza militar do programa nuclear iraniano. O encontro com esses peritos ocorreu no dia seguinte, no meu quarto de hotel. Como de hábito nesse tipo de situação, as "provas" estavam longe de ser convincentes, baseando-se em imagens pouco

* Ver a narrativa sobre Oriente Médio neste livro.

esclarecedoras. Para um olhar leigo como o meu, tanto poderiam provir de uma ação de inteligência no Irã como terem sido produzidas em computador em qualquer parte do mundo. Enquanto ouvia os "especialistas", não pude deixar de recordar também as "evidências" da presença de armas de destruição de massa no Iraque, que haviam justificado a invasão daquele país, apresentadas por Colin Powell ao Conselho de Segurança, em uma sessão de triste memória em fevereiro de 2003. Mais interessante foi o diálogo sobre a quantidade de armas atômicas suficientes para configurar um arsenal nuclear. Certamente não seria uma única bomba, para cuja confecção, segundo um dos peritos, seriam necessários 2 mil quilos de LEU. Coincidentemente, essa era a quantidade aproximada que o Irã possuía naquele momento. Esse cálculo, expresso por uma autoridade insuspeita, reforçou minha convicção de que o acordo de troca, tal como proposto, seguia tendo valor efetivo, já que privaria Teerã de cerca de metade do total do LEU que possuía.

O esforço em nos convencer dos perigos do programa iraniano demonstrava o grau de atenção com que Tel Aviv acompanhava as nossas gestões. Se a obsessão dos governantes israelenses pela possibilidade de que o Irã viesse a desenvolver uma capacidade nuclear militar – desconsiderando totalmente o vasto arsenal de armas atômicas do próprio país – poderia se traduzir ou não em um ataque armado, sem a bênção norte-americana, era algo discutível. Independentemente do valor das "provas" de que estaria em curso no Irã um programa nuclear de natureza militar, era evidente que a simples possibilidade de que o Irã pudesse desenvolver uma capacidade potencial de produzir a bomba parecia intolerável. Nesse sentido, a surpreendente afirmação do presidente norte-americano durante o encontro trilateral com Brasil e Turquia, à margem da Cúpula de Washington, sobre um possível ataque israelense, que era necessário evitar a todo custo (mesmo sob pena de frustrar a possibilidade de uma negociação com o Irã), era um claro indicador da intensidade das pressões a que estava submetido.

É válido indagar, a esse respeito, o que terá feito com que a atitude do governo norte-americano tenha mudado (e num sentido positivo) entre 2010 e 2013, além do fato de que agora Obama não terá de enfrentar uma reeleição. Houve naturalmente outras eleições, estas no Irã, que trouxeram ao poder um governo menos hostil. Pode-se especular também que, em sua segunda visita ao Brasil, o raciocínio de Bill Burns estivesse (parcialmente) certo e que o Irã, com sua economia enfraquecida pelas sanções, estivesse mais disposto a fazer concessões. Mas não é isso o que se depreende de vários elementos do "acordo provisório" de 2013. Naturalmente, uma análise desses elementos vai muito além dos objetivos desta narrativa, mas um fato pelo menos não deixa de chamar atenção: se naquela época a posse de 2 mil quilos (ou pouco mais) de LEU por Teerã causava preocupação, o que dizer dos 7 mil quilos de hoje? Não foram tanto os fatos que mudaram, mas a óptica com que eram vistos naquela época e agora. Voltando a abril de 2010: parecia longínquo o momento "L'Aquila", em que Obama expusera a Lula sua frustração em não ver reconhecidos seus gestos de abertura para com o Irã – frustração que levara o mandatário norte-americano a pedir ao nosso presidente ajuda no esforço de reaproximação com Teerã.

A carta

No dia 20 de abril, não mais de uma semana após o encontro em Washington, Obama escreveu uma carta ao presidente Lula (texto idêntico foi enviado ao primeiro-ministro Erdogan, como fiquei sabendo na visita que fiz a Istambul poucos dias depois) na qual essencialmente reiterava o valor do acordo de troca como um instrumento de criação de confiança. O que teria feito o presidente dos EUA mudar tão rapidamente de opinião? Passados quatro anos desse fato, não tenho uma resposta clara para essa pergunta. Pode-se argumentar que, por ocasião da Conferência sobre Segurança Nuclear, Turquia e Brasil ainda estivessem buscando introduzir no acordo "flexibilidades" que eram inaceitáveis para os Estados Unidos. Mas, se esse era o caso, por que não dizê-lo com clareza e reiterar os termos da proposta original? Afinal, nem Ancara nem Brasília haviam feito sugestões na base do *take it or leave it*, até porque, nas circunstâncias, não teria tido nenhum cabimento. É possível que o próprio presidente Obama tenha concluído que fora pouco amigável com os líderes de países próximos dos Estados Unidos (um deles, seu aliado militar) durante o encontro trilateral de Washington. É possível também que, àquela altura, dada a insistência de Teerã em buscar, por intermédio do Brasil e da Turquia, mudanças nos elementos essenciais do acordo, Obama e seus assessores tenham chegado à conclusão, depois do encontro, que a proposta original seria, com toda probabilidade, rejeitada pelo Irã. Se essa suposição fosse correta, um gesto de Washington no sentido de retomar a relação de confiança com dois países amigos – e, ademais, duas "potências emergentes", integrantes do recém-formado G20, por meio do qual se procurava a coordenação das reações diante da crise financeira então em pleno desdobramento – demonstraria uma posição consistente da parte do governo norte-americano, sem que este incorresse em grandes riscos políticos. Inclino-me por essa explicação, mas volto a frisar: a base desse raciocínio parecia ser a leitura, que se comprovou errônea, de que o Irã não recuaria de sua rígida rejeição aos termos originais do acordo. Em outras palavras: Brasil e Turquia não conseguiriam persuadir aquele país a mudar de posição. Essa percepção escondia outra, que se revelou verdadeira, embora por razões distintas: a de que o "poder brando" – no caso, refletido na ausência do poder de veto no Conselho de Segurança – tem suas limitações.

Para responder à carta de Obama, Lula esperou que eu voltasse de uma viagem ao Irã, que incluiu passagens por Moscou e Istambul. Tratarei dessa viagem mais adiante. Em 10 de maio, Lula escreveu ao presidente norte-americano detalhando meus contatos e os esforços que estávamos fazendo para levar Teerã a se aproximar ao máximo dos termos originais da proposta do acordo de troca. Entre outros aspectos, Lula recordou a mensagem que me incumbira de transmitir ao presidente Ahmadinejad quanto ao "estreitamento do espaço de negociação, [ao] progressivo isolamento do país e [à] necessidade de um gesto concreto iraniano que ajude na criação de confiança". Ao mesmo tempo, a carta assinalava que, durante a minha visita, tinha havido "receptividade às ponderações brasileiras, interesse em discutir detalhes e maior pragmatismo".

Creio que foi o teor da carta-resposta de Lula, com indicações de possível flexibilidade do Irã, aliada à iminência da visita do nosso presidente àquele país, que levou a secretária de Estado norte-americana a solicitar uma chamada telefônica no dia 11 de maio. Destaco a maneira pouco usual como o pedido de Hillary Clinton chegou a mim. Eu havia começado o dia com um telefonema para o ministro chinês, Yang Jiechi. Se bem me lembro, era a primeira comunicação direta especificamente focada na questão iraniana que eu tinha com meu colega de Beijing. Tratarei da posição da China e de outros atores na sequência deste relato. Estava ainda nos preparativos para sair de casa quando recebi um telefonema da minha chefe de gabinete, a embaixadora Maria Laura da Rocha, que me avisou do desejo da secretária de Estado de falar comigo "naquele momento, dali a uma hora ou quando eu pudesse". Para quem conhece a atitude imperial das altas autoridades norte-americanas, a solicitude de Hillary Clinton demonstrava um interesse fora do comum, somente explicável em virtude da preocupação de Washington com o possível êxito da missão que empreenderíamos. Pedi então que a ligação fosse marcada para o final da manhã, quando já estaria no gabinete e poderia ter a companhia de algum assessor. (O telefonema para o ministro chinês havia sido acompanhado apenas por uma secretária, por sinal muito eficiente, Camila Scheibel.) Segundo a minha agenda, o telefonema ocorreu às 11h45. Recordo que não cheguei a entrar no meu gabinete pessoal. Preferi, por alguma razão, falar da sala da embaixadora Maria Laura. Muito provavelmente, meu assessor Leonardo Gorgulho também presenciou o diálogo. Como não tínhamos

– e não temos – o hábito de gravar telefonemas, a companhia de assessores era importante para a reconstrução das conversas.

Embora já tenha mencionado o telefonema em uma nota do capítulo sobre o Irã em obra anterior,* acho importante, no contexto desta narrativa, reproduzir os elementos principais desse meu diálogo com Hillary Clinton. Como já o fizera outras vezes, a secretária de Estado enfatizou a desconfiança em relação aos dirigentes do Irã. Mais de uma vez, disse que as autoridades iranianas, valendo-se de nossa boa-fé, faziam promessas que não pretendiam cumprir.** Referindo-se a sugestões feitas pelo Irã ao Brasil e à Turquia, Hillary afirmou que Teerã dizia algo para nós ou para outros países (citou a China), mas evitava compromissos formais. "Eles sabem para qual endereço devem escrever", disse ela, em uma alusão à AIEA. Discorri sobre os progressos que discernira nas posições do Irã durante os contatos que mantivera na minha última visita. Lembrei que uma das mensagens do presidente Lula que eu levara a Ahmadinejad consistia em afirmar que nossa solidariedade tinha limites e que era preciso que o Irã desse alguma indicação concreta de que seu programa nuclear era realmente pacífico. A aceitação do acordo de troca era um passo importante e necessário nessa direção. Caso não fosse dado, o progressivo isolamento de Teerã seria inevitável. Disse ser minha impressão que essas mensagens, expressas de forma delicada, mas inequívoca, tinham sido captadas. Em relação a vários aspectos, sentia que o Irã se aproximava dos termos considerados essenciais pelo presidente Obama na carta a Lula. Reconhecia que ainda havia hiatos a cobrir, mas as dificuldades, a meu ver, não eram insuperáveis.

Não posso jurar – até porque, enquanto conversava, não via as expressões de Hillary –, mas tive a sensação de que a secretária de Estado ouvia minhas observações com certo grau de impaciência. Ao invés de procurar conhecer detalhes dessas aproximações, minha interlocutora interrompeu o curso do diálogo e se voltou para duas outras questões: o aumento do estoque de LEU desde o

---

* Amorim, op. cit., 2011, capítulo 12, nota 10.

** É especialmente interessante confrontar a concepção da secretária de Estado dos EUA sobre a natureza intrinsecamente malévola do regime (e do governo) iraniano, voltado sempre para o engodo e as falsas promessas, com a visão que, poucos anos depois, o presidente norte-americano transmitiria em entrevista a um jornalista da Bloomberg. Na ocasião, perguntado sobre o extremismo xiita, Obama disse: "[Os iranianos] são estratégicos; não são impulsivos. Eles têm uma visão do mundo e veem seus interesses; constituem um país grande e poderoso que vê a si próprio como ator importante no cenário mundial; [o Irã] não tem um impulso suicida". A entrevista de Obama foi citada por Trita Parsi no artigo "Pivot to Persia", publicado em 16 de junho de 2014 no *site* da revista *Foreign Policy*.

momento em que a proposta fora feita (ponto que já me havia sido mencionado pelo general Jones) e o início do enriquecimento a 20%. Eram preocupações fundamentadas, que se referiam a problemas reais, cuja importância eu não ignorava. Porém, eu tinha a convicção de que esses aspectos poderiam ser enfrentados em um segundo momento. O essencial era obter do Irã sua concordância com os termos do acordo de troca – ou algo muito próximo deles – e, com isso, criar a confiança necessária para a retomada de um diálogo frutífero. Esta tinha sido a mensagem central da carta de Obama, que em nenhum momento tratou das duas questões que a secretária de Estado acabara de levantar. Era com surpresa, pois, que ouvia aquelas exigências adicionais, que iam além das condições estipuladas pelo mais alto nível do governo norte-americano como necessárias a um avanço. Expressei a Hillary meu espanto sem meias palavras. Devo tê-lo feito de forma muito veemente, pois à minha manifestação seguiu-se um longo silêncio, ao final do qual minha interlocutora passou a tratar de um tema distinto, relativo a três jovens norte-americanos que estavam presos no Irã e para cuja libertação pedia nossa ajuda. Inferi daí que, ou bem a secretária de Estado não conhecia o teor exato da carta de Obama, ou bem não lhe dera a devida atenção. Ambas as hipóteses podem parecer absurdas em um sistema como o brasileiro e mais ainda no norte-americano, em que mesmo sobre temas muito menos graves, decisões só são tomadas depois de um intenso processo de coordenação interagências. E, nesse caso, a outra "agência", além do Departamento de Estado, era o próprio presidente!

Inicialmente, inclinei-me pela hipótese do desconhecimento puro e simples. É ela que consta da nota que mencionei acima. Mas admito que a segunda explicação é possível. Para mim, sempre foi evidente que Hillary perseguia uma agenda política própria. De alguma forma, essa dualidade de opiniões, que foi ficando mais clara com o tempo, poderia fazer com que a secretária de Estado "relativizasse" os termos precisos da carta presidencial.* Certamente a expectativa, tanto de Hillary como de Obama, era que Lula fracassasse em seu objetivo de persuadir o Irã. Mas, diferentemente de Obama, Hillary nutria – ou esta é minha impressão hoje – o temor de que Brasil e Turquia chegassem a ter êxito nos seus esforços de persuadir o Irã. Se isso ocorresse, a estratégia já em curso, de

---

* No contexto recente da retomada das negociações sobre o programa nuclear iraniano, a *Folha de S.Paulo* publicou análise de Stephen Kinzer feita originalmente no *The Guardian*, na qual questiona o silêncio de Hillary Clinton diante dos esforços norte-americanos para encerrar 35 anos de hostilidades com o Irã. Kinzer chega a afirmar que, se Hillary não tivesse renunciado à Secretaria de Estado, os EUA não teriam se esforçado para dialogar com o Irã. In: *Folha de S.Paulo*. Análise. "Por corrida à Casa Branca, Hillary se cala sobre diálogo entre Teerã e Washington". 12 de fevereiro de 2014.

obter apoio dos demais integrantes do P5 para novas sanções, talvez tivesse de ser revista. Reforça essa interpretação o fato de que meus últimos contatos em Teerã, relatados na carta-resposta de Lula, apontavam na direção de uma posição algo mais flexível por parte do Irã. Teria Hillary querido acrescentar condicionalidades às que haviam sido expostas por seu presidente como uma espécie de *hedge* contra essa possibilidade? Essa é uma hipótese verossímil. Mas não deixa de ser digno de nota que a secretária de Estado supusesse, em uma atitude típica da "arrogância imperial", que eu não ousaria apontar, como fiz, a contradição entre o que acabava de ser exposto por ela e os termos de carta tão recente do presidente norte-americano.

Acrescento outra reflexão, complementar à anterior: da mesma forma que a França, os Estados Unidos procuravam construir, inclusive movidos por interesses comerciais, uma relação positiva com o Brasil. Naquela época, o saldo comercial dos EUA conosco já era considerável. Situava-se entre os mais importantes da balança norte-americana. Além disso, havia o desejo dos Estados Unidos de que a empresa norte-americana Boeing fosse a fornecedora dos aviões de combate que a nossa Força Aérea pretendia adquirir (um negócio de alguns bilhões de dólares). Esse tema já fora tratado por Condoleezza Rice em outra etapa do processo de seleção, mas voltava a ser objeto de comunicações e tratativas entre as autoridades dos dois países. Em algum momento, a própria secretária de Estado me encaminhara correspondência sobre o tema. Não era do interesse de Washington que se criasse uma situação – que afinal não conseguiu evitar – na qual a grande potência aparecesse, não só junto ao governo, mas perante boa parte da opinião pública, como tendo nos abandonado após esforços que ela própria havia estimulado. O ideal para o governo norte-americano era preservar sua estratégia de sanções, sem que isso viesse a constituir fator de irritação nas relações bilaterais com o Brasil. Para tanto, era indispensável persuadir o Brasil a desistir da empreitada. Ao final, não tendo sido possível conciliar os dois objetivos, Washington optou por manter sua linha dura com o Irã, em detrimento do relacionamento com Brasília.

Parceiros hesitantes

Foi com esse pano de fundo, de muito pouca clareza e cheio de incertezas, que partimos no dia 12 em viagem rumo a Teerã, com paradas em Moscou e (no caso do presidente) Doha. Antes de relatar o teor dos encontros e, sobretudo, das negociações que precederam a adoção da Declaração de Teerã, creio necessário fazer um pequeno recuo para me referir à posição de dois atores importantes no processo: China e Rússia. Imediatamente após a Conferência sobre Segurança Nuclear, realizaram-se no Brasil as Cúpulas IBAS e BRICs, previstas para ocorrer em dois dias. Na véspera desses encontros, a China sofreu um grande terremoto, com numerosas vítimas, o que obrigou o presidente Hu Jintao a encurtar sua estada em Brasília. Compactar as duas Cúpulas e os encontros bilaterais com cada um dos chefes de Estado em um único dia, 15 de abril, foi um verdadeiro *tour de force* logístico e diplomático. Uma questão permeou todas as conversas: o programa nuclear iraniano. Nossos quatro interlocutores daquele dia memorável (foco principal do documentário *Le monde selon Brasilia*, da emissora de televisão franco-alemã Arte) acompanhavam os esforços que Brasil e Turquia estavam desenvolvendo em prol de uma solução pacífica e negociada para a questão. Em graus diversos, todos manifestaram apoio às nossas iniciativas.*

Começo pela China. O presidente Hu Jintao sustentou uma posição curiosa: ao mesmo tempo que dizia concordar com Lula sobre a necessidade de uma solução diplomática, chegando a afirmar que sanções eram "essencialmente contraproducentes", Hu parecia encarar a adoção de medidas coercitivas pelo CSNU como uma fatalidade. Atribuía parte da responsabilidade por esse desenlace inevitável à recusa de Teerã em aceitar plenamente o acordo proposto pelo P5+1 e endossado pela AIEA. A meu ver, havia algo de ambíguo ou mesmo contraditório na posição chinesa. De fato: como poderia um membro permanente do Conselho de Segurança, com poder de veto sobre suas decisões, sustentar que as sanções eram indesejáveis e, ao mesmo tempo, resignar-se à sua adoção como algo inevitável? A mesma impressão me ficou da conversa telefônica com o ministro Yang Jiechi, ocorrida pouco antes de embarcar para Teerã. Na ocasião, o ministro afirmou que apoiava nossos esforços, mas não me deu nenhuma garantia de que Beijing vetaria o pedido de sanções ou mesmo que se absteria em uma eventual votação.

O que faria um país tão cioso da soberania nacional – e normalmente avesso a sanções contra países em desenvolvimento – ter essa posição ambivalente que finalmente se resolveria por meio do voto favorável à resolução do CSNU menos de dois meses depois da reunião dos BRICs? Não quero me antecipar a outros momentos desse processo, mas julgo relevante comentar minha visão sobre a

* Ainda que o apoio tenha sido geral, havia uma clara convergência de posições no IBAS, fato comprovado pela menção à questão do programa nuclear iraniano no comunicado conjunto do grupo. A posição de Rússia e China era mais ambígua e o comunicado final dos BRICs não chega a mencionar a questão.

posição chinesa. Em primeiro lugar, como os demais membros do P5, que, por coincidência, são também os únicos detentores de armas nucleares reconhecidos pelo TNP, a China tem um interesse inerente em impedir que outros países venham a desenvolver ou possuir esses artefatos. Ainda que o Irã sempre tenha proclamado seus objetivos pacíficos, a mera dúvida sobre as intenções iranianas e os "deslizes" de Teerã em relação às regras da AIEA podem ter levado Beijing a se solidarizar com as demais potências nucleares. Outra característica da política externa chinesa, nos últimos anos ou décadas, tem sido seu grande pragmatismo. Desejosa de manter suas proveitosas relações econômicas com o Ocidente, especialmente com os EUA, Beijing, sempre que pode, tenta minimizar as áreas de atrito, reservando suas posições mais firmes àquelas situações que lhe dizem respeito mais diretamente. Não vou dizer que não tenha havido exceções a essa "regra", sobretudo quando o uso da força poderia estar em jogo (como na ex-Iugoslávia ou no Iraque), mas o pragmatismo parece ser uma característica crescentemente presente na diplomacia chinesa. Por fim, ao longo do processo que levou às sanções, a China – como também a Rússia – obteve as isenções de que necessitava para garantir que seus interesses comerciais não seriam afetados – principalmente sua compra de petróleo iraniano. Nenhum desses três fatores isoladamente é suficiente para explicar a atitude chinesa, mas, em conjunto, parecem fornecer uma *rationale* para o comportamento de Beijing.

No encontro bilateral à margem dos BRICs, o presidente russo Dmitri Medvedev pareceu ter uma opinião algo mais positiva sobre a possibilidade de uma solução diplomática. Chegou mesmo a dizer que a visita de Lula a Teerã seria a "última chance" de se evitar a aplicação de novas sanções contra o Irã. Na minha breve passagem por Moscou em 25 de abril, no contexto de um périplo que me levou também a Istambul e Teerã, tive oportunidade de discutir o tema do Irã com meu colega Sergei Lavrov. O encontro foi marcado a meu pedido e de última hora. Não cheguei a passar metade de um dia em Moscou. No início da tarde, o avião da FAB aterrissou em um aeroporto ainda semicoberto pela neve e antes da meia-noite já decolava para Teerã. Lavrov, como já indiquei, havia sido meu colega nas Nações Unidas, inclusive no período em que o Brasil serviu no CSNU, em 1998/1999. Já me referi também à boa parceria que desenvolvemos, e que era especialmente valorizada por Lavrov, nas questões relativas à ex-Iugoslávia, em que a Rússia ficava praticamente isolada, com a companhia única da China. A percepção de afinidades políticas ou de convergência de interesses se expressaria também na institucionalização dos BRICs, sugerida a mim por Lavrov em diálogo que tivemos por ocasião da Assembleia Geral da ONU em 2006. Apesar da forma gentil como me recebeu, no salão de honra da Chancelaria, onde foram assinados importantes tratados internacionais (como o que baniu os testes nucleares na atmosfera), e de me haver oferecido um jantar de trabalho num horário da minha conveniência, Lavrov não me pareceu entusiasmado com os esforços turco-brasileiros em busca de uma solução negociada para a questão iraniana. Transcrevo parte da anotação que fiz a respeito desse encontro: "A conversa com Lavrov foi objetiva, *matter-of-fact*, mas pouco inspiradora. Meu interlocutor não ofereceu ideias e tampouco pareceu estar em busca delas, embora em algum momento se tenha revelado aberto a sugestões que fiz. (...) Sua atitude foi, antes de tudo, *non-committal*. 'Se der certo, ótimo; se não der, seguiremos o nosso curso [i.e., o das sanções], ainda que não gostemos muito'. Foi o que pareceu dizer. Sua preocupação maior é evitar medidas que atinjam interesses russos, como o fornecimento de equipamentos para a usina nuclear de Bushehr. Preocupava-se também com alguma forma de sanção com efeito indireto (nos interesses russos) ou a legitimação de restrições unilaterais". Terminei minha nota com um comentário pessoal, revelador da minha decepção: "[Lavrov] foi amistoso, mas a cumplicidade que chegamos a ter nas situações que vivemos em Nova York (...) é (...) coisa do passado".*

Voltaríamos a ter contato com os russos no contexto da visita de Lula a Moscou, a caminho de Teerã. Nessa oportunidade, além de reunião com empresários, o presidente brasileiro manteve encontros com o presidente russo e com o então primeiro-ministro, Putin. Na conversa privada entre os dois chefes de Estado, Medvedev tomou a iniciativa de levantar a questão do Irã. Lula fez uma breve introdução sobre sua crença na política (que era a forma que ele tinha de se referir a soluções negociadas) e pediu que eu explicasse o teor da proposta que levaria a Teerã. A essa altura, fruto das comunicações trocadas com vários parceiros, Brasil e Turquia haviam passado a insistir que o Irã escrevesse à AIEA, manifestando sua aceitação irrestrita da proposta de outubro. Respondendo a uma pergunta de Medvedev, expliquei que, naquele momento, os iranianos pareciam estar mais engajados na discussão e transmiti minha impressão de que não haviam rechaçado a proposta. Medvedev comentou então a conversa telefônica que tivera na véspera com o presidente Obama. No curso do telefonema, Obama teria repetido sua opinião, já então moeda corrente nas conversas com autoridades

---

* Quatro anos depois, durante o almoço oferecido pela Presidenta Dilma Rousseff a Vladmir Putin no Itamaraty, em julho de 2014, tive a oportunidade de compartilhar a mesa principal com Lavrov. Embora estivéssemos sentados a uma certa distância um do outro, Lavrov interrompeu um diálogo que estava mantendo com o Ministro Luiz Alberto Figueiredo sobre os entendimentos entre o P5+1 e o Irã, e dirigiu-se a mim: "Você se lembra, Celso, do acordo que o Brasil e a Turquia negociaram? Se tivesse sido aceito [por Washington], teríamos ganhado muito tempo".

norte-americanas, segundo a qual o diálogo com Teerã teria maior probabilidade de êxito com novas sanções já em vigor.* O previsível enrijecimento do governo do Irã, no curto e no médio prazo, para não falar dos sofrimentos que as sanções acarretariam para a população iraniana, parecia fora das considerações dos Estados Unidos. Medvedev indagou a opinião de Lula a respeito. O presidente brasileiro respondeu de forma indireta, mas que deixava clara sua posição contrária às sanções. Enfatizou o valor do diálogo, lembrou os erros cometidos em relação ao Iraque etc. A conversa com Putin não foi muito diferente. O primeiro-ministro, por alguma razão que ignoro, mas que poderia estar ligada às questões do "exterior próximo" (*near abroad*) que estavam sob sua supervisão direta, pareceu ainda mais cético do que Medvedev. Ainda com relação à visita a Moscou, cito um fato curioso, ocorrido na coletiva de imprensa dos dois presidentes. Diante da pergunta de uma jornalista brasileira – e depois de superados alguns tropeços de tradução –, Medvedev colocou as chances de êxito das nossas tentativas em 30%. Lula, que se ateve mais estritamente à escala numérica mencionada pela repórter (de zero a dez) falou em 9,9. Outro aspecto digno de nota – embora não diretamente ligado à questão iraniana – foi o diálogo que os dois presidentes e seus respectivos chanceleres tivemos sobre a reforma do Conselho de Segurança durante o banquete oferecido por Medvedev. Na ocasião, o presidente russo revelou-se mais aberto às nossas aspirações do que Lavrov, que, de forma típica para um antigo representante permanente junto às Nações Unidas, levantou várias dificuldades técnicas e políticas em relação à pretendida reforma. Os argumentos de Lavrov geraram respostas, talvez algo incisivas, de minha parte, o que levou Lula a comentar, já no automóvel: "Puxa, Celso, você estava muito bravo com o seu amigo!". Ao final do encontro, o presidente russo repetiu o que já dissera em Brasília. Para Medvedev, aquela seria a última chance de um acordo e despediu-se de Lula desejando-lhe "boa sorte".

Em uma avaliação superficial das motivações russas, o primeiro fator que vem à mente é a coincidência de posições do P5 quanto a qualquer ameaça ou mesmo suspeita de proliferação nuclear. Haveria que adicionar, ainda, as rivalidades históricas entre Rússia e Irã, que persistem até hoje, sobretudo em relação ao jogo de influências no Oriente Médio. Não é de se excluir tampouco que a Rússia, que tem sérios atritos com o Ocidente, mas que depende dos países

* Em conversa recente com o presidente Lula, colhi sua impressão de que tanto o telefonema ao líder russo quanto a chamada para o Emir do Qatar (na qual não acompanhei o presidente) visavam principalmente a buscar apoio dos dois dirigentes no sentido de dissuadir Lula de viajar a Teerã. Se de fato foi essa a intenção de Obama, seria muita pretensão!

ocidentais para investimentos e mercados para seus produtos, tenha colocado a questão iraniana na balança dos haveres e deveres e concluído que não seria conveniente criar obstáculo a um encaminhamento fortemente desejado por Washington, que, afinal de contas, não feria nenhum interesse vital russo. Da mesma forma que Beijing, Moscou procurou agir sob a óptica do pragmatismo econômico e político, buscando preservar, antes de tudo, seus interesses econômicos. Sob esse aspecto, os russos, sem dúvida, foram bem-sucedidos: além de garantirem o fornecimento para a usina de Bushehr, conseguiram excetuar algumas de suas empresas até mesmo das sanções unilaterais dos EUA.

Negociações

Desde o momento em que começamos a acompanhar mais de perto a busca de uma solução para a questão do programa nuclear iraniano, houve um fluxo contínuo e crescente de contatos com os principais atores envolvidos. À medida que se aproximava a visita de Lula, as discussões com as autoridades iranianas foram se tornando mais focalizadas. Mesmo quando negativo, o *feedback* que recebíamos das principais potências, especialmente dos EUA, foi um dos fatores que levaram essas conversas a se concentrarem nos aspectos essenciais. Quando se analisam em retrospecto as negociações do Brasil e da Turquia com o Irã – que culminaram na Declaração de 17 de maio –, fica claro que não se resumiram, como subentendido no tratamento público dado ao assunto, às dezessete horas que passei nas salas de um palácio de Teerã, onde o texto daquele documento foi gestado, juntamente com meus colegas turco e iraniano, além de outras autoridades desse país e vários assessores. O que se verificou foi uma evolução lenta e pontuada por retrocessos episódicos na qual o Irã foi progressivamente se aproximando dos termos originais do acordo, graças, em grande medida, ao poder de persuasão e à credibilidade do Brasil e da Turquia.

Já mencionei que visitei Teerã no final do mês de abril. As conclusões que tirei dos contatos feitos nessa viagem foram, de forma muito resumida, expostas na carta do presidente Lula ao chefe de governo dos Estados Unidos. Porém, a fim de se entender melhor a evolução da posição iraniana e mesmo das nossas reflexões, parece-me útil reproduzir sucintamente o teor das notas que fiz por ocasião daquela visita. Cheguei a Teerã procedente de Moscou – quando tive o já referido encontro com Lavrov – na madrugada de 26 de abril e, no decorrer desse dia, tive dois encontros importantes: um deles com o secretário do Conselho

Supremo de Segurança Nacional, Saeed Jalili; o outro, com Ali Larijani, presidente do Parlamento e antigo ocupante da função então exercida por Jalili. Foram duas conversas densas e substanciosas, a despeito das dificuldades decorrentes da interpretação do farsi. Jalili manifestou, em princípio, sua concordância em escrever uma carta para a AIEA (exigência sempre lembrada pelos ocidentais), mas, na sua visão, essa carta deveria ser elaborada "em conjunto com a Turquia e o Brasil". Nesse documento, o Irã anunciaria, sem restrições ou condicionalidades, sua disposição de iniciar negociações "com base" na proposta do acordo de troca. Evidentemente, havia uma diferença entre aceitar a proposta e negociar com base nela. Por outro lado, não ignoro que essa demonstração de confiança poderia envolver certa dose de malícia, ao procurar associar Ancara e Brasília a posições iranianas. Apesar das possíveis armadilhas dessa proposta, ela não deixava de representar uma evolução em relação a posturas anteriores do próprio Jalili. O secretário do Conselho Supremo de Segurança já me impressionara, desde o primeiro encontro em 2009, com seu olhar profundo e aparentemente calmo, como alguém acostumado a atuar sob todo tipo de pressão e capaz de oferecer-lhe resistência. Sua flexibilidade, ainda que formulada em termos que impunham atenção cuidadosa de nossa parte, mostrava que algo no Irã estava se movendo.

O presidente do Parlamento recebeu-me em um amplo e claro salão com discretos elementos decorativos. Elogiei o ambiente agradável, "que ajuda a inspirar pensamentos elevados". Larijani ouviu com calma e interesse minha argumentação sobre a importância de medidas de criação de confiança. Aventei a possibilidade de que uma quantidade inicial de urânio pudesse ser depositada na Turquia. Mencionei também que uma declaração de moratória na produção de urânio a 20%, quando da assinatura do acordo, ajudaria na construção de um clima de confiança. Meu interlocutor não chegou a concordar, mas tampouco rejeitou essas ideias. Limitou-se a dizer que mereciam reflexão. Foi nessa conversa com Larijani que, pela primeira vez, me referi aos três conceitos da Física (e, como tais, facilmente sujeitos a verificação): lugar, tempo e quantidade. Apesar da cordialidade da nossa conversa, Larijani não deixou de tecer críticas ao acordo. Relembrou que, dada a vida útil que restava para o seu reator de pesquisa, o Irã necessitava apenas de 60 quilos, o equivalente a 600 quilos de LEU, aproximadamente. Assim, a proposta de troca de 120 quilos de combustível por 1.200 quilos de LEU era artificial e excedia a real necessidade do Irã. A seguir-se à risca esse raciocínio, a hipótese de um acordo ficava inviabilizada. Vale lembrar que algumas das posições duras que o governo do Irã vinha tomando, como o início do enriquecimento a 20%, tinham origem em atitudes do Parlamento. Mais do que ninguém, Larijani encarnava a face pública dessa postura crítica, à qual não eram estranhas disputas internas pelo poder.

No dia 27, encontrei-me com o ministro das Relações Exteriores e com o presidente. A conversa com Mottaki foi a mais longa e objetiva das que tivera até então com meu colega. O ministro iraniano acabara de voltar de Viena, onde se encontrara com o novo diretor-geral japonês da AIEA, a quem teria indicado a disposição do Irã de, "num gesto de flexibilidade", pôr à disposição da Agência (de que forma e onde ainda não estava claro) 1.000 quilos de LEU com vistas à troca por combustível. Nas conversas que tivera até então, a quantidade máxima que o Irã admitia transferir era de 800 quilos. Embora soubesse que essa "concessão" não era suficiente, tomei nota desse "movimento" em direção a um acordo. Simpático e afável como sempre, Mottaki acedeu a meu pedido de não alongarmos a "reunião ampliada" em que tratamos, com a presença das duas comitivas, da visita do presidente Lula. Na conversa privada, em que cada um era acompanhado apenas por dois assessores (no meu caso, o embaixador Antonio Salgado e um diplomata do meu gabinete, Leonardo Gorgulho), concentrei-me na importância da carta a ser enviada pelo Irã à Agência Atômica. Sobre essa questão, não percebi nenhuma reação negativa da parte de Mottaki. Mencionei a remessa do LEU (ou pelo menos de uma parcela dele) à Turquia antes do recebimento da primeira batelada de combustível. Essa proposta visava responder a uma das críticas sobre a credibilidade do acordo, levantadas nas conversas com o general Jones, a secretária de Estado e o presidente Obama. Disse a Mottaki que não se trataria de uma entrega antecipada a um rival de quem se desconfia, mas de um "depósito junto a amigo confiável". Caso o acordo falhasse, este simplesmente devolveria o material ao Irã. Meu interlocutor pareceu compreender e pediu-me que repetisse o argumento ao presidente Ahmadinejad. O terceiro ponto que mencionei se referia à moratória na produção do urânio a 20%, uma vez assinado o acordo. Mesmo sem contestar o direito do Irã, à luz do TNP, insisti que a continuidade do enriquecimento a esse grau seria difícil de justificar, caso o Irã viesse a receber o elemento combustível de que necessitava para o reator de pesquisa. Interpretei o silêncio do meu interlocutor como reconhecimento de que o argumento tinha peso.

Boa parte da conversa com o presidente Ahmadinejad foi dedicada ao tema da libertação da cidadã francesa Clotilde Reiss. Deixo de lado os detalhes, mas assinalo que várias coincidências de datas, envolvendo decisões judiciais e administrativas na França, não só no caso de Bakhtiar, mas também em outra situação delicada, relativa a um engenheiro iraniano cuja extradição havia sido pedida por

Washington e que Paris negara, viriam a facilitar uma conclusão positiva para o tema, cuja solução fora apontada pela França como precondição para um engajamento com o governo iraniano. Nesses encontros, ficou nítido, à medida que as conversas prosseguiam, que crescia a confiança do Irã no Brasil e na Turquia. Ao longo dos diálogos que mantive, percebi nos meus interlocutores iranianos interesse em que os dois países atuassem como garantidores da operação de troca. Em algum momento, um de meus interlocutores aventou inclusive que o Brasil poderia ser o depositário do LEU. Essa ideia não foi levada adiante, tanto por motivos políticos (relação com a Turquia) como logísticos. Logo após minha conversa com Ahmadinejad, ao se despedir de mim, Mottaki voltou a dar uma clara demonstração de confiança no Brasil. Referindo-se ao caso de Clotilde Reiss e à libertação pela França do prisioneiro iraniano acusado de assassinar Bakhtiar, Mottaki disse: "Uma garantia de Sarkozy a Lula é suficiente; não é preciso que o presidente francês se dirija ao presidente iraniano".

Volto aos dias decisivos. Ao final da viagem do presidente Lula à Rússia, em 14 de maio, considerei que ainda havia algum trabalho a ser feito junto às autoridades iranianas, uma vez que persistiam alguns hiatos entre as posições de Teerã, mesmo flexibilizadas, e os elementos da proposta original do acordo, reiterados por Obama. Sugeri a Lula que eu me separasse da comitiva que o acompanharia ao Qatar e me deslocasse diretamente a Teerã. O presidente prontamente concordou e colocou à minha disposição seu avião reserva.*

Antes de passar à narrativa das conversações em Teerã, nos dias 15, 16 e 17 de maio, creio necessário fazer uma observação. Ao longo das discussões referidas até aqui, foi havendo uma lenta, mas progressiva evolução no que tange ao objetivo preciso que buscaríamos em Teerã. À medida que o processo avançava, foi ficando claro que não poderíamos – Brasil e Turquia – trabalhar com alternativas aos elementos essenciais da proposta de acordo. Como se pode depreender da própria narrativa, não tenho plena clareza sobre o momento exato em que meu colega turco e eu abandonamos a busca de ajustes à proposta original – os quais,

* A propósito, menciono um episódio curioso que se dera alguns dias antes. Pouco depois da minha viagem ao Irã no final de abril, disse ao presidente que talvez precisasse ir novamente àquele país para avançar nas negociações. O presidente Lula me autorizou a fazê-lo, mas a viagem acabou não ocorrendo devido principalmente a dificuldades de agenda, já que eu pretendia que o encontro em Teerã tivesse também a participação do ministro turco. Entretanto, a dinâmica das tarefas em que estava envolvido fez com que eu me esquecesse de avisar o presidente da minha desistência. Esse descuido foi responsável por um comentário, que poderia ser interpretado como um deslize, do presidente com a imprensa. Em uma entrevista pouco antes da nossa partida, Lula chegou a dizer que eu tinha feito uma segunda viagem ao Irã naquele período, a qual, de fato, não ocorrera.

diga-se de passagem, incluíam elementos de potencial interesse dos países ocidentais (como a moratória do enriquecimento a 20%) – e decidimos nos concentrar nos elementos que figuravam na carta do presidente Obama: quantidade de 1.200 quilos, depósito em terceiro país, envio imediato do LEU e comunicação formal à AIEA. Que o ponto de inflexão não foi dado apenas pela carta de Obama, como seria natural supor, fica patente no relato sobre meus contatos no final de abril, quando ainda discuti possíveis flexibilidades nos termos da proposta original. No meu caso, foram as reflexões que fiz na sequência daqueles contatos que determinaram essa mudança final de curso. Algo semelhante teria ocorrido com meu colega turco. O fato é que, quando desembarquei em Teerã na madrugada do dia 15, já estava totalmente imbuído da noção de que a aceitação integral daqueles quatro elementos, em troca talvez de algumas garantias e da reafirmação de certos princípios caros ao Irã, era o único caminho possível.

No dia da minha chegada a Teerã, teria lugar a reunião ministerial do G15.* Ao longo do tempo, esse fórum viera perdendo relevância. O Irã, permanentemente ameaçado de isolamento, dava grande importância à Conferência de que era o anfitrião. Por isso, pediu-nos assessoria para sua preparação, de modo a garantir resultados com um mínimo de substância. Com esse objetivo, mandei a Teerã o subsecretário de assuntos econômicos do Itamaraty, o embaixador Roberto Azevêdo (atual diretor-geral da OMC), que atuou como Alto Representante brasileiro na Conferência. Azevêdo assessorou os iranianos na elaboração da agenda e, provavelmente, também do projeto de comunicado final. Havia poucos países aos quais o Irã poderia pedir esse tipo de ajuda, fosse em função da confiança, fosse em função da competência profissional e da experiência em liderar esse tipo de encontro. Assinalo que a Turquia não é membro do G15.

A primeira conversa com Mottaki se deu na manhã da minha chegada. Estendeu-se por cerca de hora e meia, mas foi de pouca valia do ponto de vista das negociações sobre o dossiê nuclear. Meu colega iraniano apenas me informou que houvera, na véspera, uma reunião "muito, muito importante". Deduzi dessas palavras e da ênfase com que foram pronunciadas que o Líder Supremo havia participado dela. Como resultado, "o governo ficara encarregado de discutir o tema". Penso que essa referência, em princípio redundante, ao papel do governo, teve a ver com uma observação minha de que estava pronto a ver qualquer pessoa

* O G15 foi criado em um encontro de Cúpula em 1989, dando seguimento à conclusão do nono encontro do Movimento dos Não Alinhados, em Belgrado. Um objetivo de longo prazo do G15 era ser reconhecido como plataforma de diálogo com o G7, o grupo de países altamente industrializados.

com quem ele, Mottaki, achasse que valeria a pena encontrar-me. Implicitamente, isso poderia incluir o presidente do Parlamento, Ali Larijani, com quem estivera na visita de abril. Meu colega achou necessário explicitar que o governo – e não outros órgãos do Estado – tinha poder para realizar as discussões. Foi no encontro da manhã do dia 15 que Mottaki me disse que as conversações com o Brasil e a Turquia, que aconteceriam no dia seguinte, seriam conduzidas, do lado iraniano, por ele próprio, pelo secretário Saeed Jalili e pelo presidente da organização de energia atômica, Ali Akbar Salehi. Portanto, tudo que pude extrair dessa primeira conversa foram questões de procedimento.

Estas não eram de todo irrelevantes. Preocupava-me a exiguidade do tempo para uma negociação significativa. Em contato anterior, Davutoglu, cuja presença era essencial para que as discussões produzissem algum resultado, me havia dito que só poderia chegar a Teerã na tarde do dia 16. Essa era a data da visita oficial de Lula. De algum modo, fiquei com a impressão de que a Turquia estava menos otimista e que tinha dúvidas sobre a ideia que havíamos em princípio acordado, de um encontro trilateral dos líderes dos três países envolvidos na negociação. A realização de um encontro entre Lula, Ahmadinejad e Erdogan era um aspecto fundamental do processo. A presença, juntamente com o presidente iraniano, desses dois governantes de países em desenvolvimento de peso e com alta credibilidade era um dos incentivos mais importantes para que o Irã viesse a aceitar o acordo. Por isso, a atitude de menor entusiasmo que julguei perceber em Davutoglu deixou-me inquieto. Essa preocupação ficou ainda mais acentuada quando um jornalista do *Washington Post*, que me entrevistou no dia 15, perguntou-me qual o significado do "cancelamento", que ele deu como certo, da vinda de Erdogan. Eu não ouvira falar em cancelamento. Mas essa indagação do jornalista, aliada à impressão que me ficara do diálogo com Davutoglu, alertou-me para a urgência de falar novamente com meu colega turco, o que fiz em algum momento entre o almoço e a reunião ministerial do G15. Pedi a Mottaki que fizesse o mesmo. Nossa insistência surtiu efeito: Davutoglu disse que estaria disponível em Teerã na manhã do dia 16. Em um momento como esse, um ministro ou um negociador procura ver sinais nos menores gestos. Se por um lado a aparente redução de entusiasmo de Davutoglu e a "revelação" do jornalista do *Post* me haviam causado grande preocupação, por outro, a pronta concordância de Mottaki em insistir para que o ministro da Turquia chegasse mais cedo do que anunciara foi o primeiro indício concreto (afora a reunião "muito, muito importante") de que os iranianos estavam realmente empenhados em uma conclusão exitosa das negociações.

Na tarde do dia 15, "liguei o piloto automático" e participei da reunião do G15, onde certamente discursei. Não guardo senão uma vaga recordação desse momento e não me lembro de nenhuma palavra do que disse. Mas, com certeza, a presença do ministro das Relações Exteriores do Brasil, cuja importância nas negociações econômicas comerciais crescera significativamente nos últimos anos, foi apreciada pelos anfitriões. Em algum momento, ainda no dia 15, o ministro iraniano chegou a aventar um jantar a três, no qual Saeed Jalili se juntaria a nós. Diante da demora dos dois iranianos, resolvi que não podia esperar mais e me dirigi à cafeteria do hotel para fazer uma refeição frugal, como era o meu hábito, sobretudo à noite. Nesse momento, apareceu Mottaki, sozinho, para me fazer uma "visita". Tivemos então novo encontro de quase duas horas na acanhada sala de estar da minha suíte (a acomodação mais espaçosa, com vista para as montanhas nevadas ao norte de Teerã, que ocupara em visitas anteriores, fora destinada ao presidente Lula). Como de hábito, a conversa com o ministro iraniano foi amistosa, vaga e cheia de circunlóquios. Meu colega enfatizou muito a necessidade de que o eventual acordo estabelecesse um "quadro geral" para a cooperação entre o Irã e a comunidade internacional. Essa nova vertente soou-me mais uma forma de fugir à discussão de pontos específicos. Além disso, Mottaki pareceu-me algo escorregadio, evitando assumir compromissos. Nas constantes avaliações e reavaliações que fazia, minha confiança no êxito de nossos esforços voltou a baixar.

A reunião trilateral dos ministros ficou marcada para as 7 horas da manhã do dia 16. A escolha desse horário, pouco usual para diplomatas, deveu-se principalmente à programação da visita bilateral de Lula, que teria início às 10 horas. O encontro das três delegações ocorreu inicialmente em "formato amplo", em um salão da Casa Vermelha, antigo palácio de recepção do xá. Mottaki estava acompanhado de Jalili e Salehi, além de assessores. Davutoglu, por sua vez, trazia consigo um número razoável (quatro ou cinco) de colaboradores. No meu caso, o único "técnico" de que dispunha era Leonardo Gorgulho, encarregado do assunto no meu gabinete. Para que a delegação brasileira não ficasse reduzida a duas pessoas, incluí também meu assessor de imprensa, Maurício Lyrio, cuja capacidade de análise política eu tinha (e tenho) em alta conta. Minha chefe de gabinete, a eficiente embaixadora Maria Laura, teria de ficar ocupada com a complexa coordenação entre as minhas reuniões e a programação do presidente, que chegara na noite anterior. Como a ilustrar as emoções que pontilharam esses dias, na madrugada que se seguiu à chegada de Lula, a cidadã francesa Clotilde Reiss foi finalmente embarcada em um avião da KLM com destino a Paris. Voltarei ao significado desse gesto mais adiante nesta narrativa.

No início da reunião das 7 horas, foram feitas apresentações de natureza geral, que não forneceram indícios suficientes para que eu pudesse avaliar se as negociações chegariam ou não a um resultado positivo. Havia sobre a mesa dois projetos de declaração: um, turco-brasileiro, e, outro, iraniano. Encarregamos os "técnicos" de fundir os textos em um único documento. Como ambos seguiam aproximadamente a mesma metodologia, ainda que com abordagens distintas, foi possível consolidá-los de modo a permitir que a discussão se concentrasse nas divergências de substância. Essa discussão se daria depois do almoço, quando Davutoglu e eu voltamos a nos reunir com nossos pares iranianos, aproximadamente às 14h30.

Entre a sessão matutina e a retomada dos trabalhos em nível ministerial, houve a cerimônia oficial de chegada do presidente Lula e sua agenda de encontros com Ahmadinejad e com o Líder Supremo. Talvez em função do cansaço acumulado – depois do encontro com Mottaki na noite da véspera, ainda fui relatar ao presidente Lula, por volta de meia-noite, o estado das discussões, e na manhã seguinte acordei às 5h30 para me dirigir à primeira sessão de trabalho –, pouco guardei da conversa entre os dois presidentes, ocorrida na presença de outros ministros e autoridades. Falaram, naturalmente, de temas ligados à cooperação bilateral, como comércio, investimentos, relações financeiras (tópico sensível devido a sanções não só da ONU, mas também as unilaterais, impostas pelos EUA e pela UE). Não foi tratado nenhum ponto muito substancial que dissesse respeito às negociações sobre a questão nuclear. Nem mesmo a fadiga poderia ter-me impedido de perceber algo de relevante nessa área. Como era de se esperar, os dois presidentes voltaram a expressar expectativas positivas a respeito das conversas sobre o tema que se desenvolviam em paralelo.

Em seguida, houve o encontro de Lula com o Líder Supremo, o aiatolá Ali Khamenei. Na verdade, nada de formidável aconteceu nesse encontro, do ponto de vista da substância das negociações. O mais importante é que se tenha realizado. O Líder Supremo do Irã é um personagem pouco comum na vida internacional contemporânea. Ele encarna, ao mesmo tempo, a liderança política do país e a liderança religiosa. Em países de peso, não há nada similar. É verdade que o monarca da Inglaterra é, formalmente, chefe de Estado e chefe da Igreja Anglicana, mas nem mesmo os mais ferrenhos monarquistas serão capazes de afirmar que a rainha Elizabeth, por mais simpatia que possa inspirar em alguns, detém grande poder sobre temas políticos ou eclesiásticos. Não posso dizer que o encontro de Khamenei com o presidente Lula fosse sem precedentes, mas não era comum que o Líder Supremo se encontrasse com Chefes de Estado ou de Governo de países não islâmicos. Assim, o mero fato de a entrevista ocorrer já era simbólico de uma inclinação positiva em relação a nossos esforços. E essa disposição era absolutamente essencial para que estes chegassem a bom termo.

Essa reunião pouco usual entre um líder operário que ascendeu à presidência de um grande país em desenvolvimento e o chefe da única teocracia importante do mundo atual merece registro. A figura de Khamenei impressiona: um venerando ancião com uma respeitável barba branca e um olhar que transmite a sensação, talvez apenas aparente, de tranquilidade e segurança. Era difícil imaginar que aquele senhor de idade avançada – e que, ao contrário de muitos governantes ocidentais, não procura escondê-la – tenha sido o autor, ou o inspirador, de ações repressivas que resultaram em grande número de prisões e mortes, logo após a contestada reeleição de Ahmadinejad. Khamenei cumprimentou a todos com cordialidade e até uma ponta de aparente afeto, que um olhar mais crítico definiria como paternalista. A sala em que nos recebeu, em uma casa modesta, localizada nas proximidades do *compound* presidencial, contrastava com os salões, por vezes luxuosos, dos palácios oficiais. Não media mais do que 10 metros por 6 metros. As paredes, nuas e pintadas de branco, ostentavam um único adorno (se é que se pode qualificá-lo assim): um retrato do grande "pai" da Revolução Islâmica, o aiatolá Ruhollah Khomeini. Nem mesmo um tapete persa – como seria lícito esperar – dava colorido ao assoalho, recoberto por um carpete avermelhado algo desbotado. Alguns integrantes da nossa delegação, inclusive o fotógrafo oficial do presidente, foram instruídos a tirar os sapatos. Khamenei estava vestido de maneira muito simples, embora seu traje, semiescondido pela bata branca, parecesse bem cortado. Reparei que calçava chinelos ou pantufas.

Passadas as apresentações, cheguei a temer que a conversa, iniciada por uma exposição algo longa do nosso presidente, fosse ganhar um tom muito oficial, quase burocrático. Os primeiros comentários de uma parte e de outra pouco acrescentaram ao que já tínhamos ouvido em outras ocasiões e acabáramos de escutar mais uma vez do presidente Ahmadinejad: o atual estado das relações internacionais, a necessidade de união dos países em desenvolvimento etc. O diálogo só ficou verdadeiramente interessante quando Lula discorreu sobre sua trajetória de vida. Em determinado momento, disse que comera seu primeiro pedaço de pão aos 7 anos de idade. "Como se alimentava, então?", perguntou o perplexo aiatolá. Deu algum trabalho – aos tradutores e a mim – explicar o que era farinha de mandioca diluída em água. Khamenei despediu-se com a mesma cordialidade com que nos havia recebido e desejou a Lula "boa sorte". Era a mesma expressão que usara Medvedev, mas o significado era completamente diferente. Foi, na verdade, a única referência positiva e encorajadora em relação às negociações.

Creio que foi depois desses dois encontros e antes do almoço que se deu um episódio singelo. Enquanto aguardávamos que a reunião dos "técnicos" terminasse, a embaixadora Maria Laura e eu fomos conduzidos a uma sala de espera da Casa Vermelha. Era um grande salão semivazio, onde havia algumas poltronas confortáveis. Diferentemente do exíguo aposento em que se dera o encontro entre Lula e Khamenei, era decorado com um belo tapete e tinha o teto enfeitado com refinados altos-relevos em gesso. Ficamos ali algum tempo, talvez pouco mais de meia hora. Esgotado com os encontros da véspera e daquela manhã, sentindo que um começo de gripe poderia me acometer e na expectativa das longas reuniões que teria naquela tarde, e que certamente prosseguiriam noite adentro, adormeci. Quando o ministro Mottaki entrou na sala, Maria Laura, segundo ela própria me contou, fez menção de me despertar. Mottaki, sem fazer ruído e com um aceno de mão, indicou-lhe que me deixasse repousar. Graças a essa demonstração de consideração do meu colega iraniano, pude descansar um bom quarto de hora a mais, até que alguém nos veio chamar para o almoço/reunião.

Fiquei sabendo, pelos meus "técnicos", dos avanços puramente formais que haviam sido alcançados. Contaram-me também que tinha havido uma tentativa da Turquia, com o nosso apoio, em fazer constar do texto do acordo alguma referência ao estoque de LEU e ao enriquecimento a 20%. A delegação iraniana prontamente rejeitou as duas sugestões. O nosso lado não voltou a insistir. Desse modo, quando nos reunimos na parte da tarde, as discussões se afunilaram em dois aspectos: o primeiro dizia respeito aos três elementos essenciais do acordo de troca, mais a carta à AIEA. O outro era relacionado à insistência do Irã em referências a questões mais amplas de geopolítica, como o direito dos Estados ao uso pacífico da energia nuclear (inclusive seu enriquecimento) nos termos do TNP, e à retomada da cooperação do Irã com a comunidade internacional, inclusive no domínio nuclear. Foi só então que compreendi plenamente o que Mottaki me havia dito na nossa primeira conversa, na noite de 15 de maio. Ao longo das negociações, ficou patente que havia um interesse real, sobretudo da parte de Salehi, diretor do Conselho de Energia Atômica, em superar as dificuldades técnicas e materiais do programa iraniano, mediante o recurso à cooperação internacional.

As discussões foram longas e, ocasionalmente, ásperas. Na maioria das vezes, giraram em torno de detalhes práticos, como prazo para entrega da primeira leva de LEU ou a forma como se daria o recebimento do combustível. Estavam claros, entretanto, quais eram os elementos concretos indispensáveis ao acordo. Para resumir as negociações do dia 16, diria que a "barganha básica" consistiu na aceitação, com os inevitáveis ajustes, por parte de Brasil e Turquia, das "propostas conceituais" do Irã e na concordância deste com os elementos essenciais do acordo de troca, revestidos de precisões que lhe dessem um mínimo de conforto.

No "trio" iraniano era óbvio que Jalili detinha o maior (se não exclusivo) poder de decisão. Já me referi ao temperamento algo soturno do secretário do Conselho de Segurança. Durante as negociações, sorria com frequência para os interlocutores, que, no caso, éramos eu e Davutoglu. Esse sorriso, que era quase um *rictus*, consistia, a meu ver, em uma forma de se proteger e não parecer antipático ao dar respostas diretas aos questionamentos. Com frequência, deixava que outros integrantes da delegação iraniana, inclusive os aparentemente menos graduados, externassem suas opiniões. Essas, em geral, só serviam para dificultar a convergência. Um desses assessores, relativamente jovem, cuja origem na burocracia iraniana não consegui identificar (talvez fosse próximo do Líder Supremo ou da Guarda Revolucionária), fazia insistentes intervenções de natureza extremada, que beiravam o irrealismo. Cheguei a pensar que se tratava de um agente provocador, que estava ali com o objetivo de sabotar as negociações. Esse indivíduo, gordo e baixo, usava uma camisa preta que associei aos fascistas italianos, o que reforçava a impressão desagradável de um burocrata altamente ideologizado. Foi tão inconveniente que, em certo momento, lá pelas 20 horas, senti necessidade de enquadrá-lo, solicitando que a palavra só fosse concedida a ministros ou equivalentes. Ele ficou abatido e calou-se por algum tempo, mas logo voltou a interferir nas discussões com o mesmo vigor radical de antes. Paradoxalmente, depois que chegamos a um acordo definitivo, já no dia seguinte, estava muito sorridente e foi até afetuoso no momento da despedida. Dos três interlocutores principais do lado iraniano, Salehi parecia o mais interessado na conclusão positiva das negociações. Em geral, suas observações eram de natureza construtiva, buscando aproximar posições. Mottaki, com quem tive mais contato ao longo de todo o processo que culminaria na Declaração de Teerã, foi, nessa ocasião, pouco atuante. Suas opiniões, entretanto, pareciam pender mais na direção de Jalili – ou do sujeito baixo e gordo – do que na de Salehi.

Nem todos os momentos foram de aspereza. De tempos em tempos, era necessário fazer uma pausa para permitir aos assessores a redação do que fora acordado. Já contei em outra ocasião* como, durante um desses intervalos, saímos para a varanda adjacente à sala de reuniões, sobre a qual pendiam os galhos de uma enorme amoreira, e como o severo Jalili ofereceu-nos as pequenas frutas que

* Amorim, op. cit., 2011, p. 299.

ele próprio ia colhendo. Pouco a pouco fomos avançando em formulações aceitáveis para os dois lados. Uma das questões difíceis consistia na demanda dos iranianos de incluir uma referência expressa à suspensão das sanções como contrapartida às "concessões" que estavam fazendo. Meu colega turco e eu éramos da opinião que uma menção específica às sanções retiraria o valor da declaração como gesto de criação de confiança por parte do Irã. Enfim, o problema foi contornado com uma sugestão de minha autoria. Baseado nos anos de experiência na ONU, propus que, em vez de "sanções", fosse feita, no meio de outras expressões, referência a "medidas", termo utilizado no capítulo sétimo da Carta da ONU. A proposta foi aceita pelos negociadores iranianos.

Já havíamos praticamente concluído as negociações do texto quando Mottaki, que havia se ausentado por cerca de uma hora e meia para participar do banquete oferecido por Ahmadinejad a Lula (ao qual não compareci), interveio para insistir, de forma peremptória, que o termo "sanções" deveria aparecer no texto. A meu ver, Mottaki, cuja posição como chanceler nunca fora muito firme, jogava um pouco para a plateia (quem exatamente era a "plateia" não sei dizer, mas com certeza o sujeito baixo e gordo, de camisa preta, fazia parte dela). Não escondi meu incômodo com a intervenção de meu colega, e só não saí sem me despedir porque a delegação turca ofereceu um carneiro com arroz aos esfomeados negociadores. Mottaki sentou-se com as duas delegações, turca e brasileira, no refeitório improvisado em uma sala ao lado da que havíamos utilizado. Reiterou expressões de afeto e amizade. Respondi-lhe que os sentimentos eram recíprocos, mas não consegui conter o comentário: "Continuarei a ser seu amigo, mas não sei se posso continuar a ser seu advogado".

Ao longo de todo o processo negociador e nas cansativas discussões do dia 16, pude compreender melhor algumas preocupações dos representantes iranianos com os vários setores do seu público interno. Brasil e Turquia, por sua vez, mesmo concordando com a legitimidade de certas preocupações iranianas (a preservação do direito ao enriquecimento para fins pacíficos, por exemplo), estavam focados na repercussão do texto entre os demais países interessados. Havíamos avançado consideravelmente na negociação durante aquela tarde e início de noite. Tínhamos um texto suscetível de ser apresentado aos chefes de Governo, com boas chances de ser aprovado. Embora dificuldades de última hora, originadas em algum setor do complexo e fragmentado sistema político iraniano, sempre fossem uma possibilidade, parecia provável que alcançaríamos um consenso na manhã seguinte, quando da cúpula trilateral. Por volta de meia-noite, reportei tudo ao presidente Lula, que ficou satisfeito. Desejou-me boa noite e acrescentou: "Vá dormir, você merece".

À medida que as negociações prosseguiam pela tarde e pela noite do dia seguinte, sem que eu comparecesse a nenhum outro compromisso formal do presidente, gerou-se, conforme ouvi depois, alguma inquietação na delegação brasileira quanto ao que poderia ter acontecido comigo. Segundo o relato que recebi de um colega, o assessor especial do presidente, sempre brincalhão, teria expressado o temor de que eu tivesse sido sequestrado. Esse temor teria se transformado em certeza quando, no jantar de gala, o chanceler iraniano apareceu sem a minha companhia.

O acordo

"Dezessete de maio de 2010. Repito a data por extenso, pois quem sabe ela se tornará uma data histórica." Iniciei com essa frase uma anotação feita no próprio dia da adoção da Declaração de Teerã. A anotação prossegue: "Dizer isto pode parecer pretensioso da minha parte, mas na verdade essa possibilidade foi mencionada por mais de um orador durante a reunião do G15 nesta manhã". Dias depois, o *Le Monde* publicaria um editorial em que afirmava: "Os livros de História vão guardar esta data, segunda-feira, 17 de maio, quando Brasil e Turquia propuseram à ONU o acordo negociado com o Irã".

Na noite do dia 16 havíamos chegado a um texto que contemplava os pontos de interesse do P5+1 bem como "as questões de princípio" e algumas garantias solicitadas pelo Irã. Destaco alguns itens do documento. Desde o início, sabíamos que era fundamental, para que se chegasse a um acordo, o reconhecimento do direito de todos os Estados-Parte do TNP de utilizar a energia nuclear para fins pacíficos. Esse reconhecimento foi feito logo no primeiro parágrafo, que continha dois aspectos importantes. Um era a referência nominal à República Islâmica do Irã como um dos Estados que faz jus ao mencionado direito. O outro consistia na menção específica a "atividades de enriquecimento" como parte integrante desse direito. Superou-se, assim, um dos obstáculos que haviam dificultado todas as tentativas anteriores de encetar um diálogo efetivo com o Irã. O mesmo parágrafo trazia ainda uma expressão cara ao Irã, que frequentemente se queixava de ser tratado de forma injusta: "sem discriminação". Os três parágrafos seguintes contextualizaram o acordo de troca como "ponto de partida" e "passo positivo e construtivo" que levaria a uma maior cooperação no campo das atividades nucleares pacíficas. O quarto parágrafo continha a ideia iraniana de que o acordo deveria ensejar o abandono da estratégia baseada em sanções. Para evitar a impressão de que se tratava de uma "barganha" e não de um gesto unilateral de criação de confiança, essa referência às sanções foi feita de maneira algo indireta. Ao final do parágrafo foi incluída menção à necessidade de evitar "todo tipo de confrontação, abstendo-se (*sic*) de medidas, ações e declarações retóricas que possam prejudicar os direitos e as obrigações do Irã sob o TNP". Os parágrafos seguintes, cinco a oito, descreveram os procedimentos relativos ao depósito dos 1.200 quilos de urânio do Irã na Turquia e a notificação de Teerã à Agência Atômica. Esses parágrafos continham também a garantia de que o Irã deveria receber "em não mais de um ano" os 120 quilos de combustível para o seu reator de pesquisa. Importante para convencer os nossos interlocutores iranianos foi o reconhecimento expresso de que, "enquanto estiver na Turquia, esse urânio [LEU] continuará a ser propriedade do Irã". Coerentemente, no parágrafo oitavo, o texto estipulava que, "caso as cláusulas desta Declaração não forem (*sic*) respeitadas, a Turquia, mediante solicitação iraniana, devolverá rápida e incondicionalmente o LEU ao Irã".*

Chegamos, assim, à cúpula trilateral com um texto praticamente aprovado, inclusive pelo negociador considerado mais duro, Saeed Jalili; pronto, portanto, para receber o endosso dos chefes de Governo. A única questão que ficara em suspenso era a que havia sido levantada por Mottaki, relativa à utilização do termo "sanções" no parágrafo quarto. Com efeito, foi esse ponto que despertou alguma discussão na reunião de cúpula na manhã do dia 17, fazendo temer que todo o esforço despendido até então caísse por terra. Repetindo o que seu chanceler fizera na noite anterior, Ahmadinejad, instigado por algum assessor de linha mais dura, pediu que a palavra "sanções" fosse explicitamente usada. Erdogan e Lula, porém, devidamente assessorados por Davutoglu e por mim, se mantiveram firmes na posição de que uma referência expressa às sanções soaria como uma barganha e retiraria o valor do "gesto de confiança". Em paralelo, ambos reafirmaram o compromisso de continuar trabalhando para evitar a adoção de sanções. O presidente iraniano, depois de uma breve interrupção para consultas e percebendo que uma insistência nesse ponto poria em risco a declaração, aceitou a ponderação. Estava encerrada a negociação da Declaração de Teerã, que seria assinada pouco depois pelos três chanceleres, na presença dos respectivos chefes de Governo. Para Davutoglu e para mim, o resultado vinha encerrar cerca de seis meses de árduo trabalho e de intenso envolvimento emocional. Lula e Erdogan, por sua vez, podiam festejar um êxito que poucos acreditavam ser possível.

---

* As citações foram extraídas da tradução para o português feita pela assessoria de imprensa do MRE, a partir do original em inglês.

A assinatura foi acompanhada de manifestações de entusiasmo, registradas pelos fotógrafos e criticadas pela mídia, sobretudo a brasileira. Em geral, as críticas focalizavam uma suposta confraternização, ou mesmo uma expressão de apoio, de dois governantes de países democráticos ao presidente Ahmadinejad, considerado um tirano truculento, uma versão xiita de déspotas sanguinários dc que a História do século XX havia fornecido vários excmplos. Obviamente não se tratava disso. Somente quem não viveu os momentos de tensão que antecedem a conclusão de negociações em um tema tão sensível poderia incorrer nesse tipo de interpretação. O que festejávamos ali era o fim de um processo repleto de percalços e obstáculos, no qual fôramos instados a intervir e que leváramos a bom termo. Se tudo desse certo – o que esperávamos, mas acabou não ocorrendo, e não por culpa do Irã –, um passo importante teria sido dado rumo a uma solução pacífica para esse complexo dossiê e – igualmente importante – com menos sofrimento para o povo iraniano.

No mencionado registro sobre o dia 17, escrito a bordo de um dos aviões reserva do presidente, fiz um primeiro ensaio de avaliação das razões da conclusão positiva de nossos esforços. Relendo o que escrevi, tenho a impressão de que eu mesmo estava surpreso com o sucesso obtido. Creio que vale reproduzir o parágrafo correspondente: "Que fatores terão contribuído para [este] resultado positivo, que, não tenho dúvidas, alguns pretenderão desqualificar? O otimismo ímpar do presidente Lula, que sempre animou os meus esforços? O bom entendimento com a Turquia (...), sobretudo nos últimos meses e semanas? (...) O isolamento crescente do Irã? As mensagens claras que levei [a Teerã] depois da reunião dos BRICs ajudaram Teerã a perceber que era necessária alguma flexibilidade. O clima de confiança das lideranças iranianas conosco também terá tido seu peso". Dentre os passos imediatamente anteriores à Declaração, tinha plena consciência de que a decisão de vir diretamente de Moscou a Teerã, sem passar pelo Qatar, fora absolutamente acertada. Sem as conversas preparatórias que, entre outras coisas, me convenceram da necessidade de persuadir Davutoglu a antecipar sua chegada à capital iraniana, não teria sido possível concluir as negociações a tempo.

Produzida a mercadoria, tratava-se agora de vendê-la, tarefa que acabou se revelando mais difícil do que as próprias negociações. Antes de partir de Teerã, por volta das 13 horas (cerca de 5 horas da manhã em Washington), acordei nosso embaixador nos Estados Unidos, o competente e sempre atento Mauro Vieira, e pedi que tentasse agendar uma conversa telefônica minha com Hillary Clinton durante a escala que eu faria em Madri a caminho do Brasil. O telefonema era um gesto de transparência que eu julgava necessário. Noto, a propósito, que mais uma vez me separava da comitiva presidencial em função de tarefas mais urgentes. O presidente compreendia perfeitamente que a diplomacia moderna muitas vezes exige que o chanceler não seja apenas um assessor do Chefe de Governo e que tenha sua própria área de atuação. Entre a tentativa de defender a Declaração e a participação em uma Cúpula algo desgastada, na qual não faltaria quem assessorasse o nosso Chefe de Estado, a primeira dessas tarefas era obviamente prioritária.

Primeiras reações

Antes mesmo da partida, já na sala de autoridades do aeroporto, falamos com Sarkozy, com quem Lula deveria se encontrar no dia seguinte, à margem da VI Cúpula América Latina e Caribe e União Europeia (ALC-UE). Digo "falamos" porque, depois das saudações iniciais, Lula me passou o telefone para que eu explicasse ao presidente francês, no seu idioma, os principais aspectos do acordo. Sarkozy pareceu-me muito receptivo, chegando mesmo a dizer que faria uma declaração pública de apoio aos esforços de Lula. Sempre otimista, comentei que seria importante que, em sua declaração, o presidente francês reconhecesse não só os esforços, mas também os avanços obtidos. Sarkozy prometeu que assim o faria, embora qualificasse essa afirmação com expressões que sugeriam certa dúvida sobre sua confiança no cumprimento, por parte do Irã, dos compromissos assumidos na Declaração. Tive também uma rápida conversa com o ministro do Exterior da Rússia, Sergei Lavrov, mas não guardo dela nenhum registro escrito. Lembro-me vagamente de que a ligação telefônica estava muito ruim e que ficamos de nos falar mais tarde.

Logo ao chegar à base aérea de Torrejón, onde já se encontravam alguns de meus assessores, vindos como "escalão avançado" para a reunião na Espanha, pedi a minha porta-voz, Liliam Chagas, que providenciasse a chamada a Hillary Clinton. A ligação foi prontamente completada. A secretária de Estado não escondeu sua perplexidade – ou mesmo a sua decepção – com o resultado da reunião de Teerã. Ao mesmo tempo que reconheceu nossos esforços – não podia deixar de fazê-lo – demonstrou forte mal-estar com o êxito obtido. Em minha opinião, Hillary temia que a Declaração de Teerã representasse um obstáculo à aprovação das sanções pelo Conselho de Segurança. Fez questão de dizer, mais de uma vez durante o telefonema, que os Estados Unidos já contavam com o apoio do P5 e que, portanto, continuariam a trabalhar por uma resolução do CSNU condenatória do Irã, contendo em seu bojo novas medidas coercitivas. Repetiu a conhecida opinião de que "não se pode confiar no Irã". Valeu-se também, para justificar sua posição dura, de uma afirmação do porta-voz do governo iraniano que procurara interpretar a Declaração como guarida à continuação do enriquecimento a 20%. Esse deslize do funcionário iraniano seria subsequentemente corrigido por autoridades responsáveis do Irã. De todo modo, o tema do enriquecimento a 20% nem fora objeto de discussão aprofundada entre os três países e seguramente não figurava, de modo explícito ou implícito, na Declaração. Lembrei a Hillary que os pontos mencionados pelo presidente Obama na carta a Lula haviam sido adequadamente atendidos. Chamei também a atenção da secretária de Estado para o fato de que a Declaração de Teerã continha compromissos que o governo iraniano jamais havia aceitado, muito menos por escrito. Todas as ambiguidades e complicações ligadas ao "lugar de troca" e à "simultaneidade", bem como as tentativas de reduzir a quantidade de LEU a ser transferida, haviam sido expressamente superadas pelo texto da Declaração. Mais uma vez, como no telefonema que antecedera minha viagem, disse não ignorar que haveria outras questões a enfrentar, mas que o objetivo do acordo, tal como definido pelo próprio presidente norte-americano na carta a Lula, era "criar confiança". Nossa expectativa era que o texto fosse encarado dessa forma.*

Sabia muito bem que meus argumentos não convenceriam a secretária de Estado, mas fiz questão de deixar claro que o Brasil se sentia mais respaldado para seguir buscando uma solução pacífica e negociada. Os argumentos que expus a Hillary foram apresentados, de modo formal, em nova carta do presidente Lula ao presidente Obama, em 24 de maio. Nessa correspondência, Lula assinalou que "a Declaração envolveu as mais altas lideranças do País e foi firmada apesar das conhecidas resistências internas". O presidente brasileiro concluiu a comunicação da seguinte forma: "Por todos esses motivos, estou convencido, mais do que nunca, de que o acordo de troca poderá ser uma porta de entrada para uma solução negociada da questão nuclear iraniana como um todo".

---

* Em artigo intitulado "O diplomata", publicado na revista *Piauí* (n. 80, maio de 2013), a jornalista Cláudia Antunes cita o embaixador John Limbert, encarregado do dossiê iraniano à época da adoção da Declaração de Teerã. Segundo a jornalista, Limbert, que estava na Alemanha no momento da assinatura da Declaração, se disse "surpreendido" pela decisão da secretária de Estado de rejeitar imediatamente o acordo. Limbert afirmou que a reação de Hillary fugia ao padrão diplomático. Segundo ele, o normal seria dizer: "É interessante, precisamos examiná-lo melhor (...)". O artigo relata ainda que, para o embaixador, "o acordo atendia 85% a 90% de uma proposta que os Estados Unidos tinham endossado sete meses antes (...). Também seguia sugestões da carta enviada pouco antes por Obama ao Presidente Lula e ao premiê turco Recep Erdogan". Segundo Limbert, o acordo teria chegado no momento errado, pois, depois de vários meses, Washington teria obtido a concordância da China e da Rússia para novas sanções na ONU.

Aproveitei também a parada em Torrejón para falar com o presidente Lula, que já estava no hotel em Madri. Disse-me que havia conversado com Medvedev e que no dia seguinte falaria com Hu Jintao e Sarkozy. Medvedev teria dito a Lula, segundo este, que não seria mais o caso de sanções, em virtude do avanço ocorrido. Até hoje tenho a impressão de que essa "versão otimista" do que o presidente russo efetivamente falou se deveu a algum erro de tradução. O curso dos acontecimentos comprovou que meu ceticismo quanto a esse ponto tinha fundamento. Minha maior preocupação, naquele momento, era chegar rapidamente ao Brasil e fazer os telefonemas necessários: aos membros do CSNU, inclusive os não permanentes, à Alta Representante da União Europeia, ao secretário-geral das Nações Unidas e, inevitavelmente, a Ahmet Davutoglu e Manouchehr Mottaki, com os quais tinha de continuar dialogando sobre os desdobramentos da Declaração de Teerã.

Cheguei a Brasília na madrugada do dia 18. Por volta das 11 horas, fiz o primeiro telefonema, para Sergei Lavrov. Seguiram-se, no mesmo dia, chamadas para outros chanceleres, entre os quais meu colega chinês, Yang Jiechi. No dia seguinte, falaria com a representante da União Europeia, Catherine Ashton, e o ministro do Exterior do Japão, Katsuya Okada. A maratona de telefonemas continuaria ao longo da semana. Sistematicamente, um a um, conversei com meus colegas de países-membros do Conselho e/ou do P5+1 ou ainda com aqueles com algum grau de influência em suas decisões. A maioria reconheceu o valor dos esforços do Brasil e da Turquia. Nada do que diziam, porém, me dava esperança de que poderiam votar contra as sanções ou mesmo abster-se. Sabia que, em paralelo aos meus telefonemas e aos que Davutoglu sem dúvida também fazia, o Departamento de Estado americano já havia posto em marcha sua poderosa máquina político-diplomática. Atribuo a isso a dificuldade que tive de localizar alguns ministros, sobretudo de países de menor peso. Estes, evidentemente, se esquivavam de conversar comigo e, provavelmente, também com meu colega turco sobre a questão iraniana. Mas, afinal, minha persistência foi recompensada e consegui falar com todos.

Consultando minha agenda dos dias que se seguiram à Declaração, verifico que meu tempo foi dedicado não só a esses telefonemas, mas também à tentativa de comunicar à opinião pública (nacional e internacional) e aos parlamentares brasileiros o que havíamos obtido. Isso era absolutamente indispensável, pois conhecia muito bem – sobretudo em função da minha experiência na OMC – como os meios de comunicação eram usados com o objetivo de formar e consolidar as versões que melhor atendessem aos interesses das maiores potências. Em meio ao noticiário crítico, alguns jornais internacionais veicularam interpretações positivas sobre o acordo. Um importante articulista do *Financial Times*, Phillip Stephens, defendeu a ação turco-brasileira. Roger Cohen disse no *New York Times* que, ao criticar o acordo e declará-lo insuficiente, Washington teria "mudado a trave (*goalpost*) de lugar". Ainda no final de maio, o *Jornal do Brasil* publicou uma longa entrevista com El-Baradei, ex-diretor da AIEA e Prêmio Nobel da Paz, em cujo gabinete foram definidos os termos da proposta original do acordo de troca. Ninguém, portanto, com maior autoridade e imparcialidade para se pronunciar sobre o que havia sido alcançado em Teerã. Segundo El-Baradei, não aceitar a Declaração de Teerã, como os EUA e outros estavam fazendo, era, no mínimo, contraditório. Parodiando uma expressão idiomática inglesa muito usada pelos norte-americanos, El-Baradei afirmou que recusar a Declaração equivalia a "não aceitar um *sim* como resposta".* Em paralelo, eu não perdia a chance de insistir com meu colega iraniano, com quem eu falara duas vezes nos últimos dias (segundo uma anotação de 21 de maio), para que enviasse a carta à Agência Atômica o mais depressa possível. Essa remessa viria a ocorrer no último dia do prazo previsto na Declaração.

À medida que os dias se passavam, minhas esperanças de que a Declaração de Teerã fosse percebida como instrumento de criação de confiança, suscetível de evitar a adoção de sanções pelo CSNU, foram se esvanecendo. No dia 4 de junho, recebi a cópia do documento que seria entregue à Agência Atômica pelo Grupo de Viena.** Esse *aide-mémoire* era, a meu ver, um amontoado de críticas pouco sérias e de meias verdades, em que se apontavam as insuficiências (*sic*) do acordo trilateral. Havia referência a questões que, no nosso entender e (segundo se depreendia da entrevista citada) também no de El-Baradei, deveriam ser discutidas mais tarde. Também constavam do documento do Grupo de Viena observações

---

* Em artigo publicado na *Foreign Policy* em 17 de maio de 2010, Trita Parsi faz uso da mesma expressão de El-Baradei ao indagar se as potências ocidentais reconheceriam o acordo turco-brasileiro (*The Turkey-Brazil-Iran Deal: Can Washington Take Yes for an Answer?*). Parsi começa seu artigo afirmando que o centro de gravidade geopolítico tinha mudado e destaca que a Declaração de Teerã foi importante para a criação de confiança, algo que o Ocidente não havia conseguido até então, entre outros aspectos. Outras vozes se fizeram ouvir a respeito do valor da Declaração de Teerã como instrumento de criação de confiança. Uma delas merece destaque por provir da secretária de planejamento do Departamento de Estado, à época da Declaração, Anne Marie Slaughter. Em artigo publicado no *Financial Times* em 9 de novembro de 2011, intitulado "Diplomacy Is the Least Damaging Option with Iran", Slaughter defende que as potências ocidentais deveriam se voltar novamente para Brasil e Turquia. Ao descrever sumariamente o acordo, Slaughter afirma que sua recusa pelas potências ocidentais significou uma oportunidade perdida de um trabalho cooperativo com o Irã em favor de uma abordagem coercitiva.

** O Grupo de Viena, composto de Estados Unidos, França e Rússia, é uma espécie de "núcleo duro" do P5+1, que conduziu frequentemente as negociações.

sobre aspectos de procedimento absolutamente secundários, que poderiam ser facilmente resolvidos em um primeiro dia de discussões. Cito um exemplo retirado das minhas anotações da época: o documento diz que não está claro o momento a partir do qual se começaria a contar o período de um mês para determinar o prazo de entrega do LEU pelo Irã. Questionamentos como esse deixavam patente a má vontade com que o texto da Declaração fora analisado. "Encontrem o maior número de problemas que puderem": parece ter sido essa a instrução que os redatores do *aide-mémoire* receberam de seus chefes. Essa atitude, no caso da Rússia – em que pese às considerações feitas acima –, não deixava de surpreender. Além disso, o comportamento intransigente desse P3 punha em dúvida (para dizer o mínimo) a sinceridade das afirmações que ouvira do presidente da França, e reiteradas por seus assessores, sobre a disposição de "engajar" o Irã assim que certas condições fossem atendidas, a principal delas a libertação da jovem Clotilde Reiss, ocorrida na madrugada em que Lula chegou a Teerã.* No final do mesmo dia 4, veio outra notícia ruim: as "conversas técnicas" no Conselho estavam concluídas e o texto do projeto de resolução seria submetido a voto na semana seguinte. Em todas essas ações, havia, da parte dos Estados Unidos e seus aliados, uma evidente corrida contra o tempo, com o objetivo de evitar que fatos supervenientes pudessem dificultar a aprovação de novas sanções.

As sanções

Se 17 de maio há de ser ou não uma data que os livros de História registrarão, como afirmou em editorial o jornal *Le Monde*, é incerto. Mas 9 de junho certamente o será. Segundo pesquisa de minha assessoria, essa foi a primeira vez que o Brasil votou contra uma resolução do Conselho de Segurança que veio a ser aprovada. Com efeito, em ocasiões anteriores, o Brasil manifestara seu desacordo com resoluções aprovadas (por exemplo, sobre o Haiti, em 1994) por meio de abstenções. No caso do Irã tratava-se de algo mais profundo. Juntamente com a Turquia, o Brasil havia se empenhado na construção de uma solução pacífica e negociada que, a nosso ver, abriria caminho para um diálogo profícuo com repercussões positivas para a estabilidade do Oriente Médio. Além disso, como a Turquia, o Brasil fora estimulado – instado mesmo – a contribuir para esse tipo de solução. A mera abstenção não seria suficiente para exprimir nosso desacordo

* Poucos dias depois de sua chegada a Paris, quando eu já estava de volta ao Brasil, a jovem estudante francesa me telefonou para agradecer nossos esforços bem-sucedidos.

e – por que não dizer? – nossa indignação. Assim, no dia 9, juntamente com a Turquia, o Brasil votou contra o projeto de resolução que estabelecia novas sanções contra o Irã.* Foram os dois únicos votos contrários. O Líbano se absteve. Nossa posição foi decidida em definitivo após vários telefonemas e gestões que começaram no fim de semana e só se concluíram na manhã do próprio dia 9, com chamadas entre Lula e Erdogan. A última delas ocorreu no mesmo momento em que a sessão do Conselho estava se iniciando. Menos de quinze dias antes, no encontro que ambos haviam tido à margem do fórum Aliança de Civilizações, no Rio de Janeiro, o primeiro-ministro turco havia concordado com Lula que, caso o projeto de uma resolução com as sanções fosse efetivamente tabulado, Turquia e Brasil votariam contra. E acrescentou: "É uma questão de honra!". Nos dias anteriores à votação, pareceu-me haver alguma hesitação da parte da Turquia, ou pelo menos de alguns de seus agentes diplomáticos. A verdade é que as pressões de Washington sobre Ancara foram mais vigorosas do que as dirigidas ao Brasil. Embora uma divergência expressa por um voto negativo no Conselho de Segurança não fosse usual, o Brasil era geralmente visto pelo governo dos EUA como um país que não se deixava facilmente alinhar com as posições da potência dominante. Essa atitude "rebelde" era, sobretudo, manifestada em foros sobre temas de natureza econômica ou comercial, mas também esteve presente em questões sensíveis tratadas pelo CSNU. Isso poderia ser incômodo, mas não chegava a ser grave. No caso da Turquia, membro da OTAN, localizada estrategicamente entre o Oriente Médio e a Europa – além de estar muito próxima à Rússia –, essa "rebeldia" era menos tolerável. Nos últimos dias, o primeiro-ministro Erdogan recebera um telefonema de Obama, além de apelo do primeiro-ministro do Líbano, Saad Hariri. Este temia os reflexos da votação no equilíbrio político interno de seu país, dividido entre facções pró-ocidentais e pró-Irã. Seria compreensível que setores do governo turco hesitassem em votar "não" a uma proposta dos EUA sobre uma questão que Washington considerava de alto interesse estratégico. Com a sessão do Conselho iniciada ou por iniciar-se, foi na conferência telefônica entre Lula e Erdogan, na qual foram relembradas as palavras ditas na reunião de duas semanas antes, que ficou decidido o voto contrário de ambos os países ao projeto de resolução. Davutoglu e eu havíamos acompanhado, como ouvintes, o telefonema entre os dois líderes, vez por outra interrompido para permitir que Erdogan falasse com o presidente do Irã.

Nessa mesma manhã, mantive intensos contatos com o presidente e com a nossa embaixadora na ONU, Maria Luiza Viotti. Maria Luiza revelou grande

---

* Ver: Resolução 1.929 (2010) do Conselho de Segurança das Nações Unidas.

caráter e convicção. Pronunciou um belo discurso, preparado por ela e seus assessores, com ligeiros retoques e sugestões feitas por mim. Em um caso, a sugestão decorria de uma solicitação de Lula de que fosse feita menção à questão da "honra". A embaixadora Viotti encontrou uma maneira elegante de atender a essa instrução: ao anunciar que o Brasil votaria contra o projeto de resolução, afirmou que, ao fazê-lo, estávamos "honrando os propósitos que inspiraram os esforços que resultaram na Declaração de Teerã de 17 de maio". Acompanhei a votação pela BBC, que transmitiu ao vivo as três explicações de voto iniciais. A primeira delas foi a do Brasil, lida com grande tranquilidade pela nossa representante. Seu tom sereno e firme contrastou, até certo ponto, com a fala do embaixador turco, que parecia estar pouco à vontade. Um fato interessante: em seguida a Brasil e Turquia, falou a representante dos EUA, Susan Rice, cujo discurso foi igualmente transmitido ao vivo pela emissora; quando, porém, o embaixador do Reino Unido, o seguinte na lista de oradores, começou a falar, a voz do comentarista da BBC se sobrepôs ao discurso, deixando muda a imagem do diplomata. Esse procedimento da televisão britânica era revelador da percepção pouco usual de que a posição de dois membros não permanentes do Conselho, em certos casos, poderia tornar-se mais relevante do que a de alguns do P5, inclusive a do próprio país-sede da emissora.

A explicação de voto lida pela embaixadora brasileira apresentou as razões que nos levaram a adotar aquela posição sem precedentes. Destaco um aspecto, relacionado à pressa com que os países detentores do poder de decisão no Conselho agiram nesse caso. A mesma ansiedade em criar fatos consumados já se revelara na conversa telefônica que mantivera com a secretária de Estado, durante minha escala em Madri a caminho do Brasil, algumas horas depois de a Declaração de Teerã ter sido assinada. A falta de especificidade das críticas de Hillary Clinton, o retorno a argumentos do tipo "não se pode confiar no Irã", a reafirmação insistente de que a estratégia das sanções não seria alterada, tudo isso denotava uma atitude que poderia ser resumida com o dito: "Não li e não gostei". Outra evidência dessa pressa desmesurada foi a ausência de um intervalo minimamente razoável entre a apresentação dos comentários do Grupo de Viena à Declaração de Teerã e a sessão do Conselho em que as sanções foram aprovadas. Segundo cálculos de meus colaboradores, levando-se em conta a diferença de fusos horários, pouco mais de seis horas se passaram entre a entrega do *aide-mémoire* e o início da reunião do CSNU. Ou seja, mesmo que o Irã aceitasse todas as críticas e capitulasse diante de todas as exigências feitas pelo Grupo, não teria tempo de interromper o mecanismo desencadeado no Conselho de

Segurança. Poucas vezes, considerações sobre *expediency* prevaleceram de modo tão arbitrário sobre o que, na pior das hipóteses, poderia ser considerado "um direito de defesa".

Em seu pronunciamento, além de criticar a excessiva aceleração dos procedimentos, a embaixadora Viotti apontou a ineficácia das sanções como instrumento para obter a cooperação do Irã, indispensável para assegurar a natureza exclusivamente pacífica de seu programa nuclear. Muito apropriadamente, chamou atenção para o sofrimento do povo iraniano em decorrência das sanções. Lembrou, nesse particular, as trágicas consequências que as restrições econômicas impostas pelo Conselho de Segurança tiveram no caso do Iraque. Nossa representante exprimiu a essência da Declaração de Teerã ao assinalar que aquele documento conciliava dois objetivos igualmente importantes: o direito ao uso pacífico da energia nuclear e, em contrapartida, as garantias plenamente verificáveis de que a atividade nuclear não seria utilizada para outros propósitos. Ao afirmar que a "Declaração de Teerã mostrou que o diálogo e a persuasão podem mais do que ações punitivas", a embaixadora Viotti resumiu o pensamento que havia animado nossos esforços.

A explicação de voto do Brasil assinalou também a "grave preocupação" com a falta absoluta de transparência que caracterizou as consultas internas entre os membros permanentes do CSNU. Parecia um paradoxo difícil de explicar que, ao mesmo tempo que comissões e grupos de trabalho de Estados-membros da ONU se dedicavam ao aprimoramento dos métodos de trabalho do Conselho de Segurança, em um caso concreto com implicações para todo o sistema multilateral fosse dada uma demonstração tão clara da pouca disposição do P5 em compartilhar com os demais membros do CSNU o processo decisório em temas de seu interesse estratégico. Somente diante da insistência do Brasil e da Turquia é que foi possível realizar, na véspera da adoção da resolução condenatória do Irã, uma sessão aberta em que nossos argumentos puderam ao menos ser apresentados.

Acho adequado terminar esta seção com uma anotação que fiz no dia 5 de junho, quatro dias antes, portanto, da votação no CSNU: "(...) O processo está chegando ao fim. A arrogância dos P5, inclusive China e Rússia, que negociaram isenções de seu interesse exclusivo, terá prevalecido sobre os esforços pacifistas de dois *outsiders*. O sistema político mundial ainda não foi capaz de absorver as mudanças (...) na geometria do poder. Mas isso ocorrerá fatalmente, ainda que [a espera] dure vinte ou trinta anos. E [quando ocorrer] será em benefício da paz no mundo".

Repercussão e desdobramentos

O envolvimento do Brasil na busca de uma solução pacífica e negociada para a questão do programa nuclear iraniano havia chegado a seu auge com a Declaração de Teerã. De certa forma, esse clímax foi prolongado, de modo bastante penoso, até a adoção das sanções. A partir desse momento, a questão que se colocava – e que nos foi efetivamente posta, entre outros, pelo correspondente no Brasil do *Financial Times* – era saber se ainda teríamos um papel a desempenhar na nova realidade criada após a Resolução 1.929 (2010) do CSNU. Não era fácil responder a essa pergunta. Sem dúvida, o episódio havia deixado algumas feridas. Levaria tempo até que pudessem cicatrizar. Por isso mesmo, não tive nenhuma reação quando me foi transmitido que a secretária de Estado teria sugerido, por meio de um porta-voz, que o Brasil poderia ainda ter uma participação na eventual retomada do diálogo com o Irã. Tampouco me seduziram as repetidas tentativas do conselheiro diplomático do presidente Sarkozy, Jean David Levitte, de envolver o Brasil em uma possível associação com a França em relação a esse tema. Em algum momento, Levitte, que parecia não avaliar o grau de decepção que nos causara o comportamento sinuoso do governo francês em todo esse episódio, propôs, através de um intermediário, uma iniciativa franco-brasileira na Cúpula do G20, prevista para se realizar em Toronto no final de junho. Polidamente, transmiti, por meio de minha chefe de gabinete, a percepção de que aquele não era momento para iniciativas conjuntas. Dias depois, enquanto realizava uma visita à Bulgária como parte de um périplo europeu no qual pude tratar a questão do Irã com vários interlocutores e em três conferências públicas, Levitte novamente abordaria, em telefonema para mim, a mesma questão. Em tom confidencial, disse-me que o Grupo de Viena tinha intenção de solicitar ao diretor-geral da AIEA, Yukiya Amano, a convocação de uma reunião técnica com o Irã, na qual seria feito um exame conjunto da Declaração de Teerã e do *aide-mémoire* com comentários do Grupo. O funcionário francês perguntou-me se eu estava de acordo. Sem me afastar do tom amistoso que caracterizava o nosso diálogo, disse-lhe que nada tinha a opor, mas que, no caso, o importante não era a opinião do Brasil, e sim a do Irã. Tentativas similares se sucederam nos dias e semanas seguintes. Ao voltar dessa viagem à Europa relatei ao presidente os contatos feitos comigo com o objetivo de manter o nosso envolvimento no tema do Irã mesmo depois das sanções. Lula concordou com minhas avaliações e resumiu: "Só voltamos a agir se for a pedido do Irã".

Durante meu giro por países que antigamente integravam o chamado Leste Europeu – e que incluiu também uma parada na capital austríaca –, meus contatos com Davutoglu e Mottaki prosseguiram, embora não mais no ritmo febril do período anterior à Declaração de Teerã. Até por desencargo de consciência, senti necessidade de testar a disposição do Irã para retomar algum tipo de diálogo com os países-membros do Grupo de Viena, o que fiz de forma coordenada com meu colega turco. Para minha surpresa, a reação de Mottaki não foi negativa. Insistiu apenas que um eventual encontro com Estados Unidos, França e Rússia deveria ser precedido de uma reunião com Brasil e Turquia, que, em suas palavras, eram "coproprietários da Declaração de Teerã".

Já mencionei que, durante essa viagem, fiz pronunciamentos públicos nos quais abordei a questão iraniana. Havia uma razão que me levara a tratar do tema mesmo depois que o ciclo de negociações e tratativas em que estivéramos envolvidos se encerrara com a adoção de novas sanções. A Declaração de Teerã e a ação diplomática que a precedeu foram objeto de avaliações distintas. Houve vozes importantes que destacaram o valor do que fora obtido graças aos esforços de Brasil e Turquia. Esses endossos provinham dos mais diferentes quadrantes. Ficara muito gratificado com a apreciação feita por El-Baradei, por sinal citada, com sua autorização, pela representante permanente do Brasil no "debate aberto" do Conselho de Segurança, que ocorreu na véspera da votação das sanções. Thomas Pickering, que fora subsecretário de Estado e embaixador em Moscou (além de ser um dos nomes mais respeitados na comunidade ligada ao desarmamento e ao controle de armas nos EUA), foi um dos que salientaram a relevância da Declaração para o encaminhamento da questão iraniana.* Recordo-me que ex-embaixadores da França e do Reino Unido em Teerã, ao mesmo tempo em que saudaram o avanço representado pela Declaração, mostraram-se decepcionados com a reação negativa de seus países. A Organização da Conferência Islâmica, cuja composição inclui países que estão longe de ser aliados do Irã, emitiu comunicado positivo sobre a iniciativa turco-brasileira. Sobre o papel do Brasil no mundo, um artigo da agência de notícias da BBC no dia 9 de junho cita opiniões de autoridades e acadêmicos, entre os quais o presidente do InterAmerican Dialogue, Michael Shifter, e um professor de estudos orientais e islâmicos da New York University, Zachary Lockman. Ambos destacaram que a ação que havíamos empreendido com a Turquia num tema tão delicado reforçava a posição do Brasil como ator de peso (*major player*) na cena internacional.

---

* "*The permanent five members of the UN Security Council plus Germany (P5+1) should take advantage of this opportunity as the first step in a broader dialogue that could include further confidence building measures* (...)." In: Pickering et. al. "U.S. Shouldn't Dismiss Turkish-Brazilian Nuclear Deal." *Huffington Post*, 1º de junho de 2010.

Contudo, essas avaliações favoráveis estavam longe de ser unânimes ou sequer majoritárias. Especialmente no Brasil, havia um claro esforço dos partidos de oposição e de parte da mídia de pintar a votação da resolução no Conselho como uma "derrota" brasileira. Com vistas a esclarecer nossa posição e a dar uma visão realista do que ocorrera, aceitei prontamente o convite para comparecer a uma audiência na Comissão de Relações Exteriores da Câmara no próprio dia da votação. Essa audiência teve início às 14h30, menos de duas horas depois da sessão do Conselho que aprovou as sanções. A ela seguiu-se uma coletiva de imprensa bastante prolongada no Itamaraty, da qual participaram representantes da mídia nacional e internacional. Atendi ainda a várias solicitações de jornalistas do Brasil e do exterior. Na mesma linha de raciocínio, considerei que deveria aproveitar a viagem que já havia programado, e que se iniciaria no dia 11 de junho, para me dirigir a três foros de natureza distinta: a Conferência do Desarmamento (CD), de Genebra, a Academia Diplomática de Viena e uma mesa-redonda organizada pelo jornal *Herald Tribune*, em Paris. Nessas ocasiões, além de descrever a Declaração e o sentido geral da iniciativa de Brasil e Turquia, fiz algumas advertências. Na CD, por exemplo, concluí minha apresentação assinalando que, "quando as partes decidirem retornar à mesa de negociação, enfrentarão um desafio ainda maior". Uma rápida comparação entre o acordo do P5+1 com o Irã, em Genebra, em novembro de 2013, e a situação vigente quando da Declaração de Teerã comprova que, infelizmente, eu tinha razão. Já me referi ao fato de que, enquanto em maio/junho de 2010 o Irã possuía um estoque de LEU de 2.000 quilos ou pouco mais, esse mesmo estoque, quando do acordo provisório do P5+1 com o Irã, em 2013, montava a mais de 7.000 quilos (e seguirá crescendo). Esse é um exemplo, entre outros, que, a meu ver, ilustra os efeitos negativos da recusa do "gesto de confiança" representado pela Declaração, inclusive sob a óptica dos próprios países ocidentais.* Também tratei de deixar claro, nessas palestras, que o Brasil não mais poderia se envolver em discussões sobre a questão com base em estímulos ambíguos por parte dos países do P5+1. Uma posição de total clareza seria indispensável para que a nossa participação voltasse a ocorrer.

---

* A importância desse "gesto de confiança" continuou a ser ressaltada por importantes personalidades, mesmo dois anos depois da Declaração. Ver, a propósito, o artigo "The Only Option on Iran" publicado no *New York Times* em 20 de março de 2012, de Carl Bildt e Erkki Tuomioja, ministros das Relações Exteriores da Suécia e da Finlândia, respectivamente. Nesse texto, os dois chanceleres, preocupados com a crescente retórica sobre uma intervenção armada, afirmaram: "Em nossa opinião, não há dúvida de que estaríamos em uma posição melhor se tivéssemos explorado mais a fundo a abertura diplomática promovida por Turquia e Brasil, na primavera de 2010".

Que a Declaração de Teerã não havia saído de todo da nossa agenda ficou claro nas referências ao tema em conversas do presidente Lula com governantes de outros países que nos visitavam. Ainda no final do mês de junho, veio ao Brasil o presidente do Conselho italiano, hoje em desgraça depois de vários escândalos, Silvio Berlusconi. O então líder italiano, que Lula visitara em 2008, havia participado das cúpulas do G8 e do G20 no Canadá. Aliás, era nessa última que, segundo Levitte, poderia ser lançada a iniciativa franco-brasileira que eu havia refugado. Ocupado com as fortes enchentes no Nordeste brasileiro, Lula não compareceu à reunião. Na parte privada do encontro com o primeiro-ministro italiano, realizado na sede da Fiesp, o assunto dominante, por instigação de Lula, foi o Irã. Antes mesmo que o presidente pudesse expor a visão brasileira, Berlusconi comentou que a Declaração de Teerã havia sido objeto de discussões à margem do G8, cujo comunicado final mencionou de maneira positiva, embora algo condescendente, "os esforços de Brasil e Turquia".* Curiosamente, Berlusconi afirmou que alguns líderes, especialmente Obama e Sarkozy, teriam qualificado a iniciativa brasileira de "ingênua". Supondo que Berlusconi estivesse falando a verdade (e por que razão mentiria?), esse fato diminuía ainda mais a credibilidade dos gestos de aproximação que Levitte esboçara poucos dias antes. No dia seguinte, Lula receberia o presidente da Síria, Bashar al-Assad.** A Declaração de Teerã foi citada pelo presidente sírio como exemplo de como as credenciais do Brasil se haviam fortalecido para atuar como mediador de complexas questões internacionais, inclusive a referente às Colinas de Golã.***

No dia 4 de julho, enquanto acompanhava o presidente Lula em mais um périplo africano, recebi uma chamada de Davutoglu. Relatou-me rapidamente a conversa de dias antes entre Erdogan e Obama, e outra que ele próprio tivera com Jim Jones. Nosso embaixador em Washington, Mauro Vieira, que mantinha bons contatos com seu colega da Turquia, já me havia transmitido o tom geral desses diálogos: "Uma espécie de catarse em que cada um deu suas razões para as atitudes opostas que tomaram em relação à questão do Irã". No telefonema, Davutoglu foi bastante franco e disse que o presidente norte-americano expressara decepção (*sic*) com o voto turco. O general Jones teria dito ao meu colega

---

* Ver, a propósito, a seção "International Peace and Security" do Comunicado Final do G8, no encontro realizado em 26 de junho de 2010 em Muskoka, Canadá.

** O tema principal da visita foi a possibilidade de o Brasil ser mediador na questão das Colinas de Golã. Para melhor compreensão do contexto, ver a narrativa sobre Oriente Médio neste livro.

*** Sobre a visita do presidente sírio e as discussões relativas à questão de Golã, ver o capítulo sobre Oriente Médio neste livro.

que, em princípio, veria positivamente a participação de Brasil e Turquia em um possível futuro diálogo com o Irã, mas aparentemente o fez mais por delicadeza do que por convicção, pois nem Jones nem nenhuma outra autoridade norte-americana deu seguimento a essa possibilidade. Meu colega turco pareceu também estar mais otimista do que eu em relação ao contato com os franceses. Nessa conversa telefônica, falamos da hipótese, levantada por Mottaki, de uma reunião trilateral em Teerã. Quanto a esse aspecto, Davutoglu foi mais cauteloso. Concordamos que uma reunião com esse formato em território iraniano só poderia ocorrer após algum sinal claro do Grupo de Viena. O Irã, por sua vez, continuava empenhado em demonstrar flexibilidade. Dias antes, o presidente da Comissão de Relações Exteriores do Parlamento iraniano havia afirmado que seu país poderia deixar de produzir o urânio a 20% caso viesse a receber o combustível para o reator de pesquisa em conformidade com a Declaração de Teerã. Em meio a esses gestos vagamente positivos, uma declaração de Lavrov contribuiria para esfriar eventuais expectativas que se pudessem estar formando. Segundo ele, Brasil e Turquia não participariam das negociações do Grupo de Viena com o Irã. Até hoje, não compreendo muito bem por que meu colega russo foi tão peremptório, antecipando-se a um provável veto norte-americano a tal participação. A atitude de Lavrov talvez encontrasse explicação na pouca disposição de ver outras potências (ainda que "médias") envolvidas em uma área em que a Rússia sempre exercera influência. A observação do ministro russo ia de encontro ao que Mottaki dizia estar ouvindo de outros interlocutores. Suponho que um desses fosse Levitte, que fizera questão de me relatar, em um tom positivo, a conversa que finalmente ocorrera entre Sarkozy e Ahmadinejad, mais de dois meses depois da libertação de Clotilde Reiss e da Declaração de Teerã.

Durante as primeiras semanas de julho, mantive contato telefônico frequente com meus colegas do Irã e da Turquia. Foi em um dos telefonemas para Mottaki que manifestei pela primeira vez, com o tato necessário, a preocupação causada pela notícia de que uma mulher iraniana, Sakineh Ashtiani, fora condenada à morte por apedrejamento, supostamente em virtude de haver cometido adultério. Temas de caráter humanitário iriam ocupar cada vez mais espaço em minhas conversas com governantes iranianos. De fato, nunca haviam estado de todo ausentes. Além da situação da cidadã francesa, recordo-me de haver mencionado a Mottaki, em período anterior à Declaração de Teerã, a prisão de um cineasta iraniano, afinal libertado mediante pesada fiança. Em várias ocasiões, tratei também da situação dos três andarilhos (*hikers*) norte-americanos de que Hillary Clinton me falara na conversa que tivemos por telefone logo antes da minha partida com Lula rumo ao Irã. Um desses aventureiros (que Teerã suspeitava serem, na verdade, espiões), a jovem Sarah Shroud, pôde retornar para seu país e veio agradecer o interesse do Brasil pelo caso em uma audiência que teve comigo, acompanhada das mães dos outros dois, então ainda detidos, durante a Assembleia Geral da ONU. No encontro que tivemos à margem da Assembleia, poucos meses depois do telefonema, o próprio Ahmadinejad, ciente das preocupações de Lula, tentou esclarecer a situação judicial de Sakineh. Devo dizer que o fez de uma forma que não me tranquilizou totalmente, permanecendo a dúvida sobre o que viria de fato a acontecer com a mulher acusada daquele "crime bíblico". O fato de ter sido o próprio presidente iraniano a tocar no assunto constituía reconhecimento da legitimidade de nossas preocupações, o que não era comum no Irã, que, até em função das inúmeras resoluções internacionais sobre a situação dos direitos humanos, se tornara contrário a interferências externas. Nesse encontro no mês de setembro, Ahmadinejad se referiu à Declaração de Teerã como "a única saída" para o impasse nuclear. O presidente iraniano revelou também disposição de examinar o caso dos dois jovens norte-americanos que continuavam presos e designou um de seus assessores pessoais para tratar do assunto com as mães dos jovens. Alguns meses depois, certamente com a ajuda de outros fatores, ambos foram soltos.

Em um dos telefonemas que trocamos entre o final de junho e o início de julho, Davutoglu e eu combinamos que nos reuniríamos no dia 25 em Istambul, por onde eu passaria a caminho de Israel. A essa reunião, em princípio bilateral, Mottaki talvez se juntasse. Os destinos principais da minha viagem (Jerusalém, Damasco e Ramalá) evidenciavam que a questão iraniana ia passando para segundo plano. Minha reunião com Davutoglu enveredou por outros assuntos. Detivemo-nos nas relações entre Turquia e Israel após o incidente com a Flotilha da Liberdade.* Em seguida à reunião, em que mais uma vez constatamos identidade de ideias, aconteceu o almoço, do qual participou o ministro Mottaki. O encontro trilateral, o primeiro desde a assinatura da Declaração de Teerã, acabou sendo bastante compacto em função do horário previsto para minha chegada a Israel, onde me encontraria com o primeiro-ministro israelense, Benjamin

* A Flotilha da Liberdade foi organizada pelo Free Gaza Movement e pela entidade turca Foundation for Human Rights and Freedoms and Humanitarian Relief. As seis embarcações da Flotilha carregavam materiais destinados à ajuda humanitária para a população na Faixa de Gaza e foram atingidas militarmente em 31 de maio de 2010 por forças israelenses, impedindo-as de chegar ao destino. Nove ativistas de nacionalidade turca foram mortos e outros ficaram gravemente feridos. A questão teve grande impacto na opinião pública turca e abalou fortemente as relações turco-israelenses.

Netanyahu. Do ponto de vista da simbologia política, serviu para mostrar que os três países continuavam engajados na busca do diálogo. Evidenciava que a cautela com que Brasil e Turquia vinham agindo depois das sanções não significava passividade nem indiferença. Na reunião, reiteramos a convicção de que a Declaração de Teerã continuava a ser um instrumento útil de negociação, mesmo na nova situação pós-Resolução. Ao mesmo tempo, Brasil e Turquia reafirmaram a disposição de seguir apoiando o diálogo, se esse fosse o desejo de todas as partes envolvidas. Davutoglu e eu procuramos mostrar a Mottaki a importância de que Brasil e Turquia continuassem a ser vistos como potenciais facilitadores e não como parte de um "bloco" contrário ao P5+1. Essa concepção equivocada parecia, às vezes, permear as sugestões do nosso colega iraniano e era preciso desfazê-la. Além disso, insistimos que, no caso de as negociações de fato avançarem em direção a uma solução pacífica, o Irã deveria interromper o enriquecimento a 20%. Falamos também de questões de procedimento e, nesse contexto, de um possível encontro entre Saeed Jalili e Catherine Ashton, que parecia crescentemente envolvida no dossiê iraniano (eu mesmo tivera uma longa conversa com a representante europeia, em Madri, durante a preparação da cúpula da parceria estratégica Brasil-UE). Ainda durante o almoço de Istambul, que ocorreu em um dos elegantes palácios otomanos à beira do Bósforo, Mottaki anunciou que, no dia seguinte, o Irã responderia a uma comunicação da AIEA, que transmitira os comentários do Grupo de Viena. Contrariamente ao que havia indicado nas conversas telefônicas que antecederam a reunião, Mottaki não se prontificou a nos inteirar do conteúdo da resposta. Dada minha pressa em partir, sugeri que Davutoglu falasse em meu nome na coletiva de imprensa, até porque eu já dissera o essencial do que necessitava transmitir publicamente depois do encontro bilateral com o chanceler turco. Mottaki demonstrou algum desconforto com a possível impressão que a minha ausência causaria na mídia, que poderia interpretá-la como "afastamento" do Brasil em relação ao tema. Para evitar essa percepção, sugeri que saíssemos os três juntos e criássemos assim uma boa oportunidade para os fotógrafos.

Dizer que os dois encontros de Istambul foram o último ato do "drama" (se é que posso qualificar assim o envolvimento brasileiro na questão do programa nuclear iraniano) seria uma forma bem anticlimática de encerrar esta narrativa. Mas, em grande medida, seria uma afirmação verdadeira. A partir de então, não participei (nem o Brasil participaria) de nenhuma reunião ou outro exercício que, de alguma forma, estivesse relacionado com o processo negociador. Não que o Irã tenha desaparecido de todo da nossa agenda. Continuei a falar da Declaração de Teerã em simpósios, como o do Institute for Strategic Studies, em Genebra, e em debates como o que tive com Thomas Friedman quando fui receber um prêmio da revista *Foreign Policy*, em Washington.* Aliás, nessa mesma ocasião, ouvi do então senador John Kerry palavras de reconhecimento pelos esforços turco-brasileiros que, como tantas outras, tinham um forte tom paternalista e, além disso, vieram acompanhadas de palavras ameaçadoras em relação a Teerã. Não deixei de abordar o tema iraniano em ocasiões mais formais, como no discurso de abertura da AGNU, tradicionalmente feito pelo Brasil. Voltaria a fazê-lo, de maneira mais subliminar, em 23 de setembro, em uma reunião extraordinária do CSNU de alto nível, por ocasião da presidência rotativa da Turquia.**

Mesmo depois de deixar a pasta das Relações Exteriores, no final do governo do presidente Lula, continuei a receber convites de importantes instituições, desejosas de conhecer o pensamento brasileiro sobre o assunto. O mais expressivo deles veio da Carnegie Endowment for International Peace, que me distinguiu como *key-note speaker* em sua conferência sobre política nuclear em 28 de março de 2011.*** Pesquisadores de várias nacionalidades continuam a demonstrar interesse na visão brasileira.**** Na mídia nacional, esse interesse foi ainda mais aguçado pelos recentes entendimentos entre o P5+1 e o Irã, com a inevitável comparação entre os termos do "acordo provisório" e os da Declaração de

---

* A premiação dos "100 Maiores Pensadores Globais de 2010" ocorreu em 30 de novembro de 2010. Segundo a revista *Foreign Policy*, Davutoglu e eu fomos classificados em sexto e sétimo lugar, respectivamente. Ficou evidente que nossa participação na Declaração de Teerã fora um fator em grande parte determinante na premiação. Na ocasião, tive a oportunidade de participar do debate "The New Geopolitics: Emerging Powers and the Challenges of a Multipolar World", na sede da organização Carnegie Endowment for International Peace.

** 6389th Meeting of the United Nations Security Council, 23 de setembro de 2010. Documento: S/PV. 6389.

*** A transcrição da minha fala e da fala de meus interlocutores na Conferência pode ser acessada em: http://carnegieendowment.org/files/Welcome_and_Keynote.pdf.

**** Recebi em 2013, a pedido de entrevista para fins acadêmicos, os pesquisadores John Tirman, do Massachussets Institute of Technology, e Malcolm Byrne, do National Security Archives. Sobre a política nuclear brasileira, incluindo um capítulo dedicado à Declaração de Teerã, destaco o livro de Toghzan Kassenova, *Brazil's Nuclear Kaleidoscope: An Evolving Identity*, publicado em 2014 pela Carnegie Endowment for International Peace. Outras obras fazem referência ao esforço brasileiro na questão nuclear iraniana, entre as quais: *A Single Roll of the Dice*, de Trita Parsi, publicada pela Yale University Press em 2013; ainda, do mesmo ano, a obra de Flynt e Hillary Leverett *Going to Tehran*, pela Metropolitan Books; e, de 2014, o livro de Vali Nasr *The Dispensable Nation*, publicado pela Anchor.

Teerã.* Também fui instado a dar declarações ou a cotejar os resultados desses esforços, um exercício nada simples de comparação entre os dois acordos. Enquanto a Declaração de Teerã – apesar de fruto de laboriosas negociações – era essencialmente um gesto unilateral de criação de confiança por parte do Irã, os atuais entendimentos constituem o resultado de uma barganha com concessões recíprocas. O acordo provisório de novembro de 2013 foi um passo muito positivo e como tal deve ser saudado. Todos aqueles que sinceramente desejam uma solução pacífica para essa questão que há anos desafia a capacidade de negociação da "comunidade internacional" devem apoiá-lo e esperar que se converta em um instrumento definitivo. Isso, porém, não esconde o fato de que, ao terem relegado em 2010 a oportunidade criada pela Declaração de Teerã, os integrantes do P5+1, sobretudo os EUA, demonstraram uma lamentável preferência pelas sanções como método de solução de disputas. Essa opção não só acarretou desnecessárias privações à população iraniana como desperdiçou a possibilidade de se chegar a um acordo em condições mais favoráveis. Para citar apenas uma delas, e seguindo o raciocínio mais extremado dos que temem um Irã nuclearmente armado: se, naquela época, o Irã dispunha de uma quantidade suficiente de LEU para produzir uma bomba, hoje (março/abril de 2014) a quantidade desse material daria, em tese, para três ou quatro artefatos. É verdade que, em parte, isso pode ser compensado por inspeções mais rigorosas, mas essa possibilidade também existia à época da Declaração. De fato, seria um passo natural e lógico a partir da criação de confiança, em troca, como está ocorrendo agora, do alívio das sanções preexistentes. Não deixa de ser curioso que a grande preocupação apontada na época em relação ao estoque acumulado tenha dado lugar à aceitação, como fato natural, de que o Irã continue a dispor de um estoque muito maior de LEU e que esse estoque siga crescendo.

Pessoalmente eu não vejo na mera existência desse estoque, dentro de certos limites, motivo de grande preocupação, uma vez que não compartilho dos temores de que o Irã esteja buscando criar um arsenal nuclear, mesmo admitindo que um de seus possíveis objetivos seja o de se situar no "limiar" dessa capacidade. Não podemos esquecer que há na região um Estado – Israel – que, sabidamente, detém

---

* Esse esforço comparativo foi feito, por exemplo, por Clóvis Rossi, colunista da *Folha de S.Paulo*, em dois artigos: "O acordo Irã/Lula era o correto" e "O acordo Irã/Lula era melhor", respectivamente de 15 de outubro e de 26 de novembro de 2013. Para uma análise comparativa de natureza acadêmica, ver: *Iran Talks: das palavras aos atos. A Declaração de Teerã e o Plano de Ação Conjunto de Genebra em perspectiva*, de Pérola Pereira e Antônio Jorge Rocha, publicado na *Contexto Internacional*, versão eletrônica, disponível em: http://contextointernacional.iri.puc-rio.br/cgi/cgilua.exe/sys/start.htm?tpl=home.

poderoso arsenal atômico. Por isso, temos insistido que a solução duradoura para a questão reside na conclusão de um acordo que faça do Oriente Médio uma zona livre de armas nucleares. As diferenças de posição por parte dos membros do P5+1 durante as negociações de 2013/2014, em relação ao contexto de 2010, apenas sublinham a atitude apressada e pouco flexível daqueles países à época da Declaração. Mais além das cláusulas sobre aspectos específicos, a maior contribuição que o Brasil e a Turquia deram com a Declaração de Teerã foi mostrar, em meio à descrença da maioria dos envolvidos, que a via do diálogo era uma opção que podia ser perseguida com sucesso, desde que houvesse boa-fé e persistência da parte de todos. Foi essa convicção que levou o Brasil – e certamente também a Turquia – a insistir em um caminho que, para muitos, poderia parecer totalmente obstruído após o telefonema de Hillary Clinton, em 11 de maio de 2010. Quanto a mim, sempre acreditei que o exercício da diplomacia implica uma atitude deliberadamente otimista, ainda quando a probabilidade de êxito possa parecer relativamente baixa. Com frequência, trata-se de fazer uma "aposta" na solução negociada, ainda que ela possa envolver algum grau de risco. Brasil e Turquia tinham plena consciência desse risco, mas preferiram manter a aposta que haviam feito no caminho pacífico.*

No que concerne à repercussão de nossos esforços conjuntos com a Turquia para o prestígio do Brasil, frequentemente objeto de análises negativas da nossa mídia, além dos comentários já citados, assinalo um artigo da revista *The Economist* sobre a política externa turca,** em que o Brasil é mencionado mais de uma vez no contexto da Declaração de Teerã. Ao comentar a nova política de Ancara, a revista, mesmo mantendo uma posição crítica à Declaração, observa a associação da Turquia com um "gigante diplomático": o Brasil. O mais curioso dessa afirmação lisonjeira é que a revista havia criticado várias de nossas iniciativas e atitudes no plano internacional em temas econômicos (ALCA, OMC) e políticos (Mercosul/Unasul e o próprio Oriente Médio). Muitas dessas críticas refletem

---

* Mesmo depois de terminada a elaboração desta narrativa, a Declaração de Teerã continuou a ser lembrada como exemplo de busca de solução pacífica para disputas internacionais. Em discurso no dia 14 de outubro de 2014, no comitê da Assembleia Geral da ONU sobre o exercício dos direitos do povo palestino, o grande pensador Noam Chomsky chama a atenção para o acordo alcançado por Brasil e Turquia com o Irã em relação ao programa nuclear. Chomsky deplora a recusa do acordo pelo governo, pelo Congresso e pela mídia dos EUA: "como [esses países] ousam fazer isso!". Chomsky também põe em dúvida a sinceridade do governo norte-americano, ao citar a carta do Presidente Obama, que propunha "exatamente isso" (isto é, os termos do acordo). E conclui: "mas o Irã concordou e aí vieram as críticas, sob quaisquer pretextos".

** *The Economist*. "Is Turkey Turning its Back on the West?". 21 de outubro de 2010.

posicionamentos assumidos por "formadores de opinião" dentro do Brasil, os quais, por sua vez, se deixam influenciar pelo que diz a mídia internacional. Em vista disso, caberia perguntar, com alguma dose de falsa ingenuidade, como é possível que uma sucessão de "fracassos" tenha resultado nessa reconhecida elevação da estatura do nosso país no cenário internacional. Essa é uma indagação sobre a qual deveríamos refletir se quisermos – como é natural que queiramos – ter alguma influência sobre o curso de acontecimentos que fatalmente conformarão as condições do mundo em que vivemos.

O Brasil e o "grande jogo"

Ao longo desta narrativa, referi-me mais de uma vez ao fato de que, de modo geral, a imprensa brasileira foi mais crítica de nossas atitudes do que a mídia internacional, inclusive a daqueles países cujos governos poderiam se sentir contrariados com as iniciativas que tomamos. A questão que não analisei é o porquê dessa atitude. Há, evidentemente, o "complexo de vira-lata", de que falava Nelson Rodrigues. E haverá quem busque interpretações freudianas para esse complexo. De minha parte, vou me limitar aos aspectos político-diplomáticos. Em julho de 2011, o Council on Foreign Relations dos Estados Unidos recomendou a Washington uma revisão da política em relação ao Brasil, de modo a contemplar melhor o novo *status* alcançado pelo país.* Entre os membros do grupo que elaborou o informativo figuram os nomes de ilustres integrantes do meio acadêmico e de personalidades ligadas à diplomacia dos Estados Unidos, como Nick Burns e David Rothkopf. Uma das medidas sugeridas pelo relatório, em um contexto que singularizaria o Brasil em relação ao restante da América Latina, era o apoio à presença do Brasil como membro permanente do Conselho de Segurança. Em artigo que escrevi à época para a revista *Carta Capital*, estranhei o fato de que o relatório houvesse despertado pouco interesse da imprensa brasileira, até porque tratava de um tema que fora por ela abordado com frequência, em geral de maneira crítica às nossas pretensões.**

---

* Council on Foreign Relations. *Global Brazil and U.S.-Brazil Relations*. Independent Task Force Report nº 66, julho de 2011. Disponível em: http://www.cfr.org/brazil/global-brazil-us-brazil-relations/p25407.

** O artigo, intitulado "O complexo de vira-lata", saiu na edição de 25 de julho de 2011, período em que estava fora do governo.

O esforço do Brasil, juntamente com a Turquia, no sentido de negociar um caminho pacífico para o programa nuclear iraniano – mais do que qualquer outra ação adotada nos últimos anos ou mesmo décadas – nos aproximou do que se poderia qualificar como "o grande jogo da política internacional". "Grande jogo" foi a expressão com que Rudyard Kipling definiu, no romance *Kim*, as rivalidades entre os dois grandes impérios da última metade do século XIX, o britânico e o russo, tendo como foco, do ponto de vista do primeiro, a preservação do domínio sobre a joia da coroa, a Índia. Tratava-se, para Londres, de conter a expansão tzarista, fosse via Oriente Médio, fosse via Ásia Central, e de barrar o acesso de Moscou ao subcontinente indiano. Obviamente, o "grande jogo" a que assistimos hoje é outro, mas, de alguma forma, ele continua a passar pelo Oriente Médio, onde, quer se queira, quer não, o Irã tem um papel de relevo.

Talvez resida justamente na aversão a uma participação nesse "grande jogo" a razão pela qual nossas iniciativas foram recebidas com tanta hostilidade por uma parte significativa da mídia brasileira que, ademais, frequentemente as tratou de forma equivocada, como se o Brasil estivesse ávido por uma aproximação com um regime considerado despótico e violador dos direitos humanos, ou simplesmente desejasse "provocar" o gigante norte-americano. Os comentários e as análises que citei ao longo da narrativa deixam muito claro que não se tratava disso. Mesmo aqueles que, fora do Brasil, divergiram de nossas posições o fizeram com seriedade e respeito.

No meu quase meio século como diplomata de carreira e ministro das Relações Exteriores, pude observar que, na maioria dos países, independentemente de críticas pontuais, a participação no encaminhamento de grandes questões políticas e econômicas, mesmo as que não afetam diretamente os interesses diretos do Estado em causa, é objeto de comentários que denotam satisfação e orgulho. Intrigava-me o fato de que aqui, ao contrário, as tentativas que fizemos eram em geral consideradas uma intromissão desnecessária e perigosa em temas que não nos diziam respeito. Eu me perguntava (e ainda me pergunto) a razão desse apego a uma posição secundária e de dependência, com raízes aparentemente tão profundas em nossos formadores de opinião (e não tanto, aliás, em nosso povo, como pude constatar em manifestações espontâneas de cidadãos das mais diversas classes sociais). De certa forma, é como se temêssemos assumir os ônus, que são uma decorrência natural do crescimento e da maturidade, e preferíssemos viver ao abrigo de uma metrópole, real ou imaginária, ainda que isso custe o abandono de oportunidades e o sacrifício de interesses. Deixo essa indagação para os sociólogos e outros estudiosos da psicologia coletiva.

A propósito dessas questões, vem-me à mente uma observação feita por San Tiago Dantas sobre política externa independente. Refletindo sobre as críticas recebidas pelas posições que o Brasil adotou durante seu tempo no Itamaraty, nosso grande chanceler dizia: "Era natural que se levantassem contra essa posição política a incompreensão de alguns, os interesses contrariados de muitos, e o zelo exagerado daqueles que temem, nessas circunstâncias, desgostar amigos poderosos, em geral mais compreensivos do que eles diante das posições brasileiras (...) O povo a aplaudiu, entretanto, e rapidamente a assimilou, incorporando-a ao seu ideário político".* É impressionante a pertinência dessas considerações em relação à situação vivida pela diplomacia brasileira no caso da Declaração de Teerã.

Antes mesmo de assumir a Chancelaria, no discurso em que se despediu da Câmara dos Deputados, em 1961, San Tiago deixou-nos uma lição que ainda hoje não parece ter sido totalmente apreendida. Com ela concluo esta narrativa:

> Assim, não é mais hoje o nosso País, como podia parecer àquela geração idealista que participou das esperanças e dos fracassos da Liga das Nações, um País de segunda ordem, fadado apenas a assistir como comparsa, ainda que, muitas vezes, como comparsa ilustre, aos lances da política mundial. Hoje, as nossas responsabilidades já são as de um País que pode falar por outros. Hoje, sobretudo, estamos aptos a levar uma contribuição imparcial em que não apenas nos voltamos para a solução dos problemas em que nos achamos diretamente implicados, mas também para a solução dos outros, que contemplamos à distância, mas por cujo bom encaminhamento, como qualquer outro povo amadurecido, já nos sentimos responsáveis.**

Julho de 2014.

---

* Dantas, San Tiago. *Política externa independente.* Rio de Janeiro: Civilização Brasileira, 1962, p. 5-6.

** Anais da Câmara dos Deputados, sessão de 25 de agosto de 1961.

II

O Brasil e o Oriente Médio

Rumo à ASPA

Antecedentes e primeiros movimentos

"Se a alma está infectada com partidarismo por uma opinião particular (...), ela aceita sem hesitar a informação que está de acordo com [essa opinião]. Preconceito e partidarismo obscurecem a capacidade crítica e impedem a investigação isenta."* Esse comentário do grande historiador e filósofo árabe do século XIV, Ibn Khaldûn, bem pode servir de advertência àqueles que se aventuram a estudar as relações entre o Brasil e o Oriente Médio na última década.

Apesar da imensa contribuição demográfica, cultural e econômica dos imigrantes árabes para a nossa sociedade,** a política externa brasileira tendeu a se manter alheia aos assuntos do Oriente Médio e do Norte da África até praticamente as últimas décadas do século XX. Mesmo a presença de um batalhão militar brasileiro em Suez na operação de paz das Nações Unidas, após a crise de 1956, pode ser atribuída mais à percepção, bastante difundida depois da Segunda Guerra Mundial, de que o Brasil deveria contribuir para a segurança coletiva, do que a um interesse direto na região. Durante a Guerra Fria, a maior proximidade com os países árabes não foi vista como prioridade por aqueles que,

* Khaldûn, Ibn. *The Muqaddimah: An Introduction to History*. Traduzido do árabe por Franz Rosenthal. Princeton: Princeton University Press, 1989, p. 35.

** A integração de imigrantes árabes nas sociedades sul-americanas foi objeto de uma exibição fotográfica e um livro, intitulado *Amrik*, durante a primeira Cúpula ASPA, em Brasília, em 2005.

no Brasil, favoreciam relações especiais com uma das superpotências.* Uma possível exceção a esse padrão de comportamento foi a decisão do presidente eleito Jânio Quadros de incluir o Egito, de Nasser, no roteiro de sua viagem anterior à posse. O Brasil já dispunha de algumas missões diplomáticas em países árabes (e também em Tel-Aviv). Outras foram abertas no Magrebe, no início dos anos 1960, na esteira da independência de países dessa sub-região.

Até os anos 1970, a posição brasileira sobre temas relacionados ao Oriente Médio vinha a público de raro em raro. O Brasil simplesmente não costumava se manifestar sobre questões que transcendessem a América do Sul e a América Latina, salvo para apoiar, quando isso se fazia necessário, a posição da superpotência à qual estávamos ligados por acordos hemisféricos. Ressalvada a participação pessoal de Osvaldo Aranha como presidente da Assembleia Geral da ONU no episódio da criação do Estado de Israel, não houve, nas três primeiras décadas que se seguiram à Segunda Guerra Mundial, empenho digno de nota em participar do encaminhamento de soluções para as questões do Oriente Médio. Essa atitude tímida era coerente com as limitações impostas à nossa ação diplomática naqueles tempos de confronto Leste-Oeste. Embora ficando de fora da Guerra da Coreia e evitando assim um alinhamento custoso com os Estados Unidos, o Brasil, até a efêmera passagem de Jânio pela presidência, tampouco fez algum gesto que pudesse ser interpretado como aproximação de teses "neutralistas", encarnadas por líderes como Nehru, Sukarno ou Nasser. Esse último, responsável pela nacionalização do Canal de Suez, era, sem dúvida, a maior e mais importante liderança do mundo árabe. No período da política externa independente, a diplomacia brasileira se colocou decididamente a favor da descolonização, posição que está expressa no famoso discurso de Araújo Castro na Assembleia Geral da ONU de 1963,** e tomou outras atitudes que denotavam o desejo de agir de forma independente no cenário internacional. Apesar

---

* Uma notável exceção a esse pensamento conservador é dada por Helio Jaguaribe, que, em 1958, defendeu que o Brasil e a Argentina apoiassem a luta dos países árabes no processo de descolonização. Jaguaribe também acreditava que os dois países sul-americanos deveriam agir conjuntamente para mediar a rivalidade entre as superpotências. In: Jaguaribe, Helio. *O nacionalismo na atualidade brasileira*. Rio de Janeiro: Educam, 2005, p. 260.

** Em 19 de setembro de 1963, o então chanceler João Augusto de Araújo Castro proferiu o discurso que ficou conhecido como os "três Ds", na Assembleia Geral das Nações Unidas. Para o ministro, a agenda internacional não deveria ser pautada apenas pela preocupação das superpotências. Em vez de se limitar diante da lógica da bipolaridade, a ONU deveria se concentrar em três questões fundamentais: desarmamento, desenvolvimento econômico e descolonização. Coube-me, trinta anos depois, como chanceler do governo Itamar Franco, fazer o discurso de abertura da AGNU, ocasião em que recorri aos "três Ds" de Araújo Castro, substituindo "descolonização" por "democracia".

disso, o país se manteve quase sempre afastado das grandes questões que, vez ou outra, sacudiam os países árabes.

Na esteira da crise do petróleo de 1973, o Brasil expandiu sua presença diplomática na região com o aumento das relações comerciais, estimulado largamente por nossa dependência em relação ao petróleo árabe. Durante a presidência de Ernesto Geisel, de 1974 a 1979, o Brasil passou a defender com maior firmeza o direito palestino à autodeterminação. Em 1975, foi autorizada a indicação de um representante no Brasil da Organização para a Libertação da Palestina. Nos anos seguintes, foram intensificados os contatos diplomáticos com os países do Golfo, principalmente em tópicos relacionados a energia e economia. Os fluxos de comércio e investimento entre o Brasil e os países árabes, do Magrebe ao Golfo, aumentaram significativamente. Na Mauritânia e no Iraque, companhias brasileiras construíam estradas e abriam poços para irrigação. Carros feitos no Brasil cruzavam as ruas de Bagdá, enquanto empresas brasileiras planejavam obras de grande vulto no país mesopotâmico. No caso do Iraque, evidentemente, essa presença praticamente cessou, com grande prejuízo para nossas empresas* na esteira da primeira Guerra do Golfo.

Continuaram fortes as conexões pessoais entre o Brasil e países como Líbano e Síria, de onde veio a grande maioria dos imigrantes árabes. Referências a políticos e empresários brasileiros eram comumente feitas por interlocutores que eu viria a encontrar em minhas viagens a partir dos anos 1990. E frequentemente a recíproca era verdadeira, com a menção, por personalidades de destaque do nosso país, a laços de parentesco com libaneses (e por vezes sírios), muitos dos quais ainda viviam em pequenos vilarejos na área rural. Essas relações pessoais não se refletiram – ou se refletiram muito pouco – na intensificação do diálogo político, que seguia "morno". Mesmo levando em conta a "baixa mobilidade" de nossos chefes de Estado até o advento da chamada "diplomacia presidencial", não deixa de ser surpreendente que, havendo no Brasil cerca de dez milhões de descendentes de árabes, o presidente Lula tenha podido legitimamente afirmar ter sido o primeiro governante brasileiro, depois de Dom Pedro II, a visitar a região, em seu périplo de 2003.

---

* Em 1991, sob os auspícios do Conselho de Segurança, foi criada a Comissão das Nações Unidas para Compensações, destinada a gerir o pagamento de compensações por perdas e danos em decorrência da invasão iraquiana ao Kuwait. O caso do Brasil foi analisado pelo diplomata brasileiro Anuar Nahes, na tese "As reparações da Guerra do Golfo e suas implicações para o Brasil: a Comissão de Compensação das Nações Unidas", apresentada em 2003 no Curso de Altos Estudos do Instituto Rio Branco.

Em que pese a esse aparente desinteresse de nossa parte, as afinidades que aproximavam o Brasil de alguns países árabes e as posturas equilibradas do Brasil na ONU não escaparam à atenção dos tomadores de decisão no mundo árabe. Um fato que vale a pena ser levado em conta, por seu simbolismo, aconteceu durante meu primeiro mandato como ministro das Relações Exteriores. Em 1994, o presidente Itamar Franco foi o único líder latino-americano a ser convidado para a cerimônia de assinatura do tratado de paz entre Israel e Jordânia. Tive a honra de representar o presidente naquele evento, em 26 de outubro, no ponto de cruzamento da fronteira em Wadi Araba, em pleno deserto, próximo ao Golfo de Aqaba, que banha Israel, Egito e Jordânia. Além dos chefes de Estado e de Governo dos dois países, estavam presentes o secretário-geral da ONU, Boutros Boutros-Ghali, o presidente dos Estados Unidos, Bill Clinton, e vários mandatários e chanceleres de países da região. Com uma ou outra exceção, meus contatos com ministros árabes e outros líderes do Oriente Médio, que se mostrariam úteis mais tarde, começaram naquela oportunidade. Na véspera da cerimônia de assinatura, o então príncipe herdeiro da Jordânia, Hassan bin Talal – homem culto e de perfil humanista, mas que, apesar disso ou por causa disso, mais tarde seria preterido na sucessão, mantendo-se entretanto como um interlocutor influente –, ofereceu, no palácio onde tinha residência, um jantar a um pequeno grupo de chanceleres. Ao final do banquete, o príncipe Hassan presenteou-me com um livro de sua autoria sobre o cristianismo primitivo no Oriente, que, de certa forma, foi uma interessante introdução, por parte de uma personalidade importante do mundo árabe, aos fundamentos do que mais tarde se viria a chamar de "diálogo (ou aliança) das civilizações".*

Da Jordânia, eu deveria seguir diretamente para Casablanca, onde aconteceria uma ambiciosa conferência sobre relações econômicas no Oriente Médio e Norte da África. Além de atrair investimentos e fomentar o comércio, o objetivo era criar um processo de reuniões de que participariam tanto Israel como países árabes, aproveitando a dinâmica positiva criada pelos entendimentos de Oslo** e

* Em 2000, o presidente iraniano Mohammed Khatami propôs nas Nações Unidas a iniciativa "Diálogo entre civilizações", para ampliar o entendimento entre povos de diferentes origens. Essa iniciativa foi expandida em 2005 com a criação da Aliança de Civilizações, por proposta do primeiro-ministro espanhol, José Luiz Rodriguez Zapatero, com o objetivo de combater o extremismo e fortalecer o diálogo e a cooperação. O III Fórum Aliança de Civilizações ocorreu no Rio de Janeiro, em 2010.

** Os Acordos de Oslo foram assinados em 1993. A fórmula básica dos acordos sustentava-se na equação "paz por terra". Israel permitiria a criação de um Estado Palestino, a partir da devolução dos territórios ocupados e o consequente retorno a suas fronteiras originais. Por sua vez, os palestinos

o Tratado de Paz que acabara de ser assinado por Amã e Tel-Aviv. Na época, prevalecia certo otimismo sobre o futuro dessas relações. Houve mesmo quem mencionasse a hipótese de uma área de livre comércio de que participariam Israel e alguns países árabes. Como parte desse processo foram realizadas conferências ainda na década de 1990, mas a iniciativa não resistiria aos sucessivos impactos da primeira Guerra do Golfo e da segunda Intifada.* Apesar de o processo não ter obtido os resultados que seus promotores pretendiam, merece ser registrado o fato de o Brasil ter sido distinguido como um dos poucos países latino-americanos convidados a participar do seu evento inaugural.

Durante a Conferência de Casablanca, minha segunda visita ao Marrocos como chanceler (estivera em Marraqueche poucos meses antes para assinar o acordo que criou a OMC), estive com o rei Hassan II, a quem entreguei carta do presidente Itamar Franco. O encontro, no palácio imperial de Casablanca, foi precedido de uma longa espera no saguão do hotel em que estava hospedado, enquanto me recuperava de uma violenta indisposição digestiva que me acometera logo após minha chegada. Enquanto aguardava o sinal de que podia me dirigir até o palácio, recebi a visita de um ministro ligado à segurança interna e externa do Marrocos interessado em estreitar relações com o Brasil na área de inteligência. Achei curiosa a coincidência de ter sido procurado com esse objetivo justamente na cidade em que se desenrolou o famoso filme de Michael Curtiz, com Ingrid Bergman e Humphrey Bogart (que já tivera ocasião de citar em contexto bem diferente, em reunião do GATT).** Afora isso, anotei as sugestões de meu visitante para análise futura, mas ignoro se o tema abordado na conversa teve seguimento. No diálogo com Sua Majestade, além das relações bilaterais, tratei do

---

reconheceriam o direito à existência do Estado de Israel, estabelecendo uma relação de coexistência. No bojo dos Acordos de Oslo foi criada a Autoridade Nacional Palestina.

* A primeira Intifada, em 1987, também conhecida como "guerra das pedras", foi um levante palestino contra a ocupação israelense em várias zonas da Faixa de Gaza. A segunda Intifada iniciou-se em 2000, tendo como estopim a declaração de Ariel Sharon, feita na área da Mesquita de Jerusalém (Al-Aqsa). Na ocasião, Sharon, que concorria à liderança do partido Likud, afirmou (repetindo a mensagem de uma emissão radiofônica em junho de 1967): "O Monte do Templo está em nossas mãos". Violentos confrontos opuseram palestinos e israelenses junto ao Muro das Lamentações.

** Cf. discurso que pronunciei na qualidade de debatedor (*discussant*) na revisão da política comercial da Comunidade Europeia, incluído na coletânea *Missão em Genebra*, editada pela Funag em 1994. Nessa oportunidade, evoquei um diálogo entre o personagem vivido por Bogart (o aventureiro Rick) e o chefe de polícia de Casablanca (interpretado por Claude Rains), em que este indaga do primeiro por que viera morar naquela cidade e recebe uma resposta surpreendente: "Em função das águas". O perplexo Rains rebate com o comentário de que estavam rodeados pelo deserto, ao que Bogart reage com *nonchalance*: "Eu estava mal informado". Meu objetivo na ocasião, como é óbvio, era criticar o protecionismo europeu e a tolerância do GATT para com ele.

tema da reforma do Conselho de Segurança. Minha *démarche* foi recebida de maneira positiva (ainda que sem um compromisso firme). Esse fato me levaria a adotar posições mais cautelosas do que as que vínhamos mantendo até então na questão, que continua sem solução, do Saara Ocidental. Devido a essa disputa, que envolve a Argélia e a Mauritânia, o Marrocos – membro pleno da Liga Árabe – não integra formalmente a União Africana, o que nos obrigaria, anos mais tarde, a malabarismos diplomáticos para garantir a realização das cúpulas entre a América do Sul e os países africanos. Recordo-me que, à época, tive dificuldade em convencer nossa missão na ONU a matizar nosso apoio à Frente Polissário. Confesso que o fiz com certa preocupação, pois reconhecia a legitimidade da luta do povo saraui. Mais tarde, como representante permanente, também me defrontaria diretamente com essa questão; na medida do possível, procurei manter algum equilíbrio entre as posições conflitantes. A questão é complexa e não admite respostas simplistas, como ficou demonstrado pelos inúmeros planos (inclusive o mais famoso, do secretário de Estado James Baker) que acabaram nas prateleiras do Secretariado da ONU. Seja como for, não terá sido aquela a única vez em que um interesse de Estado prevaleceu sobre simpatias e afinidades em decisões de política externa.

Para me deslocar de Amã a Casablanca, fui obrigado a trocar de aeronave em Beirute e depois em Paris (àquela época a nossa Força Aérea ainda não dispunha de aviões capazes de fazer tal percurso). Ao ser informado de minha passagem pelo aeroporto da capital libanesa, o ministro do Exterior do Líbano, Farès Boueiz, insistiu em transformar a parada técnica em visita oficial. Beirute ainda estava marcada pela terrível destruição acarretada pela guerra civil, encerrada havia apenas poucos anos. A maioria dos edifícios que ladeava a estrada que ligava o aeroporto ao centro da cidade estava em ruínas. Em alguns casos, pude avistar, mesmo de longe, famílias que habitavam, como em um cenário de peça teatral, apartamentos sem paredes externas em prédios que se sustentavam por algumas poucas vigas. O que mais me impressionou foi o fato de que aqueles edifícios haviam sido destruídos total ou parcialmente por tiros de fuzil, cujas marcas ainda eram visíveis nos muros e paredes que restavam. No centro, predominava a mesma visão desoladora. Parecia um milagre que o velho palacete de estilo europeu que abrigava a Chancelaria continuasse de pé e, tanto quanto pude perceber, incólume. Foi essa a primeira vez que tive uma visão pessoal e direta dos complexos problemas que marcavam – e ainda marcam hoje, talvez em proporção até maior – o Oriente Médio. Na volta ao aeroporto, depois de cerca de duas horas de reunião com meu colega, perguntei ao chefe de protocolo, um homem alto de cabelos grisalhos que falava um francês impecável, como um conflito que durara tanto tempo e causara tantas vítimas havia chegado ao fim sem que houvesse um claro vitorioso. A sua resposta, que pode ter alguma validade para as situações que ainda vivemos (o que, de certo modo, não deixa de ser uma esperança), foi simples e direta: "Os diferentes lados simplesmente se cansaram". A minha rápida visita a Beirute, além de me propiciar um diálogo com interlocutor da região sobre tema de que até então me havia ocupado pouco, deu-me a oportunidade de reafirmar, em entrevista que concedi na escadaria frontal do edifício do Ministério das Relações Exteriores, o apoio brasileiro às resoluções do Conselho de Segurança que clamavam pelo respeito à integridade nacional do Estado libanês.*

Nem sempre foram as grandes questões da política mundial ou interesses econômicos de variado tipo que me levaram a buscar contato com dirigentes do Oriente Médio. Havia, em 1994 – e desde algum tempo –, uma brasileira presa em Israel, acusada de participar de um atentado que resultou em algumas vítimas fatais. A prisão de Lamia Marouf, nossa concidadã, havia provocado forte comoção em setores da comunidade árabe no Brasil, com grande repercussão no Congresso brasileiro. Ayrton Soares, um antigo congressista que lutara pela democracia no Brasil, liderava o movimento e foi meu interlocutor frequente. Abaixo-assinados foram elaborados, instando o governo brasileiro a assumir uma posição militante em favor da libertação de Lamia. Agimos de várias maneiras. Enviamos a Túnis, então sede da OLP, um emissário especial, o embaixador Pedro Paulo Assunção, então diretor do Departamento de Oriente Próximo, no Itamaraty. Assunção foi portador de uma carta de Itamar a Yasser Arafat, na qual nosso presidente solicitava que o nome da brasileira fosse incluído na lista de prisioneiros que Israel deveria libertar como parte dos gestos de boa vontade no contexto dos acordos de Oslo e de Washington. No mesmo sentido, eu me dirigiria a Farouk Kaddoumi, "chanceler" da OLP, em encontro que mantivemos à margem da Assembleia Geral da ONU, em setembro de 1994. Por coincidência, no mesmo dia em que me reuni com Kaddoumi, também estive, a convite seu, com o então ministro das Relações Exteriores de Israel, Shimon Peres. Ambos os encontros ocorreram dias depois da assinatura, em Washington, do acordo entre Israel e Palestina, o que lhes conferia sabor especial. Mas, naquele momento, o tema central da minha agenda era a brasileira prisioneira das autoridades israelenses. Kaddoumi, como já havia feito Arafat, reagiu de forma positiva à nossa solicitação, mesmo que, dado o número limitado de prisioneiros a serem soltos, atender ao nosso pedido impusesse alguma alteração na ordem de prioridade dos

* A Resolução S/RES/425 (1978), que estabeleceu a UNIFIL, em seu primeiro parágrafo operativo conclama ao "estrito respeito à integridade territorial, soberania e independência política do Líbano, dentro de suas fronteiras internacionalmente reconhecidas". Várias outras resoluções retomam esse chamado e citam expressamente a Resolução 425.

nomes dos beneficiários. Shimon Peres – que tomara a iniciativa de pedir a reunião comigo – alegou que o dia que nossas assessorias haviam conseguido acertar para o encontro coincidia com um feriado judeu, circunstância que o impedia de se deslocar à sede da ONU. Pediu-me que eu fosse a seu encontro no hotel onde estava hospedado, em algum lugar da Park Avenue, não muito distante da Missão do Brasil na Terceira Avenida. Para tornar a proposta mais atraente, acrescentou que teria prazer em convidar-me, apesar do feriado, para uma "taça de vinho". O ministro israelense suspeitava qual era o assunto que eu abordaria com prioridade. Para Peres, tratava-se de um tema delicado por envolver, segundo a visão de Israel, a participação da nossa compatriota em um "crime de sangue" que estava sob os cuidados da Justiça de seu país. Shimon Peres fez todo o possível para desviar o foco da nossa conversa para outros assuntos: o papel que o Brasil poderia desempenhar como elemento "moderador" junto aos árabes; suas várias visitas ao Brasil; sua amizade com líderes brasileiros que eram membros da Internacional Socialista, entre os quais o então governador do Rio de Janeiro, Leonel Brizola, etc. Sem me recusar a discutir essas questões, especialmente a primeira, de real interesse para nós, embora sob óptica provavelmente distinta da exposta, fiz ver ao ministro que a intensificação das relações entre Brasil e Israel (inclusive a aceitação do convite que me fez para visitar Tel-Aviv) pressupunha que a questão de Lamia Marouf fosse resolvida a contento. Em determinado ponto da conversa, Peres tentou até me convencer a não abordar o tema diretamente: "Eu compreendo que você tem um problema com a opinião pública brasileira em relação a esse assunto. Mas eu também tenho um problema com a opinião pública e, inclusive, com a Justiça israelense, que é independente. Então vamos fazer o seguinte: você diz para a imprensa que tratou do tema comigo e eu não desminto". Finalmente, percebendo que o artifício não me faria desistir da incumbência que me impusera, Peres, muito a contragosto, aceitou receber o *aide-mémoire** que eu trazia comigo e, sem acender grandes esperanças, disse que iria examinar seu conteúdo. Lamia Marouf viria a ser libertada algum tempo depois, já durante o governo Cardoso, quando eu não era mais chanceler. Mas nossos esforços daquela época não foram em vão.

No meu primeiro período como ministro das Relações Exteriores, entre meados de 1993 e final de 1994, durante o qual o Brasil foi membro não permanente do

* A história desse *aide-mémoire*, e de como chegou às minhas mãos na suíte de Shimon Peres, mereceria um relato específico cujos detalhes não caberiam nesta narrativa. Assinalo apenas que o *aide-mémoire* se havia tornado uma espécie de passaporte para a participação da restrita reunião com o ministro israelense. Três dos meus mais brilhantes colaboradores, Affonso Ouro-Preto, Fernando Reis e Mauro Vieira, estiveram envolvidos nas peripécias que cercaram a entrega do documento. Tudo sob a observação serena e bem-humorada do nosso embaixador na ONU, Ronaldo Sardenberg.

Conselho de Segurança, a questão do Iraque não chegou a suscitar polêmicas em que eu pessoalmente me envolvesse. O mundo ainda vivia sob a égide de uma espécie de "unipolaridade consentida", em que a hegemonia norte-americana não era contestada. Mesmo naquela época de prevalência de aparente consenso nas relações internacionais, o Brasil deu mostras de sua independência, buscando maior aproximação com Cuba e abstendo-se de resoluções sobre o Haiti patrocinadas pelos Estados Unidos.* No plano econômico, lançara a ideia da Alcsa (Área de Livre Comércio Sul-Americana), em contraposição – e de forma preventiva – ao que viria a ser a iniciativa da ALCA. Buscara ainda, numa possível associação do Mercosul com a Comunidade Europeia, discutida pela primeira vez à margem de uma reunião do Grupo do Rio com os países europeus realizada em São Paulo em abril de 1994, algum equilíbrio perante as investidas voltadas à integração hemisférica que nos colocariam em situação de total dependência, política e econômica, da "única superpotência remanescente". Entretanto, afora a atuação que havíamos tido na recém-encerrada Rodada Uruguai,** cuja conclusão prenunciava um longo período de hibernação para negociações comerciais multilaterais em temas de natureza global, nossa ação diplomática era relativamente restrita. Além disso, a memória recente da invasão do Kuwait pelo Iraque e a lembrança do uso de armas químicas por Saddam Hussein na guerra com o Irã e contra a população iraquiana de origem curda eram fatores que desestimulavam ações destinadas a evitar punições a Bagdá.

As questões que certamente continuavam a ser suscitadas no Conselho de Segurança (proteção dos curdos e dos xiitas, zonas de exclusão aérea) não chegaram a ocupar minha atenção como ministro, permanecendo adstritas à atuação de nosso competente e respeitado embaixador nas Nações Unidas, Ronaldo Sardenberg. Ainda assim, a percepção de que o Brasil tinha uma posição equilibrada e era particularmente sensível aos sofrimentos causados pelas sanções à população civil deve ter pesado na decisão do ministro das Relações Exteriores do Iraque, Said Sahaf, de visitar Brasília no segundo semestre de 1994. Em uma das duas assembleias gerais de que participei como ministro de Itamar Franco, tive também a oportunidade de me encontrar com Tariq Aziz, diplomata experiente que, para sua infelicidade, se tornaria vice-presidente. Tariq Aziz, que era cristão

* Cf. S/RES/940 (1994); S/RES/944 (1994); S/RES/948 (1994).

** A Rodada Uruguai foi a oitava rodada de negociações comerciais multilaterais no âmbito do antigo Acordo Geral de Tarifas e Comércio (GATT). A rodada deve seu nome ao fato de ter sido lançada no balneário de Punta del Este, em 1986. Encerrou-se em 1994, com o acordo de Marraqueche, que criou a Organização Mundial do Comércio (OMC). Comentários sobre vários aspectos da Rodada Uruguai aparecem em *Conversas com jovens diplomatas*, op. cit., e *Breves narrativas diplomáticas*, op. cit., e também na terceira narrativa desta obra.

– uma demonstração de que, pelo menos do ponto de vista religioso, o regime de Bagdá estava longe de ser sectário ou monolítico –, causou-me impressão positiva. Pareceu-me possuir clareza de raciocínio e temperamento sereno.

Sobre outro tema de interesse para os países árabes – a questão da Líbia –, o Brasil demonstrou preocupação com a ausência de alternativas ao regime de sanções. Em uma intervenção relacionada às sanções àquele país, nosso representante permanente afirmou que "tais atos devem ser especificamente preparados pelo Conselho, de modo que o Estado no qual as sanções serão impostas possa saber, de antemão, e acima de qualquer dúvida, que as sanções serão retiradas tão logo os requisitos específicos sejam alcançados".*

O que for bom para o Brasil também será bom para a França

Entre março de 1995 e abril de 1999, fui representante permanente do Brasil nas Nações Unidas. Mesmo antes de o Brasil voltar ao Conselho em 1998, o tema do Iraque, especialmente no que concerne às sanções, não deixou de me ocupar. Pouco depois de minha chegada a Nova York fui escolhido para presidir uma subcomissão da Assembleia Geral que tratava dos efeitos das medidas econômicas adotadas pelo Conselho de Segurança sobre as populações civis.** Fui escolhido para essa posição por Nabil Elaraby, embaixador do Egito, que presidia a "comissão guarda-chuva" sobre vários aspectos da "Agenda para a Paz" proposta pelo secretário-geral, seu compatriota, Boutros Boutros-Ghali. Nabil Elaraby, com quem mantive uma produtiva relação de trabalho e companheirismo enquanto estive em Nova York (também integrou a Comissão de Camberra sobre eliminação de armas nucleares, citada em outra narrativa deste livro), viria a ocupar sucessivamente o cargo de juiz da Corte Internacional de Justiça, ministro do Exterior do Egito (em um breve período apenas, mas que coincidiu com uma visita que fiz ao

* Discurso do embaixador Ronaldo Sardenberg em sessão do Conselho de Segurança da ONU, em 11 de novembro de 1993. As palavras de cautela do embaixador Sardenberg eram plenamente aplicáveis ao Iraque, como eu viria a constatar mais de perto a partir de 1995.

** Em artigo recente, Richard Falk, que desde 2008 é o relator especial do Conselho de Direitos Humanos da ONU para a situação nos territórios palestinos ocupados, afirma que as medidas adotadas contra o Iraque ao final da Guerra do Golfo representaram "as mais punitivas condições de paz impostas a um país derrotado desde as impostas à Alemanha pelo Tratado de Versalhes ao final da Primeira Guerra Mundial". Segundo Falk, na década que se seguiu à Guerra do Golfo, "700 mil civis iraquianos perderam a vida devido às sanções". Cf. Falk, Richard. *The New World Order*. Disponível em: <http://richardfalk.worldpress.com>. 10 de abril de 2014.

Cairo depois de deixar o posto de chanceler, quando fui recebido por ele) e secretário-geral da Liga Árabe, posição em que se encontra até o momento em que escrevo estas linhas.

As grandes privações a que estava submetida a população iraquiana, como resultado direto das medidas punitivas impostas na esteira da primeira Guerra do Golfo, já se haviam tornado objeto de preocupação de muitos países, sobretudo aqueles em desenvolvimento, inclusive é claro os árabes, independentemente do que achassem do regime de Bagdá. A situação do Iraque constituiu boa parte do pano de fundo dos trabalhos da citada subcomissão.* No mesmo período de 1995 a 1999 – e especialmente após a substituição do sueco Rolf Ekéus pelo australiano Richard Butler, em julho de 1997 –, as inspeções a cargo da Unscom,** conduzidas de forma extremamente intrusivas, provocaram constantes choques com o governo de Bagdá, suscitando a hipótese do uso da força. As discussões sobre as ações da Unscom também atraíram minha atenção e a da delegação brasileira, mesmo enquanto estávamos fora do CSNU.

Nosso grau de envolvimento com o tema evidentemente aumentou a partir de janeiro de 1998, quando voltamos a integrar o Conselho de Segurança como membro não permanente. Logo em fevereiro, o Conselho foi confrontado com uma situação potencialmente explosiva. Tratava-se de definir com clareza o *status* dos chamados "palácios presidenciais" de Saddam Hussein: se estariam ou não sujeitos a inspeções e que procedimentos deveriam presidir às mesmas. Na ocasião, o Brasil deu apoio integral à iniciativa do secretário-geral, Kofi Annan, de buscar uma solução mediada com Bagdá, que não contou desde logo com o entusiasmo dos Estados Unidos e da Grã-Bretanha, os dois mais aguerridos adversários de qualquer apaziguamento com o regime iraquiano. Annan voltou de Bagdá com um memorando firmado com o governo, com o aval pessoal de Saddam Hussein. Mas a história não terminou aí. Para incorporar o memorando ao ordenamento jurídico do CSNU era necessário aprovar uma resolução que estipulasse o que ocorreria em caso de descumprimento por parte do Iraque.

---

* As conclusões dos trabalhos constam no relatório "Informal Open Ended Working Group on an Agenda for Peace – Subgroup on the Question of United Nations Imposed Sanctions" (julho de 1996).

** A Comissão Especial das Nações Unidas (Unscom, na sigla em inglês), foi criada pela Resolução 687, de 1991, do CSNU, com o objetivo de assegurar que o Iraque cumpriria as obrigações de eliminar seu arsenal de armas químicas e biológicas e cooperar com a Agência Internacional de Energia Atômica para a eliminação de armamentos nucleares. A Comissão foi substituída pela Comissão de Monitoramento, Verificação e Inspeção da ONU (Unmovic, na sigla em inglês) em 1999.

Sobre esse ponto chocavam-se duas teses opostas. De um lado, havia os que, capitaneados pelos EUA e o Reino Unido, defendiam a posição de que a desobediência da resolução geraria automaticamente o direito dos integrantes da coligação de 1991 de "tomar todas as medidas necessárias" (eufemismo para o emprego da força). De outro, os demais membros permanentes, Rússia, China e França, insistiam ser indispensável uma nova resolução do Conselho que determinasse a existência da transgressão e autorizasse de forma explícita o uso da força armada. De modo muito semelhante, essa discussão viria a se reproduzir em 2002/2003, no período que antecedeu a segunda Guerra do Golfo e culminou com a decisão dos EUA e da Grã-Bretanha (com apoio de alguns outros países) de agir unilateralmente.

Em fevereiro de 1998, antes portanto do 11 de Setembro, Washington tratou de evitar uma ruptura explícita com os termos da Carta de São Francisco. Digo sem hesitação que o Brasil teve um papel central na busca de uma solução negociada, com base em linguagem extraída das resoluções de 1991,* o que permitiu uma decisão por consenso. A "unidade do Conselho" adquirira um valor quase mítico naqueles dias ainda marcados pela ilusão de uma "unipolaridade benigna".** Não é o caso aqui de descrever as minúcias de redação que permitiram o acordo. Mas julgo pertinente mencionar dois fatos, um deles a respeito da atitude da França e de seu excelente embaixador, Alain Déjammet. Na clivagem que se criara no CSNU em torno da "automaticidade" do uso da força, a delegação brasileira, chefiada por mim ficara, apesar de alguns ruídos contraditórios quando da viagem de Bill Richardson*** a Brasília, do lado de Paris (e, de certa forma, também de Moscou e Beijing). No dia 27 de fevereiro, uma sexta-feira, o embaixador do Gabão despediu-se da presidência do Conselho, que em março passaria ao

---

* Amorim, Celso. *Conversas com jovens diplomatas*. São Paulo: Benvirá, 2011, capítulo 10.

** "Unipolaridade benigna" é a expressão que tenho usado para descrever o funcionamento do sistema de segurança coletiva logo após o final da Guerra Fria. Os beneficiários desse sistema, nomeadamente os EUA, preferiam referir-se a um suposto "multilateralismo afirmativo", que caracterizaria a "nova ordem mundial". Richard Falk, no artigo supracitado, elabora interessantes comentários sobre essa suposta nova ordem.

*** O embaixador Bill Richardson esteve em Brasília em 5 de fevereiro de 1998 com o objetivo de explicar a posição norte-americana diante de alegadas violações graves cometidas pelo Iraque em relação às obrigações decorrentes das Resoluções do Conselho de Segurança. Richardson afirmou que os EUA estariam contemplando a possibilidade de ação armada. A nota emitida pelo Itamaraty no dia seguinte à visita, embora reafirmando a preferência do Brasil pela via pacífica, afirma que, "à luz da gravidade da situação e das próprias disposições da Carta das Nações Unidas, o governo brasileiro considera que todas as opções permanecem sobre a mesa". O uso da frase "todas as opções permanecem sobre a mesa" foi interpretado como uma admissão, em princípio, do emprego da força, o que teve forte repercussão na mídia brasileira.

representante permanente de Gâmbia. No coquetel oferecido pela missão do Gabão, comentei com o embaixador francês estar buscando uma solução "criativa" para o impasse. Na manhã seguinte, sábado, o embaixador do Japão, que, por alguma razão (provavelmente a falta de confiabilidade do embaixador de Gâmbia), fora encarregado de realizar consultas sobre o tema, convocou-me para uma reunião na sede da ONU. Ainda no automóvel, telefonei para o embaixador francês, pois não desejava que minhas "ideias criativas" tivessem o efeito de minar a posição da França, com a qual, de resto, concordava. Déjammet ouviu-me atentamente e respondeu com o seguinte comentário: "Siga em frente; o que for bom para o Brasil também será bom para a França".

Apresentei a fórmula, redigida juntamente com meu auxiliar, Achilles Zaluar, ao embaixador Hisashi Owada,* que a recebeu com frieza. Ainda tive de ouvir dele uma verdadeira "arenga" sobre a responsabilidade que um candidato a membro permanente como o Brasil (e o Japão) deveria estar pronto a assumir. Na ocasião, não entendi bem se essa responsabilidade tinha a ver com a aceitação do emprego da força em certas situações ou se se referia à necessidade de se concordar sempre com a potência dominante. É possível que se reportasse a ambas. Voltei para casa frustrado, com a sensação de que nada mais havia a fazer. Meu abatimento aumentaria ainda mais com uma triste notícia relacionada a um ente querido de minha família. Cerca de uma hora depois – e esse é o segundo fato que queria mencionar –, o embaixador dos Estados Unidos telefonou-me para dizer que tinha ficado sabendo da sugestão que eu havia feito ao representante japonês e que fora tão prontamente rechaçada. Bill Richardson estimulou-me a levá-la adiante, pois, com alguns eventuais ajustes, poderia ser a base de um entendimento, o que de fato, depois de longas negociações que se estenderam pelo fim de semana e a manhã de segunda-feira, acabou ocorrendo.

A linguagem que oferecemos e que recebeu outros aportes – mas não alteraram seu sentido básico – estabelecia essencialmente que o Conselho permaneceria dedicado ao assunto ("*remain seized of the matter*") e tomaria as ações que fossem necessárias. Ainda que implicitamente, reconhecia que não haveria automatismo no uso da força. Após alguns esclarecimentos nas "consultas informais",** o texto foi aceito por todos os membros e aprovado por consenso, na reunião

* Hisashi Owada, diplomata de carreira, era sogro do príncipe herdeiro do Japão e mais tarde viria a ser juiz da Corte Internacional de Justiça.

** As decisões do Conselho de Segurança, salvo situações excepcionais, são objeto de discussão entre seus membros em uma sala menor, fora dos holofotes da imprensa e dos demais membros da ONU. Essas discussões, cujo objetivo, nem sempre alcançado, é chegar a uma decisão por consenso, constituem as chamadas "consultas informais".

formal do Conselho de Segurança.* Essa ação conciliadora do Brasil em tema tão sensível, sem que tivéssemos de nos afastar de nossas posições de princípio, permitiu a retomada dos trabalhos dos inspetores. Teve, ademais, o efeito de nos credenciar para exercer um papel de destaque em situação ainda mais complexa, cerca de um ano depois.

Em janeiro de 1999, fui confrontado com o desafio de presidir o Conselho na crítica conjuntura que se seguiu à "Operação Raposa do Deserto" – o bombardeio do Iraque pelos Estados Unidos e pelo Reino Unido sem autorização do órgão. A ação armada, desencadeada em função de um relatório do presidente da Unscom, Richard Butler, que o Conselho de Segurança nem tivera tempo de examinar, encontrou forte oposição por parte de França, Rússia e China, além de críticas de outros membros, inclusive o Brasil. O impasse entre os cinco membros permanentes do Conselho não apenas tornou impossível qualquer discussão racional sobre a questão iraquiana como terminou por comprometer o trabalho sobre todos os tópicos da agenda. O ataque anglo-americano ocorreu em dezembro. Em janeiro, o Brasil assumiu a presidência do órgão. Toda a agenda do Conselho estava travada. Temas importantes, como a persistente guerra civil em Angola, o conflito entre Etiópia e Eritreia, a repressão ao movimento independentista no Timor Leste, tiveram seu tratamento prejudicado.

Cabia-me, como presidente, dar andamento à agenda. A forma como o fiz consistiu, essencialmente, em isolar a questão iraquiana dos demais temas. Com o apoio de outros membros, sobretudo não permanentes, propus que se criassem comissões ("painéis") para lidar com os dois aspectos mais polêmicos da questão: o relativo ao desarmamento e o da situação humanitária, verdadeiramente dramática, em decorrência das sanções. Para se ter uma ideia da extensão das restrições impostas a Bagdá, assinalo um exemplo relacionado com o chamado material de uso dual (civil e militar): as importações de lápis de escrever estavam sujeitas a controle, pois o grafite neles contido poderia ser usado como elemento moderador em instalações nucleares! E isso apesar de a Agência Internacional de Energia Atômica – AIEA já haver declarado que o país cessara toda atividade nesse campo. A questão mais complexa, porém, era evidentemente o desarmamento. Da maneira como haviam sido elaboradas as resoluções que se seguiram ao cessar-fogo em 1991, as atividades dos inspetores se dividiam em dois tipos: um se referia às ações destinadas ao desarmamento propriamente dito, isto é, à destruição comprovada de arsenais químicos, biológicos e nucleares (ou dos materiais que

---

* S/RES/1154 (1998).

pudessem ser usados na sua confecção). Havia também dispositivos relativos aos mísseis ("*means of delivery*") a partir de certo alcance. A outra categoria de atividades era intitulada "monitoramento contínuo"; essa prosseguiria por tempo indeterminado, mesmo após a conclusão do "desarmamento". Somente quando esse estágio tivesse sido alcançado em todos os quatro setores do dossiê relativo às armas de destruição em massa, o Iraque poderia fazer jus a um alívio das sanções. Grande parte da polêmica que antecedeu o ataque de dezembro tinha a ver com essa distinção sutil, mas de grandes consequências práticas para o Iraque. Ademais, como já tive oportunidade de assinalar em outros textos, o regime de Bagdá se via diante de uma obrigação quase impossível de cumprir, a qual poderia ser resumida na expressão "prova negativa". Em outras palavras, cabia ao Iraque provar que não dispunha dos materiais proibidos, uma virtual impossibilidade. Ter consciência desse fato tampouco significava ignorar que o Iraque, por seu turno, recorria a todo tipo de manobras para dificultar o trabalho dos inspetores, escudando-se no argumento (muitas vezes justificável) da necessidade de respeito a sua "soberania" e "integridade", expressões que constavam da maioria das resoluções de 1991 e das subsequentes.

Para evitar que o Conselho continuasse a andar em círculos, sugeri que o "painel" sobre desarmamento pudesse examinar a questão sob uma óptica nova, que denominei de "sistema reforçado de monitoramento". Idealmente, esse sistema permitiria criar uma ponte entre as duas fases ("desarmamento" e "monitoramento contínuo"). Assim, caso houvesse vontade política, poder-se-ia aliviar gradualmente o impacto das sanções econômicas. Após discussões que se prolongaram até o último dia de trabalho da presidência brasileira (sábado, 30 de janeiro), a criação dos painéis foi aprovada. Por solicitação do Bahrein, então membro do CSNU – nesse caso, atuando como porta-voz do Kuwait –, aos dois painéis mencionados foi somado um terceiro sobre prisioneiros de guerra e bens de propriedade kuwaitiana desaparecidos durante a ocupação pelo Iraque. A presidência desses "painéis" foi entregue ao Brasil, na pessoa do representante permanente. Foi dado um prazo de sessenta dias para que o resultado dos trabalhos fosse apresentado.*

Talvez uma das tarefas mais complexas que tive como coordenador dos painéis tenha sido compô-los. Sua constituição tinha de refletir as diferentes correntes no Conselho, incluindo especialistas dos cinco membros permanentes (alguns

* A decisão do CSNU consta do documento S/1999/100. Meu relatório, com seus anexos, foi incorporado no documento S/1999/356.

dos quais com notórias ligações com seus respectivos órgãos de inteligência), além de organismos internacionais com competência no tema do controle de armas e outras personalidades cujos nomes dessem credibilidade ao trabalho e refletissem minimamente o equilíbrio geográfico, que é quase um dogma nas atividades da ONU. O aspecto mais delicado desse xadrez de personalidades e interesses era o que fazer com o presidente da Unscom, cujo comportamento excessivamente agressivo e, segundo muitos, parcial estava na raiz do impasse entre os membros do Conselho. Recordo-me que o secretário-geral da ONU, cuja bênção eu tratei de buscar logo após a decisão sobre o estabelecimento dos painéis, indagou: "O que você pretende fazer com Butler?". Respondi com uma metáfora tipicamente onusiana: "Acho que vou deixá-lo entre colchetes". E foi efetivamente o que fiz, não o nomeando para o painel de desarmamento e colocando-o à margem das discussões. Não duvido que esse fato tenha contribuído para sua renúncia, meses mais tarde.

Seria fastidioso descrever em detalhes o trabalho e as conclusões dos painéis, mas vale assinalar que, alguns meses depois da apresentação de meu relatório, em 30 de março, e de algumas intervenções que ainda fiz no Conselho em abril (antes de partir em 1º de maio para assumir outro posto),* o CSNU viria a aprovar resolução que se baseou largamente em alguns de seus conceitos básicos. As avaliações do painel sobre a situação humanitária, que apontavam para uma ligação de causalidade direta entre as privações sofridas pelo povo iraquiano e as sanções, foram convenientemente postas de lado.** Dessa forma, a ligação entre as conclusões dos dois painéis, a meu ver essencial para se encontrar uma solução pacífica e definitiva para o drama iraquiano, conforme expus ao Conselho, não foi considerada.

Algum progresso havia sido alcançado, porém. A Comissão Especial da ONU (Unscom), vista pela maioria como desnecessariamente hostil em relação a Bagdá, foi transformada em um mecanismo mais flexível, a Comissão de Monitoramento,

---

* Remeto o leitor à nota 11 do meu livro *Breves narrativas diplomáticas*, em que menciono o relato feito pelo diplomata e acadêmico cingapuriano Kishore Mahbubani em *The New Asian Hemisphere: The Irresistible Shift of Global Power to the East* (Nova York: Public Affairs, 2009) sobre as circunstâncias da minha saída de Nova York. Em seu livro, Mahbubani se refere a pressões norte-americanas com o objetivo de acelerar a mudança bem como a uma conversa do presidente francês Jacques Chirac em que este teria instado o presidente Fernando Henrique Cardoso a manter-me no posto. Embora a versão apresentada por Mahbubani seja verossímil, devo dizer que não tive ciência dos fatos narrados.

** Sobre o impacto das sanções na população iraquiana, ver Sponeck, Hans von. *A Different Kind of War: The UN Sanctions Regime in Iraq*. Nova York/Oxford: Berghahn, 2006. A pedido do autor, escrevi o prefácio dessa obra.

Verificação e Inspeção (Unmovic).* A ideia de uma abordagem gradual foi introduzida, embora, por circunstâncias diversas, sem chegar a resultados práticos. Foi sob os auspícios da Unmovic que Hans Blix desenvolveu seus esforços para achar uma solução para essa complicada questão.** As razões do "fracasso" de Blix em muito excederam as competências da Unmovic. Nosso engajamento mostrou que o diálogo era viável, se houvesse boa vontade de todas as partes envolvidas.***

Acho que vale a pena mencionar um episódio curioso e não de todo irrelevante para compreender como agem as grandes potências em temas de seu interesse direto. Logo após a aprovação da Resolução 1.284 (1999), colocou-se o problema de definir quem chefiaria a nova comissão. Entre os nomes inicialmente levantados para a função estava o meu. Outro candidato potencial, o sueco Rolf Ekéus, que fora o primeiro presidente da Unscom, foi vetado por Moscou e, creio, também por Beijing. Ekéus era um diplomata experiente, que servira como embaixador na Comissão de Desarmamento. No momento da escolha para a Unmovic, era o representante de seu país junto ao governo norte-americano. Sua passagem pela Unscom, embora inevitavelmente marcada por algumas dificuldades, não fora, nem de longe, tão atribulada quanto a de Richard Butler. Ainda assim, Ekéus talvez tenha parecido excessivamente comprometido com o regime anterior de inspeções, o que o desqualificava aos olhos dos países mais críticos da Unscom. França, Rússia e China se fixaram então no meu nome. Afinal, minha atuação nos *panels* fora objeto de elogios provenientes dos mais diversos quadrantes, inclusive do delegado norte-americano, quando da criação da Unmovic. O secretário-geral da ONU, Kofi Annan, sondou, por meio de um assessor, se eu concordaria que meu nome fosse incluído nas consultas que estava realizando com o P5. Eu já ouvira rumores de que essa indicação estava sendo cogitada enquanto passava, no final do ano (1999), alguns dias de férias no Rio de Janeiro, logo após a turbulenta Conferência Ministerial da OMC em Seattle, na qual fora abortado o lançamento da chamada "Rodada do Milênio". De volta a Genebra, no início de 2000, recebi um telefonema do assessor de Kofi Annan. Respondi-lhe que estava disposto a assumir a função – por cuja criação eu fora, em grande medida, responsável –, desde que o secretário-geral percebesse a existência

---

* A Unmovic foi criada pela Resolução 1.284 (1999) do Conselho de Segurança da ONU.

** Blix, Hans. *Disarming Iraq*. Nova York: Pantheon, 2004.

*** Tratei desse assunto de modo mais detalhado em Amorim, Celso. "Guerra contra o Iraque é evitável". *Folha de S.Paulo*, 25 de setembro de 2002. Uma análise mais abrangente pode ser vista em Padovan, Gisela. *Diplomacia e uso da força: os Painéis do Iraque*. Brasília: Funag, 2010.

de consenso. Desejava evitar que se passasse comigo o mesmo que ocorrera com Ekéus, ainda que o veto tivesse origem em outro (ou outros) membro(s) permanente(s). Entre os proponentes, aquele que militava mais abertamente a meu favor era o embaixador da França no CSNU, Alain Déjammet, que, em conversa telefônica, insistiu que eu aceitasse a incumbência. "*C'est le seul nom*", disse-me para me seduzir. Não precisei passar pelo constrangimento de Ekéus. Dias depois da chamada do assessor do secretário-geral, fui procurado pelo representante permanente dos Estados Unidos em Genebra, um afro-descendente que mais adiante viveria o constrangimento de tentar obstar uma iniciativa brasileira condenatória do racismo, declarando-o incompatível com a democracia.* O embaixador fora incumbido de me transmitir o seguinte recado de Washington: o governo norte-americano nutria por mim grande respeito e não desejava criar nenhum mal-estar com o Brasil. Assim, pedia-me que não deixasse que meu nome fosse apresentado formalmente. Do contrário, seria forçado a vetá-lo. A título de explicação adicional para a atitude do governo norte-americano, o embaixador acrescentou ser difícil para os Estados Unidos aceitar uma personalidade de país em desenvolvimento para um cargo ao qual atribuía grande importância. E disse ainda: "Você sabe; estamos em ano eleitoral". Fiquei com vontade de dizer que, nem nos momentos de maior paranoia, eu sonharia em vir a ter alguma influência na eleição norte-americana, mas preferi me conter e agradecer a franqueza do meu interlocutor. O comentário que acabara de ouvir constituía uma resposta antecipada à precondição que eu impusera à circulação do meu nome. Não sei o que teria ocorrido se fosse efetivamente nomeado. À época, fiquei algo frustrado, já que a tarefa constituía um enorme desafio e, de certa forma, era um prolongamento (além de um reconhecimento) de meu trabalho nos painéis. Relembrando as agruras pelas quais Hans Blix havia passado em virtude das pressões sobre seu trabalho, concluo que meu mandato teria sido ainda mais curto. A causa da paz não teria sido favorecida e eu teria sofrido um desgaste político (e talvez físico) que tornaria mais difícil minha nomeação como ministro das Relações Exteriores de Lula.

Termino estas reminiscências com outro episódio, ocorrido quase simultaneamente. A conjunção desses dois casos ilustra o que os franceses chamam de *geometria variável*. No mesmo mês de janeiro, depois da *débâcle* de Seattle, alguns

* Tratou-se do projeto brasileiro, finalmente adotado pela Comissão de Direitos Humanos da ONU, como a Resolução 2000/40, intitulada *The Incompatibility between Democracy and Racism*. Os Estados Unidos, como outros países desenvolvidos, resistiram inicialmente à adoção do projeto, finalmente aprovado por consenso.

países pretenderam indicar-me para presidir o Comitê de Agricultura da OMC. A função era especialmente importante naquele momento, pois a agricultura fora o principal vilão de Seattle. Diferentemente do que ocorrera com relação à minha eventual indicação para a Unmovic, em relação à qual o Itamaraty reagira com frieza, neste caso havia entusiasmo na minha "capital". Dessa feita, contudo, o veto veio da França (via União Europeia), enquanto Washington defendia ardentemente a minha nomeação!

Outro tópico relacionado aos países árabes, a cujo encaminhamento o Brasil deu uma contribuição não desprezível, foi o relativo às sanções contra a Líbia, que haviam sido adotadas, alguns anos antes, em resposta aos atos terroristas contra aeronaves civis em Lockerbie e no Níger. Preocupado principalmente com o impacto humanitário das sanções e desapontado com a total paralisia do tema nas denominadas "consultas informais", o Brasil propôs um "debate aberto" sobre o tema no Conselho de Segurança. Um dos lados perversos da maneira de funcionar do Conselho, não apenas no caso da Líbia, consistia no fato de que, uma vez impostas sanções a um país, sua suspensão dependeria de uma nova resolução, ficando assim sujeita à existência de consenso entre os membros permanentes. Em outras palavras, havia uma inversão no uso do poder de veto. Na realidade, o veto ao levantamento das sanções nem tinha de ser exercido de forma explícita. Trazido o tema a consultas informais do Conselho, caso não se verificasse o consenso, esse fato era comunicado pelo presidente sem que houvesse uma discussão pública do assunto. A ideia de um "debate aberto" aparecia, assim, como uma inovação perigosa para os que desejavam manter a situação inalterada e – o que era igualmente grave – de forma pouco transparente. Representava a quebra de um tabu. Não foi surpresa que, de início, a sugestão tenha sido vigorosamente combatida pelos EUA e pelo Reino Unido. A França, nesse caso, manteve-se discreta. Washington chegou a fazer representações em Brasília para evitar que levássemos adiante a ideia. Com o passar dos meses, a situação evoluiu, em parte devido à pressão da Liga Árabe, e possivelmente em virtude de se ter vislumbrado alguma solução negociada para as indenizações a serem pagas pela Líbia. A atitude legalista do Brasil na defesa de um tratamento justo e equilibrado para o tema foi muito apreciada pelo conjunto dos países árabes, independentemente dos sentimentos de simpatia ou antipatia que pudessem nutrir pelo regime líbio. Creio não estar errado ao afirmar que o mesmo tipo de reação ocorreu no caso do Iraque. Muito mais do que um suposto desejo de ajudar o regime de Bagdá, nossa atitude isenta, reveladora de preocupação legítima com o sofrimento do povo, foi percebida como prova de uma sensibilidade que os árabes não estavam acostumados a identificar na maioria dos países, sobretudo os ocidentais.

Quando o presidente Lula tomou posse em janeiro de 2003, a invasão do Iraque pela chamada Coalition of the Willing já despontava no horizonte. As primeiras visitas bilaterais de Lula foram à França e à Alemanha. O presidente Jacques Chirac e o chanceler Gerard Schröder lideravam, entre os países ocidentais, a oposição à guerra. Tendo sido convidado novamente para o comando do Ministério das Relações Exteriores, visitei, nos primeiros meses de governo, outra veemente opositora do uso da força contra Bagdá: a Rússia. O Brasil expressou em termos muito claros sua confiança no regime de inspeções liderado por Hans Blix, embora eu conhecesse bastante bem as dificuldades que enfrentava. Buscamos coordenar nossas posições com diversos parceiros e interlocutores, do secretário-geral da ONU ao presidente do Chile, que servia então como membro não permanente do Conselho de Segurança. Durante todo o período que antecedeu o ataque ao Iraque, e mesmo depois de iniciada a invasão, o Brasil manteve intensa atividade diplomática.* O bombardeio, iniciado em 19 de março, foi um lembrete preocupante sobre a persistência do unilateralismo e da disposição ao uso da força. Em 2002, quando ainda servia como embaixador em Londres, escrevera um artigo sobre o assunto para o jornal *Folha de S.Paulo*, já citado em nota nesta narrativa. Como ministro, contemplava agora a concretização de uma brutal transgressão das normas internacionais. No dia seguinte ao ataque norte-americano a Bagdá, o presidente Lula fez uma forte declaração, em que condenou a invasão e o uso ilegal da violência.

Terminado o conflito, o Brasil continuou a se interessar pela situação do Iraque. Já relatei em outra obra** os encontros que mantive no primeiro semestre de 2003. Esses contatos contribuíram para alargar os horizontes de nossa atuação diplomática. A instabilidade e as incertezas causadas pela guerra contra o Iraque puseram fim às ilusões de uma ordem internacional pacífica e benigna no mundo pós-Guerra Fria e reforçaram a necessidade de um sistema internacional mais balanceado. Uma reforma da governança global deixara de ser apenas desejável ou conveniente. Ela se afigurava imperativa. E mais: deveria abranger não apenas instituições voltadas para a paz e a segurança, como o Brasil já vinha defendendo há mais de uma década, mas também entidades das áreas comercial e financeira. Tínhamos clara compreensão de que tais mudanças não ocorreriam como resultado tão somente de ações nos foros internacionais, por mais importantes que fossem. Elas exigiam uma nova concepção do relacionamento externo do Brasil, baseada na diversificação de parcerias e na criação de novos mecanismos regionais e inter-regionais.

---

* Amorim, Celso. *Breves narrativas diplomáticas*. São Paulo: Benvirá, 2013, capítulo 1.

** Idem, ibidem.

Nova geografia econômica e política

Logo no início do governo, em uma das primeiras viagens em que o acompanhei, o presidente Lula me falaria da ideia de uma cúpula entre o Brasil e aquelas nações. Em sua visão, uma reunião como essa seria um passo para uma "nova geografia econômica e política". Sua percepção de que o mundo não se restringia aos Estados Unidos e à Europa – além, naturalmente, dos nossos vizinhos – foi um fator essencial para um relacionamento inédito com o mundo árabe. Inicialmente, os objetivos desse "pivô árabe" se revestiam de uma aparência predominantemente comercial, mas a aproximação com os países árabes tinha uma dimensão política que certamente não escapava ao presidente. A busca de mercados diversificados e o esforço para consolidar a multipolaridade se somaram ao anseio legítimo do Brasil por maior participação em questões relacionadas à paz mundial. Do ponto de vista de nossa política externa, a expansão do nosso relacionamento com uma região do mundo até então relativamente pouco explorada pela diplomacia brasileira abria avenidas para o tratamento de temas multilaterais de grande interesse para nosso país, como as negociações da OMC e a reforma do Conselho de Segurança da ONU.

Dada a vontade política, o desafio era dar forma à iniciativa. Sugeri ao presidente que, em vez de "convocarmos" uma cúpula entre o Brasil e os países árabes – como Lula havia pensado inicialmente –, poderíamos propor uma reunião de chefes de Estado e de Governo da América do Sul e das nações árabes. Essa ampliação de foco certamente traria algumas complicações de procedimento, mas teria a vantagem, entre outras, de fortalecer nossa política de integração regional ao dar à América do Sul uma face externa. O presidente concordou que esse deveria ser o caminho. A preparação da Cúpula América do Sul-Países Árabes (que viria a ser conhecida pela sigla ASPA) propiciou uma multiplicação de contatos bilaterais do Brasil com os países árabes e com a própria Liga Árabe. Pode-se dizer que preparou o terreno para um crescente envolvimento do Brasil com as questões do Oriente Médio. De forma aparentemente paradoxal, contribuiria também para intensificar nossas relações com Israel.

Em junho de 2003, durante uma viagem a Évian, balneário francês à beira do lago Leman, para participar de um encontro do G8 ampliado, o presidente Lula manteve contato com o príncipe herdeiro da Arábia Saudita, Abdullah bin Abdulaziz al-Saud (que, em agosto de 2005, ascenderia ao trono). Os temas tratados foram essencialmente econômicos. Recordo-me que, do lado brasileiro, além dos ministros da área econômica, estava presente pelo menos um político (aliás, da oposição, àquela época ainda em bons termos com o governo), cujo objetivo era atrair investimentos para uma refinaria em seu estado. Houve também um encontro com o presidente argelino, muito preocupado em obter nosso apoio para atender as vítimas de uma catástrofe natural. Esses encontros certamente contribuíram para a consolidação da ideia de uma maior aproximação com os países árabes e a realização da Cúpula. Na primeira visita que fiz durante o governo Lula a alguns países árabes, a iniciativa foi tratada de maneira exploratória com meus interlocutores, inclusive o secretário-geral da Liga dos Estados Árabes. No final do mesmo mês, convites foram enviados por meio de emissários especiais para os líderes dos países da Liga Árabe. Meu chefe de gabinete, o embaixador Mauro Vieira, foi enviado à Palestina, encarregado de entregar uma carta de Lula a Yasser Arafat, então vivendo praticamente sitiado no complexo de Muqata, em Ramalá.* Para se desincumbir da missão, Mauro necessitou obter a anuência de Tel Aviv,** a qual somente foi dada, segundo relato do embaixador, após longo "sermão" quanto à posição do Brasil na ONU sobre o tema palestino por parte de um subsecretário da Chancelaria israelense.

Como ministro das Relações Exteriores, vali-me de todas as oportunidades que se ofereciam para estreitar laços com os países árabes. Cairo, Beirute e Amã estiveram entre algumas de minhas principais viagens oficiais no início de 2003. Em junho desse ano, como reflexo das posições que havíamos assumido quanto à questão iraquiana, fui convidado para uma reunião sobre o Oriente Médio, realizada na Jordânia (no Mar Morto), sob os auspícios do Fórum Econômico Mundial. Entre outras atividades, participei de uma interessante mesa-redonda a que estavam presentes membros da sociedade civil de Israel e da Palestina. Foi nessa ocasião que, pela primeira vez, encontrei-me com o rei Abdullah II, que viria a ser um interlocutor frequente em outras viagens que fiz à região. Ao rei da Jordânia e aos demais líderes dos países visitados levei mensagens do presidente Lula, nas quais o mandatário brasileiro transmitia o desejo de aproximação e reiterava o convite para a Cúpula.

---

* O início das relações formais entre Brasil e Palestina remonta a 1975, quando a Organização pela Libertação da Palestina foi autorizada a designar representante em Brasília, lotado na Missão da Liga dos Estados Árabes. Em 1993, o Brasil concordou com a abertura de uma Delegação Especial Palestina, com *status* diplomático semelhante às representações das organizações internacionais. Essa decisão foi transmitida formalmente ao chefe do Departamento Político da OLP, Farouk Kaddoumi, em 18 de novembro do mesmo ano. Em 1998, o tratamento concedido à delegação foi equiparado ao de uma embaixada.

** O Brasil, como muitos países, não reconhece Jerusalém como capital do Estado de Israel. Daí o fato de que, nas referências à sede do governo israelense neste texto, tenha preferido usar Tel Aviv, salvo quando se trata de óbvia menção à cidade como local geográfico ou da citação de algum interlocutor.

No Cairo, estive com o presidente Hosni Mubarak e com o ministro do Exterior, Ahmad Maher. Visitei também o secretário-geral da Liga Árabe, Amr Moussa. O embaixador Celso Marcos Vieira de Souza, meu amigo de longa data, que havia sido chefe de gabinete do ministro da Educação, a quem eu estava subordinado quando presidi a Embrafilme no início dos anos 1980, acompanhou-me em todas as entrevistas. O chanceler Maher, homem inteligente e espirituoso, ofereceu-me um jantar em seu gabinete no Ministério das Relações Exteriores, um antigo edifício à beira do Nilo. Maher constantemente entremeava seus comentários com anedotas, que me faziam dar boas gargalhadas. Nesse clima descontraído, conversamos sobre vários temas do relacionamento bilateral e da agenda internacional. Discutimos a reforma do CSNU, tema em relação ao qual a posição do Egito, como sabia desde os meus tempos de embaixador na ONU, era diferente da nossa. Apesar de algumas oscilações, o Egito se identificava com as posturas defendidas pelo chamado "*coffee club*", ao lado de países como Itália e México. Esse grupo, que anos mais tarde adotaria a denominação algo enganosa de United for Consensus, rejeitava a expansão do número de membros permanentes. As razões dessa rejeição eram naturalmente revestidas de argumentos políticos, baseados no princípio da equidade e no repúdio a "privilégios". Na verdade, a oposição a novos membros permanentes decorria principalmente da percepção de que, apesar de exercerem alguma influência nas relações internacionais em suas respectivas regiões, esses países não tinham os atributos que os qualificassem, aos olhos dos demais membros da ONU, para uma posição permanente no Conselho.

Mantive com meu colega egípcio um diálogo bastante vivo, durante o qual pude explicar em detalhe nossas ideias sobre os procedimentos de escolha dos novos membros (eleição pela AGNU), de revisão, de renúncia ao veto etc. Não creio, entretanto, tê-lo convencido. Também registrei, da parte de Maher, uma sutil nuance na reação à proposta da Cúpula. Não chegou a rejeitar a ideia, cujos méritos reconheceu, mas insinuou que um eventual encontro de chefes de Estado deveria incluir o México. Soube depois que o embaixador do México no Cairo teria feito gestões nesse sentido. Faço um parêntese para notar que o México, ao mesmo tempo que evitava gestos que pudessem desgostar seu grande sócio e vizinho do norte – o que impossibilitava que ele próprio tomasse iniciativas como a que o Brasil estava propondo –, sempre procurava criar obstáculos a qualquer movimento que reforçasse uma identidade sul-americana. Ahmad Maher deixaria de ser ministro do Exterior em 2004, quando foi substituído por Aboul Gheit. Apesar das diferenças reveladas em nosso primeiro encontro, mantive com Maher uma relação amistosa. Pelo menos uma vez, em uma de minhas viagens ao Cairo, Maher me visitou na residência do embaixador brasileiro. Como ex-ministro, revelou-se muito mais simpático às nossas posições e iniciativas. Em contraste com seu relativo ceticismo quando da minha primeira visita, elogiou nossa liderança em favor da aproximação entre a América do Sul e os países árabes e foi muito crítico quanto à atitude ambígua do governo egípcio em relação a Israel. Foi com tristeza que soube que Maher tinha falecido pouco tempo depois desse novo encontro.

Ainda no Cairo, visitei a Liga dos Estados Árabes. Segundo me informaram na ocasião, essa foi a primeira visita de um chanceler da América Latina àquela instituição. O secretário-geral da Liga, Amr Moussa, logo percebeu o potencial que o fortalecimento de laços com outro grupo de países em desenvolvimento teria para o mundo árabe. Não escapava àquele diplomata experiente e arguto, antigo chanceler do Egito por longos anos, o valor de um relacionamento mais forte com a América do Sul, não só do ponto de vista econômico e comercial, mas também para a conquista ou reforço de alianças para as causas árabes, em particular o conflito Israel-Palestina. Eu conhecera Amr Moussa cerca de dez anos antes, em uma Cúpula do G15 em Délhi, da qual participamos como representantes de nossos chefes de Estado. Desde então cultivamos uma boa camaradagem, renovada em encontros à margem da Assembleia Geral da ONU. Nossos contatos continuaram no tempo em que, como representante permanente, acompanhei os encontros bilaterais entre os ministros. Amr Moussa tornou-se grande entusiasta da proposta brasileira de uma Cúpula. O apoio verdadeiramente militante do secretário-geral, aliado ao de outros países, como Líbano, Síria, Marrocos, Argélia, além da Autoridade Palestina, permitiu que, cerca de um ano mais tarde, os chefes de Estado da Liga Árabe viessem a aprovar resolução favorável à realização da ASPA. A boa receptividade à minha visita e às mensagens que levava ficou refletida no convite para que o Brasil se tornasse um Estado observador na Liga Árabe. Ainda em 2003, o Brasil seria o primeiro país da América Latina a aceder a esse *status*, que, como fiquei sabendo depois, nem era previsto nos estatutos da entidade. Nesse mesmo ano, a Liga manifestou a intenção de reabrir sua representação diplomática em Brasília.* Em abril de 2005, Amr Moussa visitaria o Brasil.

Ao final de meu ciclo de visitas em junho de 2003, estive em Beirute, onde me encontrei com os principais dirigentes do país, o presidente, Émile Lahoud,

* O Decreto 6.733, de 12 de janeiro de 2009, promulgou o Acordo de Sede entre o Brasil e a Liga dos Estados Árabes (LEA) – assinado em 23 de abril de 2007 –, permitindo a reabertura física da Delegação Permanente da LEA.

o primeiro-ministro, Rafic Hariri, e o ministro do Exterior, Jean Obeid. Hariri, que estivera no Brasil semanas antes, foi muito receptivo às mensagens do presidente Lula de que eu era portador. O mesmo ocorreu com o presidente Lahoud, que realizaria visita de Estado ao Brasil em fevereiro de 2004. O Líbano foi um dos primeiros países a manifestar apoio à iniciativa da Cúpula. Ao longo dos anos, viria também a apoiar, em diversas ocasiões, o pleito brasileiro em relação ao CSNU. Nessa minha rápida passagem, não cheguei a me aprofundar nos conflitos sectários que afligem aquele país, ligado ao Brasil por tantos laços familiares e afetivos, mas pude constatar desde logo a complexidade do equilíbrio político entre as várias facções libanesas: o presidente era um cristão francófono, ocidentalizado nos modos, mas aliado a Damasco, enquanto o primeiro-ministro era um muçulmano sunita, muito ligado à Arábia Saudita. Já o presidente da Assembleia Nacional, Nabih Berri, era xiita.

Em dezembro de 2003, o presidente Lula embarcou em uma viagem que o levaria à Síria, ao Líbano, aos Emirados Árabes Unidos, ao Egito e à Líbia. Desde o início do governo, o presidente Lula revelara forte desejo de se aproximar dos países árabes, motivado sobretudo por razões econômicas. Ministros da área econômica demonstraram interesse em abrir mercados e atrair investimentos. Empresários e políticos de variadas tendências também apoiaram essa aproximação. Em paralelo às visitas oficiais, foram organizados seminários empresariais para as várias etapas do périplo, todos muito concorridos. Em Dubai, nos Emirados Árabes, foi realizada uma grande exposição comercial. Apesar das diferenças de abordagem em relação a outros temas, esses eventos se beneficiaram de uma boa cooperação entre o Itamaraty e o MDIC.* Estava claro também, tanto para os defensores como para os críticos dessa aproximação, que estávamos quebrando paradigmas ao promover, sem submissão a visões preconcebidas, relações com países de diferentes tendências e alinhamentos no contexto internacional.

Nos contatos bilaterais que manteve com seus pares e nos pronunciamentos que fez, o presidente Lula não fugiu de temas políticos delicados. Abordou a necessidade da criação de um Estado Palestino, a ocupação israelense das Colinas de Golã, a reconstrução do Iraque sob coordenação das Nações Unidas e deplorou os efeitos desastrosos da intervenção norte-americana. Tratou, sempre que cabível, da reforma do Conselho de Segurança da ONU e da Rodada Doha da OMC, destacando o papel do G20 comercial, que emergira como uma força nas negociações comerciais multilaterais, na reunião de Cancún.** Em relação à

---

* MDIC: Ministério do Desenvolvimento, Indústria e Comércio Exterior.

** Amorim, op. cit, 2013, capítulo 4.

ascensão desse grupo, nosso presidente diria em um de seus discursos: "É preciso que os países em desenvolvimento se convençam de que está em seu poder mudar a geografia econômico-comercial do mundo. (...) Foi o que procuramos fazer na OMC com o G20". E completaria: "É o que estamos fazendo também em nossos contatos com outros países e regiões". Naturalmente, reiterou a todos os Chefes de Estado e à Liga Árabe o convite para a ASPA. Lula sempre fez questão de sublinhar o sentido da busca por novas associações entre países em desenvolvimento. Procurava fazê-lo de uma maneira que deixasse claro que se tratava de uma empreitada que dizia respeito não só ao Brasil, mas também aos nossos vizinhos sul-americanos. Para tornar ainda mais evidente esse propósito, além de ministros, políticos e empresários, Lula incluiu em sua comitiva o ex-presidente argentino Eduardo Duhalde, que fora nomeado, poucos meses antes, para presidir o comitê de representantes permanentes do Mercosul.*

A primeira etapa da viagem foi Damasco, onde Lula foi recebido pelo presidente Bashar al-Assad. Para nossa imprensa, o simples encontro com o presidente sírio já foi motivo de críticas. Visto por Washington como hostil a Israel e pouco cooperativo em relação às iniciativas norte-americanas na área (apesar de se ter aliado aos EUA na primeira Guerra do Golfo), o governo sírio era também alvo de críticas em função da sua natureza indiscutivelmente autoritária. Sob esse aspecto, a Síria não era um caso isolado. A grande maioria, se não a totalidade, dos Estados árabes sofria de restrições políticas que os afastavam (e afastam até hoje, apesar da Primavera Árabe) do modelo ocidental de democracia, independentemente de seus alinhamentos e inclinações em matéria de política internacional. Foi a propósito da viagem à Síria que ouvi com espanto o questionamento de um jornalista brasileiro sobre se a visita havia sido objeto de consulta prévia à Casa Branca. A mesma indagação, ideologicamente carregada e indicativa de uma atitude de submissão à potência estrangeira, viria a ser feita a respeito da visita à Líbia. É digno de nota que a preocupação em relação à eventual natureza autoritária de um regime não se manifestava quando se tratava de países aliados de Washington.

Apesar da sonolência (resultante das longas horas de viagem) que acometeu os membros da comitiva durante a audiência, o diálogo entre Lula e Assad transcorreu em clima bastante amistoso. No discurso que fez durante o banquete

* Duhalde viria igualmente a integrar a comitiva brasileira na visita de Estado à Índia, em janeiro de 2004. A presença do ex-presidente argentino em viagens do Chefe de Estado brasileiro era uma demonstração eloquente da importância que o Brasil atribuía a inserir a integração sul-americana nos movimentos estratégicos mais amplos da diplomacia brasileira.

oferecido pelo mandatário sírio, o presidente Lula destacou não ser por acaso que a Síria fora escolhida como "primeiro destino da viagem (...) ao mundo árabe" e salientou o voto favorável do Brasil na ONU à "resolução que exige a devolução à Síria das Colinas de Golã".* Esse voto representou uma mudança em relação à nossa posição anterior de abstenção. No diálogo privado, houve extensa discussão sobre a situação no Oriente Médio. Foi dada atenção especial à questão da ampliação do CSNU. Sobre esse tema, o presidente sírio concordou com a necessidade de tornar o órgão mais legítimo e representativo. Demonstrou receptividade ao pleito brasileiro, posição que viria a se consolidar ao longo dos anos, em parte como fruto do reconhecimento sírio perante a atitude equilibrada do Brasil quanto a temas atinentes ao Oriente Médio, alguns de interesse direto de Damasco. Além da questão da ocupação das Colinas de Golã, a Síria valorizaria a atitude independente do Brasil em relação às acusações sobre ingerência em assuntos internos do Líbano** e sobre a participação de Damasco no assassinato do primeiro-ministro libanês, Rafic Hariri. A atitude positiva da Síria em relação às aberturas brasileiras também se manifestou no apoio à Cúpula.***

Tanto o presidente Lula como eu estávamos muito cansados depois de uma noite praticamente insone no avião. As falas do presidente sírio, em árabe, pareciam embalar o nosso sono, e não é impossível que um de nós ou os dois tenhamos cochilado em algum momento. A tradução para o português, por um intérprete brasileiro requisitado pela presidência, também não contribuía para a fluidez do diálogo. Nosso tradutor, descendente de sírios ou libaneses, podia ser fluente no idioma árabe, mas seguramente nada conhecia de geopolítica e relações internacionais. Tive dificuldade de entender que uma expressão que utilizou e que parecia não fazer sentido, referia-se, na verdade, a um órgão da ONU: o Conselho da Segurança.

---

* A/RES/58/23, adotada pela Assembleia Geral em 3 de dezembro de 2003, coincidentemente no mesmo dia do jantar oficial em Damasco.

** Como membro do CSNU no biênio 2004-2005, o Brasil foi levado a se manifestar sobre o tratamento a ser dispensado à Síria em função dessas críticas e condenações. O Brasil se absteve, por exemplo, da Resolução 1559 (2004), que, *inter alia*, conclamava à retirada das "tropas estrangeiras e remanescentes" do Líbano. Tratava-se de óbvia alusão às forças de segurança sírias. Apesar disso, como se verá adiante, o Brasil defendeu, junto a Damasco, o pleno cumprimento da Resolução.

*** O presidente Lula se referiu à iniciativa e ao endosso sírio em seu discurso durante o jantar de gala no Palácio Damasceno, em 3 de dezembro de 2003: "Estou convencido de que precisamos utilizar nossa voz conjunta, o nosso potencial como consumidores e como opinião pública, para sermos ouvidos pelos países mais ricos. (...) Agradeço o apoio (...) à proposta de realização da Cúpula América do Sul-Países Árabes, no Brasil, em 2004". Como se sabe, a Cúpula viria a se realizar em 10 e 11 de maio de 2005.

A visita ao Líbano foi marcada pela ênfase nos aspectos comerciais e culturais. Esses temas estariam presentes nas conversas mantidas pelo presidente Lula com o primeiro-ministro, Rafic Hariri, e com o presidente, Émile Lahoud. Vários acordos referentes a esses campos de cooperação foram assinados. Da mesma forma que as autoridades sírias, os dirigentes libaneses expressaram pleno apoio à realização da Cúpula. Naturalmente, o Mapa do Caminho e a Iniciativa Árabe de Paz* foram relembrados e apoiados pelo nosso presidente. No pronunciamento que fez perante a Assembleia Nacional Libanesa, presidida pelo xiita Nabih Berri, Lula defendeu "um Estado Palestino independente, democrático, seguro, coeso e economicamente viável". Mas nesse, como em outros temas, sempre buscou manter uma posição equilibrada. Assim, Lula salientou também a importância de que fossem garantidas "as condições para o Estado de Israel viver em paz e segurança em suas fronteiras". Indicando a necessidade do envolvimento das Nações Unidas nessa questão, normalmente tratada por um número restrito de participantes, o presidente afirmou que "a paz entre palestinos e israelenses é uma tarefa de toda a comunidade de nações". Embora possam parecer inócuas, essas expressões tinham destino certo: visavam advertir contra o "sequestro" da questão do Oriente Médio por um pequeno grupo de países e acentuar a necessidade de se preservar o papel do sistema multilateral na busca de uma solução justa e abrangente para os conflitos. Da mesma forma, em relação ao Iraque, Lula diria que "a ampla experiência e credibilidade das Nações Unidas são insubstituíveis". Relendo o pronunciamento do presidente, noto que, a par de uma breve referência ao "direito do pleno exercício da soberania [libanesa] nos territórios que lhe pertencem segundo o Direito internacional", sem dúvida importante no contexto das disputas com Israel, os problemas internos do Líbano praticamente não foram abordados. Pelo contrário, "a experiência do Líbano na conquista da paz duradoura" foi apontada como fonte de inspiração para a comunidade internacional. Infelizmente, esse otimismo expresso no discurso, de cuja feitura

---

* A "Iniciativa Árabe de Paz" foi proposta pela Arábia Saudita e aprovada em reunião da Cúpula da Liga Árabe em março de 2002. Em essência, foi uma tentativa de normalizar as relações entre os países árabes e Israel, desde que os israelenses se retirassem dos territórios ocupados; que se estabelecesse uma "solução justa" para o problema dos refugiados palestinos, e fosse aceito, por Israel, o estabelecimento de um Estado Palestino. Em 2003 foi proposto pelo Quarteto (grupo composto pelo Secretariado da ONU, os Estados Unidos, a Rússia e a União Europeia) o "Mapa do Caminho" (*Road Map*), que visava a retomada do diálogo entre Israel e Palestina. Segundo o cronograma original do Mapa do Caminho, os meses de janeiro a junho de 2003 teriam como prioridade a obtenção de um cessar-fogo entre as partes; de junho a dezembro seriam intensificadas as negociações políticas com vistas à realização em 2004/2005 de uma Conferência de Paz entre Israel e os países árabes, na qual seria formalmente estabelecido o Estado Palestino.

certamente participei, viria a ser confrontado, cerca de catorze meses depois, com o choque representado pelo assassinato de Rafic Hariri e a longa crise política que, com breves momentos de alívio, subsiste até hoje, agravada agora pela guerra civil na Síria.

A visita aos Emirados Árabes Unidos (EAU) teve dois momentos: um de natureza política, representado pelo encontro com o emir de Abu Dhabi, que exerce a função de presidente da federação, e outro de natureza econômica, marcado pelo seminário empresarial e por uma exposição comercial em Dubai. Pouco guardei da conversa com o presidente, o *sheik* Zayed bin Sultan al-Nahyan, cuja saúde já estava então visivelmente debilitada. O *sheik* Zayed viria a falecer no ano seguinte. No banquete, fiquei sentado ao lado de um membro da família real, bem mais jovem que o emir. Diferentemente dos outros participantes dos Emirados – que portavam trajes tradicionais beduínos –, envergava um uniforme militar. Falamos sobre armamento brasileiro, inclusive mísseis e aviões de treinamento, em que meu vizinho de mesa estava interessado. Tanto quanto eu saiba, esse diálogo, que tratei de transmitir aos responsáveis pela promoção comercial no Itamaraty, não teve seguimento na ocasião. No momento em que escrevo esta narrativa (maio de 2014), o emir de Dubai (que é também o primeiro-ministro dos EAU) acaba de visitar o Brasil. E, como ministro do governo Dilma Rousseff, coube-me assinar um acordo de cooperação em matéria de Defesa.

Com base em referências feitas pelo presidente Lula na inauguração da Semana do Brasil em Dubai, deduzi que o idoso presidente dos Emirados revelara especial interesse em projetos agrícolas, circunstância da qual não me lembrava absolutamente. Sem dúvida, os temas políticos tratados com outros líderes foram também levantados em Abu Dhabi, mas sem grande ênfase. No seminário empresarial, Lula aludiu, de forma indireta, a uma possível colaboração entre o Conselho de Cooperação do Golfo (CCG) e o Mercosul. As duas entidades viriam a firmar um Acordo-Quadro de liberalização comercial durante a I Cúpula ASPA, em Brasília. Devo reconhecer, entretanto, que os benefícios do acordo foram sobretudo indiretos, na medida em que possa ter contribuído para uma maior aproximação entre os agentes econômicos dos dois grupos de países. Em mais de uma viagem à sede do CCG em Riade, na Arábia Saudita, eu tentaria, sem muito êxito, dar uma dimensão concreta a esse acordo genérico. A ausência de progresso institucional, porém, não impediria o grande crescimento das trocas comerciais e de investimentos entre o Brasil e os países do Golfo. Um exemplo notável é o comércio com os próprios Emirados. Entre 2003 e 2013, nossas exportações para os EAU praticamente quintuplicaram, passando de US$ 550 milhões para aproximadamente US$ 2,6 bilhões.

A partida de Dubai para o Cairo ocorreu com considerável atraso. O presidente Mubarak, por sua vez, tinha um compromisso de viagem que, segundo as autoridades egípcias, não podia ser postergado. Dessa forma, o encontro entre os dois presidentes ficou bastante limitado no tempo e não foi além de generalidades. Ademais, parte dele não contou com a presença dos ministros, o que dificultou o acompanhamento. Na parte bilateral, foram formalizados alguns acordos que já estavam em andamento. Criou-se também um Conselho Empresarial Brasil-Egito. Os fatos que merecem mais destaque na visita ao Cairo não foram de natureza bilateral.

O presidente Lula visitou a Liga dos Estados Árabes. Recebeu também, no palácio bastante velhusco em que estávamos hospedados – e que fora residência do rei Farouk –, o encarregado das Relações Exteriores da Autoridade Palestina, Nabil Shaath. Para estar com Lula, Shaath fez uma viagem de carro da Cisjordânia ao Egito, na qual foi obrigado a cruzar vários *checkpoints* israelenses. Com isso, segundo nos contou, seu trajeto durou cerca de nove horas. Além de manifestar o apoio do presidente Arafat à Cúpula, Nabil Shaath trouxe duas sugestões que seriam prontamente adotadas pelo Brasil: a abertura de um escritório de representação em Ramalá e a designação de um embaixador especial para assuntos relacionados ao Oriente Médio. Nas conversas que teve comigo e com o presidente Lula, Shaath revelou grande entusiasmo por uma maior participação do Brasil na busca de uma solução para o conflito Israel-Palestina. Discorreu longamente sobre o Mapa do Caminho e a ação do Quarteto. Ficou visível que, para o encarregado das Relações Exteriores da Autoridade Palestina, o interesse brasileiro pelas questões do Oriente Médio era um bem-vindo sopro de ar fresco em um processo em grande medida estagnado. Em outros momentos do diálogo com a Palestina, Nabil Shaath seria um interlocutor fundamental para o Brasil, em função dos diversos cargos que ocupou.*

Em sua estada no Cairo, o presidente Lula discursou na sede da Liga Árabe. Foi um evento importante, não apenas pelo ineditismo da circunstância (o primeiro Chefe de Estado brasileiro a se dirigir àquele fórum), mas também pelo conteúdo das mensagens nele contidas. Relendo o texto do pronunciamento, noto a preocupação de Lula em situar a iniciativa de aproximação com o mundo árabe em um contexto amplo de busca de maior cooperação entre os países do Sul. Para tanto, abordou com algum detalhe os contatos pessoais e as visitas que

---

* Nabil Shaath foi ministro das Relações Exteriores e, posteriormente, vice-primeiro ministro da Autoridade Nacional Palestina, além de integrar o comitê central do Fatah.

havia feito, ao longo de seu primeiro ano de governo, a países da América do Sul e da África. Não deixou de relembrar os laços históricos do Brasil com o Oriente Médio. Deu destaque às potencialidades de cooperação econômica não só com o Brasil, mas também com o Mercosul e com a América do Sul como um todo. Sobre a Palestina, Lula reiterou a posição brasileira de apoio a um Estado Palestino "no exercício pleno de sua soberania". E foi além: assegurou que "em 2004, com um novo mandato no Conselho de Segurança da ONU, o Brasil continuará apoiando ainda com mais vigor [a causa palestina] (...) da mesma forma que nos empenhamos, na medida das nossas possibilidades, na busca de soluções pacíficas e diplomáticas para a crise iraquiana". Lula se referiu à admissão do Brasil como observador da Liga Árabe, que qualificou como "passo significativo para que o Brasil acompanhe regularmente as posições do mundo árabe sobre os mais importantes temas da agenda internacional". Expressou a expectativa de que a Cúpula América do Sul-Países Árabes viesse a criar uma "nova moldura para a cooperação e o diálogo entre as nossas regiões" e assinalou que "a coordenação de posições em foros multilaterais e a maior aproximação entre países de diferentes regiões, que partilham visões semelhantes, ajudam a criar um saudável ambiente multipolar".

A multipolaridade e os modos de reforçá-la seriam também tema do diálogo entre Lula e Muammar Gaddafi, que teve lugar na tenda do líder líbio no deserto, nas proximidades de Trípoli. O encontro foi marcado por aspectos pitorescos. Entre estes, destaco o assédio de grande número de moscas, que levou o próprio Gaddafi a fazer uso de uma espécie de abanador, feito de fibras vegetais, semelhante a uma folha de bananeira, com o qual procurava afugentá-las. De início, interpretei os gestos abruptos do líder como alguma forma de autoflagelação de cunho religioso. Somente quando me senti atacado pelos incômodos insetos, o que me fez dar uma violenta palmada na minha própria perna, percebi do que se tratava. Durante toda a reunião, os ataques continuaram, sem que nada pudéssemos fazer para evitá-los. O espaço em que estávamos fora organizado como um auditório, com cadeiras em fila. Os dois líderes ficaram à frente, voltados para a "plateia". Lula iniciou o diálogo, como fizera outras vezes, salientando o potencial do relacionamento, sobretudo econômico, entre o mundo árabe e a América do Sul. Foi logo interrompido por Gaddafi, que passou a dar uma "aula" de geopolítica ao nosso presidente e sua comitiva. Na "visão do mundo segundo Gaddafi", a Liga Árabe e os países que a compõem, exceto obviamente a Líbia, não tinham grande relevo. O líder líbio conferia importância muito maior à África. Pouco compreendia da realidade da América Latina e do Caribe. Não percebia, por exemplo, que os fortes vínculos econômicos do México e da América Central com os Estados Unidos constituíam uma limitação não só aos esforços de integração regional, mas também a possíveis tentativas de aproximação Sul-Sul, envolvendo outras áreas do planeta. A prioridade à África, por sua vez, refletia a influência que o presidente líbio desejava exercer (e, em muitos casos, já exercia) sobre países africanos por meio de vultosa ajuda financeira. No seu entusiasmo por uma aproximação afro-latino-americana, Gaddafi chegou a sugerir a criação de uma organização de natureza política (e possivelmente militar), que "se contraporia à OTAN". Em face dessas ideias extravagantes, que contrastavam com a nossa iniciativa muito mais pragmática (embora não desprovida de caráter político), Lula não se fez de rogado. Tomou da mão de Gaddafi o bastão com que este apontava para um mapa-múndi, colocado a suas costas, e discorreu sobre sua visão de uma maior cooperação Sul-Sul, baseada em iniciativas concretas de comércio, cooperação científica etc. A julgar pelas expressões faciais e pela gesticulação, o líder líbio não se deixou persuadir. Embora a Líbia se tenha feito representar na Cúpula de Brasília, o entusiasmo de Gaddafi por um processo que não nascera dele e sobre o qual não podia exercer controle era, para dizer o mínimo, bastante limitado.

A visita à Líbia foi marcada por pequenos incidentes e algumas armadilhas. Um jornalista brasileiro, que desembarcara em Trípoli sem visto, fora detido pelas autoridades locais antes mesmo da nossa chegada. Boa parte de nossos esforços iniciais, durante a visita, tiveram de ser direcionados para sua libertação. Esse episódio contribuiu para agravar a percepção negativa da nossa mídia em relação à visita. Repetia-se aqui, com agravantes, o mesmo tipo de crítica que ouvimos em Damasco. Como podia o líder de um país democrático, que ascendera ao poder mediante eleições livres, ser recepcionado por um anfitrião que chefiava um regime sabidamente ditatorial? Mas, como na Síria, o que preocupava a nossa imprensa não era tanto a natureza autoritária ou ditatorial do regime, mas a falta de consulta prévia a Washington. Tanto assim que os mesmos veículos pareciam encarar com grande naturalidade os contatos de Colin Powell em Damasco e tratariam de forma positiva ou, pelo menos indiferente, as viagens que os primeiros-ministros José María Aznar e Tony Blair viriam a fazer dentro de poucos meses à Líbia.

Não subestimo a sensibilidade em relação à natureza do sistema político e ao respeito aos direitos humanos por parte dos cidadãos do nosso país, que passara cerca de duas décadas submetido a um regime autoritário. Confesso que eu mesmo cheguei a ter dúvidas quanto à inclusão da Líbia nesse primeiro circuito presidencial pelos países árabes, embora não me recorde de havê-las expressado ao nosso presidente, que nutria elevadas expectativas em matéria de cooperação econômica com a Líbia, um país rico em petróleo e disposto a investir recursos em nações em desenvolvimento. O objetivo de aproximar a América do Sul do mundo árabe me parecia mais importante. Tampouco desconhecia os preceitos do realismo político e o papel dos interesses no cenário internacional. Cerca de um ano e meio depois, durante a viagem do presidente Bush a Brasília, logo em seguida à Cúpula das Américas em Mar del Plata, tive, a propósito justamente das moscas (Lula recebeu Bush na Granja do Torto), um rápido diálogo sobre a Líbia com a secretária de Estado, Condoleezza Rice, em que lhe disse haver estado em um lugar onde ela provavelmente nunca estivera: a tenda de Gaddafi. "Mas estarei lá antes do que você imagina!", foi a resposta de Condoleezza.

Gaddafi não era um interlocutor fácil, como já ficara evidente no diálogo sobre visões geopolíticas em sua tenda no deserto. Como é costume ocorrer em países de regime fechado, nossos anfitriões eram ricos em artimanhas. Em determinado momento da visita, o protocolo líbio virtualmente "sequestrou" a comitiva e levou nosso presidente a depositar flores no túmulo das vítimas de um bombardeio norte-americano, ocorrido nos anos 1980, fingindo que nos conduzia a uma homenagem ao pai do poderoso coronel. Curiosamente, esse episódio – que me deixou bastante preocupado – passou quase despercebido pela mídia. Outro momento curioso foi o da recepção/banquete oferecido por Gaddafi a Lula. À mesa principal estavam sentados vários líderes do terceiro-mundismo mais radical dos anos 1960 a 1980, entre eles o chefe sandinista Daniel Ortega – que voltaria ao poder pouco tempo depois – e o ex-presidente da Argélia, Ben Bella, o qual, confesso, imaginava já haver morrido. O apoio que dera a alguns desses líderes quando no exílio ou na oposição levava Gaddafi a adotar uma postura que era um misto de paternalismo e arrogância. A mesma atitude se expressava nas exigências, por vezes descabidas, em relação à marcação de agendas e à definição do formato para suas visitas. Isso talvez explique o fato de que, apesar de sua proclamada admiração pelo presidente Lula e do relacionamento que os dois líderes haviam tido no passado, Gaddafi não tenha visitado o Brasil. Na verdade, a Gaddafi não bastava o tratamento respeitoso dispensado a Chefes de Estado ou Governo estrangeiros. Era necessário que fosse objeto de distinções especiais, as quais não se enquadravam nem nas nossas normas de cerimonial, nem na tendência natural de Lula a tratar outros chefes de Estado como iguais, fossem eles líderes de grandes potências ou de pequenas nações. Não deixa de ser interessante notar que países que viriam a participar ativamente da deposição de

Gaddafi – e, em certa medida, do modo brutal como foi morto – tenham atendido a algumas de suas demandas esdrúxulas. Exemplo dessa atitude ambivalente foi a França ter concordado com a solicitação de Gaddafi de armar sua tenda em plena Champs Elysées.* A Itália de Berlusconi, que, embora de forma mais reticente, também participou dos ataques da OTAN à Líbia, dispensou ao coronel atenções semelhantes.

Se 2003 foi o ano do lançamento de ideias novas para o relacionamento com o mundo árabe, 2005 seria o ano em que elas tomariam forma. Já 2004 foi, sobretudo, dedicado a trabalhos preparatórios e de bastidores. Relendo meu caderno de anotações, me deparo com uma nota escrita no primeiro dia do ano, na qual listo "questões imediatas a partir do dia 6 de janeiro". Ali encontro referência à Cúpula América do Sul-Países Árabes, ao lado do qual figura a seguinte observação: "Definir melhor os objetivos da cúpula; reunião de altos funcionários; agenda/datas/detalhes logísticos (...); consulta à América do Sul; Argentina". O último item da minha lista de menos de dez pontos é "embaixador especial para o Oriente Médio". Para passar dos planos à ação, tratei de aproveitar as oportunidades que se ofereciam para aprofundar o diálogo com interlocutores do mundo árabe. Em paralelo, foram feitas gestões com nossos vizinhos da América do Sul, que, de um modo geral, acolheram positivamente a ideia. A boa coordenação com a Argentina era sempre uma preocupação. Para isso, a partir de certo momento, contamos com o apoio entusiástico do ex-presidente Eduardo Duhalde, que, por sugestão de Buenos Aires, havia sido indicado presidente do Comitê de Representantes Permanentes do Mercosul.

No final de janeiro, vali-me de uma passagem por Genebra, voltando de uma viagem à Índia com o presidente Lula, para me reunir com os representantes permanentes dos países árabes. Em maio, estive no Cairo, levando novamente uma mensagem do presidente Lula ao presidente Mubarak, dessa vez convidando-o a participar da Cúpula do Mercosul prevista para dezembro, em Ouro Preto. O líder egípcio nunca chegou a aceitar o convite, mas a ocasião me serviu para novos contatos com interlocutores-chave, como o chanceler do Egito, Ahmad Maher, e com meu amigo Amr Moussa. Graças a sua intermediação, tive um almoço de trabalho com os ministros das Relações Exteriores da Liga Árabe. Em uma entrevista concedida à jornalista egípcio-brasileira Randa Achmawi para a versão francesa do periódico *Al-Ahram*, expressei meu otimismo em relação à Conferência, contextualizando-a no quadro de fomento às relações Sul-Sul. Na mesma entrevista, deixei claro nosso firme apoio ao estabelecimento de um

---

* A tenda de Gaddafi foi armada na capital francesa quando de sua visita oficial (dezembro de 2007).

Estado Palestino e exortei o Quarteto a continuar trabalhando com base no Mapa do Caminho. Uma das perguntas da jornalista já revelava o fato de ser bem conhecido o desejo palestino de que o Brasil desempenhasse um papel mais dinâmico (*sic*) nas negociações de paz. Aproveitei a pergunta para reiterar nossa disposição de trabalhar junto com os principais atores com esse objetivo. Registro que nessa viagem, como em outras que viria a fazer ao Cairo, também tratei de temas relativos à OMC. O Egito era um membro ativo do G20 e seu ministro do Comércio Exterior à época, Youssef Boutros-Ghali, um importante interlocutor nas discussões com os países ricos. A liderança brasileira naquele grupo de países em desenvolvimento no âmbito da OMC foi um importante catalisador para alianças e associações que ultrapassaram em muito o aspecto comercial.

Ainda no mês de maio, voltei à Jordânia para participar de mais uma reunião organizada pelo Fórum Econômico Mundial e reforcei, junto às autoridades daquele país, o convite à Cúpula. Em setembro, à margem da AGNU, os chanceleres árabes e sul-americanos se reuniram pela primeira vez, seguindo um entendimento a que Amr Moussa e eu havíamos chegado durante o encontro de maio. Não foi uma reunião simples. Em alguns momentos, fiquei com a impressão de que, entre os próprios árabes, havia grandes divergências. Com o tempo, pude perceber que essas diferenças, por vezes expressas de forma áspera, pouco tinham a ver com a ideia promovida pelo Brasil. Diziam respeito, sobretudo, a disputas e rivalidades entre os membros da Liga Árabe ou deles com a Secretaria-Geral da entidade. Recordo-me que o ministro das Relações Exteriores de Omã foi especialmente incisivo nas críticas à Liga. Para mim, um observador pouco habituado a assistir àqueles debates, as palavras acaloradas do ministro soavam anormalmente agressivas. Passados alguns momentos de ansiedade, que Amr Moussa (que dividia a mesa comigo) tratou de abrandar, o encontro tomou um rumo positivo. Foi nessa reunião que se estabeleceu o calendário dos preparativos para a Cúpula em Brasília, em maio de 2005. Além disso, ficou acertado que haveria um encontro de chanceleres em Marraqueche dois meses antes da Cúpula. No ínterim, seriam realizadas reuniões de altos funcionários e vice-ministros na sede da Liga. Ao longo de 2004, foi desenvolvido um intenso trabalho para dar à conferência um conteúdo concreto. Iniciativas nas áreas cultural, científica e empresarial foram planejadas sob a orientação geral da subsecretária de Assuntos Políticos do Itamaraty, a embaixadora Vera Pedrosa. Mais adiante, também caberia à embaixadora Pedrosa articular o projeto da Declaração a ser emitida pelos chefes de Estado e de Governo, tarefa que exigiu grande dedicação e habilidade diplomática. Poucos dias depois dessa reunião de chanceleres em Nova York, o Brasil promoveria em Fortaleza o Seminário América do Sul-Países Árabes sobre

Semiárido e Recursos Hídricos. O tema, em si, já era uma demonstração concreta do potencial de cooperação entre as duas regiões.

Durante esse mesmo ano, ocorreram duas visitas de líderes árabes ao Brasil: em fevereiro, a do presidente Émile Lahoud, do Líbano, e em novembro, a do rei do Marrocos, Mohammed VI. Em ambas as ocasiões, o apoio à Cúpula foi alvo de manifestações positivas de nossos visitantes. O ano de 2004 também ficou marcado pela morte de Arafat. Lula se fez representar no funeral pelo chefe da Casa Civil, José Dirceu. O desaparecimento do grande líder histórico representaria um novo complicador para o encaminhamento da questão palestina.

O périplo

"18 de fevereiro de 2005, 7h15 da manhã. O sol forte ilumina as construções cor de pó de Ramalá. Sentado à escrivaninha do meu quarto de hotel, olho em direção a Meca. O silêncio e a calma das ruas contrastam com a imagem que nos habituamos a ver. Também aqui o sol se levanta!" É uma coincidência significativa que minhas notas sobre o longo périplo que fiz por dez países árabes em dez dias comecem com uma observação sobre a Palestina. Embora o objetivo inicial e declarado dessa viagem tenha sido garantir o maior comparecimento possível à Cúpula de Brasília, a Palestina já ocupava um lugar central nas minhas preocupações. Como viria a aprender no curso das visitas, a situação não resolvida de um Estado para o povo palestino estava e está na raiz da maioria dos problemas que afligem o Oriente Médio. A existência de duas facções rivais (o Fatah e o Hamas) em luta pelo poder gerava divisões de alinhamento que opunham, por exemplo, a Síria ao Egito e à Arábia Saudita, e acentuava fissuras dentro de alguns países como o Líbano. Além disso, a presença de grande número de refugiados palestinos no Líbano, na Síria e na Jordânia constituía um fator de instabilidade não desprezível. Essa era certamente a minha impressão naquele momento em que começava a me aprofundar nos temas políticos daquela conturbada região. Hoje, à luz dos desdobramentos dos conflitos internos nos países árabes, envolvendo xiitas, sunitas, com suas inúmeras subdivisões e tendências, tenho alguma dúvida sobre o valor absoluto daquela constatação.

O Legacy da Embraer que me levou do Suriname – onde acompanhara o presidente em uma visita oficial e um encontro com a Caricom* – ao Oriente

---

* A Comunidade do Caribe (Caricom) é composta de quinze países caribenhos, a maioria deles antigas colônias britânicas. A Caricom foi criada em 1973 com o objetivo de promover a integração econômica entre seus membros.

Médio pousou primeiramente em Amã. Na capital da Jordânia – país que visitava pela terceira vez desde o início do governo Lula –, tive meu primeiro encontro dessa viagem. A conversa que tive com o ministro Hani Mulki serviu essencialmente para enfatizar nosso empenho na presença da Jordânia na Cúpula (o país viria a ser representado por um membro da família real) e para me atualizar sobre os desenvolvimentos políticos recentes na região. A viagem do Suriname a Amã havia durado cerca de quinze horas. Ainda assim, logo em seguida ao meu encontro com o ministro Mulki, parti em direção a Ramalá. Cruzei a fronteira entre a Jordânia e a Palestina na região de Jericó. Atravessei a famosa Allenby Bridge com minha pequena comitiva. Acompanhavam-me Affonso Ouro-Preto, meu chefe de gabinete durante o governo Itamar e, na ocasião, já atuando como representante especial para o Oriente Médio; Bernardo Brito, chefe da representação em Ramalá, aberta em setembro de 2004; Antonio Patriota, meu então chefe de gabinete; Sarkis Karmirian, diretor do Departamento de Oriente Próximo; Ricardo Tavares, porta-voz do Itamaraty, e dois assessores pessoais (Andrea Watson e Alexandre Ghislene). Os guardas israelenses que controlavam a fronteira entre os territórios de duas entidades árabes foram corteses, mas excessivamente minuciosos. Normalmente, nessas situações, o visto é dado em folha separada, mas, em pelo menos um caso, o de Ricardo Tavares, as autoridades de Israel carimbaram o próprio passaporte, o que viria a ocasionar pequenos transtornos em alguns pontos da viagem. Em Ramalá, fui recebido quase como um Chefe de Estado. Tive encontros com o presidente, Mahmoud Abbas (também conhecido como Abu Mazen), com o primeiro-ministro, Ahmed Qurei, e com o ministro do Exterior, Nabil Shaath. Além disso, depositei flores no Memorial de Yasser Arafat, construído ao lado da Muqata, onde o líder palestino passara seus últimos dias. Todas as conversas foram muito positivas, e os encontros ocorreram em clima mais do que cordial, diria até caloroso. O primeiro-ministro ofereceu-me almoço. Ao final de cada audiência, eu era chamado a dar uma entrevista à imprensa, na qual meus interlocutores, inclusive o presidente, me acompanhavam. A conversa com Shaath foi a de maior profundidade. Falamos da participação do Brasil no processo de paz; da Cúpula Países Árabes-América do Sul – que Shaath disse ser de "importância estratégica" para a Palestina – e de cooperação bilateral. Durante a coletiva de imprensa que demos juntos, um jornalista perguntou se o fato de o Brasil ter relações com Israel seria um fator prejudicial à nossa participação no processo de paz. A resposta de Nabil Shaath traduziu a amizade sincera e a expectativa dos palestinos em relação ao nosso país: "Nós confiamos no Brasil". Ao final dessa longa jornada de encontros, o ministro Shaath fez questão de nos oferecer um jantar, em que foi servido um magnífico carneiro à moda árabe. Quando nos recolhemos no hotel, meus colegas e eu comemoramos com uma xícara de chá o "dia histórico". Os aposentos eram corretos, mas extremamente simples. Esse fato, entretanto, não me impediu de dormir tranquilamente. Meu único momento de sobressalto foi, ao abrir a porta pela manhã, ver um policial palestino munido de uma submetralhadora. Com o tempo e a repetição de minhas viagens ao Oriente Médio acostumei-me a cenas como essa.

A paisagem na Cisjordânia causou-me forte impressão. Os bloqueios nas estradas, que impediam o contato direto entre cidades e vilas próximas, separando famílias ou prolongando enormemente o trajeto de crianças entre a casa e a escola, contrastavam com as autoestradas que cruzavam o país, como vias expressas de um filme de ficção científica, sem que seus habitantes pudessem utilizá-las. No caminho de volta à Jordânia fui acompanhado por um vice-ministro que me pôs em contato telefônico com meu ex-colega de Nova York, recém-nomeado ministro do Exterior, Nasser al-Qudwa, sobrinho de Arafat. Meu amigo Nabil Shaath passava a ser vice-primeiro-ministro. Sobre a impressão que o percurso me causara, anotei no meu caderno que, "apesar do sofrimento e a julgar pelos líderes, [o povo palestino] não é amargo. As pessoas transmitem mesmo certa tranquilidade, como se a adversidade tivesse instigado uma boa dose de paciência, sem que esta se confunda com fatalismo".

De acordo com o planejamento feito por minha assessoria, em contato com nossas embaixadas, minha próxima parada deveria ser no Líbano, mas o assassinato do primeiro-ministro, Rafic Hariri, dias antes da viagem, me obrigou a mudar os planos. Ganhei um dia de descanso em Amã. Nas cercanias da capital, visitei a ruína romana de Jiraz (ou Gerasa, na Antiguidade), onde pude confirmar que todas as boas ideias, inclusive as de criação artística, sempre têm um antecedente. A concepção do templo principal, uma grande praça oval cercada de colunas que se fecham como duas mãos, pareceu-me uma antecipação do projeto que Michelangelo viria a traçar para a Praça de São Pedro. Ambos tinham, certamente, o mesmo significado: abraçar os fiéis que chegam ao templo.

Após essa breve distração cultural, tornei a embarcar, agora rumo a Damasco. Cheguei à Síria em um momento delicado. O governo sírio era suspeito de participar ou mesmo planejar o assassinato do ex-primeiro-ministro libanês. Essa suspeita ganhou foros de acusação aberta por parte dos Estados Unidos, que retiraram sua embaixadora de Damasco. Para mim, o contato com as autoridades sírias era muito importante, em função do planejamento da Cúpula. Além disso, havia outro assunto que tornava praticamente obrigatória minha passagem por Damasco: esperava obter de seus serviços secretos, tidos como muito eficazes, alguma colaboração para localizar e eventualmente libertar o engenheiro brasileiro João José Vasconcellos, sequestrado no Iraque cerca de um mês antes. O destino desse nosso concidadão, que afinal constatou-se ter sido assassinado, foi tema constante da viagem, especialmente nos países com fortes serviços de inteligência.

Em Damasco, fui logo recebido pelo ministro do Exterior, Farouk al-Sharaa, que conhecera durante a visita presidencial de dezembro de 2003. Mantive com Sharaa longa e interessante conversa, em que inevitavelmente o tema principal foi o assassinato de Hariri, no contexto das questões mais amplas do Oriente Médio e das pressões para isolar a Síria. Em tom amigável e com a indispensável cautela, de modo a não dar a sensação de intromissão, procurei transmitir a opinião, em grande medida baseada na experiência que tivera com o Iraque, de que a Síria não deveria rejeitar a Resolução 1.559 do CSNU, de 2004.* Uma atitude não cooperativa tenderia a ser utilizada pelos adversários de Damasco para desqualificar a Síria e poderia inclusive desencadear ações crescentemente agressivas por alguns dos membros permanentes. Foi um diálogo denso, em certa medida difícil, mas que não deixou de ser amigável. Meu interlocutor percebeu que meu propósito era ajudar a encontrar uma solução, na suposição de que o governo sírio – ou pelo menos seus escalões mais altos – não estariam envolvidos no atentado. "O senhor é um bom homem" ("*You are a good man*"), disse Sharaa, em tom que me pareceu sincero e espontâneo. No dia seguinte, tive audiência com o presidente, Bashar al-Assad, que me recebeu com grande cordialidade e expressões de apreço pelo presidente Lula. Leu atentamente as duas cartas de que eu era portador: uma delas, específica sobre a Cúpula, e outra que versava sobre o relacionamento bilateral e questões multilaterais, como a reforma do Conselho de Segurança. Bashar al-Assad deteve-se especialmente no ponto relativo à reforma. Fez comentários positivos sobre Brasil e Índia, mas foi reticente quanto à Alemanha: "Não é um país totalmente independente". Ouviu com atenção minhas observações sobre a "reforma possível" (método de escolha, número de novos membros etc.). Referiu-se a uma conversa que tivera com Putin sobre esse tema, em que ambos teriam concordado sobre a necessidade de novos membros permanentes, como Brasil e Índia (*sic*). Cheguei a ficar surpreso com o nível de interesse do presidente sírio na questão. Assad me fez várias perguntas específicas sobre a posição dos atuais membros permanentes, atitudes em relação ao veto etc. Não seria exagero

* A Resolução 1.559, adotada pelo Conselho de Segurança em 2 de setembro de 2004, foi patrocinada pelos Estados Unidos e pela França. O texto da Resolução clama pelo restabelecimento da soberania do Líbano sobre seu território, ao demandar a retirada das forças estrangeiras do território libanês, em referência a Israel e à Síria. A Resolução apoia ainda a realização de eleições "livres e justas".

dizer que a conversa sobre a reforma do CSNU tomou quase metade da audiência, que durou cerca de uma hora.

Já ao final do encontro, introduzi, de forma indireta, a questão libanesa. O presidente sírio afirmou categoricamente que "a Síria quer cumprir a Resolução 1.559". Evidentemente, nessa ocasião não tinha como julgar se ele estava ou não sendo sincero. Nos vários contatos que viria a ter com o presidente Bashar al-Assad, sempre me ficava uma impressão ambígua. Por um lado, transmitia a sensação de um homem racional e pragmático, disposto a resolver os problemas. Por outro, nas entrelinhas (e também em conversas com outros interlocutores), parecia-me que Assad estava preso a forças sinistras das quais tentava se libertar. Tais forças haviam sido herdadas do pai, Hafez Assad, que governara a Síria por quase trinta anos. Em certos momentos, Bashar al-Assad parecia obter algum êxito, com reflexos positivos sobre a situação libanesa, mas frequentemente esses sucessos momentâneos se desfaziam em meio a novas crises. O aspecto enigmático das verdadeiras intenções de Bashar al-Assad era confirmado pelas avaliações contraditórias que eu viria a ouvir de diversos interlocutores ao longo dessa viagem. Por exemplo, o cônsul honorário do Brasil em Jedá, um próspero empresário que vinha a ser nada menos do que meio-irmão de Osama bin Laden, afirmou não crer em envolvimento da Síria no assassinato de Hariri, contrariamente à impressão, entre outros, do nosso embaixador em Beirute e, como assinalarei adiante, do ministro das Relações Exteriores do Qatar.

De Damasco parti para a Arábia Saudita, a bordo do Legacy, que eu apelidara de "meu escritório voador". Essas viagens em avião executivo na companhia de meus assessores me fizeram lembrar o gosto que, segundo um de seus biógrafos, Roy Jenkins,* Churchill tinha pelos longos trajetos de trem, que lhe propiciavam momentos de reflexão. No meu caso, essas reflexões eram em geral coletivas. Valia-me então dos amplos conhecimentos históricos e políticos do enviado especial, Affonso Ouro-Preto, e das análises de meus colaboradores mais diretos, como Patriota e Neiva Tavares. Frequentemente, como ocorreu no trecho entre Damasco e Jedá, utilizava esses períodos de relativo isolamento para reler pronunciamentos que ainda iria fazer. Em Jedá, meu primeiro destino na Arábia Saudita, permaneceria poucas horas. Fora convidado a participar do Fórum Econômico, onde estariam várias personalidades de renome internacional e do próprio mundo árabe. Considerei que não devia perder a oportunidade de me dirigir a um público cuja opinião poderia, de alguma forma, influir na empreitada em que estava envolvido.

* Jenkins, Roy. *Churchill*. Londres: Macmillan, 2001.

Durante esse congresso, ocorreu uma coincidência curiosa: logo antes de mim, dirigiu-se ao Fórum a ex-secretária de Estado norte-americana, Madeleine Albright, que fora minha colega nas Nações Unidas. Enquanto servimos juntos, nosso relacionamento foi muito cordial e amistoso. Guardo até hoje uma foto com dedicatória de Albright "para recordar um bom encontro", em que aparecem em primeiro plano os presidentes Fernando Henrique Cardoso e Bill Clinton, conosco ao fundo. O encontro ocorreu na saleta que fica atrás do saguão da Assembleia Geral da ONU, onde os oradores aguardam a vez de serem chamados. Nessa breve reunião, em boa medida por iniciativa minha – e graças à capacidade de improvisação do então conselheiro (hoje embaixador) Antonio Simões –, Cardoso entregou a Clinton o livro de memórias do secretário de Estado de Roosevelt, Cordell Hull, em que este relembra a intenção do presidente norte-americano, ao final da questão, de ver o Brasil incluído como membro permanente do CSNU. Albright, presente à reunião, viria a citar o gesto como prova da competência da diplomacia brasileira. Tais eram as nossas relações a essa época. Como chefe da diplomacia dos EUA, entretanto, Madeleine Albright mais de uma vez se queixou diretamente, ou por meio da embaixada norte-americana em Brasília, de atitudes que tomei em relação à guerra do Iraque. Em nosso rápido encontro em Jedá, minha antiga colega, com a cabeça parcialmente coberta por um xale em respeito às tradições islâmicas, foi muito afetuosa e sugeriu que a procurasse quando fosse a Washington. Na realidade, somente voltaria a encontrá-la depois da eleição de Obama, que a havia indicado para receber as delegações estrangeiras presentes na capital norte-americana para a Cúpula do G20 financeiro. Dessa vez, segundo a expressão de alguns colegas que me acompanharam ao encontro, Madeleine Albright literalmente atirou-se ao meu pescoço e deu-me um caloroso abraço de "velhos amigos".

Como em outras ocasiões, a versão do discurso que iria pronunciar no Fórum de Jedá, preparada por meus colaboradores, mesmo depois da leitura inicial que já havia feito, ainda continha um excesso de expressões típicas de pronunciamentos na ONU, que tratei de eliminar ou substituir por declarações mais diretas e afirmativas. Minha fala versou sobre temas ligados ao desenvolvimento social e econômico do Brasil. Discorri sobre os esforços brasileiros, liderados pelo presidente Lula, para incluir o tema do combate à fome e à pobreza na agenda internacional, com destaque para a reunião de líderes realizada em 2004, à margem da AGNU.* Detive-me nas negociações comerciais da Rodada Doha, enfatizando a

---

* Em 18 de setembro de 2004, à margem da Assembleia Geral da ONU, ocorreu a "Reunião de Líderes Mundiais para a Ação contra a Fome e a Pobreza", iniciativa compartilhada com os

necessidade de coordenação entre países em desenvolvimento por meio de uma aproximação maior entre o G20 e o G90.* Como de hábito, expus a posição brasileira sobre a necessidade de uma reforma do CSNU, com novos membros permanentes oriundos do mundo em desenvolvimento. Assinalei iniciativas que havíamos tomado em busca de novas parcerias com países do Sul. Nesse contexto, destaquei as potencialidades do relacionamento econômico entre a América do Sul e o mundo árabe, inserindo nesse quadro a proposta da Cúpula. Em um arroubo retórico, disse que um evento desse tipo seria "o primeiro encontro de chefes de Estado de duas importantes regiões do mundo em desenvolvimento, desde as conferências de países africanos e asiáticos que deram origem ao movimento não alinhado".

Mais importante naquele momento, em seguida a uma menção a Sérgio Vieira de Mello, foi a introdução no texto de um apelo solene em favor da libertação do engenheiro brasileiro sequestrado no Iraque. Não tinha grandes ilusões de que essa conclamação pública fosse surtir algum efeito prático. Resultado concreto, na verdade, planejava obter nas conversas privadas, como a que tive em Damasco e nas que ainda teria em outras capitais. Ao incluir o "apelo" no meu discurso, eu visava também a mídia brasileira. Sabia que um tema emocional como esse, além de sua importância intrínseca do ponto de vista humano, caso não fosse tratado com especial cuidado e atenção, serviria de pretexto para críticas à condução da nossa política externa. Por essa razão, no próprio dia em que tomei conhecimento do sequestro, algumas semanas antes do início do périplo, fiz questão de me reunir com meus principais assessores. Apesar de ser um fim de semana, decidi fazê-lo em meu gabinete no Itamaraty, entre o final da tarde e o início da noite. Determinei que as luzes do Palácio permanecessem acesas durante o tempo da reunião, à qual por sinal fez questão de estar presente o vice-presidente, José Alencar. Era uma forma de dizer aos potenciais críticos: "Vejam bem, estamos atentos e fazendo o possível para salvar nosso compatriota".

---

presidentes Jacques Chirac, da França; Ricardo Lagos, do Chile, e José Luis Rodríguez Zapatero, da Espanha. Cerca de cinquenta chefes de Estado e de Governo estiveram presentes na reunião. A propósito da grande afluência de líderes e delegados que se comprimiam na sala do ECOSOC, um diplomata francês fez para um colega o seguinte comentário, que ouvi por acaso: "*Le Brésil embrasse le monde*".

* O G90 surgiu na Ministerial de Cancún, em setembro de 2003, com o objetivo de facilitar a articulação de um grupo de países em desenvolvimento para dar-lhes mais força nas negociações na OMC. Entre seus membros estão países da União Africana, do chamado ACP (África, Caribe e Pacífico) e Países de Menor Desenvolvimento Relativo.

A propósito do tratamento dispensado pela mídia à "questão" do brasileiro sequestrado, creio pertinente dar um pequeno salto no tempo e transcrever uma anotação feita no dia 3 de abril, quando as esperanças de recuperá-lo com vida já haviam praticamente desaparecido: "(...) Notícias desanimadoras, praticamente definitivas, sobre o engenheiro brasileiro sequestrado no Iraque, um assunto sempre difícil de tratar. A imprensa conservadora (...) procura utilizar maliciosamente a situação. [Um jornal] chegou ao cúmulo de publicar matéria com a seguinte manchete: 'Itamaraty envia diplomata-pintor para o Iraque'. [Tratava-se de] referência maldosa à circunstância, absolutamente irrelevante, de que Sérgio Telles (que, aliás, portou-se com grande coragem e patriotismo) é efetivamente pintor. Felizmente, a própria família [do engenheiro] tem apoiado nossas atitudes".

Após meu pronunciamento no Fórum Econômico, embarquei novamente, dessa vez com destino a Riade. Já era noite quando cheguei à capital saudita. Logo telefonei ao meu colega espanhol Miguel Ángel Moratinos, reconhecido especialista em questões do Oriente Médio. Creio ser importante notar que não pretendia fazer das minhas conversas políticas com líderes árabes um exercício isolado. Ao contrário, sempre que possível e adequado, buscava compartilhar seu conteúdo com colegas igualmente envolvidos com a questão do Oriente Próximo. Moratinos, que estivera há pouco no Brasil em companhia do presidente do Conselho da Espanha, José Luiz Zapatero, me havia dado boas informações sobre algumas das personalidades que iria encontrar e fornecido análises bastante ricas sobre as relações entre os países visitados. Assim, era natural que retribuísse essa gentileza, o que fiz transmitindo sucintamente o teor de minhas conversas na Síria.

Em Riade, participei de um seminário empresarial na sede da Câmara de Comércio, no qual estiveram presentes, pelo lado brasileiro, o Banco do Brasil, a Petrobras e algumas *tradings*. Já naquela ocasião, quando nossos esforços de aproximação ainda se encontravam no início, pude notar a evolução favorável do comércio no último ano. As exportações brasileiras para a Arábia Saudita haviam crescido 26% e atingindo US$ 800 milhões em 2004 (chegariam a cerca de US$ 3,5 bilhões em 2011). Em meu caderno, deixei registrado o otimismo com essa evolução. Do ponto de vista econômico, o encontro mais importante que tive foi com o secretário-geral do Conselho de Cooperação do Golfo (CCG), Abdul Rahman bin Hamad al-Attiyah, um nacional do Qatar com quem já havia estado em ocasião anterior, possivelmente nas Nações Unidas. Al-Attiyah havia feito seu dever de casa com esmero. Estava a par de nossas posições e iniciativas diplomáticas, até com certo grau de detalhe. Chegou a me surpreender, ao demonstrar conhecer o nome do nosso enviado especial ao Oriente Médio, "*ambassador* Affonso". Demonstrou simpatia em relação à possibilidade de o Brasil vir a integrar o Conselho de Segurança da ONU como membro permanente. Qualificou essa hipótese como uma "necessidade". O secretário-geral discorreu extensamente sobre a importância da Cúpula, o que me deu a ocasião de convidá-lo formalmente a participar da reunião em Brasília, seguindo nesse ponto uma sugestão que me havia sido feita por nosso embaixador Luiz Sérgio Figueira. Trocamos ideias sobre um acordo-quadro Mercosul-CCG e, a seu pedido, prometi impulsionar os trabalhos de modo que o mesmo pudesse ser firmado durante a Cúpula, o que de fato ocorreu.* Naquela mesma tarde, telefonei para minha boa amiga Leila Rachid, ministra de Relações Exteriores do Paraguai e então na presidência do Mercosul, que se prontificou a me ajudar. Durante nossa conversa, Al-Attiyah se referiu de forma espontânea ao "papel positivo" que o Brasil poderia desempenhar no processo de paz. Ao sair do prédio no final da reunião, não pude deixar de observar a monumentalidade da sede do CCG – um contraste brutal com as modestas salas que abrigam a Secretaria do Mercosul, em Montevidéu.

Minha principal missão na Arábia Saudita era entregar ao príncipe regente, Abdullah bin Abdulaziz Al Saud – que em breve sucederia ao rei –, duas cartas do presidente Lula para o monarca. Em retrospecto, observo que, se não foi propriamente uma gafe destinar àquela altura as cartas ao rei Fahd bin Abdulaziz al Saud, praticamente moribundo, o fato – talvez protocolarmente correto – constituiu um preciosismo desnecessário. Entretanto, não creio que esse eventual deslize tenha ofendido o príncipe Abdullah, que detinha o poder de fato, nem que tenha afetado a receptividade da gestão que ia efetuar. Uma das cartas versava especificamente sobre a Cúpula; a outra tratava de temas bilaterais e questões relativas ao Oriente Médio, em que a importância da iniciativa de paz saudita de 2002 foi naturalmente realçada. No encontro com o príncipe, expus as razões que levaram o Brasil a tomar a iniciativa da Cúpula. Vez por outra, ao longo da conversa, era obrigado a corrigir o intérprete, que traduzia "América do Sul" por uma expressão em árabe que entendi referir-se à "América Latina". O sutil erro do tradutor simplesmente confirmava algo que já sabia, isto é, a dificuldade de firmar o conceito de "América do Sul", não só dentro como fora de nossa própria região. O príncipe, que já então passava dos 80 anos, reagia a meus comentários de forma simpática, porém monossilábica. Quando expressei o grande empenho

* O Acordo-Quadro de Cooperação Econômica entre o Mercosul e o Conselho de Cooperação do Golfo foi assinado em 10 de maio de 2005. O CCG é integrado por Arábia Saudita, Bahrein, Qatar, Emirados Árabes Unidos, Kuwait e Omã.

do nosso presidente na sua participação (e não obviamente na do rei) na reunião de Brasília, Sua Alteza limitou-se a dizer "*Inshallah*!". Mas o fez com um sorriso que me acendeu alguma esperança. Afinal, a Arábia Saudita viria a ser representada na Cúpula por seu experiente chanceler – se não me engano o mais sênior dentre todos os ministros de Relações Exteriores à época, o príncipe Saud bin Faisal, que ganhara notoriedade por comentários críticos, amplamente difundidos pela mídia internacional, à invasão do Iraque.

Durante a visita a Riade, fui acompanhado por um eficiente e – em contraste com o príncipe regente – loquaz vice-ministro. Disse-me esse alto funcionário, que, segundo nosso embaixador, era quem de fato "tocava" a Chancelaria, que a percepção em relação à Cúpula evoluíra de forma muito favorável e que a disposição do príncipe Abdullah a respeito era muito boa. Deduzi que meu acompanhante chegara a essa conclusão em razão de algum contato que tivera com o príncipe Abdullah depois do encontro. Recebi essa avaliação com satisfação e, confesso, algum alívio. Em virtude do poder econômico da Arábia Saudita em decorrência de suas fabulosas reservas petrolíferas e dada sua "aura" de guardiã da fé islâmica, a atitude desse país era muito importante para o êxito da Cúpula. Embora Riade tenha naturalmente participado da decisão consensual da Liga Árabe, eu tinha dúvidas sobre a atitude que o país finalmente tomaria. Essa incerteza, decorrente da ausência de manifestações claras por parte do governo saudita, era aumentada por um contratempo de agenda que impedira a inclusão do país no roteiro do presidente Lula em dezembro de 2003. Nada foi dito oficialmente a esse respeito, mas no meu espírito se instalara a impressão de que as autoridades sauditas haviam ficado melindradas por não terem sido consultadas primeiro sobre a viagem do presidente. As reiteradas afirmações do vice-ministro, somadas aos sorrisos benevolentes que Sua Alteza me dispensou durante a audiência, bem como sua reação positiva às cartas presidenciais, expressa mais por gestos do que por palavras, me tranquilizaram quanto ao infundado daquele temor.

Um detalhe de protocolo poderia ter temperado meu otimismo: diferentemente do que viria a ocorrer dois anos e meio depois, quando, já consagrado como Guardião das Duas Cidades Sagradas, o rei Abdullah me recebeu com grande cordialidade e presteza em sua suntuosa tenda no deserto, na viagem de 2005 o príncipe regente me fez esperar por várias horas no hotel para hóspedes oficiais. Seria uma maneira de sinalizar o desagrado com o "mal-entendido" de 2003? Apesar da tensão inerente a toda espera, não a interpretei dessa forma. Anoto também um aspecto de teor mais sociológico: nesse giro por países árabes, a Arábia Saudita foi o único lugar em que minha assessora Andrea Watson teve de usar uma *abayah*, que a cobriu da cabeça aos pés, não deixando ver um único fio de cabelo. Algumas histórias que nos foram contadas, uma delas envolvendo uma antiga embaixatriz brasileira, recomendavam prudência nesse país, marcado por profunda discriminação com relação à condição da mulher.

Da Arábia Saudita parti para Omã. A inclusão de Mascate – bela cidade banhada pelo Oceano Índico, caracterizada por seu casario pintado de branco e por resquícios de fortes construídos por nossos antepassados portugueses – no meu roteiro árabe deveu-se em boa parte à insistência de Nabil Shaath, que, assim como Amr Moussa, foi um conselheiro de grande valia em todo o processo de preparação da Cúpula. Shaath apontara o pequeno sultanato ao sul da península arábica como um dos países pouco inclinados à reunião de líderes. Eu já havia notado em duas reuniões com ministros da Liga Árabe, uma no Cairo e outra nas Nações Unidas, a atitude algo desconfiada por parte do ministro das Relações Exteriores de Omã. Essa impressão pouco favorável era reforçada pela vestimenta, por assim dizer, belicosa do chanceler, que sempre portava uma ameaçadora adaga à cintura. Meus encontros em Mascate desfizeram totalmente essa impressão. Pude confirmar a sensação, que afinal guardara da reunião de Nova York, de que a aparente reticência em relação à Cúpula tinha mais a ver com rivalidades internas do mundo árabe do que com o convite brasileiro. Meus encontros na capital de Omã resumiram-se a reuniões com o príncipe Sayid Assad bin Tareq, primo do sultão, e com o ministro das Relações Exteriores, Yusuf bin Alawi. Ambos demonstraram grande receptividade à nossa ideia. O príncipe fez questão de explicar que o sultão, em nome de quem me recebia, se encontrava fora da capital (Mascate). Falou muito à vontade sobre uma série de temas, transmitindo em suas palavras uma sensação de modernidade e boa informação, em contraste com o tradicionalismo das vestimentas e do *décor*. Da audiência em que me recebeu, registro um detalhe pitoresco: além da grande quantidade de café com cardamomo, que sorvi com prazer cada vez que era servido (e era servido com grande frequência, pois somente mais tarde me explicaram que era necessário balançar levemente a xícara para indicar que não desejava que ela fosse permanentemente enchida), foi passada também uma grande tigela que continha um doce composto de variadas especiarias, uma espécie de pasta untada com mel que, pela cor e consistência, lembrava uma cocada puxa-puxa queimada. Não havia colher nem outro instrumento para que os presentes pudessem se servir. Percebi então que deveria usar os dedos, da mesma forma que fazia Sua Alteza. Creio que foi nessa visita a Omã, onde à época não tínhamos embaixada, que um diplomata sediado em Dubai, Sergio Abi-Sad, presenteou-me com o livro *Travels with a Tangerine*, do autor inglês Tim Mackintosh-Smith, sobre as viagens de

Ibn Battutah, uma espécie de "Marco Polo" árabe do século XIV. Fiquei com a impressão de que, além de estimular meu ímpeto de viajante, o diplomata queria sublinhar a importância de que eu me adaptasse aos hábitos locais, reportando-se sutilmente às experiências de Ibn Battutah. Foi mais ou menos o que pensei quando tive de compartilhar, de forma literalmente tátil, a iguaria que me era oferecida. Com o ministro Yusuf, cobri ainda assuntos mais tipicamente diplomáticos, como o processo de paz, a crise no Líbano, o Iraque etc. No que tange à reforma do Conselho de Segurança, o ministro disse coisas simpáticas sobre o Brasil, que, como a Índia, considerava um "candidato natural". Como o príncipe, referiu-se positivamente à Cúpula.

Entre o sultanato de Omã e o emirado do Qatar, a viagem foi curta. Em Doha, onde havia estado uma única vez, quando embaixador em Genebra para o lançamento da Rodada que leva o seu nome, meu programa, em função das restrições de horário, ficou limitado ao ministro do Exterior e vice-primeiro-ministro, o *sheikh* Hamad ibn Jaber al-Thani, meu velho conhecido dos tempos em que eu fora chanceler de Itamar Franco. Em janeiro de 1994, o ministro Al-Thani havia estado no Brasil. Na ocasião, firmamos um documento no qual nos comprometíamos com a abertura recíproca de embaixadas residentes.* Voltaríamos a nos encontrar em um momento histórico: a posse de Nelson Mandela como presidente da África do Sul. Aquela foi uma ocasião marcada por fortes emoções, mas também por alguns contratempos logísticos. Os convidados tiveram de esperar longo tempo pelo início da cerimônia, em uma grande arquibancada, expostos ao sol. Eu já tinha sofrido três crises de diverticulite nos últimos anos (uma delas contribuiu indiretamente para que me tornasse ministro de Itamar)** e me preocupava ficar longo tempo sem comer e, sobretudo, sem ingerir líquidos. O ministro do Qatar, que se encontrava uma ou duas fileiras atrás de mim, percebeu minha aflição e, de certa forma, me "salvou". Seus assessores, prevenidos pela

---

* Em janeiro de 1997, o Qatar abriu sua embaixada em Brasília. Diante da falta de reciprocidade do governo brasileiro, esta seria fechada em 1999. Em 8 de maio de 2005, dois meses após minha visita ao Qatar, e dias antes da Cúpula, o Brasil finalmente abriu sua representação diplomática em Doha. O gesto foi objeto de reciprocidade por parte do emirado, em 2007.

** As circunstâncias que levaram à minha nomeação como chanceler do governo Itamar Franco dariam matéria para um capítulo machadiano que se poderia intitular "Como fui ministro". O escolhido de Itamar para suceder a Fernando Henrique Cardoso como chanceler foi José Aparecido de Oliveira. Este, por sua vez, indicou-me para o cargo de secretário-geral do MRE. Vim ao Brasil com a intenção de passar uma semana para receber instruções do ministro nomeado e efetuar consultas com o secretário-geral. Uma crise de diverticulite impediu-me de voltar ao posto para as despedidas de praxe. Como o próprio José Aparecido permaneceu enfermo por um longo período, se eu tivesse saído do Brasil talvez os desdobramentos ligados à sua substituição fossem outros.

vida no deserto, traziam várias garrafas de água mineral, uma das quais me foi oferecida pelo *sheikh* Hamad. Obviamente lembrei o episódio e reiterei minha imensa gratidão logo que o reencontrei em Doha.

Quando da minha chegada, soube pelo nosso representante em Abu Dhabi (então acreditado cumulativamente junto ao governo do Qatar) que uma missão empresarial brasileira estivera no país na véspera. Um contrato para o fornecimento de 400 ônibus teria sido firmado. Era um bom prenúncio para as relações econômicas com esse país pequeno, porém aberto ao mundo e muito rico. A reunião com *sheikh* Hamad aconteceu em sua residência, um palácio no estilo de outros que já tinha visitado. Na verdade, foi um jantar de trabalho, se é que se pode intitular assim uma conversa política acompanhada das mais finas iguarias. O diálogo foi extremamente franco. Soube então que o vice-primeiro-ministro, que pertence à mesma família do emir, tinha investimentos pessoais no Brasil, que "estavam rendendo bem". Falamos de vários assuntos: economia, OMC, Cúpula, reforma do CSNU, o brasileiro sequestrado e as situações no Iraque, na Palestina, na Síria e, especialmente, no Líbano. Tudo de maneira bem informal e com grande liberdade. Notei, pela atitude de seus colaboradores, que em vários momentos davam suas próprias opiniões e faziam comentários pessoais, que havia ali uma abertura que até então não percebera na região. O *sheikh* Hamad não se furtou a relatar episódios recentes sobre o Iraque envolvendo as relações entre o Qatar e os EUA. Em determinado momento, insinuando dispor de informação privilegiada, disse que a guerra teria sido planejada "antes mesmo da eleição de Bush". Evidentemente, tinha gosto em demonstrar conhecimento próximo do processo decisório de Washington. Emitiu também opiniões surpreendentemente francas sobre a Arábia Saudita, "cujas dificuldades podem levar a uma crise a curto e médio prazo". Sobre a situação do Líbano e o envolvimento da Síria na morte de Hariri, não teve meias palavras. Disse que não tinha certeza se Bashar ordenara o atentado ou mesmo se sabia previamente de planos com esse objetivo, mas se sentiu à vontade para afirmar que grupos sírios com interesses no Líbano ("a vaca de onde extraem seu leite") estariam por trás do atentado. Para o chanceler qatari, a única saída para a situação política que se criara no Líbano seria a renúncia do presidente Émile Lahoud e a convocação de novas eleições. Devo assinalar que, em algum momento da minha viagem, eu retomara o plano de visitar Beirute, baseado nas informações que recebia do embaixador brasileiro, e havia programado fazê-lo após uma breve passagem pelo Kuwait, no dia seguinte ao do jantar em Doha. As palavras do *sheikh* Hamad introduziram no meu espírito uma ponta de dúvida sobre a oportunidade daquela mudança de itinerário. Após alguma reflexão, decidi que não podia deixar de realizar a visita, não só em função da Cúpula, mas também porque contava com o apoio dos serviços secretos de Líbia e Síria para localizar e, quem sabe, salvar o engenheiro José Vasconcellos.

Aproveitei minha passagem pelo Qatar para dar uma entrevista, que foi publicada pelo jornal *Al-Rayah*, do Qatar, e reproduzida pelo jornal árabe *Al-Ahram*, em suas edições do Cairo, de Beirute, de Damasco e de Londres. Era parte de um esforço de comunicação não só para expor nossas posições sobre vários aspectos de interesse dos países que estava visitando, mas também para obter uma boa compreensão de nossos objetivos, ao lançar a iniciativa da ASPA. A entrevista cobriu variados pontos das relações entre o Brasil e os países árabes, com destaque naturalmente para a Cúpula de Brasília. O jornalista estava bem a par das mudanças políticas na América do Sul. Suas perguntas sobre nossa região me permitiram explicar a evolução do processo de integração. Por motivos óbvios, as negociações da Rodada Doha despertavam grande interesse no Qatar. Em minha resposta à sua indagação sobre a Rodada, destaquei o papel do G20 para uma conclusão equilibrada das negociações. O repórter abordou questões de natureza atinentes ao Oriente Médio. Destaco minha resposta sobre a questão da Palestina e o possível papel do Brasil nas negociações de paz: "(...) Durante minha visita [a Ramalá], que ocorreu na semana passada, o presidente Mahmoud Abbas insistiu que o Brasil esteja pronto a desempenhar um papel importante nessa matéria. Ele chegou a sugerir a formação de um comitê quadripartite com a participação de Brasil, África do Sul, Índia e Turquia para assistir o Quarteto já existente. Por certo, nosso papel não seria apresentar soluções mágicas, mas sim prestar assistência no processo".

Muitas vezes afirmei que sem avião próprio não se pode fazer política externa, ou, pelo menos, política externa ativa, como a que pretendíamos conduzir no governo Lula. Pude comprovar que tal convicção estava correta no dia seguinte ao do jantar/reunião com o príncipe-chanceler, o vice-primeiro-ministro do Qatar. Em 23 de fevereiro, minha comitiva e eu tomamos café no Qatar, almoçamos no Kuwait e jantamos no Líbano. Que me recorde, isso só voltaria a acontecer comigo muito recentemente, quando, no cargo de ministro da Defesa, repeti a façanha entre a África do Sul, a República Democrática do Congo e Angola. Passei apenas algumas horas no Kuwait. Fui recebido em uma audiência conjunta, que durou pouco mais de uma hora, pelo primeiro-ministro, o *sheikh* Sabah al-Ahmad al-Sabah, e pelo ministro do Exterior, Mohammed al-Sabah. Tivera a oportunidade de tratar de interesses kuwaitianos em um dos painéis sobre o Iraque, e o havia feito com o máximo de isenção possível. Assim, embora nunca tivesse visitado aquele país, era um personagem conhecido. Mas, durante a visita, não tratei com meus interlocutores de temas ligados ao Iraque. Conhecia as sensibilidades locais a respeito. Mais uma vez, o tema principal da conversa foi o convite para a Cúpula. Esse pequeno país, rico em petróleo, que Saddam Hussein tentou anexar como a "19ª província", havia feito, na década de 1980, investimentos de algum vulto no Brasil e não fora bem-sucedido. Talvez por isso, o primeiro-ministro, que fora chanceler por muitos anos, expressou algum ceticismo sobre nossa iniciativa, o que ficou patente nas perguntas e nos comentários com que reagiu à minha exposição. Insistiu muito na necessidade de se obterem resultados "concretos". Já o chanceler parecia ver a nossa proposta com mais simpatia. A cada argumento meu, acenava com a cabeça em sinal de aprovação. Aos poucos, o Chefe de Governo foi aceitando minhas razões sobre o provável impacto positivo da Cúpula não só nos negócios, mas também em outros aspectos do relacionamento. Ao deixarmos o Palácio Bayan, onde assinei um acordo cultural pendente havia pelo menos duas décadas, meu colega kuwaitiano, que me acompanhou no automóvel até o local onde se realizaria um almoço com empresários, disse-me, em tom que denotava sinceridade, que eu havia sido "muito persuasivo". Fez também, ele próprio, algumas indagações. Deu-me a impressão de que agia assim para dispor de bons argumentos para defender o projeto. Deixei registrada em minhas anotações a convicção de que o Kuwait não ficaria de fora da Cúpula.

O chanceler indagou também sobre a reforma do Conselho de Segurança, tema que eu abordara apenas superficialmente durante a conversa com o primeiro-ministro. Queria saber como víamos a questão do veto. Depois de uma rápida explicação que lhe dei, o ministro emitiu opinião favorável a uma opção que contemplasse novos membros permanentes, com a inclusão de um país árabe. Disse-lhe que, de nossa parte, não víamos inconveniente, embora estivesse ciente das objeções dos membros permanentes atuais a uma expansão "excessiva" do Conselho. Para sentir a reação do meu interlocutor, arrisquei a opinião de que o membro permanente árabe pudesse ser o Egito, que não seria assim computado como um terceiro país africano, evitando resistências em outras regiões. Que me lembre, Mohamad al-Sabah não se manifestou sobre essa sugestão específica. Conversas desse tipo, sobre uma reforma na ONU, pontuaram meus diálogos com vários interlocutores que manifestavam, com diferentes ênfases, simpatia e, em alguns casos, apoio à pretensão brasileira. Quando cabível, tratava também da OMC e das iniciativas brasileiras de combate à fome. Meu périplo "batuttiano" fora motivado principalmente pela Cúpula, mas também serviu a outros objetivos da diplomacia brasileira.

Acompanhei na "telinha" do avião o trajeto entre o Kuwait e o Líbano. O piloto cuidadosamente evitou sobrevoar o território iraquiano. Transcrevo a anotação que fiz pouco antes de chegar à capital libanesa: "O fiel Legacy se aproxima da costa libanesa, ao longo da qual se estende a cidade de Beirute. Reflito sobre o momento delicado da visita. Passo em Beirute apenas uma noite. Em princípio, minha agenda se limita a um encontro com o presidente Lahoud e o ministro do Exterior desde outubro de 2004, Mahmoud Hammoud, que provavelmente estarão juntos. Na ocasião, devo entregar a mensagem de Lula. Pondero uma sugestão feita por nosso embaixador, Marcus de Vicenzi, que gostaria que eu me encontrasse com algum opositor do regime. O nome que me propôs foi o de Carlos Eddé, um libanês-brasileiro, neto de um antigo presidente do Líbano. Concluo que, no momento, o gesto pode ser mal interpretado. Minha prioridade é o comparecimento do maior número de países árabes (se possível, todos) à Cúpula. Disse, entretanto, ao embaixador que estava disposto a me encontrar com alguma personalidade independente, desde que o contato não fosse percebido como uma provocação pelo governo libanês".

Acabei mantendo dois encontros na noite do dia 23. O primeiro deles, de caráter oficial, foi com o presidente e o ministro, que, mais uma vez, confirmaram a participação do Líbano na reunião de Brasília. No encontro, além de me desincumbir da missão, detive-me sobre a situação do país que estava visitando. Como já havia feito em Damasco, enfatizei a necessidade do cumprimento da Resolução 1.559 do CSNU. Salientei que gestos percebidos como positivos pela comunidade internacional ajudariam a estabilizar a situação política do país. Em uma comparação um tanto ousada, lembrei o caso da Venezuela, em que a presença de observadores estrangeiros no referendo revocatório havia tido o efeito prático de reforçar a posição do presidente Chávez. Lahoud ouviu minhas palavras atentamente e não pareceu se ofender com aquela "intromissão" em assuntos internos. Tendo ainda no espírito as observações feitas por alguns interlocutores, sobretudo o da véspera no Qatar, achei o presidente libanês surpreendentemente tranquilo. Contou anedotas sobre o relacionamento com seu antecessor, das quais ele mesmo ria à vontade.

Missão cumprida, fui atender, ainda que parcialmente, à sugestão do embaixador. Encontrei-me na residência oficial do Brasil com o ex-ministro das Relações Exteriores, Jean Obeid, figura que já me era familiar em função das duas visitas de 2003. Obeid, cristão e francófono como Lahoud, havia se afastado do presidente. Os comentários que ouvi dele reforçaram a impressão de que Lahoud, intelectualmente falando, não tinha domínio pleno da situação do país. Impressionou-me uma afirmação de Obeid sobre as eleições legislativas, marcadas para dali a poucas semanas. Disse-me que o pleito se realizaria à sombra de dois cadáveres: o de Hariri, que, apesar de morto fisicamente, estava vivo na memória de todos, e o de Lahoud, que, embora vivo, já estava morto politicamente. Na mesma noite, telefonei para o presidente Lula para dar conta dos progressos feitos até então.

A questão libanesa, com suas ramificações étnicas, religiosas e geopolíticas, foi uma constante ao longo desse meu périplo pelo Oriente Médio. Posso dizer que ganhei uma percepção mais realista (ainda que certamente incompleta) da luta entre as facções naquele país. O assassinato de Hariri foi um catalisador que me permitiu ver com mais clareza quão complexo é o jogo de poder no Líbano. Sabia, por leituras diversas, que a própria criação do Líbano como entidade separada da Síria obedecera, em grande medida, às conveniências das duas grandes potências europeias (França e Grã-Bretanha), na esteira da dissolução do Império Otomano. Fizera parte do famoso acordo Sykes-Picot.* Mas foi somente durante a viagem que pude apreciar a profundidade dos sentimentos em torno dessa questão, tanto no Líbano como na Síria. Devo confessar: foi então que tomei conhecimento de que Damasco, que assumira uma posição de preponderância em relação aos temas libaneses desde o Acordo de Taif, de 1989, que pôs fim à guerra civil, não tinha sequer uma representação diplomática em Beirute por não concordar com a própria ideia de um Estado libanês independente. Por outro lado, a visão simplista de que a principal divisão no Líbano separava cristãos de muçulmanos – com os primeiros mais simpáticos ao Ocidente – tampouco correspondia à realidade. Hariri, líder muçulmano sunita, que dava preferência ao idioma inglês nos diálogos com interlocutores estrangeiros, era amigo e, segundo alguns, "sócio" de Jacques Chirac. Já o presidente Lahoud, velho general de gestual ocidentalizado, era cristão e francófono, mas tinha o apoio da Síria (da qual, segundo comentários que ouvi na região, seria mero títere) e, via Damasco, dos xiitas do Hezbollah. Alguns grupos cristãos se opunham fortemente ao presidente e se aliavam aos sunitas. Esse conhecimento, que adquiri como uma espécie de *on-the-job training*, me deu melhores condições de apreciar a importância de certas concessões feitas por um lado e por outro e que permitiriam, após cerca

---

* O acordo Sykes-Picot, que deve seu nome aos negociadores François George Picot, da França, e *sir* Mark Sykes, do Reino Unido, foi concluído em maio de 1916. Em linhas gerais, o acordo, inicialmente secreto, definia algumas regiões (basicamente árabes) do Império Otomano, em processo de dissolução, como zonas de influência britânica e outras como áreas de influência francesa. Essas disposições seriam efetivadas com o fim da Primeira Guerra.

de dois anos, a formação de uma coalizão que, durante algum tempo, proporcionou ao Líbano uma relativa estabilidade que, afinal, se revelaria ilusória. Após a morte de Hariri e já no governo de coalizão liderado por Fouad Siniora, o Líbano teve de suportar, em 2006, a guerra movida por Israel em represália aos ataques do Hezbollah.

Após a visita ao Líbano, restavam na minha agenda de viagem as passagens por Túnis e Argel. Na Tunísia, meu único encontro foi com o ministro do Exterior, Abdelbaki Hermassi, novo no cargo (fora antes ministro da Cultura). Àquela altura, minhas exposições aos diversos interlocutores já soavam para mim – e para alguns assessores, que não deixaram de fazer observações a respeito – como um velho disco tocado muitas vezes. Não foi diferente na Tunísia. Após uma rápida visita às ruínas de Cartago e um passeio, mais demorado, pelo famoso Museu do Bardo, a mais rica coleção de mosaicos romanos que conheci, estive com o chanceler, mas devo antes fazer uma menção a nosso embaixador, Sergio Telles, que eu mandaria poucas semanas depois ao Iraque e que veio a ser objeto de comentário injusto e mal informado da nossa mídia. Em sua residência, recebi a notícia de que Pascal Lamy, com quem mantivera muito boa camaradagem quando era comissário europeu (camaradagem que seria retomada e mesmo reforçada quando se tornou diretor-geral da OMC), fizera um comentário descabido sobre a preservação do meio ambiente na Amazônia. Naquele momento, Lamy era candidato à OMC e tinha como um de seus rivais o brasileiro Seixas Corrêa. Por telefone mesmo, dei uma declaração, em tom bastante crítico ao candidato francês. Afirmei que ele deveria se manter afastado de temas que diziam respeito à soberania dos países. Acrescentei comentário no sentido de que sua observação, típica da arrogância dos países desenvolvidos, era um mau presságio de como se comportaria caso viesse a ser escolhido como diretor-geral. Anoto esse fato sobretudo para ilustrar como, ao longo do meu périplo pelos países árabes, cabia-me permanecer atento a outros desenvolvimentos.

Minha conversa com o ministro da Tunísia foi amena, mas não trouxe elementos novos. Afora alguma incursão sobre as relações bilaterais, sobretudo na área cultural, e a decisão de convocar para breve a comissão mista entre os dois países, falei dos temas de sempre: CSNU, OMC, um pouco de Líbano e, sobretudo, da Cúpula. O chanceler Hermassi, muito sensível a temas que tivessem algo a ver com cultura, inclusive diálogo de civilizações, classificou como "genial" a ideia do encontro entre os líderes sul-americanos e árabes, deixando claro que a Tunísia se faria representar. Contudo, não pude me avistar com o presidente, Zine El-Abidine Ben Ali (o mesmo cuja derrubada viria a marcar o início da Primavera Árabe). O cancelamento do encontro, que havia sido agendado com a devida antecedência, não deixou de me causar alguma frustração, mas não chegou a abalar minha confiança na participação da Tunísia.

Assisti ao amanhecer do dia 26 de fevereiro na baía de Argel. Do alto da colina onde fica o edifício para hóspedes oficiais, muito ao estilo das edificações socialistas, pude divisar, apesar do tempo chuvoso, grande número de navios, a maior parte deles petroleiros e transportadores de gás, que evidenciavam a principal riqueza do país. Se o cancelamento do encontro com o primeiro-ministro da Tunísia me decepcionara, esse sentimento seria largamente compensado com as atenções que receberia em Argel, inclusive a longa conversa que tive com o presidente Bouteflika. Na véspera, o ministro do Exterior, Abdelaziz Belkhadem, fora esperar-me no aeroporto, uma distinção cada vez menos frequente entre os chanceleres, em função da multiplicação das visitas. Ao longo daquele périplo, tal cortesia somente me fora estendida no Líbano. O ministro Belkhadem era um personagem interessante. Sua figura elegante, mas ao mesmo tempo peculiar (trajava vestimenta típica de sua região), contrastava com os modos ocidentais dos integrantes do seu *staff* (embaixadores, burocratas etc.). Meu anfitrião lembrava personagens de algum pintor orientalista europeu da segunda metade do século XIX. Frequentemente, seu rosto assumia uma expressão severa, que poderia indicar divergência em relação a algo que lhe dizia. Logo, entretanto, sua fisionomia se desanuviava em um sorriso franco, que poderia ser interpretado como concordância. Conversamos longamente no automóvel, entre o aeroporto e o hotel, e durante o jantar que me ofereceu no restaurante da casa de hóspedes. A seu pedido, discorri longamente sobre a OMC. A Argélia ainda estava em processo de adesão ao organismo e o ministro queria conhecer melhor os detalhes das negociações. Belkhadem não deixou dúvidas sobre a participação da Argélia na Cúpula, "no mais alto nível hierárquico". Como nos demais países que visitei, a situação do Líbano foi também objeto da conversa. Concordamos sobre a necessidade do cumprimento da Resolução 1.559. O ministro argelino não deixou de frisar, contudo, a existência de "dois pesos e duas medidas", ao comparar a ocupação síria no Líbano com as presenças norte-americana no Iraque e israelense na Palestina.

Antes de iniciar minha viagem de volta ao Brasil, fui recebido pelo presidente Abdelaziz Bouteflika, que, no momento em que escrevo estas linhas, acaba de ser reeleito para mais um mandato (o quarto) à frente do governo argelino. Bouteflika, com quem havia estado rapidamente quando acompanhei o presidente Lula à Cúpula do G8 ampliado em Évian em junho de 2003, recebeu-me afetuosamente. Não deixou de fazer algumas cobranças. Mencionou vários acordos que teriam sido propostos pela Argélia e ainda aguardavam resposta. Não dispondo de informações que me permitissem explicar a ausência de manifestação de nossa parte, limitei-me a dizer que a visita de Estado ao Brasil, para a qual estava sendo convidado pelo presidente Lula, seria uma ocasião propícia para "pôr a burocracia em movimento". Bouteflika, cuja figura miúda e olhar vivo chamaram minha atenção a ponto de merecerem uma anotação no meu caderno, é um antigo revolucionário que, por dezesseis anos, foi ministro do Exterior de seu país, durante o auge do fervor anticolonialista. Quando visitei Argel em 2005, parte da retórica daqueles anos heroicos ainda se preservava, mas já matizada então por uma atitude pragmática em relação ao Ocidente e, de maneira especial, à antiga potência colonial, a França. Segundo o próprio Bouteflika, em seu governo produziu-se um verdadeiro "milagre" que ele, temperando o autoelogio com um toque de humildade islâmica, fez questão de atribuir a Deus: o fim da carnificina, promovida principalmente pelos fundamentalistas da Frente Islâmica de Salvação (FIS), que atormentou o país por vários anos. Aos poucos, as instituições civis e políticas estavam sendo reconstruídas. Não obstante, em minha rápida passagem, tive a sensação, confirmada em visitas subsequentes, de que estava diante de uma sociedade altamente controlada, uma espécie de Hungria ou Iugoslávia no período imediatamente anterior ao fim do socialismo.

Sem que eu sequer tivesse levantado o assunto, mal havíamos iniciado o diálogo, Bouteflika dissertou longamente sobre a reforma do Conselho de Segurança da ONU. Desde os meus tempos de representante permanente na ONU, eu sabia que as posições argelinas não coincidiam com as nossas e, por isso mesmo, não pretendia tratar do tema, mas Bouteflika havia estudado, com profundidade surpreendente para um Chefe de Estado, o relatório da Comissão (Blue Ribbon Panel) que Kofi Annan convocara.* Disse haver identificado "falhas e lacunas". Criticou a chamada "opção A", apresentada no relatório de dezembro de 2004, que previa seis novos membros permanentes sem direito a veto (opção que, com ajustes, seria a preferida do Brasil e dos demais membros do G4**). Essas críticas

---

* Em 2003, o então secretário-geral da ONU, Kofi Annan, convocou uma comissão composta de dezesseis especialistas, intitulada High-Level Panel on Threats, Challenges and Change. Em dezembro de 2004, o painel apresentou o relatório *A More Secure World: A Shared Responsibility*, que identificava os principais desafios a serem enfrentados. Sobre a reforma do Conselho de Segurança, apresentava duas opções: a opção A, que contemplaria seis novos assentos permanentes e mais três assentos não permanentes com mandatos de dois anos; e a opção B, em que não haveria assentos permanentes, previa uma nova categoria de oito assentos com mandatos de quatro anos (reelegíveis) e um assento com mandato de dois anos (não reelegível). Em ambas as propostas, o Conselho passaria a ser composto de um total de 24 membros.

** Grupo de países composto de Brasil, Índia, Japão e Alemanha, candidatos a um assento permanente para discutir a reforma do Conselho de Segurança das Nações Unidas.

baseavam-se na percepção de que a Argélia, em que pese ao grande ativismo político, desenvolvido em décadas passadas mas interrompido pelos anos de conflito interno, dificilmente estaria incluída entre os seis novos membros. Obviamente, o presidente não deu essa razão, limitando-se a reparos conceituais sobre a viabilidade e a justiça da proposta. Depois de uma longa e amistosa discussão, pontuada por meandros e digressões, Bouteflika admitiu, de forma aparentemente sincera, que poderia apoiar a candidatura brasileira. Também a Índia lhe parecia um candidato natural, "apesar das dificuldades com o Paquistão e o mundo muçulmano em geral". Considerava, porém, um erro termos unido nossa sorte ao Japão e à Alemanha, que apenas aumentariam o peso do mundo desenvolvido. Em vários momentos, Bouteflika afirmou que seu país não poderia renunciar a se apresentar como candidato a membro permanente "todas as vezes em que haja uma oportunidade". Para explicar melhor nossa posição, mencionei-lhe a ideia, que apoiávamos, de uma revisão da reforma após certo período, o que permitiria corrigir eventuais erros ou distorções. Disse-lhe também que os procedimentos que concebíamos para a escolha dos membros permanentes não impediriam a apresentação de nenhuma candidatura e que caberia à Assembleia Geral decidir soberanamente quais seriam os escolhidos, respeitados os critérios básicos de representatividade regional e de categoria de país (se desenvolvido ou em desenvolvimento). O diálogo seguiu em tom bastante cordial e foi marcado por várias expressões de apreço pelo Brasil e pelo presidente Lula. Ao concluirmos a conversa, não sei se por mera delicadeza, o presidente pediu-me um *non paper* com a visão brasileira da reforma.

Abordamos vários outros temas delicados. Bouteflika tratou-os com grande franqueza: relações entre Líbano e França ("Chirac e Hariri eram irmãos siameses"); a presença da Síria no Líbano ("Vocês podem ajudar mais do que nós"); Palestina (o "Brasil deve ter um papel"). Em vários momentos, o presidente argelino ressaltou a liderança do Brasil, que, segundo ele, retomara e atualizara as bandeiras do terceiro mundo pelas quais a Argélia "havia sacrificado seu próprio progresso e bem-estar". Interessou-se em conhecer detalhes das negociações de Doha e do G20 comercial. Fez perguntas sobre Venezuela e Cuba e ouviu minhas explicações sobre a distinção, do ponto de vista geopolítico, entre América do Sul e América Latina. Retomando seu jargão de velho revolucionário, pediu-me sem rodeios que a Argélia fosse admitida no "*bureau* político do combate à fome e à pobreza". Referindo-se à Cúpula sobre esse tema em Nova York, à margem da AGNU em 2004, demonstrou ser bom observador ao assinalar a "atitude reticente" do presidente Thabo Mbeki. Prometi-lhe que cuidaria de todos esses temas com a atenção devida e que transmitiria ao presidente Lula suas preocupações e pontos de vista. A conversa de mais de duas horas foi a mais longa que tivera até então com um Chefe de Estado, com a única exceção do encontro com Fidel Castro, em 1994.*

Já na madrugada seguinte, no voo de volta para o Brasil, anotei no meu caderno: "Almoçamos no hotel-residência e aproximadamente às 14h partimos para Paris, dando fim a uma verdadeira maratona de dez países (onze cidades) em outros tantos dias". Partira para o Oriente Médio com um objetivo principal: sensibilizar as lideranças árabes para a importância da Cúpula prevista para maio em Brasília. As conversas que mantive com variados interlocutores propiciaram um mosaico de impressões e percepções que foram muito além daquele objetivo. Temas como relações bilaterais nos campos político, econômico e cultural, negociações da Rodada Doha (e, nesse contexto, a candidatura do embaixador Seixas Corrêa à direção-geral da OMC), a reforma da ONU, além da situação interna de vários países foram abordados com uma amplitude inédita, o que, estou certo, representou um ponto de inflexão em nosso relacionamento com esse importante grupo de países. Como ministro do Exterior, passei a ter um conhecimento mais direto das forças políticas e do que estava em jogo em situações complexas, como a do Líbano e suas relações com a Síria. Pude apreciar a diversidade de opiniões, mesmo dentro de grupos menores, como o CCG. Até a tragédia individual de um brasileiro sequestrado (e, depois, como soubemos, morto) foi tratada em meio a discussões sobre comércio e geopolítica. Mesmo antes da Cúpula, julguei que havíamos colocado um tijolo na construção da multipolaridade.

Crimes cometidos pelos colonialistas

Em 16 de março, cerca de um mês depois do início do meu périplo árabe, parti para uma nova longa viagem que me levaria à Índia (G20) e de lá a Argel e Marraqueche. Em uma nota escrita no avião, logo após minha saída de Brasília, recapitulei sinteticamente o surgimento e o desenvolvimento da ideia da Cúpula. Relembrei que o impulso inicial partira do próprio presidente Lula, e que me coubera dar-lhe forma e executá-la. Essa e outras considerações foram registradas no meu "caderninho". O ponto mais interessante dessa anotação (que era essencialmente uma recapitulação) tem a ver com a atitude dos Estados Unidos diante da iniciativa da Cúpula. Transcrevo o trecho pertinente: "(...) Inicialmente o projeto passou quase despercebido, mas à medida que foi ganhando corpo, foi gerando preocupações [por parte de Washington], transmitidas recentemente

---

* A conversa com Fidel Castro está relatada em Amorim, op. cit., 2011, capítulo 9.

por Condoleezza Rice a José Dirceu. Não podendo impedi-lo, os EUA desistiram de criticar a iniciativa e passaram a procurar influir em sua agenda ('seria bom que o tema da democracia estivesse presente na reunião'). Seria necessário perguntar o que entendem por democracia e como alcançá-la. O Iraque será o modelo?". Vista em retrospecto, essa anotação tem um duplo interesse. Por um lado, revela o desejo de Washington de implodir a reunião a partir do seu conteúdo. A democratização dos países árabes certamente era em si mesma um objetivo desejável, mas de realização extremamente complexa, como ficaria claro, anos mais tarde, com a Primavera Árabe. Explicitá-lo como um tema da agenda seria, sem dúvida, percebido por esses países – todos ou quase todos autocracias rigidamente controladas por seus governantes – como uma provocação. Por outro lado, a chamada ao Chefe da Casa Civil demonstra como age o governo norte-americano, buscando, sempre que possível, contornar a Chancelaria e contactar diretamente as pessoas – mesmo aquelas tidas como mais à esquerda – que, na sua percepção, influenciariam as decisões do governo. No caso, a manobra não funcionou, pois o próprio Dirceu me informou do telefonema da secretária de Estado. O mais curioso é que Condoleezza Rice, com quem viria mais tarde a desenvolver boas relações, me havia telefonado logo em seguida à sua nomeação, estando eu em Davos, e se comprometeu a um diálogo franco e direto. Mas nesse tipo de assunto, o presidente nunca deixava de me ouvir, o que tornava inócua qualquer tentativa de driblar o Itamaraty. Na visita que faria ao Brasil no final de abril de 2005, pouco antes da Cúpula, na qual passamos quase seis horas juntos (entre deslocamentos e coletivas de imprensa), a secretária de Estado voltou ao tom amistoso do telefonema de janeiro. Em minha anotação sobre esse encontro, que cobriu também outros temas, fiz o seguinte registro: "Falamos amplamente de Haiti, África e Oriente Médio. Sempre sob um ângulo de entendimento e até de possibilidade de cooperação. Em suma, agenda positiva". Na coletiva de imprensa que se seguiu à reunião de abril, a secretária de Estado foi indagada sobre como via a Cúpula ASPA. Condoleezza Rice foi extremamente cuidadosa na resposta, evitando qualquer crítica à nossa iniciativa.

Na segunda quinzena de março, depois da reunião do G20 em Délhi, realizei minha segunda viagem à Argélia em menos de um mês. Dessa vez, atendia a um convite do governo argelino, na presidência da Liga Árabe. Juntamente com algumas autoridades não árabes (o secretário-geral da ONU, o presidente do Conselho espanhol e uns poucos chanceleres), teria oportunidade de me dirigir aos chefes de Estado da Liga, uma incomum distinção ao Brasil. Às vésperas da ASPA, não podia furtar-me a esse honroso compromisso. A sessão de abertura, no dia 22, foi longa. Gaddafi fez um interminável discurso no qual criticou veementemente a solução de dois Estados para o conflito entre Israel e Palestina. Colocava-se, portanto, em clara oposição à maioria e colidia de frente com a Iniciativa Árabe de Paz, proposta saudita que continuava a inspirar todas as declarações oficiais da Liga. Do meu ponto de vista, a prolixa fala do líder líbio valeu para desfazer qualquer ilusão sobre a unidade de opiniões entre os países árabes em relação ao tema da Palestina. Não eram poucas as divergências entre os líderes sobre os diversos aspectos da política regional (Líbano, Iraque, Palestina), como tivera ocasião de constatar ao longo da viagem do mês anterior, mas, até então, eu não tivera ocasião de ouvir uma expressão dessa divergência de modo tão enfático e, sobretudo, num foro essencialmente árabe, com a presença de alguns "estrangeiros" como eu. Todavia, aquele discurso não deixava de se encaixar perfeitamente na aula/sermão que ouvíramos na tenda em 2003 e, de certa forma, até ajudava a explicar seu conteúdo.

Os extensos discursos de vários participantes me fizeram temer que o presidente da reunião, o então já meu "amigo" Abdelaziz Bouteflika, viesse a cancelar a apresentação dos chanceleres convidados. Se isso ocorresse, o sentido da minha visita a Argel seria esvaziado. Afinal, Bouteflika limitou-se a exortar os oradores a serem breves. Falei logo em seguida ao ministro das Relações Exteriores da França, Michel Barnier, e ao Alto Representante da União Europeia, Javier Solana. Segui o exemplo de ambos e reduzi minha fala a cerca de três minutos, mantendo porém a essência da mensagem: os objetivos da Cúpula ASPA; Palestina; reforma da ONU. Sobre esse ponto, achei que devia fazer um gesto para os presentes e expressei apoio a um lugar permanente para um país árabe, "sem prejuízo de dois assentos permanentes para a África". Percebi que essa menção não foi suficiente para que Aboul Gheit, meu colega egípcio, ficasse satisfeito. Salientei que a ASPA seria realizada em um momento em que a integração sul-americana recebera grande impulso com o lançamento oficial da Comunidade Sul-Americana de Nações (CASA) em Cuzco, cerca de três meses antes. Assim, a Cúpula entre os países sul-americanos e os da Liga dos Estados Árabes seria o primeiro evento a envolver a recém-criada comunidade e outra região do mundo em desenvolvimento. Para minha alegria, Bouteflika e Amr Moussa mencionaram a ASPA em seus discursos. Aproveitei a cerimônia de encerramento para completar o exercício de relações públicas.

Registro alguns outros detalhes. Na longa fila de cumprimentos ao presidente argelino que antecedeu à abertura, em um centro de convenções à beira-mar, guardado por uma impressionante guarnição de cavalaria, Bouteflika me cumprimentou com quatro beijos, dois em cada face, o que, segundo nosso embaixador, Isnard Penha Brasil, era indicativo de "grande amizade". Vários jornais argelinos registraram de forma positiva a "presença do ministro brasileiro" na Cúpula da Liga e fizeram referência à reunião programada para Brasília. Durante o jantar oferecido por Bouteflika, fiz anotações nas margens do cardápio. A única realmente interessante tem a ver com um comentário do embaixador da Argélia no Cairo, um antigo combatente da guerra de libertação argelina, sobre a distinção que, a seu ver, deveria ser feita entre "terrorismo" e "resistência à ocupação estrangeira". Esse ponto se revelaria um dos mais difíceis na reunião de chanceleres sul-americanos e árabes, realizada em Marraqueche nos dias que se seguiram.

Minha visita a Argel, dada a programação estendida da Conferência, ensejou a oportunidade para um melhor conhecimento da cultura argelina, desde seus antecedentes númidas, passando por vestígios da presença romana, até a luta pela independência. Especialmente interessante foi a visita que fiz, acompanhado do *wali* (vice-prefeito ou delegado) e de grande aparato de segurança, à Casbá, a cidade árabe tradicional que se estende com seu casario branco e suas vielas apertadas em torno do que outrora fora a residência do *dey* de Argel. Era considerada uma zona ainda "perigosa" e, somente depois de alguma insistência, nosso embaixador conseguiu que as autoridades argelinas anuíssem ao meu desejo. Na Casbá, nosso guia – um homem de origem aparentemente humilde, mas extremamente eloquente e empolgado a ponto de parecer haver ingerido alguma substância excitante – me descreveu em detalhes o episódio do *coup d'éventail*, a bofetada com um leque que o *dey* sapecou no enviado francês, em 1827, e que serviu de pretexto para o início da aventura colonial de Carlos X. Pontuou sua exposição com conclamações a que tirássemos fotos, de modo que eu pudesse mostrar no Brasil "os crimes cometidos pelos colonialistas". Entremeou a narrativa com repetidas expressões de deferência, utilizando uma forma de tratamento cerimonioso que eu nunca tinha ouvido antes (*votre honneur, votre honneur*). O detalhe pitoresco serviu para evidenciar – caso eu tivesse alguma dúvida a respeito – que, ao lado do pragmatismo atual dos governantes, subsiste no povo argelino forte ressentimento em relação ao passado de submissão forçada ao domínio imperialista, o que torna ainda mais complexa a tarefa de governar esse país, dividido por lealdades tribais e linguísticas. Também na Casbá, pude formar uma impressão direta das casas e ruas, com suas intrincadas passagens secretas, que serviram de cenário à famosa película de Gillo Pontecorvo sobre a batalha de Argel, que marcou o "início do fim" da aventura colonial francesa na Argélia.

Quem sabe se o novo papa fosse argentino?

Em 25 de março, aconteceu a Reunião Ministerial Preparatória da Cúpula ASPA na cidade histórica e grande polo turístico e cultural do Marrocos, Marraqueche. Fora lá que, onze anos antes, eu assinara em nome do Brasil o famoso acordo que marcou o fim da Rodada Uruguai e criou a OMC. Não havia voltado a Marraqueche desde então, embora, como relatei anteriormente, tivesse participado de uma importante conferência em Casablanca, naquele mesmo ano. Era, portanto, com certa emoção e alguma expectativa que me preparava para presidir a reunião, juntamente com o ministro marroquino Mohammed Benaissa. Um aspecto positivo foi o expressivo comparecimento de representantes de países da América do Sul (nove dos quais eram ministros). As gestões que fizemos nas capitais de nossos vizinhos haviam dado resultado. Para garantir o apoio de meus colegas sul-americanos, eu tratava de dar-lhes o máximo de atenção. Nas poucas horas disponíveis entre minha chegada e o encontro, seguido de jantar, com meu colega marroquino, em que acertaríamos detalhes sobre a forma de conduzir a reunião ministerial da manhã seguinte, mantive contatos bilaterais com o chanceler da Venezuela, Ali Rodriguez, e com a ministra do Exterior do Suriname, Maria Levens. O encontro com a ministra surinamesa foi mais uma formalidade que cumpri para manter o bom clima, criado com a recente visita do presidente Lula ao Suriname, nosso pequeno vizinho amazônico/caribenho. Já Ali Rodriguez, seguindo uma prática à qual me havia acostumado nas reuniões da CASA, queria propor mudanças radicais na organização do texto da Declaração, objeto de laboriosas deliberações entre os altos funcionários e os vice-ministros. Apesar de seus eventuais méritos, essas mudanças trariam enormes complicações para o debate sobre temas em si muito delicados e complexos. Rodriguez, que era "marxista ortodoxo" e amante da dialética, mas a quem não faltava o sentido da prioridade política, teve a gentileza (ou o bom senso) de discuti-las comigo antes da plenária. Aceitei incluir duas emendas que não alteravam a estrutura do projeto, o que satisfez meu colega venezuelano, pelo menos naquele momento. Mais tarde, em outra reunião ministerial em que finalizamos o texto, na véspera da Cúpula em Brasília, Ali Rodriguez voltaria a me dar algum trabalho, assim como o próprio Chávez no encontro dos chefes de Estado.

Um dos poucos ministros ausentes foi meu colega Rafael Bielsa, da Argentina, nosso sócio estratégico e parceiro privilegiado no Mercosul. Apesar do esforço que fazíamos – e que rendia boas críticas da mídia e dos empresários, além de alguns embates com colegas de Ministério – para acomodar interesses dos nossos vizinhos, algumas atitudes tomadas no primeiro ano e meio do governo Kirchner eram altamente perturbadoras. (Mais tarde esse panorama mudaria.) Descrevê-las e, mais ainda, explicá-las seriam tarefas para um capítulo à parte, mas não resisto a reproduzir aqui uma anotação que fiz cerca de duas semanas depois. Os comentários nela contidos têm relevância direta para o processo da Cúpula.

Ademais, há nesses comentários uma hipótese que não deixa de ser premonitória: "Momentos difíceis na relação com a Argentina. Além das sucessivas expressões contrárias ao Brasil na questão [da reforma] do Conselho de Segurança, inclusive uma absurda referência [nas discussões em Nova York] sobre instabilidade regional e a falta de apoio ao Seixas [para o posto de diretor-geral da OMC], é necessário conviver com frequentes sinais de afastamento: as dúvidas sobre a vinda de Kirchner à Cúpula com os árabes, a ausência de Bielsa na ministerial de Marraqueche e, agora, na CASA. A questão é: que fazer? (...) Se a raiz de tudo for efetivamente ciúme (...), qual a saída? (...) Mesmo o cronograma da reforma do CSNU é algo sobre o que não temos controle. Envolvê-los mais em nossas iniciativas? É o que tentamos fazer desde a viagem de Lula à Índia... nosso apoio a Duhalde etc. *Quem sabe se o novo Papa fosse argentino?* Mas isso é com o Espírito Santo...".

O principal objetivo da reunião de Marraqueche era aprovar, em nível de chanceleres, o projeto de Declaração da Cúpula de Brasília. Trabalhamos com base em textos que haviam sido objeto de negociações entre os representantes dos dois grupos de países. A chefia da delegação brasileira nessas reuniões preparatórias coube à embaixadora Vera Pedrosa. Apesar dos avanços, havia ainda questões em aberto. As mais delicadas eram relativas à Palestina e ao conceito de terrorismo. Tocarei nesses pontos mais tarde, quando tratar da Cúpula propriamente dita. Depois de discussões nem sempre fáceis, alcançamos formulações aceitáveis para todos. Além dos co-presidentes da reunião, os chanceleres do Marrocos e do Brasil, um lugar de honra foi concedido ao ministro argelino, uma vez que seu país exercia a presidência da Liga Árabe e que Bouteflika presidiria com Lula a Cúpula em Brasília. Completaram a mesa o secretário-geral da Liga, Amr Moussa, e o presidente do Comitê de Representantes do Mercosul, Eduardo Duhalde. Seguindo uma sugestão que creio ter sido de Moussa, batizamos a reunião de Brasília de "Cúpula da Esperança". No discurso improvisado que fiz e nas entrevistas que dei à imprensa, referi-me à Cúpula como "um movimento sísmico que os historiadores do futuro não deixarão de registrar".

Apesar do resultado positivo obtido em Marraqueche, sabia que algumas questões viriam a ser levantadas novamente em Brasília. Não era simples fazer ver a delegados habituados a negociar textos nas Nações Unidas, que a reunião de líderes dos dois grupos de países deveria ser considerada não um ponto de chegada, mas um ponto de partida. O fato de reunir chefes de Estado e de Governo de duas regiões que até então praticamente não se falavam – ou o faziam de modo esporádico e fragmentado – constituía a grande novidade. Para mim, a

Declaração era, de certa forma, secundária, embora reconhecesse que, sobretudo para os árabes, firmar um consenso sobre temas para eles tão vitais tinha um valor próprio. Os matizes entre essas duas percepções continuariam a marcar as discussões em Brasília.

Por que não fizemos essa cúpula antes?

Poucos dias depois da reunião de Marraqueche, o secretário-geral da Liga dos Estados Árabes esteve em Brasília. Essa foi a primeira visita, nesse nível, de uma autoridade da Liga ao nosso país, fato que, por si só, já justificaria registro. Tive com Amr Moussa uma conversa muito rica, não só sobre a Cúpula, mas também sobre vários temas da realidade internacional. Como de hábito, dei bastante atenção à reforma do CSNU. Esse era um tema em que as posições brasileiras não coincidiam com a de vários Estados árabes. Países muito ativos nas Nações Unidas, como Egito e Argélia (não obstante as opiniões simpáticas do presidente Bouteflika), resistiam à ideia de novos membros permanentes. O próprio Moussa, quando ministro egípcio, se demonstrara crítico. Agora, como secretário-geral da Liga, certamente tinha uma visão mais ampla e, por isso, levantei com ele o tema, reiterando o que havia dito em meu discurso em Argel sobre a importância da presença de um país árabe no Conselho como membro permanente. Sabia que essas minhas constantes buscas de acomodar de forma equilibrada interesses legítimos com as posições brasileiras provavelmente esbarrariam nas restrições que alguns membros permanentes faziam e fazem a uma "expansão excessiva" do número de integrantes do órgão. Minhas notas não dão conta da reação de Moussa, mas é de se supor que, apesar de me ouvir atentamente, tenha evitado se comprometer.

Em sua estada em Brasília, o secretário-geral foi recebido em audiência pelo presidente Lula e condecorado com a Ordem do Cruzeiro do Sul. Teve ainda contatos com representantes do Congresso brasileiro. Em São Paulo e no Rio, encontrou-se com a comunidade árabe. Registro alguns *flashes* da coletiva de imprensa que demos no Palácio Itamaraty, em 4 de abril. Em sua exposição inicial, Moussa elogiou muito a iniciativa do presidente Lula. Recordou os progressos alcançados em Marraqueche e salientou os efeitos positivos que a aproximação gerada pelos nossos esforços já vinha tendo sobre as relações comerciais. Respondendo à pergunta de uma jornalista, que indagou se a Cúpula seria "mais uma oportunidade para que os países árabes façam um discurso contra a política de Israel", Moussa recordou a Iniciativa Árabe de Paz, adotada em dezembro de 2002, e reiterou que a Cúpula não era dirigida contra ninguém. A reunião era "entre dois grupos, entre duas grandes regiões do mundo". Em seu agradecimento, o secretário-geral destacou a forte impressão que minha atuação causara aos olhos do mundo árabe em virtude da determinação de propósito e da vontade política que deixava transparecer. Quanto às perguntas dirigidas a mim e as respostas que dei, destaco dois aspectos: a mesma jornalista indagou se eu endossava a preocupação dos EUA de que o evento se tornasse um grande fórum contra Israel. Perguntou também se eu reiterava a posição do governo brasileiro de que não haveria observadores na Conferência. Sobre o primeiro aspecto, relembrei o que já dissera no meu pronunciamento em Argel sobre a questão da Palestina e reiterei que o Brasil mantém e deseja manter boas relações com Israel. Repeti palavras de Moussa sobre o título dado à Conferência ("Cúpula da Esperança"), que também poderia ser entendida como "Cúpula do Diálogo", voltada para a paz e o futuro. Quanto à questão dos observadores, relembrei não ser prática, em conferências envolvendo duas regiões, como as do Mercosul com a União Europeia, a presença de terceiros. E completei: "Grande parte do que vai se passar será público, de modo que quem quiser observar, liga a televisão e observa". Em resposta a outra pergunta, sobre "as ações concretas" que seriam tomadas, salientei a necessidade de olhar para a iniciativa com uma visão mais ampla. Relembrei o aumento notável já verificado no comércio. Este certamente receberia impulso adicional com o fórum de negócios durante a Conferência. Sob esse aspecto, a Cúpula já era um êxito antes mesmo de realizada. Destaquei também os seminários sobre ciência e os vários eventos e projetos na área cultural. Relembrei dois momentos das minhas conversas com a imprensa árabe. Em uma das minhas primeiras viagens ao Cairo, havia sido indagado: "Afinal, qual é a razão dessa Cúpula?". Após a reunião ministerial de Marraqueche, realizada poucos dias antes, uma jornalista egípcia, se não me engano a mesma que me fizera aquela indagação, formulou uma pergunta bem distinta: "Por que não fizemos essa Cúpula antes?". Essa mudança de percepção era a melhor resposta para o eterno questionamento jornalístico quanto a "resultados concretos".

Como parte da estratégia de comunicação visando o público árabe, concedi, uma semana depois, uma longa entrevista ao jornalista Ibrahim Nafei, do jornal egípcio *Al-Ahram*. Meu entrevistador mencionou as diferenças entre os projetos de Declaração preparados pelos árabes e pelos sul-americanos. Destacou os mesmos pontos que haviam sido mencionados pelo meu companheiro de mesa no jantar oferecido pelo presidente Bouteflika, o embaixador argelino no Cairo: a condenação do terrorismo e o legítimo direito de resistência à ocupação estrangeira. Respondi-lhe que havíamos chegado a um entendimento sobre essa e outras questões em Marraqueche e que não antevia problemas de monta para a ratificação do projeto de Declaração por parte dos chefes de Estado em Brasília. Na verdade, acrescentei, o único ponto em suspenso dizia respeito ao mecanismo de seguimento para a Cúpula (periodicidade, próxima sede, reuniões ministeriais, grupos técnicos etc.), tema que abordara com Amr Moussa e que viria a ser resolvido a contento na Cúpula. Meu entrevistador revelou conhecimento de episódios recentes da América do Sul, inclusive uma reunião realizada em Puerto Ordaz, na Venezuela, a que haviam comparecido os líderes de Brasil, Colômbia e Espanha, além, obviamente, do país anfitrião. Referiu-se ao chamado, na referida reunião, por um "novo mapa político internacional". A pergunta ensejou, da minha parte, comentários sobre a necessidade de uma ampla reforma da ONU que incluísse, naturalmente, o Conselho de Segurança (aproveitei para retomar a hipótese de um representante árabe), mas não ficasse limitada a ele. Mencionei especificamente a importância de um mecanismo que viesse a preencher o vácuo então existente no que concerne à reconstrução de países recém-saídos de conflitos.* Tal mecanismo poderia vir a ser útil inclusive para a Palestina. A respeito dela, enfatizei a importância de que o futuro Estado Palestino, além de sua soberania, pudesse garantir uma vida digna a seus cidadãos. Aludi à recente viagem à Cisjordânia, que me fornecera uma visão muito concreta do que queríamos dizer quando nos referíamos à "dignidade do ser humano": "Que diferença é ler sobre uma situação e vê-la com seus próprios olhos".

No dia 9 de maio realizou-se a última reunião ministerial preparatória da Cúpula ASPA. As questões substantivas mais difíceis haviam sido resolvidas em Marraqueche. Na verdade, o único ponto que restara era o mecanismo de seguimento, em especial a periodicidade dos encontros de chefes de Estado. Alguns ministros, revelando uma resistência subconsciente ao processo que se estava iniciando, defendiam prazos mais dilatados. Tampouco demonstravam grande entusiasmo por reuniões setoriais de ministros. O ministro chileno, Ignácio Walker, foi um dos que se opuseram a um calendário mais apertado. Embora estivesse consciente da prioridade dada pelo Chile a outros processos de cooperação e/ou associação (o país assinara dois anos antes um acordo de livre comércio com os EUA), a atitude de Walker não deixou de me incomodar, e mesmo surpreender, até porque, em outros temas, como a CASA, mantínhamos boa coordenação.

---

* De certo modo, esse vácuo foi preenchido com a criação da Comissão de Consolidação da Paz (CCP), em 2005. Havia algum tempo que o Brasil se preocupava com esse tema. Durante nosso mandato como membro não permanente do CSNU em 1998/1999, inspirado pelo artigo 65 da Carta da ONU, que recomenda a coordenação entre o Conselho de Segurança e o Conselho Econômico e Social (Ecosoc, na sigla em inglês), propus a criação de um mecanismo com esse objetivo. Essa preocupação foi retomada pelo Painel de Alto Nível e resultou na criação da CCP.

Afinal, depois de alguma discussão, chegamos ao entendimento consubstanciado no item 13.1 da Declaração de Brasília.* No discurso de boas-vindas, procurei chamar atenção para as dimensões econômico-comercial e cultural da iniciativa: referi-me ao seminário empresarial, que contou com 1.200 empresários inscritos, 250 árabes, 650 brasileiros e 300 de outros países sul-americanos. Esse grau de interesse já era uma indicação positiva do potencial da nossa relação. Mencionei também a inauguração da exposição fotográfica *Amrik*, sobre a imigração árabe na América do Sul, organizada com esmero pelo Departamento Cultural do Itamaraty, e diante da qual, dado seu forte conteúdo humano, era difícil não se emocionar. Essa exposição seria posteriormente levada a vários países árabes e sul-americanos e exibida na sede da ONU, em Nova York.

Em seu breve discurso de abertura na reunião de chefes de Estado, o presidente Lula fez referência específica à democracia e aos direitos humanos, temas que, segundo os críticos da iniciativa, estariam ausentes do encontro. Ao falar de seu tema preferido – a busca por uma nova geografia político-econômica mundial –, disse o presidente: "Esse esforço só será recompensado se soubermos transformar os frutos do desenvolvimento em instrumentos eficazes para a diminuição das desigualdades sociais, a promoção dos direitos humanos e o aperfeiçoamento das instituições democráticas". E acrescentou: "Não estamos reunidos apenas em busca de vantagens econômicas e comerciais. Defendemos a democratização dos organismos internacionais para que a voz dos países em desenvolvimento seja ouvida". Tais menções não eram gratuitas. A questão da democracia foi um dos pontos mais constantemente levantados pela mídia. Esse tema continuaria a ser objeto de questionamentos nas entrevistas que se seguiram à Cúpula, tanto na que o presidente Lula concedeu imediatamente após o encerramento do encontro, como nas várias outras a que compareci. Em nossas respostas, o presidente e eu apontamos para as referências à democracia e aos direitos humanos no texto da Declaração, especialmente no contexto das situações do Iraque e da Somália. Ressaltamos também que, sendo aquele um documento que envolvia

---

* "13.1 A fim de assegurar o seguimento das decisões constantes nesta Declaração, decidem que:

- a Segunda Cúpula América do Sul-Países Árabes será realizada no Marrocos, no segundo trimestre de 2008;
- a próxima reunião de ministros das Relações Exteriores dos países sul-americanos e árabes será realizada em Buenos Aires, na Argentina, em 2007;
- reuniões extraordinárias de ministros das Relações Exteriores poderão ser realizadas, conforme necessário;
- uma reunião de Altos Funcionários dos Ministérios das Relações Exteriores será realizada em novembro de 2005, na sede da Liga Árabe, no Cairo." Como costuma ocorrer, as datas e os locais do segmento foram objeto de ajustes.

mais de vinte países de duas regiões muito diferentes, era natural que refletisse o meio-termo possível entre posições distintas. Mais importante, sublinhamos a visão brasileira de que a melhor forma de pregar a democracia é pelo diálogo e pelo exemplo, nunca pela imposição. Se algo poderia ter influência sobre os processos políticos árabes (muito distintos entre si) era a contemplação da experiência sul-americana, em que países em desenvolvimento haviam escolhido o caminho da democracia, não só no campo estritamente político, mas também no econômico-social. Essa é uma convicção que continuo a ter. Obviamente, não podemos nem devemos (sob risco de sermos vistos como arrogantes) superestimar nossa capacidade de influir em situações políticas dos diferentes países, sobretudo nesta era conturbada após o que se convencionou chamar de Primavera Árabe. Mas é interessante notar que, no interregno entre a queda de Mubarak e a eleição de Morsi, personalidades latino-americanas tenham sido convidadas a participar de foros no Egito com o objetivo específico de transmitir a experiência sul-americana de transição democrática.* Um aspecto da democracia não tratado na Declaração, mas que, curiosamente, não suscitou na época comentários da mídia brasileira, diz respeito à questão da igualdade de gênero. Sobre esse ponto, nada poderia ser mais eloquente do que a presidenta Bachelet falando em nome dos países da América do Sul na II ASPA, realizada no Qatar, em 31 de março de 2009.

Outro ponto que suscitou polêmica – e foi objeto de questionamentos nas entrevistas que se seguiram à Cúpula – se referia à condenação ao terrorismo. Essa questão fora objeto de controvérsia durante a preparação da Declaração, sobretudo no contexto do direito de resistência à ocupação estrangeira. Os parágrafos 2.16 e 2.17 da Declaração deram solução a esse debate. O primeiro não deixa nenhuma dúvida sobre a necessidade de combater o terrorismo "em todas as suas formas e manifestações", conclamando a cooperação internacional com esse objetivo. Por outro lado, o direito à resistência foi reconhecido pela Declaração, com qualificações. Segundo o texto, tal direito deve ser exercido "de acordo com os princípios da legalidade internacional e em conformidade com o Direito Humanitário Internacional". Evidentemente, houve críticas baseadas em alegações de tratamento contrário, ou mesmo hostil, a Israel. Sobre isso, tanto o

---

* Um exemplo foi o Cairo International Democratic Transitions Forum, em 5 de junho de 2011. Participei nesse fórum como um dos *key-note speakers*, ao lado da então ex-presidente do Chile, Michelle Bachelet. Vale reproduzir as palavras do então primeiro-ministro do Egito, Essam Sharaf, na abertura do evento: "*We look forward to hearing the contributions of participants in this distinguished Forum. While the details of democratic transitions will differ from one country and one historical moment to another, there are similarities and lessons learned which can guide us*".

presidente Lula como eu assinalamos que as expressões usadas na Declaração de Brasília decorriam de linguagem de decisões e resoluções das Nações Unidas. Mais importante: antes mesmo da realização da ASPA, fora anunciada minha próxima visita a Israel, programada para o final de maio. A reunião dos líderes propriamente dita foi, sobretudo, uma sucessão de discursos, alguns mais longos, como o do presidente Chávez. O único "sobressalto", se é que posso qualificá-lo dessa forma, decorreu de uma intervenção do líder venezuelano, que desejava ver, na Declaração, uma condenação explícita à deposição de Saddam Hussein pela força. Uma referência desse tipo, embora correta, jamais obteria consenso. Não só se oporia a ela o presidente iraquiano, mas também líderes de outros países que, de uma forma ou de outra, haviam apoiado, alguns apenas tacitamente, a invasão norte-americana. O pequeno contratempo foi superado com um chamado ao entendimento e uma pausa para café, ao fim da qual Chávez e Talabani* emergiram como dois velhos amigos. Além dos temas já mencionados e das questões relativas à cooperação entre as duas regiões, a Declaração de Brasília expressou uma visão comum sobre assuntos da atualidade internacional. Enfatizou a necessidade de uma ação efetiva com vistas à adesão universal ao Tratado de Não Proliferação Nuclear (TNP), e clamou pelo estabelecimento de uma zona livre de armas nucleares no Oriente Médio. Defendeu a criação de um Estado Palestino independente e viável, bem como a retirada de Israel de todos os territórios árabes ocupados nas fronteiras de 1967. Expressou preocupação com as sanções unilaterais dos Estados Unidos à Síria. Em relação ao Iraque, destacou o papel central que as Nações Unidas deveriam ter na reconstrução do país. Por fim, o texto reafirmou a necessidade de uma ampla reforma da ONU, com vistas a garantir maior "eficiência, democracia, transparência e representatividade" aos seus principais órgãos. Obviamente, a formulação desse último ponto, como a de alguns outros, era um mínimo denominador comum que preservava as posições individuais sobre o assunto. A Declaração constituiu um marco pioneiro na construção de consenso entre duas regiões geograficamente distantes e até então politicamente afastadas. Nesse sentido, como disse o presidente Lula em seu discurso de abertura, simbolizou a "coragem de romper padrões estabelecidos".

---

* Jalal Talabani, presidente do Iraque desde abril de 2005, é também umas das principais lideranças curdas no Iraque e fundador do partido Patriotic Union of Kurdistan (PUK). Afora os aspectos políticos, a ASPA suscitava preocupações de natureza logística, protocolar e de segurança. Quanto a estas, somente respirei aliviado quando fui informado de que o avião de Talabani, objeto principal dos nossos cuidados, levantara voo.

A primeira Cúpula ASPA ensejou também a ocasião para encontros entre chefes de Estado e ministros. No dia seguinte à Cúpula, aconteceu a visita oficial do presidente da Argélia, que contribuiu para reavivar as relações bilaterais com esse importante país do Magrebe. Muitos dos acordos reclamados por Bouteflika quando de minha primeira viagem à Argélia puderam ser assinados nessa ocasião, dando início a um processo marcado por visitas de alto nível e intensificação das relações em todos os planos: político, econômico-comercial e cultural. Destaque especial, em função de seu significado político e ineditismo, merece o encontro do presidente Lula com o presidente Mahmoud Abbas, da Autoridade Palestina. A propósito da conversa com Abbas, Lula teceu, em seu discurso de encerramento, um comentário elogioso ao presidente da Autoridade Palestina, salientando "sua sabedoria e (...) sua tranquilidade em saber que a paz será, sobretudo, um jogo de paciência, como um jogo de xadrez", e acrescentou: "Ao mesmo tempo que temos pressa de conquistá-la [a paz], temos de ter paciência para construir as oportunidades políticas para alcançá-la".

Faço um breve registro sobre o comparecimento de líderes, objeto de comentários negativos daqueles que, a todo custo, não podendo impedir a Cúpula, procuravam diminuir seu valor. Destaco inicialmente que todos os países da América do Sul e do mundo árabe se fizeram representar no encontro, seja pelo Chefe de Estado ou de Governo (num total de nove, mais um membro de família real, no caso dos árabes), seja por seus ministros do Exterior. Que me recorde, um único país, se não me engano o Iêmen, enviou o equivalente a um vice-ministro. Estiveram em Brasília, além dos já mencionados, o emir do Qatar, Hamad bin Khalifa, o presidente do Djibuti, Ismaïl Omar Guelleh, e o presidente do Iraque, Jalal Talabani. Nenhum destes havia visitado o Brasil antes. A participação do presidente Talabani foi especialmente significativa, não só porque o país ainda estava emergindo de uma situação de conflito, mas porque o Brasil se opusera, de forma veemente, ao ataque norte-americano, do qual resultara a instalação das novas autoridades iraquianas. Nas palavras do ministro do Exterior da Tunísia, ele próprio representando o presidente: "Raramente se veem tantos líderes árabes juntos". O evento teve também grande repercussão internacional e mereceu manchete em jornais como *Le Monde* e *El País*, que o qualificaram de "histórico" e "inédito". Alguns apontaram para a criação de um novo "eixo Sul-Sul" e definiram a reunião como "encontro de dois mundos". O presidente do pequeno Djibuti (onde, como fiquei sabendo na Cúpula, uma empresa brasileira estava modernizando a estrutura portuária em associação com uma companhia de outro país árabe) afirmou em sua reunião bilateral com o presidente Lula: "Abriu-se uma muralha que nunca mais se fechará". Em uma nota de 15 de maio, observei que os jornais brasileiros continuavam a focalizar sua atenção na Cúpula. A propósito da ASPA, o *ombudsman* da *Folha* dedicou boa parte de uma matéria daquele mesmo dia às deficiências da cobertura jornalística sobre política externa. No mesmo jornal, a comentarista Eliane Cantanhêde escreveu um artigo em que contrastava a política externa daquele período, que qualificou de ousada e audaz, com a de governos anteriores.* Do meu ponto de vista, apesar do tiroteio de que foi alvo, a iniciativa teve, entre outros, o mérito de colocar a política externa no centro da agenda nacional. Relendo minhas anotações da época, constato que atribuí enorme importância à Cúpula, que qualifiquei como um ápice ou o "final do primeiro ato", que coincidia, com a diferença de alguns meses, com a metade do mandato de Lula (a reeleição e minha permanência no governo no caso de um eventual segundo mandato eram ainda incógnitas). Depois da mudança de rumo que conseguimos imprimir às negociações comerciais (ALCA e Doha) e do impulso à integração sul-americana, a ASPA representou, no plano das relações globais, um grande passo – não isento de riscos – na direção de um mundo organizado de forma menos rígida e, nessa medida, fora um triunfo (quaisquer que fossem os reparos dos setores mais conservadores da sociedade brasileira) da política externa "ativa e altiva".

De Jerusalém a Ramalá

Jerusalém

Cerca de duas semanas depois da Cúpula ASPA, mais precisamente no dia 29 de maio, iniciei minha visita a Israel. Ao chegar a Tel Aviv, uma década já havia se passado desde que um de meus antecessores, o ministro Luís Felipe Lampreia, tinha visitado o país. Na época, eu era embaixador na ONU e me recordo dos comentários entusiasmados do chanceler a respeito da viagem e das distinções com que fora tratado. Mas o momento era outro. Nossas iniciativas em relação ao mundo árabe despertavam suscetibilidades no governo israelense, muito amplificadas pela mídia brasileira. Havia igualmente que pensar na influente comunidade

---

* Cantanhêde, Eliane. "Volta ao mundo", *Folha de S.Paulo*, 15 de maio de 2005. Entre outras, o artigo contém as seguintes afirmações, que iam contra a corrente da maioria da mídia: "O governo Lula é sistematicamente criticado pela mesmice na economia, pela desarticulação política e pela ineficiência na gestão social. Mas, na área externa, goste-se ou não dos rumos que vem tomando, ele está longe da mesmice, da desarticulação e da ineficiência. Ao contrário, é de uma ousadia e de uma coordenação inexistentes em outros governos e em outras áreas deste governo".

de origem judaica no Brasil, cuja opinião não poderíamos de maneira alguma ignorar. Além disso, se desejássemos (como desejávamos) vir a ter algum papel na paz no Oriente Médio, como nos pedira, entre outros, o próprio presidente da Autoridade Palestina, tínhamos de preservar e, até mesmo, aprofundar nosso relacionamento com Israel.

Um dos meus objetivos com essa visita era eliminar dúvidas sobre os propósitos da ASPA e reafirmar os laços tradicionais de amizade entre Brasil e Israel. A reação do governo israelense à convocação da Cúpula, refletida em comentários e entrevistas de funcionários diplomáticos, merecia atenção. Não desejava, de maneira nehuma, que o encontro com os países árabes fosse interpretado como uma atitude anti-israelense da nossa parte. Certamente, este também era o sentimento do presidente Lula, que não perdia ocasião de manifestar seu apreço e solidariedade pela comunidade judaica, fazendo-se presente, inclusive, em cerimônias em que a memória do Holocausto era evocada. Tratei, assim, antes mesmo da realização da ASPA, de tomar providências para que fosse agendada uma visita oficial a Israel, a primeira de cinco realizadas durante a minha gestão. Ao contrário do que as acerbadas críticas e advertências da nossa mídia poderiam fazer supor, as autoridades do país foram muito receptivas. Garantiram desde logo que não só eu me encontraria com meu par, o ministro do Exterior, Silvan Shalom, como também teria outras entrevistas com autoridades do primeiro escalão, como o presidente, o vice-primeiro-ministro e com o primeiro-ministro, Ariel Sharon.

Foi assim que, na manhã do dia 30 de maio, antes de qualquer compromisso oficial, me pus a contemplar, da varanda da minha suíte no hotel, a muralha de Jerusalém, feita de pedra cinza clara e, para além dela, as cúpulas dos templos das três grandes religiões monoteístas. Relembrei a magnífica descrição de Eça de Queiroz em *A relíquia*. Já na véspera, tivera contatos com membros da comunidade brasileira em Israel, quase todos radicados no país, entre eles cientistas, engenheiros, médicos, empresários e intelectuais. Uma professora de literatura (infelizmente não guardei o nome) havia dado aula no Colégio Mello e Souza, onde eu estudara, com a breve interrupção de um semestre, desde o segundo ano primário até o final do que, no meu tempo, se chamava curso clássico. Uma violista, Misna Herzog, que, segundo o embaixador brasileiro, Sérgio Moreira Lima, era "a maior instrumentista de viola da gamba da atualidade", deu-me um disco com gravações suas de composições de Villa-Lobos e Dorival Caymmi. Um arquiteto, discípulo de Oscar Niemeyer, que vivia em Israel há cinquenta anos (*sic*) presenteou-me com um belo livro. O encontro com esses brasileiros autoexilados, mas que mantinham fortes laços afetivos e familiares com nosso país, foi mais do que cordial, foi caloroso. Para eles, estar com um ministro brasileiro na pátria que consideravam ser a de seus antepassados e que haviam adotado para si próprios era muito mais importante do que eventuais arranhões no relacionamento político-diplomático entre Tel-Aviv e Brasília, que afinal se revelariam menos profundos do que se buscava fazer crer no Brasil. Em uma entrevista de imprensa que se seguiu, com a presença de correspondentes brasileiros e jornalistas israelenses, as perguntas não foram provocativas. Havia, na verdade, mais interesse em iniciativas comerciais entre Brasil e Israel, inclusive envolvendo o Mercosul. Um repórter me perguntou se minha estada em Jerusalém e Tel-Aviv poderia causar algum incômodo nas capitais árabes e se eu me preocupava com isso. A indagação me proporcionou ocasião para reafirmar a total independência da política externa brasileira, o que, fiz questão de frisar, "vale para todos os lados".

Naquele momento, estava em curso a operação de retirada das forças israelenses de Gaza, o que revestia de especial interesse as conversas que iria manter. Meu primeiro encontro, no dia 30, foi com o presidente Moshe Katsav, um homem que avaliei ter aproximadamente a minha idade e que – circunstância que anotei – nascera no Irã. Embora protocolar, a reunião com o presidente não foi destituída de interesse. Meu interlocutor não se furtou a abordar temas políticos. Após os cumprimentos e as fotos de praxe, foi logo falando da situação entre Israel e a Palestina. Disse que esta nunca fora tão propícia a um entendimento, embora reconhecesse que "era sujeita, todo o tempo, a um descarrilamento". Elogiou a atitude positiva de Abu Mazen, mas disse temer que este não conseguisse exercer controle sobre o Hamas, "cujo poder e popularidade vêm aumentando". Admitiu que Israel deveria trabalhar para fortalecer a posição do presidente da Autoridade Palestina, mas reclamou da ausência de medidas mais rigorosas da parte da ANP para coibir ações terroristas. Não fez nenhuma alusão à ASPA ou ao nosso relacionamento com os países árabes. Ao contrário, sua atitude franca ao abordar temas delicados da relação com os palestinos demonstrava confiança no Brasil. Não muito depois, o presidente Moshe Katsav viria a se envolver em um escândalo que o levaria a renunciar. Além do conteúdo, o encontro com o presidente impressionou-me também pelo aparato de segurança que o cercou. Aliás, aparato de segurança foi uma característica constante da minha visita, como pude constatar ao abrir a porta do meu quarto no hotel e deparar com um soldado israelense, munido de um fuzil-metralhadora. Não me senti nem um pouco mais seguro. Curiosamente, só na Palestina, três meses antes, tivera sensação similar.

De todos os meus encontros, quiçá o menos interessante foi o que tive com o ministro do Exterior – que, anos mais tarde, como vice-primeiro-ministro, viria a se sentar a meu lado no banquete oficial durante a visita de Estado de Lula a Israel. Silvan Shalom procurou dar um tom profissional/diplomático e pouco político ao diálogo que ocorreu por ocasião de um almoço de trabalho. Foi abordando os vários tópicos a partir de uma agenda comentada que tinha à sua frente, com a aparente preocupação de não se deter muito em nenhum deles. Tal qual o presidente, não fez nenhuma cobrança ou sequer tocou em temas relacionados à ASPA, muito embora eu próprio tenha feito questão de mostrar que não via o assunto como tabu e tenha oferecido algumas "deixas" que meu interlocutor poderia ter aproveitado, se assim desejasse. Referi-me, por exemplo, à conversa de Lula com o presidente da Autoridade Palestina e ao diálogo entre Chávez e Talabani. Shalom registrou, em tom bastante moderado, o "desconforto" de Israel com posições adotadas pelo Brasil em algumas votações na ONU, mas logo emendou com um agradecimento por nossa participação na iniciativa sobre antissemitismo. Depois de uma breve incursão em temas bilaterais (comércio, cooperação científica e cultural), tratamos da questão palestina. Shalom se referiu ao tema em termos que não diferiram muito daqueles que ouvira do presidente Katsav, talvez com uma nuance ligeiramente mais negativa. Revelou preocupação com o fortalecimento do Hamas, sublinhando que isso era "um problema maior para a Autoridade Palestina do que para Israel". E acrescentou: "[O Hamas] pode ocasionar uma morte aqui ou ali, mas não ameaça o Estado israelense".

O diálogo mais interessante do dia foi com o ministro do Comércio e *Acting Prime Minister* (vice-primeiro-ministro de fato), Ehud Olmert, que alguns meses antes havia estado no Brasil, quando se encontrou com o presidente Lula em uma missão de início caracterizada como primordialmente comercial. Foi, aliás, o meu colega Luiz Furlan, então no comando do MDIC, quem o levou ao presidente. Curiosamente, essa audiência não consta da minha agenda. Suponho que isso se explique por não ter sido informado com antecedência. Não seria a única vez em que houve a decisão de me excluírem de reuniões que, mesmo de natureza primordialmente econômica, tinham óbvias implicações políticas.

Meu encontro com Olmert em Jerusalém começou com um episódio bastante cômico. Eu havia concordado em levar em minha comitiva um dos líderes da comunidade judaica no Brasil, o rabino Henry Sobel, com quem mantinha relações bastante cordiais desde minha primeira passagem pelo MRE. Em 1994 ocorreu o acordo de Washington, graças ao qual Rabin e Arafat receberam o prêmio Nobel. Na ocasião, seguindo uma sugestão de nosso embaixador em Washington, Paulo Tarso Flexa de Lima, enviei cumprimentos não só aos ministros do Exterior (e, naturalmente, providenciei que o mesmo fosse feito pelo presidente Itamar aos dois líderes), mas também às lideranças judaica e árabe no Brasil. Desde então, mantive com Sobel um diálogo que ambos valorizávamos. Ao assentir com a presença de Sobel em uma delegação essencialmente governamental, eu havia colocado algumas restrições. A principal delas dizia respeito à participação em certos encontros, entre eles o que teria com Sharon. Em um assomo de liberalidade, consenti que o rabino assistisse a reuniões com algumas autoridades israelenses. Após nos haver conduzido ao Muro das Lamentações, onde deixei a minha prece em um papelzinho enrolado,* o rabino desgarrou-se da delegação. Assim, ao ser recebido por Olmert, estava acompanhado apenas por meus assessores. Antes que nos sentássemos à mesa de reunião em que transcorreria a conversa, Sobel, com sua quipá de cor similar à de um solidéu cardinalício, irrompeu esbaforido sala adentro. O vice-primeiro-ministro ficou estupefato. Indagou-me com bom humor: "Você viaja com seu próprio rabino?".

A conversa com Olmert foi marcada por esse tom descontraído. Tratamos, porém, de temas bastante sérios. Discutimos inicialmente assuntos de natureza econômica, entre os quais aviões da Embraer, etanol e medicamentos genéricos. Em certo momento, o vice-primeiro-ministro interrompeu o curso do diálogo e disse: "Agora vamos falar de política". Discorreu, de modo objetivo, sobre as relações com os palestinos, destacando a atitude positiva do presidente, Mahmoud Abbas. Deteve-se, especialmente, no "gesto histórico" de Sharon ao determinar a retirada unilateral de Gaza, apesar das contestações de membros da coligação governamental e até mesmo de seu partido, o Likud. Não poupou críticas àqueles que, a pretexto de defender os colonos, se opunham à saída das forças de segurança israelenses. Seu raciocínio seguiu uma linha muito próxima da que ouviria no dia seguinte da boca do próprio Sharon. Olmert disse que Israel não hesitaria em usar a força para proteger a segurança dos cidadãos israelenses. Como o Chefe de Governo, que ele em breve substituiria, o vice-primeiro-ministro não poderia ser qualificado como "uma pomba" (*a dove*), mas compreendia perfeitamente a importância do diálogo com os palestinos. Referindo-se a Gaza, disse não esperar nenhum "gesto de reciprocidade" da parte da Autoridade Palestina ("salvo uma atitude mais firme em relação ao terrorismo"). Tampouco insistiu que a retirada de Gaza seria o "fim da linha". Sabia que o diálogo com os palestinos, cedo ou tarde, envolveria difíceis concessões recíprocas.

O vice-primeiro-ministro ouviu sempre com atenção minhas ponderações sobre a importância de fortalecer a liderança de Mahmoud Abbas por meio de ações concretas que pudessem ser "mostradas" aos palestinos. Mencionou, ainda com relação a Gaza, detalhes concernentes à questão da destruição das casas dos

---

* Uma foto que captou esse momento de devoção religiosa ecumênica foi publicada no suplemento do jornal *Valor Econômico*, no contexto de um artigo sobre a trajetória algo conturbada do rabino Sobel.

colonos e os problemas específicos da situação da "faixa de Filadélfia".* Terminamos o diálogo em tom mais leve: falamos de cinema, de nossos filhos cineastas e do ator Richard Gere, amigo de Olmert – e que eu havia conhecido no início do ano em Davos –, com quem meu interlocutor iria encontrar-se em breve. "Dê-lhe um abraço do pai do Vicente (nome do meu filho mais velho, que também se tornara amigo do famoso ator)". Ao final do encontro, concordamos que havíamos mantido um diálogo rico e produtivo: "Daqui a 25 anos (por que 25, não sei), se estivermos vivos, recordaremos esta conversa".

Foi o nível de interesse do diálogo com Olmert que, segundo nosso embaixador, garantiu, no dia seguinte, a audiência com o primeiro-ministro Ariel Sharon. Antes disso, encontrei-me com Shimon Peres, que ocupava também um cargo de vice-primeiro-ministro (não sei ao certo quantos havia). Fui vê-lo no escritório da fundação que leva o seu nome e que tem por objetivo aproximar crianças e jovens israelenses e palestinos. Peres me recebeu em uma sala de reuniões bastante acanhada, em um prédio moderno em Tel Aviv. Transcrevo a nota que fiz a respeito, com a perspectiva otimista – e que se revelaria algo ingênua – que eu tinha na época: "Recordei o fato de nos havermos visto em 1993, (...) logo após os célebres acordos de Oslo/Washington. (...) Elogiei seus esforços [em prol da] reconciliação entre palestinos e israelenses; a seu pedido, contei-lhe um pouco [a evolução recente] da economia brasileira e perguntei-lhe (...) sobre as perspectivas da questão palestina, tendo obtido resposta encorajadora. Com seus mais de 80 anos, Peres tem hoje uma visão quase filosófica dos fatos, mas continua empenhado em trabalhar pela paz. Elogiou a atual liderança palestina (...). Falamos também da sociedade civil, dos encontros entre os familiares de [vítimas de ambos os lados]". Acrescentei em minhas anotações a impressão de que Peres era uma pessoa realmente comprometida em obter a paz com os árabes.** Mas anotei também: "Por caprichos da história, talvez venha tocar a outro, que sempre fora um falcão truculento [como Ariel Sharon], dar o passo concreto mais importante". Após o encontro, que durou cerca de uma hora, Shimon Peres, ecoando algo que me dissera em privado, afirmou diante das câmeras de TV: "O Brasil é o país mais tolerante do mundo, o que por si só o credencia a ser um ator importante no Oriente Médio". Depois de breve

* "Faixa de Filadélfia", também conhecida como "corredor de Filadélfia", refere-se a uma área de 14 km situada entre Israel e o Egito. Foi estabelecida em 1979 com o objetivo de controlar o tráfego de pessoas entre o Egito e a Faixa de Gaza. A zona era controlada por Israel até 2005, quando passou ao domínio da Autoridade Nacional Palestina. As tensões aumentaram quando o Hamas passou a controlar a Faixa de Gaza, em 2007.

** Não poderia dizer o mesmo, como constataria anos mais tarde, de sua atitude em relação ao Irã.

participação em um seminário empresarial, retornei a Jerusalém, onde, no final da tarde, visitei um projeto esportivo da Fundação Peres. Distribuí medalhas para crianças palestinas e israelenses e, num impulso demagógico, me deixei fotografar fazendo "embaixadinhas".

Minha reunião com o primeiro-ministro havia sido agendada para as 12 horas do dia 31, no Knesset. Após alguma incerteza, avidamente acompanhada pelos correspondentes brasileiros, o encontro foi remarcado para as 17 horas no gabinete do Chefe de Governo, um dos prédios mais protegidos do país. Acompanharam-me no encontro tão somente o embaixador Moreira Lima e o enviado especial para o Oriente Médio, Affonso Ouro-Preto. Eu não nutria grandes expectativas em torno da conversa com Sharon. Tinha bem gravadas na mente as ações provocativas que haviam desencadeado a segunda Intifada. Anotei no meu caderno, mais ou menos com essas palavras, que Sharon, diferentemente do trabalhista Peres e mesmo do correligionário no Likud, Olmert, era um homem duro, um guerreiro, um general, mais do que um político ou um diplomata. Depois de alguma espera em uma sala anormalmente movimentada, como a de um país em guerra, fui recebido pelo velho general de forma bastante cortês, diria mesmo amistosa.

Ainda assim, Sharon não deixou de fazer uma referência que, embora solta *en passant*, me pareceu algo desairosa à Cúpula com os países árabes. Em certo ponto da conversa, senti-me impelido a retomar esse tema, menos com o objetivo de convencê-lo e mais para mostrar com clareza a nossa visão e a certeza de que o tempo revelaria o acerto de nossa iniciativa. Diante de meu comentário, Sharon não polemizou. Concentrou a maior parte de suas observações na situação em Gaza. Demonstrou determinação em prosseguir com a retirada. Essa era uma decisão já tomada, afirmou. De modo mais enfático do que Olmert, disse ser essencial uma redução de 100% (*sic*) das ações terroristas, mas não rejeitou a necessidade do diálogo. Comentei a impressão de pragmatismo que a liderança palestina atual nos causava. Sharon não refutou essa opinião, talvez por mera cortesia. Cortesia também pode ter inspirado sua reação simpática à já mencionada possibilidade de que em algum momento o Brasil viesse a contribuir para o diálogo entre Israel e Palestina. De minha parte, enalteci a coragem da decisão sobre Gaza, que, como eu sabia, havia custado ao primeiro-ministro a alienação de parte de sua base de sustentação política. Sobre isso, pensei (mas obviamente não disse) que a vantagem de ter-se um homem duro como Sharon – o qual, diga-se de passagem, referiu-se mais de uma vez durante nossa conversa a "direitos bíblicos" de Israel – à frente de um processo como esse é que as decisões tomadas dificilmente são revertidas. Fora um pouco o caso de Richard Nixon em relação à China. O primeiro-ministro teve palavras de amizade e apreço pelo Brasil. Em sua visão, nosso papel deveria consistir essencialmente em convencer os árabes das "boas intenções" de Israel. A conversa teve também momentos de descontração: em certo momento, o primeiro-ministro recordou seu encontro com o Papa João Paulo II, o qual lhe teria dito que, embora Jerusalém fosse considerada "terra santa" pelas três grandes religiões monoteístas, a cidade fora "prometida" apenas para os judeus. Em suma, Ariel Sharon transmitiu a impressão de um homem com convicções arraigadas, que não nutria qualquer empatia pelos adversários, mas compreendia ser indispensável algum tipo de entendimento com eles, em benefício da segurança de Israel. Contrariamente aos prognósticos – inclusive os meus –, o encontro com o governante israelense terminou em clima ameno, com exibições recíprocas de fotos dos respectivos netos.

Voltei de Israel com a sensação de que aqueles dois homens (um deles viria a ficar fisicamente incapacitado logo em seguida e o outro, por desgraça, se envolveria em um escândalo financeiro que, alguns anos mais tarde, lhe custaria o cargo), sem abrir mão de suas firmes convicções, teriam condições de levar adiante um processo de paz baseado no diálogo com chance de ser bem-sucedido. Foi o que Olmert tentou, entre outros momentos, na Conferência de Annapolis, antes de ser forçado a deixar o governo. Igualmente importante: o diálogo franco que tive com ambos deixou claro para mim que a mais alta liderança israelense via no Brasil um interlocutor válido, capaz de contribuir para a solução de um conflito que até hoje continua a roubar vidas e a gerar insegurança para todos os habitantes de uma das mais antigas e veneradas regiões do planeta. Essa sensação viria a se confirmar mais tarde, em repetidas ocasiões, inclusive quando fui portador de mensagens de Bashar al-Assad aos governantes israelenses e vice-versa.

Intermezzo

A primeira Cúpula ASPA fora um clímax. O passo seguinte foi garantir que as nossas relações com Israel não fossem esgarçadas ao mesmo tempo que nos aproximávamos do mundo árabe. Na realidade, as relações se intensificaram. Durante minha visita em maio de 2005, realizou-se em Tel Aviv seminário empresarial, com importante participação dos dois lados. Entre os nomes brasileiros, recordo-me especialmente de Pratini de Moraes, que já ocupara importantes cargos na área econômica em governos anteriores. Foi nessa ocasião que se começou a cogitar um acordo de livre comércio entre Israel e o Mercosul. Nos meses que se seguiram, procurei manter nossos contatos com os países do Oriente Médio.

Em junho de 2005, participei em Bruxelas de uma reunião sobre a reconstrução do Iraque. Como o tema principal desse encontro era o perdão da dívida iraquiana e não teríamos meios de reaver o que o país nos devia, concebi uma maneira que, na época, me pareceu engenhosa: converter essa dívida em capital de um banco da ASPA, cuja criação havia sido proposta pelo presidente Talabani durante a Cúpula. Nem o banco nem a conversão saíram do papel, mas a iniciativa, além de demonstrar nosso empenho em ajudar na reconstrução do Iraque, ilustrou nosso interesse em fortalecer a relação com os países árabes, inclusive no setor financeiro. Em meu breve discurso, procurei transmitir uma visão voltada para o futuro, com ênfase na reconciliação entre as várias facções, na consolidação do processo político e em maior participação das Nações Unidas na condução dos assuntos iraquianos. A referência à ONU bastou para que setores da nossa mídia vissem nas minhas palavras o desejo de criticar os Estados Unidos. Não foi essa, porém, a percepção da secretária de Estado, com quem conversei animadamente antes do início da reunião, como, aliás, foi registrado fotograficamente. No meu pronunciamento, anunciei a intenção de reabrir a embaixada brasileira em Bagdá, fechada em 1991. Em 19 de dezembro de 2006, o embaixador Bernardo Brito, baseado em um escritório aberto em Amã (independente de nossa embaixada no Reino da Jordânia), apresentou credenciais ao presidente Talabani. Devido a dificuldades burocráticas, o funcionamento da embaixada no Iraque somente se concretizaria de forma plena em 2012.

Entre maio de 2005 e julho de 2006, quando a guerra de Israel com o Líbano voltaria a reclamar, de forma mais dramática, nossa presença no Oriente Médio, a diplomacia brasileira concentrou-se em alguns outros temas: a preparação da Conferência Ministerial de Hong Kong da OMC, a consolidação da CASA, os inevitáveis problemas com ou entre nossos vizinhos. Recebemos a visita do presidente dos Estados Unidos, em 2005, enquanto outras iniciativas, como o foro IBAS e a política de aproximação com a África, seguiam seu curso. Não menos importante, a situação política no Haiti, onde, sob o comando de um general brasileiro e o signo das Nações Unidas, nossos soldados ajudavam a manter a segurança da população, exigia um constante acompanhamento. Ainda assim, o Brasil se manteve atento aos eventos no Oriente Médio e se manifestou por meio de notas oficiais do Itamaraty sempre que a ocasião exigiu. Em relação ao Líbano, antes mesmo da Cúpula ASPA, o governo brasileiro já havia se expressado a propósito do início do desengajamento das tropas sírias naquele país, recordando as gestões feitas por mim durante visita a Damasco. A evolução em Gaza em 2005, inclusive a retirada das forças israelenses, foi objeto de três notas do Ministério das Relações Exteriores. Não deixamos, tampouco, de exprimir nosso repúdio a ações terroristas contra civis. Ainda no plano político-diplomático, em 14 e 15 de dezembro, nosso embaixador extraordinário para o Oriente Médio realizou viagem a Israel, em um momento crítico da situação da Palestina, durante a qual se encontrou com autoridades desse país e dos membros do Quarteto.

Minha agenda durante a AGNU em 2005 refletiu a prioridade atribuída pela diplomacia brasileira aos países árabes. Além de vários encontros (com o secretário-geral da Liga Árabe, o ministro do Marrocos etc.), participei, para manter a "chama" viva, de reunião de acompanhamento dos resultados da ASPA. Altamente significativo da percepção sobre o papel do Brasil nas questões da região foi o pedido de entrevista do primeiro-ministro do Líbano, Fouad Siniora.* No mesmo ano, o Brasil viria a adotar posição de independência e equilíbrio quando da discussão do projeto que resultou na Resolução 1.636, de 2005, do CSNU sobre a situação no Oriente Médio, ainda na esteira do assassinato de Rafic Hariri. A resolução, aprovada por unanimidade em uma reunião ministerial do Conselho em 31 de outubro, tinha como foco o trabalho da Comissão de Investigação criada pela Resolução 1.595, em abril de 2005, igualmente adotada por unanimidade. Na minha explicação de voto, deixei claro que o Brasil não teria podido se associar ao projeto inicialmente apresentado por França, Reino Unido e Estados Unidos, tendente à adoção de sanções contra Damasco (com todo o séquito de consequências que conhecíamos). Em especial, critiquei a ausência de linguagem que assegurasse a presunção de inocência dos acusados, quase todos sírios ou ligados à Síria. Manifestei também que o Brasil não apoiaria texto cujos objetivos fossem além da própria investigação. Afirmei o entendimento de que a menção ao capítulo VII da Carta não significava autorização para a adoção de medidas contra a Síria e disse ainda que a avaliação das conclusões da Comissão de Investigação teria de ser feita pelo próprio Conselho. Achava importante evitar que, tal como ocorreu no caso do Iraque, os patrocinadores do projeto de resolução se autoqualificassem para adotar medidas em caso de um eventual descumprimento (real ou suposto) de seus dispositivos pela Síria. Concluí meu pronunciamento com uma advertência com relação a "decisões apressadas" que pudessem levar a uma escalada das tensões na região. De particular importância foi a coordenação mantida com o ministro argelino Mohammed Bedjaoui. A Argélia, como o Brasil, se havia abstido da Resolução 1.559, de setembro de 2004.

---

* Fouad Siniora foi ministro das Finanças de Rafic Hariri e primeiro-ministro do Líbano de julho de 2005 a novembro de 2009.

Os dois países entendiam que a situação havia sido alterada com o assassinato de Hariri e com o relatório apresentado pela Comissão de Investigação, presidida pelo procurador alemão, Detlev Mehlis. Penso que a posição brasileira, acenando com eventual abstenção, caso não houvesse modificações no texto que acomodassem nossas preocupações, certamente ajudou nossos amigos argelinos a manterem uma postura de firmeza. A recíproca também foi verdadeira. A "ameaça" de abstenção foi comunicada de maneira sutil a um dos patrocinadores, o ministro das Relações Exteriores da França, Philippe Douste-Blazy, com quem eu mantinha uma relação fluida em função da parceria Lula-Chirac na questão do combate à fome e em iniciativas correlatas. Disse-lhe que não nos sentiríamos confortáveis em votar de forma diferente do único representante árabe no Conselho. A atuação do Brasil durante as discussões foi sem dúvida apreciada pelo ministro sírio Farouk al-Sharaa, que, ao final da reunião, abraçou-me afetuosamente. Mas Condoleezza Rice, uma das principais responsáveis pela iniciativa, fez questão de agradecer minha presença na reunião.

A partir de 2006, houve um progressivo engajamento do Brasil em outras "conferências de doadores", especialmente as relativas ao Líbano e à Palestina. Não só passamos a participar com maior frequência das reuniões como também aumentamos substancialmente nossas contribuições. Eu compareci a algumas delas. Quando isso não era possível, enviava um alto funcionário do Itamaraty como meu representante. Essa incumbência normalmente recaía sobre o subsecretário de Cooperação, o embaixador Ruy Nogueira. As comissões mistas governamentais com países árabes, normalmente presididas pelos chanceleres, se intensificaram. O mesmo ocorreu com as missões empresariais. A Câmara de Comércio Árabe de São Paulo tornou-se uma interlocutora frequente. Importante missão foi enviada aos Emirados Árabes Unidos e à Arábia Saudita em novembro, dando sequência ao seminário empresarial realizado durante a Cúpula de maio. Quanto às negociações entre o Mercosul e o CCG, a primeira reunião técnica se realizou em novembro, com resultados promissores. Apesar do entusiasmo inicial das partes envolvidas, as negociações iriam esbarrar nas listas de produtos, devido, principalmente, à resistência brasileira em relação à inclusão de petroquímicos. Os países do Golfo, por sua vez, demonstraram atitude restritiva em relação a itens de interesse do nosso setor agroindustrial. Embora não tenha sido possível concretizar o acordo de preferências tarifárias, o fluxo de comércio e de investimentos cresceu de forma consistente.* Também no meio

* As exportações brasileiras para os países-membros do Conselho de Cooperação do Golfo aumentaram de US$ 2,4 bilhões, em 2005, para US$ 6,3 bilhões, em 2010.

acadêmico houve contatos frequentes em decorrência da cooperação iniciada na ASPA.*

Faço um parêntese no relato das atividades ligadas ao Oriente Médio para transcrever uma anotação de 1º de fevereiro de 2006 que, indiretamente, se liga ao comentário sobre a participação na conferência sobre o Iraque. A nota diz respeito ao Afeganistão, tecnicamente situado na Ásia Central e não no Oriente Médio, mas é evidente o vínculo entre a situação do país de atuação dos talibãs e a do Iraque. Afinal, os atentados de 11 de Setembro – um fator determinante na decisão norte-americana de atacar o Iraque – tiveram origem naquele país complexo, composto de grande número de etnias, com lealdades próprias. O texto da nota é autoexplicável e sua pertinência quanto a nossas motivações em relação aos temas do Oriente Médio dispensa comentários. Segue a transcrição, praticamente *ipsis litteris*: "De Genebra [onde fiz uma parada na volta de Davos], fui a Londres, onde participei de uma Conferência Internacional sobre o Afeganistão, convocada por [Tony] Blair e Kofi Annan. Estados Unidos e União Europeia, sobretudo [Javier Solana], tiveram posição de destaque. [O Brasil foi] o único latino-americano convidado. Embora o tempo para [os discursos dos participantes] tenha sido curto (...), acho que valeu a pena. É importante deixar marcado que nossos interesses são globais e que nossa capacidade de ajuda (...) política [ou] (...) técnica, vai além da nossa vizinhança imediata. O universalismo de nossa política externa vale naturalmente para [nossas aspirações ao] Conselho, mas tem também um mérito intrínseco: temos que, aos poucos, ir 'abrindo a cabeça' do público brasileiro para o papel (...) que o nosso país, por suas dimensões, composição étnica, variedade cultural etc. pode exercer no mundo". Registro, por curiosidade, que, segundo as minhas notas, nos dois encontros mais importantes que tive – com o ministro russo Sergei Lavrov e com o Alto Representante da União Europeia –, os temas centrais das conversas foram o Irã e a Palestina (especialmente a situação do Hamas). Assinalo, ainda, que nossa disposição de participar, mesmo modestamente, da reconstrução do país asiático – verdadeira encruzilhada entre vários mundos (em sentido próprio e figurado) – se refletiria, mais tarde, em diversas ações ligadas à cooperação técnica – principalmente através da Embrapa – e culminaria com a decisão de abrir uma embaixada em Cabul,

* Um exemplo concreto do envolvimento do mundo acadêmico foi a edição, em português, espanhol e árabe, do livro publicado no Brasil, pela Fundação Biblioteca Nacional, *Deleite do estrangeiro em tudo o que é espantoso e maravilhoso*. A obra, organizada por Daniel Farah, contém relatos de um imã iraquiano, Al Baghdadi, sobre a viagem casual que fez ao Brasil no século XIX. Deleite do estrangeiro inaugurou a Bibliaspa, criada durante a Cúpula. O livro foi reeditado em 2009, no Brasil, na Argélia e na Venezuela.

formalizada em 2010, mas até hoje não concretizada, segundo entendo, por problemas orçamentários. O Afeganistão, entretanto, não esperou e já dispõe de uma embaixada em Brasília.

O resgate

Em 14 de julho de 2006, em resposta a ataques do grupo Hezbollah ao território israelense, as forças de defesa de Israel bombardearam o sul de Beirute, dando início a um conflito armado que se estenderia por cerca de um mês. Minha primeira anotação sobre essa "guerra não declarada", datada de 22 de julho, foi feita durante o voo que me levaria a Paris, de onde eu seguiria imediatamente para Genebra a fim de participar de uma importante reunião da OMC. Para tanto, havia obtido permissão do presidente para faltar à Cúpula do Mercosul em Córdoba. Apesar de estar profundamente envolvido nos temas comerciais, meu espírito continuava a se ocupar com os árabes. Refiro-me, nessa anotação, a uma passagem de Ibn Khaldûn sobre a importância do "sentimento de grupo" (que hoje poderia ser traduzido como patriotismo) para a sobrevivência das sociedades.

Foi nesse estado de espírito que escrevi as linhas que reproduzo a seguir, as quais, apesar de algumas imprecisões decorrentes das escassas informações de que dispunha naquele momento, refletem a minha preocupação com os ataques de Israel ao Líbano: "O meu *forfait* em Córdoba me permitiu tratar mais de perto e mais diretamente da tragédia do Líbano, que já roubou a vida de sete brasileiros (há dúvidas sobre o estado de uma mulher, mãe de uma das crianças atingidas). [Esse seria] o maior número de civis [brasileiros] mortos em conflito desde a Segunda Guerra Mundial. Seja para obter ajuda direta [aos brasileiros], seja para pedir autocontenção por parte de Israel, seja ainda para defender o cessar-fogo imediato – na linha proposta pelo secretário-geral da ONU –, falei com Condoleezza Rice, com o ministro Abdullah Gül e com o ministro canadense Peter Mackay, além do próprio Kofi Annan. Fiz questão de chamar pessoalmente [ao meu gabinete] a embaixadora de Israel, a quem assinalei os prejuízos potenciais para nossas relações, que estavam sendo intensificadas a partir da minha visita de 2005". Minha nota prossegue: "Além do drama dos brasileiros (...) há [que considerar] a própria situação do Líbano, cuja fragilidade (...) vem novamente à tona. É difícil saber o que resultará da ofensiva israelense. Além do possível alastramento do conflito – que não parece provável, por falta de apetite dos demais países árabes –, haverá muitas mortes e destruição (...); as divisões internas [do Líbano] poderão se acentuar, com o risco de que o país mergulhe de novo em uma guerra civil.

Ou isso, ou, ao contrário, o fortalecimento das tendências mais radicais (...). Essas questões, antes algo abstratas e longínquas, estão hoje presentes na nossa agenda e nos nossos sentimentos".

Dois dias depois, em Genebra, em meio a mais uma das crises da Rodada Doha, voltei a escrever sobre a situação libanesa: "(...) Dia de cão. Simultaneamente às conversas pouco edificantes [na OMC], tive de lidar com a situação do Líbano. Desde o encaminhamento de questões logísticas – como possível aluguel de avião e envio de *cash* para o nosso consulado em Beirute – até delicadas discussões políticas com o governo de Israel [especialmente a ministra Tzipi Livni] na tentativa de garantir que não fosse bombardeado por engano um comboio de brasileiros [que se deslocava] do vale do Bekaa em direção à Síria. (...) Nesse sentido (...) dei um telefonema para Condoleezza Rice, que, no momento da chamada, embarcava para o Oriente Médio. (...) Após os contatos com o governo de Israel e com a secretária de Estado, a sorte dos nossos compatriotas, na maior parte gente humilde da zona rural, está lançada. Resta esperar que prevaleça o bom senso por parte do comando das operações em Israel e que se possa, dessa forma, evitar uma tragédia". Devo explicar que a maioria dos brasileiros refugiados se dirigia para o norte, rumo à Turquia, passando por uma faixa do território sírio, um caminho mais longo e complexo para os habitantes do vale do Bekaa que, apesar dos nossos conselhos, preferiram tomar o rumo de Damasco, muito mais curto, embora muito mais sujeito a bombardeios.

Nesse mesmo dia, o presidente me telefonou. Vinha sendo informado pelo embaixador Everton Vargas, chefe de gabinete do secretário-geral, Samuel Pinheiro Guimarães, a quem eu encarregara das providências práticas. Em uma de suas conversas com Everton, Lula comentou que queria "elevar o tom com Israel". Essa expressão havia sido usada pelos jornais para caracterizar as posições que eu havia adotado. Mas havia aqui um dilema: por um lado, do ponto de vista político, era natural e justo que condenássemos as ações desproporcionais de Israel. Por outro, como registrei na ocasião, "a principal prioridade, no momento, é retirar os brasileiros e, para isso, necessito da boa vontade dos israelenses. Não posso deixar de levar isso em conta". A retirada de três mil brasileiros do Líbano foi uma operação inédita para a diplomacia brasileira.* Além de providências de caráter político, foi preciso montar um complexo esquema logístico, que incluiu a mobilização da Força Aérea Brasileira e de companhias privadas de aviação, a

---

* Em comunicado à imprensa, de 17 de agosto de 2006, faltando ainda o repatriamento de cerca de cem brasileiros, o Itamaraty dá conta de que 2.950 compatriotas haviam sido retirados.

obtenção de combustível para as quase duas dezenas de viagens e o acompanhamento constante de nossas embaixadas e/ou consulados em Beirute, Damasco e Ancara. Foi criado também um escritório (um verdadeiro consulado temporário) em Adana, a cidade turca para onde confluiu uma grande parte dos nossos refugiados.

Considerei que era importante ir pessoalmente a Adana e verificar *in loco* a situação de nossos concidadãos, constatar suas necessidades e dar-lhes o apoio (moral e material) que se fizesse necessário. Assim, depois de mais uma frustrante estada em Genebra (para tratar da Rodada Doha), durante a qual ainda assisti, desolado, à derrota do Brasil na Copa do Mundo, viajei para a Turquia, no dia 25 de julho. No dia seguinte, cheguei a Adana. Na mesma noite estava programada a partida para o Brasil de 120 refugiados, a bordo de um 707 da FAB. Outros 100 seguiriam no dia seguinte. Cerca de 200 já haviam deixado a Turquia por meios próprios. Em minhas notas, registro o apoio dado pelo governo turco e, em especial, pelo então ministro das Relações Exteriores, meu amigo Abdullah Gül.* Recordo que uma de nossas maiores preocupações era como alojar as famílias brasileiras que chegavam do Líbano. A ajuda turca foi muito importante nesse sentido. Como pude constatar, nossos compatriotas estavam espalhados em diferentes hotéis de Adana, em acomodações muito corretas.

Durante minha viagem a Adana, os bombardeios no Líbano prosseguiam sem cessar. Os brasileiros continuavam fugindo em comboios organizados ou financiados (totalmente ou em parte) pelo Itamaraty. Até mesmo o envio de dinheiro para Beirute encontrava dificuldades, já que o sistema bancário libanês fora paralisado. Mas o maior problema era garantir o mínimo de segurança para o deslocamento dos refugiados. Nossos contatos com as autoridades israelenses não se limitaram ao diálogo político-diplomático. O encarregado do escritório da FAB em Tel Aviv passava aos israelenses os dados disponíveis sobre as características e o itinerário dos comboios. Em alguns casos, estes iam cobertos com bandeiras brasileiras. Mas o máximo que conseguíamos como resposta era a afirmação pouco tranquilizadora de que as informações seriam "levadas em consideração". Uma autoridade do comando militar israelense chegou a dizer a um oficial da nossa

---

* Além do apoio logístico, as autoridades turcas foram cooperativas no tratamento de casos envolvendo documentação de brasileiros e, sobretudo, de seus parentes libaneses. Nossos nacionais podiam entrar na Turquia sem visto devido ao acordo de isenção mútua. O mesmo não se passava com seus familiares. Em relação a estes, a Turquia demonstrou boa vontade e mesmo grande flexibilidade. Como mostra especial de gentileza, Gül colocou à minha disposição um diplomata de seu gabinete, Murat Esenli, então casado com minha filha Anita e pai dos meus dois netos, Yasemin e Omar.

Força Aérea: "Você sabe, alguns pilotos são muito jovens". Para aumentar minha inquietação, na véspera de minha chegada a Adana, recebi a notícia de que um comboio da Cruz Vermelha havia sido atingido.

No próprio dia 26, ainda pela manhã, visitei três hotéis onde brasileiros aguardavam o embarque no avião da Força Aérea. Entre eles, havia mulheres e crianças – algumas com visíveis sinais de subnutrição –, mas havia também homens que davam a impressão de serem comerciantes ou profissionais bem-sucedidos. Outros, porém, eram mais humildes. Estes provavelmente tinham vindo do interior. Nada que lembrasse um campo de refugiados, como estamos acostumados a ver pela televisão em situações análogas. Apesar dos sofrimentos por que muitos deles haviam passado, a maioria ostentava decência e dignidade. A situação dos refugiados que foram para a Síria era mais difícil e muitos deles tiveram de ser abrigados no estádio de futebol. Uma mulher deu à luz a um brasileirinho (ou brasileirinha?) em Damasco. Em Adana, muitas das mulheres que vi estavam vestidas à ocidental. Várias outras, porém, usavam *shador*. Uma delas, bastante jovem, figura esbelta e de belo rosto, com cinco filhos pequenos – a menina mais velha talvez tivesse uns 10 anos –, havia passado vários dias no porão de uma escola, protegendo-se dos bombardeios.* Segundo o relato da própria mãe, as crianças, depois de terem conseguido abrigo, passaram alguns dias sem querer comer devido ao trauma. Pude perceber, entretanto, por sua expressão facial e suas palavras, que a esperança havia renascido. Uma senhora, que fazia parte de um grupo resgatado por um navio canadense, contou que aquela era a terceira vez que fugia de uma guerra, mas "a primeira em que tivera apoio do governo brasileiro".

Foram momentos de muita emoção. Dei e recebi muitos abraços. Mesmo as mulheres cobertas com *shador* não evitavam manifestações físicas de afeição. Um adolescente algo corpulento, enrolado na bandeira do Brasil, lembrava vagamente o Ronaldo da nossa seleção. Aproveitei para fazer algumas brincadeiras e aliviar o clima de expectativa. À noite, subi a bordo do 707 da FAB para me despedir daqueles compatriotas que voltavam ou iam pela primeira vez ao Brasil.

---

* Embora não tenha tido uma descrição detalhada de todo o sofrimento pelo qual essa mulher passou com seus filhos, a citação de um livro, graças ao qual o escritor Anthony Shadid recebeu o prêmio Pulitzer, dá uma ideia da situação vivida em condições semelhantes. A propósito de pessoas que se abrigaram sob as ruínas de um hospital, Shadid relata: "'Oh senhor!', gritou a sexagenária Saadeh Awada, saltando de uma almofada estraçalhada. 'Que Deus faça parar as bombas!'. Os seus gritos lancinantes levaram as crianças a chorar mais alto, com o calor [das bombas] aparentemente chegando mais perto". In: Shadid, Anthony. *House of Stone*. Nova York: Houghton Mifflin Harcourt, 2012.

Fui recebido com aplausos. Às exclamações de "Viva o nosso ministro!", respondi com "Viva o Brasil!" e "Viva o Líbano!". Momentos como esse são raros na rotina de um ministro do Exterior, caracterizada pela frieza de cálculos diplomáticos e planejamentos administrativos. Mesmo as sensações de tensão, alívio ou, mais raramente, satisfação que vez ou outra acompanham as negociações não contêm o elemento humano da situação que eu acabava de viver. Deixei o aeroporto por volta das 22 horas. Logo em seguida, concedi entrevistas às televisões brasileira e turca e mantive encontros com autoridades de Adana. Terminei meu dia com uma chamada ao presidente Lula, que ouviu meu relato com atenção. Ao final, como costumava fazer, perguntou-me quando estaria de volta, e logo comentou: "Ah, então você não vai ao Peru!". E concluiu: "Valeu, querido!".

No dia seguinte, iniciei meu caminho de volta via Istambul e Paris. A propósito, escrevi na época o seguinte comentário: "Teria gostado de ir à Síria – onde também há vários brasileiros – ou mesmo de ter estendido a minha permanência na região, mas as dificuldades logísticas e a necessidade de estar no Brasil no próximo sábado para um encontro com [a USTR Susan] Schwab não me permitem fazê-lo. É pena! Quem sabe encontro uma maneira de voltar em breve!". De regresso a Brasília, depois do encontro com Schwab no sábado, no Rio de Janeiro, continuei a lidar com as duas emergências: a crise do Líbano e a situação dos brasileiros naquele país; e a necessidade de reviver a Rodada Doha. No dia 2 de agosto fui ao Senado, onde tratei de ambas as questões. Por mais de três horas, respondi às perguntas e aos comentários dos senadores, mas, diferentemente de outras ocasiões (como a de um depoimento sobre a Bolívia que havia feito pouco antes), o clima e o tom foram amistosos. Não faltaram elogios em relação à atuação do Itamaraty na crise libanesa.

Dois dias após a audiência, ministrei uma aula magna no Instituto Rio Branco* em que voltei a tratar da questão libanesa, entre outras. Referi-me criticamente à inércia das Nações Unidas, em contraste com a ação precipitada em outras situações. Mencionei um telefonema que havia feito ao secretário-geral, Kofi Annan, em que me solidarizei com seu apelo no sentido de que o mais urgente era "cessar a matança".** Na mesma aula, tratei da questão libanesa do

---

* Amorim, op. cit., 2011, capítulo 13.

** Nossa inconformidade com a demora em agir do CSNU levou o presidente Lula a escrever, em 3 de agosto, ao secretário-geral da ONU e aos chefes de Governo dos membros permanentes e dos dois países latino-americanos que estavam servindo no Conselho como membros não permanentes (Argentina e Peru). Nessas cartas, em que se associou à conclamação de Kofi Annan por um cessar-fogo imediato, Lula, sem deixar de manifestar seu repúdio ao terrorismo, condenou, em alusão aos bombardeios israelenses, "a reação desproporcional e o uso excessivo da força".

ângulo da operação humanitária em que estávamos empenhados. Salientei para os alunos que ela demonstrava a veracidade de uma frase que costumava repetir quando dava aula de Teoria Política (que, como soube depois, era um plágio involuntário de Arnold Toynbee): "Você pode não se interessar pela política, mas a política, em algum momento, vai se interessar por você". De fato, nossa resposta à crise do Líbano conjugava, de forma pouco usual para nós até então, diferentes aspectos da ação diplomática, desde o posicionamento político diante dos ataques israelenses, objeto de notas do governo brasileiro* e de telefonemas a chanceleres de países envolvidos,** até a missão, cada vez mais presente na diplomacia, de proteger brasileiros no exterior.*** Às tensões decorrentes dos grandes embates internacionais, quer em relação à Rodada Doha, quer em relação à crise libanesa, se somavam as frustrações da luta diária com a burocracia. Transcrevo trecho de uma anotação da época, que fiz em tom de desabafo: "Ontem, por exemplo, precisei recorrer ao presidente Lula para conseguir que a 'nossa' Petrobras liberasse o combustível [de avião] requerido para as operações de resgate dos brasileiros em Adana e Damasco. Algo semelhante, embora, nesse caso, sem a necessidade de intervenção superior, ocorreu com a relutância da FAB em concordar que uma das [aeronaves] 707 fosse buscar (...) nossos nacionais mais debilitados em Damasco [por ser essa considerada uma zona de risco!]".

Un ami du Liban

No dia 14 de agosto, voltaria a embarcar para Istambul e daí para Adana. Como poderia imaginar que no espaço de pouco mais de duas semanas eu iria duas

---

* À época, o Itamaraty emitiu vários comunicados à imprensa sobre a escalada do conflito. Em notas de 12 e 13 de julho de 2006, o governo brasileiro condenou "com veemência os ataques desferidos pelo movimento libanês Hezbollah contra áreas ao norte de Israel" e acrescentou: "O ataque perpetrado pelas forças de Israel (...) constituiu reação desproporcional e levou à perda de vidas inocentes entre a população civil. O Brasil reitera sua oposição a atos de represália que apenas contribuem para deteriorar a delicada situação na região".

** Além das conversas mencionadas anteriormente, mantive contatos telefônicos com meus colegas da França (Philippe Douste-Blazy) e do Reino Unido (Margaret Beckett). Também nesse período, falei por telefone com o ministro das Relações Exteriores e dos Emigrantes, do Líbano, Fawzi Salloukh.

*** Além da assistência aos brasileiros no Líbano, dois casos tiveram grande repercussão midiática: a morte do brasileiro Jean Charles de Menezes, no Reino Unido; e o sequestro do engenheiro brasileiro João José Vasconcellos Junior, no Iraque. Do ponto de vista institucional, foi criada em junho de 2007 a Subsecretaria-Geral das Comunidades Brasileiras no Exterior (SGEB). Foram instituídas as Conferências Brasileiros no Mundo e criado o Conselho de Representantes de Brasileiros no Exterior.

vezes a essa cidade da "Turquia profunda", da qual ouvira falar apenas vagamente em função da presença militar norte-americana? Na sessão do Senado, com agradável surpresa (em vista de nossa tendência a certo isolacionismo), havia percebido o anseio da parte de alguns senadores, com destaque para Pedro Simon, por uma participação mais intensa do Brasil na busca de solução para o conflito que, em um sentido bem concreto, trouxera os confrontos do Oriente Médio "para dentro da nossa casa". Decidi então que eu deveria ir ao Líbano, apesar da continuação das hostilidades. Entre os dias 6 e 13 de agosto, estive de férias em Genebra, com minha filha e netos, e em Veneza, onde, com minha mulher, Ana, fui buscar um momento de indispensável relaxamento e contemplação estética, antes da missão algo arriscada (ou assim parecia) que ia empreender. Nesse período, minha chefe de gabinete, Maria Nazareth Azevêdo ("Lelé"), atuou intensamente na preparação da viagem, que evidentemente não era simples. Um a um, Lelé foi removendo os obstáculos de ordem prática que iam surgindo. Um deles tinha a ver com o meio de transporte para o Líbano. Dados o estado do aeroporto de Beirute, danificado pelos bombardeios israelenses, e a interrupção dos voos comerciais, a única maneira de chegar à capital libanesa e transportar os donativos do governo brasileiro e da comunidade árabe em nosso país era utilizar um avião de transporte (Hércules C-130) da FAB. Mais uma vez, foi necessário superar as hesitações da Aeronáutica. Nem mesmo o argumento de que eu tomara a precaução de comunicar minha viagem à ministra israelense, da qual obtive a promessa de que seria tomado o devido cuidado, foi suficiente para convencer os altos escalões da nossa Força Aérea. Dessa vez, foi necessária a intervenção pessoal do então ministro da Defesa, Waldir Pires, para que fosse concedida autorização de deslocar o Hércules a Adana com os donativos e daí, já comigo a bordo, a Beirute. Quando a viagem foi marcada, os bombardeios israelenses ao Líbano, inclusive a Beirute, seguiam a todo vapor. Embora houvesse negociações em curso, não se podia ter certeza de que se chegaria a um acordo sobre o cessar-fogo. Afinal, no mesmo dia em que regressei da excursão a Veneza, a cessação das hostilidades foi determinada pela Resolução 1.701 (2006) do CSNU. Esta, entretanto, somente entrou em vigor no dia em que parti de Genebra para Adana, de onde segui, menos de 24 horas depois, para Beirute.

Minha viagem à capital do Líbano iniciou-se pontualmente às 9 horas do dia 15, como programado. O interior do C-130 assemelhava-se a uma grande oficina. Parte dele estava ocupada pelos contêineres com medicamentos e cobertores, todos doados. Uma enorme bandeira do Brasil cobria essa carga. Na parte posterior foram acondicionadas poltronas do tipo "classe executiva" para acomodar os poucos passageiros. Além da chefe de gabinete, acompanhavam-me o embaixador Ouro-Preto, um assistente pessoal e um jovem diplomata da assessoria de imprensa. A bordo também estavam equipes da TV Globo e da Radiobrás. O voo durou cerca de uma hora e meia. Foi necessário evitar o espaço aéreo de Chipre, em permanente disputa com a Turquia. Voamos sobre o Mediterrâneo Oriental e uma porção do território da Síria antes de sobrevoarmos novamente o mar e tomarmos a proa do aeroporto de Beirute. Acompanhei o pouso em pé na cabine do piloto. A visibilidade era ampla e o dia estava bastante claro. Mesmo a distância, podiam-se perceber os rolos de fumaça que ainda subiam do solo em vários pontos da capital libanesa.* Quando nos aproximamos da pista, reduzida à metade, pudemos ver as crateras provocadas pelas explosões. Já no pátio, somente pude perceber uma aeronave, além da brasileira: um avião militar que me pareceu ser do Qatar. O ministro das Relações Exteriores do Líbano, Fawzi Salloukh, aguardava-me ao pé do avião, juntamente com o embaixador brasileiro, Eduardo Seixas, e outros funcionários. Depois de uma rápida passagem pelo salão de autoridades, em que o ministro libanês me deu as boas-vindas ("welcome to *your* country"),** voltamos à área externa para a entrega das doações.

Eu era o segundo ministro estrangeiro a chegar ao Líbano depois do cessar-fogo. Antes de mim, na véspera, o ministro das Relações Exteriores italiano, Massimo D'Alema, havia visitado o país. A diferença era que o Brasil não tinha uma frota no Mediterrâneo (hoje, ao menos, temos uma fragata, a nau capitânia da força-tarefa da Unifil). Como previamente combinado, iniciei minha visita com um percurso pelo sul de Beirute, onde fica o bairro xiita, que sofrera os mais fortes bombardeios aéreos por parte dos israelenses. Grande parte deles ocorreu entre a decisão do cessar-fogo e o momento de sua entrada em vigor, o que adicionava um toque especialmente cruel à tragédia libanesa. Estranhamente, a Resolução do CSNU não fixara o momento exato para o fim da violência. Este viria a ocorrer às 8h da manhã de 14 de agosto, por uma decisão unilateral israelense. Assim, durante todo o fim de semana, aconteceram os mais intensos ataques aéreos desde o início do conflito. Essa informação, que me foi transmitida pelo

* Para uma descrição vívida da destruição levada a cabo pelos israelenses nos últimos dias no conflito, ver: Shadid, op. cit., especialmente páginas 6 a 9. O livro de Shadid me foi presenteado por um ex-colaborador, o diplomata/acadêmico Filipe Nasser.

** Ao comentar esse episódio nas palavras que pronunciei por ocasião do encontro com representantes da comunidade libanesa no Brasil no clube Monte Líbano, em 26 de setembro, interpretei a fala do ministro como significando que "o Brasil é parte do Líbano e o Líbano é parte do Brasil". Sem o saber, estava citando o grande escritor Milton Hatoum, que, certa vez, disse: "O Líbano é muito brasileiro e o Brasil é muito árabe". Talvez isso nunca tenha sido tão verdadeiro quanto no verão de 2006.

ministro libanês, foi confirmada pelo nosso embaixador. Nunca antes eu havia estado tão próximo a um cenário de guerra, com sinais de destruição e morte muito recentes. Em vários locais por onde passei, prosseguiam as escavações em busca de cadáveres e eventuais sobreviventes. Muitas pessoas usavam máscaras para se proteger da poeira ou, mais provavelmente, do cheiro dos corpos. Bandeirinhas brasileiras e camisetas da seleção vestidas por alguns transeuntes – ou em meio aos destroços – acentuavam o componente emocional da visita. Edifícios residenciais haviam sido reduzidos a um monte de concreto e ferragens. Observando aqueles escombros, me perguntei quantas famílias teriam sido atingidas. Quantos, dentre os mortos, pertenciam efetivamente ao Hezbollah, inimigo declarado de Israel? Meu comboio saiu finalmente do emaranhado de pequenas ruas onde já era perceptível algum trânsito de veículos e pedestres (a vida que teimava em se afirmar). Logo tomamos pistas mais desimpedidas em direção à Chancelaria libanesa, o mesmo prédio onde estivera algumas vezes desde minha primeira viagem, em 1994. No caminho observei vários viadutos destruídos por bombas sem nenhum propósito aparente a não ser causar prejuízos à infraestrutura do país.

O ministro Salloukh, diplomata de carreira aposentado, dirigia até pouco tempo antes a Universidade Islâmica de Beirute. De confissão xiita, era ligado à facção que apoiava o presidente Lahoud e, por meio deste, a Síria. Essa era uma mudança importante no equilíbrio de forças no governo libanês, que não me passou despercebida. Em minhas primeiras visitas, durante o governo Lula, os ministros do Exterior eram em geral cristãos (certamente o caso do Jean Obeid) que, embora críticos em relação a Israel, adotavam posições mais próximas do Ocidente. No percurso que fizemos juntos, Salloukh fez comentários esparsos sobre a unidade nacional, o exército libanês e a composição da força internacional (desdobramento da Unifil*), que se enquadravam no esquema de pensamento atribuído aos xiitas e ao presidente. Na reunião formal, na presença de outros funcionários, Salloukh leu os pontos anotados à mão: críticas às atitudes belicosas de Israel; a versão de que os sequestros de soldados israelenses eram mero

* A Força Interina das Nações Unidas para o Líbano (Unifil, na sigla em inglês) foi criada e regulamentada por meio das Resoluções do Conselho de Segurança 425 e 426, de 1978. Essas resoluções exigiram a retirada das forças israelenses do território libanês e definiram que a Unifil teria três propósitos: confirmar a retirada das forças de Israel; restabelecer a paz e a segurança internacional, e assessorar o governo do Líbano a assegurar o retorno de sua autoridade efetiva na área. Em agosto de 2006, o CSNU aprovou a Resolução 1.701 que expandia o contingente militar e o mandato da Unifil. Pela primeira vez, o Conselho decidiu pela inclusão de um comando naval para a missão, cuja liderança cabe atualmente ao Brasil.

pretexto para uma operação previamente planejada com "consentimento" dos EUA; referências às fazendas de Shebaa;* a convicção de que a questão libanesa somente poderia ser resolvida no contexto de uma solução global dos problemas do Oriente Médio que incluísse, antes de tudo, a situação da Palestina. Salloukh expressou, em termos calorosos, a gratidão do Líbano ao Brasil. Repetiria a expressão desse sentimento diante da imprensa.

Minha agenda de encontros foi a mais completa possível, sobretudo levando-se em conta que os bombardeios haviam cessado pouco mais de 24 horas antes da minha chegada a Beirute. Fui recebido, nesta ordem, pelo presidente da Assembleia Nacional, Nabih Berri, pelo primeiro-ministro, Fouad Siniora, e pelo presidente, Émile Lahoud, o mesmo que Jean Obeid havia declarado politicamente morto cerca de um ano e meio atrás. Algumas das posições enunciadas coincidiam: a importância de se preservar a unidade nacional, o repúdio à agressão israelense, a necessidade de ajuda e engajamento da comunidade internacional. Mas as diferenças de perspectiva, que não eram meros matizes, transpareceram nos vários diálogos que mantive. Dos interlocutores com quem conversei, Nabih Berri me pareceu o mais seguro e, de forma surpreendente num momento como aquele, otimista. Durante a entrevista que tivemos e na qual estavam presentes outros deputados (todos xiitas a julgar pelas vestimentas e pelo gestual), disse-me que, apesar de todo o sofrimento, das privações e das inúmeras mortes, o Líbano poderia estar diante de uma "oportunidade de ouro" para iniciar uma negociação ampla com Israel. Referindo-se de forma indireta à posição de força adquirida pelo Hezbollah durante o conflito, afirmou que Tel Aviv deveria ter compreendido, de uma vez por todas, que a opção militar, relativamente indolor para Israel, diferentemente do que ocorrera ao longo da história recente, "já não era uma opção". O líder do Amal, falando sempre com grande segurança, insistiu no desejo de paz por parte dos libaneses e acentuou, como fizera Salloukh, o papel central do exército do Líbano. A força internacional deveria ser mera coadjuvante e seus efetivos deveriam estar limitados a quinze mil homens "no máximo" (expressão que repetiu várias vezes). Numa breve incursão pelas questões internas do país, o presidente da Assembleia defendeu o convívio das várias confissões religiosas (que chegariam a dezessete, segundo um dos parlamentares presentes).

---

* As fazendas de Shebaa ocupam uma área de quase 11 km numa faixa de fronteira entre a Síria e o Líbano, na região das Colinas de Golã, ocupada por Israel. Os três Estados reivindicam a área. A Resolução 1.701do CSNU, de 2006, conclamou pela "demarcação das fronteiras internacionais do Líbano, especialmente nas áreas em que há disputa ou em que os limites são incertos, como as fazendas de Shebaa".

Como todos os meus interlocutores, Berri teve também palavras carinhosas para com o Brasil, que já visitara mais de uma vez. Na ocasião, fiquei com a impressão de que, dada a sua capacidade de liderança no meio xiita e suas relações aparentemente próximas com o Hezbollah, Nabih Berri – que, antes da erupção do conflito com Israel, estivera empenhado em estabelecer um diálogo nacional – talvez estivesse mais habilitado do que outros personagens políticos a conduzir o processo de reconciliação indispensável à estabilidade e à reconstrução do país. Não foi o que ocorreu, embora o político xiita de modos ocidentalizados (em contraste com os deputados que vi) tenha continuado a desempenhar papel fundamental em todas as tentativas de se montar um governo minimamente estável em Beirute.

A conversa com o primeiro-ministro foi a mais longa e, em certo sentido, a mais interessante. Siniora foi muito franco e loquaz. Falou durante todo o tempo da entrevista, que se prolongou por cerca de uma hora. Algumas vezes, deu-me a impressão de estar perdido, o que me levou a fazer breves observações com o objetivo de manter o diálogo nos trilhos. Foi muito efusivo em relação ao Brasil. Disse que a nossa solidariedade e a nossa ajuda, tanto no campo humanitário como no político, eram de grande valia "nesse momento de sofrimento e dor". Afirmou aprovar que o Brasil fizesse parte de qualquer *core group* da comunidade internacional que viesse a se formar para tratar da questão libanesa e que se empenharia nesse sentido. Uma nota que diferenciou seu discurso daqueles que ouvira do ministro do Exterior e do presidente da Assembleia foi a preocupação manifestada com relação às atitudes do Irã e da Síria. Sobre o primeiro, disse que "o Irã necessita compreender que o Líbano é um Estado plural". E prosseguiu: "Sou muçulmano, mas o Líbano não é e não pode ser um Estado islâmico". Quanto à Síria, tratava-se de fazer com que o regime de Damasco entendesse que "o Líbano não é e não quer ser um Estado-satélite". A fim de garantir esses dois objetivos, obviamente interligados, o Líbano esperava poder contar com o apoio da comunidade internacional e, naturalmente, do Brasil. Nesse ponto, disse a Siniora que eu teria de regressar logo ao Brasil, mas que o nosso enviado especial ao Oriente Médio permaneceria na região e buscaria manter consultas em Teerã e Damasco, além de outras capitais. O primeiro-ministro salientou a grande importância daquela missão à qual desejava boa sorte.

Homem que transmitia sinceridade e senso de humor, acompanhados porém de alguns sinais de insegurança, Siniora cresceu como figura política durante o conflito com Israel. Foi ele (muito mais do que o presidente Lahoud) a "cara" do Líbano para o mundo. Mas, como notei na época, sua tarefa era das mais complexas. Com o tempo, se revelaria impossível. Ao passo que internacionalmente a imagem do primeiro-ministro se reforçara, no plano interno foram o Hezbollah e seu líder, Hassan Nasrallah, que saíram engrandecidos por terem sido eles que comandaram a resistência militar às forças israelenses. Os estímulos que continuavam a receber do Irã e da Síria certamente não eram no sentido da moderação, ou não da maneira como esta era entendida por Siniora. O primeiro-ministro e eu saímos abraçados do encontro. Trocamos palavras de mútuo afeto. Já na porta do edifício em que fica o gabinete do Chefe do Governo, eu disse, não sem alguma emoção, que o Brasil não faltaria com seu apoio ao Líbano, tanto no plano humanitário como no político. E, com efeito, na conferência de doadores que se realizaria em Estocolmo, em 31 de agosto, fizemos uma contribuição inicial, ainda que modesta, de US$ 500 mil à reconstrução do país. Em outubro, o Brasil enviaria duas missões ao Líbano com o objetivo de ampliar os esforços de cooperação. Em 25 de janeiro de 2007, participei da Conferência Internacional de Paris de Apoio ao Líbano, onde anunciei um aporte adicional de US$ 1 milhão destinado à reconstrução do país.*

Meu último encontro oficial foi com o presidente Émile Lahoud, meu velho conhecido. Em virtude da situação política precária do presidente e da premência de tempo para minha partida, que tinha de ocorrer antes do anoitecer, não estimulei análises aprofundadas. Lahoud falou mais ou menos o que eu esperava sobre Israel e a situação interna. Como das outras vezes, foi muito caloroso em relação ao Brasil e teve palavras de amizade e admiração para com o presidente Lula. Da mesma forma que o primeiro-ministro, acompanhou-me até a porta do Palácio e, ao se despedir, qualificou-me como *un ami du Liban*.

Em minhas anotações sobre os encontros que mantive nas sete ou oito horas que passei em Beirute, observei que nenhum dos meus interlocutores havia sugerido a participação do Brasil na força de paz internacional, objeto de tanta discussão naquele momento. Isso poderia ter várias leituras. Na época, entendi que essa "omissão" decorria do desejo de que Beirute não se envolvesse, legitimando-a, com uma decisão que nascera em resposta aos reclamos de Israel, que, com apoio norte-americano, buscava "securitizar" o sul do país. Anos mais tarde, porém, e com pleno apoio de várias autoridades e facções libanesas, como pude constatar numa visita que fiz a Beirute em 2012, como ministro da Defesa, uma fragata

* No meu discurso perante a conferência presidida por Jacques Chirac, entre outros aspectos reiterei nosso apoio incondicional à Resolução 1.701 e expressei apreciação pelos esforços do primeiro-ministro no sentido de garantir a natureza multiconfessional do Estado libanês. Aproveitei a ocasião para recordar a sugestão do presidente Lula, feita em seu pronunciamento à LXI AGNU, de uma conferência internacional, com a participação de alguns atores extrarregionais, com o objetivo de discutir a retomada do processo de paz no Oriente Médio.

brasileira viria a ser a nau capitânia da força-tarefa naval da Unifil, ela própria chefiada por um almirante brasileiro. Minha estada em Beirute concluiu-se com uma breve passagem pelo consulado brasileiro, onde agradeci e enalteci o trabalho dos funcionários e mantive contato com líderes comunitários do vale do Bekaa. Todos demonstraram estar muito gratos ao governo e, em particular, ao Itamaraty. Por volta das 17 horas, o C-130 da FAB decolou com destino a Adana. Curiosamente, se levar em conta as reticências iniciais da Aeronáutica, o comandante do avião, um tenente-coronel que viria a reencontrar em um voo para a Antártida, estava muito feliz: "Foi a missão de maior risco que a FAB realizou desde a Segunda Guerra Mundial", disse com um justificado (mesmo que exagerado) arroubo de orgulho.

Durante todo o período do conflito, mantive intenso contato com a comunidade árabe, sobretudo a libanesa. Os encontros continuaram após o cessar-fogo. No dia 26 de setembro, fui homenageado em uma grande reunião, seguida de jantar, no clube Monte Líbano em São Paulo, ao qual compareceram o governador de São Paulo, Cláudio Lembo, parlamentares, acadêmicos, líderes religiosos e outros representantes de entidades libanesas. Em minha fala relatei impressões de minhas duas viagens a Adana e da minha rápida visita a Beirute, e procurei transmitir uma visão esperançosa sobre o futuro do Líbano. Relembrei as expressões que tinha ouvido de todos os interlocutores, independentemente da facção política ou da confissão religiosa, sobre a importância de se manter a unidade nacional libanesa. Disse que, apesar do sofrimento causado pelo conflito e dos problemas remanescentes, havia percebido "uma fresta de otimismo". Hoje tendo a achar que esse sentimento era mais meu do que das autoridades libanesas com quem conversei. Mas, à época, julgava existir "uma janela de oportunidade (...) [decorrente] da exaustão [em relação aos conflitos]". Afirmei também não ver "solução para o Oriente Médio sem que se resolva a questão da Palestina". A esse propósito, salientei a importância de um diálogo amplo e lembrei o papel que o Brasil poderia ter na construção da paz "no Líbano e no Oriente Médio". Recordei o discurso que Lula fizera dias antes na AGNU. Nele, o presidente comentara que, durante muitos anos, a questão do Oriente Médio fora erradamente delegada apenas às grandes potências, sem que isso tivesse trazido solução para os problemas da região. Parecia ser chegado o momento de convidar à mesa outros países, como o Brasil, cujas sociedades se baseassem em um "substrato de solidariedade e de humanismo que são condições indispensáveis para a sobrevivência". Encerrei meu pronunciamento com uma menção à passagem de Ibn Khaldûn com que abri este capítulo e às iniciativas que o Brasil estava tomando em relação ao Oriente Médio e, em particular, ao Líbano, contextualizando-as no esforço de superar preconceitos e buscar compreender a verdade, convencido de que "a verdade não nos afasta, a verdade nos aproxima".

Annapolis

Em 27 de novembro de 2007, foi realizada na pequena cidade de Annapolis, Maryland, sede da Academia Naval norte-americana, importante conferência internacional sobre o processo de paz no Oriente Médio. O Brasil foi um dos três países em desenvolvimento, não árabe, não islâmico, não membro permanente do CSNU, convidados a participar do encontro. Os outros dois foram nossos parceiros no IBAS (Índia e África do Sul). Após insistentes gestões junto a Washington, o México foi admitido, mas não como participante pleno. Nenhum ministro mexicano foi convidado e o representante do país (um subsecretário da Chancelaria) sentou-se ao lado do nosso embaixador, no lugar destinado aos assessores.

Há tempos as iniciativas do Brasil em relação ao Oriente Médio deixavam claro nosso interesse em participar de forma mais ativa do processo de paz na região. Outro não fora o sentido da proposta de Lula perante a XVI AGNU a que já me referi. Como notei, esse interesse era objeto de reciprocidade por parte de líderes árabes, entre os quais o presidente da Autoridade Palestina, que foi, como eu soube, o principal defensor da presença brasileira na Conferência de Annapolis. Mas a boa receptividade em relação ao Brasil por parte de países como o Líbano e a Síria (esta somente concordaria, com relutância, em participar da Conferência) certamente contribuiu para a concretização do convite. Essa capacidade de diálogo com facções opostas se manifestou em várias situações.* O fato de termos mantido um bom diálogo com Israel, mesmo que condenando várias de suas ações, foi outro fator que deve ter pesado favoravelmente, já que seria difícil imaginar que Washington nos convidaria sem ouvir Tel Aviv. Não creio tampouco que o convite aos três países do IBAS tenha sido mera coincidência. No capítulo sobre a Declaração de Teerã, neste livro, mencionei como a secretária de Estado se interessara por esse grupo formado por três democracias

* Um exemplo ocorreu no dia 23 de janeiro de 2007, no dia da minha partida para a Conferência de Doadores de Paris sobre o Líbano. Na ocasião, recebi um telefonema do primeiro-ministro, Siniora, preocupado com a forte oposição que sofria do Hezbollah (paradoxalmente, aliado a uma ala da direita cristã). Coincidência ou não, como anotei na época, o presidente Lula recebera, um dia antes, emissário do presidente da Síria, desejoso de romper o isolamento daquele país.

multiculturais e multiétnicas do mundo em desenvolvimento. O próprio BRICs, cuja potencialidade começava a ser explorada em encontros de ministros das Relações Exteriores, à margem das assembleias da ONU, também pode ter sido fonte de motivação. Nosso diálogo com Moscou e Beijing era fluido, assim como nossas relações políticas com os demais membros permanentes do Conselho. A ideia de uma Conferência ampla com participação do Brasil fora, repetidas vezes, objeto de conversas com autoridades francesas e britânicas, sobretudo as primeiras. A Conferência de Annapolis constituiu um reconhecimento da necessidade de dar maior transparência e obter maior apoio internacional às propostas que, até então, eram gestadas exclusivamente no âmbito do Quarteto. Era natural que o Brasil, que há tempos defendia a tese de introduzir "ar fresco" nos debates do Quarteto e que começava, com sua participação nas Conferências de Doadores, a materializar seu desejo de contribuir para a paz e o desenvolvimento na região, fosse chamado.* Tampouco se pode menosprezar o efeito que a aproximação com os países árabes pode ter tido em outras capitais com influência no processo.

Ao longo de 2007, houve várias oportunidades para conversas entre o governo brasileiro e o governo norte-americano sobre a questão do Oriente Médio. No dia 9 de março, o presidente George W. Bush faria uma rápida visita ao Brasil cuja tônica foi a cooperação em relação ao uso de etanol como fonte de energia. Antes mesmo que os dois presidentes se encontrassem no terminal da Petrobras em Guarulhos, minha jornada de trabalho já havia começado com um café da manhã com a secretária de Estado. Havia vários temas a tratar, mas, no sucinto esquema que preparei para a conversa com Condoleezza, o Oriente Médio foi um dos cinco itens que anotei. Minhas conversas com Rice foram sempre muito francas. E me impressionava a maneira atenta como seguia meus comentários, ainda que provavelmente não concordasse com tudo que eu dizia. Um dos aspectos em que eu costumava insistir nesses encontros era a necessidade de envolver a Síria no diálogo. Longe de mim supor que eu tenha exercido alguma influência na decisão norte-americana de convidar Damasco para a Conferência de Annapolis. Mas em minhas avaliações, sempre baseadas na percepção de que era necessário que todos os atores com influência no processo estivessem em torno da mesa, esse convite viria a ser um aspecto positivo da iniciativa norte-americana de relançar o processo de paz.

---

* Em nota de 21 de setembro de 2007, o Itamaraty divulgou que "o Comitê Nacional para os Refugiados decidiu, em maio de 2007, reassentar no Brasil grupo de refugiados palestinos oriundos do campo de refugiados de Ruweished, na Jordânia, a cerca de 70 km da fronteira com o Iraque, onde estavam estabelecidos desde 2003". Ao todo, 117 refugiados seriam reassentados no Brasil.

Voltei a me encontrar com a secretária de Estado no dia 30 de março, a fim de preparar a reunião presidencial do dia seguinte em Camp David. Uma boa parte da conversa entre os dois presidentes e seus ministros concentrou-se em etanol, relações comerciais e política sul-americana. Mas não faltaram menções a outros temas, como cooperação com terceiros países, especialmente africanos e caribenhos, a ascensão da China e a reforma da ONU. O Oriente Médio era um dos pontos que havia sido incluído na agenda informal preparada para a reunião, ela própria despida de formalidades protocolares. À guisa de introdução, quando chegamos a esse item o presidente Bush indagou qual o papel que o Brasil via para as Nações Unidas. Ao ressaltar a importância do envolvimento da ONU, Lula explanou as razões históricas e culturais que levavam o Brasil a ter um continuado interesse em buscar uma solução para os problemas do Oriente Médio. Sempre causavam grande admiração os dados estatísticos sobre a imigração síria e libanesa no Brasil. O presidente brasileiro frisou também o sentimento de frustração com relação à ausência de medidas práticas, "apesar dos acordos do passado". Não obstante nossa conhecida posição a favor de uma maior participação do fórum multilateral, Lula não se aprofundou muito nesse aspecto, e devolveu a pergunta a Bush, indagando qual o papel que ele, como presidente dos EUA, poderia desempenhar e "como o Brasil pode ajudar". Bush afirmou sem rodeios que o envolvimento do Brasil seria positivo. Em uma linguagem bem direta – e, por vezes, simplista – o presidente norte-americano afirmou que era necessário entender os pré-requisitos da paz. Seria necessário, por exemplo, encontrar uma solução definitiva para a questão das fronteiras e, ao mesmo tempo, melhorar as condições de vida dos palestinos. Lamentou que o Hamas tivesse ganhado a eleição sem renunciar ao objetivo de destruir Israel.* Depois de fazer um comentário que me pareceu bastante desairoso sobre o falecido Yasser Arafat, o qual, embora se dizendo a favor da paz, teria "traído" Clinton, Bush afirmou ser "o primeiro presidente norte-americano a defender claramente a criação de um Estado palestino". A observação gratuita de Bush sobre Arafat me fez recordar que, certa vez, durante um jantar na Cúpula das Américas, em Monterrey, no México, o então secretário de Estado, Colin Powell, me havia dito que "enquanto esses dois velhos turrões (Arafat e Sharon) estiverem no poder, não conseguiremos avançar".

* Em janeiro de 2006, o Hamas venceu as eleições parlamentares na Palestina. Em março de 2007, estabeleceu-se um governo de coalizão entre o Hamas e o Fatah, mas em junho os conflitos em Gaza se intensificaram, o que ocasionou o rompimento dessa coalizão e, desde então, o Hamas controla a Faixa de Gaza. No momento que escrevo estas linhas, há uma nova tentativa de formação de um governo palestino de coalizão, sob forte oposição de Israel.

Àquela época, a conduta seguida por Washington era fortalecer o primeiro-ministro Abu Mazen (Mahmoud Abbas). A estratégia de Bush e de Rice em 2007, com os "dois velhos turrões" fora de cena (um morto e o outro incapacitado), era apoiar a consulta popular na Palestina, na qual a pergunta sobre a criação do Estado palestino já viria acompanhada da coexistência com Israel como condicionante. "Condi já está trabalhando nisso [não só junto à Autoridade Palestina, mas também junto a Israel]." Por fim, pediu ajuda ao governo brasileiro para levar adiante essa estratégia.

Lula me passou a palavra. Comentei então que o Brasil não tinha "a ilusão do poder". "Temos boas relações com os dois lados", disse. Recordei minhas viagens à região, inclusive a de dois anos antes a Jerusalém e Tel-Aviv. Acrescentei que, com o objetivo de aprofundar o diálogo sobre o tema, havíamos designado um enviado especial, o qual em breve iria manter entendimentos com o secretário assistente, David Welch. Na ocasião dessa conversa, ambos saberiam identificar de que forma poderíamos ajudar na busca da paz. Bush encerrou esse ponto da agenda lembrando os assassinatos no Líbano e criticando a inflexibilidade de Bashar al-Assad. Assinalou que a presidente (*speaker*) da Câmara, Nancy Pelosi, iria visitar o presidente sírio. "Apesar de democrata, ela vai me prestar contas", completou. Para o presidente norte-americano, só haveria três democracias na região: Israel, Líbano e Iraque (!). Independentemente das posições anunciadas, a inclusão pela parte norte-americana da questão do Oriente Médio como item da agenda e a franqueza com que o tema foi tratado eram, tanto quanto eu saiba, inéditas em um diálogo presidencial entre Brasil e Estados Unidos. Igualmente sem precedentes, foi o pedido de ajuda (*sic*) ao governo brasileiro. O tema do Oriente Médio não viria a aparecer no comunicado conjunto. Entretanto, alguns meses depois, o convite para participarmos da Conferência de Annapolis demonstraria que a solicitação não fora puramente retórica.

Relendo meus registros, encontro no dia 26 de novembro, véspera da Conferência, a seguinte anotação, feita já em Washington: "A abertura que representou o convite formulado ao Brasil, bem como a outros países em desenvolvimento (...), Índia e África do Sul, tem de ser consolidada e aproveitada. Por isso tratei de preparar um discurso (...) que, contendo mensagens claras e fortes – na linha desejada pelos palestinos –, não crie resistências [da parte] de Israel ou dos próprios Estados Unidos". Mesmo sem ter muita clareza sobre o papel que o Brasil poderia ter na Conferência, além da presença e da mensagem, estava preocupado em seguir dando sinais de engajamento. Por essa razão, já havia acertado com o presidente que, na próxima Conferência de Doadores a ser realizada em Paris, deveríamos assumir compromisso com uma contribuição financeira substancial, por volta de US$ 10 milhões. Também cogitava projetos em associação com outros países, como a Turquia ou os membros do IBAS. A coordenação com esses me parecia especialmente importante e, com tal fim, convidei os dois outros representantes dos países do IBAS à Conferência, a ministra do Exterior da África do Sul, minha amiga Nkosazana Zuma, e o ministro da Ciência e Tecnologia da Índia, Qepil Sibal, para um "almoço IBAS" naquele mesmo dia, na residência do embaixador Antonio Patriota.

Minha anotação seguinte é do dia 29, escrita na Cidade do México: "Annapolis teve um desfecho positivo, embora, como reconhecido por todos, as maiores dificuldades ainda estejam por vir. O Brasil teve boa participação. Condi, que presidiu a Conferência, me deu a palavra em momento adequado. Assim, pude proferir meu discurso com tranquilidade [sem os sobressaltos de quando se percebe que o tempo está para se esgotar]. Na realidade (...), tive de adaptá-lo ao que já havia ocorrido: o entendimento anunciado por Bush e os pronunciamentos de Abbas e Olmert (...). [Suscitei] no meu discurso ideias que [ainda] terão de ter seguimento (participação na Conferência de Doadores, IBAS, encontros da sociedade civil)". Transcrevo os trechos mais relevantes do meu breve discurso, pronunciado em inglês, segundo a tradução feita pela assessoria de comunicação social do Itamaraty:

> (...) Terra por paz continua a ser um princípio norteador para uma solução negociada duradoura. Isso deve levar a um Estado palestino soberano, democrático, coeso e economicamente viável dentro de um horizonte de tempo digno de crédito. A paz deve incluir também medidas eficientes para proteger e defender Israel contra atos de violência (...). As negociações devem ser abrangentes e inclusivas (...) devem ser acompanhadas por esforços de boa-fé para resolver definitivamente as questões pendentes entre Israel e seus vizinhos árabes (Síria e Líbano) com base nas fronteiras pré-1967 e nas resoluções da ONU (...). Apenas resultados sólidos e tangíveis no processo de paz darão aos moderados o apoio político de que necessitam de suas bases. (...)

No meu discurso, expressei preocupação com "a contínua deterioração das condições de vida nos territórios ocupados, particularmente na Faixa de Gaza", onde "vemos privações, pobreza e frustração". Mencionei, a propósito, os projetos brasileiros e também os do Fundo IBAS destinados a mitigar "essas condições lúgubres". Referi-me também ao apoio do Brasil aos esforços do representante especial do Quarteto, Tony Blair, com vistas a estimular a economia palestina e a consolidar o processo de desenvolvimento das instituições palestinas e salientei também a importância do diálogo entre as sociedades civis. A propósito, afirmei que, "considerando nossa experiência de coexistência amistosa entre as comunidades árabe e judaica", o Brasil estaria pronto a sediar reuniões inclusivas, concebidas para fomentar a adesão aos "valores da paz e da coexistência no Oriente Médio". Elogiei a "participação ampliada" da comunidade internacional ensejada pela Conferência, lembrando que esse fato correspondia às ideias que vínhamos defendendo. Finalmente, salientei a necessidade de que o processo inaugurado em Annapolis tivesse seguimento e, nesse sentido, apoiei a proposta da Rússia de realizar uma Conferência em Moscou, em 2008.

Com vistas à paz no Oriente Médio, o Brasil apostava "todas as suas fichas" no processo iniciado em Annapolis. Em mais de uma ocasião, o próprio presidente Lula viria a se referir a ele. Como eu observaria alguns meses depois à ministra Tzipi Livni, Annapolis criara a oportunidade, que não devia ser desperdiçada, para legitimar, no plano internacional, decisões tomadas em grupos mais restritos. Mais do que isso, ao permitir a discussão em círculos mais amplos, Annapolis terminaria por exercer alguma influência positiva, embora limitada, sobre essas mesmas decisões. Ao mesmo tempo, evitavam-se os problemas, sempre alegados por Israel, das "maiorias automáticas" que se formam no ambiente mais "politizado" das Nações Unidas. Eu reconhecia que Annapolis não constituía a forma ideal de multilateralismo inclusivo, mas, nas circunstâncias, era o multilateralismo possível. E o Brasil estava pronto a participar dele.

Já relatei a boa relação que tinha com a comunidade árabe. Assinalo um episódio que ilustra a percepção favorável, se não de todos, pelo menos de boa parte dos judeus no Brasil. Poucos dias depois da Conferência de Annapolis, fui a São Paulo com minha mulher para celebrar o aniversário do meu filho caçula, que completava 30 anos. Ao cair da tarde de uma sexta-feira fomos tomar um café e visitar uma livraria. No caminho de volta para casa, a cinco quadras de distância, cruzamos com um grupo de quatro ou cinco judeus ortodoxos: ternos escuros, chapéus pretos de abas largas, barbas compridas (não me recordo se tinham tranças no cabelo). Depois de terem passado por mim, cochicharam: "É o Amorim?". Voltei-me para cumprimentá-los. Muito animados, perguntaram: "Como foi Annapolis? Teremos paz?". Antes que eu respondesse, um deles se encarregou de fazê-lo: "Provavelmente sim, pois o senhor estava lá e o senhor é da paz".

O guardião das duas cidades sagradas

Imbuído do espírito de Annapolis, no início de fevereiro de 2008 parti para um novo giro no Oriente Médio, passando por Arábia Saudita, Síria, Jordânia, Palestina e Israel. Na ida para Riade, aproveitei os dias de carnaval e a necessária escala na Europa para uma visita oficial à Espanha. Durante minha estada em Madri – embora minhas atenções estivessem em grande medida voltadas para a erupção de uma nova crise entre a Venezuela e a Colômbia, que me levou inclusive a uma profícua troca de ideias com o secretário-geral do Fórum Ibero-Americano, Enrique Iglesias –,* o tema do Oriente Médio esteve muito presente. Meu colega espanhol Miguel Ángel Moratinos – especialista em assuntos da região –, acabara de vir do Cairo, onde acompanhara o rei Juan Carlos em visita de Estado ao Egito. Noto *en passant* que, a essa época, o líder egípcio ainda era tratado pela mídia internacional (e, por extensão, pela brasileira) como *presidente* e não, como ocorreria a partir da eclosão da chamada Primavera Árabe, como *ditador*. Portanto, era normal que o monarca da Espanha o visitasse, sem que isso causasse nenhum tipo de recriminação na mídia desse país. Sob esse aspecto, devo assinalar que alguns jornais brasileiros se anteciparam à "Primavera", pois passaram a chamar Mubarak de ditador quando o governante egípcio aceitou fazer uma visita oficial ao Brasil (a qual, entretanto, nunca se concretizou).

Diferentemente da maioria de seus pares europeus, Moratinos mantinha boas relações com as autoridades sírias, inclusive o então ministro do Exterior, Walid al-Muallem. Na época da minha visita à Espanha, a questão palestina seguia dominada pela ruptura entre o Fatah e o Hamas desde junho do ano anterior.** A partir de então, o movimento ligado à irmandade muçulmana, geralmente considerado mais radical (e classificado como "terrorista" por alguns), dominava a Faixa de Gaza, de onde partiam, com certa regularidade, ataques com mísseis ao território israelense. Aliada a outros fatores, sobretudo a resistência de Tel Aviv em fazer concessões que contribuíssem para fortalecer a liderança da ANP, a ruptura entre as duas facções palestinas e os ataques do Hamas a Israel eram um complicador que afetava negativamente o processo de Annapolis. O ministro espanhol tinha uma visão bastante crítica de Israel e se distanciava da opinião da maioria das chancelarias ocidentais sobre o Hamas. Defendia alguma forma de

---

* Iglesias e eu concordamos que a situação entre os dois países era crítica, com risco mesmo de um conflito armado, e que talvez só uma intervenção de Fidel Castro junto a Chávez poderia atenuar a tensão. Não sei se Iglesias tomou alguma medida prática. De minha parte, assim que regressei do giro pelos países árabes, quando me encontrava em Buenos Aires para a reunião de chanceleres preparatória da II ASPA, falei ao telefone com o ministro das Relações Exteriores de Cuba, Felipe Pérez Roque, que entendeu plenamente o sentido da minha gestão e disse que iria tomar providências. Nas semanas seguintes, haveria uma "desescalada" da crise.

** Apesar do relacionamento próximo com a ANP, não recusamos o diálogo com o Hamas. Nosso representante em Ramalá, Arnaldo Carrilho, foi a Gaza para apresentar-se a Ismail Hanyieh, primeiro-ministro do Hamas.

diálogo com esse movimento, em franca oposição à visão de Washington e Tel Aviv, que tentavam isolá-lo por meio de sanções. Assim, pouco mais de dois meses após a Conferência de Annapolis, segundo a avaliação de Moratinos, o processo vivia uma crise (da qual, na verdade, nunca viria a se recuperar). Afora o conflito Fatah/Hamas, que minava politicamente a Autoridade Palestina, mesmo na Cisjordânia – em tese, controlada pelo Fatah –, meu colega espanhol disse haver entre os países árabes um sentimento generalizado de que, contrariando as expectativas otimistas, Bush não aproveitara sua visita à região para pressionar Israel.* Em uma expressão por si só já indicativa da percepção de crescentes dificuldades, Moratinos disse que o processo de Annapolis ainda poderia ser "salvo". Ao visitar o Oriente Médio naquele momento, meu propósito era justamente mostrar que o Brasil estava disposto a oferecer sua contribuição, por pequena que fosse, para essa "salvação".

Antes de partir da Espanha, visitei, com minha mulher, Ana, e o embaixador José Viegas, a cidade de Toledo, que, como nenhuma outra, sintetiza a convivência das três "grandes religiões monoteístas" (ou dos "povos do livro", como dizem os muçulmanos) durante o período de dominação árabe da Península Ibérica. Naturalmente, estive na grande catedral gótica, erigida na época da "reconquista", mas também entrei em uma antiga sinagoga, hoje transformada em museu, e visitei uma arruinada mesquita e os "banhos" da era muçulmana.

Cheguei a Riade no dia 9 de fevereiro, quase exatamente três anos depois da minha visita anterior, para a preparação da ASPA. Na manhã do dia 10, me encontrei com o secretário-geral do Conselho do Golfo, o simpático Abdul al-Attiyah, com quem mais uma vez tentei reativar as negociações, já então algo emperradas, entre o Mercosul e o CCG. Visitei também, por sugestão do embaixador Isnard Penha Brasil (anteriormente representante do Brasil em Argel), o príncipe Khalid al-Faisal, um homem especialmente interessado em relações culturais e que, na época, preparava uma exposição de pintura em São Paulo.** Fiquei sabendo que era filho do famoso rei Faisal, tão presente nos noticiários radiofônicos e nos

---

* Na primeira quinzena de janeiro de 2008, o presidente Bush visitou o Oriente Médio com o objetivo de dar seguimento às conclusões da Conferência de Annapolis. Esteve, entre outros, com os líderes de Israel, Ehud Olmert, e da Autoridade Nacional Palestina, Mahmoud Abbas.

** As manifestações culturais da Arábia Saudita no Brasil continuariam. Muito recentemente, quando já estava preparando este capítulo, li com agradável surpresa um artigo no jornal *O Globo*, de autoria de Rasheed Abou-Alsamh, em que é comentado o evento "Dias culturais da Arábia Saudita", organizado pelo Ministério da Cultura e Informação da Arábia Saudita. In: "Sauditas dançando no Ibirapuera". *O Globo*, 13 de junho de 2014.

cinejornais da minha juventude. Faisal foi morto por um fanático, aparentemente por ter uma mulher turca, a quem, contrariando os hábitos sauditas, tratava como verdadeira "rainha". Entre outras atividades, o príncipe Khalid dirigia uma poderosa fundação de apoio às artes e mantinha uma universidade. Cultuava especialmente a imagem do pai, objeto de uma exposição foto-iconográfica que fez questão de me mostrar em detalhe. Por ocasião da visita, registrei em meu "caderninho" que era "uma relação a ser cultivada". E de fato, dois anos e meio mais tarde, escrevi ao príncipe, já então elevado a governador de Meca, com o objetivo (afinal alcançado) de que intercedesse pela libertação de um brasileiro – intérprete de um treinador de futebol – preso por ter agredido um árbitro!

No início da tarde do dia 10, o rei Abdullah, que eu havia visitado em 2005, quando ele ainda era príncipe regente, recebeu-me em sua tenda no deserto. O título oficial do monarca é "Guardião das Duas Cidades Sagradas" (Meca e Medina), o que, por si só, ilustra a natureza semiteocrática do regime saudita. É nessa "tenda", na verdade um vasto palácio composto de *trailers* e outras unidades desmontáveis em meio a fazendas de criação de camelo, a cerca de uma hora da capital, que o rei costuma descansar no período de "inverno" (quando a temperatura gira em torno de 30 °C). Enquanto aguardava ser atendido por Sua Majestade, fui levado para um desses *trailers*. Escaldado por minha experiência da visita anterior, preparei-me para uma longa espera. Entretanto, logo fui conduzido à "tenda real", que abrigava um conjunto de aposentos, todos ornados com tapetes orientais e belos cortinados. O rei me recebeu em um amplo saguão, com aspecto de sala para apresentação de credenciais. Entreguei a carta do presidente Lula e reiterei verbalmente as saudações respeitosas que este lhe enviara. O Guardião pediu notícias do nosso presidente, em meio a expressões de afeto e admiração. Logo me dei conta de que o clima era amistoso e muito mais descontraído do que no meu encontro anterior. Em seguida, porém, ocorreu um fato que de início me deixou algo perturbado. Percebi que a minha comitiva não era a única que estava sendo recebida. Juntamente conosco havia um grupo de cidadãos britânicos, membros da oposição no Parlamento, liderados pelo *Shadow Foreign Secretary*. Como não estava seguro do rumo que as coisas tomariam, fui tratando de transmitir as mensagens mais importantes que trazia: visitas de Estado recíprocas; continuação do processo da ASPA etc. Mais tarde, constatei que minha ansiedade não era justificada.

Sua Majestade nos conduziu a outro recinto, no lado oposto ao *hall* de entrada, onde estava preparado um suntuoso banquete. Depois de refrescarmos as mãos em bacias com água perfumada, passamos ao bufê, servido em baixelas de prata. À medida que avançávamos, o rei me indicava as iguarias mais apetitosas e, frequentemente, ele próprio me servia. A longa mesa, em torno da qual os demais convidados já estavam à espera, era organizada como um retângulo com um lado a menos, uma espécie de "U" com ângulos retos. No lado menor, ao centro, ficava a cabeceira, onde se sentou o Guardião; fiquei à sua direita; o líder dos conservadores britânicos foi colocado à sua esquerda. Ao nos acomodarmos, nova surpresa: à nossa frente, havia um grande aparelho de televisão que o próprio rei tratou de ligar. A tela cortava a visão do fundo da sala, de tal modo que, durante algum tempo, não pude saber quais dos meus assessores participavam do ágape. Em especial, preocupava-me que a chefe de gabinete, a embaixadora Maria Nazareth Azevêdo, por ser mulher, tivesse sido excluída. Antes, Lelé já fora objeto de alguma descortesia por parte de funcionários sauditas menos graduados que nos acompanhavam. Felizmente, não foi esse o caso. Durante o almoço, falamos de amenidades. As perguntas de Sua Majestade sobre assuntos corriqueiros, seus comentários sobre as várias modalidades de se preparar um carneiro, a televisão ligada, sem que aparentemente fosse objeto de atenção, tudo isso se conjugava para transmitir uma mensagem clara: o almoço era uma cortesia, uma maneira de Sua Majestade dividir com os convidados um momento de descontração. Entendi que não cabia ali nenhuma discussão de natureza política e fiquei na expectativa de que ainda houvesse uma oportunidade de "tratar de coisas sérias". A refeição, entretanto, não se estendeu por muito tempo.

Em seguida, deixando de lado os outros convidados, o rei Abdullah me conduziu a uma sala menor, no extremo oposto da grande tenda, o que desfez meus temores iniciais de que teria de dividir sua atenção com outro visitante. Os membros de minha delegação, inclusive os menos graduados, acompanharam a audiência. Do lado árabe, havia vários integrantes da família real, todos obviamente homens. Entre os brasileiros, estavam o enviado especial para o Oriente Médio, Affonso Ouro-Preto, o embaixador em Riade, Penha Brasil, meu assessor de imprensa, Ricardo Tavares, e um tomador de notas. A embaixadora Maria Nazareth, que se juntara a mim depois do almoço, estava devidamente "protegida" por uma *abayah*. Enquanto eu falava, o Guardião parecia ouvir-me com interesse. Riu muito quando, respondendo a uma indagação sua, fiz uma analogia (talvez algo injusta) entre o presidente Chávez e o líder Muammar Gaddafi, mencionando o encanto que ambos tinham pelas próprias ideias. Apesar de tudo, acrescentei, Chávez era mais aberto a ouvir as dos outros, além de gozar de indiscutível popularidade. Falei sobre o papel da Arábia Saudita no Oriente Médio e, para "seduzir" meu anfitrião, comparei a liderança do rei Abdullah na região àquela exercida por Lula na América do Sul. Era certamente um grande exagero, até porque os dois elementos mais importantes da influência saudita entre os árabes – os petrodólares e a legitimidade religiosa (principalmente em função da custódia das cidades sagradas) – nada tinham a ver com o fascínio que Lula exercia em decorrência de sua história de vida e de sua grande capacidade de comunicação. Mas o elogio deve ter contribuído para que Sua Majestade reagisse bem à ideia de uma "parceria estratégica voltada para a paz e o desenvolvimento". O Guardião também pareceu especialmente satisfeito com os comentários que fiz sobre a Iniciativa Árabe de Paz. Demonstrou interesse pela ideia que expus, em termos muito genéricos, de uma eventual cooperação em energia nuclear e fez perguntas sobre as fontes de eletricidade no Brasil. Reagiu favoravelmente à proposta de visitas de Estado mútuas, mas logo completou, dando a entender que não tinha intenção de viajar ao Brasil no curto prazo: "Receberei o presidente Lula na Arábia Saudita com muita satisfação". Em mais de uma ocasião, enfatizei a disposição brasileira em contribuir para a paz no Oriente Médio. Procurei fazê-lo demonstrando humildade e salientei sempre que "temos de aprender com aqueles que têm mais experiência e conhecimento". Entusiasmado pelo rumo da conversa e a recepção aparentemente positiva de meu interlocutor, sugeri que pensássemos em uma parceria em benefício de países mais pobres da África e citei Guiné-Bissau (cuja população inclui 40% de muçulmanos) como possível alvo dessa colaboração. Mais por suas frequentes perguntas do que por suas raras afirmações, o rei Abdullah manteve a conversa viva por quase uma hora. Tomei então a iniciativa de pôr fim à reunião para não abusar do tempo do meu anfitrião real. Afinal de contas, tratava-se de um senhor de 84 anos. O rei se despediu de mim e de minha comitiva de forma muito afetuosa, conduzindo-me até o salão contíguo, já bem próximo à saída.

Na viagem de carro e antes do almoço, conversara com o ministro interino Nizar bin Obaid Madani, um homem inteligente e pragmático que, apesar do traje semelhante ao das demais autoridades com quem estive, desenvolvia um raciocínio político que nada tinha de exótico. Falamos sobre temas internacionais, em especial os relativos ao Oriente Médio. Com muita franqueza, Madani deu suas opiniões sobre o Líbano (ressaltando a fragilidade institucional do país e a "influência negativa" da Síria), o Iraque (com ênfase na instabilidade política e na rivalidade entre xiitas e sunitas), e o Irã, visto como uma ameaça muito presente e como fator de perturbação da paz na região. Deduzi, com base no que disse sobre o Líbano, que, apesar da forte rivalidade entre Riade e Damasco, conversas estariam ocorrendo nos bastidores, não sendo impossível que chegassem a algum tipo de entendimento que viabilizasse um mínimo de estabilidade ao país. Antes da minha partida, no dia 11, tive uma entrevista com o ministro das Finanças, Ibrahim bin Abdullah al-Assaf, na qual tratamos de oportunidades de comércio e investimento entre o Brasil e a Arábia Saudita. Essas possibilidades de aumentar o intercâmbio constituiriam o foco principal da visita presidencial, um ano e três meses mais tarde.

Uma mulher de olhar agudo e penetrante

De Riade parti para Damasco. O meu primeiro encontro, no final da tarde do dia 11, foi com a ministra dos Emigrados da Síria, Bouthaina Shaaban, uma mulher cujo olhar agudo e penetrante exprimia força de caráter e convicções firmes. Seu rosto, de feições bem marcadas, me fez recordar atrizes dramáticas do cinema europeu dos anos 1940, como Anna Magnani, heroína e vítima das forças nazistas em *Roma, Cidade Aberta*, de Roberto Rossellini. A ministra pediu que a reunião ocorresse no hotel em que eu estava hospedado. Embora a motivação formal, para não dizer pretexto, do pedido de entrevista fosse a presença da grande comunidade de origem síria no Brasil, Bouthaina queria falar de política. Tinha uma posição muito marcadamente anti-Israel (ou antissionista), tendo criticado abertamente a proposta de dois Estados (essência do processo de Annapolis e de várias outras iniciativas de paz). Também sobre o Líbano, expressou opiniões que me pareceram ir de encontro a um encaminhamento baseado na conciliação entre as diferentes facções, favorecido por boa parte da comunidade internacional. Esse enfoque, adotado após o assassinato de Hariri, resultara em progressiva diminuição do papel da Síria. A ministra tinha uma visão muito pessimista, não escondendo estar convencida de que era inevitável um conflito entre os Estados Unidos e seus aliados (notadamente Israel), de um lado, e as "forças de libertação nacional" dos países árabes, de outro. Minha visitante daquele fim de tarde/começo de noite falava com grande ênfase, e me indaguei se aquela incursão ao meu hotel por uma ministra (de pasta com peso aparentemente menor) não visava servir de prefácio às conversações político-diplomáticas que teria durante minha estada em Damasco. Sua *persona* não deixou de me impressionar. Alguns meses depois, Bouthaina se tornaria assessora direta de Assad e, nessa condição, eu a reencontraria em subsequentes visitas à Síria. Já em 2011, nos momentos iniciais da rebelião contra o regime do presidente Bashar al-Assad, Bouthaina Shaaban atuaria como porta-voz do governo. Naqueles dias terríveis, que se prolongam até hoje, em contraste com a impressão que ficara desse primeiro encontro, Bothaina – um raro exemplo feminino entre os políticos de mais destaque na região – teve, tanto quanto pude perceber a distância, uma atuação moderada.

Após a reunião com a ministra Bothaina, participei de um jantar oferecido pelo ministro do Exterior, Al-Muallem. Conhecera-o como vice-ministro, na visita que fiz à Síria em 2005. Naquela ocasião acompanhou-me em alguns deslocamentos. Diplomata experiente, que exercera, entre outros, o cargo de embaixador em Washington, Muallem fora, em Marraqueche, o principal negociador sírio do documento que viria a constituir a Declaração de Brasília. Tanto quanto posso recordar, deu uma contribuição bastante positiva para o êxito daquela reunião ministerial, moderando posições e buscando consensos. O jantar ocorreu em um antigo palacete otomano transformado em restaurante que, além de excelente comida, oferecia como atração um espetáculo de dança dos renomados dervixes rodopiantes. Fosse pelo cansaço, fosse porque Muallem não quis sobrecarregar aquele encontro social com temas substantivos, pouco guardei da nossa conversa, salvo uma vaga impressão de pessimismo em relação ao processo de Annapolis e à situação política no Oriente Médio expresso em tom menos dramático do que o utilizado por minha interlocutora do fim da tarde.

Na manhã seguinte, o presidente Bashar al-Assad me recebeu em audiência. Três pontos foram tratados de maneira mais ampla: a situação no Líbano, a questão do Iraque e, por uma provocação minha, a relação com Israel. Sobre o Líbano, o presidente disse que a Síria estava disposta a ter conversas com terceiros países em busca de uma solução. Mencionou especificamente a Arábia Saudita, cujo ministro do Exterior, Saud bin Faisal – o mesmo que representara seu país na ASPA –, havia feito, na véspera, uma visita "secreta" a Damasco. A disposição de dialogar com Riade já era em si um fato positivo que não deixei de anotar. Assad discorreu sobre as opções que, a seu ver, existiriam para resolver o problema da composição do governo de Beirute. De uma forma ou de outra, todas giravam em torno do número de representantes de cada facção no governo e do número de votos necessário para suas decisões, de tal modo que a facção minoritária conservasse poder de veto. Era a maneira de garantir a influência dos xiitas, especialmente do Hezbollah. O presidente sírio contemplava também a possibilidade de novas eleições. Percebi que uma atitude mais flexível na questão do Líbano tendia a se consolidar em Damasco, o que interpretei como um maior controle pelo presidente do estamento de segurança da Síria. Com efeito, poucos meses depois, em 21 de maio, as facções libanesas chegariam a um acordo patrocinado pelo emir do Qatar. É altamente improvável que isso tivesse ocorrido sem algum tipo de aceno de Damasco a seus aliados libaneses. Mais importante, em agosto de 2008, a Síria abandonaria sua tradicional resistência a reconhecer o Estado libanês, estabelecendo relações diplomáticas com Beirute.

Bashar al-Assad deteve-se sobre a situação no Iraque. Expressou preocupação em relação ao grande número de refugiados iraquianos na Síria, cerca de 1,5 milhão (ou um décimo da população síria). Fazendo uma previsão que se revelaria acurada, não descartou a possibilidade de uma guerra civil aberta entre as facções iraquianas, mas logo acrescentou: "Ainda não chegamos lá". Informei então ao presidente sírio que meu roteiro de viagem incluía uma visita a Israel e que tinha um encontro agendado com o primeiro-ministro, Ehud Olmert. Perguntei a Assad se, por meu intermédio, desejava enviar a Olmert alguma mensagem pessoal. Sem hesitar, o presidente sírio respondeu que considerava importante transmitir ao líder israelense que Damasco continuava aberta às discussões triangulares (*proximity talks*) com Israel a serem intermediadas pela Turquia, país que, à época, mantinha boas relações tanto com Tel Aviv como com Damasco (essa situação se inverteria de maneira dramática em função, respectivamente, do episódio envolvendo a chamada Flotilha da Liberdade e a versão síria da Primavera Árabe). Esse foi o ponto mais importante da entrevista, que teria consequências práticas. Mais tarde, o ministro Muallem completou a exposição do presidente, sublinhando que, para prosperarem, as conversações deveriam tomar como base os elementos que haviam sido acertados previamente ("durante dez anos de discussões"). Muallem fez referência a um documento, ao qual chamou de "depósito", que teria sido entregue ao presidente Clinton pelo então primeiro-ministro israelense, Ehud Barak. Somente dois anos depois, nas conversas que tive sobre o mesmo tema, quando da visita de Bashar al-Assad ao Brasil, vim a entender melhor o conteúdo desse "depósito". Voltarei ao assunto mais adiante. Por ora, a informação de que eu dispunha era suficiente para me desincumbir da gestão que me fora confiada pelo presidente sírio.

Na sequência do encontro com Assad, estive com o vice-presidente, Farouk al-Sharaa, que era ministro das Relações Exteriores quando de minha visita em 2005 e com quem voltei a me encontrar na sede da ONU, quando da votação da Resolução 1.636, ocasião em que eu fora objeto de manifestação explícita de gratidão e afeto por parte do meu colega. Revendo minhas impressões da época, constato que havia percebido uma acentuada diferença de tom entre o discurso de Bashar al-Assad e o de seu vice-presidente. Este me pareceu muito mais duro em suas afirmações, que contrastavam com a disposição ao diálogo e a atitude aparentemente pragmática e flexível do presidente. Na ocasião, interpretei que Al-Sharaa, cuja figura e maneira de falar me faziam lembrar os *aparatchiks* russos do tempo da União Soviética, deveria representar correntes mais tradicionais do regime, ligadas ao falecido Hafez Assad. Cheguei a pensar que poderia ter sido alçado ao cargo de vice-presidente para dar lugar, na condução das relações externas da Síria a Muallem, mais propenso a negociações e mais afeito aos modos ocidentais. Assim, não deixou de ser uma surpresa para mim que, no período inicial da rebelião contra Assad, em meados de 2011, Sharaa tenha aparecido como uma "voz moderada" do regime. Em seguida à entrevista com Al-Sharaa, eu voltaria a ter outro encontro com o ministro do Exterior, que, dessa vez, me pareceu bem menos negativo do que na conversa da véspera, durante o jantar. Atribuí essa mudança ao relativo otimismo e ao senso prático (*problem-solving*, diriam os norte-americanos) demonstrados pelo presidente. Nesse segundo encontro, acertei com Muallem alguns detalhes sobre o seguimento que deveria dar à *démarche* junto a Olmert. Parti para Amã no final da tarde.

Muita história e pouca geografia

Meus primeiros encontros com autoridades jordanianas ocorreram na manhã seguinte, quando estive com o ministro do Exterior, Salah al-Bashir, e com o primeiro-ministro, Nader al-Dahabi. Antes de me deter sobre essas reuniões, faço um parêntese para mencionar que, logo cedo, tive uma breve conversa com nosso embaixador na Jordânia, Antônio Coelho da Rocha, e outra, algo mais longa, com o embaixador Bernardo Brito, acreditado junto ao governo do Iraque. Sediado provisoriamente em Amã, Brito se deslocava a Bagdá com regularidade, em viagens que eram verdadeiros pesadelos do ponto de vista da segurança, segundo me descreveu. Na ocasião, disse-me que gostaria de se mudar para a capital iraquiana até o final de 2008, o que acabou não ocorrendo. A despeito do meu apoio, obstáculos burocráticos continuariam a impedir por muito tempo a instalação da nossa embaixada no Iraque. Depois de um período de relativo ostracismo, Brito, que, quando jovem diplomata, desempenhara com competência e seriedade funções de relevo, foi nomeado por mim nosso primeiro representante em Ramalá e, posteriormente, voluntariou-se para ser embaixador em Bagdá.

Dos dois encontros que tive pela manhã, a conversa com o ministro do Exterior, Salah al-Bashir, um jovem advogado bem-sucedido que já tratara de temas comerciais no governo jordaniano, foi bem mais interessante do que a que mantive com o Chefe de Governo. O premiê Al-Dahabi tem perfil de administrador, pouco afeito às sutilezas da política e da diplomacia. Além disso, o posto de Chefe de Governo na Jordânia carece de grande expressão política. Apesar de a Jordânia não ser uma monarquia absoluta como a Arábia Saudita, e possuir um governo, em tese, de base parlamentar, é o rei quem se ocupa, pessoal e diretamente, das questões de maior importância, sobretudo as que dizem respeito ao relacionamento externo e à defesa e segurança. Ademais, como já observara em visitas anteriores, os gabinetes na Jordânia costumavam mudar com frequência, o que contribuía para enfraquecer o papel do premiê. Embora tenhamos tratado de alguns temas bilaterais e não deixássemos de abordar as questões políticas da região, o encontro com o primeiro-ministro valeu mais como demonstração de consideração em relação ao Brasil do que propriamente pelo conteúdo.

A meu pedido, o chanceler Al-Bashir discorreu sobre o processo de paz. Demonstrou grande preocupação com a situação na Palestina e com a erosão da liderança de Mahmoud Abbas, na medida em que este não era capaz de mostrar resultados concretos da via pacífica e negociadora que escolhera, em contraste com a opção de total confrontação do Hamas, àquela época. A Jordânia, que tem uma grande população de origem palestina (inclusive refugiados, que não gozam de cidadania plena), tem uma natural preocupação com a "contaminação" por movimentos ligados à Irmandade Muçulmana. No passado, a própria existência do reino hashemita fora contestada por muitos palestinos. Eu mesmo havia conhecido, décadas atrás, quando cursara a Academia Diplomática de Viena, um estudante jordaniano, Akram Barakat, que me causara grande impressão em virtude de sua maturidade política. Embora portador de passaporte diplomático emitido por Amã, o jovem se dizia de nacionalidade palestina, atribuindo a um "momento de embriaguez" de Churchill a criação do reino jordaniano (curiosamente, muitos anos depois, encontraria esse ex-colega como embaixador da Jordânia em Berna). Al-Bashir foi muito crítico de Israel, que estaria criando repetidas dificuldades para o seguimento de Annapolis, cujo processo era "fortemente apoiado pela Jordânia". Contei-lhe algo dos meus contatos na Síria, especialmente no que tange à situação do Líbano. Sobre esse ponto, meu interlocutor, apesar de inteligente e de espírito aberto, emitiu conceitos que não diferiam muito dos que eu ouvira de outras autoridades árabes e que me pareceram algo simplistas: tudo se resumiria à opção que Damasco teria de fazer entre o Irã (percebido como a grande ameaça) e o mundo árabe. No percurso de automóvel entre a Chancelaria e o gabinete do primeiro-ministro, Al-Bashir informou que Amr Moussa estivera havia poucos dias no Líbano, devendo ainda voltar a Beirute, o que, a seu ver, era sinal de alguma esperança. Comentei então que a discussão sobre a composição do governo libanês, a distribuição de cargos etc., escondia – em minha opinião de aprendiz em assuntos do Oriente Médio – outra questão igualmente importante, que tinha relação direta com a segurança do Líbano e da Síria: o *status* do Hezbollah e sua eventual integração no exército libanês. Ainda me recordava com nitidez das conversas que havia mantido em Damasco, dias depois do assassinato de Hariri. Naqueles dias de grande tensão, as preocupações com a segurança da Síria figuravam de modo proeminente nos discursos de alguns de meus interlocutores, entre os quais o então ministro das Relações Exteriores e agora vice-presidente. Todos (com a significativa exceção do presidente Bashar al-Assad) se revelavam relutantes em dar cumprimento pleno às decisões do CSNU.

Meu último encontro na Jordânia foi com o rei Abdullah II. O monarca me recebeu no palácio, acompanhado do ministro das Relações Exteriores e de um assessor pessoal. Estavam comigo o embaixador brasileiro em Amã e nosso enviado especial ao Oriente Médio. Fiz breves referências a temas bilaterais, entre os quais o convite de que eu era portador para que o rei visitasse o Brasil.* Como piloto militar que era, Abdullah II demonstrou grande interesse pelas aeronaves fabricadas no Brasil, especialmente os "supertucanos". Estava também ciente do projeto de outra aeronave da Embraer, o avião de transporte e reabastecedor (o KC-390, como veio a ser denominado). Sem inibição, Sua Majestade respondeu às perguntas que lhe fiz sobre o Oriente Médio. Duas de suas observações mereceram registro especial de minha parte: uma delas se referia ao presidente sírio. Segundo o rei, nos últimos 18 meses, Bashar al-Assad teria obtido controle mais efetivo do poder. Essa observação, que de certa forma confirmava minha própria impressão, contrariava a visão prevalecente de que Bashar continuava dominado pela velha guarda que herdara do pai. O outro comentário, feito com muita convicção, era de que Ehud Olmert, diferentemente de Tzipi Livni – a quem atribuía atitude mais resistente – seria francamente favorável a manter o cronograma de Annapolis, inclusive a reunião ministerial programada para se realizar em Moscou. Abdullah II também defendia a realização desse encontro, opinião que transmitira diretamente a Putin na viagem que fizera à Rússia, na véspera. Homem relativamente jovem, o rei falava com segurança e objetividade sobre todos os temas. O hábito de piscar os olhos com alguma frequência não chegava a comprometer o peso das palavras. Na visita que fiz a Israel em seguida, Olmert revelaria ter o monarca jordaniano em grande apreço. Inclusive concordou com a opinião deste sobre o presidente sírio.

Depois de um simpático almoço oferecido pelo ministro Al-Bashir em sua residência privada, parti de automóvel para a Cisjordânia com minha pequena comitiva. Cruzamos novamente a Allenby Bridge (conhecida na Jordânia como "ponte Rei Hussein"), desta vez com procedimentos mais simples do que em 2005. Fora informado que o presidente Abbas estava viajando. O primeiro-ministro, Fayyad Salam, tampouco estava em Ramalá. Havia ido a Washington fazer *lobby* junto ao Congresso norte-americano pela liberação dos US$ 300 milhões de dólares prometidos na Conferência de Paris. Do ponto de vista protocolar, a visita a Ramalá – em torno da qual fora organizado todo o meu cronograma no Oriente Médio – ficou algo esvaziada. Em parte, isso foi compensado

* Abdullah II faria visita de Estado ao Brasil em outubro de 2008.

pelo longo encontro que mantive com Saeb Erekat, a face mais visível dos negociadores palestinos nas tratativas com Israel. Estive em seu escritório na manhã da quarta-feira, dia 13. Erekat falou quase sem parar, de modo muito enfático. Foi tão didático que, em certo momento, senti-me forçado a interromper seu discurso e dizer-lhe que ele estava pregando para um convertido (a expressão em inglês se aproxima da nossa "ensinar o padre-nosso ao vigário"). Apesar do tom professoral, Erekat não deixou de dizer coisas interessantes. Falou do clima positivo entre os negociadores palestinos e israelenses e transmitiu a impressão de que progressos estavam sendo realizados. De um modo geral, contrariamente ao que vinha ouvindo de outros interlocutores árabes, pareceu-me pender para uma atitude otimista. Admitiu ter consciência de que, em um acordo final da ANP com Israel sobre a criação do Estado Palestino, este não disporia de Forças Armadas. Era a primeira vez que ouvia da boca de um palestino com influência no processo decisório a aceitação daquela exigência israelense que, a meu ver, constituía uma limitação à soberania do Estado a ser criado. Sem dúvida, isso representaria uma grande concessão a Tel Aviv. Erekat insistiu muito na natureza bilateral das negociações. Essa posição, que implicitamente reduzia a importância dos processos multilaterais, me parecia contrária aos interesses da própria Palestina, mas entendi que, em parte, tal atitude decorria da função de Erekat como negociador, que ele procurava valorizar. Respondendo a uma indagação minha sobre se a ANP teria apoio popular para um acordo, mesmo em face da oposição do Hamas com ecos na Cisjordânia, Erekat foi taxativo: "Se fizermos um bom acordo, vamos submetê-lo a um referendo e ganharemos". Agradeceu polidamente a participação do Brasil em Annapolis e a doação que havíamos feito na Conferência de Paris. Saeb Erekat deu-me a impressão de ser um homem determinado, profundo conhecedor do dossiê de que tratava, certamente muito engajado na causa palestina, mas – como a maioria das pessoas provenientes do mundo acadêmico (fez questão de aludir à sua passagem por universidades inglesas e norte-americanas) – algo vaidoso. Foi com Erekat que comentei as dificuldades resultantes do peso da História para ambos os lados (à época, os israelenses alegavam problemas em atender alguma reivindicação territorial palestina em virtude da localização do "túmulo de Raquel"). Desse meu comentário, resultou uma frase inteligente do negociador palestino, que usei como título de um capítulo de um dos meus livros: "Muita história e pouca geografia".*

O chefe dos negociadores palestinos fez duas cobranças que, curiosamente, não seriam repetidas pelo ministro do Exterior, Riad Malki. A primeira se referia

* Amorim, op. cit, 2011, capítulo 16.

ao desejo de que o Brasil sediasse uma reunião do Comitê de Apoio ao Povo Palestino, o que hesitávamos em fazer, preocupados com a repercussão que o encontro pudesse ter na participação do Brasil no processo de Annapolis. Sempre tive muita clareza de que essa participação não deveria afetar nossas posições em questões de princípio. De forma coerente com essa atitude, subscrevemos a convocação de várias sessões especiais do Conselho de Direitos Humanos da ONU e seguimos votando a favor das resoluções sobre a Palestina. Entretanto, em relação ao ponto levantado por Erekat, a questão era saber se, naquela circunstância, uma reunião do Comitê, justa ou injustamente, visto por Tel Aviv como "instrumento de propaganda", contribuiria para fazer avançar o processo. Eu considerava mais produtivo organizar encontros entre as sociedades civis de Israel e da Palestina, possibilidade à qual havia aludido no meu discurso em Annapolis e que viria a aventar com mais de um interlocutor em Israel. A sensação de decepcionar os palestinos não deixava de me incomodar. Havia, a respeito da realização da reunião, um dilema que eu não fora capaz de resolver e que o pedido feito com certa insistência por Erekat evidenciou ainda mais. A segunda cobrança dizia respeito à questão de regras de origem aplicáveis a produtos oriundos dos territórios palestinos ocupados, constantes do recém-firmado acordo de livre comércio entre o Mercosul e Israel. Havíamos tido o cuidado de nos inspirar em exemplos anteriores, em especial o acordo feito com Tel Aviv pela União Europeia, o qual, tanto quanto soubesse, não havia despertado reações contrárias na Palestina. Essa questão ficaria resolvida de maneira satisfatória no processo de ratificação pelo Congresso brasileiro e não voltou a ser levantada.*

O ministro do Exterior, Riad Malki, havia chegado naquela madrugada de uma reunião com a União Europeia em Malta. Malki, com quem mantive contato constante até o fim da minha gestão e mesmo além dela, é um homem de modos amenos e formação técnica. Como a maioria dos militantes palestinos, o ministro havia passado pelas prisões israelenses. Sua conversa valeu, sobretudo, como uma ilustração viva das dificuldades e humilhações impostas pelos ocupantes israelenses à população palestina. Contou-me, por exemplo, que, certa vez, quando se deslocava entre sua casa e a universidade, situadas em cidades próximas, porém isoladas entre si, um soldado israelense, "quase um menino", pôs-se a verificar seus documentos de forma arrogante. Malki resolveu fitá-lo intensamente. O jovem militar não suportou o olhar do professor, que poderia ser seu

* Em dezembro de 2010, o Mercosul firmaria um Acordo-Quadro com a Palestina e, um ano depois, um Acordo de Livre Comércio (ALC). Embora de valor mais simbólico do que prático, esses acordos serviriam, entre outras coisas, para "reequilibrar" a relação do bloco na região.

pai ou avô e, descontrolado, ordenou-lhe aos gritos: "Você não pode me olhar, tem que olhar para o chão". A história me fez lembrar outra, de amargo sabor kafkiano, que ouvira do ministro jordaniano na véspera, ele próprio descendente de palestinos pelo lado do pai. Nesse caso, não se tratava de uma experiência direta, mas do conteúdo de uma carta dirigida à mãe por um prisioneiro palestino em Israel. O bilhete, cujo original estava sobre uma escrivaninha do ministro, começava mais ou menos assim: "Mãe, você pode achar que estou ficando louco, mas devo dizer que estou começando a me relacionar com os insetos".

Paradoxalmente – dado o fato de, em tese, existir um processo de paz –, encontrei a situação na Palestina mais tensa do que na minha primeira visita, três anos antes. A presença de militares israelenses era mais ostensiva. Diferentemente da vez anterior, quando uma viatura palestina foi me buscar na fronteira entre a Cisjordânia e a Jordânia, meus assessores e eu fomos conduzidos por um comboio israelense até praticamente as portas de Ramalá. Somente ali, em local cercado por altos muros e protegido por enormes portões de ferro controlados eletronicamente, é que passamos, quase como se fosse uma troca de prisioneiros, para o comboio palestino. Durante a noite que passei em Ramalá, as forças israelenses prenderam 56 palestinos. Segundo me foi dito, era a maior operação dos dois últimos anos: três dos palestinos presos estavam a 1 km do hotel em que me hospedei (o mesmo em que estivera em 2005). Mencionei esse fato tanto a Tzipi Livni como a Ehud Olmert, que nada comentaram.

Durante a minha estada na Cisjordânia, foi assinado acordo para o estabelecimento de consultas políticas entre o Brasil e a Palestina. Antes de partir de Ramalá para Jerusalém, visitei as instalações de nossa representação, então chefiada pela ministra Ligia Scherer (hoje embaixadora em Moçambique), que sucedeu com grande competência a dois experientes embaixadores, o já mencionado Bernardo Brito e Arnaldo Carrilho. Acompanhado dos ministros do Exterior e da Cultura e da prefeita de Ramalá, aproveitei para inaugurar no centro cultural da cidade a exposição *Amrik*, encerrando assim, com um toque artístico e humano, minha passagem pela cidade-centro administrativo da Palestina (a capital, como se sabe, é Jerusalém!).

Nada está acordado até que tudo esteja acordado

Cheguei a Israel por volta das 17 horas do dia 13. Fui instalado em um confortável apartamento de um dos principais hotéis de Tel Aviv. Às 18h30 iniciei minha programação com um jantar oferecido pela ministra das Relações Exteriores,

Tzipi Livni,* com quem havia estado duas vezes: a seu pedido, em Nova York, à margem da LXII AGNU, e rapidamente em eventos sociais em torno da Conferência de Annapolis. Tzipi Livni, uma mulher de meia-idade, tinha um rosto agradável, que por vezes chegava a ser bonito, apesar do semblante carregado. Uma mecha de cabelo constantemente caía sobre sua testa, cobrindo-lhe parte do olho direito, o que a obrigava a afastá-la com um gesto brusco, que um observador desavisado poderia, erradamente, interpretar como nervosismo. A conversa durante o jantar foi muito objetiva, totalmente desprovida de amenidades. Inicialmente, a ministra pediu-me que lhe transmitisse as impressões que havia colhido nas etapas anteriores da minha viagem. Sua curiosidade maior estava dirigida à Arábia Saudita, onde, justamente, minhas conversas haviam sido menos profundas. Não deixei de fazer comentários sobre o que havia visto e ouvido também na Síria, na Jordânia e, sobretudo, na Palestina. Minha interlocutora ouviu atentamente sem, contudo, fazer observações. Em seguida, sempre em tom muito afirmativo, Livni expôs alguns aspectos da política israelense em relação à Palestina. Insistiu na preocupação de Israel com a segurança, em particular nas áreas próximas a Gaza. Descreveu com um nível de detalhe que eu até então desconhecia a porosidade da fronteira entre a Faixa de Gaza e o Egito: elevadores dentro de casas que se ligam com túneis que, por sua vez, estão conectados com outros elevadores etc. Além disso, o exército egípcio, que deveria policiar a fronteira, seria "corrupto e ineficiente". Revelou certa simpatia e mesmo algum grau de "cumplicidade" em relação aos negociadores palestinos, confirmando assim o "clima positivo" a que se referira Saeb Erekat. A ministra aludiu várias vezes à possibilidade de uma ação militar de Israel em Gaza, com especial ênfase à "faixa de Filadélfia". Sua insistência nesse ponto era tal que me fez crer que a ministra israelense estava buscando preparar o espírito de seus interlocutores (eu seria apenas uma de suas "cobaias") e testar sua reação. Nesse contexto, comentei que um ataque de Israel a Gaza teria efeitos desastrosos e receberia condenação unânime das lideranças palestinas e não apenas do Hamas. A ministra rebateu com uma afirmação que não deixava de ser surpreendente: "Não é o que ouço quando estou sozinha com um representante da ANP em uma sala fechada". A quem, especificamente, ela estaria se referindo? A Saeb Erekat? Ou era

---

* Tzipi Livni foi ministra do Exterior de Israel entre 2006 e 2009. Seu pai, Eitan Livni, foi um dos líderes do movimento armado antibritânico, Irgun, responsável por ataques armados, inclusive o famoso atentado ao Hotel King David, do qual resultou a morte de vários civis. Eitan Livni chegou a ser julgado e condenado a quinze anos de prisão pelas autoridades britânicas. Até 1947, o movimento Irgun foi considerado uma organização terrorista.

uma observação de natureza retórica destinada apenas a sublinhar a rivalidade entre as facções políticas na Palestina? Não pude esclarecer essa dúvida. Falei-lhe então da "humilhação" de professores, médicos, pessoas de idade, todos submetidos ao arbítrio de soldados israelenses, meninos de 16 anos. "Dezoito", retorquiu ela. Tzipi Livni reconheceu as dificuldades da vida diária dos palestinos, mas não acenou com nenhuma medida concreta que pudesse significar perspectiva de melhora. A maneira como minha interlocutora se referiu aos contatos que mantinha com os negociadores de Ramalá sugeria a existência de alguns avanços reais, que ela não especificou. Ressalvou que o princípio básico da negociação era o de que "nada está acordado até que tudo esteja acordado". A frase inevitavelmente me trouxe à mente as filigranas negociadoras da OMC, o que, à vista da ausência de acordo sobre a Rodada Doha, não era um bom presságio. Mesmo em relação a Jerusalém, Livni admitiu a possibilidade de uma solução negociada, embora a localização de dois lugares santos (um para os judeus e outro para os muçulmanos) sobre o mesmo rochedo tornasse a questão particularmente difícil. O tom duro da minha colega contrastava com alguma flexibilidade sobre temas substantivos. Segundo Livni, o único ponto realmente inegociável dentre aqueles sempre citados pelos palestinos seria o relativo aos refugiados, cujo retorno, para a ministra, "seria incompatível com o caráter judeu do Estado de Israel". Nesse momento da conversa, fizemos uma breve digressão sobre o significado do termo "judeu", como religião ou como povo. Mais tarde, isso me fez buscar o texto da resolução que criou o Estado de Israel, também conhecida como "Resolução da Partilha".* Constatei então que o texto efetivamente se refere ao "Estado judeu".

Durante a conversa, Livni parecia ouvir com atenção e interesse meus comentários, ainda que frequentemente discordasse deles. Apesar da maneira algo abrupta com que enunciava suas afirmações, a ministra foi mais comunicativa do que dogmática. Acompanhando as palavras com ampla gesticulação, que parecia enfatizar uma real preocupação, dizia "compreender" os problemas dos palestinos e, em alguns momentos, deu mostras de estar autenticamente interessada em solucioná-los. "Tenho filhos jovens e desejo que eles vivam em paz", chegou a comentar. Mas o tema da segurança sempre voltava a dominar seus raciocínios, quase como uma obsessão. Perguntei-lhe como via o processo de Annapolis e a reunião prevista para se realizar em Moscou. Corroborando impressões que já ouvira de outros interlocutores, entre os quais o rei da Jordânia, Tzipi Livni não

* Em 29 de novembro de 1947, a Assembleia Geral das Nações Unidas, em sessão presidida pelo brasileiro Osvaldo Aranha, aprovou a Resolução 181 que definia o Plano de Partilha da Palestina. Em 14 de maio de 1948, David Ben Gurion, líder do Movimento Sionista, declarou unilateralmente a existência do Estado de Israel.

me pareceu entusiasmada com a realização do encontro. Alegou que era necessário obter antes maior progresso nas negociações bilaterais. Como sempre ocorre nesses casos, a parte mais forte prefere discutir bilateralmente, evitando assim a pressão moral de um grupo numeroso de países (curiosamente, e de modo algo paradoxal, a mesma preferência pelo bilateral fora demonstrada pelo representante da "parte fraca", Saeb Erekat). Observei que essa "pressão moral" também poderia ser exercida em temas do interesse de Israel, como a "boa governança" na Palestina e a preferência por uma opção política, defendida pela ANP, em contraposição à opção militar, apoiada pelo Hamas. Em linha de raciocínio similar, também comentei que o formato de Annapolis poderia contribuir para uma "legitimidade multilateral" de um eventual acordo, sem os inconvenientes costumeiramente alegados por Tel Aviv em relação às "maiorias automáticas" da Assembleia Geral da ONU. Isso também ajudaria a garantir que os dispositivos do acordo fossem respeitados no futuro. Livni não contestou, mas tampouco me pareceu persuadida.

O encontro/jantar com a chanceler israelense durou uma hora e meia. Em nenhum momento houve quebra de ritmo ou pausas para trivialidades. Tzipi Livni estava sob pressão de horário, pois embarcaria em seguida num voo comercial para os EUA, onde participaria de cerimônia em homenagem a um deputado norte-americano recentemente falecido, grande defensor de Israel. Mas ainda houve tempo para que assinássemos um acordo cultural. Ao se despedir, a ministra me disse haver apreciado a conversa e desejar retomá-la. Apesar de toda a dureza de tom, fiquei com a impressão de que estava sendo sincera.

No dia seguinte, 14 de fevereiro, encontrei o primeiro-ministro, Ehud Olmert, em seu gabinete em Jerusalém. Foi também uma longa conversa, caracterizada por um diálogo efetivo. No tom e no conteúdo, foi menos rígido do que Tzipi Livni. Em nenhum momento aludiu à possibilidade de solução militar para Gaza (embora, um ano depois, Israel tenha optado por essa via). Olmert reconheceu a validade das preocupações com a vida diária dos palestinos, e admitiu que essas dificuldades do cotidiano tinham impacto negativo sobre a posição da Autoridade Palestina. Contudo, seu raciocínio pareceu-me baseado em considerações de natureza mais política do que humanitária. A constante preocupação com a segurança, expressa de maneira menos obsessiva do que pela ministra do Exterior, transpareceu no comentário de que a análise dessas questões do cotidiano teria de levar em conta a necessidade de minimizar os riscos que, segundo ele, adviriam de uma maior liberdade de movimento para os palestinos na Cisjordânia. Olmert foi mais claro do que sua colega de gabinete na valorização do papel do Brasil. Ao final da reunião, pedi-lhe que dispensássemos os assessores e, já a sós, transmiti a Olmert a mensagem de Bashar al-Assad sobre a aceitação do "canal turco" para as discussões triangulares entre Síria e Israel, que versariam principalmente sobre as Colinas de Golã. Expliquei que o presidente sírio me disse estar disposto a passar a negociações diretas assim que se estabelecesse com clareza a base das mesmas. O primeiro-ministro recebeu positivamente a mensagem de Assad sobre a mediação da Turquia e concordou, sem se aprofundar em detalhes, que não faria sentido reabrir pontos já discutidos.* Ehud Olmert acrescentou, porém, que o problema com a Síria "não é tanto o mapa, mas o apoio ao Hezbollah e ao Hamas".

Encontrei-me também com o presidente Shimon Peres. O diálogo durou mais de uma hora, mas não extraí dele nada de muito novo. Assumindo sua posição de chefe de Estado (e não de Governo), Peres se comportou como um sábio ancião e discorreu filosoficamente sobre a globalização, a primazia da economia sobre a política etc. Teve palavras simpáticas sobre o Brasil, "pioneiro da valorização da diferença, essencial ao mundo moderno". Instigado pelo presidente, falei sobre a reforma do Conselho de Segurança da ONU, G4 e G8+5. Para minha surpresa, boa parte da conversa se deu com a presença de câmeras e microfones da imprensa. Em alguns momentos, os jornalistas interromperam nosso diálogo com perguntas, introduzindo na audiência um elemento que não deixava de ser insólito. Cheguei a temer alguma "armadilha", mas logo vi que não era o caso. Mencionei a Shimon Peres uma conversa que havia tido pela manhã, em Tel Aviv, com o grande romancista Amos Oz, durante a qual havíamos explorado a ideia de um encontro de educadores palestinos e israelenses. Mais uma vez, o presidente divagou: "Afinal, quem são os verdadeiros educadores? Temos muito a aprender com os jovens". Reflexões sem dúvida interessantes, mas de pouco valor para os meus objetivos.

Já que mencionei Amos Oz, faço um rápido registro do nosso encontro. Eu havia expressado o desejo de estar com ele, não sei se por meio do nosso embaixador ou, mais provavelmente, da ativa representante de Israel no Brasil, Tzipora Rimon. Havia lido dois dos romances dele, inclusive o autobiográfico *De amor e de sombras*, que relata, sem parcialidade, embora por uma ótica muito pessoal, a saga dos judeus que se deslocaram para a Palestina entre fins do século XIX e início do século XX. Sabia também de suas críticas em relação a certas decisões do governo israelense, como a reação desproporcional – que causara grande número de vítimas civis no Líbano – aos ataques do Hezbollah. Haviam-me informado que o romancista talvez viesse da cidade onde mora, perto do Mar Morto, para se encontrar comigo em Tel Aviv, mas confesso que não nutria grande

* Ehud Olmert, como Bashar al-Assad, se referia aos entendimentos entre os governos de Israel e da Síria, sob o patrocínio do presidente Bill Clinton em 1999 e 2000, que não chegaram a termo.

esperança de que isso de fato ocorresse. Foi assim, com agradável surpresa, que, na manhã do dia 14, fui informado de que o escritor estava no saguão do hotel onde me haviam hospedado. Amos Oz é um homem baixo, de olhos claros e fisionomia serena. Falamos um pouco de seus livros e de suas viagens ao Brasil. Ele próprio tomou a iniciativa de se referir ao processo de paz, que apoiava, assinalando com objetividade e sem romantismo os elementos de uma paz possível. Comentei a importância que atribuía a contatos entre as sociedades civis na busca da paz, com destaque para o papel dos intelectuais. Oz enfatizou a contribuição dos "educadores" e prontificou-se a participar de uma eventual iniciativa de diálogo. Ao final, o escritor sugeriu que, em algum momento, retomássemos a conversa. "*To be continued*", foi a expressão que usou.

Na viagem de volta ao Brasil, parei em Madri. Da base aérea de Torrejón, telefonei para o ministro sírio Al-Muallem, a quem transmiti a reação de Olmert à mensagem de Assad. Ao encerrar aquele giro, havia estado com dois reis (Arábia Saudita e Jordânia), dois presidentes (Síria e Israel), dois primeiros-ministros (Jordânia e Israel), um vice-presidente (Síria), além de vários ministros, vice-ministros e negociadores. Estivera ainda com personalidades de projeção na sociedade internacional, como Amos Oz, ou nacional, como a ministra dos expatriados da Síria, Bouthaina Shaaban, que, como viria a saber, também era escritora. Talvez uma das impressões mais importantes que tive dessa minha nova "imersão" no Oriente Médio tenha sido a da boa receptividade do Brasil em todos os países que visitei. Dessa feita, diferentemente do meu périplo de 2005, não fora em busca da aceitação de um convite para uma iniciativa brasileira. Meu objetivo era essencialmente político e se inscrevia no seguimento do processo criado em Annapolis, o que conferia um significado maior à boa receptividade que me fora dispensada. Mais do que cortesias protocolares, percebi em meus interlocutores um real interesse em ouvir nossas posições e transmitir suas análises. Todos os diálogos transcorreram com grande naturalidade, sem que em nenhum momento, de forma direta ou indireta, fosse demonstrada surpresa ou, menos ainda, incômodo com o nosso envolvimento. A troca de mensagens de que fui portador entre o presidente da Síria e o primeiro-ministro de Israel sobre um tema tão delicado como a retomada das negociações sobre Golã revelava o grau de confiança depositado no Brasil. Quer pelas características do nosso povo, ressaltadas por Shimon Peres, quer por nossas atitudes políticas, apreciadas por árabes e, em boa medida, por israelenses, quer ainda por nossa reconhecida influência na América Latina e no Caribe ou, mais amplamente, nos países em desenvolvimento, pude constatar que o Brasil era visto como um ator de importância no cenário internacional, capaz de exercer alguma influência positiva na busca da paz para a atormentada região. Voltei ao Brasil animado a seguir trabalhando pelo aprofundamento da relação com os países visitados e, de modo mais amplo, a firmar nossa posição no processo inaugurado em Annapolis.

Il n'y a qu'un brésilien qui puisse dire cela

Nos dias 20 e 21 de fevereiro, menos de uma semana depois de ter deixado o Oriente Médio, realizar-se-ia em Buenos Aires uma reunião de chanceleres dos países sul-americanos e árabes com vistas à preparação da II Cúpula ASPA, programada para ocorrer em Doha, Qatar, em 2009.* Desde 2005, o Brasil não deixara de cuidar do seguimento da Cúpula. Além de incentivar e promover várias iniciativas setoriais, nomeamos um Representante Especial para Assuntos da ASPA, o embaixador Arnaldo Carrilho, que visitou quinze países árabes aos quais levou mensagens sobre a importância do desenvolvimento das relações entre as duas regiões. Entre 17 e 19 de fevereiro, antes da reunião de chanceleres na capital argentina, o ministro egípcio Aboul Gheit faria visita oficial a Brasília. A rota entre a América do Sul (e, especificamente, o Brasil) e o Oriente Médio começava a fazer parte dos percursos diplomáticos internacionais. Durante a visita de Aboul Gheit, foram tratados assuntos de interesse bilateral, como comércio e cooperação técnica. Houve também troca de ideias sobre a atualidade internacional e regional (sul-americana e do Oriente Médio). O Egito, que inicialmente revelara alguma reticência às nossas iniciativas, passou a defender um envolvimento maior em temas da sua região, especialmente a Palestina. Em reciprocidade ao tratamento que me fora dispensado no Cairo, o presidente Lula recebeu o ministro egípcio em audiência. Mais uma vez, falou-se de uma possível visita de Mubarak ao Brasil, a qual, por um motivo ou outro, era sempre adiada. Sobre a reunião preparatória da ASPA, fiz um pequeno registro que reproduzo a seguir: "(...) A reunião ministerial [dos países da América do Sul] com os árabes representou um avanço positivo. Um dos 'filhotes' da política externa de Lula – um dos mais atacados pela direita nacional, mas também um dos que chamaram mais a atenção internacional – começa a ter vida própria. (...) Na coletiva de imprensa, ao lado dos chanceleres da Argentina e da Arábia Saudita, bem como do secretário-geral da Liga Árabe, e do vice-ministro boliviano (que representava a Unasul!), [afirmei que] a nova geografia comercial e política internacional de que fala Lula vai tomando forma". Como de hábito, a reunião deu margem a bom número de

---

* A Declaração de Brasília previu que a II Cúpula se realizaria no Marrocos, em 2008. Depois de alguma procrastinação, por motivos que até hoje ignoro, Rabah abdicou de sediar o evento.

conversas bilaterais. No discurso que pronunciei na sessão de abertura do encontro ministerial, reiterei conhecidas posições brasileiras, ilustrando-as com impressões que colhera durante minha recente viagem ao Oriente Médio. Dei especial atenção ao mecanismo de seguimento da ASPA, referindo-me, nesse contexto, às várias reuniões ministeriais já realizadas (economia, cultura, área social). Salientei que era importante ver a ASPA não como um substituto ou uma reprodução em pequena escala da Assembleia Geral das Nações Unidas, mas como um fórum de cooperação para aproximação dos países das duas regiões. Assinalei, a propósito, que as cifras de comércio e as iniciativas culturais davam alento a nossos esforços. Terminei com uma referência à relação entre o Brasil e os nossos anfitriões. Creio ter sido essa a primeira vez em que afirmei publicamente que a parceria entre os dois países era "a mais estratégica de nossas parcerias". Noto, a propósito, o contraste desse meu registro com minha percepção por ocasião da primeira Cúpula ASPA, a que me referi anteriormente. A despeito das inevitáveis disputas comerciais, a evolução do entendimento Brasil-Argentina fora muito positiva nos últimos anos, o que se espelhava em crescente cooperação em temas regionais e globais (a exceção continuava a ser a reforma do CSNU, mas mesmo em relação a esse tema as diferenças eram expressas de forma menos estridente). A Conferência de Chanceleres da ASPA, presidida do lado sul-americano pelo ministro Jorge Taiana, era um bom exemplo dessa convergência. E isso, para mim, era motivo de autêntica alegria.

Ao longo de 2008, realizaram-se importantes visitas, dentre as quais a do rei da Jordânia, Abdullah II, precedida de uma viagem preparatória do ministro do Exterior, Salah al-Bashir, e a do ministro dos Negócios Estrangeiros da Autoridade Palestina, Riad Malki.* Além dos efeitos práticos para as relações bilaterais, essas visitas tinham, para mim, outra utilidade: serviam para que o nosso presidente, sempre muito interessado nas questões do Oriente Médio, pudesse ouvir, diretamente de interlocutores credenciados, avaliações realistas sobre a situação da região e possíveis encaminhamentos. Com toda a admiração que tinha – e continuo a ter – pela intuição política do presidente Lula, vez ou outra achava que sua convicção sobre a capacidade dos líderes de influenciar a evolução dos fatos ia um

* Salah al-Bashir esteve em Brasília em 15 e 16 de julho. A visita foi marcada pela ênfase em temas bilaterais e ocorreu apenas quinze dias depois da assinatura do Acordo-Quadro de Livre Comércio entre o Mercosul e a Jordânia. A visita do rei Abdullah II, que se realizou nos dias 23 e 24 de outubro, foi a primeira de um chefe de Estado jordaniano ao Brasil. Logo em seguida à visita do rei jordaniano, o ministro dos Negócios Estrangeiros da Autoridade Palestina, Riad al-Malki, esteve no Brasil. Entre outras questões, foram discutidos novos meios para um maior engajamento do Brasil no diálogo de paz e nas iniciativas de desenvolvimento socioeconômico nos territórios palestinos.

pouco além do razoável. Essa era a minha opinião sobre uma sugestão que ele fazia com certa insistência: a da realização de uma partida de futebol entre palestinos e israelenses, a exemplo do "jogo da paz" entre as seleções do Brasil e do Haiti, em 2004. Não que eu fosse contrário à ideia em si, que, de resto, ia na mesma linha dos nossos planos de maior contato entre as sociedades civis. Simplesmente, parecia-me que um evento como esse só poderia ocorrer quando o processo de paz já estivesse mais avançado. Nem sempre meus argumentos eram convincentes. O raciocínio sóbrio de líderes da região teria um peso maior.

Entre 22 e 26 de junho visitei a Argélia, o Marrocos e a Tunísia. Minhas viagens às capitais desses três países davam continuidade aos contatos de alto nível dos anos anteriores.* Nesses países do Magrebe predominaram os temas de cooperação. Mas, evidentemente, questões internacionais, sobretudo as relativas ao Oriente Médio, estiveram presentes. As relações entre Rabat e Argel eram historicamente tensas em função da questão do Saara Ocidental, o que exigia, de minha parte e da parte de meus assessores, algum equilibrismo diplomático na redação dos comunicados, tanto mais que o governo marroquino dava sinais claros de apoiar o Brasil a ocupar um lugar permanente no Conselho de Segurança. A visita à Argélia tinha como motivação imediata a participação dos ministros dos dois países na cerimônia de encerramento da III Reunião da Comissão Mista, cuja edição anterior se realizara no Brasil em abril de 2006, mas também esteve recheada de temas econômicos, entre os quais o interesse da Embraer em vender para a Argélia aviões civis e militares, o que me levou a ter um encontro com o ministro delegado para temas de Defesa, Abdelmalek Guénaïza. Havia também forte interesse de construtoras brasileiras em projetos do governo argelino. Alguns desses aspectos foram tratados na audiência que tive com o primeiro-ministro, Abdelaziz Belkhadem, que conhecera como ministro do Exterior

* Houve um importante intercâmbio de visitas e encontros oficiais entre as autoridades desses três países e as autoridades brasileiras durante o período em que fui chanceler. Em fevereiro de 2006, o presidente Lula retribuiu a visita de Estado feita por Bouteflika em 2005. Ainda em 2006, o ministro do Exterior argelino, Mohammed Bedjaoui, visitaria o Brasil para a II Reunião da Comissão Mista Brasil-Argélia. A Comissão teve sua III Reunião em 2010, com a visita oficial do ministro Mourad Medelci ao Brasil. O ministro do Exterior do Marrocos, Mohammed Benaissa, esteve no Brasil em abril de 2004. Em novembro do mesmo ano, o rei Mohammed VI realizou visita oficial. Fui ao Marrocos em 2005; Benaissa voltaria ao Brasil em 2006 e em 2007. Estive novamente no Marrocos em 2007, 2008 e 2009. Fui à Tunísia em fevereiro de 2005, no contexto do périplo para a preparação da ASPA. Em janeiro de 2006 houve em Brasília uma reunião da Comissão Mista Brasil-Tunísia, no contexto da qual visitou o Brasil o ministro dos Negócios Estrangeiros, Abdelwahab Abdallah. Em setembro de 2009, estive novamente na Tunísia. Voltaria a me encontrar com meu homólogo tunisino na visita que fez ao Brasil em dezembro de 2009.

quando de minhas primeiras viagens a Argel. Novamente, a parte mais interessante dos contatos que mantive foi o diálogo com o presidente Bouteflika. O Chefe de Estado argelino tivera, aliás, a gentileza de me convidar para um almoço em homenagem ao primeiro-ministro francês, François Fillon. Do banquete, realizado no belo salão de estilo otomano onde Bouteflika recepcionara Lula dois anos antes, participaram outros ministros franceses, entre os quais minha "amiga" (assim me referi a ela na anotação que fiz à época) Christine Lagarde, com quem troquei amabilidades e sorrisos. Fiquei sentado entre o primeiro-ministro Belkhadem e o ministro dos Negócios Estrangeiros, Mourad Medelci. Com eles, falei de relações bilaterais, da situação econômica argelina e, de forma muito discreta, da sucessão presidencial que se anunciava. Sobre esses dois temas obviamente interligados, o embaixador brasileiro, Sérgio Danese, me havia fornecido dados que apontavam no sentido de uma crescente insatisfação popular com o governo e o ressurgimento do fundamentalismo. Segundo a análise de Danese, a prosperidade trazida pelo petróleo não chegava à maioria da população. De fato, nas minhas duas visitas de 2005, já notara a existência de grande número de desocupados nas ruas de Argel, fato que então assinalei ao nosso embaixador à época. Nada disso, entretanto, impediu a recondução de Bouteflika, façanha que, aliás, acaba de ser repetida.

Logo em seguida ao almoço, Bouteflika me recebeu para uma entrevista privada em uma pequena sala decorada no mesmo estilo do grande salão em que se realizara o almoço. Como já observara em uma de minhas visitas anteriores, Bouteflika gostava de discorrer sobre temas internacionais. Assim, após algumas rápidas observações que fiz a seu pedido sobre economia brasileira, e de palavras de apreço dirigidas ao presidente Lula e a mim, enveredamos por temas globais, como a multipolaridade e a ordem internacional. O presidente foi logo dizendo que favorecia uma reforma do Conselho de Segurança que contemplasse Brasil e Índia ("*Personne ne peut s'y opposer*") e que contivesse uma "solução para a África". Como já havia feito em encontros anteriores, afirmou que não via cabimento na postulação da Alemanha e do Japão. Observei, a esse respeito, certa ironia na evolução das discussões sobre a reforma, já que essas haviam sido provocadas, nos anos 1990, pelo desejo norte-americano de ver aqueles dois países desenvolvidos, potenciais provedores de ajuda financeira a operações do tipo da primeira Guerra do Golfo, no Conselho de Segurança. Provocativamente, disse a meu interlocutor que uma declaração em alto e bom som de um líder de peso como ele certamente teria impacto no rumo dos debates sobre o tema nas Nações Unidas, mas Bouteflika não mordeu a isca. O presidente argelino falou animadamente sobre vários líderes mundiais. Destacou o pragmatismo de Lula – que se refletia nas boas relações com Chávez e com Bush; a timidez mesclada com orgulho de Thabo Mbeki; o carisma do ex-presidente nigeriano Olusegun Obasanjo. De minha parte, observei que o provável sucessor de Mbeki, Jacob Zuma, parecia ser "mais autenticamente africano", ao que Bouteflika comentou em tom de aprovação: "*Il n'y a qu'un brésilien qui puisse dire cela*". À saída, Bouteflika despediu-se de mim com os quatro beijinhos de praxe "entre irmãos". Escrevi a propósito: "Felizmente os lábios não chegam a tocar o rosto; a intenção é suficiente".

Meu anfitrião em Rabat foi o ministro Taïeb Fassi Fihri, que havia pouco substituíra o veterano diplomata Mohammed Benaissa, com quem eu presidira a Conferência de Marraqueche, sobre a ASPA, quando se definiram os contornos da Declaração de Brasília. Como seu antecessor, Fassi Fihri revelou-se um interlocutor competente. Mantive com ele bom diálogo sobre o Oriente Médio e sobre questões da agenda bilateral. Quanto ao delicado tema do Saara Ocidental, compreendeu o constrangimento que causaria ao Brasil uma formulação que contrariasse frontalmente a posição da Argélia, mas, ainda assim, foi necessário que eu mandasse um recado claro aos assessores que negociavam o texto do comunicado sobre até onde podíamos ir. Sua posição a respeito do Conselho de Segurança foi muito positiva. A ata da nossa reunião reproduziu redação que já constara de uma carta do rei Mohammed VI ao presidente Lula, na qual o monarca exprimira "compreensão pela legítima (*sic*) aspiração do Brasil". Mas Taïeb foi mais longe: tomou a iniciativa de interpretar a frase diante da mídia como significando "apoio firme" à pretensão brasileira. Taïeb (por sugestão sua logo passamos a tutear-nos) fez questão de demonstrar ser um homem moderno, desprovido dos excessos de protocolo característicos de grande parte de seus pares árabes. Levou-me a almoçar em sua residência particular e o fez dirigindo, ele próprio, o Mercedes-Benz último modelo do Ministério. Na véspera, eu já havia estado com o primeiro-ministro, Abbas El Fassi (aparentemente sem relação de parentesco com o ministro do Exterior), que tratou também do tema do Saara Ocidental. Como o chanceler, ele o fez sem me pressionar a tomar uma posição contrária à da Argélia. Em minha conversa com o primeiro-ministro, também tratamos de temas econômicos bilaterais que se desdobrariam em encontros com a ministra de Minas e Energia e o ministro das Finanças. Ambos pareceram bastante entusiasmados com as possibilidades de cooperação com o Brasil: barragens, manejo de água, biocombustíveis, investimento e comércio. Fiquei sabendo que já havia alguma cooperação entre a Petrobras e um instituto marroquino em matéria de xisto betuminoso. Também a filial brasileira da companhia Bunge estava envolvida com a extração de fosfato no Marrocos. Comentamos ainda a perspectiva de ser negociado, durante a presidência brasileira do Mercosul, que estava para se iniciar, um acordo de preferências entre aquele bloco sul-americano e o Marrocos.*

Ao final da tarde, recebi, na residência do embaixador, a visita de André Azulay, um conselheiro do rei que representa a comunidade judaica marroquina, outrora muito numerosa. Azulay havia estado em Brasília por ocasião da visita do rei Mohammed VI. Naquela oportunidade, tivemos uma breve conversa que serviu para atiçar minha curiosidade. Dessa vez, em Rabat, nos aprofundamos sobre a questão do Oriente Médio. Meu interlocutor fez uma análise rica e pormenorizada da situação, transmitindo-me a sensação de que "há algo a fazer, mesmo sem os americanos e sem Annapolis". Os comentários de Azulay levaram-me a cogitar a possibilidade de reviver a ideia de que Lula pudesse visitar Israel e a Palestina naquele mesmo ano. Essa visita, entretanto, somente viria a ocorrer em 2010, em um quadro regional ainda mais complexo, em decorrência dos ataques a Gaza e da paralisia das negociações. Os comentários de Azulay também serviram para reforçar, no meu espírito, a importância de um encontro entre intelectuais e/ou educadores, objeto do meu diálogo com Amos Oz, na minha visita de fevereiro a Israel.** Na ocasião, fiz a seguinte avaliação sobre as visitas à Argélia e ao Marrocos: "(...) Nossa relação com o Magrebe vai ganhando raízes. Pela primeira vez senti um real engajamento, que poderá ter frutos em vários campos (...) [como o da reforma do CSNU e as relações econômicas e culturais]. Mesmo quanto à difícil questão do Saara Ocidental, o interesse das duas partes em aprofundar a conversa conosco – e não apenas em fazer propaganda de suas posições – é revelador de uma percepção positiva do papel do Brasil no cenário internacional". Na mesma anotação, feita já em Túnis, acrescento: "A Tunísia parece o elo mais fraco [na nossa relação com o Magrebe]".

A visita à Tunísia não deixou de ter interesse. Meu anfitrião, o ministro Abdelwahab Abdallah, um homem afável, revelou-se possuidor de boa dose de senso de humor. Conversamos bastante sobre o Oriente Médio, mas pude notar que o nível de informação do meu interlocutor sobre os acontecimentos recentes não era necessariamente superior ao meu. A uma menção que fiz sobre a questão

---

* O Acordo-Quadro entre o Mercosul e o reino do Marrocos foi assinado em 2004. A primeira rodada de negociações ocorreu em abril de 2008, pouco antes da viagem aqui relatada.

** O meu sucessor na pasta das Relações Exteriores, Antonio Patriota, levaria adiante, com inovações e ajustes, a ideia de contato entre as sociedades civis. Em julho de 2012, promoveu em Brasília a iniciativa "Lado a lado – a construção da paz no Oriente Médio: um papel para as diásporas". O evento congregou intelectuais do Oriente Médio, membros das comunidades judaica e árabe no Brasil e nos demais países do Mercosul, na busca de meios para fortalecer o diálogo entre os dois lados do conflito.

do Saara, o ministro Abdallah foi direto: "Não tente ajudar". A afirmação taxativa do ministro da Tunísia fez com que eu respondesse: "Não quero ajudar, apenas entender". No curso da conversa sobre o Oriente Médio, falamos de Annapolis, das atitudes israelenses e do Hezbollah, bem como da influência iraniana na região. Abdallah fez uma afirmação que depois viria a ouvir de outros interlocutores, mas que, naquela ocasião, me deixou surpreso, estupefato mesmo. Segundo o ministro, Israel bombardearia o Irã durante o período eleitoral norte-americano, quando Washington estaria com sua capacidade de ação cerceada. Felizmente, essa macabra previsão nunca se concretizou, embora permaneça até hoje no radar. Naturalmente, tratamos dos temas bilaterais sob consideração da Comissão Mista,* abordados também com o primeiro-ministro, Mohammed Ghannouchi. Um dos pontos dominantes foi a possibilidade de investimento brasileiro em prospecção e beneficiamento de fosfato. Voltaria a tratar do assunto em nova visita a Túnis em 2009, mas ignoro se houve avanços posteriores. Um encontro interessante foi o que tive com o ministro da Defesa, Kamel Morjane, que supostamente me havia conhecido em Genebra, onde fora embaixador e adjunto do Alto Comissariado das Nações Unidas para Refugiados, além de amigo de Sérgio Vieira de Mello. Confesso que não me lembrava nem do nome nem da fisionomia do meu interlocutor, o que não me impediu de, diplomaticamente, abraçá-lo como a um velho amigo. Fiquei com a impressão de que essa visita, que eu não solicitara, poderia trazer frutos no futuro. Ao longo da viagem ao Magrebe, os temas da OMC me perseguiam. Mantive contatos com Roberto Azevêdo, Clodoaldo Hugueney e Pascal Lamy. Das conversas, extraí que a previsão era de uma reunião ministerial no dia 21 de julho. De modo premonitório, anotei no meu caderno: "Será a última chance".

Em novembro de 2008, voltei ao Oriente Médio para participar de uma conferência das Nações Unidas sobre financiamento ao desenvolvimento. O evento, muito concorrido, ocorreu em Doha, com a participação de diversos presidentes e primeiros-ministros e sob o patrocínio do emir do Qatar. Entre outras personalidades com quem estive, voltei a ver o presidente Mahmoud Abbas, não me recordo se por solicitação minha ou por sugestão dele próprio. Achei-o muito abatido e desanimado. Deu-me até a impressão – que não se confirmou – de estar com a saúde abalada. Na realidade, abalada estava a saúde do processo de paz, desgastado pela falta de iniciativa firme dos Estados Unidos ou dos demais

* Em janeiro de 2006, na sequência da viagem que fiz à Tunísia em 2005 no contexto dos preparativos da ASPA, realizou-se a segunda edição da Comissão Mista Brasil-Tunísia, que se havia reunido uma única vez em 1991(!).

membros do Quarteto e pelas permanentes disputas entre as facções palestinas. Crises políticas em Israel, com o crescente debilitamento do primeiro-ministro Olmert, envolvido em escândalos financeiros, agravavam a situação.

Gaza

Para mim, o ano de 2008 deveria terminar com a visita ao Brasil do presidente francês, Nicolas Sarkozy, ocasião em que foram assinados vários acordos que deram efetividade à parceria estratégica. No entanto, o momento de calmaria não se estenderia muito além do Natal. A partir do dia 28 de dezembro, os bombardeios de Israel à Faixa de Gaza passaram a exigir minha atenção.* De início, não achei que houvesse margem para alguma iniciativa de nossa parte além de meras notas condenatórias.** Por sinal, não fiquei satisfeito com a primeira delas, redigida por meus assessores enquanto eu estava no Rio de Janeiro, que, a pretexto de ser "equilibrada", tratava de forma leniente o ataque armado de Israel. Logo em seguida, com a continuidade dos ataques, expedimos uma nota mais forte, que chamava atenção para a desproporcionalidade da reação de Tel Aviv. O próprio presidente deu mostras de querer algo mais vigoroso, e o meu secretário-geral, o embaixador Samuel Pinheiro Guimarães, que se encontrava em Brasília, transmitiu-me a indagação de Lula sobre a possível convocação de uma "reunião especial" no contexto de Annapolis, sugestão que, embora bem-intencionada, certamente cairia em ouvidos moucos. A essa altura, eu mesmo já vinha pensando que a simples divulgação de notas condenatórias não era suficiente. Na falta de uma ideia mais concreta, cogitei vagamente alguma iniciativa com a França, em função do bom entendimento gerado pela "parceria estratégica". Viajei no dia 30 para Brasília e entrei em contato com o presidente, que demonstrava grande indignação com a passividade da comunidade internacional

---

* A situação entre Israel e Gaza sob a administração do Hamas sempre foi tensa. Houve uma trégua em junho, em troca de algumas promessas de Israel sobre o relaxamento do bloqueio. O Hamas suspendeu os ataques ao território israelense com os foguetes Kassam. Em 19 de dezembro, alegando o fechamento das passagens entre Israel e Gaza, o Hamas declarou a trégua encerrada. Em 27 de dezembro, as forças de defesa de Israel iniciaram a retaliação em larga escala.

** Em nota de 3 de janeiro de 2009, o Itamaraty afirmou que "o governo brasileiro deplora a incursão militar terrestre israelense na Faixa de Gaza, que tende a agravar ainda mais o conflito israelo-palestino. Reiterando declarações anteriores em que conclama ambas as partes a se absterem de atos de violência, o governo brasileiro apoia os esforços, inclusive no Conselho de Segurança da ONU, por um cessar-fogo imediato, de modo a permitir a pronta retomada do processo de paz".

diante de tamanha "carnificina". Disse a Lula que eu voltara a Brasília justamente com o objetivo de manter contatos telefônicos com vários atores importantes, a começar pelo ministro francês Bernard Kouchner. Essa intenção pareceu aliviar as preocupações do presidente.

Entre 30 de dezembro e 2 de janeiro, falei com Kouchner, com o ministro egípcio Aboul Gheit, com o presidente da Autoridade Palestina, Mahmoud Abbas, com a secretária de Estado dos Estados Unidos, Condoleezza Rice, com o secretário-geral da ONU, Ban Ki-Moon, e com o secretário-geral da Liga Árabe, Amr Moussa. Desses contatos, concluí que o foco do momento teria de ser a obtenção do cessar-fogo. Realisticamente, entretanto, reconhecia que mesmo isso dificilmente ocorreria até que Israel tivesse feito o que entendia como a "limpeza" de todos os "elementos terroristas", o que provavelmente acarretaria uma invasão por terra e, certamente, muitas vítimas civis, inclusive mulheres e crianças. Por meio dessas conversas e de contatos com nossa missão junto às Nações Unidas, soube que os países árabes estavam tentando obter uma resolução do Conselho de Segurança visando ao cessar-fogo. Percebi também que, de um modo geral, nosso interesse na situação era bem recebido. Mas, entre essa disposição favorável a algum tipo de envolvimento do Brasil e a convocação de uma conferência, havia considerável distância. Como nosso presidente estava passando alguns dias com a família em Fernando de Noronha, deixei para lhe transmitir essas impressões quando ele estivesse de volta a Brasília.

Antes da eclosão da crise de Gaza, eu havia programado uma viagem a Portugal que seria um misto de férias e de compromissos de trabalho relativamente leves. O mais importante desses era uma palestra que deveria proferir para os embaixadores portugueses. Teria encontros com o presidente, Cavaco Silva, e o primeiro-ministro, José Sócrates, além, naturalmente, do colega Luís Amado. Meus contatos bilaterais com autoridades portuguesas e os momentos de lazer de que pude desfrutar foram entremeados de inúmeras chamadas telefônicas e entrevistas sobre o Oriente Médio. Entre outros, falei com meu colega Miguel Ángel Moratinos, com a ministra Tzipi Livni e com o chanceler turco, Ali Babacan. Voltei a falar também com a secretária de Estado. Tzipi Livni respondeu a uma chamada que lhe havia feito ainda em Brasília. Foi uma conversa dentro dos limites da cordialidade, mas bastante dura. Curiosamente, não se queixou das condenações aos ataques israelenses, constantes das nossas notas, e reconheceu ("*appreciated*") as críticas ao Hamas. Livni ouvia sem aparente emoção minhas ponderações sobre os efeitos desastrosos dos ataques a civis. "Estamos fazendo o possível para não atingir a população civil", limitou-se a dizer. Na realidade, fiquei com a impressão de que Tzipi Livni repetia de modo automático a resposta que seguramente já dera a outros interlocutores. Seu telefonema, em resposta à minha chamada, foi pouco mais do que uma cortesia diplomática. Disse-me Livni que Israel continuava a apoiar Annapolis, isto é, a via do diálogo, mas, estranhamente, não parecia ver relação entre as ações que estavam sendo perpetradas e o processo de paz. Aventei, *en passant*, a sugestão do presidente Lula de se realizar uma conferência sobre o tema de Gaza, mas a ministra israelense não deu nenhuma abertura a esse ou a qualquer tipo de iniciativa equivalente.

Valendo-me do bom diálogo que estabelecera com Condoleezza Rice, fiz um apelo para que exercesse sua influência para conter a agressão israelense. Por meu colega turco e por nossa embaixadora junto à ONU, Maria Luiza Viotti, tomara conhecimento de que as tentativas do Conselho de Segurança de aprovar uma resolução ou mesmo uma declaração presidencial haviam fracassado. Ao reafirmar nossa disposição de ajudar na busca do diálogo, fui bastante claro: "Israel pode achar que está destruindo seu arqui-inimigo, o Hamas, mas, na verdade, está destruindo a base política do interlocutor que proclama querer prestigiar, a Autoridade Palestina". Diferentemente do que ocorrera em outras ocasiões, Condoleezza não procurou contra-argumentar. Afirmou que os Estados Unidos também desejavam uma rápida cessação das hostilidades. Nem mesmo chegou a rejeitar a referência, um tanto oblíqua, que fiz à necessidade de envolver todas as facções para garantir o cessar-fogo. Ao contrário, Rice mencionou o papel que o Brasil e outros países teriam na reconstrução de Gaza. A atitude da secretária de Estado contrastava com a de Livni, que, dois dias antes, havia sido peremptória: "Não é possível dialogar com o Hamas".

Minhas conversas com o ministro do Exterior da Turquia, Ali Babacan, me forneceram boas percepções sobre o clima na região. Já havia alguns meses, Ancara estava bastante envolvida nas *proximity talks* entre Israel e Síria, que foram interrompidas com o ataque a Gaza. A Turquia também estava tentando atuar como facilitadora na mediação conduzida pelo Egito entre o Fatah e o Hamas. O ministro insistiu para que eu visitasse a Turquia, caso efetivamente fosse ao Oriente Médio.* Motivado em parte pelas referências à Síria feitas por meu colega turco, resolvi falar com Wallid Muallem, que, pouco antes, participara das reuniões com Sarkozy e Kouchner em Damasco. Foi Muallem quem sugeriu, de modo mais enfático, que eu visitasse a região: "Será uma maneira de demonstrar a

---

* Meses mais tarde, Babacan também foi o anfitrião do fórum "Aliança de Civilizações", ocasião em que me tratou com especial distinção. Mas foi somente no início de 2010 que Brasil e Turquia viriam a desenvolver uma verdadeira parceria diplomática em relação a outro tema: o programa nuclear iraniano.

solidariedade do Brasil ao povo palestino". Já inclinado a fazê-lo, aceitei prontamente a sugestão e pedi a meus colaboradores que organizassem a viagem. Para mim, a questão não era simplesmente ir ou deixar de ir, mas encontrar o equilíbrio adequado entre as capitais a serem visitadas. Ir a Damasco era evidentemente importante, não fosse o fato de o principal líder do Hamas, Khaled Meshaal, viver na capital síria. Uma visita a Israel também se impunha, mas fazê-lo enquanto prosseguiam os bombardeios (e, quem sabe, durante um previsível ataque terrestre) a Gaza, tampouco era trivial. Uma curiosidade: entre a decisão de viajar ao Oriente Médio e a partida de Lisboa, fiz uma rápida excursão à Ilha da Madeira, reduto político de meu anfitrião português, o ministro Luís Amado, e, coincidentemente, terra do meu avô materno. Era inevitável que minha chegada ao aeroporto de Funchal despertasse a atenção dos jornalistas, curiosos de saber qual seria meu próximo destino. Respondi-lhes inocentemente que visitaria alguns países do Oriente Médio. Na manhã seguinte, o principal jornal da ilha estamparia, ao lado da foto em que eu estava acompanhado de outros visitantes, inclusive minha mulher, a manchete: "A Madeira na rota da paz".

Não escondo que, ao embarcar no Legacy que me levaria a Damasco e, de lá, a outras capitais do Oriente Médio, fazia a mim mesmo a pergunta: por que razão me envolvia tão profundamente no tema? Poderia o Brasil efetivamente contribuir para uma solução pacífica de conflitos que há décadas atormentam a região? Ou seria esse esforço – em que pese a seu objeto trágico – uma atividade que desenvolvia em um momento, por assim dizer, "de férias", isto é, enquanto os temas da América do Sul e da OMC não voltassem a me absorver? Não eram indagações fáceis de responder. Além de experiências anteriores, como a dos painéis do Iraque, e do sentimento de que a busca da paz é uma obrigação de todos os Estados, motivava-me também a boa receptividade que o interesse do Brasil despertava nos países da região e em algumas das grandes potências. Não fora Tzipi Livni quem originalmente me procurara para falar do conflito Israel-Palestina, antes mesmo de Annapolis, à margem da Assembleia Geral das Nações Unidas? Não fora Mahmoud Abbas quem, desde minha primeira visita a Ramalá, em 2005, destacara o potencial papel do Brasil? O próprio convite para Annapolis fora igualmente um reconhecimento da nossa capacidade de diálogo, que conversas posteriores com a secretária de Estado confirmariam. Essas expectativas sobre o papel positivo do Brasil eram, de forma explícita ou implícita, reiteradas nos diálogos francos que tínhamos com os líderes da região em temas como a Palestina e o Líbano. Finalmente, como poderia o Brasil, cada vez mais inserido na economia mundial, ignorar uma crise que, cedo ou tarde, repercutiria sobre o bem-estar de seus cidadãos? Assim, mesmo sem certezas absolutas, entendi – e para isso tive o apoio integral do presidente Lula – que não podíamos nos furtar a participar do esforço coletivo pela restauração do processo de paz, abalado naquele momento pela situação em Gaza.

Em princípio, meu roteiro era muito semelhante ao que realizara pouco menos de um ano antes: Damasco, Jerusalém, Ramalá e Amã. Já no curso da viagem, decidiria estender minha visita ao Cairo. Por coincidência, partia novamente da Península Ibérica, onde as culturas islâmica, cristã e judaica se haviam mesclado de forma tão profunda. Mas a situação no Oriente Médio mudara substancialmente. Em 2008, apesar das dificuldades que se anunciavam, o processo de Annapolis estava vivo e ainda despertava fortes expectativas, inclusive entre os mais diretamente envolvidos. Dessa vez, minha viagem se realizava após duas semanas de bombardeios de Israel a Gaza, os quais, nos últimos dias, passaram a ser acompanhados por invasão terrestre. No voo entre Damasco e Lisboa, em 10 de janeiro, anoto: "Anteontem (ou ontem pela madrugada) o Conselho de Segurança aprovou, por 14 votos e uma abstenção (EUA), a Resolução 1.860 (2009), que conclama por um 'cessar-fogo imediato e durável'.* O segundo adjetivo seguramente foi uma exigência de Israel, via Estados Unidos, com apoio do Reino Unido e da França. Mas [esse acréscimo] não foi suficiente para permitir que Condoleezza Rice, com quem eu voltara a conversar na véspera da Resolução, votasse a favor. Aliás, a abstenção norte-americana encerra aspectos contraditórios. Por um lado, o não exercício do veto demonstraria um início de sensibilização [da parte de Washington] diante da repulsa praticamente unânime à barbaridade dos ataques de Israel que causaram a morte de mais de duzentas crianças e mulheres. Por outro, revela a incapacidade [dos EUA] de dar um sinal claro a Israel, contrariamente à expectativa dos que acompanharam, como a nossa embaixadora na ONU, as longas negociações do texto da Resolução". Em função das conversas que tivera com Condoleezza, eu próprio havia nutrido alguma expectativa de que os EUA pudessem vir a apoiar essa Resolução, certamente uma ingenuidade de minha parte. Passei a indagar-me se a posição de abstenção finalmente adotada decorrera da força do *lobby* israelense, se essa posição refletira a obsessão do grupo do vice-presidente, Dick Cheney, com o terrorismo (no caso, o Hamas); ou ainda – o que seria um péssimo sinal – se já era um indício da posição da próxima administração.** A propósito, lembrei-me de uma

* Além do "cessar-fogo imediato e durável", a Resolução conclama pela pronta retirada das forças israelenses de Gaza e exige a abertura de corredores humanitários para provisões essenciais à população. Certamente por se tratar de Israel, a Resolução deixa de mencionar o Capítulo VII.

** A posse de Obama estava marcada para dali a poucos dias.

conversa que tive com Luís Amado no nosso passeio pela Ilha da Madeira. O ministro português, bom analista político, com ampla visão das relações internacionais, referiu-se a alguns episódios da relação Europa-Estados Unidos que o teriam convencido da impotência (*sic*) de Condi Rice, de quem se tornara amigo, diante das posições radicalmente conservadoras de Cheney. O comentário de Amado parecia confirmar minha segunda hipótese. De fato, nos diálogos que mantive sobre o projeto da Resolução, a secretária de Estado em nenhum momento contraditou meus argumentos sobre os efeitos negativos para Israel dos ataques a Gaza e sobre o desgaste que as mortes de civis causavam para a Autoridade Palestina. ("Uma Autoridade que corre o risco de não ter mais nenhuma autoridade", observou o presidente Lula, por telefone, uma hora antes da minha partida de Lisboa.)

O telefonema que dei a Lula valeu como uma bênção para a linha que eu havia adotado. Embora toda a minha ação se inspirasse, em larga medida, na indignação do presidente, evidentemente os telefonemas que dera e o roteiro que escolhera fazer tinham sido decisões exclusivamente minhas. Era importante que o presidente tivesse clareza – até mesmo em função de opiniões mais "compreensivas" em relação a Israel dentro do Planalto – que a Síria era um ator fundamental não só por seu próprio peso, como pela influência que então exercia sobre o Hamas. Por outro lado, do mesmo Planalto às vezes partiam declarações contundentes sobre o "terrorismo de Estado" praticado por Israel. Essas afirmações talvez fossem corretas e justas, do ponto de vista do conteúdo, mas não ajudavam na tarefa que nos propúnhamos de contribuir para a retomada do diálogo. Era evidente que eu tampouco poderia cair na armadilha da pseudoneutralidade pregada por aqueles que, consciente ou inconscientemente, simpatizavam com a atitude de Tel Aviv ou simplesmente não desejavam desagradar Washington. Esse cruzamento de opiniões, presente na mídia, no Congresso e no próprio governo, me impunha uma atitude de autovigilância e se refletiria em momentos de forte tensão pessoal.

Parti de Lisboa na tarde do dia 10 de janeiro e cheguei a Damasco um pouco antes da meia-noite. A escolha da Síria como ponto inicial do novo périplo não foi casual. Na realidade, ao decidir ligar de Lisboa para o ministro Muallem, estava praticamente seguro de que ele me convidaria a visitar seu país. Um convite desses facilitava uma tomada de decisão sobre a qual eu estava hesitante. Havia vários motivos para isso. Dúvidas sobre como seria recebido na região em meio ao conflito era um deles. Outra razão prendia-se a minha relutância em visitar Israel – parada inevitável em qualquer périplo pela região – enquanto a matança de civis em Gaza prosseguisse. Tomada a decisão de fazer a viagem, a prioridade à Síria decorria também de sua relação privilegiada com o Hamas, que, mesmo por vias indiretas, seria um interlocutor em qualquer esforço de volta à via das negociações. Isso era verdade tanto, no longo prazo, em relação a um processo de paz duradouro como, no curto prazo, na viabilização do cessar-fogo.

Logo na manhã seguinte à minha chegada a Damasco, encontrei-me com o presidente Bashar al-Assad. Como de hábito, Assad recebeu-me com muita cordialidade em seu palácio no alto de uma colina: uma construção imponente e suntuosa de estilo eclético, que mescla o moderno e o neoclássico, com uso abundante do mármore, reminiscente dos edifícios de função equivalente na antiga Europa Oriental. De forma quase didática, Assad foi logo expondo sua visão da situação decorrente dos ataques israelenses (e, sobretudo, a invasão terrestre) a Gaza. Reproduzo aqui algumas de suas afirmações tais como as anotei três dias após o encontro, já no voo de volta ao Brasil. O presidente sírio qualificou a invasão de Gaza como "um enorme revés" (*setback*) que, no entanto, não deveria levar à conclusão de que "tudo estava perdido". Assad fez questão de sublinhar a necessidade de preservar os avanços obtidos. Confesso que, conhecendo as críticas sírias ao processo de Annapolis, não consegui enxergar com clareza a que avanços o presidente se referia. Seguramente, havia conversas paralelas, por meio de outros interlocutores, que Damasco valorizava (entre as quais as *proximity talks* intermediados por Ancara), e que seriam afetadas pelo clima negativo decorrente dos ataques a Gaza. Sobre o eventual cessar-fogo, Assad sustentou que este deveria ser de "curta duração" e ser rapidamente seguido por negociações sobre a retirada das tropas israelenses e a abertura dos acessos a Gaza. Interpretei que essa concepção de um cessar-fogo breve não era totalmente inocente, pois significava que, após o encerramento desse prazo limitado, o Hamas voltaria a ter "mão livre" para seguir com sua guerra de libertação, a menos, é claro, que o movimento fosse chamado à mesa de negociações e viesse a estar diretamente envolvido no processo político. O presidente relatou que Mahmoud Abbas viera três vezes a Damasco desde o início da crise, fato que o governante sírio valorizava, dada a relação difícil com o Fatah. Abbas, porém, nunca quisera encontrar-se com Khaled Meshaal, o que, para Assad, era "lamentável". Uma possível razão para essa recusa consistia no fato de que uma reunião entre os líderes da ANP e do Hamas somente poderia ocorrer no esconderijo deste em Damasco, pois, como explicitaria mais tarde o ministro Muallem, "se Meshaal for à Cisjordânia, certamente será morto pelos israelenses". Assad reiterou o interesse em continuar as conversas com Israel sobre Golã, mas não poderia fazê-lo enquanto durassem os bombardeios ao Hamas (ou a Gaza) e, em referência às eleições previstas para breve em Israel, "enquanto não houver em Jerusalém um interlocutor de fato".

No momento desse meu novo périplo havia um debate entre as facções palestinas sobre a duração do mandato de Mahmoud Abbas como presidente da ANP. Assad fez questão de frisar que a Síria vinha exercendo uma "influência moderadora" sobre o Hamas. Outras lideranças do Hamas vinham defendendo a tese de que o mandato de Mahmoud Abbas já expirara em função de alguma tecnicalidade jurídica, o que retirava legitimidade ao líder da ANP.* Eu mesmo tinha ouvido a notícia de que um dos líderes mais importantes do Hamas, residente no Líbano, havia feito uma forte declaração nesse sentido. "O momento é de unidade": teria sido essa a mensagem de Damasco àquele movimento, segundo me afirmaram tanto Assad como Muallem. Ainda que o governo sírio agisse assim por interesse próprio, e não por um instinto natural de moderação, essa era, sem dúvida, uma evolução importante, que eu não deixaria de mencionar a outros interlocutores na região. Havia ainda, segundo um desses interlocutores, o presidente Mubarak, talvez o mais crítico de Damasco, outra razão para a "moderação" síria: "É que se o Hamas ou o Hezbollah vier a atacar Israel, Jerusalém retaliará diretamente a Síria". Esse raciocínio explicaria inclusive a negativa do Hezbollah em assumir os poucos ataques que teriam partido do sul do Líbano.

Algo havia ficado claro para mim: a Síria desejava sair do isolamento a que estivera submetida durante longos anos e que começava a ser quebrado. Antes da minha audiência, Bashar al-Assad recebera, segundo ele próprio revelou, um grupo de integrantes de um *think tank* norte-americano (International Peace Institute) ligado ao ex-presidente Jimmy Carter. Aparentemente, Assad depositava grandes esperanças em Obama, embora, por quase todos os lugares onde passei, tais esperanças fossem classificadas como ilusórias. A busca de uma nova relação com o Ocidente levava os governantes sírios, em especial o presidente, a uma postura pragmática, com efeitos potencialmente positivos. Dentre os meus interlocutores, Moratinos e Babacan concordavam que o engajamento da Síria era um fator indispensável para a paz na região, mas não deixavam de ver, como eu, que havia elementos limitantes. A velha "linha-dura" do estamento de segurança, apesar do revés sofrido na questão do Líbano, continuava a cercar e, de certo modo, cercear o presidente. Havia que considerar também a dependência militar e econômica em relação ao Irã, este sim totalmente isolado pelas lideranças ocidentais (não participara, por exemplo, da Conferência de Annapolis). A estratégia de

* Em janeiro de 2009, terminou o mandato de Abbas como presidente. Foi estendido por mais um ano, sob alegação de que disposições constitucionais o permitiam. O Hamas contestou a validade desse argumento e considerou que o mandato de Abbas deveria ter sido encerrado. Mesmo depois de expirada a extensão acima referida, Abbas continuou no poder.

Teerã para a região não parecia contemplar nenhuma acomodação para com Israel. Finalmente, mesmo que o governo sírio desejasse adotar uma atitude pragmática em relação a Tel Aviv, isso não poderia, sem um alto custo político para Damasco, ser visto como "estar vendendo" o Hamas. Como me disse Muallem em tom de confissão que continha uma ponta de ironia: "Afinal, nós também temos nossa opinião pública".

Da Síria partiria para Israel. Desde o início, a rota que havia sido traçada pelos pilotos da FAB me pareceu temerária, para dizer o mínimo. Um voo direto entre as capitais de dois países tecnicamente em guerra não me parecia lógico, mas cedi aos argumentos que me foram apresentados com base em um suposto assentimento das autoridades israelenses. Mais tarde, ficaria sabendo que um avião executivo que transportara Tony Blair, ex-primeiro-ministro britânico e representante do Quarteto, fora interceptado pela aviação israelense em trajeto semelhante. Nessa área "de muita história e pouca geografia", logo percebi que nosso Legacy não estava fazendo a rota direta que me fora indicada, mas entrara no espaço aéreo jordaniano e sobrevoava esse pequeno país em círculos. Depois de alguma insistência de minha parte, o comandante da aeronave, visivelmente nervoso, admitiu que não estava obtendo autorização para pousar no aeroporto Ben Gurion, em Tel Aviv. Para agravar a situação, a autorização de que dispúnhamos para aterrissar em Amã era para outro dia, o que me deixou preocupado com a quantidade de combustível disponível no avião. O piloto procurou me tranquilizar com o argumento de que "sempre poderia voltar a Damasco". Após dezenas de minutos de alguma tensão e graças a um contato entre a cabine de comando e a nossa embaixada na Jordânia (por quais meios ignoro), obtivemos das autoridades aeronáuticas jordanianas permissão para o pouso não inicialmente previsto. Nem sequer saí do avião, enquanto esperava notícias de Israel. A tensão que vivemos não era puramente ligada aos riscos de segurança aérea. Havia também um substrato político. Eu tinha uma reunião marcada com a ministra israelense, a única autoridade a quem deliberadamente limitara minha solicitação de visitas em Israel, em horário que não contemplava o desvio de rota por Amã. Podia muito bem prever a exploração negativa que o cancelamento de um encontro com a chanceler israelense teria na imprensa brasileira. Uma vez em solo jordaniano, após meia hora de angustiante espera, a autorização israelense foi finalmente concedida. Ainda assim, somente me senti aliviado quando soube que Tzipi Livni também estava atrasada, em função de uma sessão no Parlamento (ou talvez no Conselho de Governo), pois, afinal, Israel estava em guerra.

No aeroporto em Tel Aviv, esperavam-me nosso embaixador em Israel, Pedro Mota Pinto Coelho, e nossa representante em Ramalá, Ligia Scherer. Ambos logo trataram de me atualizar sobre os desenvolvimentos nos respectivos países. Estavam acompanhados de um alto funcionário do Ministério do Exterior israelense. Como não deixei de reparar, as autoridades de Israel me receberam com marcas especiais de cortesia, como panóplias de bandeiras brasileiras à descida do avião, carro blindado e batedores para me conduzirem ao local da reunião em Jerusalém Ocidental. Até mesmo a hospedagem na suíte presidencial do legendário Hotel King David foi providenciada pelos anfitriões. Essas demonstrações de gentileza, que iam um pouco além das exigências do protocolo, tiveram o efeito de me tranquilizar quanto às razões do *imbroglio* sobre a autorização de pouso, que passei a atribuir à confusão dos nossos pilotos, possivelmente causada por problemas linguísticos.

Logo reuni-me com Tzipi Livni. Nossa conversa foi respeitosa, mas marcada por divergências. Segundo a ministra, a responsabilidade pelo conflito era totalmente do Hamas, que não cessava seus ataques com mísseis ao território israelense, e de países, como a Síria e o Irã, que lhe prestavam apoio. Como já fizera por telefone, a ministra evitava assumir o ônus – indiscutível aos olhos de todos – das mortes de civis em Gaza, embora lamentasse a "perda de vidas", que causava "desgaste político" a Israel. Àquela altura, as vítimas já chegavam a centenas de pessoas; cerca de metade delas, segundo relatos fidedignos, eram mulheres e crianças. Livni entendia, sem dúvida, que a mera abstenção dos Estados Unidos na recente Resolução do Conselho de Segurança, mesmo deplorada pelos que esperavam uma atitude mais firme, não deixava de constituir um sinal pouco comum do desconforto de Washington com a reação da opinião pública (nacional e, sobretudo, internacional) diante do massacre. Nesse ponto, Livni disse algo que me surpreendeu, pois correspondia a uma ideia que eu costumava expressar a interlocutores israelenses em quem percebia alguma sensibilidade. "Eu sei que Israel precisa ajudar os amigos que o querem ajudar" afirmou, incluindo implicitamente o Brasil nesse rol. Mas insistiu na necessidade de aniquilar a capacidade militar do Hamas, opinião que, segundo ela, era compartilhada, embora não abertamente, pelos "países árabes moderados" (o que quer que isso significasse) e pela Autoridade Palestina. Apesar dessa tentativa de obliteração total dos armamentos do Hamas, Livni temia que foguetes sírios e iranianos seguissem chegando pela passagem de Rafah, entre Gaza e o Egito, e chegou a pedir nossa ajuda nesse sentido. Agradeceu também nossas ideias e ofertas, entre as quais a de facilitar o diálogo com a Síria, que poderia ser um fator de moderação do Hamas, mas não pareceu especialmente entusiasmada com tal perspectiva. De forma algo surpreendente – dado o conhecido incômodo de Israel com nossos contatos com o Irã,* – Tzipi Livni sugeriu, não sei se ironicamente, que o Brasil poderia contribuir para um cessar-fogo duradouro pedindo a Teerã que "parasse de enviar foguetes para o Hamas". A atenção que me dedicava a ministra em pleno conflito de Israel com Gaza era, em parte, um reconhecimento do peso e da influência do Brasil, recentemente demonstrados na convocação de sessão especial do CDH e na votação condenatória, pelo Conselho, das práticas militares israelenses. Creio que minha interlocutora também apreciava o fato de mantermos relações fluidas com Tel Aviv nos planos econômico, cultural e tecnológico. Tanto assim que, a uma alusão de minha parte a eventuais dificuldades de implementação do acordo comercial entre o Mercosul e Israel em decorrência dos ataques a Gaza, a ministra atalhou, de forma que não deixou de ser simpática: "Nem me fale nisso". O diálogo com a chanceler israelense valeu, antes de tudo, como uma demonstração de que o Brasil se dispunha a conversar, sem discriminações, com todos os envolvidos no conflito. O nosso embaixador, porém, talvez por querer me agradar, disse ter achado a entrevista "mais engajada" do que a de um ano atrás.

Na manhã seguinte, da ampla janela de meu quarto no King David, veria o sol nascer por trás das muralhas históricas de Jerusalém. Como a cortar qualquer devaneio histórico e a me situar plenamente no contexto conflitivo em que me encontrava, meu café da manhã foi trazido por uma jovem em traje militar de campanha (*fatigue*), acompanhada do guarda-costas designado pelo governo israelense para "me proteger". Aproveitei minha breve estada em Israel naquela manhã para chamar meu colega alemão Frank-Walter Steinmeier, que eu recebera em visita oficial ao Brasil em 2006, e com quem mantinha contato frequente em função do G8 ampliado e das discussões sobre a reforma do CSNU. Steinmeier acabara de estar na região. Constatei que, apesar da compreensível inibição da Alemanha quando se trata de fazer críticas a Israel, nossa análise da situação era convergente. Urgia, sobretudo, obter o cessar-fogo. Conversas semelhantes tive com Moratinos e Babacan. Foi também de minha confortável suíte no hotel – outrora vítima de atentado do Irgun, que, por sinal, contara com a participação do pai da atual chanceler israelense – que liguei para o ministro egípcio, Ahmed Aboul Gheit. O Cairo seria uma óbvia e indesculpável omissão nesse meu périplo em torno de Gaza, caso desejasse manter uma visão equilibrada dos diferentes pontos de vista e me avistar com todos os atores mais influentes. Aboul Gheit recebeu muito bem minha intenção de visitar o Cairo e logo garantiu que não só

* Conforme relatado na narrativa correspondente neste livro, eu havia visitado Teerã em outubro/novembro de 2008, em preparação à visita do presidente Ahmadinejad ao Brasil.

me receberia como também se esforçaria para conseguir uma entrevista com o presidente Hosni Mubarak, que efetivamente ocorreu.

Nessa mesma manhã parti para a Palestina, onde não pernoitaria devido ao compromisso no dia seguinte na Jordânia com a cerimônia de doação humanitária brasileira por meio da Fundação Hashemita (ligada à família real jordaniana), destinada aos sofridos habitantes de Gaza. Curiosamente, encontrei a capital administrativa da Cisjordânia mais próspera do que das vezes anteriores, sem dúvida uma decorrência das doações que continuavam a chegar e de uma possível atitude mais leniente – se é que posso qualificá-la assim – da parte de Israel em relação à transferência de impostos. Mas indaguei-me se aquela prosperidade, relativa e aparente, não se limitava a uma parcela restrita da população palestina, principalmente comerciantes e funcionários, agravando ainda mais o contraste com as condições impostas a Gaza. Aprofundava-se assim o fosso que separava as duas comunidades e dificultava-se o diálogo entre as duas facções palestinas – o que talvez fosse o verdadeiro objetivo de Israel e, quem sabe, de alguns governos árabes.

Em Ramalá, estive com o primeiro-ministro, Fayyad Salam, e com o ministro do Exterior, Riad Malki. Diferentemente do que antecipara Livni, ambos foram muito críticos das ações de Israel, mas tampouco pareciam inclinados a um diálogo franco com o Hamas, um "braço da Irmandade Muçulmana, incrustado na Palestina". Malki pareceu igualmente cético quanto a uma eventual participação da Turquia, "aliada da Irmandade", na mediação levada a cabo pelo Egito. Contudo, não me pareceu refratário a um envolvimento sírio na "gerência" do cessar-fogo. De Ramalá (ou terá sido ainda de Jerusalém?), telefonei a Mahmoud Abbas, que se desculpou por estar ausente da Palestina. Relatei-lhe especialmente meus contatos em Damasco, com ênfase na "atitude moderadora" da Síria sobre o Hamas. Embora ressalvando a centralidade da mediação egípcia, o líder palestino pareceu reconhecer a importância do diálogo com Bashar al-Assad; lembrou que visitara a Síria três vezes, mas que não pudera estar com Khaled Meshaal, fator de decepção para Damasco, que obviamente procurava emular o Cairo no papel de mediador entre as facções palestinas. Na conversa telefônica, mencionei a atenção especial e a indignação com que o presidente Lula acompanhava a evolução da situação em Gaza. Recordei, a propósito, que ele mesmo, Abbas, havia sugerido a realização de uma conferência, possivelmente em Paris, para tratar da questão palestina, o que ia na mesma linha de raciocínio do nosso presidente. O líder palestino me havia falado dessa hipótese durante um encontro que tivemos à margem de uma reunião das Nações Unidas, em Doha, antes mesmo dos ataques a Gaza. Com mais razão, sua convocação se justificava nas presentes circunstâncias. Abbas disse que "continuava a pensar nisso".

Originalmente, a principal razão da minha visita à Jordânia era a doação humanitária brasileira à população de Gaza. Como não havia meio de fazer com que nossos donativos chegassem diretamente ao território dirigido pelo Hamas, alvo de rígido bloqueio por parte das forças israelenses, decidi, antes ainda de partir para Portugal, que me valeria da Organização Hashemita de Caridade. A cerimônia de entrega ocorreu em um grande galpão dessa instituição, com muitos caixotes, por volta do meio-dia do dia 13, pouco antes de minha partida para o Cairo. Recordo-me que nos deslocamos até o local da doação em um micro-ônibus identificado com a bandeira do Brasil. Ao verem nosso símbolo nacional, muitos transeuntes, inclusive crianças e adolescentes, acenavam alegremente, o que era mais um testemunho da boa receptividade do Brasil entre os povos do Oriente Médio, devida em grande parte ao futebol, é preciso dizer. Fiz a entrega formal ao secretário-geral da entidade, um jovem e simpático membro da família real (filho do "ex-príncipe herdeiro" Hassan bin Talal) que estivera pouco antes no Brasil, acompanhando o rei Abdullah II. Um ministro palestino dedicado a temas sociais veio especialmente para a ocasião. A cena foi devidamente documentada e transmitida ao Brasil, mas é muito provável que só tenha sido reproduzida nos canais oficiais do governo.

Meu primeiro encontro político na Jordânia se dera na véspera. Informado do meu restritivo regime alimentar – que não me permitia aceitar o convite para jantar –, o simpático e jovial ministro Salah al-Bashir, que conhecera um ano antes e com quem já estivera novamente durante a Assembleia Geral da ONU, fez questão de me visitar no hotel em que eu estava hospedado. Al-Bashir estava interessado em saber minhas impressões sobre o que vira e ouvira na viagem. Correspondi a esse desejo com um relato tão detalhado quanto possível das visitas que havia feito a Damasco, Tel Aviv/Jerusalém e Ramalá. O ministro se interessou a tal ponto pelas atitudes do governo sírio que, no dia seguinte, durante o encontro que tive com o rei, "recordou-me" de uma observação minha sobre a "influência moderadora" que Damasco procurava exercer sobre o Hamas em relação ao mandato de Mahmoud Abbas.

Como já expliquei a propósito da minha viagem de 2008, a população da Jordânia é majoritariamente de origem palestina. Ali ocorreram os grandes levantes que obrigaram Arafat a deixar o país, no início da década de 1970. Manifestações da Irmandade Muçulmana e de outras organizações populares vinham se sucedendo desde que começaram os ataques de Israel a Gaza. Amã, que tem relações diplomáticas com Israel desde 1994 (eu assistira à celebração do acordo de paz entre os dois países), tinha naturalmente um grande interesse em que se encontrasse uma solução rápida para a situação de Gaza, sem falar no aspecto estritamente humanitário. Além de comentários sobre o que ouvira nas três capitais visitadas, expus, com base nas conversas que vinha tendo desde Lisboa, a importância de uma forte movimentação em favor da pronta adoção da Resolução 1.860 (2009) do Conselho de Segurança. Aproveitei também para mencionar a sugestão do presidente Lula de uma conferência (quem sabe até uma cúpula) para dar impulso à paz. Abdullah II fez observações que iam na mesma linha dos meus comentários e não descartou a ideia de uma cúpula. Foi até mais incisivo. Valendo-se do que eu havia dito, o rei expressou opinião de que não se deveria mais falar de *processo de paz*, com a inevitável conotação de delongas e procrastinações, e sim de *negociações de paz*, suscetíveis de produzir resultados rápidos. Não explicou como isso poderia ocorrer, mas estava implícito em seu raciocínio que, caso não houvesse um acordo em prazo relativamente curto, novas crises seriam inevitáveis e mesmo os pontos que já haviam sido acordados em princípio (sempre na regra geral de que "nada está acordado até que tudo esteja acordado") poderiam ser inviabilizados. O monarca jordaniano abordou também temas bilaterais, alguns dos quais já haviam sido tratados em sua visita de outubro do ano anterior ao Brasil, tais como a construção de casas populares e cooperação em áreas de segurança e defesa. Essa era a quarta ou quinta viagem que eu fazia à Jordânia no governo Lula. Tornara-me assim um interlocutor relativamente assíduo de Sua Majestade. Tudo isso contribuiu para que a conversa fluísse em clima de grande descontração, sem maiores preocupações com a passagem do tempo. Essa circunstância fez com que o personagem incumbido do cerimonial, que entrou na sala para ilustrar com sua presença que meu tempo estava esgotado, ficasse plantado por uns bons dez minutos próximo à porta. Pouco usual também foi a deferência do rei ao me levar até o portão do palácio. Essa gentileza real levou nosso embaixador a me *assegurar* ter ouvido de um funcionário da Chancelaria que esse tipo de gesto "é totalmente incomum". Mas afinal, pensei, os embaixadores sempre dizem esse tipo de coisa.

Na manhã do dia 14 de janeiro encontrei-me no Cairo com o presidente Hosni Mubarak. Minha primeira entrevista na capital egípcia fora com o secretário-geral da Liga Árabe, por volta das 19h30 do dia anterior. Aquela era minha quarta visita à sede da Liga, incluindo a que fiz acompanhando o presidente Lula. Apesar do cansaço decorrente de um longo dia passado na Jordânia, pude tratar com o secretário-geral de alguns aspectos do que ouvira em outras capitais. Talvez o mais importante a destacar dessa conversa seja a observação de

Amr Moussa que, em essência, coincidia com a que ouvira do rei da Jordânia, no sentido de que já estavam discutidos os elementos básicos para uma negociação final entre Israel e Palestina. Não haveria por que prolongar o "processo de paz". No mais, coincidimos sobre a urgência do cessar-fogo, a importância fundamental do diálogo intrapalestino e o envolvimento de todos os atores com influência na situação. Noto que, apesar da nacionalidade egípcia, Moussa demonstrava imparcialidade, que me pareceu sincera, entre as arquirrivais Cairo e Damasco. Logo após o encontro com Moussa, praticamente refiz meu caminho até o aeroporto para me reunir com o ministro das Relações Exteriores, Ahmed Aboul Gheit. Conhecera o ministro egípcio, diplomata de carreira e ex-embaixador na ONU, alguns anos antes, quando da minha segunda passagem por Genebra como representante na Conferência do Desarmamento, em função da participação do Brasil e do Egito na "Coalizão da Nova Agenda". Mais tarde estaria com Gheit em várias ocasiões, inclusive em reuniões da ASPA e em sua visita ao Brasil no início de 2008. Entretanto, nunca estivera com Gheit no Cairo. Aliás, um dos primeiros encontros que tive com Abu Gheit, à margem de uma das Assembleias da ONU, depois que fora nomeado chanceler e a seu pedido, não foi dos mais agradáveis. O ministro egípcio vinha cheio de cobranças quanto ao IBAS e ao G4, grupos dos quais o Egito "teria sido deliberadamente excluído". Naquela oportunidade, chegou a expressar estranheza que países como Brasil e Índia desconsiderassem "uma nação de cinco mil anos, cuja capital é o farol do Oriente Médio". Em encontros subsequentes, o ministro esforçou-se por desfazer essa impressão pouco favorável. Certa feita, após a realização de eleições no Egito, fez questão de me visitar na suíte que eu ocupava no Waldorf Astoria, evitando assim os desconfortáveis e corridos encontros nas "baias" montadas nos corredores das Nações Unidas. No ambiente acelerado que caracteriza as Assembleias Gerais da ONU, essa atitude era uma marca de consideração, realçada ainda mais pelo conteúdo da conversa, já que o chanceler vinha me dar satisfações sobre o processo político do seu país, procurando demonstrar que havia uma evolução em sentido mais democrático. Na conversa que tivemos na noite do dia 13 no Cairo, em um momento em que se aprestava para viajar, Aboul Gheit mais ouviu do que falou, mas não deixou de transmitir, ao lado das condenações a Israel, a preocupação com o Hamas e a evidente falta de simpatia pela Síria, impressão que se reforçaria no diálogo que tive na manhã seguinte com o presidente Hosni Mubarak.

Como já tive ocasião de comentar, àquela época Mubarak ainda não era tratado no Ocidente como o ditador que a Primavera Árabe viria a derrubar. Já na sala de espera, pude perceber a azáfama dos assessores ocupados em organizar as visitas que se sucediam. Ao chegar, cruzei com o ministro espanhol Miguel Ángel Moratinos, com quem troquei apenas breves palavras, pois fui logo chamado ao gabinete presidencial. À saída, deparei com o secretário-geral da ONU, Ban Ki-Moon, que só então chegava à região, uma demora pouco explicável dada a gravidade da crise. Diferentemente de ocasiões anteriores (inclusive o breve encontro com Lula, em 2003), o presidente revelou uma postura nada imperial (ou, para ser mais apropriado, "faraônica"). Mostrou-se interessado em conhecer as conclusões que tirara de minhas estadas em várias capitais. Sua maior curiosidade era em relação a Damasco. Em rápidas pinceladas, transmiti algumas das impressões que guardara, especialmente quanto à atitude síria sobre o Hamas, que me parecia evoluir de forma mais favorável a um diálogo com o Fatah. Evitei, contudo, exagerar nas avaliações positivas, não só porque não queria parecer ingênuo diante das afirmações dos líderes de Damasco, mas também porque não desejava dar ao presidente egípcio impressão de inclinação pró-síria, o que seria contraproducente do ponto de vista de estimular o diálogo entre Cairo e Damasco. Lembrei que Bashar al-Assad fora cauteloso ao definir a situação decorrente dos ataques de Israel a Gaza, e que evitara extrair dela conclusões "catastrofistas". Em suma, sublinhei a percepção transmitida por Assad de que se tratava de um "recuo grave", mas que "não se deveria perder o que fora obtido". Ao contrário dos líderes palestinos, do rei da Jordânia e até mesmo, em certa medida, de Tzipi Livni, Mubarak questionou o sentido da frase e pôs em dúvida as intenções sírias. Antes mesmo que eu pudesse dar a minha interpretação daquela afirmação, o presidente egípcio pôs-se a tecer duras críticas a Damasco, remontando a atitudes que, àquela altura, já faziam parte da História. Mencionou a hostilidade de Hafez Assad, pai de Bashar, em relação às negociações entre a OLP e Israel quando dos acordos de Oslo. Naquela ocasião, o velho Assad teria ficado agastado por não ter sido previamente consultado sobre o conteúdo das negociações, ao passo que ele, Mubarak – que tampouco fora informado com antecedência –, aceitara sem reclamar os entendimentos entre Arafat e Rabin. Tal atitude refletiria uma característica do comportamento sírio, que consistia em colocar seus interesses (provavelmente sobre Golã) à frente dos objetivos da paz entre palestinos e israelenses. Mubarak também fez pouco da real influência de Damasco sobre o Hamas, minimizando o valor da "moderação" a que eu aludira. Deixou transparecer alguma admiração pelo tino político do velho Assad, mas creio que o fez, sobretudo, para compará-lo com o filho, que qualificou de "inexperiente": "Durante o tempo de Hafez, a Síria manipulava (ou instrumentalizava) o Irã. Agora é o inverso". Mais uma vez, a preocupação com o Irã surgia em uma conversa com um líder árabe, sem que, naquela época, eu percebesse toda a extensão e a profundidade da clivagem entre xiitas e sunitas. Mubarak não deixou de se referir à necessidade de uma solução imediata para os sangrentos ataques de Israel a Gaza. Comentou que tal solução teria de englobar o cessar-fogo, a retirada das tropas israelenses e o fim do bloqueio. Nesses pontos, não havia gande diferença em relação ao que eu ouvira em Damasco e Amã. A propósito da passagem de Rafah, que fora objeto de comentários das autoridades sírias indicativos da intenção de aumentar a participação do Hamas, Mubarak foi taxativo: "Rafah é uma questão que diz respeito ao Egito. Uma proposta vinda da Síria, ainda que boa, nunca será aceita!". Não sei se foram exatamente estas suas palavras, mas foi o sentido do que disse. Não poderia haver ilustração mais clara da rivalidade entre as duas grandes capitais do que um dia fora a República Árabe Unida.

A passagem de Rafah parecia então estar no centro das discussões entre os dois lados palestinos. Mesmo supondo que a questão da passagem pudesse ser encaminhada entre Egito e Israel, o que não parecia fácil, dados os temores que ouvira de Tzipi Livni sobre seu uso para contrabando de armamentos iranianos, havia o problema de saber quem exerceria o controle da passagem, *no interior* de Gaza. Damasco sugeria que o Hamas tivesse alguma participação nesse controle. Ouvira sugestão semelhante de Moratinos, que certamente reproduzia algo que escutara de Muallem. Mas tanto a ANP como o Cairo eram radicalmente contrários a essa ideia, que, na prática, resultaria em algum reconhecimento internacional do Hamas. Sob esse aspecto, a presença na fronteira era um fator preponderante. Aboul Gheit chegara a me dizer: "Pouco importa que o controle da Autoridade Palestina seja apenas na fronteira e que o Hamas continue a dominar o interior de Gaza". O drama era que essa discussão sobre até onde se estenderia o controle de um ou outro grupo interferia diretamente sobre o cessar-fogo, que não ocorreria sem o assentimento do Hamas. Para concluir, Mubarak fez ainda uma observação irônica sobre o papel da Turquia, que seria "amiguinha" do Hamas: "Se os turcos se meterem, logo estarão às turras com as outras facções". Mubarak não desconhecia a importância de um entendimento entre as facções palestinas, mas esse era um diálogo de longo prazo, enquanto a solução para o cessar-fogo deveria – como reconheciam todos – ser imediata. Essa era uma contradição básica na situação e, enquanto não se resolviam essas disputas, a matança continuava.

A conversa com o presidente egípcio transcorreu de forma tão descontraída que me permiti tentar esclarecer uma curiosidade. Referia-se à posição do Qatar. O emirado de território diminuto mas rico em petrodólares tinha um comportamento contraditório, ou pelo menos oscilante, no plano internacional. Por um lado, sediava bases militares norte-americanas. Por outro, sua estação de televisão, a Al-Jazeera, fora um dos poucos veículos a cobrir com objetividade a segunda Guerra do Golfo. Sabidamente, o Qatar mantinha relações estreitas com o Hamas, o que não o impediu de ser um dos poucos países árabes a ter um escritório comercial em Israel (os outros dois eram a Jordânia e o Egito, que mantinham relações diplomáticas com Tel Aviv). Esse escritório só foi fechado por ocasião dos ataques a Gaza. Em minha análise, certamente superficial, atribuía essas contradições às duas personalidades com quem tivera mais contato. Por um lado, o próprio emir, o *sheikh* Hamad bin Khalifa, que transmitia a impressão de independência, mantendo inclusive diálogo com Damasco e Teerã; por outro, meu velho conhecido, o primeiro-ministro, Hamad bin Jassim, que acumulava a pasta do Exterior, mais focado em aspectos econômicos e comerciais e aparentemente ligado aos Estados Unidos, além de extremamente crítico da Síria e do Irã. Perguntei a Mubarak: "Afinal, quem manda no Qatar?", ao que ele respondeu, sem hesitação: "A *sheikha* Mozah", referindo-se à segunda esposa do emir. Mais tarde, poderia confirmar a influência da *sheikha* ao vê-la atuar em foros internacionais, sobretudo o da Aliança de Civilizações, tanto em Istambul como no Rio de Janeiro. Mas era evidente que Mubarak evitara, com sua *boutade*, esclarecer a minha dúvida.

Já no caminho de regresso ao Brasil, meu brioso Legacy fez uma escala em Argel. Eu até pensara em pernoitar na capital argelina, não por conforto, mas porque isso me daria ocasião de conversar um pouco com as autoridades desse país. No entanto, pareceu-me complicado mudar os planos que fizera anteriormente e que estavam condicionados a um "encontro de fronteira" do presidente Lula com o presidente Evo Morales. Pensei então chamar o ministro argelino, Mourad Medelci, durante a parada na base aérea. Não foi preciso. Meu colega lá estava, ansioso por ter notícias frescas dos países que eu acabara de visitar. Esse interesse era aguçado pela iminência de reuniões que se realizariam no Kuwait e no Qatar (a primeira delas fora programada com objetivos essencialmente econômicos, mas o foco em Gaza se tornara inevitável). Expus de maneira sintética minhas opiniões sobre a necessidade de mobilização internacional em torno do cessar-fogo, o fim do bloqueio a Gaza, inclusive com a abertura das passagens na fronteira com Israel, e as complexidades em torno do controle de Rafah, com suas implicações para o diálogo intrapalestino. Nesse ponto, Medelci, que parecia bem menos informado do que eu, especulou se não seria possível um controle combinado da Autoridade Palestina com o Hamas. Disse-lhe que talvez fosse mais fácil imaginar uma vigilância em que nenhum dos dois estivesse representado diretamente; algo assim como um controle conjunto da União Europeia e da Turquia. Em suma, à ideia de que houvesse "*l'un et l'autre*", contrapus que seria mais viável uma solução em que não estivesse "*ni l'un, ni l'autre*". Mais uma vez, constatei que o Brasil se tornara um interlocutor valioso para um membro da Liga Árabe, não só por sua eventual capacidade de mediação, mas também como fonte de informação. Creio inclusive – embora não tenha como prová-lo – que, ao lado de alguns poucos ministros europeus e norte-americanos, eu tinha um grau de acesso às altas autoridades da região (reis, presidentes e primeiros-ministros) que não era oferecido a autoridades de outros países, nem mesmo a ministros árabes não diretamente envolvidos no conflito. E com a vantagem óbvia de que falávamos com todos os lados. De fato, Israel fora o único país em que meus contatos se haviam limitado ao nível de ministro na viagem que acabara de realizar. E isso deliberadamente, não só pela situação instável do governo, sem um primeiro-ministro de fato, mas em virtude dos ataques a Gaza, que tornavam pouco recomendável a realização de encontros protocolares.

Uma última observação sobre a situação humanitária, cuja gravidade era ainda maior do que poderia imaginar. Tanto o secretário-geral da Organização Hashemita como assessores que acompanharam minha conversa com Amr Moussa descreveram detalhes que compunham um quadro assustador. Havia fatos aparentemente corriqueiros, mas que dificultavam a efetividade da ajuda, desde questões ligadas à forma de distribuição dos alimentos e roupas até o preparo da comida. Nesse caso, mesmo a chegada de farinha não era suficiente, pois faltavam meios para cozê-la e transformá-la em pão. Em outra situação que me foi descrita, os próprios médicos enviados pelo Crescente Vermelho (ou pela Cruz Vermelha) passavam fome. Com essas impressões, regressei ao Brasil.

A dignidade moral é tão importante quanto as condições materiais

O tema do Oriente Médio continuaria a ocupar lugar importante nas conversas que tive com autoridades em visita ao Brasil, como o ministro chinês, Yang Jiechi, e nos diálogos que mantive em Davos, entre outros, com o ex-secretário-geral da ONU, Kofi Annan. Annan concordou com a minha opinião sobre a necessidade de envolver o Hamas caso se desejasse uma solução durável, e admitiu – o que eu ignorava – que, quando à frente das Nações Unidas, mantivera contato com o movimento. O assunto também fez parte da primeira conversa telefônica que tive com a nova secretária de Estado dos Estados Unidos, Hillary Clinton, que me fez uma chamada de cortesia, pouco depois de sua posse. Nesse telefonema, elogiei a escolha de George Mitchell – que já atuara como mediador muito eficaz em relação à Irlanda – como enviado especial ao Oriente Médio. A secretária de Estado revelou estar ciente do meu recente périplo e manifestou apreço pelo papel que o Brasil poderia desempenhar. Mas a solução para a crise de Gaza continuaria a eludir os esforços da comunidade internacional.*

Relato um pequeno episódio ilustrativo das paixões despertadas pelos conflitos no Oriente Médio, que não se limitavam às disputas entre israelenses e árabes, mas envolviam rivalidades políticas e pessoais, além de tensões entre diferentes comunidades religiosas ou étnicas. No final de janeiro, estive em Davos. Na ocasião, fora convidado para participar de um almoço de trabalho cujo rótulo era "Brazil, The New Power Broker". Participei de discussões sobre temas econômicos, com ênfase na Rodada Doha, então em estado de letargia profunda. Enquanto esperava o momento de entrar em uma coletiva de imprensa no prédio principal do fórum, deparei com Raghida Dergham, uma jornalista, correspondente de um grande jornal árabe publicado no Líbano, que conhecia desde meus tempos de Nova York. Havíamos feito alguma camaradagem, especialmente à época dos "famosos" painéis do Iraque. A experiente repórter sempre demonstrara apreço pelas posições brasileiras, inclusive em relação a temas muito polêmicos. Desavisadamente, comentei com ela a viagem que tinha feito ao Oriente Médio e avancei a opinião – que costumava dar aos meus interlocutores – de que "todos os atores importantes" deveriam estar envolvidos nas negociações. A jornalista respondeu-me com uma verdadeira catilinária contra o Hamas e a Síria: "Vocês (creio que se referia a mim e a Moratinos, entre outros) estão totalmente equivocados. O que vocês têm de fazer é exigir que a Síria se abstenha de interferir nos assuntos da Palestina (...)". A cascata de críticas teria prosseguido, não tivesse eu alegado um compromisso urgente para interromper a conversa. Um discurso tão apaixonado e virulento, de pessoa que sempre me pareceu aberta e simpática às nossas posições, causou-me forte impressão. Sublinhou a mensagem de que, quando se trata do Oriente Médio, é preciso caminhar com cuidado: o terreno é minado em mais de um sentido.

No início de março, viajei novamente para o Cairo, onde participei da Reunião Ministerial da ASPA, preparatória da Cúpula programada para o final daquele

* A ação armada de Israel terminou em 18 de janeiro, com a declaração unilateral de cessar-fogo, depois que os responsáveis pelas forças de defesa israelense perceberam a futilidade do objetivo de "um aniquilamento total" do Hamas. Doze horas depois, o Hamas anunciou um cessar-fogo válido inicialmente por uma semana, mas que foi prorrogado. Israel completaria a retirada das tropas de Gaza no dia 21.

mês. Na véspera da reunião, havia assistido a um evento cultural em celebração de uma iniciativa entre a Europa e os Países Árabes, lançada quatro anos depois da nossa I ASPA. Em meu breve discurso na reunião ministerial, não resisti a assinalar, com certo "gostinho", o nosso pioneirismo. O Brasil (e a América do Sul) havia posto em prática com os países árabes a "aliança de civilizações" *avant la lettre*. A preparação da II ASPA não era, entretanto, o único objetivo da minha viagem ao Egito. No dia 2 de março, participei em Sharm-El-Sheikh da Conferência de Doadores sobre Gaza, e fiz o anúncio de que o Brasil aportaria US$ 10 milhões à reconstrução do território. Antes de partir de Brasília, havia garantido a assinatura do presidente no projeto de lei. A Conferência, além de propiciar a arrecadação de fundos, foi ocasião de amplas manifestações de apoio à Autoridade Palestina. O lado mais positivo dessas expressões era o recado a Tel Aviv, no momento em que se estava formando um novo governo israelense. Mas era evidente que havia também, na maioria das intervenções, uma intenção de crítica ao Hamas. Discursei pouco depois do representante do Quarteto, Tony Blair, o qual deu ênfase ao reforço político da ANP. Falando de improviso, recordei que o fortalecimento da ANP dependia, sobretudo, da situação no terreno, isto é, da melhora das condições de vida dos palestinos que viviam na Cisjordânia. Ressaltei a importância de aliviar os sofrimentos e transtornos do dia a dia dos cidadãos comuns na Palestina e afirmei que "a dignidade moral é tão importante quanto as condições materiais". Defendi a plena implantação da Resolução 1.860 e afirmei que "a ajuda humanitária e o comércio legítimo [de bens e serviços] devem circular livremente em Gaza". Aludindo a declarações de autoridades israelenses, acrescentei que "precondições para o cumprimento de uma resolução do Conselho de Segurança não são aceitáveis". Lamentei que novos obstáculos continuassem a ser criados para a evolução das negociações de paz, de que era exemplo a expansão dos assentamentos por Israel. Referi-me à necessidade de participação das diversas forças no processo político. Ao fazê-lo, optei por uma fórmula que me pareceu suficientemente sutil. Disse que se deveriam chamar às negociações "todos os atores relevantes na região que estejam preparados para agir de forma construtiva". Dessa maneira, não haveria exclusões *a priori*, mas não se deixava de exigir dos eventuais participantes um comportamento compatível com a solução de dois Estados, como defendíamos. No mesmo sentido, expressei a satisfação do governo brasileiro com a disposição (mais teórica do que prática, àquela altura) das forças políticas palestinas em formar um governo de reconciliação, e elogiei o papel do país anfitrião nesse processo. Finalmente, lembrei que países em desenvolvimento de fora da região poderiam, com proveito, ser incorporados às discussões e disse que o Brasil encorajava a convocação de uma conferência em seguimento a Annapolis. Além de anunciar a contribuição do Brasil, antecipei que meu colega indiano faria referência a uma contribuição do IBAS, o que não deixava de ser uma forma de sublinhar que a solidariedade entre países em desenvolvimento não era apenas retórica.

A Conferência de Sharm El-Sheik, como é natural nessas ocasiões, propiciou a oportunidade para encontros bilaterais. Em um deles, reiterei ao presidente Mubarak o convite de Lula para que visitasse o Brasil. O ministro das Relações Exteriores do Egito, anfitrião oficial do encontro, desdobrou-se em gentilezas. Foi buscar-me à mesa em que me sentara durante o almoço e levou-me ao que se poderia considerar "a mesa principal", depois que os presidentes já haviam partido. Lá estavam o secretário-geral da ONU, Ban Ki-Moon, e a secretária de Estado, Hillary Clinton, recente no cargo, além do representante do Quarteto. Chamando-me de "Cél-sou", em sua pronúncia britânica, Tony Blair brincou que eu deveria vir resolver os problemas do Oriente Médio, "mas isso só depois de solucionar Doha". O ex-premiê foi tão efusivo que mal pude dar atenção ao secretário-geral da ONU. Nos corredores, "esbarrei" com David Miliband, que me convidou para um jantar de "meia dúzia" de ministros, durante a Cúpula do G20, programada para 2 de abril. Para aumentar o atrativo, Miliband disse que Hillary Clinton, recente no cargo, era uma das convidadas. Soube depois que o ministro russo, "meu amigo" Sergei Lavrov, que não ficara para o almoço, me procurara na bancada do Brasil em um momento em que infelizmente me ausentara. Ao registrar esse fato, acrescentei a seguinte indagação às minhas notas: "Já não estará no momento de visitar Moscou novamente?".

ASPA 2.0

Em 31 de março, aconteceu a II Cúpula América do Sul-Países Árabes. Um dos aspectos a notar foi o bom nível de comparecimento dos mandatários sul-americanos, que tiveram que vencer não só a distância, mas a habitual inércia. Estavam lá, entre os presidentes, Cristina Kirchner, Michelle Bachelet, Fernando Lugo, Evo Morales, Hugo Chávez e Ronald Venetiaan. Havia ainda os vices de Uruguai, Peru e Colômbia. Guiana e Equador estavam representados pelos chanceleres. Os árabes também tiveram boa participação, facilitada, em parte, pela realização da Cúpula da Liga Árabe, na véspera. Realizou-se também um seminário de negócios com bom número de empresários de ambos os lados. Assim, a inciativa que nos custara tanto esforço estava se consolidando em um momento crítico, em plena crise financeira desencadeada pela falência do Lehman Brothers. O presidente Lula não deixou de salientar em seu discurso a importância da dimensão da cooperação Sul-Sul na situação que atravessava a economia mundial. O momento mais significativo foi o da abertura, em um grande salão decorado com arabescos que não chegavam a cair no mau gosto. Reproduzida em uma enorme tela, a imagem da presidente Bachelet, falando em nome da Unasul para um grupo de presidentes sul-americanos e um punhado de monarcas, presidentes e outros líderes árabes, era simbólica da percepção que a América do Sul tinha de si mesma e de suas relações com o mundo. O Peru se ofereceu para ser sede da III ASPA.* Sejam quais forem os desdobramentos, a ousadia de convocar uma reunião inédita havia sido recompensada. Mais do que qualquer outra coisa, no caso do Brasil, além de negócios e dos projetos de cooperação técnica e cultural, ela havia propiciado uma intensificação de contatos políticos e projeção do nosso país numa região aparentemente distante, em escala totalmente inimaginável até poucos anos antes.

O relacionamento com os países árabes não estava isento de complicações, além das inerentes ao conflito Israel-Palestina e à situação permanentemente instável do Líbano, entre tantas outras. Havia também o "patrulhamento" constante da nossa mídia em relação a uma suposta tolerância de nossa parte em relação a regimes que desrespeitam os direitos humanos. Evidentemente, essa vigilância estava longe de se exercer de forma homogênea ou imparcial. Regimes mais próximos do Ocidente ou, mais propriamente, de Washington, como algumas monarquias do Golfo, recebiam tratamento leniente, com raras referências à repressão de opositores, às afinidades com movimentos fundamentalistas ou à discriminação em matéria de gênero. Imediatamente antes da II ASPA, um dos problemas que se colocavam era o do Sudão, cujo presidente, Omar al-Bashir, fora objeto de um mandado de prisão por parte do Tribunal Penal Internacional. O Brasil não ignorava os sérios problemas do Sudão nessa área. Sabíamos das violências cometidas em Darfur, embora também estivéssemos cientes de manobras pouco construtivas de algumas lideranças da oposição no exílio. Um ano antes, céticos quanto à eficácia de atitudes meramente condenatórias, havíamos

* A III ASPA realizou-se em 2 de outubro de 2012, após um adiamento provocado pelas mudanças políticas decorrentes da Primavera Árabe. Ao registrar a presença da presidenta Dilma Rousseff na Cúpula, o Itamaraty destacou os progressos da cooperação entre as duas regiões nos terrenos cultural, científico-tecnológico e econômico-comercial. Sobre esses, a nota salienta que "América do Sul e Países Árabes apresentam um PIB agregado de US$ 5,4 trilhões e população total estimada em 750 milhões de habitantes. Entre 2005 e 2011, o intercâmbio comercial entre as duas regiões cresceu 101,7%, passando de US$ 13,6 bilhões para US$ 27,4 bilhões. Nesse período, o crescimento do comércio total entre o Brasil e os Países Árabes foi de 138,9%, evoluindo de US$ 10,5 bilhões para US$ 25,1 bilhões".

contribuído para que o Conselho de Direitos Humanos da ONU adotasse uma resolução de consenso, com ênfase na cooperação ao governo de Cartum, uma forma mais discreta (e provavelmente mais eficaz) de expressar a preocupação com o tema. Mas mesmo isso fora mal recebido pelos setores mais aguerridos da nossa imprensa. No início de 2009, a ordem emitida pelo TPI* foi percebida pelos países africanos e, sobretudo, pelos árabes como mais uma prova de tratamento discriminatório. Onde estavam afinal as condenações por Guantánamo ou pelos ataques a civis em Gaza? Neste caso, o TPI nem tomara conhecimento das acusações, a pretexto de que a Palestina não era um Estado e de que Israel não era membro da instituição! Independentemente de aspectos formais, os efeitos práticos das decisões do TPI davam a impressão, justa ou injusta, de que o Tribunal só existia para julgar violadores em nações pobres e subdesenvolvidas. A Liga Árabe certamente não aceitaria a condenação de Bashir. A presença do presidente sudanês na II ASPA representava para nós um problema prático, independentemente do mérito.** Cheguei a telefonar para Amr Moussa, com o objetivo de obter uma mudança de comportamento, em sentido mais moderado, do presidente sudanês, que agravara a situação ao "retaliar" a decisão do TPI com a expulsão de ONGs que atuavam em Darfur. Também tentei, por meio de nossa embaixadora nas Nações Unidas, alguma medida do Conselho de Segurança que permitisse um encaminhamento não confrontacional ao tema – uma espécie de *sursis*, que não retirasse a pressão, mas desse tempo à União Africana de agir. Afinal, os mais atingidos pelas violações aos direitos humanos eram os integrantes de tribos africanas (não árabes) do Sudão. Eu temia que, intencionalmente ou por acidente de protocolo, o presidente sudanês fosse colocado ao lado do presidente Lula em alguma foto oficial da ASPA. Seria um prato cheio para os adversários dessa iniciativa, que aos poucos se ia consolidando. E de fato isso quase ocorreu, durante o almoço de chefes de Estado, a despeito de minhas advertências ao encarregado do nosso cerimonial. Já não me recordo precisamente das circunstâncias, mas tenho a impressão de que o próprio presidente Lula, percebendo o risco, tratou de se ausentar do banquete assim que pôde.

A questão dos direitos humanos não era a única que causava ruído no tratamento das nossas relações com os países árabes. Por vezes, havia também "fogo

---

* O Tribunal Penal Internacional foi criado pelo Estatuto de Roma, firmado em 1998, e entrou em vigor em 2002. Cerca de 120 Estados assinaram e ratificaram o Estatuto. Entre os não membros estão os Estados Unidos.

** Não é o caso aqui de fazer uma discussão em profundidade do tema dos direitos humanos. Abordei o assunto no artigo "O Brasil e os direitos humanos: em busca de uma agenda positiva". *Política Externa*, vol. 18, n. 2, set.-out.-nov., 2009.

Desde o tempo em que fui embaixador junto às Nações Unidas, desenvolvi uma profícua parceria com o secretário-geral da ONU, Kofi Annan. Os temas do Oriente Médio (invasão do Iraque, conflito de Gaza etc) foram objeto de permanente diálogo entre nós.

© Ricardo Stuckert

O Brasil empenhou-se em um acordo que visava a criação de confiança entre Teerã e os países ocidentais. A Declaração de 17 de maio de 2010 incorporou todas as condições que haviam sido propostas pelos Estados Unidos. Na foto, ao centro, o Presidente Ahmadinejad. Do lado direito, o então Primeiro Ministro da Turquia, Recep Erdogan, e o Ministro do Exterior turco, Ahmet Davutoglu.

Na véspera da assinatura da Declaração de Teerã, o aiatolá Ali Khamenei recebeu o presidente Lula em sua austera sala de audiências. Embora a conversa entre Lula e o Líder Supremo tenha versado sobre temas bastante genéricos, o gesto pouco usual foi percebido como uma espécie de "bênção" aos esforços para encontrar uma solução pacífica para a questão do programa nuclear iraniano.

Em março de 2010, Hillary Clinton visitou o Brasil. O tema principal de minhas conversas com a secretária de Estado, que, incluindo almoço e entrevista de imprensa, tomaram cerca de cinco horas, foi o Irã. Hillary foi também recebida em audiência de cortesia pelo presidente Lula. O sorriso da secretária não foi suficiente para dissipar as nossas diferenças.

O interesse do Irã em estreitar relações com o Brasil expressou-se, entre outras manifestações, na deferência e simpatia com que eu era recebido pelo presidente Ahmadinejad. Na ocasião desta foto, no final de abril de 2010, fui portador de uma carta do presidente Lula, em que este exortava o Irã a exercitar o máximo de flexibilidade em relação ao "acordo de troca".

▼ Cerca de vinte dias antes da visita do presidente Lula, estive em Teerã, onde conversei com diversas lideranças, inclusive o presidente do Parlamento, Ali Larijani, que me recebeu eu seu amplo gabinete. Na foto, ambos aparecemos conversando animadamente (apesar do intérprete), sob o duplo retrato, algo intimidador, dos dois grandes aiatolás.

▲ Em janeiro de 2010, fui convidado pelo Ministro Ahmet Davutoglu a dirigir-me aos embaixadores turcos então reunidos para encontro anual em Âncara. Foi nessa ocasião que definimos os contornos de uma ação concertada Brasil-Turquia em relação ao programa nuclear iraniano, que o chanceler turco generosamente intitulou de "Operação Yasemin", em homenagem à minha neta, filha de pai turco e mãe brasileira.

Com o objetivo de fortalecer a multipolaridade, o Brasil tomou várias iniciativas, como a criação do grupo BRICs, aqui ainda representado sem a África do Sul. Nessa primeira reunião ministerial, aparecem os ministros do exterior da Índia, hoje presidente do país, Pranab Mukherjee; da Rússia, Sergei Lavrov; e, da China, Yang Jiechi. Os dois últimos foram importantes protagonistas nas discussões sobre o programa nuclear iraniano.

Durante minha gestão como chanceler de Lula, fui seis vezes a Damasco. Afora os aspectos bilaterais, eu mantinha intensas conversações com as autoridades sírias, representadas na foto pelo ministro Walid Muallem, sobre temas do Oriente Médio. Na visita que fiz em 2008, o presidente Bashar al-Assad confiou-me mensagem dirigida ao primeiro-ministro israelense, Ehud Olmert, sobre retomada de negociações quanto a Golã.

A parceria estratégica desenvolvida pelos presidentes Lula e Chirac teve dimensões política, econômica e humanitária. Na Conferência Internacional de apoio ao Líbano, em janeiro de 2007, que Chirac presidiu pessoalmente, o mandatário francês concedeu relevo especial à participação brasileira.

Em junho de 2005, pouco depois da Cúpula ASPA realizou-se, em Bruxelas, a Conferência Internacional sobre o Iraque. O Brasil foi o único país latino-americano, sem tropas no Iraque, convidado. À época, chegamos a aventar a ideia de um "Banco da ASPA", para o qual seria canalizada parcela da dívida iraquiana com o Brasil. Na foto, converso com Javier Solana e Condoleezza Rice (de costas), que foram frequentes interlocutores para os temas do Oriente Médio.

No início de 2008, na sequência da Conferência de Annapolis, visitei vários países árabes. O Rei da Arábia Saudita, Abdullah Al Saud, recebeu-me em sua "tenda" no deserto, quando acertamos a visita de Estado do presidente Lula.

Em todas as vezes em que fui a Israel – e durante sua visita ao Brasil – mantive produtivas conversas com o presidente Shimon Peres, que sempre procurou manter uma posição de abertura em relação ao processo de paz e ao papel que nele o Brasil poderia exercer.

A secretária de Estado do presidente Bush em seu segundo mandato, Condoleezza Rice, sempre demonstrou interesse na concertação entre Brasil e Estados Unidos em temas que extravasavam as questões hemisféricas. Foi ela a principal responsável pelo convite para que o Brasil participasse da Conferência de Annapolis, em 2007. Na foto, ambos aparecemos com o representante de Guiné Bissau, no momento da celebração de um acordo para o fortalecimento institucional do país africano.

Sua Majestade, o Rei Abdullah II, da Jordânia, sempre se mostrou aberto ao diálogo com o Brasil sobre temas do Oriente Médio, seja nas visitas bilaterais que fiz, seja à margem de reuniões internacionais como o Fórum do Mar Morto. A foto retrata a fila de cumprimentos por ocasião da visita do presidente Lula a Amã, em março de 2010.

No final de maio de 2005, cerca de duas semanas após a Cúpula ASPA, realizei visita bilateral a Israel, onde fui recebido por todas as principais autoridades do país. Mantive com o primeiro-ministro Ariel Sharon longa conversa, na qual abordamos com franqueza os difíceis temas da região. Não faltaram toques de bom humor e, no final do encontro, mostramos reciprocamente fotos de nossos netos.

Em 15 de agosto de 2006, um dia e meio após a vigência do cessar-fogo por parte de Israel, visitei Beirute com o objetivo de levar donativos e entabular contatos políticos. Iniciei minha visita percorrendo bairros de Beirute Sul, que haviam sido mais duramente atacados. Do lado esquerdo da foto, minha chefe de gabinete e, do lado direito, o chanceler libanês.

A Cúpula ASPA reuniu, pela primeira vez, líderes das duas importantes regiões do mundo em desenvolvimento. De certa forma, foi precursora de outras iniciativas, como a Aliança das Civilizações. Além das discussões políticas, possibilitou vários acordos bilaterais e plurilaterais, como o Acordo-Quadro sobre comércio entre o Mercosul e o Conselho de Cooperação do Golfo.

O secretário-geral da Liga Árabe, Amr Moussa - que anos depois, em plena Primavera Árabe, viria a apresentar-se como candidato à presidência do Egito -, foi, desde o início, um impulsionador entusiasta da Cúpula América do Sul-Países Árabes. Por ocasião de sua visita ao Brasil pouco antes da Cúpula, foi condecorado com a Ordem do Cruzeiro do Sul. A foto retrata o momento em que, acompanhado de minha mulher, Ana, proferi discurso em sua homenagem.

A Palestina foi um dos destinos do primeiro grande périplo que fiz ao Oriente Médio. Desde então, as relações do Brasil com a Palestina e, em especial, com o presidente Mahmoud Abbas (na foto, recebendo uma carta do presidente Lula), se aprofundaram, culminando no reconhecimento do Estado palestino pelo Brasil, em dezembro de 2010.

Nabil Shaath, quando ministro das Relações Exteriores da Autoridade Palestina, foi quem primeiro nos incentivou, em 2003, a estreitar relações, por meio da abertura do escritório em Ramalá e da designação de um Representante Especial para o Oriente Médio. Em julho de 2010, foi portador de carta de Mahmoud Abbas a Lula. Na ocasião, discuti com o emissário do Fatah os passos para o reconhecimento do Estado palestino pelo Brasil.

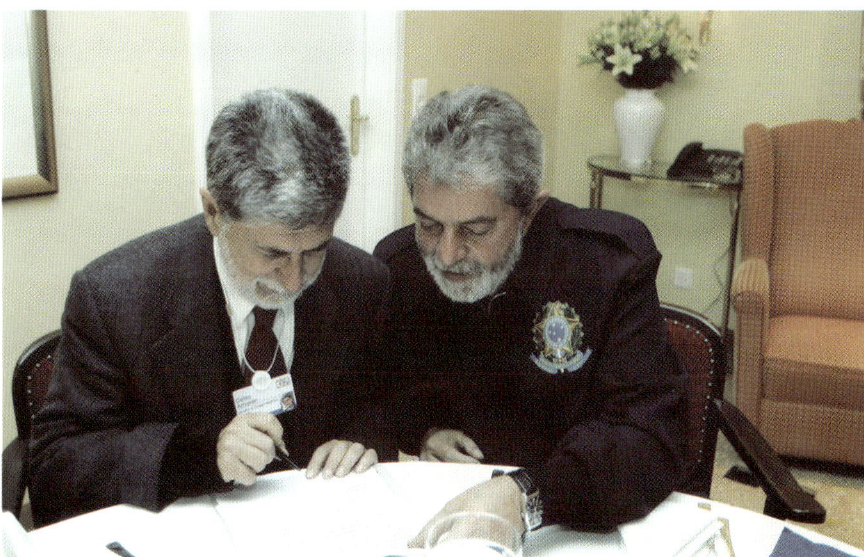

A confiança do presidente Lula foi um fator fundamental para a ação diplomática que desenvolvi durante os oito anos de seu governo. Na foto, de 2007, fazemos os últimos retoques em um pronunciamento do presidente em Davos. Muito provavelmente, como costumava fazer, Lula terá acrescentado palavras de improviso, mas a mensagem central ficava resguardada.

Essas duas fotos retratam momentos marcantes da vida da OMC. Na primeira delas, em 1994, assino, como chanceler de Itamar Franco, os acordos finais da Rodada Uruguai, que deram nascimento à Organização. Na segunda, dirijo-me à mídia, ávida de informações, no momento em que as negociações de Doha entraram em colapso, em julho de 2008.

As embaixadas brasileiras, sobretudo na Europa, foram cenário de várias reuniões da OMC, como esta, em setembro de 2005, em que, pela primeira vez, o G4 (União Europeia, EUA, Índia e Brasil) se constituiu como núcleo central das negociações, situação que perduraria até Potsdam, em 2007.

Meu relacionamento com o comissário europeu Peter Mandelson, aqui ao meu lado em uma entrevista de imprensa após reunião do G4/G6 em Londres, em 2006, não esteve isento de tensões. Entretanto, mesmo partindo de posições divergentes, no momento mais crítico das negociações, em julho de 2008, juntamos forças na tentativa de salvar a Rodada.

Susan Schwab substituiu Rob Portman na chefia do escritório do representante comercial norte-americano (USTR). Nosso diálogo foi fluido, apesar das diferenças de posição entre o Brasil e os Estados Unidos. Durante a visita ao Brasil de 2007, quando Schwab acompanhou o presidente Bush, o presidente Lula chegou a dizer que Susan e eu deveríamos ser trancados em uma sala até que encontrássemos uma solução para a Rodada.

A China, potência ascendente no comércio mundial, mas membro relativamente recente da OMC, aumentou gradativamente seu protagonismo nas negociações da Rodada Doha. A reunião miniministerial de Dalian, que visava a preparar Hong Kong, foi uma etapa nesse processo. Bo Xilai, então poderoso ministro do Comércio, apesar de anfitrião do evento, solicitou-me que coordenasse a reunião paralela do G20.

O diálogo com variados grupos de países em desenvolvimento foi essencial para manter o perfil elevado do Brasil nas negociações de Doha. Por essa razão, desloquei-me a Jacarta para uma reunião do G33 (países em desenvolvimento de economia agrícola vulnerável). Ao centro da foto, o presidente da Indonésia, Susilo Yudhoyono, ladeado pela ministra Mari Pangestu. Note-se o destaque aos convidados Pascal Lamy, Peter Mandelson, Kamal Nath e eu. Igualmente significativa foi a ausência do outro membro do G4, os EUA.

Em um dos vários momentos de impasse nas negociações de Doha, o Brasil assumiu o risco de convocar uma reunião do G20 no Rio de Janeiro, à qual compareceram também os ministros dos países desenvolvidos membros do G4, além do ministro do Japão e do diretor-geral Pascal Lamy. A foto ilustra um momento de descontração, bem carioca, no Palácio do Itamaraty no Rio.

Como coordenador do G20, tratava, sempre que possível, de dar posição de destaque aos nossos principais parceiros. A Índia, como membro do G4, sempre figurava no pódio. Também buscava valorizar a participação do nosso sócio estratégico, a Argentina, como ilustra essa foto de uma entrevista de imprensa no salão principal da OMC, em Genebra, em que apareço entre Kamal Nath e Jorge Taiana.

Juntamente com a criação do G20, em Cancún, a reunião que congregou esse grupo com o G90, formado predominantemente por países mais pobres, constituiu um dos principais marcos de nossa atuação nas negociações da Rodada Doha. O apoio decidido deste "G110" à eliminação total dos subsídios à exportação de produtos agrícolas em um prazo determinado foi responsável pelo principal avanço da reunião ministerial de Hong Kong.

O aspecto humanitário esteve sempre presente na política em relação ao Oriente Médio. Um momento marcante foi o do resgate dos brasileiros do Líbano durante a Guerra com Israel em 2006. Desloquei-me duas vezes a Adana, na Turquia, para recepcionar nossos compatriotas refugiados.

Nossa atuação na OMC, em particular a criação do G20, contribuiu significativamente para o reforço de várias relações bilaterais. Foi especialmente o caso da Índia, cujo primeiro-ministro, Manmohan Singh, grande admirador de Celso Furtado, aparece na foto lendo, com visíveis atenção e deleite, uma mensagem do presidente Lula da qual fui portador.

Em junho de 2004 realizou-se, em São Paulo, a XI Conferência das Nações Unidas sobre Comércio e Desenvolvimento (UNCTAD). À margem da reunião, foi realizado encontro entre os principais atores da Rodada Doha, que abriu caminho para o July Framework. Na foto, o presidente Lula confraterniza com alguns de meus principais assessores. Da esquerda para a direita: Antonio Patriota, Maria Nazareth Azevêdo (Lelé), Antônio Simões e Eduardo Saboia.

Em abril de 2010, o diretor-geral da OMC, Pascal Lamy, a caminho de uma reunião do Grupo de Cairns em Montevidéu, fez um desvio de rota para encontrar-me, em um sábado, em Brasília. Tivemos uma reunião de trabalho no meu gabinete, no Itamaraty. O representante brasileiro junto à OMC, Roberto Azevêdo, que, quatro anos depois, sucederia Pascal Lamy, acompanhou a visita.

A preocupação com o "lado humano" nunca esteve ausente em nossas iniciativas diplomáticas. Durante a visita do presidente Lula à Palestina em março de 2010, promovi um estágio, no Brasil, da seleção feminina juvenil de futebol da Palestina. Quando voltei a Ramalá, em julho, recebi uma homenagem da qual participaram algumas das integrantes da equipe. Na foto aparecem também nossa embaixadora Lygia Scherer, e meu assessor, Maurício Lyrio.

"Lula vai ao Itamaraty": Raras vezes um presidente se interessou tanto pela política externa quanto Lula. Frequentemente, o presidente deslocou-se ao Palácio dos Arcos não apenas para banquetes ou recepções, mas também para reuniões de trabalho, utilizando-se, para isso, do gabinete do ministro. Nele se realizaram vários encontros bilaterais com líderes sul-americanos e com visitantes de outras regiões, como Ahmadinejad e Peres.

Em outubro de 2015, cinco anos após haver deixado o Itamaraty, recebi das mãos do Presidente Abbas a "Estrela de Jerusalém", a mais importante condecoração civil concedida pela Autoridade Palestina. Entre as razões para a outorga da distinção, foram citadas minhas ações em favor da paz no Oriente Médio e meu incansável (*sic*) apoio ao povo palestino "em sua luta pela liberdade e pela independência".

Autoridade Nacional Palestina/ Thaer Ghanayem

amigo" vindo de parlamentares que normalmente apoiavam nossa política externa, ou de setores da administração com interesses específicos em determinado tema. É curioso que uma dessas situações tenha sido objeto de uma anotação, escrita justamente no voo que, como parte da comitiva do presidente, eu fazia em direção a Riade, onde se realizaria a visita de Estado de Lula à Arábia Saudita. Pelo interesse político do assunto, transcrevo alguns trechos: "15 de maio de 2009; nada de muito significativo ocorreu nos últimos dias em matéria de política externa, a não ser a ruidosa repercussão em torno das candidaturas à [direção-geral da] Unesco. A história é mais ou menos a seguinte: há quase um ano, o Egito lançou a candidatura do ministro da Cultura, Farouk Hosni. (...) [Aproximadamente] ao mesmo tempo, fui procurado pelo senador Cristovam Buarque, com quem tenho relações muito amistosas desde que foi reitor da UnB, [governador de Brasília] e, mais recentemente, ministro da Educação. Cristovam expressou desejo de se candidatar ao posto de diretor-geral, para o qual teria [além das qualificações indiscutíveis] vários apoios. (...) Esses apoios vinham [a meu juízo] de intelectuais e personalidades que, embora (...) respeitáveis, têm escassa influência no processo eleitoral da Unesco. Disse-lhe na ocasião que (...) a decisão do governo teria de levar em conta interesses de Estado [e que] (...) não podia deixar de considerar uma candidatura que viesse a ser apoiada pelos países árabes, à luz de nossa política de aproximação com a região, expressa sobretudo nas cúpulas da ASPA". Cristovam fez questão de ressalvar que compreenderia o eventual apoio do Brasil a um candidato árabe de consenso, mas especulou sobre a possibilidade de um eventual "racha" entre os árabes.

Em paralelo às conversas com o senador Buarque, surgiu outro pretendente brasileiro, Márcio Barbosa, então diretor-geral adjunto da Unesco, com quem igualmente mantinha relações amigáveis. Interagira com Barbosa quando ele era diretor do INPE, sendo eu secretário internacional do MCT, na década de 1980. Dizia ele contar com o apoio de várias delegações, o que provavelmente era verdade, por ser ele um funcionário competente e, sobretudo, extremamente hábil. Seria também o candidato "oficioso" do diretor-geral, cujo mandato se encerrava. É possível também que vários governos, sobretudo ocidentais, vissem em um tecnocrata latino-americano uma alternativa preferível ao nome do ministro egípcio que, em algum momento, fizera declarações desastradas sobre Israel. Diferentemente de Buarque – que, dias antes da minha anotação, soube muito bem separar seu pleito ao cargo internacional da posição como senador em relação a temas delicados de política externa (o que ficara amplamente demonstrado, por exemplo, durante as discussões no Senado sobre a adesão da Venezuela ao Mercosul) –, Barbosa pareceu inconformado com minha argumentação sobre as "razões de Estado" que levavam o Brasil a apoiar um candidato árabe de consenso. A imaginação criativa da nossa mídia, instigada ou não (jamais poderei saber e tampouco interessa) por um dos candidatos, estabeleceu uma pretensa relação entre nosso apoio a Farouk Hosni e o processo de sucessão em outra agência da ONU, a AIEA, em relação ao qual – e totalmente à minha revelia – haviam circulado rumores envolvendo meu nome. Em virtude de minha extensa vivência em organismos internacionais – dos comerciais aos de desarmamento, passando pelos ligados ao trabalho e à saúde –, isso ocorria com certa frequência, de tal modo que eu não perdia tempo em desmentir. Parlamentares de variada tendência e filiação, inclusive alguns de partidos ligados ao governo, me crivaram de perguntas a respeito das candidaturas à Unesco na audiência no Senado Federal a que já me referi. Aproveitei para afirmar categoricamente que não era candidato a nenhum posto internacional (na verdade, achava que ser ministro do Exterior do Brasil era muito mais importante e interessante) e que nossa decisão (digo "nossa" porque tivera o cuidado de submetê-la ao presidente) prendia-se exclusivamente a interesses mais amplos da política externa brasileira.*

Essa longa digressão sobre um tema, a meu ver menor, se justifica por uma razão: ela mostra como em diplomacia, do mesmo modo que em outras atividades, o "macro" e o "micro" frequentemente se misturam, confundindo percepções e análises. Como epílogo: embora decepcionado, Cristovam continuou a ser meu amigo e a apoiar as iniciativas que considerava corretas, tanto em política externa como, mais tarde, em matéria de Defesa. Com Márcio Barbosa não voltei a falar, mas soube que se tornou um consultor muito bem remunerado, justamente de um governo árabe! E a nova diretora-geral, de nacionalidade búlgara, desde o início de sua gestão manteve estreita cooperação com o Brasil em projetos de cooperação Sul-Sul ligados à educação, em benefício de países mais pobres, especialmente o Haiti. Assim, poderia dizer como os franceses: *Tout est bien qui finit bien.*

É preciso temer o homem que não teme a Deus

Nos dias 16 e 17 de maio, o presidente Lula visitou a Arábia Saudita, como parte de um giro que incluiu também a China e a Turquia e que poderia ser considerado

* Nas eleições para o cargo de diretor-geral da Unesco, realizadas em setembro de 2009, saiu vencedora a candidata búlgara Irina Bokova. No mês seguinte, a cidade do Rio de Janeiro foi escolhida como sede das Olimpíadas em 2016, com apoio maciço dos países árabes.

como destinado a "consolidar parcerias" com países emergentes, membros do G20 financeiro, que surgiu no bojo da crise do Lehman Brothers. Em Riade, após uma breve visita à sede do Conselho de Cooperação do Golfo, o presidente participou de um banquete oferecido pelo rei Abdullah, "em seus aposentos privados" (como fez questão de notar um dos assessores do monarca). Na verdade, tratava-se de um amplo salão, no meio do qual havia uma espécie de piscina – ou lago artificial – com água até a borda. Imaginei que aquela decoração inusitada tinha algum sentido simbólico e se destinava, entre outras coisas, a demonstrar a opulência do governante em um país em que a água era o bem mais escasso. Felizmente, nenhum membro desavisado da comitiva brasileira mergulhou, voluntária ou involuntariamente, no lago. Era a terceira vez que eu ia à Arábia Saudita e, em cada uma delas, fui recebido em local diferente: o palácio de despachos, a tenda no deserto e, agora, acompanhando Lula, a residência real. Não vou descrever em detalhe o cenário do ágape, mas não consigo deixar de mencionar outro aspecto insólito, que fazia recordar algum filme de James Bond. Atrás da mesa principal, no lugar onde se situaria a parede, havia um enorme aquário. Nele nadavam as mais variadas espécies de peixes do Golfo (pérsico ou arábico, depende do ponto de vista), inclusive alguns tubarões "adolescentes" (a julgar pelo tamanho de pouco mais de um metro). Embora eu tenha ficado ao lado esquerdo do rei, evitei participar do diálogo entre ele e o presidente Lula, que versou sobre temas como energia, indústria química, agricultura e educação. Em virtude do protocolo da casa real, quem ficou ao meu lado foi algum alto membro da nobreza, cujo nome e figura se me apagaram totalmente da memória, e não, como eu esperava, o ministro Faisal, com quem teria gostado de conversar. Após o jantar, dirigimo-nos ao escritório privado do rei (outra prova de distinção, como seguia assinalando um de seus cortesãos), onde me chamaram atenção especialmente as imagens de duas mesquitas (certamente de Meca e Medina) entalhadas em madeira, aquilo que os italianos chamam *intarsia.* Lula e Abdullah ficaram sentados em duas enormes poltronas, a certa distância dos demais participantes. Somente com muito esforço, conseguia escutar o que ambos falavam, com tradução do árabe para o português intermediada pelo inglês. Pude perceber que o diálogo entre os dois chefes de Estado novamente enveredava por temas econômicos. Julgando que era importante alguma referência às questões políticas, passei de forma tão discreta quanto possível um bilhete ao presidente, em que sugeri que elogiasse a famosa (e, a essa altura, desgastada) "Iniciativa Árabe de Paz". A observação de Lula teve o efeito de gerar visível satisfação da parte do rei, que, com um raro brilho nos olhos, imediatamente se pôs a fazer comentários sobre o estado das coisas no Oriente Médio. O Guardião fez críticas a Israel dizendo que, ao não permitir o avanço do processo de paz, debilitava a liderança de Mahmoud Abbas e da Autoridade Palestina. A consequência – preocupante, do ponto de vista de Riade – era o fortalecimento do Hamas. No complexo tecido das facções políticas e religiosas do Oriente Médio, a Arábia Saudita, ela própria ligada a movimentos que poderiam ser qualificados como fundamentalistas, pelo menos do ponto de vista religioso, como o dos wahabitas, nutre verdadeiro horror por grupos de tendência (por assim dizer) populista, como a Irmandade Muçulmana ou o Hamas. Aversão equivalente, Riade só demonstrava em relação ao Irã e, em geral, aos xiitas. Abdullah comentou a "grande decepção" que tivera com o rompimento do Acordo de Meca,* "um acordo cuja conclusão exigira que o príncipe Faisal (ministro das Relações Exteriores) passasse três noites sem dormir". Abdullah não hesitou em imputar a responsabilidade pela ruptura ao Hamas, que, segundo o monarca (ou seu intérprete), havia simplesmente mentido. "Como é possível quebrar um acordo, equivalente a um juramento, feito sobre o solo sagrado do Profeta?", indagou o Guardião, tomado de grande indignação aparentemente sincera. E completou com um ditado árabe: "É preciso temer o homem que não teme a Deus". Numa nota mais laica, completamos a visita com vários acordos, que assinei com o meu colega das Relações Exteriores (o mesmo que havia perdido as três noites de sono e que, por sinal, representara a Arábia Saudita na I ASPA), e reuniões com empresários. Destas, a única lembrança que guardo foi a descrição por um membro do governo saudita dos planos para construir quinze (!) novas cidades, todas no deserto. Os olhos dos representantes das construtoras brasileiras brilharam.

A visita de Lula a Riade foi o último evento relativo ao Oriente Médio (mais propriamente aos países árabes) a merecer registro mais pormenorizado nas minhas anotações do primeiro semestre de 2009. Em julho, o ministro das Relações Exteriores do Egito visitaria novamente o Brasil. Em sua coletiva de imprensa, Aboul Gheit fez questão de destacar o nosso papel. Mencionou as duas viagens que eu havia feito à região em momentos "críticos" (ao final da guerra no Líbano e durante os ataques de Israel a Gaza). Sobre o diálogo entre palestinos, o ministro egípcio transmitiu-me a sensação de que permanecia inconclusivo, mas que, de alguma forma, contribuía para distender os ânimos, sobretudo da parte do Hamas. Notei no meu interlocutor uma posição um pouco menos rígida do que aquela que havia observado em minha última viagem ao Cairo. Aboul Gheit

* O Acordo de Meca entre o Hamas e o Fatah foi assinado em 8 de fevereiro de 2007, quando as partes concordaram em cessar os confrontos militares em Gaza e formar um governo de unidade nacional. Embora tenha sido bastante saudado à época, o Acordo teve implantação limitada.

revelou certa expectativa quanto à mediação do enviado norte-americano, George Mitchell. Chegou a aventar a possibilidade de que o presidente Obama viesse a fazer uma proposta concreta, com elementos novos, por ocasião da Assembleia Geral da ONU, em setembro. Não excluía que essa viesse a contemplar uma cúpula. Nesse caso, "esperaria" que o Brasil fosse convidado. A visita do chanceler egípcio – a segunda em cerca de um ano e meio – e, dessa vez, unicamente ao Brasil, mostrava uma disposição do Cairo de estreitar as relações com Brasília. O ministro foi portador de carta do presidente Mubarak, na qual este reiterava o desejo de nos visitar em breve. Ao mesmo tempo, Mubarak pedia o apoio brasileiro para uma maior participação do Egito em foros globais, como o G20 financeiro. Agradeceu o endosso que havíamos dado, em L'Acquila, à inclusão do Egito no mecanismo de diálogo do G8 ampliado e reiterou o desejo do Cairo de se associar de alguma forma ao IBAS e aos BRICs.

A visita de Gheit ocorreu uma semana depois da vinda do ministro Avigdor Lieberman a Brasília, a primeira de um chanceler israelense desde 1987. Nada de notável guardei do meu diálogo com Lieberman, um político de modos toscos e opiniões radicais, mas o fato de que mesmo um conservador impenitente como Lieberman tenha achado necessário abrir diálogo com o Brasil era, em si, significativo. As questões do Oriente Médio continuariam a se fazer presentes nos diálogos políticos com chanceleres e autoridades estrangeiras. Foi assim no encontro que tive com Moratinos em julho, na entrevista com o general Jim Jones em agosto e nas conversas com meus colegas do Marrocos e da Tunísia nas visitas/escalas que fiz às respectivas capitais em setembro. Também em Estocolmo, à margem da Cúpula Brasil-União Europeia, em outubro, eu viria a tratar do tema com Carl Bildt, ministro do Exterior (e antigo primeiro-ministro) da Suécia. Na conversa que tive com Bildt, pude constatar que – apesar de ser membro da coalizão de centro-direita –, em matéria de política internacional, tínhamos várias afinidades. Um ano depois, Bildt seria um dos poucos ministros europeus a demonstrar vivo interesse pela Declaração de Teerã. Naquele fim de ano, questões da nossa região, as quais eu nunca podia deixar totalmente de lado, voltaram a absorver boa parte do meu tempo. Eu estava muito envolvido nos preparativos para a II Cúpula da CALC, o que me levou a comparecer à Reunião Ministerial da Jamaica. Além disso, a "novela Zelaya"*continuava a se arrastar e exigia contatos frequentes, inclusive com a secretária de Estado norte-americana e com o

* Manoel Zelaya, presidente constitucional de Honduras, foi deposto por um golpe militar em 28 de junho de 2009. As peripécias de sua volta a Tegucigalpa e o "abrigo" na embaixada do Brasil são objeto de relato no capítulo 10 do meu livro *Conversas com jovens diplomatas*, op. cit.

ex-presidente chileno Ricardo Lagos, designado pela OEA mediador para a crise hondurenha. Apesar de todas essas preocupações, em uma anotação datada do dia 4 de novembro, escrevi: "Este será o mês do Oriente Médio".

O Mapa do Caminho parecia incluir uma parada em Brasília

No dia 11 de novembro, o presidente Shimon Peres veio a Brasília. A visita, a primeira de um presidente israelense desde 1966, teria, em virtude dessa circunstância, ampla repercussão. Mas ganhou ainda mais relevo por se realizar no mesmo mês em que também vieram ao Brasil o presidente da Autoridade Palestina e o Chefe de Estado do Irã. A convergência dessas visitas foi devidamente ressaltada pela mídia internacional,* que as tratou como uma "disputa" entre forças conflitantes pelo apoio do Brasil. Ainda que figuradamente, o "Mapa do Caminho" havia incluído uma parada em Brasília. Peres discursou perante o Congresso e concedeu entrevista à imprensa, juntamente com o presidente Lula. Em determinado momento, Peres conclamou o presidente brasileiro, "que criou o programa Luz para Todos", a levar essa mesma "luz" ao Oriente Médio. O momento, diga-se, não era particularmente apropriado para metáforas envolvendo eletricidade, pois acabáramos de sofrer um "apagão", com natural desgate do governo. Ainda assim, suas palavras foram muito aplaudidas. Na manhã do dia 11 – e a pedido dele mesmo –, visitei o presidente Peres no hotel em que estava hospedado. Nessa conversa, de natureza menos protocolar, o presidente israelense demonstrou preocupação com o destino de Mahmoud Abbas, que parecia cada vez mais debilitado politicamente. Afirmou que "valorizava" o papel do Brasil e disse, diante de uma provocação minha, que Israel não rejeitava o diálogo direto com a Síria. Shimon Peres não descartou que "países amigos" mantivessem contato com o Hamas, desde que fosse para induzi-lo à "via pacífica". Contou-me, a propósito, o trabalho de persuasão que a Internacional Socialista tivera de fazer com Anuar Sadat por ocasião dos acordos de Camp David e, mais recentemente, já nos anos 1990, com Yasser Arafat, a propósito do processo de Oslo. Implicitamente, Peres parecia indicar que algo semelhante poderia ser feito em relação ao Hamas. Foi, porém, muito crítico ao presidente do Irã e expressou ceticismo quanto à possibilidade de algum tipo de entendimento com Ahmadinejad. Na conversa com o presidente Lula, voltaria a ser mencionada a necessidade de

---

* Mencionei a repercussão na mídia internacional dessas visitas na narrativa sobre a Declaração de Teerã, neste livro.

reforçar a liderança da Autoridade Palestina. Toquei então no tema dos assentamentos, que, a meu ver, constituíam, ao lado da situação de Gaza, o principal fator de desgaste do presidente Mahmoud Abbas, que ele, Peres, lamentava. Nesse ponto, o presidente israelense tergiversou. Pedindo sigilo sobre o que iria dizer, afirmou que, em vez de se buscar um "equilíbrio por baixo" (proibição de novas construções por colonos israelenses), dever-se-ia alcançar algo que chamou de "compromisso positivo", permitindo aos árabes que vivem em Jerusalém Oriental fazer suas próprias construções (enquanto presumivelmente os israelenses seguiriam com as suas). Nem o presidente Lula nem eu comentamos a ideia. Tampouco entendi a razão de o assunto ser tratado com reserva. Do meu ponto de vista, um gesto como o descrito por Peres, mesmo que pudesse ser visto como sinal de boa vontade pelos habitantes de Jerusalém Oriental, dificilmente teria impacto nas negociações. Com certeza, não era algo que Mahmoud Abbas pudesse apontar para os palestinos da Cisjordânia,* para não falar dos de Gaza, como uma "concessão" de Israel. Com a franqueza habitual, o presidente Lula defendeu a participação de "todas as forças políticas" (e, portanto, do Hamas) nas negociações. Criticou o fato de o processo de paz estar restrito a umas poucas potências e sugeriu que novos interlocutores, entre os quais obviamente o Brasil, participassem das discussões. Com a confiança no poder da "vontade política" e na intrínseca boa vontade do ser humano, que sempre foi uma de suas características mais marcantes, Lula afirmou: "Vamos colocar os cinco melhores chanceleres do mundo numa sala e pedir que produzam um plano que os dois lados possam aceitar".

Nos dias 19 e 20 de novembro, Lula se encontrou com Mahmoud Abbas. Durante sua visita ao Brasil, o presidente da Autoridade Palestina manteve contatos com as comunidades árabes em Salvador e Porto Alegre. A escolha de Salvador como local onde o presidente Abbas seria recepcionado se deveu a considerações de ordem prática: Lula estava na Bahia para as comemorações do Dia da Consciência Negra, parte das quais viria a contar com a presença do líder palestino. As conversas entre Lula e Abbas foram essencialmente políticas. O presidente brasileiro não deixou de fazer menção às doações em benefício da população palestina na Cisjordânia, bem como ao projeto de um centro esportivo em

---

* Foi durante a visita de Peres que me dei conta de uma curiosidade não desprovida de significado: os israelenses não utilizam a palavra "Cisjordânia" nem seu equivalente em inglês, *West Bank*, para se referir aos territórios ocupados. Preferem a designação bíblica "Judeia e Samaria", sutileza frequentemente perdida na tradução. No caso, tive de apontar para o presidente Lula o significado corrente.

Ramalá, patrocinado pelo IBAS. Durante o jantar na residência do governador Jaques Wagner – um judeu carioca de visão progressista – e na sessão de trabalho no dia seguinte, no Museu da Misericórdia, que abriga a Santa Casa de Salvador, Abbas se referiu às dificuldades que seguia enfrentando. Mencionou as hesitações norte-americanas diante de Tel-Aviv e as desavenças internas do governo israelense. Com surpreendente franqueza para um líder político, disse estar "cansado" e afirmou que não concorreria às próximas eleições caso nada tivesse a mostrar. De forma amistosa, mas bastante direta, o presidente Lula perguntou se essa era uma decisão "estratégica" ou "tática". Mahmoud Abbas reiterou que sua disposição era "firme". De modo até contraditório, a meu ver, expressou esperança quanto à possibilidade de eleições em junho de 2010, o que, por sua vez, presumia algum êxito nas conversações com o Hamas patrocinadas pelo Egito. Para a mídia, Abbas transmitiu de forma positiva o desejo de uma presença ativa do Brasil no diálogo sobre o Oriente Médio. Era nítido o objetivo do presidente da ANP em obter o apoio do Brasil e de grupos de que participávamos, especialmente o IBAS, várias vezes mencionado nas reuniões, para que se dessem passos concretos em direção à autodeterminação dos palestinos. Todavia, quanto ao modo de concretizar esse objetivo, Abbas, que estava acompanhado pelo afável ministro do Exterior, Riad Malki, e pelo severo negociador Saeb Erekat, foi pouco específico. Antes da visita, tinha havido alguma especulação sobre uma possível declaração unilateral de criação do Estado Palestino, mas nem o presidente nem seus colaboradores ventilaram essa possibilidade de forma explícita. Mahmoud Abbas limitou-se a aludir a uma possível proposta da Liga Árabe ao CSNU, no sentido de serem reafirmados elementos, já constantes de resoluções anteriores (fronteiras, Jerusalém etc.), que constituiriam a base de um Estado Palestino. Dentro dessa abordagem "gradualista", na reunião que tivemos após o encontro presidencial, Malki solicitou algum gesto que significasse elevação do *status* da representação palestina em Brasília, identificando-a (no nome, pois na prática já era assim) a uma embaixada. O presidente Lula foi muito receptivo às demandas de Abbas. Referindo-se a mim, disse: "O meu chanceler estará disponível para tratar do tema", antes da visita presidencial a Israel e Cisjordânia, programada para março. Em sua declaração à imprensa, Lula reafirmou o apoio do Brasil a um Estado Palestino. Aproveitou a ocasião para criticar a expansão dos assentamentos israelenses.* A parte oficial da visita do presidente da Autoridade Palestina (antes de sua ida a Porto Alegre) concluiu-se na sexta-feira.

---

* Em 19 de novembro, o Itamaraty emitiu nota crítica à decisão israelense de expandir os assentamentos em Gilo, Jerusalém Oriental. O governo brasileiro considerou que "a decisão do governo

Na segunda-feira, o presidente do Irã visitaria o Brasil. Esse fato introduziria uma nova dinâmica no tratamento dos temas ligados ao Oriente Médio. Até então, questões como as da Palestina e do Líbano haviam sido nossos focos principais. Agora, teriam, em parte, de dar lugar à questão iraniana, que, de forma inevitável, se entremearia nas discussões sobre a região. No dia 26 de novembro, respondendo a uma carta do presidente dos EUA, datada do dia 22, o presidente Lula se referiria a temas do Oriente Médio, além daqueles relacionados com o Irã. Mencionou as visitas do presidente de Israel e da Autoridade Nacional Palestina, a quem transmitira a disposição brasileira de contribuir para a superação da paralisia nas negociações. Reiterou a opinião de que o processo de paz precisava ser "arejado" com a participação de novos atores, e destacou a urgência de encontrar interlocutores capazes de conversar francamente com todas as forças políticas da região. Aludiu ao "desalento" demonstrado pelo presidente Abbas e afirmou que somente concessões concretas por parte de Israel poderiam modificar o panorama de descrença no processo de paz. Nesse contexto, ressaltou que o congelamento dos assentamentos teria especial significado.

Com argumentação semelhante e no mesmo dia da carta a Obama, Lula retomaria esses temas com Sarkozy, à margem de uma reunião sobre mudança climática com países amazônicos em Manaus. O presidente francês compareceu ao encontro como convidado especial em função do território ultramarino da Guiana Francesa. Na reunião bilateral com Sarkozy, Lula expressou a expectativa de que se confirmasse a reunião de alto nível sobre o Oriente Médio, em Paris, conforme sugerido pelo presidente francês. Uma iniciativa como essa "poderia dar nova vida a Abbas". Sarkozy reiterou sua intenção de convocar o encontro, mas disse que ainda precisava "convencer" Obama e acrescentou: "Caso a reunião venha a se realizar, gostaria que o Brasil participasse". Parecendo adivinhar o pensamento de Lula, Sarkozy afirmou ainda que seria importante incluir os sírios na negociação, dada sua influência sobre o Hamas. "Afinal", comentou, "quem manda no Hamas é Khaled Meshaal, que vive em Damasco, sob a proteção do governo sírio".

Acho necessário fazer uma observação sobre a forma convicta com que Lula abraçou a ideia de que "todas as forças", o que incluía principalmente o Hamas e a Síria, deveriam participar dos entendimentos para uma solução pacífica dos conflitos entre Israel e Palestina. É mais do que provável que, na preparação de

---

israelense de expandir o assentamento situado em território palestino viola resoluções do Conselho de Segurança das Nações Unidas a respeito do tema e contraria as obrigações assumidas por Israel no âmbito do 'Mapa do Caminho'".

encontros ou telefonemas, eu tenha expressado minha opinião nesse sentido. Porém, por mais que Lula tivesse confiança no seu chanceler, isso não era suficiente para explicar a convicção com que passara a expressar essa posição. Não penso, tampouco, que sobre esse tema, diferentemente de outros (como os relativos à América Latina), o presidente buscasse ouvir de forma sistemática outros assessores. Em nossa viagem ao Oriente Médio, cinco ou seis anos antes, essa não era uma questão candente. Acredito que, com seu manifesto interesse sobre tudo que dizia respeito à política internacional, Lula tenha acompanhado a eleição na Palestina e os problemas que se seguiram, culminando nos ataques de Israel a Gaza. Nessa oportunidade, certamente comentei com o presidente as impressões que tive da minha viagem e minha conclusão – que era também a de outros atores, como o chanceler espanhol – de que não haveria solução para os problemas da Palestina sem a participação do Hamas. Essa minha visão pode ter contribuído para dar forma à inclinação do presidente, que, baseado em sua experiência política e história de vida, sempre favorecia diálogos amplos e abrangentes para resolver as mais difíceis questões.

Vilão em um filme de espionagem

Começo o ano de 2010 a bordo de um barco que faz o cruzeiro do Nilo, aventura em que estou acompanhado de minha mulher, Ana, e de minha filha, Anita. São 7h30 da manhã. Nem os tripulantes nem os passageiros despertaram da comemoração da passagem do ano. Do tombadilho do *Radamis II*, vejo a cidade de Aswan, ponto final da nossa suave navegação. Pequenos barcos de velas triangulares, *feluccas*, costeiam as ilhas, sendo a principal delas, sede da cidade antiga, Elefantina. Estou no Egito a convite do governo local. Com esse gesto, o ministro Aboul Gheit quis marcar a aproximação diplomática com o Brasil. A visita começou com uma boa jornada de trabalho no Cairo no dia 27. Com o ministro do Exterior mantive uma reunião bilateral, durante a qual assinamos acordo sobre diálogo estratégico, que prevê uma reunião anual de ministros ou vice-ministros. Era parte da "ofensiva diplomática" do Egito para recuperar o tempo perdido em relação ao maior país da América Latina, cuja influência em questões internacionais, inclusive do Oriente Médio, era cada vez mais perceptível e até mesmo desejada. Aboul Gheit ofereceu-me almoço em uma sala do prédio da Chancelaria, à beira do Nilo. Estiveram presentes três outros membros do gabinete: os ministros da Agricultura, do Comércio Exterior e da Cooperação Internacional. Os dois últimos já eram meus conhecidos. Rachid Mohamed Rachid, titular da Pasta do Comércio, era, a exemplo de seu antecessor, Youssef

Boutros-Ghali, meu parceiro no G20 da OMC, onde mais de uma vez atuou construtivamente com sugestões pragmáticas e de bom senso. Empresário bem-sucedido – que, como tantos outros, viria a ter problemas após a queda de Mubarak – foi cônsul honorário do Brasil em Alexandria. Como ministro, esteve no Brasil mais de uma vez e deu considerável impulso às relações bilaterais. Contrariamente a muitos de seus pares, normalmente obcecados com o equilíbrio das relações comerciais, Rachid Rachid costumava dizer que não via o déficit no comércio com o Brasil como um problema, "desde que seja acompanhado por investimentos". A ministra da Cooperação, Fayza Abul-Naga, havia sido minha colega em Genebra e estava interessada em explorar conosco formas de cooperação trilateral em benefício de países africanos.

Como de hábito, aproveitei minha passagem pelo Cairo para dar entrevistas à imprensa, o que fiz na aconchegante biblioteca da residência do embaixador brasileiro, Cesário Melantonio.* Na conversa com a jornalista Randa Achmawi, que acompanhou toda a evolução das nossas relações com os países árabes e, em particular, com o Egito, desde as minhas primeiras visitas, destaquei o compromisso do Brasil com o processo de paz e a contribuição que estávamos dispostos a dar, fosse em uma possível conferência em Paris, a que aludia com frequência o presidente Sarkozy, fosse por meio da presença brasileira como membro não permanente do Conselho de Segurança no biênio 2010/2011. Tanto para a repórter do *Al-Ahram* como para um jornalista da *Folha de S.Paulo* que se deslocou de Jerusalém ao Cairo para me entrevistar, salientei que o Brasil não dispunha de "fórmulas mágicas" para resolver os impasses existentes, mas destaquei que a nossa participação e a de outros países em desenvolvimento poderiam ajudar na busca de soluções para os problemas concretos à medida que fossem surgindo, com uma abordagem nova e livre de interesses específicos. Respondendo a uma indagação do repórter da *Folha* sobre a receptividade na região ao maior envolvimento brasileiro, ilustrei a reação positiva à nossa presença com a sugestão feita pelo presidente Mubarak – a qual, naturalmente, deveria ser objeto de estudos – de que o Brasil viesse a integrar a força internacional de monitoramento da fronteira egípcio-israelense.

Terminei o dia com um interessante encontro de quase uma hora com o general Omar Suleyman, ministro da Inteligência e responsável direto pela

---

* Durante meu período como ministro das Relações Exteriores do governo Lula, o Brasil teve como embaixadores no Cairo Celso Marcos Vieira de Souza, Elim Dutra e Cesário Melantonio. Em função dos períodos das minhas visitas ao Egito, lidei mais com o primeiro e o último. No caso de Cesário Melantonio, tratava-se de diplomata que já servira como representante brasileiro em Teerã e Ancara, tornando-se assim um "especialista" em Oriente Médio. Após a minha saída, substituiu Affonso Ouro-Preto como enviado especial para a região.

condução do diálogo intrapalestino. Creio que a sugestão do encontro partiu do ministro Aboul Gheit. Sobre as tratativas entre o Fatah e o Hamas, Suleyman, um militar de olhar frio que transmitia pouca empatia, afirmou manter o otimismo, embora não tenha dado razões para justificar esse sentimento. Mas o qualificativo "interessante" teve mais a ver com a análise que, com surpreendente franqueza, fez da probabilidade de um ataque dos Estados Unidos às instalações nucleares iranianas. "Será aí por volta de outubro, depois que as sanções se revelarem inócuas", foi o sentido do que me disse o general. Suleyman, que exibia sempre um sorriso nervoso sob o bigode fino, afirmou que um "ataque cirúrgico" teria inclusive apoio internacional. Posteriormente, diante de uma observação minha sobre a provável reação das populações de países islâmicos, recuou ligeiramente da opinião belicosa e admitiu que era preciso estar atento aos sentimentos da "rua árabe" (expressão usada em geral para caracterizar a opinião pública dos países da região, muitas vezes bem distante da defendida pelos governantes).

Pela manhã, havia estado com o presidente Hosni Mubarak. Este foi mais cauteloso do que seu ministro da Inteligência, mas referiu-se também aos preparativos para um previsível ataque israelense ao Irã. Relacionou, por exemplo, o convite (afinal, recusado) para que Tzipi Livni voltasse a integrar o gabinete israelense a uma tentativa do primeiro-ministro Benjamin Netanyahu de formar um "governo de união nacional", mais apto a enfrentar possíveis reações, caso o ataque se concretizasse. Como depreendi de conversas posteriores, esse convite poderia estar ligado também a uma eventual retomada de negociações com a Palestina e ao risco de que os aliados de extrema direita, como Avigdor Lieberman, abandonassem o governo. A direita israelense temia especialmente que essas conversações viessem a incluir o *status* de Jerusalém. Aliás, as duas explicações para a tentativa de atrair a ex-ministra não eram excludentes. Mubarak reforçou sua opinião sobre a hipótese provável de ataque ao Irã (seja pelos Estados Unidos, seja por Israel com a permissão de Washington) com referências a contatos que tivera com setores de inteligência da Rússia, inclusive o ex-primeiro-ministro Yevgny Primakov. Durante esses contatos, Mubarak teria ouvido que Washington estaria exercendo grande pressão para que fosse cancelada – ou pelo menos adiada – a entrega de qualquer material de defesa a Teerã. Numa linha rocambolesca – mas não de todo descartável –, aludiu à tentativa de Israel de utilizar, em eventual ataque, o espaço aéreo do Azerbaijão. Isso permitiria a Tel Aviv eludir a autorização dos Estados Unidos, que seria necessária no caso de sobrevoo do Iraque. Nos encontros com o presidente e com o general, ficou patente que os cenários de guerra contra o Irã dominavam as reflexões políticas no Cairo naquele momento. Conhecedor da profunda rivalidade entre vários países árabes, dentre os quais o Egito, e o regime dos aiatolás, fiquei com o estranho sentimento de que as reiteradas previsões catastrofistas sobre um eventual ataque – vindo de Israel ou dos Estados Unidos – contra o Irã encobriam alguma espécie de *wishful thinking*.

De volta da minha excursão ao antigo Egito, recebi no hotel a visita de meu anfitrião, o ministro Aboul Gheit, na véspera de minha partida para Ancara. A rigor, Gheit não tinha nenhuma mensagem nova. A conversa foi breve, mas não deixou de ser curiosa. Mais do que fazer um gesto de cortesia, o ministro queria conhecer minhas impressões da viagem, não tanto do ponto de vista arqueológico, mas do ângulo social e político. Entretanto, ele próprio se adiantou e antecipou o que eu provavelmente diria. Referiu-se ao impressionante contraste entre o dinamismo caótico do Cairo e o lânguido atraso do Egito rural, a estreita faixa banhada pelo Nilo; às disparidades sociais e à pobreza amplamente disseminada. Esses fatos, que poderiam representar uma tendência à desagregação, foram sublinhados por meu interlocutor como forma de justificar os regimes centralizados (acho que não usou a palavra "autoritários") que, desde o tempo dos faraós, incluindo as dinastias mamelucas, a dominação britânica e o nasserismo, foram uma característica dos vários sistemas políticos do país. Em suma, a excursão que me propiciara tinha um propósito didático: o de demonstrar que, no Egito, a democracia, como cultuada no Ocidente e, mais importante, adotada como "modelo" pelos países do IBAS, era uma proposta problemática. Continuei nos dias seguintes mantendo contato telefônico com meu colega egípcio, principalmente em relação à evolução do diálogo intrapalestino.

Minhas conversas em Ancara com o presidente e com o ministro do Exterior centraram-se nas questões relacionadas ao Irã, mas Abdullah Gül fez também uma observação sobre o Hamas. Mencionou que conversara com o primeiro-ministro Ismail Haniyeh, logo após a eleição que dera vitória ao Hamas. Gül teria sugerido então um caminho de moderação. Disse que, inicialmente, aquele líder teria feito declarações conciliadoras, as quais, entretanto, não se refletiram em comportamentos concretos. Não foi possível aprofundar esse tema com o presidente turco, mas notei que havia alguma convergência entre as abordagens de Ancara e de Brasília. Com o tempo, viria a compreender melhor que a inclinação da Turquia pelo Hamas ia além de uma visão pluralista e se relacionava com as simpatias do AKP, de tendência islâmica moderada, em relação à Irmandade Muçulmana.

De Ancara desloquei-me para Genebra e, de lá, para Paris, onde participei de um seminário aberto pelo presidente Sarkozy e pelo primeiro-ministro de Portugal, José Sócrates. O encontro tinha o título sugestivo, mas possivelmente enganoso, de "Novo mundo, novo capitalismo". As conversas políticas em Paris mais uma vez se concentraram na questão iraniana. Em Genebra, voltei a me reunir com o ministro das Relações Exteriores da Palestina, Riad Malki, com vistas a dar continuidade ao diálogo iniciado na Bahia entre Lula e Abbas. Eu havia pressentido em meus telefonemas (além de Aboul Gheit, falei com o recém-nomeado ministro Nasser Judeh, da Jordânia) sinais de algum movimento em relação ao Oriente Médio. Esses dois ministros haviam viajado a Washington para consultas. De sua parte, Malki revelou ligeiro otimismo em face de uma mudança de atitude, "que ainda tem de ser comprovada pela prática", por parte de Netanyahu. O premiê israelense havia estado no Cairo pouco depois de minha visita. Pairava no ar a sensação de que Washington estaria exercendo forte pressão sobre Israel no sentido de que alguma concessão fosse feita aos palestinos. Como pude depreender das várias conversas, a motivação imediata não era propriamente pacifista. Na verdade, o governo dos EUA gostaria de ver avanços na questão Israel-Palestina, de modo a ter maior liberdade de ação em relação ao Irã, fosse para impor novas sanções, fosse para desencadear (ou permitir que Israel desencadeasse) um ataque militar contra Teerã. Malki voltou a expressar forte desejo de ver o Brasil mais ativo no Oriente Médio. Mencionou a possibilidade de uma reunião ministerial (possivelmente no Cairo) que contasse com representantes do IBAS e de alguns outros países, como Turquia e Indonésia.* O objetivo, mais uma vez, era consolidar o apoio aos elementos básicos para a constituição de um Estado Palestino. Disse ao ministro que o Brasil estava pronto a cooperar nesse sentido e que, na realidade, eu próprio já havia feito sondagens a respeito com o ministro turco Ahmet Davutoglu, o qual havia recebido com interesse e simpatia minha sugestão de um "grupo de apoio" ao Quarteto. Ao final do encontro, Malki e eu concedemos entrevista à imprensa na sala de jantar de Montriant, residência da chefe da delegação brasileira junto aos organismos da ONU em Genebra, e que, por duas vezes, fora minha "casa". A resposta que dei à pergunta de um jornalista, no sentido de que o Brasil estaria aberto a contatos com o Hamas sempre que achasse útil para a obtenção da paz ("e com total transparência para com a Autoridade Palestina", fiz questão de frisar), provocou nova tempestade de críticas na imprensa brasileira. Para isso, contribuiu a atitude reticente, em relação ao Hamas, de meu colega palestino, que, sobre esse ponto, se mostrou menos flexível do que havia sido Abbas, 45 dias antes.

Cheguei de volta a Brasília em uma sexta-feira, 8 de janeiro. Ainda troquei alguns telefonemas com interlocutores do Oriente Médio, mas, a partir do

* Uma reunião entre os chanceleres dos países do IBAS, juntamente com o ministro da Indonésia, que contou também com a participação de Riad Malki, realizou-se em 22 de setembro, à margem da 65ª AGNU.

dia 12, outro cataclisma, este na acepção literal, viria a absorver minha atenção nos dias e semanas seguintes: o terremoto que vitimou centenas de milhares de pessoas no Haiti e que, além das genuínas preocupações de ordem humanitária, ameaçava pôr por terra todo o capital político que havíamos investido no país. Deixo registrado, porém, que ainda em janeiro, na véspera de minha partida para Porto Príncipe, o emir do Qatar realizou visita oficial a Brasília, na qual foram assinados vários atos, entre os quais um acordo aéreo que viria a permitir a ligação direta entre o Brasil e aquele país do Golfo.

A estrada de Damasco

O capítulo seguinte – a rigor, o último – da verdadeira saga que foi o esforço de aproximação com o Oriente Médio durante o governo Lula foi escrito por volta dos idos de março, com as visitas presidenciais a Jerusalém, Ramalá e Amã complementadas, nas circunstâncias que descreverei adiante, por minha ida a Damasco. Pouco antes de nossa partida, fui procurado por um importante político brasileiro, grande entusiasta da nossa política externa, que me pediu um encontro reservado em sua residência. Queria transmitir a preocupação com o que pudesse vir a ser dito durante a viagem e a repercussão negativa que alguma declaração intempestiva poderia ter na grande mídia internacional, com óbvios reflexos no Brasil. Chegou a comentar que a boa imagem de que o governo desfrutava no cenário internacional deveria ser preservada, até porque servia de contrapeso aos ataques que sofria no âmbito interno. Curiosamente, o destacado personagem não mencionou a questão do Irã, objeto de ostensiva divergência na visita que a secretária de Estado americana acabara de fazer ao Brasil. A preocupação era com a reação de Israel a algum posicionamento nosso. A meu ver, esse episódio ilustra as profundas ramificações que a política externa pode ter em assuntos internos de uma forma que não é captada pelas pesquisas de opinião tradicionais. Isso era particularmente relevante em um ano de eleições presidenciais.

Na noite do dia 13 de março, um sábado, partimos com destino a Israel. Sabia que a viagem ao Oriente Médio não seria um passeio. Além dos problemas de sempre, a tentativa de retomar as conversas entre israelenses e palestinos, com intermediação norte-americana, fora implodida pelo anúncio de que 1.600 construções novas seriam feitas por Israel em Jerusalém Oriental. Aparentemente, a decisão fora tomada pelo ministro do Interior israelense sem autorização formal do gabinete, mas obviamente tinha a bênção ou, pelo menos, a tolerância, do primeiro-ministro. Como a sublinhar a intenção provocativa da decisão, ela foi tornada pública durante visita do vice-presidente dos EUA, Joe Biden, a Jerusalém. Biden se viu obrigado a condenar a ação desarrazoada com bastante veemência. Durante entrevista coletiva que eu dera com o ministro alemão Guido Westerwelle na quarta-feira, dia 10, em Brasília, lamentei "profundamente" a medida, que atribuí a "pessoas que não desejam a paz". Tive de ser mais contido do que seria normalmente a fim de evitar reflexos negativos para a iminente visita presidencial. Preocupava-me saber como o presidente Lula iria se referir ao fato em seus pronunciamentos. Estava previsto um discurso do presidente no Knesset. Declarações à imprensa certamente seriam feitas em Israel e na Palestina. Alguma crítica ao anúncio do governo israelense me parecia inevitável, mas era necessário encontrar o tom certo.

Chegamos a Jerusalém na tarde do dia 14. Na manhã do dia 15, tivemos uma sessão de trabalho com o presidente, da qual participaram o governador Jaques Wagner, convidado especial de Lula, e que havia pouco fora anfitrião de Mahmoud Abbas; o ministro Franklin Martins; o embaixador brasileiro em Tel Aviv, Pedro Motta, e a assessora de Lula, Clara Ant, que tinha fortes vínculos familiares e afetivos com Israel. A pedido de Lula, procurei oferecer uma visão resumida do que estava ocorrendo, inclusive a crise que se abrira entre Israel e Estados Unidos em decorrência dos novos assentamentos. Enfatizei as mensagens que o discurso no Knesset deveria conter. Com tantos interlocutores, não foi uma tarefa simples, mas transmiti o essencial do que queria dizer ao presidente. O momento era particularmente difícil. As conversas intermediadas pelos Estados Unidos – que, por si só, já representavam retrocesso em relação às negociações diretas, pós-Annapolis – estavam ameaçadas. Até mesmo em Israel parecia haver uma reação forte ao gesto provocativo da ampliação dos assentamentos. Uma boa parte, se não a maioria, dos políticos israelenses compreendia a temeridade de alienar seu principal aliado. Termos como "insulto" e "ofensa" vinham sendo usados por vários porta-vozes norte-americanos, embora o presidente Obama, tanto quanto eu soubesse, tivesse evitado se pronunciar.

Na tarde do dia 15, o presidente Lula discursou perante o plenário lotado do Knesset. Foi um pronunciamento sóbrio, com algumas citações a pensadores judeus, como Albert Einstein, e referências ao Holocausto. Naturalmente, não faltaram menções à contribuição da comunidade judaica ao desenvolvimento brasileiro. Da mesma forma, foi lembrada a convivência harmoniosa entre árabes e judeus no nosso país. Quanto à substância dos problemas enfrentados por israelenses e palestinos, Lula reafirmou posições da diplomacia brasileira em relação à tese de dois Estados convivendo lado a lado e à necessidade de serem retomadas as negociações e o diálogo entre as partes. Não evitou os temas delicados do momento. Disse que o faria com "respeito e franqueza". Condenou "iniciativas unilaterais que dificultam [as negociações], como o anúncio da construção de residências em Jerusalém". O presidente conclamou também por um maior envolvimento das Nações Unidas, contrariando a abordagem, preferida por Israel, de tratar da questão palestina bilateralmente ou em foros muito restritos. O apelo do presidente brasileiro pela paz e a declaração de amizade pelo povo judeu foram percebidos como sinceros e, naturalmente, apreciados. O pronunciamento de Lula conseguiu a proeza de ser ovacionado no Parlamento israelense, sem deixar de conter as mensagens mais importantes que tinham de ser dadas naquele momento.

No mesmo dia 15, Lula teve encontros com o presidente Shimon Peres e com Benjamin (Bibi) Netanyahu. Ambos o receberam de maneira muito cordial e fizeram questão de valorizar o potencial papel do Brasil como facilitador do diálogo com os palestinos. No caso do primeiro-ministro, a conversa foi bastante longa e substantiva, mas a concepção que Netanyahu tinha desse diálogo me pareceu desde logo inaceitável do ponto de vista da Palestina. Citando exemplos históricos, relativos ao Egito e à Jordânia, Bibi insistiu que o importante era começar a conversar, sem precondições. Dessa forma, segundo ele, os palestinos teriam muito mais a ganhar. Esse comentário, feito no momento em que o mundo inteiro, inclusive os aliados norte-americanos de Israel, se chocara com a decisão de novas construções, soaria quase ingênuo, não fosse ele o reflexo evidente de uma visão parcial e interessada do governo israelense. Seja como for, Netanyahu revelou disposição positiva sobre a atuação do Brasil. O mesmo viria a exprimir a líder da oposição, Tzipi Livni. A ex-ministra do Exterior estava emocionalmente envolvida com a necessidade de retomada das negociações entre Israel e Palestina e foi muito crítica do governo israelense. Não deixei de ficar agradavelmente surpreso com um comentário que Livni fez a Lula sobre mim: "Respeito muito seu ministro do Exterior", disse ela, fazendo-me ver, de forma mais clara, que a atenção que aparentou nas conversas que tivemos em anos anteriores, apesar das divergências, não fora mera formalidade.

O presidente e o primeiro-ministro também fizeram referência a uma possível mediação brasileira com o objetivo de reativar as negociações com a Síria, que se encontravam paralisadas desde a invasão de Gaza. Netanyahu foi mais explícito: solicitou que o Brasil ajudasse ativamente nas discussões sobre as Colinas de Golã, o que levou Lula a prometer que me enviaria "prontamente" a Damasco. Essa minha viagem, que se seguiu à visita à Jordânia, foi organizada com grande rapidez e eficiência por meus assessores. Por sugestão de um deles, resolvemos denominá-la "Operação Anabella", em simpática alusão a minha netinha que acabara de nascer. Na noite do dia 15, Lula foi homenageado com um jantar de gala oferecido pelo presidente Shimon Peres. O banquete, que contou com apresentações musicais variadas (inclusive de uma cantora brasileira radicada em Israel), transcorreu em clima ameno. Na ocasião, fiquei sentado ao lado do vice-primeiro ministro, Silvan Shalom, o mesmo que, como ministro do Exterior, me recebera quando de minha primeira visita a Jerusalém e Tel Aviv. Dessa vez, estava muito mais falante. Discorreu longamente sobre um projeto, que poderia interessar a empresas brasileiras, de um aqueduto que levaria água dessalinizada ao país, através da Jordânia.

No dia seguinte, antes de partir para a Cisjordânia, o presidente visitou o museu Yad Vashem, dedicado às vítimas do Holocausto. Eu já o havia feito durante minha primeira viagem a Israel. Foi nesse período que recebi peritos israelenses que me foram levar informações sobre o programa nuclear iraniano.* Ainda pela manhã, o presidente manteve interessante encontro com organizações das sociedades civis de Israel e da Palestina, voltadas para o diálogo e a paz entre as duas comunidades. De um modo geral, a visita foi muito positiva e teve ampla repercussão no Brasil. Houve mesmo um desdobramento inesperado, resultante do pedido de Netanyahu para intermediação do Brasil junto à Síria, um país com poucos interlocutores de confiança, dentro e fora da região. Um aspecto relativamente menor viria a ser, contudo, explorado de forma desfavorável: a recusa pelo nosso cerimonial, seguindo a orientação política que eu e outros assessores havíamos sugerido – e que Lula aceitara –, em incluir no programa a deposição de flores no mausoléu de Theodor Herzl, o fundador do movimento sionista. O monumento fora inaugurado poucos meses antes. Uma homenagem desse tipo, no momento em que os assentamentos eram expandidos em prejuízo dos palestinos, pareceu-nos uma provocação desnecessária. Nenhuma das autoridades israelenses com que estivemos sequer tocou no assunto, que ficou restrito a tratativas por diplomatas de menor escalão, mas o ministro Lieberman aproveitou a ocasião para fazer um gesto demagógico: não foi ao jantar de Estado oferecido por Shimon Peres. O ministro do Exterior era conhecido por seu conservadorismo radical e suas posições abertamente antipalestinas, o que tirava do "boicote" qualquer valor político. Já a imprensa brasileira não deixou passar a oportunidade de criticar o que qualificou como "gafe diplomática".

No início da tarde, partimos para Belém, onde ocorreu a cerimônia oficial de chegada à Palestina. Belém, que está sob a administração da ANP, é praticamente

* Tratei em detalhes desse encontro na narrativa sobre a Declaração de Teerã.

contígua a Jerusalém, mas para chegarmos lá tivemos de atravessar o *checkpoint* Raquel, que tem as mesmas características deprimentes de outros cruzamentos da fronteira entre Israel e a Cisjordânia, já objeto de descrição nesta narrativa. Não deixou de ser educativo para a comitiva brasileira, e talvez para o presidente, ver com os próprios olhos o muro que separa Jerusalém dos palestinos. Todos puderam ter uma ideia das dificuldades que enfrentam aqueles que, vivendo na Cisjordânia, ganham a vida trabalhando em território sob o domínio de Israel. Lula foi recebido, junto com sua comitiva, por Mahmoud Abbas no "palácio presidencial" de Belém, que, segundo entendi, é usado principalmente com finalidades protocolares. Em minhas visitas anteriores, sempre estivera em Ramalá e sequer sabia da existência desse prédio oficial palestino tão próximo (e, ao mesmo tempo, tão distante) de Jerusalém. Essa primeira audiência foi pouco mais do que uma troca de cortesias, com expressões de agradecimento de Abbas a Lula. Em seguida a esse encontro inicial, e depois de uma breve pausa que aproveitei para conhecer a histórica igreja da Natividade (cuja construção remontaria originalmente a Santa Helena, mãe do imperador Constantino, no século IV), realizou-se um encontro empresarial que valeu, sobretudo, pelo simbolismo em relação à Palestina. À noite, novamente voltaríamos ao palácio presidencial para um jantar oferecido por Abbas, do qual também participou o primeiro-ministro, Salam Fayyad.

Como uma ilustração de que a diplomacia se aproxima da concepção barroca do mundo – na qual não há espaços vazios –, mesmo o momento de "distração cultural" a que me permiti acabou tendo um resultado prático. A guia que nos ciceroneou até a igreja era uma simpática palestina que havia morado no Chile (país que tem a maior comunidade de origem palestina na América do Sul). Ao final do nosso passeio, fomos tomar um café "árabe" em um hotel/hospedaria gerido por padres franciscanos. Enquanto saboreávamos nossas bebidas, apareceu a filha da nossa cicerone, uma mocinha de uns 16 anos que jogava na equipe juvenil feminina de futebol da Palestina. Graças a esse encontro fortuito, tive a ideia de organizar um estágio do time de jovens palestinas no Brasil, que acabou ocorrendo pouco depois, no Santos Futebol Clube.

O ponto mais importante da visita à Palestina foi a conversa privada de Lula com Abbas, com a presença apenas dos dois chanceleres, na manhã seguinte, em Ramalá. Lula pediu-me que transmitisse as impressões que colhera em Jerusalém. Relatei brevemente nossas conversas, acentuando a disposição ao diálogo revelada por Shimon Peres – que, na verdade, não tinha tanta influência – e, em certa medida, pelo próprio Netanyahu. Abbas manifestou-se, em princípio, disposto a negociar, mas salientou a dificuldade política de retomar as conversações em decorrência da autorização para novas construções israelenses em Jerusalém. O presidente da ANP estendeu-se sobre um ponto que fora mencionado por Fayyad na véspera: o esforço feito para melhorar a segurança na Cisjordânia, em atenção a uma exigência permanentemente lembrada por Tel Aviv. Abbas fez uma afirmação até certo ponto surpreendente: disse que a Autoridade Palestina estava sendo mais capaz de conter manifestações na Cisjordânia do que os israelenses em Jerusalém. Eu próprio me impressionara com o número de policiais ao longo do percurso que havíamos feito. A propósito do trajeto entre Belém e Ramalá, noto um aspecto que me havia sido mencionado pelo embaixador palestino no Brasil durante o jantar. O diplomata, ao desejar-me boa-noite, disse-me que, devido às restrições impostas pelos israelenses, iria fazer uma viagem de duas horas em um trecho que, no dia seguinte, percorreríamos em pouco mais de vinte minutos. Reagindo a uma observação do presidente Lula sobre a importância da Síria nas negociações relativas ao processo de paz (em virtude, principalmente, de sua influência sobre o Hamas), Mahmoud Abbas foi conciliatório. Disse que vinha trabalhando para melhorar as relações entre a Síria e os Estados Unidos. Recordou que fora ele quem insistira que o governo sírio fosse convidado a participar de Annapolis. Acrescentou que a reaproximação entre os dois países estava caminhando, e citou, a propósito, a indicação, por Washington, de um embaixador para Damasco. O presidente da ANP estaria também tentando ajudar em uma questão bastante prosaica, mas que não deixava de ter algum significado político: o fornecimento, pelos Estados Unidos, de peças sobressalentes para o avião presidencial sírio. Era um problema que eu conhecia, pois a falta de confiabilidade no próprio avião vinha dificultando a aceitação por Bashar al-Assad do convite para visitar o Brasil. Lula mencionou também o empenho do Brasil em contribuir para um encaminhamento positivo da questão do programa nuclear iraniano. Sobre esse ponto, Abbas foi ambíguo. Por um lado, evitou comentários críticos aos nossos esforços. Por outro, disse que considerava importante que o presidente Lula fosse a Teerã e que, na visita, convencesse o regime iraniano a deixar de apoiar ativamente o Hamas. Nas condições então vigentes, essa expectativa era, no mínimo, ingênua.

A estada de Lula na Cisjordânia foi uma verdadeira "visita de Estado". Além dos encontros políticos, o presidente depositou flores na Muqata (mausoléu de Yasser Arafat) e inaugurou a Rua Brasil em cerimônia com grande participação popular. Essa era a quarta vez que eu estava na Palestina/Cisjordânia. A situação econômica sem dúvida continuava a melhorar. Em parte, isso se devia à ajuda internacional, mas também podia ser atribuída – e essa era a opinião geral – à boa administração do primeiro-ministro, Salam Fayyad, um tecnocrata com formação econômica que já exercera cargo importante no Banco Mundial. Entretanto, era motivo de preocupação que o fosso entre a Cisjordânia e Gaza se ampliasse cada vez mais, o que certamente dificultaria a reconciliação entre as facções palestinas, apesar da confiança na mediação egípcia, mais uma vez expressa por Abbas. Durante os encontros, o presidente da ANP demonstrou boa disposição física e psicológica, apesar de ter sofrido uma queda um dia antes, durante uma visita à Tunísia. Abbas aparentou menos cansaço – ou, talvez, menos abatimento – do que na viagem ao Brasil, cerca de quatro meses antes. Ainda assim, reiterou que não pretendia se recandidatar, afirmação que deveria ser interpretada com um "grão de sal", pois, àquela altura, não havia nenhuma clareza sobre quando seriam as eleições.

Todos esses fatos me levavam a refletir sobre a popularidade (ou falta dela) dos governantes palestinos, a despeito da relativa melhora das condições econômicas da Cisjordânia. Na visita que faríamos em seguida à Jordânia, ouviríamos do príncipe Hassan (tio do rei Abdullah II, para quem perdera o direito ao trono, pouco antes da morte do rei Hussein) uma observação interessante: devido à falta de avanços no processo de paz, naquele momento o presidente do Irã gozaria de maior apoio junto às "massas" nos países árabes do que a maioria de seus governantes. Partida de um membro da família real da Jordânia – ainda que um intelectual que gostava de mostrar certa independência –, essa observação ganhava interesse. A ser correta, tal análise explicaria em boa parte o comportamento de Ahmadinejad, constantemente voltado para críticas contundentes a Israel, cujo direito à existência como Estado questionou repetidas vezes.

Pouco registrei da visita à Jordânia. O encontro privado do presidente, seguido de uma reunião ampliada, na tarde do dia 17, produziu pouca novidade. A visita, com que Lula retribuía a que lhe fizera o rei Abdullah II em 2008, concentrou-se nos temas da cooperação bilateral. As questões do Oriente Médio certamente foram objeto de alguma menção do nosso presidente, mas não ensejaram comentários do seu interlocutor que tenham despertado minha curiosidade ou merecido registro. Em parte, as avaliações tendiam a se repetir. Em parte, também, meu menor interesse se devia ao fato de que minhas atenções estavam mais voltadas para a viagem que iria fazer à Síria no dia seguinte, atendendo à solicitação de Netanyahu. Daí porque considerei mais produtivo o encontro com o ministro das Relações Exteriores, Nasser Judeh, que me foi visitar na manhã do dia seguinte, no hotel onde estávamos hospedados. Ciente da minha missão de última hora, Judeh trouxe algumas percepções sobre a Síria. Entre outros aspectos, mencionou a persistência da influência da "velha guarda" do partido Baath, as rivalidades com a Arábia Saudita e a dependência de Damasco para com Teerã. Tampouco eram informações ou análises que eu não tivesse ouvido antes, mas, naquele momento, elas me ajudaram a fixar alguns conceitos.

No jantar oferecido por Abdullah II ao presidente Lula, fui colocado ao lado da rainha Rania, que me impressionou pela beleza do rosto e por seu porte de modelo de desfiles parisienses. Mas a rainha também viria a me impressionar por ser inteligente e bem informada. Logo que nos sentamos, perguntou-me sobre as impressões que eu recolhera das visitas a Israel e à Cisjordânia. Abordei por algum tempo temas de que já tratei nesta narrativa. A rainha Rania é de origem palestina, o que a leva a acompanhar de muito perto a evolução política do território. Fez comentários pertinentes sobre a intransigência do governo israelense, a falta de firmeza de Obama em relação a Tel Aviv e a surpreendente ausência de reação dos cristãos de Jerusalém à "judeização" da cidade por Israel, entre vários tópicos. Em outra linha de pensamento, demonstrou grande interesse pela educação como instrumento de desenvolvimento e indagou como, em minha opinião, esse tema poderia ser incluído nas discussões do G20. Citando o exemplo de Juan Somavía, diretor-geral da OIT – que conseguira levar a questão do trabalho para aquele foro de líderes – sugeri que a nova diretora-geral da Unesco, Irina Bokova, poderia fazer *lobby* semelhante em relação à educação. Afirmei que o presidente Lula era um entusiasta da educação e certamente seria um bom aliado. Essa observação levou a rainha a se dirigir ao presidente, que estava ao seu lado esquerdo (à direita do rei, naturalmente), fazendo com que meu diálogo com a encantadora primeira-dama fosse interrompido e desse lugar a conversa, bem menos interessante, com um secretário da corte.

Havíamos conseguido manter em sigilo a decisão sobre minha viagem a Damasco, tomada ainda quando estávamos em Jerusalém. A imprensa brasileira, que acompanhava de perto a visita presidencial, só soube dela momentos antes da minha partida de Amã. A fim de evitar especulações, eu mesmo tomei a iniciativa de comunicar o fato de que me separaria da comitiva do presidente. Minhas viagens pelo Oriente Médio costumavam ser marcadas por imprevistos e reorganização de roteiros de última hora. Dessa vez, a decisão tomada "no terreno" tornou ainda mais complicadas as providências logísticas. O avião da Força Aérea que iria me buscar em Amã atrasou-se por um problema burocrático relacionado ao sobrevoo da Argélia, finalmente concedido, mas não com tempo que me permitisse cumprir a agenda em Damasco. Toda a minha programação na capital da Síria fora rigorosamente cronometrada e seria frustrada se não chegasse a Damasco na hora marcada. Por fim, após algumas dúvidas e inquietações, resolvemos que eu iria de automóvel. Pouco antes das 11 horas, logo após a entrevista de Lula com o presidente do Senado, tomei, acompanhado de uns poucos assessores, a "estrada de Damasco".

Chegamos à capital da Síria às 14h, cinquenta minutos antes do encontro com o presidente Bashar al-Assad. O objetivo principal da minha viagem, decorrente do encontro entre Lula e Netanyahu, era explorar a possibilidade de que as conversações entre Israel e Síria sobre Golã pudessem ser retomadas, mas não deixei de tratar rapidamente de outras questões, como Palestina e Irã. Como das vezes anteriores, Assad me recebeu com grande deferência e dedicou atenção à mensagem que eu levava. Em suma, disse-me o presidente sírio estar aberto à proposta de recomeçar as negociações do ponto em que haviam parado. Além disso, Assad não condicionou a disposição de voltar às discussões à evolução da situação da Palestina. É importante lembrar, a esse respeito, que as "conversas" intermediadas pela Turquia (*proximity talks*) haviam sido interrompidas justamente em virtude dos ataques de Israel a Gaza. Assad fez uma ressalva: naquele momento, não desejava entabular conversas diretas com Israel, por motivos políticos compreensíveis. Assim, insistiu que fosse mantida a mediação de Ancara e afirmou que o Brasil poderia ajudar a relançar o processo, exercendo sua "influência" junto a Netanyahu. O presidente sírio fez comentários sobre os dirigentes israelenses. Para Assad, o ministro do Exterior, Avigdor Lieberman, era um "caso perdido", embora o considerasse "muito poderoso". O presidente sírio caracterizou o pragmatismo do primeiro-ministro israelense de forma pouco lisonjeira: "O principal objetivo do primeiro-ministro Netanyahu é permanecer primeiro-ministro", disse, insinuando que questões ideológicas ou doutrinárias teriam menor peso em seu comportamento. Embora esse pragmatismo *à outrance* pudesse ter algumas vantagens, do ponto de vista das negociações, também colocava o primeiro-ministro à mercê de forças mais conservadoras, das quais dependia para se manter no governo. O essencial da minha missão havia sido cumprido. A mensagem fora dada e, com alguma qualificação, a reação fora positiva. Minha viagem a Damasco despertou a curiosidade dos jornalistas. Um deles conseguiu se deslocar à Síria e entrevistar-me por telefone. A matéria resultante teve ampla repercussão.

De volta ao Brasil, tive uma semana movimentada: participei da Conferência do Habitat, em que a tragédia do Haiti foi um foco prioritário de atenção, inclusive com a presença do primeiro-ministro do país, Jean-Max Bellerive. Na ocasião, tive várias reuniões bilaterais (algumas acompanhando nosso presidente), entre outros com os presidentes de Belarus e de Uganda. Na mesma semana, recebi a visita do novo diretor-geral da Agência Internacional de Energia Atômica, que, além de querer conhecer de perto o programa nuclear do Brasil, trazia mensagens pouco estimulantes sobre o tema do Irã. No dia 25, exatamente sete dias após minha visita-relâmpago à Síria, telefonei para o primeiro-ministro de Israel. O próprio Netanyahu me orientara a proceder assim. Visivelmente desejava evitar a intermediação da Chancelaria. Liguei para um dos assessores que ele me havia indicado e, sem dificuldade, fui colocado na linha com o primeiro-ministro. Tanto quanto pude julgar pela conversa telefônica, Netanyahu ouviu com interesse minha breve narrativa sobre o encontro com Bashar al-Assad. Transmiti-lhe a disposição do presidente sírio de retomar as discussões, desde que mantido o formato inicial das *proximity talks*. "Isso é muito útil", disse o primeiro-ministro, acrescentando que iria refletir sobre como dar continuidade ao assunto. Terminei o telefonema com uma rápida menção a possíveis datas para sua visita ao Brasil, que tinha sido acertada com o presidente Lula.

Com meu telefonema ao primeiro-ministro de Israel, concluiu-se o ciclo de contatos relacionados com a visita do presidente a três países do Oriente Médio. Sem prejuízo de nossas posições de princípio, expostas em várias ocasiões, inclusive no discurso do presidente Lula no Parlamento israelense, foi possível realizar um périplo equilibrado, com poucos flancos abertos à crítica da oposição, cada vez mais excitada à medida que se aproximava a campanha eleitoral. Além disso, o *status* do Brasil como "interlocutor válido" se reforçara com várias manifestações de interesse sobre nossa participação nos entendimentos relativos à paz na região e, muito especialmente, com o pedido de Netanyahu, que, em sentido inverso, reproduzia as *démarches* que eu fizera dois anos antes junto ao então primeiro-ministro, Ehud Olmert, por solicitação do presidente da Síria. Agora, era necessário aguardar os desdobramentos desses contatos. Enquanto isso, dedicaríamos boa parte de nossa energia a colaborar na busca de uma solução para a questão do programa nuclear iraniano.

Um mês depois do giro de Lula pelo Oriente Médio, o ministro do Exterior da Palestina viria ao Brasil com o objetivo exclusivo de participar de um café da manhã de trabalho com os chanceleres dos países-membros do IBAS, confirmando, assim, o interesse várias vezes expresso de envolvê-los no processo de paz.* Ainda no primeiro semestre de 2010, receberíamos o presidente do Líbano, Michel Sleiman. Como qualquer visita de um Chefe de Estado ou de Governo libanês, a presença de Sleiman tinha, sobretudo, o caráter simbólico de reforçar

* No dia 15 de abril, o IBAS emitiu um comunicado em que se referiu ao encontro com o ministro Malki. Nesse documento, os países do IBAS, além de recordarem posições já expressas em favor de um Estado Palestino que coexista pacificamente com Israel, condenaram a política de assentamentos nos territórios ocupados e em Jerusalém Ocidental.

os laços que unem os dois países. Em seu discurso, Lula destacou o período de estabilidade (relativa, bem entendido) desde a eleição presidencial de 2008 e as eleições parlamentares de 2009. Salientou também a importância da visita do presidente libanês a Damasco, enfatizando que uma relação pacífica com os vizinhos, especialmente com a Síria, era essencial para manter a estabilidade do Líbano. Referiu-se ao incremento das relações comerciais, impulsionadas por missões empresariais, como a que fora realizada poucas semanas antes em Beirute, sob a chefia do ministro do Desenvolvimento, Indústria e Comércio Exterior, Miguel Jorge.

Em 30 de junho, o presidente da Síria, Bashar al-Assad, foi recebido pelo presidente Lula em Brasília. Foi a primeira vez que um presidente sírio visitou o Brasil. O tema dominante do encontro foi a paz no Oriente Médio, tanto em sua vertente Palestina-Israel como na vertente Síria-Israel, em especial no que diz respeito às Colinas de Golã, ocupadas por Israel desde a guerra de 1967. Assad revelou mais uma vez grande interesse em que o Brasil participasse de eventual mediação/facilitação sobre Golã. Repetidas vezes afirmou que a estatura do Brasil no cenário internacional havia crescido. "O Brasil de hoje", disse ele, dirigindo-se ao presidente, "não é o mesmo de quando o senhor esteve em Damasco em 2003". Elogiou a atitude independente do Brasil, recentemente demonstrada, em relação à questão do programa nuclear iraniano. Dado o interesse, expresso com grande ênfase pelo presidente sírio, em uma maior participação do Brasil em temas do Oriente Médio – ao qual Lula reagiu de forma receptiva –, sugeri que o ministro das Relações Exteriores, Walid al-Muallem, permanecesse por mais um dia em Brasília, durante os encontros que Assad teria com a comunidade árabe em São Paulo. Assim, poderíamos ter uma conversa em profundidade que abordasse detalhes que não teriam lugar no diálogo entre os presidentes. Assad prontamente acedeu à minha sugestão.

No dia seguinte, recebi o ministro sírio em meu gabinete. Apesar do horário comprimido em virtude de reunião com o presidente e os ministros do Planejamento e da Casa Civil sobre assuntos de interesse do Itamaraty, pude ter uma conversa muito proveitosa com Muallem. Descreveu-me ele, com riqueza de pormenores, as discussões em torno de uma eventual desocupação das Colinas de Golã, desde a Conferência de Madri até as recentes *proximity talks* mediadas pela Turquia, de cujo relançamento, ainda que de forma marginal, eu participara. Alguns aspectos que já me haviam sido mencionados em entrevistas anteriores com o presidente Assad e com o próprio Muallem foram esclarecidos. Por exemplo, fiquei sabendo que o "depósito" a que frequentemente se fazia alusão referia-se a um documento "guardado no bolso" pelo presidente Clinton. Pelo que depreendi, esse documento não era mais do que uma folha. Continha o resumo dos avanços alcançados nos anos 1990. Segundo meu interlocutor, haveria nele a explicitação da aceitação, por parte de Israel, do retorno às fronteiras anteriores a junho de 1967. Durante a mediação turca, em período bem mais recente, teria havido algum progresso em relação à demarcação da fronteira. Nas *proximity talks*, o então primeiro-ministro, Ehud Olmert, teria concordado com "dois dos seis pontos de referência que constam dos mapas sírios". Muallem me revelaria alguns aspectos curiosos dessa negociação que se prolongava havia cerca de vinte anos e na qual ele estivera envolvido, quer como embaixador em Washington, quer como ministro das Relações Exteriores. Mencionou a tentativa de mediação por um dos líderes da comunidade judaica norte-americana, Ronald Lauder, à época do primeiro governo de Benjamin Netanyahu. Naquela ocasião, o primeiro-ministro israelense teria sido desautorizado (*sic*) por seu ministro do Exterior, Ariel Sharon. O recuo decorrente da atitude de Sharon teria feito Lauder abandonar a mediação. Pelo que entendi – embora o ministro não o tenha dito expressamente –, o próprio Muallem saíra chamuscado, tendo sido chamado de volta a Damasco por Hafez Assad, pai de Bashar. Quanto à maneira como o Brasil poderia ajudar nas negociações com Israel, o ministro sírio foi objetivo: desejava que, durante a programada visita de Netanyahu a Brasília,* tentássemos convencer os israelenses a reafirmar formalmente a aceitação da fronteira pré-1967. Essa atitude por parte de Tel Aviv permitiria retomar as *proximity talks*. Muallem indicou inclusive que o Brasil poderia participar dessas discussões, o que, de alguma forma, contribuiria para "amenizar" a atitude reticente de Israel em relação à Turquia. Mesmo antes do incidente da Flotilha da Liberdade, Tel Aviv vinha demonstrando desconforto com as críticas do governo de Erdogan sobre Gaza e sua presumível inclinação a favor do Hamas. Caso Netanyahu viesse a concordar, já durante as *proximity talks*, com os seis pontos de referência para a linha de fronteira propostos pela Síria, Damasco estaria pronta a passar a negociações diretas. Estas seriam "acompanhadas" por vários países, entre os quais o Brasil.

O pedido feito por Assad a Lula e detalhado por Muallem ensejava alguma reflexão. Indiscutivelmente, tratava-se do envolvimento brasileiro na questão do Oriente Médio de uma forma muito mais profunda e concreta do que havíamos tido até então. Além disso, a questão de Golã era um dos dossiês mais complexos

* A visita de Netanyahu ao Brasil, marcada para agosto, não ocorreu, tanto por motivos internos de Israel como pela proximidade do fim do governo no Brasil, que levou a uma maior concentração da agenda do presidente Lula em temas domésticos.

e politicamente carregados, sujeito a marchas e contramarchas, como o próprio relato do ministro sírio deixara claro. Havia que se reconhecer, porém, que essa solicitação era um desdobramento do pedido de Netanyahu a Lula, que resultara na minha viagem a Damasco três meses antes. Julguei que deveríamos ir em frente com o diálogo com as duas partes. Minha preocupação imediata era evitar qualquer tipo de "ciúme" por parte da Turquia.

Meu encontro com Muallem, na sequência da visita oficial de Bashar al-Assad, ocorreu no dia 1º de julho. Logo em seguida, Lula partiu para um longo périplo africano que incluiu, entre outras novidades, a Primeira Cúpula Brasil-Cedeao,* realizada na Ilha do Sal, em Cabo Verde. Acompanhei o presidente nessa viagem, que, diga-se de passagem, fizemos de "cabeça inchada" depois da eliminação do Brasil pela Holanda na Copa do Mundo. Já de volta a Brasília, poucos dias após outra cúpula – a Parceria Estratégica com a União Europeia –, receberia o ministro Mourad Medelci e o encarregado de Relações Internacionais do Fatah, meu velho conhecido Nabil Shaath, ex-ministro do Exterior da Palestina. A conversa com Medelci, que viera ao Brasil sobretudo com o objetivo de participar da IV Comissão Mista, versou principalmente sobre temas de cooperação, embora tenhamos tratado de algumas questões momentosas, como a progressiva deterioração da Somália e os problemas do Sudão às vésperas do plebiscito sobre o *status* do Sudão do Sul.

Conversei com Nabil Shaath por mais de duas horas, no meu gabinete. Ao final da tarde, o presidente recebeu o enviado palestino para uma audiência bem mais longa que o habitual. Shaath transmitiu uma percepção diferente da que nos havíamos acostumado a ouvir da Autoridade Palestina, especialmente em relação à possibilidade de diálogo com o Hamas. Falou-me do encontro que havia tido dois meses antes com Ismail Haniyeh, o "primeiro-ministro" do Hamas, em Gaza. Segundo Shaath, Haniyeh teria ficado muito perto de concordar com a opinião de que, naquele momento, seria necessário encontrar uma solução negociada com Israel. As dificuldades para atrair o Hamas a uma posição palestina unificada proviriam, no entender de Nabil Shaath, sobretudo das lideranças que vivem fora de Gaza. Revelou também que a mediação egípcia tinha permitido avanços e que os pontos pendentes seriam facilmente resolvidos quando houvesse a decisão política do Hamas de negociar. Um dos pontos mais interessantes foi a sugestão, feita de modo algo indireto por Nabil Shaath, de um contato

* A I Cúpula entre o Brasil e a Comunidade Econômica dos Estados da África Ocidental (Cedeao) ocorreu a 3 de julho de 2010, na Ilha do Sal, em Cabo Verde. Entre outros temas, a declaração conjunta emitida no encontro estabeleceu um diálogo estratégico entre o Brasil e o grupo.

nosso com o Hamas. Referindo-se ao lauto banquete de frutos do mar que lhe fora oferecido por Haniyeh, Shaath qualificou-o como "melhor do que qualquer restaurante três estrelas do guia Michelin". Perguntei se ele estava querendo me tentar com uma referência puramente gastronômica ou se deveria ler algo mais em suas palavras. Meu interlocutor sorriu, mas evitou uma resposta direta. Mais tarde, no encontro com o presidente, o ex-ministro afirmou que a Autoridade Palestina "está pronta a negociar sobre todos os pontos essenciais com o Hamas". E foi mais longe: "Vocês podem transmitir isso ao Hamas, se a oportunidade se apresentar". Indaguei então se a preferência do Fatah (e, portanto, da Autoridade Palestina) era que a mensagem fosse passada ao Hamas em Gaza ou em Damasco. "Tanto faz", disse o nosso interlocutor. "O importante é que, na ida ou na volta, você vá a Ramalá."

Shaath foi também portador de uma carta do presidente Mahmoud Abbas. Não havia nessa mensagem nada de muito novo. Em contraste com as expectativas expressas por Shaath, Abbas deixava transparecer um sentimento quase de desesperança. Naturalmente, Abbas voltava a pedir o apoio brasileiro à causa palestina, sem deixar claro qual o gesto concreto que esperava de nossa parte. Shaath foi mais explícito: fez várias críticas à mediação norte-americana e à intransigência de Israel, que nem teria apresentado uma proposta concreta ao mediador, George Mitchell. Shaat verbalizou o que Abbas não ousara fazer em um documento escrito: solicitou que o Brasil reconhecesse formalmente a Palestina como um Estado. Lula reagiu positivamente e prometeu que iria analisar o assunto comigo ("Vou conversar com o Celso"), sob uma perspectiva positiva. Em minha conversa com Nabil Shaath, poucas horas antes, eu já lhe antecipara que meu parecer seria favorável a esse reconhecimento, embora tivesse de manter alguma cautela devido ao período eleitoral. Em uma rápida conversa com o presidente Lula, durante uma cerimônia no mesmo dia sobre o Estatuto da Igualdade Racial, expressei essa opinião. Lula não discordou, mas pareceu menos preocupado do que eu com o reflexo do gesto nas eleições. Ao manifestar ao emissário de Abbas sua posição, em princípio favorável ao pedido que ele explicitara, absteve-se porém de mencionar "como" e "quando".

Foi com esse pano de fundo que, dois dias depois, parti para mais uma viagem ao Oriente Médio, com uma passagem prévia por Luanda, onde representaria o presidente em uma Cúpula da CPLP. No mesmo dia 22, o séquito de visitantes árabes prosseguiria com a chegada ao Brasil do primeiro-ministro do Kwait, Nasser al-Mohammed al-Ahmed al-Jaber al-Sabah, que esteve com o presidente da República e iria a São Paulo com sua numerosa comitiva de empresários. O ministro Miguel Jorge, um bom aliado na aproximação com os árabes em matéria de negócios, se ocuparia do visitante kwaitiano. Entre Luanda e Istambul (onde o tema principal se relacionava com o desdobramento da resolução do Conselho de Segurança sobre o Irã)* fiz escala na Líbia. Isso já ocorrera algumas vezes, pois aproveitava, vez por outra alternando-a com Túnis, a posição intermediária de Trípoli nos trajetos que me levavam ou traziam do Oriente Médio ou da Índia para conversas de caráter predominantemente econômico-comercial com ministros daquele país. Em geral, essas viagens eram decididas com pouca antecedência, de tal forma que nunca me ocorreu solicitar audiência ao líder líbio. Em uma ocasião, fui recebido, com muita cortesia aliás, pelo primeiro-ministro. Dessa vez, encontrei apenas o ministro Abuzaid Omar Dorda, com quem desenvolvera relação de companheirismo nos meus tempos da ONU, especialmente quando o Brasil integrara o CSNU no biênio 1998-1999. Dorda ficara sinceramente grato pela ação do Brasil no Conselho de Segurança, relatada no início desta narrativa, a qual de alguma forma contribuíra para o levantamento das sanções que pesavam sobre a Líbia. Omar Dorda, antigo ministro da Infraestrutura, passara a ser o encarregado da pasta de Inteligência Internacional. Segundo os representantes brasileiros em Trípoli, em mais de uma oportunidade Dorda teria buscado ajudar em pleitos de empresas brasileiras no país. Mais ou menos um ano depois dessa minha escala/visita, já em plena rebelião que derrubaria Gaddafi, o ministro Dorda teria sido instrumental, conforme me foi dito por nosso embaixador, na libertação de um jornalista brasileiro preso pelo regime.

Cheguei a Istambul no dia 24 de julho. No dia seguinte, antes de um almoço trilateral com o ministro iraniano,** tive uma longa conversa com meu colega turco, Ahmet Davutoglu. Falamos sobre as relações da Turquia com Israel, que passavam por profunda crise em virtude do episódio da Flotilha. Davutoglu foi muito franco, e chegou a expressar o desejo de que, "como bom amigo e interlocutor válido", eu transmitisse a Netanyahu o ponto de vista turco sobre a gravidade da situação. Ancara só poderia recompor as relações com Israel caso Tel Aviv viesse a cumprir algumas precondições, como pedido de desculpas, indenização e devolução dos barcos. Davutoglu mencionou também a sugestão de uma comissão internacional para investigação do incidente e o fim do bloqueio a Gaza. Deixou claro, porém, que, de todas as exigências, a que poderia destravar o diálogo seria o pedido de desculpas. Dias antes, Davutoglu tivera uma conversa reservada com o ministro do Comércio de Israel, Ben-Eliezer, mas um vazamento da imprensa teria impedido que os entendimentos prosseguissem. O ministro turco

* S/RES/1929 (2010).

** Ver narrativa *A Declaração de Teerã: oportunidade perdida?*.

atribuiu o *leak* a Ehud Barak, rival de Eliezer dentro do Partido Trabalhista israelense. Também comentei as ações que estávamos desenvolvendo, a pedido de ambas as partes, em relação ao dossiê de Golã. Meu colega disse que era "natural" que o Brasil ajudasse nesse dossiê, até porque a prioridade de Ancara, no momento, era atender aos reclamos dos cidadãos turcos sobre a Flotilha. Mediações, naturalmente, ficavam em segundo plano. Davutoglu agradeceu a atitude transparente e reafirmou total confiança em mim e no Brasil.

Minha reunião com o primeiro-ministro israelense estava marcada para as 17 horas daquele mesmo dia. Graças à eficiência dos batedores turcos, fiz o percurso do Palácio Ciragan, à margem do Bósforo, até o aeroporto, que normalmente levaria quase uma hora, em cerca de vinte minutos, um recorde. Depois de uma viagem curta, cheguei ao aeroporto de Tel Aviv às 16h30, e às 17h15 – com quinze minutos de atraso, portanto – estava no gabinete de Netanyahu. O pequeno atraso não afetou minha audiência. Quase de imediato fui recebido pelo primeiro-ministro para um encontro que se estenderia por mais de uma hora e meia. Como fiquei sabendo mais tarde, enquanto Netanyahu e eu conversávamos, o ministro da Defesa, Ehud Barak – suposto responsável pelo "vazamento" citado por Davutoglu –, passou um bom tempo esperando no *hall*. Era a terceira vez que eu estava no gabinete do primeiro-ministro israelense, sem contar a ocasião em que acompanhara o presidente Lula. Sharon e Olmert me haviam recebido em um escritório com marcas mais pessoais (fotografias, quadros). Netanyahu reuniu-se comigo em torno de uma mesa de trabalho em uma sala bastante austera, a mesma na qual estivera com Lula. Eu era portador de uma carta do presidente em que este reiterava o convite para que o primeiro-ministro israelense visitasse o Brasil. Netanyahu leu a carta e, educadamente, disse que mantinha grande empenho na realização da visita. Mas era evidente que estava mais interessado no relato que eu faria sobre as conversas com "nossos amigos sírios".

Benjamin Netanyahu ouviu meus comentários sobre os contatos com Assad e Muallem com muita atenção. À medida que eu ia discorrendo sobre as conversas, o primeiro-ministro fazia perguntas sobre pontos específicos. Em certo momento, pediu um bloco a um dos assessores e passou a fazer anotações. Disse que queria perseguir a "trilha da paz". Embora mantivesse uma fisionomia neutra durante a maior parte da minha exposição, pareceu ter feito um pequeno trejeito, que denotava satisfação, ao ser informado de que Assad não condicionava a retomada do diálogo sobre Golã à evolução da questão palestina. Lembrei os dois elementos – que evitei caracterizar como precondições – que os sírios consideravam essenciais: o conceito da fronteira de 4 de junho de 1967 para a retomada das *proximity talks*; e a concordância com os seis pontos (*benchmarks*) da linha de demarcação para o início de conversas diretas. Sobre os seis pontos, Netanyahu me pediu detalhes e transmiti o que sabia. Tratava-se de dois pontos ao norte, dois ao centro e dois ao sul. Segundo ouvira de Muallem, na sexta reunião de facilitação, realizada na Turquia pouco antes do ataque a Gaza, Olmert haveria concordado com dois deles (os do meio da linha). Os outros quatro teriam ficado em aberto. Netanyahu não parecia bem informado sobre essa questão. Consultou seu assessor de segurança, Uzi Arad (homem de meia-idade ligeiramente obeso, em mangas de camisa, com aspecto nada intelectual). Discorreu em seguida sobre a necessidade de garantias para a paz (acho que se referia, sobretudo, ao apoio da Síria ao Hamas e ao Hezbollah). Fez também uma referência oblíqua sobre os laços de Damasco com Teerã, afirmando que essa relação não contribuiria para os entendimentos entre Israel e Síria. Sempre reafirmando interesse em continuar o diálogo, Netanyahu mencionou as dificuldades para as *proximity talks*, revelando implicitamente sua preferência por um diálogo direto com Damasco. "Os turcos", disse ele, "estão próximos da região, mas no momento estão incapacitados". Já o Brasil seria um interlocutor adequado, "mas está longe". Contudo, o primeiro-ministro pareceu interessado em continuar a explorar caminhos de entendimento.

Falamos um pouco sobre as relações entre Israel e Turquia. Sobre esse tema, Netanyahu não revelou nenhuma disposição de fazer gestos no sentido desejado por Ancara. Pareceu desconhecer inteiramente um fato que me havia sido relatado por Davutoglu. O ministro turco me havia dito que, quando assessor internacional do primeiro-ministro Erdogan, se empenhara pessoalmente para que o soldado Gilad Shalit, sequestrado pelo Hamas, não fosse executado. Lembrei-me de um comentário que ouvira do próprio Davutoglu, segundo o qual os ministros israelenses não costumam transmitir as informações de que dispõem a seus colegas ou sucessores. Consideram seus arquivos uma propriedade pessoal. A narrativa de Muallem sobre as conversas relativas a Golã e a aparente ignorância de Netanyahu sobre detalhes tão importantes das negociações pareciam confirmar a percepção do meu amigo turco. Voltaria a falar com Netanyahu por telefone na tarde do dia 27. O motivo era saber se havia alguma mensagem nova ou reflexão adicional que eu pudesse levar a Damasco, onde manteria encontros no dia 28. Foi isso, mais ou menos, que eu disse ao primeiro-ministro. Na verdade, tinha a expectativa de que Netanyahu pudesse fazer algum comentário sobre a situação do soldado Shalit, o que me daria uma justificativa para um encontro com uma liderança do Hamas na Síria. Em uma viagem anterior, eu havia contemplado a possibilidade de contato com o Hamas em conversa com nosso eficiente embaixador em Damasco, Edgard Casciano, mas ainda hesitava em concretizar esse contato diante da previsível reação negativa da imprensa brasileira. Como o primeiro-ministro israelense não mordeu a isca, o encontro com o Hamas acabou não se realizando. Já sobre o diálogo com a Síria, Netanyahu falou de forma indireta. À minha pergunta se aceitaria ou não a retomada das *proximity talks* com base nos elementos que eu enunciara (os quais, por sua vez, haviam sido formulados pelo governo sírio), Netanyahu respondeu com outra indagação (que, na verdade, reproduzia o comentário feito na audiência do dia 25): na hipótese de Israel aceitar essas conversas indiretas, quem seria o facilitador? E, mais uma vez, disse que a Turquia estava inviabilizada como interlocutora.

Meus encontros oficiais em Israel ocorreram nos dias 25 e 27 de julho. Essa singular decalagem deveu-se ao convite de Avigdor Lieberman para um almoço de trabalho no dia 27, véspera da minha partida para a Síria. Interpretei o convite do ministro do Exterior não só como desejo de "manter as aparências" – já que era notório que eu fora a Israel para encontrar o primeiro-ministro –, mas também como uma forma de apagar a má impressão causada por sua atitude destemperada e demagógica durante a visita do presidente Lula. O aparente truncamento de agenda daí resultante acabou sendo útil, pois me permitiu intercalar, no dia 26, uma ida a Ramalá, além de encontros com intelectuais e membros da sociedade civil em Jerusalém Oriental. Eu havia chegado a Israel no dia 25, para a audiência com Netanyahu. Na noite daquele dia, ainda telefonei para o assessor diplomático de Sarkozy, Jean David Levitte. Não tenho registro do conteúdo do telefonema, mas seguramente o assunto terá sido o Irã.

Na manhã do dia 26, acordei com o repicar dos sinos da Abadia da Dormição da Virgem, em Jerusalém, bastante próxima do meu hotel. Achei que poderia ser um bom prenúncio para minhas atividades dos dias seguintes. Tomei o café da manhã no amplo refeitório do Hotel King David, na companhia de meus assessores mais próximos, entre os quais minha chefe de gabinete, Maria Laura da Rocha (Laurinha), e parti para Ramalá, parada incontornável em qualquer visita à região. Na ausência de Abbas, mantive encontros com o primeiro-ministro, Salam Fayyad, e o ministro do Exterior, Riad Malki. Na opinião de vários analistas, nenhum dos dois seria figura central no processo decisório da ANP no que toca às questões fundamentais do processo de paz, controlado pelos dirigentes do Fatah. Um de seus representantes mais credenciados, Nabil Shaath, acabara de estar em Brasília. Contudo, as conversas não foram desprovidas de interesse. Pude perceber o evidente desconcerto da liderança palestina, que jogara todas as suas fichas na mediação norte-americana, desde os tempos de George Bush e Condoleezza Rice. Estes se haviam comprometido verbalmente e mesmo com ações (como a convocação da Conferência de Annapolis) a apoiar os "árabes moderados", conceito que sempre me causara alguma estranheza. Naquele momento, a ANP passara a sentir que o tapete em que pisavam estava sendo puxado, e justamente pelo novo presidente dos EUA, em quem depositara grandes esperanças. Provavelmente, Obama teria gostado de mostrar algum progresso antes das *mid-term elections* de 2010. Como não fora capaz de extrair concessões minimamente significativas da parte de Israel, Obama preferiu buscar sinais de progresso no formato das negociações. Pouco antes da minha visita, Washington havia sugerido a transição das discussões intermediadas por um facilitador para discussões diretas entre palestinos e israelenses. Mas aceitar essa mudança implicava, para a ANP, abdicar da postura que havia enunciado com clareza e que consistia em só passar para conversações diretas quando algumas precondições houvessem sido atendidas. Em Ramalá, atrevi-me a dar uma opinião sobre o assunto, tanto ao primeiro-ministro como ao ministro do Exterior. Sugeri que a Autoridade Palestina se concentrasse em um único pré-requisito: o compromisso claro e firme de que Israel cessasse a prática de expansão dos assentamentos. Concentrar-se nesse ponto daria maior legitimidade à posição palestina. A exigência de outros objetivos como precondição seria interpretada como desejo de antecipar os resultados da própria negociação. Meus interlocutores pareceram ouvir-me com atenção, mas naquele momento não emitiram sinais claros de que concordavam com minha sugestão. No dia seguinte, ainda em Jerusalém, soube que, ao comentar minha visita, o porta-voz da ANP havia dito que "o Brasil sempre traz boas ideias".

Em Ramalá, encontrei-me, no escritório da representação brasileira, com Mustafá Barghuthi, líder de um terceiro partido (nem Fatah, nem Hamas) que havia obtido 20% dos votos nas últimas eleições presidenciais. Barghuthi, com quem falara rapidamente por telefone em uma visita anterior, exprimiu uma opinião muito pessimista sobre o processo de paz. Homem afável e de trato suave, Barghuthi foi especialmente didático na conversa comigo. Baseou sua exposição em mapas que demonstravam a progressiva inviabilização de um Estado Palestino coeso, como defendíamos, em virtude da contínua expansão dos assentamentos israelenses. Pude assim obter uma visão mais "gráfica" da progressiva fragmentação do território que sobrava para os palestinos. Recebi também a visita das jovens integrantes do time de futebol feminino da Palestina que, por iniciativa minha, haviam feito um estágio para treinamento em Santos – por sinal, minha cidade natal. Foi uma nota leve e agradável, uma espécie de *entremets*, entre as conversas densas que tivera naquela manhã e aquelas que viria a manter à tarde, em Jerusalém Oriental. No tradicional hotel American Colony, tive entrevistas com os diretores-gerais da Iniciativa de Genebra, Gadi Baltiansky, e do Movimento

"Paz Agora", Yariv Oppenheimer. Conversei também com uma influente personalidade da comunidade palestina de Jerusalém, Hannah Siniora. Nos diálogos que tive com esses três representantes da sociedade civil, ouvi comentários que estimulavam o Brasil a continuar trabalhando pela paz. De certa forma, era uma retomada de ideias que haviam surgido em viagens anteriores, fruto dos encontros com Amos Oz e André Azulay, entre outros. Estive também com meu ex-colega (tanto como ministro quanto na qualidade de embaixador na ONU) Nasser al-Qudwa, presidente da Fundação Arafat e membro do Comitê Central da OLP. A propósito desse encontro, uma indagação me veio à mente: por que o ex-ministro palestino, sobrinho de Yasser Arafat, preferira encontrar-me em Jerusalém Oriental e não em Ramalá? Deduzi dessa circunstância e dos comentários cuidadosos que fez sobre a situação política que tinha uma visão crítica das posições da ANP.

Na manhã seguinte, fui a Tel Aviv encontrar-me com Tzipi Livni. Aproveitei para conceder duas entrevistas que tiveram razoável repercussão: uma delas, para a jornalista israelo-brasileira Guila Flint, da BBC Brasil, e outra para o repórter José Levy, da CNN em espanhol. A líder da oposição expressou de modo muito enfático seu ceticismo em relação à possibilidade de acordo com a Autoridade Palestina enquanto a coalizão governante capitaneada por Netanyahu continuasse no poder. Acrescentou que seu ceticismo se estendia a uma eventual vertente síria das negociações. Não obstante, pediu-me que falasse sobre o tema, o que fiz evitando entrar em pormenores que pudessem comprometer uma eventual negociação. Perguntei-lhe sobre a possibilidade, vez por outra ventilada na mídia, de que seu partido, o Kadima, viesse a ser chamado a fazer parte da coalizão de Netanyahu.* Tzipi Livni reiterou que isso só seria possível caso ela própria estivesse convencida de que o primeiro-ministro desejava verdadeiramente trilhar um caminho de paz com os palestinos. Naturalmente, como não deixou de frisar, quando falava de paz com os palestinos, Livni se referia apenas ao Fatah. Quando mencionei eventuais mudanças de atitude que havia percebido na visita de Nabil Shaath ao Brasil e que estariam permitindo progressos no diálogo do Fatah com o Hamas, a ex-ministra do Exterior não escondeu sua opinião de que a unidade entre as facções palestinas "não era do interesse de Israel". Em um rápido *tête-a-tête*, ao final do encontro, Tzipi Livni comentou alguns aspectos

* Já como líder de outro partido, o Hatnuah, Livni passou a integrar em 2013 o governo Netanyahu como ministra da Justiça e encarregada de negociações com a ANP. Enquanto este livro estava sendo revisto, Livni deixou o gabinete em virtude de divergências com Netanyahu sobre o Processo de Paz.

do diálogo que tivera com Netanyahu, relativos à atitude deste sobre o processo de paz. Segundo Livni, o que ouvira do primeiro-ministro a levava a concluir não ser provável a ocorrência de mudanças na coalizão governamental, "a menos", acrescentou, "que o desgaste do partido trabalhista seja tal que o leve a abandonar o governo".

Como programado, tive, ainda no dia 28, almoço com o ministro das Relações Exteriores, Avigdor Lieberman. Não foi das experiências mais agradáveis. A postura corporal do ministro durante o almoço, esparramado na cadeira, fazia lembrar a de um camponês tosco, um *mujik* dos contos de Gogol. Suas opiniões, expressas sem nenhuma sutileza, condiziam com seu aspecto físico. Após cerca de cinquenta minutos de conversa algo morna, Lieberman passou a fazer críticas e cobranças em relação às posições brasileiras e foi inconveniente a ponto de, em determinado momento, obrigar-me a interrompê-lo. Em tom que propositalmente evidenciava meu incômodo, disse que, com frequência, em minhas caminhadas pela Avenida Atlântica no Rio de Janeiro, no bairro de Copacabana, onde vivem muitos judeus, era abordado por membros da comunidade judaica com comentários e observações que me estimulavam a perseverar no esforço de facilitar os entendimentos entre Israel e a Palestina. Acrescentei que, às vezes, essas expressões de apoio, cujo substrato era o desejo de paz, vinham acompanhadas de manifestações de inconformidade e mesmo de "vergonha" em relação a atitudes do governo israelense. Foi uma reação dura, mas necessária diante do meu indelicado anfitrião. Terminado o almoço, despedimo-nos sem maiores demonstrações de afeto e sem coletiva de imprensa. Com esse fecho pouco edificante, mas que sabia não interferir nos entendimentos que mantinha com o primeiro-ministro, encerrei minha visita a Israel e parti para Damasco. Dessa vez, tivera a precaução de programar com a devida antecedência uma escala em Amã, o que poupou a mim e à minha comitiva o estresse da viagem de 2009.

As conversas em Damasco foram bastante positivas. Bashar al-Assad agradeceu as gestões brasileiras que, além de preparar o caminho para uma eventual retomada das negociações, ajudavam a manter uma "boa atmosfera". Isso era importante, pois, segundo ele, tinha "efeito preventivo" em relação à possibilidade sempre presente de um conflito armado na região. Recordo que, por ocasião da visita de Assad ao Brasil, Fidel Castro, cuja criatividade política e literária estava no auge e se refletia nas "cartas" que escrevia para o *Granma*, enviara ao presidente sírio uma mensagem baseada em alegadas informações de inteligência, no sentido de que este deveria voltar logo a seu país, pois estariam em curso preparativos para uma ação militar que poderia resultar em uma "guerra mundial". (Alguns meses depois, o irmão de Fidel, o presidente Raúl Castro, me perguntaria com um ligeiro sorriso crítico, em uma visita que fiz a Havana, o "efeito" que a mensagem havia tido.) Exageros à parte, a possibilidade de um ataque israelense à Síria, em função das constantes escaramuças com o Hezbollah, era objeto de frequentes rumores. Assad disse, durante a audiência, que faria chegar às minhas mãos (como de fato ocorreu) cópia de uma folha de papel com cinco pontos, cujo original fora entregue em fins de maio ao então senador John Kerry (que, naquela época, atuava como uma espécie de "emissário do bem" do presidente Obama). Tratava-se de princípios que poderiam nortear uma negociação com Israel. O primeiro deles mencionava que um tratado de paz entre Síria e Israel deveria conter dispositivos sobre a fronteira nas Colinas de Golã que representassem o retorno à linha de 4 de junho de 1967. Em contrapartida, de modo muito significativo do ponto de vista dos interesses de Israel, esse mesmo parágrafo estipulava que nenhuma das partes daria ajuda ou cobertura (*comfort*) a qualquer outro ator, estatal ou não, que ameaçasse a segurança da outra parte. Embora redigido de modo a que pudesse valer para os dois lados, tratava-se obviamente de um compromisso de Damasco de não seguir apoiando ações do Hamas ou do Hezbollah contra Israel. Outros pontos diziam respeito à cessação do estado de conflito entre Israel e Síria; à normalização das relações diplomáticas, incluindo a abertura de embaixadas; e ao apoio à Iniciativa Árabe de Paz, bem como a acordos entre Israel e Palestina e à normalização das relações de Tel Aviv com os membros da Liga Árabe. Ao ler o documento, não pude deixar de lembrar a reação de Olmert à mensagem que Assad enviara por meu intermédio. Naquela ocasião, o então primeiro-ministro israelense me parecera, em tese, flexível em relação ao traçado da fronteira com a Síria e muito mais preocupado com o apoio de Damasco ao Hamas e ao Hezbollah. Os pontos do documento entregue a Kerry, caso aceitos e efetivamente honrados – o que talvez exigisse alguma participação de terceiros países como uma espécie de "garantidores" –, constituíam, a meu ver, uma boa base para avanços na direção de um acordo de paz possível entre Síria e Israel.

O presidente Assad me autorizou a mencionar a Netanyahu a existência do documento e, naturalmente, seu conteúdo. Segundo ele, isso permitiria "ganhar tempo", enquanto se resolvia a questão da mediação. Essa preocupação em "ganhar tempo" ou "manter uma boa atmosfera", expressa mais de uma vez pelo presidente sírio, não deixou de me surpreender, pois, afora a advertência apocalíptica de Fidel Castro, eu não percebera naquele momento a iminência de conflito armado. Lembrei-me, porém, do comentário feito por Mubarak durante a visita ao Cairo, no contexto da crise desencadeada pelos ataques a Gaza, quando mencionei a "atitude moderadora" de Damasco em relação ao Hamas. Durante o excelente almoço que Muallem me ofereceu em um restaurante da Damasco Antiga, o ministro forneceu detalhes sobre o ponto exato em que haviam sido interrompidas as negociações conduzidas com a facilitação de Ancara. De posse desses dados, eu teria, em princípio, condições de fazer avançar as conversas com o primeiro-ministro israelense. "Na prática", disse ele, "o Brasil já está atuando como facilitador". A observação de Muallem me fez sentir como uma versão diplomática do personagem de Molière, Monsieur Jordain, que ficou muito orgulhoso ao descobrir que falava em prosa. Entre o encontro com o presidente e o almoço com o ministro, tive tempo de me dirigir à residência da embaixada, de onde telefonei para meu colega Ahmet Davutoglu e o pus a par de minhas conversas em Damasco.

Logo após meu regresso ao Brasil, em um domingo, telefonei para o primeiro-ministro israelense, com o objetivo de transmitir o que havia escutado na Síria. A chamada fora fixada para as 13h30 (hora de Brasília), portanto já noite em Jerusalém. O telefonema não poderia ocorrer antes em virtude de uma reunião ministerial que se realizava em Jerusalém naquela tarde. Quando o assessor – que veio a minha casa com esse fim – providenciou a ligação, Netanyahu continuava reunido com o gabinete. Mais preocupante: sua secretária não tinha notícia sobre a chamada. Cheguei a temer que o telefonema acabasse não ocorrendo. Não seria fácil retomar o contato, pois, a partir de segunda-feira, eu teria uma agenda pesada, com grande parte dela fora do Brasil. Estava ainda avaliando com meu colaborador o que deveria fazer quando a secretária do primeiro-ministro voltou a chamar, pelo celular, dizendo que Netanyahu estava pronto para receber o telefonema. O primeiro-ministro foi gentil e começou a conversa pedindo desculpas pelo atraso (que, na verdade, fora de apenas vinte minutos). Relatei então a Netanyahu, com algum nível de detalhe e sempre sob uma óptica positiva, os comentários que ouvira na Síria. Referi-me ao desejo do presidente Assad de manter aberto o canal por meu intermédio. Queria, entretanto, que isso ocorresse de maneira discreta. Não seria possível para Damasco abandonar publicamente a mediação turca,* embora houvesse plena consciência de que, no momento, estava "congelada". Valendo-me das informações de Muallem, referi-me às respostas que a parte síria teria fornecido aos quesitos israelenses sobre segurança. Essas respostas teriam sido dadas (ou entregues) ao primeiro-ministro Erdogan

* O cuidado do governo Assad em evitar gesto que pudesse melindrar Ancara torna mais surpreendente a militância com que a Turquia passou a apoiar os rebeldes sírios a partir de meados de 2011.

para serem comunicadas a Tel Aviv no momento em que as demandas sírias sobre os seis pontos da fronteira (*benchmarks*) fossem atendidas de modo satisfatório. Relatei também ao primeiro-ministro que, por instrução do próprio Assad, o ministro Muallem me havia mostrado um documento contendo cinco pontos, que havia sido entregue ao senador John Kerry no final de maio. Preferi omitir o fato de que o ministro me havia dado uma cópia. Transmiti minha impressão de que o *non paper* tratava de modo bastante adequado as preocupações de Israel com sua segurança, inclusive com o compromisso de não apoiar movimentos hostis a Tel Aviv. Embora, como assinalei, o papel entregue ao senador americano estivesse redigido de maneira a que o compromisso fosse recíproco, era óbvio para mim que a referência a "atores estatais e não estatais" dizia respeito não só ao Hamas e ao Hezbollah, mas também a Teerã. Tratando-se de uma conversa telefônica, foi difícil dizer se o primeiro-ministro ficou ou não surpreso (e até que ponto) com a informação. Netanyahu parecia mais interessado em confirmar a disposição da Síria de assinar um acordo com Israel, mesmo antes que o processo de paz com a Palestina estivesse concluído. Afirmei que esta, sem dúvida, era a minha percepção. Temendo não ter sido suficientemente claro, pedi, logo em seguida ao meu telefonema, que meu colaborador, Leonardo Gorgulho, chamasse o assessor de segurança de Netanyahu com o objetivo de reiterar a disposição de Damasco a esse respeito, explicitada no *non paper*. Com receio da qualidade da chamada, em certo ponto da conversa perguntei ao primeiro-ministro se estava seguindo bem minha exposição. "Cada palavra", disse ele, acrescentando que as informações que lhe dera eram "muito valiosas". Netanyahu disse-me que iria refletir sobre o que ouvira e que voltaria ao assunto logo que possível. Na primeira oportunidade que tive, na semana seguinte, resumi para Muallem o teor da conversa telefônica com o primeiro-ministro israelense. Com essas duas chamadas, fechava-se o ciclo daquele possível início de mediação. A propósito, anotei: "É como um seixo jogado na água; é preciso ver até onde chegam as ondulações".

Na verdade, as "ondulações" não iriam muito longe. Já mencionei como os problemas internos de Israel e o processo eleitoral no Brasil, logo seguido da transição de governo, não permitiram que a visita do premiê Netanyahu se concretizasse. Tampouco houve oportunidade para conversas de maior profundidade com os interlocutores sírios. A possível "mediação/facilitação" do Brasil ficou assim em suspenso, aguardando que uma iniciativa fosse tomada – o que na prática só poderia ocorrer após o fim do mandato presidencial de Lula. Diferentemente do hábito atribuído às autoridades israelenses de guardarem para si os documentos relevantes de sua gestão, tratei de evitar que os papéis relativos a essa incipiente intermediação brasileira se perdessem. Determinei expressamente que o *non paper* entregue a John Kerry, cuja cópia me fora dada por instrução do presidente Assad, fosse enviado para o respectivo "maço" nos arquivos do Itamaraty. Lá estará ele à espera de circunstâncias propícias para uma ação brasileira em prol do entendimento sírio-israelense. Sobre nossa relação com a Síria, anotaria apenas que nosso ânimo de seguir estreitando os laços se expressou, no final do ano, pela assinatura do Acordo-Quadro Comercial Mercosul-Síria.*

Ramalá

Os desdobramentos mais importantes do último semestre de 2010 dizem respeito à Palestina. Antes de mencioná-los, deixo o registro da evolução positiva das relações com o Egito, pouco antes que a Primavera Árabe levasse de roldão os principais protagonistas da vida política do Cairo. Em 2 de agosto, à margem da Cúpula do Mercosul em San Juan, foi assinado o Acordo de Livre Comércio Mercosul-Egito, finalizando negociações iniciadas em 2004. Tratou-se do segundo acordo de livre comércio extrarregional assinado pelo Mercosul (o primeiro foi justamente com Israel). Durante a Assembleia Geral da ONU, voltei a me encontrar com o ministro egípcio, que, na época, estava especialmente preocupado com o Sudão, onde um plebiscito sobre a independência do Sudão do Sul estava marcado para janeiro. Segundo meu colega, havia risco de grande instabilidade com repercussão no restante da região. Em contraste com o relativo otimismo de nossos últimos encontros, Aboul Gheit fez uma avaliação muito pessimista sobre a situação da Palestina. Chegou a sugerir que Lula ligasse para Shimon Peres. "Não subestimem a influência do Brasil", disse ele. A ligação sugerida por Gheit não chegou a ser feita, mas o Brasil adotaria outras atitudes, com importante repercussão internacional, sobre a questão da Palestina.

Vínhamos acompanhando com atenção os avanços e recuos do processo de paz. De certa forma, à luz do que ocorria no terreno entre Israel e Palestina, a expressão Processo de Paz parecia inadequada. Apesar disso, o Brasil não deixou passar em branco a notícia de que as duas partes haviam retomado negociações diretas em 25 de agosto. A nota oficial com que registramos nossa reação foi cautelosa, porém. Assinalamos que "o governo brasileiro *acolheu com interesse* o anúncio de que o diálogo direto entre israelenses e palestinos será retomado no início de setembro". A mesma nota recordou as *expectativas palestinas* quanto ao

---

* O acordo-quadro para o estabelecimento de uma área de livre comércio entre o Mercosul e a República Árabe da Síria foi firmado a 16 de dezembro de 2010, em Foz do Iguaçu.

congelamento dos assentamentos israelenses. Do ponto de vista brasileiro, despertou atenção a declaração pública feita por Saeb Erekat segundo a qual a ANP gostaria de ver o envolvimento do Brasil nas discussões. Erekat não se referiu apenas ao Brasil. Mencionou também China, Noruega, Turquia e Emirados Árabes. A rigor, a referência ao Brasil era a única novidade real, já que todos os demais eram países da região, à exceção de China e Noruega. Mas a China é membro permanente do Conselho de Segurança e a Noruega, desde os Acordos de Oslo, estivera envolvida no processo de paz. Além disso, um conselheiro diplomático de Mahmoud Abbas teve o gesto de telefonar à nossa embaixadora em Ramalá, Ligia Scherer, antecipando o conteúdo da declaração. Entretanto, fiquei sabendo por meio de nosso embaixador em Washington, Mauro Vieira, que os Estados Unidos, grandes patrocinadores da retomada do diálogo direto, não tinham intenção de convidar os países mencionados por Erekat para o primeiro encontro dessa nova fase da negociação. A participação estaria restrita aos diretamente envolvidos, além dos próprios norte-americanos, a Jordânia e o Egito. Tony Blair representaria o Quarteto. Em 28 de setembro, um dia depois de ter ouvido as previsões pessimistas do chanceler egípcio na sede da ONU, o governo brasileiro teria de emitir nova nota, dessa vez para expressar preocupação com a não renovação da moratória à expansão dos assentamentos por parte de Israel. Alguns dias antes, no pronunciamento de abertura perante a Assembleia Geral da ONU, havia dedicado cinco parágrafos à questão do Oriente Médio. Mencionei a necessidade de um Estado Palestino que pudesse assegurar vida digna a seus cidadãos e reiterei a importância que o Brasil atribuía ao congelamento dos assentamentos israelenses. Referi-me também à urgência de se levantar toda forma de bloqueio a Gaza. Afirmei: "Não é a forma do diálogo que determinará se haverá resultados. O que importa é o ânimo das partes de chegar a uma paz justa e duradoura. Isto será mais fácil com o envolvimento de todos os interessados".

A decisão de reconhecer o Estado Palestino já havia sido tomada algum tempo antes. Na verdade, ela foi amadurecendo aos poucos e culminou com a reflexão ensejada pela visita de Nabil Shaath ao Brasil. Em retrospecto, ficava mais claro, no meu espírito, que Mahmoud Abbas não fizera na carta um pedido explícito nesse sentido, a fim de evitar reações norte-americanas. Mas era evidente que esse era o seu desejo. No dia 1º de dezembro, voltando de Washington, onde participei da cerimônia de premiação da revista *Foreign Policy* (na qual, contracenando com John Kerry, entre outros, na mesa principal, ouvi do senador um comentário sobre "ação efetiva" no caso do Irã que me fez temer um ataque armado), fiz no meu caderno uma anotação em que tratei das tarefas que teria após minha volta a Brasília naquele mesmo dia. Curiosamente, uma delas era receber o vice-

-primeiro ministro de Israel, Silvan Shalom, que, segundo ele próprio disse aos jornais, "viria a Brasília para ver o chanceler". Mas a missão mais importante que eu me havia traçado era acertar com o presidente a forma pela qual se daria o reconhecimento do Estado Palestino. Passadas as eleições, com a vitória da candidata do governo, eu não via nenhuma contraindicação a esse passo, mesmo que pudesse haver esperneios, aqui e ali, na mídia brasileira. Na ocasião, escrevi: "É melhor fazer [o reconhecimento] agora do que deixar o problema para [a presidenta eleita]".*

Já havia algum tempo que transmitíramos às autoridades palestinas a conveniência de que a solicitação de reconhecimento fosse expressamente formalizada. Isso tinha o objetivo de evitar que, além de outras críticas, os opositores viessem a qualificar o ato como um "gesto gratuito". Atendendo a essa ponderação, Abbas escreveu a Lula carta datada de 24 de novembro, a qual Lula respondeu no dia 3 de dezembro. No próprio dia 3, foi emitida nota que divulgou a íntegra das duas comunicações. Em virtude de seu valor histórico, cito o parágrafo central da carta de Lula a Abbas: "Por considerar que a solicitação apresentada por Vossa Excelência é justa e coerente com os princípios defendidos pelo Brasil para a questão palestina, o Brasil, por meio desta carta, reconhece o Estado Palestino nas fronteiras de 1967". A carta presidencial teve o cuidado de reiterar a convicção de que "somente o diálogo e a convivência pacífica com os vizinhos farão avançar verdadeiramente a causa palestina". Como Ramalá previa, o gesto brasileiro gerou uma reação em cadeia na América Latina. Argentina e Uruguai foram os primeiros a se pronunciar na linha do Brasil. Vários outros seguiram nosso exemplo.** No mesmo dia do anúncio, a *Foreign Policy*, sempre rápida, "postou" no seu *site* matéria em que afirma: "O presidente Luiz Inácio Lula da Silva e seu reformador (*transformative*) ministro das Relações Exteriores, Celso Amorim, continuam a criar fatos novos (*making news*) no seu último mês de governo, ao anunciarem hoje que o Brasil reconheceu o Estado Palestino nas fronteiras de 1967".

Com o reconhecimento do Estado Palestino, completava-se um longo ciclo nas relações entre o Brasil e os países árabes, marcado pela busca de aproximação

---

* O governo Dilma Rousseff manteria a mesma linha de apoio ao Estado Palestino. Em novembro de 2012, o Brasil votou favoravelmente à Resolução A/RES/67/19, que concedeu à Palestina *status* de Estado observador não membro junto às Nações Unidas.

** Argentina, Bolívia, Chile, Equador, Peru, Paraguai e Uruguai expressaram o reconhecimento do Estado Palestino pouco depois de o Brasil tê-lo feito, entre o fim de 2010 e o início de 2011. Até o momento em que este livro foi escrito, a Colômbia era o único país sul-americano que não havia feito o reconhecimento.

política, econômica e cultural. Essa aproximação se fez sem prejuízo do bom relacionamento com Israel, cujo governo, à exceção dos setores mais radicais, deu várias mostras de consideração e confiança.* Embora muitas ações que iniciamos não tenham chegado a frutificar plenamente, foram lançadas sementes de uma maior presença brasileira em uma região na qual, mais do que em nenhuma outra, se joga a sorte da paz mundial. Isso não é algo trivial, ainda que, em muitos casos, só o transcurso do tempo, aliado a uma firme determinação de não recuar, possa produzir efeitos duradouros. No caso das relações econômicas, esses efeitos já são mais do que visíveis. Em outros campos, a delicadeza e a complexidade dos temas exigirão ação persistente e confiança nos nossos propósitos. Essa confiança, aliás, está hoje presente em grande parte dos nossos interlocutores.

Julho de 2014.

* A capacidade de mediação/facilitação do Brasil, que pressupõe confiança das partes, foi recentemente enfatizada por Noam Chomsky, no já citado discurso feito no dia 14 de outubro de 2014 (posterior portanto ao término da versão inicial desta narrativa) no comitê da Assembleia Geral da ONU sobre o exercício dos direitos do povo palestino. Naquela ocasião, o respeitado filósofo afirmou que se as negociações fossem retomadas "elas seriam conduzidas por uma parte neutra, talvez o Brasil".

III

Doha: o fio da meada

De Genebra a Hong Kong

À guisa de introdução

Se há um tema que permeou praticamente toda a minha gestão como ministro das Relações Exteriores do governo Lula foi, ao lado da integração sul-americana, o da Rodada Doha, e isso por várias razões. Em primeiro lugar, as negociações iniciadas em 2001 sob a tutela da OMC ofereciam, desde que eu conseguisse fortalecer sua dimensão de "Rodada do Desenvolvimento" e dar a devida ênfase à questão dos subsídios agrícolas, uma alternativa aceitável às pressões por negociações bilaterais, especialmente aquelas, como as da ALCA, marcadas por um cunho hegemônico. Quando do lançamento da Rodada Doha, o resultado obtido nas discussões sobre propriedade intelectual e saúde mostrava que havia campo para uma mudança de ênfase no tratamento das questões comerciais, com maior relevo para temas de interesse dos países em desenvolvimento. Embora a agenda de Doha contivesse vários itens que nos causavam preocupação, o jogo de forças no foro multilateral dava margem à formação de coligações estratégicas (como as que criamos por meio do G20 e outras articulações com outros países em desenvolvimento) e alianças táticas (como as que entretivemos alternadamente com a União Europeia e os Estados Unidos, dependendo da situação). Por sua própria natureza, estas eram inviáveis em outros tipos de negociação. Mais do que um apego formal ao multilateralismo – que não deixava de ser um fator relevante –, a prioridade que eu atribuía a Doha expressava uma visão contrária à consolidação de áreas de influência política e econômica, e era incompatível com um mundo multipolar para cuja construção eu desejava contribuir. Se esse reequilíbrio possibilitasse uma defesa mais efetiva de objetivos econômicos e comerciais do Brasil, da América do Sul e, de modo mais geral, dos países em desenvolvimento, estaríamos unindo o útil ao agradável. Depois do que tenho chamado de "o grande fracasso de julho (de 2008)",* as chamadas NCM (negociações comerciais multilaterais) mereceram atenção decrescente, em função da perda de dinamismo gerada pela sensação de que o êxito era cada vez menos provável. Na atividade diplomática do Brasil, essas negociações submergiram, em grande parte, ofuscadas por outros assuntos, como a criação da Unasul, a Declaração de Teerã e o nosso envolvimento no Oriente Médio. Tratei da Rodada em alguns capítulos do meu livro *Conversas com jovens diplomatas*, em que relatei, frequentemente sob o calor dos acontecimentos, os embates que tivemos em Potsdam (junho de 2007) e em Genebra (julho de 2008). Curiosamente, ao final do meu relato sobre esses "fatídicos" encontros, assinalei que aquela era uma versão preliminar dos acontecimentos, que algum dia deveria ser revista. Posteriormente, em minhas *Breves narrativas diplomáticas*, abordei as negociações da OMC do início de 2003 até julho de 2004, com ênfase na Conferência Ministerial de Cancún (agosto de 2003) e no *July Framework* (julho de 2004). Nesses textos aparecem referências esparsas a fatos ocorridos entre o "arcabouço de julho" e Potsdam, mas não há uma abordagem sistemática dos avanços e recuos entre um e outro episódio. Tampouco está descrita a complexa interação entre o trabalho diplomático de ministros e embaixadores e os contatos entre os líderes políticos nas Cúpulas do G8 com a participação das grandes economias em desenvolvimento, ou em reuniões bilaterais e conversas telefônicas. São lacunas como essas que, neste relato, me proponho a preencher de forma tão completa quanto permitam minha memória e minhas notas.

"Derrota é derrota"

Já salientei o destaque que o Brasil obteve por sua atuação em Cancún, expresso em inúmeros pedidos de entrevista pela imprensa internacional, inclusive uma, bastante longa, que concedi à BBC. A entrevistadora foi a ex-ministra britânica Clare Short, que deixara o gabinete de Tony Blair – de que fora, por assim dizer, a "voz progressista" – em virtude de sua desaprovação à invasão do Iraque. Uma

* Amorim, Celso. *Conversas com jovens diplomatas*. São Paulo: Benvirá, 2011. Ver especialmente o capítulo 5, "Celso disse isso...", e o capítulo 7, "Outras crises virão...". A Rodada é também tema do capítulo 14 da mesma obra, "Confesso que negociei".

matéria publicada pelo jornal *Financial Times* no início da conferência já ilustrava a importância que o Brasil havia assumido nas negociações. Intitulado "From Amorim to Zoellick, Who is Who in Cancún", o artigo citava apenas os ministros de quatro países/entidades: Estados Unidos, União Europeia, Brasil e Índia. Essa posição central que ocupamos só fez crescer durante a conferência e, ainda que a contragosto, foi sendo progressivamente reconhecida pelos outros participantes. O processo que levou ao "arcabouço de julho" contribuiu para consolidar essa posição de relevo. Até mesmo o USTR Bob Zoellick, com quem eu havia travado duras discussões em Cancún, e o comissário europeu, Pascal Lamy, reconheceram publicamente o papel do Brasil e do G20 no resultado obtido. O presidente do Comitê Agrícola da OMC, o embaixador neozelandês Tim Groser, apesar de seu comportamento sinuoso e nem sempre transparente durante as negociações,* classificou o G20 como "uma obra-prima da diplomacia econômica". A distância e os impasses até hoje não superados podem fazer parecer que o entendimento de julho foi um episódio menor e sem consequências, mas na época ele foi amplamente celebrado, tanto pelos participantes como, de um modo geral, pela mídia. Mais de um ano depois, tive a oportunidade de estar com Bob Zoellick, em seu escritório de vice-secretário de Estado, posto que assumiu ao deixar o de representante comercial. Na ocasião, ele apontou para uma estante onde havia uma foto, tirada na reunião do Comitê de Negociações Comerciais (TNC, na sigla em inglês), que formalizou o "arcabouço de julho", na qual, juntamente com o comissário europeu e o ministro da Índia, ambos comemorávamos o feito.

Ao longo de 2005 e até julho de 2007 em Potsdam, o núcleo das discussões sobre a Rodada foi o G4, grupo formado por Brasil, Índia, Estados Unidos e União Europeia. A composição do FIPS (Five Interested Parties), responsável pela negociação do *July Framework*, restrito a temas agrícolas, seria corrigida com o tempo, de modo a contemplar de forma equilibrada dois participantes do mundo desenvolvido e dois representantes do mundo em desenvolvimento. A Austrália, que integrara o FIPS em virtude de seu papel no grupo de Cairns, passaria, juntamente com o Japão,** a ser chamada apenas ocasionalmente para um G6 que se reunia por vezes ao final de um encontro do G4. Noto desde já que,

* Ver Amorim, Celso. *Breves narrativas diplomáticas*, op. cit., capítulo 4.

** A propósito da posição do Japão, recordo um episódio anedótico. Durante a visita a Brasília de um grupo de parlamentares japoneses interessados em comércio, um deles não conteve a perplexidade e perguntou a um dos meus colaboradores: "Por favor, me explique. Japão, no comércio internacional, grande; Brasil, pequeno. Na OMC, Brasil grande, Japão pequeno. Como pode?".

até a reunião de Genebra de julho de 2008, a China manteve uma postura discreta, seja por pragmatismo, em função de seus interesses específicos, seja por cautela, decorrente de seu acesso recente à OMC. Isso não a impediu de se unir ao G20 e de ter "patrocinado" uma reunião miniministerial (Dalian).

Nos meses que se seguiram ao "arcabouço de julho", as atenções dos membros da OMC se voltaram para outro tópico que só indiretamente tinha a ver com as negociações: a escolha do novo diretor-geral, que deveria substituir o tailandês Supachai Panitchpakdi em 2005. Logo se apresentaram como pré-candidatos o francês Pascal Lamy, o uruguaio Carlos Pérez del Castillo e um ministro das Ilhas Maurício, Jaya Krishna Cuttaree, formalmente (mais do que efetivamente) apoiado pela União Africana. Pascal Lamy, além do poderoso suporte do bloco europeu, tinha o endosso de Washington, em decorrência da estreita cooperação que mantivera com o USTR.* Pérez del Castillo fora o presidente do Conselho no período que antecedera Cancún e, nessa qualidade, fora o responsável pela apresentação do documento que, em tese, serviria de base para as negociações naquela conferência. Como o leitor das *Breves narrativas* se recordará, a desqualificação desse documento foi um dos principais fatores de aglutinação do G20, uma vez que a proposta de Castillo contemplava, de forma leniente, os interesses defensivos dos Estados Unidos e da União Europeia no setor agrícola. O candidato africano não era uma figura expressiva. Não me recordo de quem partiu a ideia de lançarmos a candidatura do embaixador brasileiro em Genebra, Luiz Felipe de Seixas Corrêa; o fato é que a abracei imediatamente. Via nessa postulação uma oportunidade de afirmar as posições pelas quais nos havíamos batido como coordenadores do G20 em Cancún e nos entendimentos posteriores. Pareceu-me, à época, que um candidato do Brasil teria o poder de catalisar a ação dos países em desenvolvimento. O outro candidato sul-americano ficara marcado por uma postura vista por muitos, inclusive pelos membros do G20, como excessivamente moldada pelos interesses dos países ricos. Já o ministro das Relações Exteriores de Maurício não parecia despertar entusiasmo sequer entre os africanos.

Minha avaliação, bem como a de meus assessores, subestimou as dificuldades que uma candidatura apresentada tardiamente enfrentaria, em especial diante da de outro latino-americano. Também deixei de levar em devida conta a falta de transparência que costumava marcar as decisões da OMC sobre esse tipo de tema. Eu mesmo me surpreendo com essa atitude, que hoje atribuo a meu incurável otimismo. Como embaixador em Genebra no período 1999/2001, eu assistira a

---

* Ver *Breves narrativas diplomáticas*, op. cit., capítulo 4.

todo tipo de manipulação em favor do neozelandês Mike Moore, em detrimento do candidato de um país em desenvolvimento, o tailandês Supachai Panitchpakdi. Naquela ocasião, diante da revolta dos países que apoiavam Supachai, entre os quais o Brasil, o mandato, que era para ser de quatro anos, acabou sendo dividido entre os dois postulantes, cada um por um período de três anos. Assim, como dizem os anglo-saxões, *I should know better*. Outro fator – este derivado da política interna – também contribuiu para o fracasso da candidatura brasileira. Quase simultaneamente à apresentação do nome de Seixas para a OMC, o governo brasileiro, movido por pressões de sua base política, apresentou o nome do economista João Sayad para a presidência do Banco Interamericano de Desenvolvimento – BID. Sayad, além do apoio do PT, pois fora secretário de Economia da cidade de São Paulo na administração de Marta Suplicy, tinha méritos profissionais indiscutíveis. Da mesma forma que Seixas Corrêa, Sayad também enfrentava um candidato latino-americano forte, o colombiano Luiz Alberto Moreno, que representava seu país em Washington – o que já era um trunfo. Um assessor, que presenciou uma conversa minha com o presidente Lula sobre o tema, recorda-se de uma afirmação que fiz: "Não sei se podemos ganhar, mesmo que abdiquemos de uma das duas candidaturas, mas é certo que, se mantivermos ambas, perderemos as duas". Foi exatamente o que ocorreu. Depois de alguns meses de campanha, em que além do próprio Seixas e da máquina diplomática do Itamaraty, eu estive pessoalmente empenhado, levantando a questão sempre que podia em encontros bilaterais, o nome do nosso candidato foi eliminado na primeira rodada de consultas, anterior à escolha formal. Soube com antecedência que isso iria ocorrer por informações que obtive da própria OMC e pela forma como as perguntas eram apresentadas pela comissão encarregada das sondagens prévias. Não se levou em conta, por exemplo, o fato de o candidato brasileiro ter sido o que mais indicações recebera como segunda preferência dos membros da Organização, o que denotava uma boa dose de simpatia, mesmo da parte daqueles que já tinham compromisso com outro candidato. Não pude esconder minha decepção. Como tive ocasião de dizer a uma jornalista brasileira: "Derrota é derrota". Restou-nos, entretanto, o consolo de que, ao longo da campanha, nossas ideias sobre a democratização da OMC e a participação efetiva dos países em desenvolvimento nas negociações foram amplamente difundidas. Em um esforço de racionalização, caracterizei nosso pleito como uma "anticandidatura", a exemplo do que ocorrera com Ulysses Guimarães durante o regime militar no Brasil. Nossa liderança entre os países em desenvolvimento e nosso prestígio entre os membros da Organização não foram abalados, o que ficou comprovado pelo papel ativo que mantivemos durante todo o processo de negociação.

"Agricultura é a locomotiva"

Após o *July Framework*, as atividades da OMC em nível ministerial ficaram em ponto morto. Somente no início de 2005 os encontros políticos foram retomados. No mês de janeiro, como de hábito, realizou-se em Davos uma reunião a convite da Suíça, sempre promovida quase como um ritual pelo país anfitrião. Nada de muito substantivo ocorreu nesse encontro, seguido de almoço, entre uma vintena de ministros responsáveis por negociações comerciais. Também seguindo a tradição criada em Cancún, presidi uma reunião dos ministros do G20 presentes em Davos. O USTR Bob Zoellick, já em fase de despedida, pois sua saída do cargo era conhecida, convidou um pequeno número de países para um café informal. Recordo-me da presença do ministro de Comércio da Austrália, Mark Vaile, do sul-africano Mandisi Mpahlwa e de um delegado de Hong Kong, além do novo comissário europeu, Peter Mandelson, e do diretor-geral, Supachai. Possivelmente havia outros, como o ministro George Yeo, de Cingapura, que presidira o grupo de agricultura em Seattle, Doha e Cancún. Yeo foi posteriormente alçado a ministro das Relações Exteriores e, nessa condição, seria um interlocutor de grande valia para o relacionamento bilateral conosco, bem como para os esforços de aproximação entre o Mercosul e a Asean.* Esse café entre ministros de países supostamente "construtivos" na visão do anfitrião norte-americano ocorreu no hotel Fluella, o que deu origem a um grupo de curta duração com o mesmo nome. Lembro-me de um segundo encontro do grupo, por ocasião da reunião anual da OCDE, para a qual o Brasil e outros emergentes eram regularmente convidados, em maio do mesmo ano. O grupo voltaria a reunir-se em Zurique em outubro, convocado pelos Estados Unidos. O foro de Davos também serviu de ocasião para várias bilaterais. A mais importante delas, no meu caso, foi com o próprio Zoellick e se ateve principalmente à questão da ALCA, já então agonizante.** Curiosamente, minha agenda não registra reunião com Peter Mandelson, que viria a ser um dos meus principais interlocutores durante os quatro anos seguintes. Imagino que tenha sido um erro de registro ou, mais provavelmente, tenha havido alguma incompatibilidade de horários.

---

* Graças ao interesse ativo do ministro do Exterior de Cingapura, pude organizar, à margem de uma Reunião do Fórum de Cooperação América Latina-Ásia do Leste (Focalal), um encontro/café da manhã entre os ministros do Mercosul e da Associação das Nações do Sudeste Asiático (Asean), em 22 de agosto de 2007. Uma segunda reunião ministerial seria realizada em Brasília em novembro de 2008.

** O teor dessa conversa aparece nas *Breves narrativas diplomáticas*, op. cit., ao final do capítulo 3, "ALCA: fim de linha".

No "arcabouço de julho" havíamos fixado os principais parâmetros da negociação agrícola, como explicitação da eliminação dos subsídios à exportação (além de outras medidas de apoio) e regras para a chamada "caixa azul", onde se inseriam subsídios que distorciam o comércio, mas não de modo tão direto que justificasse no entender dos membros da OMC sua proibição total, como os designados para a "caixa amarela".* O "arcabouço" também lidou, de modo bastante vago, com a questão de acesso aos mercados agrícolas e, nesse contexto, incluiu a noção de "salvaguardas especiais" para países em desenvolvimento e de "produtos especiais", defendida pela Índia.** Tratava-se agora de traduzir esses parâmetros em conceitos quantificáveis, que seriam a base das negociações. Na OMC, esses conceitos/números que antecedem a confecção da lista de compromissos de cada país (*schedules*) ganharam o curioso nome de "modalidades". Além das "modalidades" em agricultura, seria necessário evoluir em outras vertentes da negociação, como a área de serviços, em que nossas posições eram mais "defensivas", notadamente bens industriais, tema que ficou conhecido pela sigla em inglês NAMA (Non Agricultural Market Access). Esses dois conjuntos de temas, bem como a questão de "facilitação do comércio", que fizera parte dos chamados temas de Cingapura,*** foram alvo de apresentações ambiciosas dos países desenvolvidos na reunião organizada pelos suíços em Davos. O plano era que as "modalidades" sobre agricultura e NAMA estivessem concluídas na conferência ministerial programada para Hong Kong no final do ano.

A etapa seguinte da trajetória até Hong Kong seria uma nova "miniministerial plena" (isto é, não limitada a um breve encontro ou um almoço, como a de Davos), a ser realizada em um *resort* nas cercanias da cidade de Mombaça, no litoral queniano, que é citada por Camões nos *Lusíadas*. Ruínas de um forte português continuam a ser a principal atração turística da cidade, que havia sido parte do sultanato de Omã. Seria a primeira reunião nesse formato desde Montreal em 2003, pouco antes de Cancún. Baseado em minha experiência em Tóquio, em Sharm-el-Sheik e em Quebec,**** estava cético quanto ao valor desse encontro, mas outros participantes influentes defendiam sua utilidade.

* Uma explicação mais detalhada sobre as "caixas" aparece tanto nas *Conversas com jovens diplomatas*, op. cit., como nas *Breves narrativas diplomáticas*, op. cit.

** Idem, ibidem.

*** Facilitação do comércio era um dos quatro temas de maior interesse dos países desenvolvidos. Os outros três (investimentos, compras governamentais e política de competição) foram abandonados na esteira de uma verdadeira revolta dos países de menor desenvolvimento na Reunião Ministerial de Cancún.

**** Ver Amorim, *Breves narrativas diplomáticas*, op. cit.

Recordo-me, por exemplo, de Zoellick (que já não participaria de Mombaça) me haver dito, em algum momento, que as reuniões realizadas antes de Doha com essa configuração tinham contribuído para o "bom resultado" a que se chegou. A miniministerial de Mombaça estava marcada para os dias 3 e 4 de março, mas em função de compromissos em Montevidéu, onde acompanhei o presidente na posse de Tabaré Vazquez, e no Rio de Janeiro, onde participei da cerimônia em que, entre outras personalidades, fui agraciado com o prêmio Faz Diferença, oferecido pelo jornal *O Globo*, somente parti para a África na madrugada do próprio dia 3. A propósito dessa cerimônia, registro o comentário que escrevi na época: "Por ironia, no meu caso, a apresentação dos premiados foi feita pela Miriam Leitão, uma das mais assíduas críticas da política externa, ao lado de outro colunista, Ancelmo Gois. Também é curioso que eu tenha recebido o prêmio como personalidade que 'fez diferença' em economia, tantas são as críticas de setores empresariais à política externa, considerada terceiro-mundista, ideológica etc. Entre as razões citadas para [a concessão do] prêmio, [figuraram] os contenciosos na OMC, nossas posições em Cancún, no G20, na América do Sul e – surpresa das surpresas (...) – o redirecionamento das negociações da ALCA". Estas, aliás, apesar das evidências de um impasse insuperável entre o Mercosul e os Estados Unidos, sublinhado pelas palavras quase definitivas que ouvira de Zoellick em Davos,* continuavam a nos atazanar, como fiquei sabendo em Montevidéu por meio do relato da reunião que Adhemar Bahadian tivera com Peter Allgeier, vice-USTR, feito no percurso entre o aeroporto e o hotel em Montevidéu. Ainda assim, parti para o Quênia embalado pelos sentimentos positivos despertados pela premiação e, principalmente, pelas razões apresentadas para justificá-la.

O avião reserva do presidente, um velho 737 apelidado de "sucatinha", me conduziu ao continente africano. Após uma parada técnica em Libreville, que aproveitei para uma breve bilateral com o ministro interino gabonês, aterrissei em Mombaça perto da meia-noite. Meu assessor Antonio Simões esperava-me no aeroporto. Ao chegar, tive a boa notícia de nossa vitória – desta vez definitiva – no caso do algodão,** o que contribuiu para elevar meu ânimo. Além do prazer da vitória, o êxito nesse caso demonstrava o valor do foro multilateral para solucionar disputas comerciais. Como tive oportunidade de dizer em diversas ocasiões, em entrevistas para jornalistas ou em conferências para alunos do Instituto Rio Branco, os êxitos obtidos na questão do algodão em relação aos Estados

* Ver nota em *Breves narrativas diplomáticas*, op. cit., capítulo 3.

** A questão do algodão está descrita com algum detalhe em uma nota ao final do capítulo 3 de *Conversas com jovens diplomatas*, op. cit.

Unidos e no caso do açúcar com a União Europeia* não teriam sido possíveis em um eventual foro de solução de controvérsias na ALCA ou no contexto de um acordo birregional Mercosul-UE.

Para chegar ao *resort*, meu colaborador e eu fizemos uma viagem que me pareceu interminável, mas que, na realidade, durou cerca de uma hora, em um veículo utilitário. Percorremos uma estrada mal pavimentada, margeada por um casario extremamente pobre, composto de choças e choupanas, como as que eram comuns na "roça" no Brasil, há mais de meio século. Até uma travessia de balsa tivemos de fazer (ou isso terá sido apenas na volta, por outro caminho?). A precariedade das tendas de comércio e os casebres cobertos de folhas de zinco compunham um quadro de pobreza e privação do qual não escapavam as edificações aparentemente destinadas a órgãos públicos. Não havia dúvida de que estávamos em um País de Menor Desenvolvimento Relativo (LDC, na sigla em inglês, ou PMDR, em português), no linguajar eufemístico dos organismos internacionais. Esgotado pelo trajeto e pela longa viagem de avião, tratei de me proteger dos mosquitos com o filó que recobria a cama e me deitei. Só consegui dormir nas primeiras horas da madrugada. Pela manhã, tomei café com o subsecretário econômico, Clodoaldo Hugueney, e o embaixador em Genebra, Seixas Corrêa. Fiquei sabendo então que, na véspera, Clodoaldo havia travado uma dura discussão com Mandelson sobre a desproporção entre as ambições desmedidas dos europeus em serviços (e, possivelmente, NAMA) e a modéstia de suas ofertas em agricultura. Quando iniciei minha participação na miniministerial, no segundo dia, os ânimos já estavam acalmados, graças a uma intervenção conciliadora do ministro queniano, coordenador da reunião. Limitei-me a uma intervenção de natureza antes política do que técnica, em que ressaltei a "dimensão de desenvolvimento" que a Rodada deveria ter, em função de seu mandato original, e o papel central da agricultura. Foi nessa ocasião que, pela primeira vez, cunhei a expressão "motor" – ou melhor, "locomotiva" (*engine* em inglês) – da Rodada para qualificar as negociações agrícolas. Segundo uma anotação que fiz no dia seguinte, já em Nairóbi, "procurei sacudir o tom excessivamente tecnicista da reunião e tentei criar um contrapeso ao insuportável paternalismo dos europeus". Alguns ministros e/ou delegados (Zâmbia, Bangladesh, China) comentaram positivamente minha intervenção. No almoço que me ofereceu em Nairóbi, por ocasião da visita bilateral que fiz ao Quênia na sequência de Mombaça, o ministro do Comércio, Mukhisa Kituyi, assim se referiu à minha participação: "O Brasil sempre exprime de maneira mais vigorosa os interesses dos países em

---

* Ver nota a respeito de ambos os contenciosos mais adiante, nesta narrativa.

desenvolvimento. Até a Índia e a China falam de forma menos contundente (*their voice is more muffled*)".

"Sob pressão do Brasil, a União Europeia cedeu ..."

À parte o fato não desprezível de ter sido uma ocasião para que a voz dos países de menor desenvolvimento pudesse ser ouvida com mais atenção, a reunião de Mombaça teve resultados de natureza principalmente processual. De fato, pouco se poderia avançar em um encontro em que os Estados Unidos estavam representados por um USTR interino. Como outras miniministeriais – e esse talvez fosse o ponto de Zoellick –, a reunião no Quênia terá servido para que os responsáveis políticos pelas negociações voltassem a se engajar com temas cuja discussão estava restrita aos embaixadores em Genebra. Entre os tecnicismos discutidos, figurava uma questão esotérica que concentraria as atenções por todo o primeiro semestre de 2005: a dos chamados AVEs. A sigla, que resume a expressão *ad valorem equivalents*, referia-se à forma de conversão das tarifas específicas (estabelecidas em função do peso ou de outra característica mensurável de determinada mercadoria) em tarifas *ad valorem*. Com base nelas é que seriam calculadas as reduções que viessem a ser acordadas na negociação. Fazendo uso de sua inesgotável criatividade em matéria de siglas e designações, os negociadores da sede da OMC, provavelmente repetindo os técnicos da Comissão Europeia, haviam identificado a questão dos AVEs como um *gateway issue*, isto é, um tema que constituía um "portão de entrada" para as negociações de acesso a mercados na modalidade agricultura. Como costuma ocorrer, por trás das complexidades técnicas escondiam-se interesses econômicos. A Comissão Europeia, sempre imaginosa para descobrir novas formas de protecionismo, concebeu um tipo de cálculo que diminuiria substancialmente o valor das concessões que viesse a fazer. Tanto hoje como na época, seria incapaz de dissecar em toda a sua extensão os quantitativos envolvidos. Mas o sentido da manobra era muito claro. Assim, nossos técnicos presentes no G20 contrapuseram à fórmula europeia outra, de sua autoria, muito mais favorável aos nossos interesses. Foi somente na reunião que mantivemos à margem do encontro da OCDE,* em maio de 2005, que a

* A Organização para a Cooperação e o Desenvolvimento Econômico reúne essencialmente países desenvolvidos, aos quais se juntaram, nas últimas décadas, alguns países em desenvolvimento, como México, Chile e Coreia do Sul. Em sua reunião anual, são convidados habitualmente alguns países "emergentes", a cujos representantes é facultada a palavra. Na reunião de 2005, destaquei a

questão foi resolvida, após vigoroso embate entre o Brasil e a União Europeia. Seria o primeiro de muitos que eu teria com o comissário Mandelson (com quem também mantive muitos diálogos produtivos). Transcrevo minha anotação a respeito, feita no voo de volta de Paris ao Brasil: "O resultado da reunião [informal de alguns ministros] da OMC foi satisfatório. Embora o tema discutido (AVEs) fosse de uma tecnicidade absoluta, contabilizamos um avanço que pode [contribuir para] desbloquear as negociações (...). O *Monde* diz, em um subtítulo [da matéria que publicou sobre a reunião] que 'sob pressão do Brasil, a União Europeia cedeu e jogou fora algum lastro'. Não está mal". O *Economist*, em 5 de maio, definiu o resultado do evento como "progresso, enfim". Com efeito, quando Mandelson e a comissária para Agricultura, Mariann Fischer Boel, já não tinham argumentos, os europeus apelaram para o velho estratagema de que teriam de consultar os então 25 países-membros que haviam concordado com a fórmula apresentada. Mais uma vez, o G20 provou sua utilidade, mesmo na ausência da maioria dos seus integrantes: "E eu terei de consultar os membros do G20. Então é melhor suspender a reunião". Diante dessa ameaça, que não deixava de ter um elemento de blefe, chegamos a uma fórmula intermediária que permitiu encerrar essa *vexata quaestio*.

Voltando a Mombaça: apesar dos entreveros do primeiro dia entre Mandelson e o delegado brasileiro, e não obstante as evidentes divergências de posição sobre aspectos importantes da Rodada, mantive à margem do encontro formal contato bastante amistoso com o novo comissário europeu, com quem acertei o escopo para uma nova reunião Mercosul-União Europeia. Na verdade, a iniciativa partiu do meu interlocutor, que demonstrou grande interesse em um acordo entre os dois blocos. Mandelson sugeriu que, nesse encontro, voltássemos, de um lado e de outro, à "melhor oferta", algo obviamente difícil de determinar, dada a maneira informal e condicionada com que as ofertas haviam sido feitas em encontros anteriores. Logo suspeitei que havia aí uma nova "esperteza" dos técnicos da comissão. Um deles, o alemão Karl Falkenberg, era especialmente versado em todo tipo de artimanhas e frequentemente oferecia declarações e vazamentos à imprensa que distorciam os fatos e nos deixavam em situação incômoda. Por exemplo, continuamente tentou mudar os termos, que em princípio eu havia acordado com Pascal Lamy – quando ele ainda era o comissário de comércio

---

importância da agricultura e, em particular, dos subsídios agrícolas, para o êxito da Rodada Doha. Tratei também da questão dos AVEs. Nesse encontro, o USTR Rob Portman, recém-nomeado, referiu-se à agricultura como a "locomotiva" (*engine*) da Rodada, repetindo o que eu afirmara em Mombaça.

europeu –, sobre compras governamentais. Estas deveriam limitar-se essencialmente a compromissos de transparência e não incluir concessões em acesso. Ainda assim, concordei com a reunião proposta por Mandelson. Chegamos mesmo a cogitar uma data para o encontro, 2 de maio, que o lado europeu ficou de confirmar com a presidenta *pro-tempore* do Mercosul, a ministra paraguaia, Leila Rachid.

Não sei se este é o melhor momento para uma breve digressão sobre a dinâmica recíproca entre as negociações multilaterais da Rodada Doha e os entendimentos paralelos de natureza bilateral ou regional, em particular as tratativas entre o Mercosul e a União Europeia. Se eu tivesse alguma dúvida a esse respeito, o então comissário europeu Pascal Lamy se encarregaria de desfazê-la. Durante o encontro com o Mercosul, à margem de uma reunião entre a UE e o Grupo do Rio, em Atenas, no início de 2003, Lamy referiu-se à questão de acesso a mercados para produtos agrícolas. Valeu-se de uma expressão gráfica para transmitir que as concessões que viesse a fazer no acordo com o Mercosul teriam que ser subtraídas de Doha e vice-versa: "Eu só tenho uma conta no banco", disse Lamy. Contrariamente ao que ocorreu com a ALCA, cuja morte já fora anunciada mas que ainda levaria algum tempo para ser "enterrada", os entendimentos Mercosul-UE seguiam vivos, apesar das dificuldades. Em uma reunião em Bruxelas, ainda em 2004, havia sido acordado em princípio um quadro conceitual mutuamente aceitável que eliminava da negociação questões complexas e sensíveis, como regras sobre investimentos, propriedade intelectual e acesso ao mercado de compras governamentais. Em outras palavras, fora possível, com menor dificuldade do que na ALCA, limitar as negociações a temas que não incidissem diretamente em nossa capacidade de estabelecer com autonomia regras relativas a aspectos importantes de política econômica, preservando assim o que no jargão da ONU, especialmente na Unctad,* se definia como *policy space*. As diferenças entre demandas e ofertas (seja em agricultura, seja em bens industriais e serviços) eram, porém, consideráveis e não deixavam antever uma conclusão rápida para as negociações. Os próprios empresários brasileiros, que depois viriam se queixar da "prioridade" que o governo (e, em particular, o Itamaraty) concedeu à OMC, se revelariam muito refratários a um acordo com a UE em reunião que tive com as principais lideranças na sede da Fiesp.**

---

* Conferência das Nações Unidas para Comércio e Desenvolvimento, inaugurada em 1964.

** Em um momento crítico das negociações entre o Mercosul e a União Europeia, em 2004, mantive reunião na sede da Federação das Indústrias do Estado de S. Paulo (Fiesp), na qual pude observar, além da insatisfação com a oferta agrícola, fortes temores de boa parte do setor industrial em relação

Em abril de 2005, acompanhei o presidente Lula em um périplo por cinco países da África Ocidental, em que ouvimos de vários presidentes elogios à liderança brasileira na OMC, com citações especiais ao G20. O primeiro mandatário da Nigéria, Olusegun Obasanjo, foi particularmente enfático a esse respeito. Dele, entre outros, ouvi a promessa de apoio ao nosso candidato à direção-geral, em um momento em que, na verdade, já não nutria maiores expectativas. Foi, aliás, ao regressar dessa viagem – objeto de algumas críticas descabidas –,* que recebi a notícia da eliminação do nome do nosso embaixador em Genebra na disputa na OMC. No dia 18 de abril, fiz uma breve anotação a respeito desse fato, à qual se seguiu um comentário sobre conversa telefônica que mantive com o comissário europeu. Como os dois episódios estão, de certa forma, interligados, reproduzo as partes mais relevantes da nota: "Nada de realmente muito importante ocorreu desde a volta da África (...), a não ser o anúncio de que o nosso candidato à OMC estava fora do páreo. Foi uma derrota previsível (...). Como a transparência (...) é quase nula [na OMC], nunca saberemos [as circunstâncias] (...). Até que ponto este percalço influirá na nossa capacidade de liderar o [G20] (...) não está claro (...). Mantive, no sábado, longo e amigável telefonema com Peter Mandelson. As negociações [do Mercosul] com a União Europeia não estão caminhando bem. Há dificuldades reais (...) mas é importante evitar o jogo de empurrar culpas (...). Insisti que [para tanto] (...) um [eventual] encontro [fosse] em nível ministerial. Falamos também da Rodada. [Mandelson] disse que ficara impressionado (*was struck*) com minha observação, em Mombaça, de que tínhamos que avançar em várias áreas, mas que a agricultura continuaria a ser a locomotiva. Obviamente, fez esse comentário para pedir melhoras na proposta que Brasil e Índia haviam feito (não tenho meios de saber, mas imagino que se tratava de algo referente a bens industriais ou serviços). [O comissário europeu] está dando grande importância à reunião à margem da OCDE". Essa reunião – uma miniministerial compactada, promovida todos os anos pela Austrália – é a mesma a que aludi antes e que nada produziu de substancial, afora a negociação sobre os AVEs, que já mencionei.

às demandas da UE em manufaturas. Ao contrário da versão corrente de que as negociações teriam "empacado" em função da má vontade do Itamaraty ou da rigidez argentina, a causa principal do impasse foi a total insuficiência da oferta agrícola por parte da UE. Esse fato tem de ser levado em conta em eventuais tentativas de "reviver" as discussões sobre uma associação entre os dois blocos.

* Ver *Breves narrativas diplomáticas*, op. cit., capítulo 7.

"Alors, vous êtes un homme de sacrifice!"

Após a miniministerial de Mombaça e antes do encontro à margem da OCDE, realizou-se uma ministerial do G20 em Nova Délhi. A ideia de que os ministros se encontrassem na Índia fora minha (ou de algum assessor meu e acatada por mim). Eu achava que, ao mesmo tempo que mantínhamos a coordenação do grupo, era útil "diversificar" sua paternidade. Do meu ponto de vista, não convinha que o G20 fosse visto como um empreendimento exclusiva ou essencialmente brasileiro. Isso apenas contribuiria para que os países desenvolvidos buscassem desqualificá-lo, caso voltasse a ocorrer um impasse semelhante ao de Cancún. À medida que as negociações agrícolas se tornassem mais específicas e que os temas de serviços e NAMA, entre outros, começassem a ser objeto de pressões por parte dos países ricos (o que, na realidade, já estava acontecendo), manter a unidade do G20 se tornava uma tarefa tão complexa quanto indispensável.

Ao me dirigir para Délhi, notei que aquela era a quarta viagem que fazia à Índia em pouco mais de dois anos de gestão. Estivera lá em visita bilateral de ministros; acompanhando o presidente Lula (convidado de honra para as festividades da independência); e em encontro ministerial do IBAS (grupo composto de Índia, Brasil e África do Sul). Nessas viagens, alternei meu "chapéu" de ministro das Relações Exteriores com o de encarregado das negociações comerciais e ainda, por vezes, o de assessor para segurança internacional. Estive com membros do governo e da oposição. Por exemplo, mesmo após a queda do BJP,* recebi a visita do meu companheiro de Cancún, Arun Jaitley (que ressurgiria anos mais tarde como um poderoso ministro das Finanças do governo Modi). O grande interesse com que o tema da Rodada era seguido pelo público indiano me levou, em uma dessas visitas, a proferir palestras e a participar de discussões em diferentes associações industriais. Os múltiplos propósitos dessas empreitadas se reforçaram mutuamente e ajudaram a cimentar a aliança. A tal ponto chegou nossa proximidade que, em um evento comemorativo dos sessenta anos da independência da Índia, em Nova York, que coincidiu com a Assembleia Geral da ONU, fui – juntamente com Henry Kissinger – o único não indiano convidado a fazer um pronunciamento, como um dos *keynote speakers.* No que toca à Rodada, entretanto, toda essa aproximação não foi suficiente (diferentemente do que

* Bharatiya Janata Party (BJP) é um partido político indiano fundado em 1980.

ocorreu por ocasião do "arcabouço de julho"*) para evitar o colapso das negociações em 2008.

A reunião ministerial do G20 em Délhi transcorreu sem sobressaltos. Como anfitrião, Kamal Nath abriu o encontro e imediatamente me delegou a coordenação. Não sei se o fez por reconhecer a liderança do Brasil ou se desejava ter mais liberdade para falar como ministro da Índia. De minha parte, embora não estivesse previamente alertado para tal possibilidade, não achei de todo má a reiteração de nosso papel central no processo. A mesma atitude seria tomada mais tarde pelo ministro da China, no encontro do G20 que antecedeu a miniministerial de Dalian, e pelo do Paquistão, na reunião em um *spa* nas cercanias de Islamabad. Com a ajuda do Clodoaldo e do Seixas Corrêa, consegui, sem maiores dificuldades, que os ministros aprovassem a plataforma sobre as negociações agrícolas, previamente elaborada em reunião dos altos funcionários.

Assinalo que o consenso no grupo não era algo que pudesse ser assumido como óbvio. Apesar do interesse comum que movia seus integrantes desde Cancún – a saber, forçar os países desenvolvidos a eliminar ou, em certos casos, diminuir as ações de efeitos prejudiciais ao comércio agrícola –, o G20 estava longe de ser um bloco monolítico. Não eram de todo infrequentes tensões entre países altamente competitivos nessa área (como Argentina, Uruguai e Chile) e outros, mais voltados para a proteção dos próprios mercados (como a Índia, alguns asiáticos e até certos países da América Latina, como Venezuela e Cuba). Evitar que essas diferenças se transformassem em contradições insuperáveis era tarefa que exigia constante esforço de coordenação, em vários níveis (embaixadores em Genebra, altos funcionários e ministros), sob pena de voltarmos a um quadro pré-Cancún, em que a divisão entre países em desenvolvimento favorecia os entendimentos entre os Estados Unidos e União Europeia. Além do trabalho político, o G20 propiciou a seus integrantes a elaboração de estudos e análises técnicas. Isso jamais ocorrera no mesmo grau de intensidade e, muito menos, da forma compartilhada como se passou a fazer depois de Cancún. Recordo que, durante minha primeira passagem por Genebra como embaixador, entre 1991 e 1993, pouco antes da conclusão da Rodada Uruguai, meus assessores e eu acorríamos à missão da Austrália junto ao GATT com o objetivo não só de coordenar posições, mas literalmente de "aprender" com as análises e os estudos feitos pelo país-líder do grupo de Cairns. Essencialmente, prevalecia o mesmo quadro quando, quase uma década depois, voltei a Genebra e desempenhei a função de

* Ver *Breves narrativas diplomáticas*, op.cit., capítulo 4: "Doha: novos moleques no bairro".

representante do Brasil junto à OMC, nos preparativos para Seattle – ocasião em que se pretendia lançar a Rodada do Milênio* – ou para Doha. Embora, nesse segundo período, o Brasil já tivesse maior capacidade de definir seus próprios interesses, era muito grande a descoordenação em matéria agrícola entre diferentes grupos de países em desenvolvimento, e isso naturalmente era muito bem aproveitado, sobretudo pelos negociadores de Bruxelas. Pode ser uma falha de memória, mas não me recordo de haver tido, àquela época, nenhum diálogo significativo, por exemplo, com meu colega indiano sobre questões ligadas à agricultura, contrariamente ao que ocorria em relação a outros temas, como TRIPs, TRIMs, implementação** etc. Assim, não espanta que o embaixador neozelandês, posteriormente ministro do Comércio, tenha utilizado uma imagem tão superlativa para qualificar o G20. Os estudos técnicos, desenvolvidos primordialmente em Genebra, mas com forte apoio dos diplomatas lotados na área econômica do Itamaraty em Brasília, bem como de funcionários de outros ministérios e elementos do setor privado – aos quais se somava esforço similar de outros países –, permitiram não só uma melhor definição das nossas posições, mas também a apresentação de propostas que se tornariam a base de negociações multilaterais. Com o meu conhecimento prévio do sistema GATT/OMC, posso dizer, sem muita hesitação, que "nunca antes na história"*** se vira algo semelhante.

Tenho apenas uma vaga lembrança do conteúdo exato da plataforma aprovada em Délhi – tantas são as propostas que surgem em um dia para logo serem descartadas ou "subsumidas" em outros documentos. Mas é certo que continha maior refinamento das demandas do G20 em relação a subsídios à exportação, apoio doméstico e salvaguardas e produtos especiais (a questão mais polêmica

* A "Rodada do Milênio" foi proposta pelo comissário europeu, Leon Brittan. A ideia era essencialmente tratar das "negociações mandatadas" pelo acordo de Marraqueche, entre as quais as relativas à agricultura, em um contexto mais amplo. Isso, em tese, facilitaria a absorção, pela União Europeia, de concessões em matéria de comércio agrícola.

** TRIPs é a sigla em inglês para os assuntos de propriedade intelectual relacionados com comércio; TRIMs se refere às medidas de investimento com impacto comercial. Ambos são acordos da Rodada Uruguai. "Implementação" é a rubrica que incluiu uma boa quantidade de temas oriundos dos acordos da Rodada Uruguai, entre os quais muitos de interesse dos países em desenvolvimento. De alguma forma, esse dossiê, que gerou intensa polêmica no período que precedeu a reunião em Seattle, perderia importância no curso das negociações.

*** Evidentemente, ocorreram esforços anteriores de coordenação entre países em desenvolvimento, já na época do antigo GATT. Um exemplo foi a ação liderada pelo embaixador Paulo Nogueira Batista, juntamente com os representantes da Índia e da Iugoslávia, quando do lançamento da Rodada Uruguai. Mas seu alcance e efeitos práticos foram mais limitados.

para o grupo). Com certeza já deveria incluir algumas ideias mais precisas sobre o dossiê de acesso a mercados em agricultura, também conhecido como AMA, que pouco avançara desde Cancún. Nessa área, os trabalhos do G20 resultariam em uma proposta intermediária entre as visões mais "extremadas" da União Europeia (de sentido protecionista) e as dos Estados Unidos (liberalizantes, apesar de exceções de seu interesse). Foi essa proposta que possibilitou algum progresso em AMA a partir da reunião miniministerial de Dalian, cerca de três meses mais tarde. O encontro de Délhi possibilitou também alguma troca informal de ideias sobre NAMA e serviços, quebrando assim o tabu de que o G20 não podia tratar desses temas.* Outro aspecto importante foi a participação – inicialmente objeto de alguma resistência de países de agricultura mais competitiva – de representantes de outros grupos de países em desenvolvimento (grupo africano, PMDRs, países da Caricom etc.), praticamente em pé de igualdade com os membros do G20. O mérito desse convite deve ser creditado principalmente à Índia, que, por sua tradição de não alinhamento, era mais proativa do que o Brasil entre as nações asiáticas e africanas. Em relação a estas, a situação mudaria à medida que nossa política de aproximação com a África ia ganhando contornos mais concretos. O bom entendimento com os integrantes desses grupos se revelaria de grande importância, especialmente em matéria de subsídios às exportações, na Conferência de Hong Kong.

Antes de passar a Dalian, o marco seguinte na rota das negociações (uma vez que já tratei do encontro à margem da OCDE), faço duas breves digressões relacionadas à reunião do G20 em Nova Délhi. Ao final do encontro, Kamal Nath insistiu que eu passasse em sua casa na noite da minha partida, pois estava oferecendo uma recepção para amigos indianos. Sempre preocupado com horários e com minha dieta restrita, hesitei em aceitar o convite, mas finalmente achei que não podia recusar aquela gentileza de meu anfitrião e parceiro. Kamal sugeriu que eu utilizasse um carro do Ministério do Comércio. Fez-me companhia no banco de trás do Tata, de modelo antigo, que lembrava um pouco os automóveis fabricados na União Soviética, o ministro Dipak Patel, da Zâmbia, então na presidência dos PMDRs, com quem viria a desenvolver bom companheirismo, com

* Nunca houve coordenação efetiva sobre essas questões no G20, mas a interligação entre as várias vertentes das negociações tornava indispensável que, pelo menos, os ministros de países em desenvolvimento conversassem informalmente sobre tais questões. Para mim, esse diálogo servia também para "sentir o pulso" das várias delegações, o que me ajudava a conduzir as conversas em grupos menores.

reflexos positivos nas negociações em Hong Kong, como se verá. A curta viagem até a casa do ministro indiano – e, mais tarde, de lá para o aeroporto – não foi isenta de emoções, com o motorista dirigindo em alta velocidade e sem o menor respeito pela separação entre as duas mãos das avenidas e ruas por onde trafegamos (prática comum na Índia, como constataria anos depois, em uma viagem de férias), e sem que pudéssemos fazer nada para prevenir os efeitos de um eventual impacto, pois o banco de trás não tinha cinto de segurança. Depois de deixarmos o centro de Délhi e já fora da "via expressa" que levava ao aeroporto, atravessamos um bairro muito pobre, não muito diferente, na aparência, das nossas favelas no Rio de Janeiro, à margem da Avenida Brasil, antes de entrarmos no condomínio de classe alta em que ficava a residência particular do meu amigo. Decorada com gosto discutível, semelhante, nesse ponto, a muitas casas das "áreas nobres" em torno do lago de Brasília, a mansão guardava uma surpresa. Seu pátio traseiro (onde ocorreu a recepção) era na verdade uma ruína (ou um monumento) bem conservada de um reservatório de água, sustentado por colunas de desenho sóbrio, mas elegante, construído no século XII ou XIII, provavelmente para abastecer um *caravanserai*, no início da dominação muçulmana no norte da Índia. Quando, anos depois, li as descrições contidas no segundo volume – dedicado principalmente a sua estada no subcontinente – de uma trilogia inspirada nas viagens de Ibn Battutah,* a construção histórica, maior atrativo da mansão de Kamal, me veio naturalmente ao espírito. Os convidados eram basicamente empresários. Nas conversas entrecortadas que tive com alguns deles, pude perceber uma enorme ignorância sobre o nosso país, o que me levou a pensar que o Acordo de Preferências Fixas entre o Mercosul e a Índia, que eu havia assinado juntamente com meus colegas, horas antes, não passava de uma declaração de intenções, que ainda levaria muito tempo para se concretizar.** A única exceção nesse quadro de quase total desconhecimento foi uma escritora, Gita Metha, cujos livros haviam sido traduzidos para o português e editados no Brasil.

Registro, por fim, um momento especialmente gratificante da minha estada em Délhi. Ao término da reunião do G20, tive um rápido encontro com a representante da Oxfam, Céline Charveriat, com quem havia estado algumas vezes em Genebra. Era, aliás, meu hábito dar atenção às ONGs, brasileiras ou

* Mackintosh-Smith,Tim. *The Hall of a Thousand Columns*. John Murray, 2006.

** Em um plano ainda mais ideal, tivemos também uma reunião do IBAS, em que iniciamos a discussão de um acordo trilateral de livre comércio.

estrangeiras, sempre que percebia interesse autêntico em dialogar. No Brasil, por exemplo, estive várias vezes com líderes sindicais e representantes de ONGs, para não falar de dirigentes de associações empresariais, que já eram interlocutores frequentes do governo. Cito como exemplo a dinâmica Fátima Melo, da Rebrip,* associação que congrega vários grupos preocupados com o impacto social da liberalização do comércio. Às vezes discordávamos, mas sempre de forma civilizada e por meio de um diálogo que favorecia um melhor conhecimento das preocupações de ambos os lados. Esses contatos ocorreram tanto no que toca à Rodada Doha como em relação à ALCA e ao acordo Mercosul-União Europeia. No caso da Oxfam, a tradicional organização voltada para o combate à fome, com sede na Grã-Bretanha, o diálogo, estimulado por mim, mas realizado principalmente por nossos negociadores em Genebra, vinha dando bons resultados. Tivemos nessa entidade uma importante aliada, que legitimava ainda mais nossa campanha contra os subsídios agrícolas praticados pelos países ricos. Graças em parte a esse diálogo, a Oxfam compreendeu a posição do G20 (sua própria razão de existir), segundo a qual, contrariamente à visão simplista corrente (e devidamente explorada em termos políticos pelos europeus), os subsídios agravavam a insegurança alimentar e prejudicavam os pequenos produtores rurais de países mais pobres. Muito simpática, Céline reiterou o apoio da Oxfam aos nossos esforços e entregou-me o *press release* das ONGs que haviam comparecido ao encontro como observadoras. Ao se despedir, ficou sabendo que eu iria de Délhi para Argel, onde participaria, como convidado, de uma cúpula da Liga Árabe. Mesmo sem conhecer detalhes das minhas últimas viagens, comentou: "*Alors vous êtes un homme de sacrifice!*". Diante de minha resposta, na qual, reconheço, havia uma ponta de demagogia ao dizer que "quando se tem uma boa causa, tem-se prazer em promovê-la", minha interlocutora concluiu: "*Vous êtes admirable!*". Não tinha razão nenhuma para supor que não estivesse sendo sincera. Assim, cheio de pensamentos positivos, parti, nas primeiras horas da madrugada, em direção a Paris, onde escrevi as notas em que me baseei para este relato. Na capital francesa, despi a indumentária de negociador comercial e, já com as vestes de ministro das Relações Exteriores, tomei um avião com destino à capital da Argélia.

* A Rede Brasileira pela Integração dos Povos, criada em 1998, é uma rede de articulação de ONGs, organizações sindicais, movimentos sociais e associações que atuam sobre os processos de integração regional e comércio. A Rebrip esteve especialmente ativa em relação às negociações da ALCA e da Rodada Doha.

"O G20 se tornou o 'centro de gravidade' da Rodada"

Entre 6 e 8 de julho de 2005, realizou-se em Gleneagles, na Escócia, uma Cúpula do G8 para a qual foram convidados seis países em desenvolvimento: Brasil, Índia, China, África do Sul, México (que viriam a fazer parte do G8+5), além da Etiópia. Transcrevo trecho de uma nota escrita poucos dias depois: "No mesmo dia do G8, marcado por terríveis explosões com muitos mortos em Londres, participei de um jantar com Peter Mandelson, Bob Portman e Kamal Nath. É um 'novo Quad'* que se forma para monitorar os avanços da Rodada e, eventualmente, atuar nas negociações. Foi um encontro de análise e avaliação, mais político do que negociador". O mais interessante da nota é a referência ao "novo Quad", que passaria a ser conhecido como G4 a partir de uma reunião na embaixada do Brasil em Paris, em setembro do mesmo ano. Na mesma nota, registrei que o encontro me ajudou a formar uma ideia mais clara do perfil de um acordo possível. Muitas incógnitas ainda restavam: "Até onde os EUA estarão dispostos a ir em apoio doméstico (as suas *joias da coroa*)? Que manobras a União Europeia ainda utilizará para retirar substância da parte de acesso [em agricultura]? E nós próprios poderemos avançar em industriais?". A essas perguntas, acrescentei um comentário: "Os indianos parecem cada vez mais preocupados em assegurar a sua agricultura de subsistência". Finalmente, anotei que a reunião se caracterizara por um bom clima e criara um ambiente favorável para a miniministerial de Dalian, dias depois.

Já tive oportunidade de apontar que a China mantinha um perfil relativamente baixo nas negociações da Rodada, em contraste com seu peso econômico. Creio ter sido a proximidade da Conferência Ministerial de Hong Kong (território economicamente autônomo, mas sujeito à soberania de Beijing dentro do preceito "um país, dois sistemas") que levou o ministro do Comércio, Bo Xilai – o mesmo que, anos mais tarde, seria condenado após um rumoroso escândalo de corrupção –, a convocar uma reunião dos mais importantes participantes da OMC na cidade de Dalian, outrora conhecida no Ocidente como Port Arthur. Bo Xilai, que ocupava posição de destaque no Partido Comunista Chinês, atuava

* No GATT e posteriormente na OMC, o grupo formado pelas quatro maiores economias desenvolvidas (Estados Unidos, União Europeia, Japão e Canadá) exercia um papel central no monitoramento das negociações. A maioria das questões levadas a foros mais amplos era "pré-negociada" no Quad. A partir de 2004, e sobretudo 2005, esse papel passou a ser exercido pelo G4, composto de Estados Unidos, União Europeia, Brasil e Índia.

com muita desenvoltura, como eu já pudera observar durante uma visita bilateral de Hu Jintao ao Brasil, em novembro de 2004. A reunião de Dalian começou com um encontro do G20. O anfitrião, seguindo o padrão inaugurado por Kamal Nath em Délhi, limitou-se a dar as boas-vindas e passou-me imediatamente a direção dos trabalhos. Perdido em meio aos fusos horários e com o sono atrasado, somente consegui desincumbir-me dessa missão graças ao apoio dos embaixadores Huguency e Seixas Corrêa. O G20 ratificou a proposta apresentada pelo Brasil de um *press release* sobre a Rodada, reiterando posições sobre subsídios à exportação e apoio interno, e também lançando ideias novas em matéria de acesso a mercados em agricultura. A posição europeia praticamente não avançara desde Cancún. A UE seguia insistindo em uma metodologia utilizada na Rodada Uruguai, baseada em um corte médio e um corte mínimo das tarifas, o que resultaria em reduções muito limitadas. Já os Estados Unidos defendiam um modelo ambicioso, com cortes maiores para tarifas mais altas, segundo uma "fórmula harmonizadora", semelhante à que estava sendo proposta para bens industriais. O G20 procurou aproximar essas posições por meio de uma metodologia baseada em "faixas" (*tariff bands*). Nossa proposta não deixava de conter certo elemento de harmonização, já que as tarifas dos produtos incluídos nas faixas mais altas sofreriam cortes maiores que os das faixas inferiores. Mas seu impacto era menos radical do que o esquema sugerido pelos Estados Unidos. Cumpre notar que, ao propor uma via intermediária, o G20 levava em conta as diferenças existentes no próprio grupo entre grandes exportadores agrícolas e países mais preocupados em evitar uma "avalanche" de importações de efeitos indesejáveis sobre a produção local. O negociador americano, Rob Portman, considerou a proposta do G20 construtiva e uma boa "base" para prosseguirmos com as negociações. Os europeus tampouco foram refratários à proposta, embora procurassem "puxar a brasa para sua sardinha", tentando diminuir o impacto das reduções sugeridas. De um modo geral, a iniciativa foi acolhida de forma positiva. Além de deixar clara a unidade do grupo, a ideia lançada pelo G20 serviu para reafirmar a natureza propositiva (e não meramente defensiva) de sua atuação. Já em Paris, onde iria acompanhar o presidente Lula nas comemorações da Revolução Francesa, li uma entrevista de Peter Mandelson ao *Financial Times*, em que o comissário afirmou que o G20 se tornara o "centro de gravidade" da Rodada. Ao responder a jornalistas brasileiros que me indagaram sobre a afirmação de Mandelson, procurei transmitir a impressão de que não me deixaria levar por apreciações elogiosas e recordei a fábula de La Fontaine "Le corbeau et le renard", segundo a qual os aduladores vivem às custas daqueles que lhes dão ouvidos. Intimamente, entretanto, não pude senão regozijar-me, lembrando as descrições negativas de que o

G20 fora alvo em Cancún. Desde a visão do grupo como "obstrucionista" até sua caracterização como centro de gravidade da Rodada, um longo caminho havia sido percorrido, inclusive em termos de imagem.

Minha anotação seguinte sobre a Rodada Doha se refere a uma nova reunião do G20, dessa vez no Paquistão, nos dias 9 e 10 de setembro. Pouco antes dessa reunião, realizou-se em Bruxelas, no dia 2, um encontro entre o Mercosul e a União Europeia. Noto esse fato porque se insere na dinâmica entre as negociações multilaterais e as regionais ou birregionais. O principal resultado do encontro de Bruxelas residiu no fato de termos conseguido "enterrar" a metodologia das "melhores ofertas", que havia sido proposta pela União Europeia e continha, a meu ver, um bom número de armadilhas. Em seu lugar, propus que procedêssemos a uma verificação do estado das negociações (*reality check*). A minha expressão foi repetida algumas vezes por outros participantes e acabou servindo para identificar algumas áreas de concentração, como a possibilidade de melhora na oferta agrícola, em serviços e a flexibilidade para desgravação tarifária em matéria industrial. A observação que fiz nessa época ilustra o foco das minhas preocupações: "Enfim, temos não só o mapa do caminho mas também [algum] conteúdo para as diversas etapas do percurso. Um avanço modesto, mas ainda assim avanço, que nos permitirá continuar a equilibrar as várias negociações e, no caso de fracasso – ou postergação – da Rodada da OMC, não ficarmos apenas com a ALCA".

Em seguida à reunião de Bruxelas, voltei ao Brasil para estar presente nas solenidades da Semana da Pátria e na recepção ao presidente Obasanjo, da Nigéria – o primeiro líder africano a participar como convidado de honra da celebração do Sete de Setembro. Na tarde do próprio dia 7, antes mesmo do encontro bilateral entre Lula e o presidente nigeriano, parti com destino ao Paquistão. Ao convocar uma reunião do G20, o ministro do Comércio paquistanês, Humayun Khan, certamente não quis ficar atrás de seu colega indiano. Convidou os membros do G20 para uma reunião ministerial que se realizou em Bhurban, um *resort* na montanha, ao norte de Islamabad, próximo da fronteira com a Caxemira. No trajeto para chegar ao "retiro", o carro que me conduziu juntamente com minha chefe de gabinete trilhou uma estrada sinuosa, com curvas perigosíssimas, através dos contrafortes do Himalaia. Ao longo do caminho, pude observar homens vestidos com longas batas e ostentando respeitáveis barbas brancas, mulheres com a cabeça e, por vezes, o rosto cobertos, crianças indo ou voltando da escola, jumentos carregados de feixes de gravetos e jardineiras pintadas com cores vivas. Frequentemente, todos se juntavam em uma aglomeração que invadia a estrada, aumentando a sensação de perigo. Tudo isso em meio a uma paisagem montanhosa e verdejante. Não faltaram, assim, elementos pitorescos nos deslocamentos de ida e volta para a reunião, embora o estado de contemplação fosse frequentemente interrompido por ultrapassagens e guinadas de alto risco.

Parte da reunião ocorreu sob a forma de um retiro, em que os ministros trocaram livremente ideias sobre a Rodada. Lembro-me vagamente de uma sala com poltronas muito confortáveis. Tive de fazer um grande esforço para não dormir. As intervenções foram todas muito genéricas e giraram em torno da importância da unidade do G20. A única referência que encontro em minhas anotações é que esse diálogo não foi "desprovido de interesse". A reunião formal, coordenada por mim, produziu um longo comunicado, previamente trabalhado pelos altos funcionários, em que foram ressaltados alguns pontos que vinham sendo objeto de debate em nível técnico, entre eles o prazo de cinco anos para eliminação de "todas as formas" de subsídios à exportação; a ideia já exposta em Dalian de corte das tarifas agrícolas por faixas ou bandas; e o cuidado que se deveria ter com as disciplinas para as medidas de apoio interno por parte dos países desenvolvidos. Produtos especiais (SPs) e o mecanismo de salvaguardas especiais em agricultura para países em desenvolvimento (SSMs), de interesse da Índia e de seus associados no G33, mereceram, como era de se esperar, o devido destaque. O documento tratou de maneira bastante extensa a necessidade de coordenação com outros grupos de países em desenvolvimento, reunidos sob o guarda-chuva do G90.*

Meus principais interlocutores no encontro de Bhurban foram o sempre presente Kamal Nath e o anfitrião, Humayun Khan. Este, um político pragmático vindo do mundo empresarial, seria um importante aliado em encontros do grupo em Genebra. Muitas vezes, veio em meu socorro no esforço de garantir que os debates se mantivessem dentro de parâmetros razoáveis. Embora às vezes eu próprio tenha me valido de frases de efeito que buscavam causar impacto na opinião pública, tinha também a preocupação de evitar que o G20 perdesse sua objetividade e se tornasse um agrupamento voltado principalmente para a retórica, como ocorria com muitas outras coalizões de países em desenvolvimento. Infelizmente, o ministro Khan deixaria o cargo no contexto de uma mudança política no Paquistão, em novembro de 2007. Sentiria falta do seu apoio nos dias decisivos de julho de 2008. Os ministros do G20 também tiveram a oportunidade de uma

* O G90 é uma aliança de países em desenvolvimento que congrega membros da União Africana, do grupo ACP (membros da África, do Caribe e do Pacífico, beneficiários das preferências dos Acordos de Cotonou) e Países de Menor Desenvolvimento Relativo (PMDRs). O grupo ganhou força na ministerial de Cancún, em 2003.

visita de cortesia ao presidente Pervez Musharraf. Mais do que qualquer outra coisa, a reunião do G20 em Bhurban serviu para reafirmar a unidade do grupo e dar orientação política aos trabalhos técnicos em Genebra.* Na noite do mesmo dia, depois de mais uma viagem cheia de emoções montanha abaixo, tive um jantar de trabalho, em Islamabad, com o ministro do Exterior, Khursheed Kasuri, no qual pouco se falou de OMC. Registro duas curiosidades. No meu permanente esforço de manter os argentinos envolvidos em nossas iniciativas diplomáticas, convidei o chefe dessa delegação, Alfredo Chiaradia, a participar da reunião. Os paquistaneses estranharam um pouco (não poderiam imaginar um gesto semelhante do seu poderoso vizinho e rival), mas concordaram com a inclusão de Chiaradia entre os convidados. Para o meu colega argentino, terá sido uma oportunidade no mínimo interessante ouvir um político da região fazendo comentários e análises sobre temas candentes como Afeganistão e Irã. O outro fato curioso foi uma afirmação do anfitrião sobre o presidente dos Estados Unidos, George W. Bush, que semanas depois viria ao Brasil: "*A guy who attacks Afghanistan, invades Iraq and now wishes to invade Iran must have his head checked*".**

À medida que o horizonte de Hong Kong se aproximava, crescia a necessidade de entremear as reuniões relativamente amplas como a de Dalian com encontros de grupos menores, em que os temas pudessem ser discutidos em maior profundidade. De certa forma, foi esse o papel que o grupo FIPS desempenhou no período anterior ao "arcabouço de julho". Dessa vez, o foro para essa pré-negociação, que não deixava de ser um teste sobre o que era "vendável" para o conjunto dos membros da OMC, passara a ser o pequeno grupo de quatro países/entidades que se reunira à margem da Cúpula da Escócia, logo antes de Dalian. Em uma das conversas telefônicas que tive com o comissário europeu – ou durante o encontro Mercosul-União Europeia no início de setembro –, Peter Mandelson me pediu que fosse o anfitrião de uma reunião do "Novo Quad" (como o G4 também era conhecido na mídia). Com muita dificuldade, consegui encontrar uma data aceitável para todos (23 de setembro), entre meus compromissos na ONU e no Haiti e uma viagem que deveria fazer em seguida a

* Propostas técnicas foram produzidas pelos embaixadores do G20 em Genebra (cf. comunicado à imprensa do Itamaraty em 12 de outubro de 2005). Essas propostas foram formalizadas na sequência de uma reunião ministerial informal ("Fluella Group") promovida pelos Estados Unidos em Zurique, no dia 10 de outubro de 2005.

** "Um sujeito que ataca o Afeganistão, invade o Iraque e agora quer invadir o Irã deve ter sua cabeça examinada." Devo a lembrança dessa citação ao meu colaborador Antonio Simões, que a mencionou já no contexto da viagem do presidente dos Estados Unidos ao Brasil, logo após a Cúpula das Américas de Mar del Plata, que enterrou a ALCA.

Washington. O propósito dessa reunião era dar impulso político às negociações da Rodada, que não haviam registrado progresso desde o encontro de Paris, quando a questão dos AVEs ficara resolvida (ou assim me parecia).

Do ponto de vista da "coreografia", além da novidade representada pela própria existência de um grupo restrito com dois grandes países do mundo em desenvolvimento no núcleo das negociações, foi digno de nota o interesse das duas maiores potências comerciais em ter um diálogo privilegiado com o Brasil. A própria circunstância de que a reunião tivesse lugar na nossa embaixada foi em si significativa, embora isso já tivesse ocorrido durante os encontros dos FIPS. O mais extraordinário foi o empenho de Mandelson e de Portman em manterem conversas separadas comigo. Sem exagero, se não os ministros, seus assessores chegaram a demonstrar certo grau de rivalidade pela atenção que estariam recebendo. Em certo momento, uma assistente do USTR reclamou com um membro da minha delegação que eu estaria concedendo mais tempo ao comissário europeu do que a seu chefe! Esses encontros ocorreram aproximadamente entre 18 e 21 horas do dia 22, véspera da reunião do G4, na residência da embaixadora brasileira, Vera Pedrosa. Logo após os dois encontros, eu receberia Pascal Lamy para um jantar *tête-à-tête*. Aquela era a primeira vez que o novo diretor-geral saía de Genebra após assumir o cargo. No meu caderninho, anotei: "Sem perder a humildade, creio poder afirmar que nunca estivemos tão no centro do debate comercial". Mas completei: "Isso impõe a realização de um esforço extra para estar a par dos pormenores técnicos, pelo menos os que forem indispensáveis para manejar as questões políticas".*

Os ministros do Comércio dos países europeus ficavam praticamente alijados das negociações da OMC conduzidas pela Comissão. Em relação à Rodada, seu papel se resumia a reuniões sigilosas internas da própria União Europeia. Por isso, valorizavam muito a possibilidade de diálogo com outros ministros, quando estes passavam por suas capitais. Fora assim com a secretária britânica, Patricia Hewitt, com quem me encontrei algumas vezes, não só em Londres, mas também em Davos. Não foi diferente em Paris. Por curiosidade, dada a trajetória posterior da personagem, transcrevo uma breve nota que fiz no mesmo dia da

---

* Essa anotação é reveladora de uma preocupação quase obsessiva que eu tinha em relação à insuficiência dos meus conhecimentos técnicos. De alguma forma, devo ter sido capaz de supri-la, pois um dos mais combativos negociadores, Peter Mandelson, em uma das referências que faz a mim em seu livro *The Third Man* (Harper Press, 2010, p. 403), comenta que eu tinha um irritante conhecimento dos dossiês. A citação integral diz: "O ministro do Exterior do Brasil comportou-se à altura da sua reputação internacional de possuir um estilo de negociação duro e, por vezes, emocional, associado a um domínio pormenorizado (*forensic*) dos temas".

reunião do G4 relativa à ministra do Comércio da França: "Sobre a escrivaninha onde escrevo essas notas, vejo uma pequena sacola marrom. Dentro dela um cartão com uma mensagem, por alguma razão que ignoro, escrita em inglês: '*Very sorry to miss you this time! Welcome to beautiful Paris. This is just a small pleasant token from La Maison du Chocolat. All the Best, Christine Lagarde, Ministre Déléguée au Commerce Extérieur*'".

A reunião do "Novo Quad" em Paris não produziu resultado concreto. Nem era seu objetivo, voltado como estava a transmitir uma mensagem positiva de engajamento por parte de quatro participantes com influência na negociação. A descrição da imprensa brasileira dizendo que o encontro fora um "fracasso" não correspondeu à realidade. Talvez a manchete mais apropriada tenha sido a de uma agência de notícias chinesa segundo a qual o encontro teria propiciado "pequenos progressos" (*inches forward*). Ficou acertado que o G4 voltaria a se reunir isoladamente e com outros países e grupos. A reunião permitiu uma compreensão mais clara dos limites de cada um. Do meu ponto de vista, foi importante fazer a crítica das manobras europeias, que dificultavam a aplicação de uma fórmula para acesso a mercados em agricultura. Ao mesmo tempo, deixei claro para os Estados Unidos que não poderiam ter "um cheque em branco" para o seu programa de apoio interno conhecido como "contracíclico" (por buscar compensar as flutuações de preço), que Washington desejava ver incluído na "caixa azul". Em uma nota escrita a bordo do 737 da FAB a caminho de Washington, registrei: "Da dialética entre as dificuldades europeias em acesso a mercados e as norte-americanas em apoio interno terá de nascer a solução criativa que nos permita avançar. Mandelson parece compreender com clareza os elementos desse jogo, mas seu poder frente aos países mais protecionistas da União Europeia é limitado. Rob Portman enfrenta o Congresso norte-americano e diz que não pode reescrever (*sic*) a 'Farm Bill'.* Tive várias vezes de chamar a atenção para o parágrafo 14 do Acordo-Quadro [*July Framework*], que assinala que 'critérios serão negociados' para as novas caixas azuis. O jogo de alianças é mais ou menos este: Brasil e União Europeia, com algum apoio da Índia, contra os Estados Unidos, quando se trata de subsídios internos; Estados Unidos e Brasil, sem apoio explícito da Índia, contra a União Europeia, quando se trata de acesso a mercados".

* A Farm Bill é uma legislação abrangente sobre agricultura aprovada no Congresso norte-americano em média a cada cinco anos. Os termos desse aparato legal costumam ser controversos, especialmente no que concerne aos subsídios (apoio doméstico) dados aos produtores em diferentes setores agrícolas. Em 2005, estava em vigor a Farm Bill que havia sido aprovada em 2002.

Na mesma anotação, fiz algumas observações sobre os negociadores: "Mandelson é inteligente, mas não domina totalmente os assuntos. Não se move em agricultura sem Mariann Fischer Boel, comissária agrícola, a seu lado (aliás, foi curioso constatar como a sala se esvaziou quando terminamos as discussões agrícolas). Rob Portman lembra um pouco as descrições clássicas, como a de Graham Green, do 'americano tranquilo'. Não tem a visão estratégica de Zoellick. Representa mais diretamente os interesses comerciais e procura (como todos nós, de resto) fazer a média entre eles, sobretudo da maneira como se expressam no Congresso (de onde provém). Kamal Nath tem interesse estratégico no G20, mas pende sempre para o lado defensivo em agricultura. Suas intervenções frequentemente me parecem confusas ou excessivamente genéricas. Ultimamente, tem batido muito na tecla dos serviços".* Com o tempo, algumas dessas impressões se confirmaram, mas outras foram se temperando, à medida que fui ganhando uma visão mais completa (e mais complexa) da personalidade dos meus parceiros.

"Tu estás en el ojo del huracán"

Em 10 de outubro, realizou-se em Zurique, a convite do USTR Rob Portman, uma reunião ministerial informal da qual participaram os membros do Fluella Group.** De longe, o fato mais importante do encontro consistiu na apresentação, pelos Estados Unidos, de uma proposta sobre apoio doméstico. Era a primeira vez que isso ocorria. Um dos elementos centrais da proposta era o estabelecimento de um teto para a "caixa azul" de 2,5% do valor da produção agrícola. Outro aspecto importante era a fixação de um nível máximo para as várias formas de apoio distorcivo. O total do apoio permitido, no caso dos EUA, seria reduzido em 53% em relação aos valores vigentes, o que resultava em um teto aproximado de US$ 23 bilhões. O Brasil e os países do G20 receberam a proposta norte-americana de forma positiva, já que ela embutia o conceito de um "teto global" para todas as formas de subsídio. Ao mesmo tempo, declararam que era insuficiente. Para qualificá-la, vali-me de uma formulação frequentemente utilizada pelos negociadores norte-americanos no passado, quando desejavam

---

* A Índia defendia maior abertura no mercado de serviços, sobretudo no chamado "modo 4", que envolve o deslocamento do prestador (pessoa física) ao local onde o serviço é prestado. Em tempos recentes, o interesse indiano em serviços se intensificou devido à terceirização (*outsourcing*) de serviços (telefonia, informática etc.).

** Participaram da reunião os ministros encarregados do Comércio dos seguintes países: Austrália, Brasil, Canadá, China, Egito, União Europeia, Índia, Hong Kong, Japão, Quênia, Coreia do Sul, Malásia, Ruanda, África do Sul e Estados Unidos.

nos pressionar em temas como propriedade intelectual e tecnologia da informação: "Um passo na direção certa". A frase, que evidentemente continha um elemento de ironia, foi repetida, entre outros, pelo *New York Times*. As críticas principais feitas por mim e por outros ministros do G20 (e também pelo comissário europeu em uma reunião dos FIPS* na mesma noite) diziam respeito ao montante permitido, que seguiria sendo superior aos dispêndios com os subsídios nos últimos anos. Outro aspecto importante que destaquei, sempre reconhecendo o aspecto positivo da proposta, consistia na ausência de disciplinas para a "nova caixa azul", previstas no *July Framework*. A essa crítica, os Estados Unidos responderam com o argumento de que, ao reduzir o teto da "caixa azul" dos 5% estipulados no "arcabouço de julho" para 2,5%, essas disciplinas se tornariam desnecessárias. Não concordávamos com esse argumento e tínhamos como demonstrar que mesmo o teto rebaixado deixava ampla margem para a ampliação dos pagamentos contracíclicos. Na reunião dos FIPS, voltou a se reproduzir o quadro de alianças variáveis a que me referi antes. Juntamo-nos aos Estados Unidos nas demandas sobre acesso a mercados em relação à União Europeia, ao mesmo tempo que nos aliamos com os europeus na exigência de melhorias na proposta americana sobre subsídios. A Índia, em geral, nos acompanhava nessas posições, mas sempre com alguma cautela em relação a acesso. O outro membro dos FIPS, a Austrália, embora se considerasse campeã da liberalização agrícola, revelava cuidado nas críticas aos Estados Unidos. Entre os dias 10 e 12, os ministros do G20 se reuniram várias vezes e aprovaram a já citada proposta sobre agricultura.

Parti de Genebra em direção a Moscou no dia 13 de outubro, onde iria preparar a visita do presidente à Rússia, que se realizaria poucos dias depois. Nesse meio tempo, juntei-me à comitiva presidencial que participava das comemorações do sexagésimo aniversário da FAO.** Menos de uma semana depois da minha partida de Genebra, iniciaria um novo ciclo de reuniões na cidade suíça, que incluiu, entre outros, encontros bilaterais com Kamal Nath, Rob Portman, Peter Mandelson, o ministro Shoichi Nakagawa, do Japão, além do diretor-geral, Pascal Lamy, todos, ou quase todos, no jardim de inverno da bela residência do embaixador do Brasil. Abro um parêntese para mencionar que o deslocamento de meus interlocutores à *maison de campagne* de Mont-Riant, situada em Grand Saconnex, uma cidade autônoma do Cantão de Genebra, a não mais de dez

---

* De tempos em tempos, os Estados Unidos ressuscitavam grupos cuja composição atendesse melhor seus interesses do momento. Foi o caso do *Fluella Group* e também dos FIPS.

** Organização das Nações Unidas para a Alimentação e Agricultura, criada em 1945.

minutos da sede da OMC, não era só uma deferência ao papel do Brasil. A casa do início do século XIX se erguia no meio de um parque que, segundo um dos embaixadores que me precedeu no GATT, era a "maior coleção de pinheiros da Suíça". Como bônus adicional, *on a very clear day*, podia-se contemplar a silhueta bem desenhada e coberta de neve do Mont Blanc. A utilização de nossas residências como "equipamento diplomático" foi frequente durante os encontros da OMC. Além de Genebra e Paris, faríamos uso recorrente das embaixadas em Roma e Londres.

Nos dias 19 e 20, houve também reuniões dos FIPS e de um grupo que, na minha agenda, figura como "FIPS ampliado" (suponho que com a inclusão do Japão). Em minhas anotações, sintetizei esse ciclo de reuniões como ao mesmo tempo "frustrante e útil". Frustrante porque os encontros não produziram resultado concreto; útil porque propiciaram um incentivo para que o G20 completasse sua proposta de acesso a mercados com a questão do tratamento de produtos sensíveis.* Notei também com interesse que os Estados Unidos e a União Europeia seguiam cortejando o Brasil na tentativa de atraí-lo para suas respectivas posições. Paralelamente, o G20 continuava a chamar a atenção da mídia internacional. Uma das notícias sobre as reuniões dos dias 19 e 20 de outubro se referiria ao G20 como "o poderoso grupo de países em desenvolvimento liderados pelo Brasil". Encerrei as anotações sobre essas reuniões com um comentário "agridoce": "Internacionalmente, adulação e respeito. Internamente, críticas e ceticismo sobre a política externa".

Meu trabalho com relação à Rodada não se resumia a reuniões mundo afora com meus colegas, ministros de Comércio. Ele tinha também uma dimensão interna, da qual não podia descuidar. Além disso, tanto quanto possível, era indispensável manter a unidade do Mercosul, tarefa nem sempre fácil diante dos interesses por vezes contraditórios e mais radicais da Argentina. Nesse caso, era também necessário cuidar para que a grande projeção que o Brasil havia assumido não causasse ciúme nem despertasse rivalidades adormecidas. Em parte, isso explica minha atitude – pouco comum na diplomacia – de convidar o secretário de Comércio da Chancelaria argentina para meu encontro bilateral com

---

* O conceito de "produtos sensíveis" se referia a bens agrícolas que, na Rodada Uruguai, haviam ficado isentos de cortes tarifários. A abertura muito limitada dos mercados a esses produtos, nos países desenvolvidos (especialmente os integrantes da União Europeia e os membros do chamado G10, que incluía Japão, Suíça, Noruega etc.), ficava reduzida a cotas sob a rubrica de "acesso mínimo". A questão de como se ampliaria esse acesso na Rodada Doha foi uma das mais difíceis de toda a negociação e passaria a ocupar a atenção dos ministros, sobretudo no processo que antecedeu a reunião de Potsdam, em 2007.

o ministro das Relações Exteriores do Paquistão. Devo assinalar que Alfredo Chiaradia sempre se revelou um bom parceiro, ainda que, no correr das negociações, a posição da Argentina, especialmente quanto a NAMA, fosse se tornando cada vez mais rígida e tenha desafiado todos os nossos esforços de acomodá-la, inclusive, por vezes, com o sacrifício de interesses específicos (obviamente não fundamentais) do Brasil. Em um dos encontros que tive em Montevidéu para garantir transparência no âmbito do Mercosul e permitir, quem sabe, que os ministros dos nossos sócios pudessem dizer "*dimos instrucciones a Amorim*", quis passar a palavra a Chiaradia para falar sobre a evolução das discussões em Genebra, sobretudo no contexto do G20. Elegantemente, Chiaradia declinou: "*Tu hablas, Celso. Tu estás en el ojo del huracán*". Recordo que, por essa época, discutíamos com a Argentina, por insistência desta, medidas de salvaguarda (proibidas pelo Tratado de Assunção) eufemisticamente qualificadas como "mecanismo de adaptação competitiva" (MAC), com grande rejeição da classe empresarial e dos meus colegas de Ministério: isso tornava ainda mais delicada a coordenação nas negociações comerciais multilaterais. Mesmo com o Uruguai e, em menor grau, com o Paraguai, a harmonização de posições não era óbvia. No caso de Montevidéu, além de certa resistência à estratégia brasileira de acomodar interesses de outros países em desenvolvimento, em detrimento de posturas mais agressivas visando à abertura de mercados agrícolas, creio ter ficado, mesmo após a eleição de Tabaré Vasquez, algum ressentimento residual decorrente do episódio da escolha do diretor-geral da OMC. Além disso, como o próprio nome da rodada anterior ilustra, o Uruguai exercera no passado, graças à qualidade de seus negociadores, um papel de relevo que praticamente desaparecera, pelo menos em nível ministerial, no processo de Doha. Já o Paraguai tinha, na substância, posição semelhante à do nosso vizinho do sul, mas nas reuniões ministeriais as divergências com Assunção eram temperadas por interesses políticos mais amplos e a boa relação entre o Brasil e a chanceler Leila Rachid. A ministra paraguaia reconhecia o valor da nossa liderança no campo multilateral e os esforços que vínhamos fazendo, bilateralmente e no contexto do Mercosul, em temas como as "assimetrias" e o Focem.*

* O Fundo de Convergência Estrutural do Mercosul (Focem) tornou-se operativo em 2006 e destina-se a financiar projetos para melhorar a infraestrutura das economias menores e de regiões menos desenvolvidas do Mercosul. A criação do Fundo, para o qual Brasil contribui com recursos superiores ao que seria sua participação proporcional, foi uma das maneiras que encontramos para atender às reivindicações uruguaias e paraguaias de tratamento diferenciado.

O triângulo de Pascal

Internamente, desde Cancún, a liderança do Itamaraty nas negociações da OMC deixara de ser contestada. O *lobby* agrícola reconheceu a importância da nossa atuação em temas vitais como subsídios (para o que contribuíram decisivamente as vitórias obtidas em contenciosos como o do algodão e o do açúcar)* e mesmo em acesso a mercados. A colaboração dos nossos técnicos em Genebra com instituições ligadas aos produtores agrícolas foi intensa, o que se refletiu em propostas bem elaboradas. O setor industrial, embora dividido (em particular com os produtores têxteis, sempre sonhando com a ALCA ou com um acordo bilateral com a União Europeia), via na condução pelo Itamaraty uma garantia de que não haveria aberturas precipitadas que pusessem em risco a sobrevivência da produção manufatureira, já muito abalada pela maior competitividade de países como a China. Assim, embora algumas vaidades pessoais devessem ser atendidas – o que eu procurava fazer por meio de exposições perante a Camex, presidida pelo ministro da Indústria e Comércio –, não foi difícil obter endosso para a estratégia que o Itamaraty vinha seguindo. Para isso, me apoiava principalmente na posição do próprio presidente, que, entre outubro e novembro de 2005, convocou pelo menos duas reuniões no Palácio do Planalto, durante as quais acatou minhas recomendações. Noto, a propósito, que Lula, mesmo sem entrar nas minúcias técnicas, tinha plena consciência do que estava em jogo e seguia com atenção minhas explicações, inclusive a que seria apelidada, já depois de Hong Kong, como "triângulo de Pascal".** Lula dera total apoio às atitudes que tomamos, na ALCA e na OMC, diante de pressões dos países mais poderosos, às quais alguns dos meus colegas de Ministério se mostravam sensíveis. O presidente estava ciente de que o processo negociador de Doha implicaria concessões que, cedo ou tarde, teríamos de fazer e que descontentariam este ou aquele setor

---

* A questão do algodão, como já dissemos, está descrita com algum detalhe em uma nota do capítulo 3 de *Conversas com jovens diplomatas*, op. cit. O contencioso do açúcar opôs o Brasil (juntamente com a Tailândia e a Austrália) à Comunidade Europeia contra os subsídios de exportação a sua indústria açucareira. O painel deu ganho de causa ao Brasil em 2005. O tema é igualmente tratado em outra nota ao final do mesmo capítulo.

** Com essa *boutade*, procurei descrever de maneira sintética os principais eixos da negociação e das "alianças de geometria variável" que se formavam em torno deles. Refiro-me ao triângulo no *Conversas com jovens diplomatas*, op. cit. A minha expressão mereceu uma glosa simpática do economista Paulo Nogueira Batista Jr. Em um artigo intitulado "Geometria comercial", publicado na *Folha de S.Paulo* em 13 de julho de 2006, o economista menciona um hipotético "triângulo de Amorim", que representaria um resultado mais favorável para o Brasil. No entanto, Batista Jr. revelou-se cético quanto à possibilidade desse resultado.

da nossa indústria ou da nossa agricultura. No entanto, ele valorizava o acordo que buscávamos na Rodada e que reforçaria o "multilateralismo comercial". Essa atitude contrária a tendências protecionistas, naturais em um líder metalúrgico, não deixava de me surpreender e confirmava a incrível intuição de estadista do nosso presidente. Vencidos os problemas que tivera inicialmente com Furlan e Rodrigues (mais com o primeiro que com o segundo), a única discordância que restava dizia respeito às posições da pasta da Fazenda, inclinada a uma redução tarifária mais acelerada (e consolidada na OMC)* que contribuísse para a estabilidade macroeconômica. Até que ponto essas tendências eram estimuladas por contatos entre o nosso ministro da Fazenda, Antonio Palocci, e seus pares de países desenvolvidos não saberia dizer, embora tivesse conhecimento de que o diálogo entre Palocci e Gordon Brown, defensor ativo da liberalização, era bastante intenso. Em algum momento, técnicos da Fazenda haviam cogitado reduzir unilateralmente as tarifas de alguns bens manufaturados, o que, independentemente dos efeitos sobre a nossa indústria, retiraria nosso poder de negociação para obter vantagens, por exemplo, em subsídios agrícolas. Também em relação a esse aspecto, tive o apoio de Lula. Assim, nos momentos que antecederam Hong Kong, a frente interna estava razoavelmente pacificada.

Em 27 de outubro, a União Europeia apresentou sua oferta agrícola revisada, o que incluiu a questão do acesso a mercados. No dia seguinte, tivemos uma videoconferência, se não me engano dos FIPS (pode também ter sido do G4). Com base nas análises feitas por minha assessoria, especialmente a divisão que se ocupava de agricultura, então chefiada pelo diplomata Flávio Damico, pude demonstrar que a proposta de acesso a mercados da União Europeia ficava muito aquém do que demandava o G20 (e obviamente também os Estados Unidos e o grupo de Cairns). Por meio de artifícios de cálculo,** a Comissão procurava mostrar que a aplicação da proposta resultaria em uma abertura considerável, aproximando o nível médio das reduções do solicitado pelo G20. Sem nenhuma tentativa de coordenação prévia, Estados Unidos e Austrália haviam chegado a uma conclusão similar – ou mesmo idêntica – à nossa. Assim, a tentativa de

* A tarifa consolidada é aquela assumida durante uma negociação, como compromisso para redução. Passa, portanto, a ser uma obrigação legal do país respeitá-la. A tarifa aplicada é aquela de fato utilizada no país, nas transações correntes. Pode ser (e frequentemente é) inferior à tarifa consolidada.

** Segundo os nossos cálculos, corroborados pelos técnicos norte-americanos e australianos, o corte médio das tarifas europeias estaria situado entre 38% e 39%. De acordo com a Comissão, a redução seria de 46%, o que a situaria em nível relativamente próximo ao da proposta do G20 (54%). Com o passar do tempo, e diante das evidências apresentadas, a União Europeia foi deixando de insistir no número que alardeara inicialmente.

"maquiar" sua proposta – e fazer com que a recusa dos demais interessados soasse como intransigência – não prosperou. Desfeita a manobra contábil, os números que a UE apresentara eram evidentemente insustentáveis e, no correr das negociações, não foram objeto de insistência. Para meu desespero, porém, o "noticiário especializado" da TV brasileira apenas repetiria a versão europeia, sem cuidar sequer de ouvir a nossa crítica. Em breve comentário sobre a videoconferência anotado no dia seguinte, um sábado, limito-me a registrar a importância de manter a unidade do G20 (suponho que o fiz preocupado com a tentação permanente da Índia de favorecer propostas menos ambiciosas de acesso a mercados agrícolas):* "Sob esse aspecto (unidade do G20), creio que a UE cometeu um erro de julgamento ao apresentar objetivos muito agressivos em relação a NAMA e serviços. Mas é óbvio que continuará a tentar separar-nos da Índia e de outros (PEDs)".

A participação do presidente Lula nas questões da OMC não se limitava ao apoio dentro do próprio governo. A Rodada era tema frequente de encontros e comunicações telefônicas do presidente. Em 25 de outubro de 2005, Lula escreveu cartas a vários presidentes e/ou primeiros-ministros de países europeus com os quais mantinha relações pessoais e políticas. Coincidentemente eram os que se inclinavam por posições restritivas em agricultura, o que tornava virtualmente impossível o avanço das negociações. Consciente de que a batalha que se travava era, como em outras ocasiões, uma batalha pela opinião pública, determinei que a íntegra das cartas fosse divulgada por meio de notas oficiais do Itamaraty.**

---

* Embora fosse ponto pacífico que os países em desenvolvimento teriam um tratamento mais favorável no que toca às reduções tarifárias (sem falar nos produtos especiais e nas salvaguardas especiais), quanto menos ambiciosa a abertura comercial dos países desenvolvidos, menor seria a base a partir da qual o percentual de favorecimento para os países em desenvolvimento (PEDs) seria aplicado. Sem expressá-lo claramente, em função de sua posição defensiva em agricultura, Délhi tinha um *vested interest* em evitar uma redução significativa por parte dos países desenvolvidos.

** O presidente Lula enviou cartas sobre a Rodada Doha ao presidente da França, Jacques Chirac; ao presidente da Itália, Carlo Azeglio Ciampi; ao Chefe de Governo da Espanha, José Luis Rodríguez Zapatero; e ao primeiro-ministro de Portugal, José Sócrates. Escreveu também para o presidente da Comissão Europeia, José Manoel Durão Barroso. Em essência, Lula relembrava as propostas do G20 e o passo dado pelos Estados Unidos ao proporem um teto para os subsídios internos. O presidente conclamou os líderes europeus a apresentarem por meio da UE proposta de acesso a mercados agrícolas que servisse de estímulo para Washington melhorar sua oferta em subsídios. Isso incentivaria movimentos dos PEDs em NAMA e serviços. Um detalhe curioso é a refutação preventiva de Lula em relação aos argumentos que procuravam escudar a resistência da UE em fazer concessões significativas com base em pretensas preocupações com países pobres, beneficiários de preferências. Cf. Comunicado à imprensa sobre a Rodada Doha da OMC – Cartas do presidente Luiz Inácio Lula da Silva (25/10/2005). *Resenha de Política Exterior do Brasil*, n. 97, 2º semestre de 2005.

A propósito dessas missivas, fiz a seguinte anotação: "É um gesto político destinado a mostrar que 1) ele (o presidente) está a par dos temas; 2) estamos (Lula e eu) afinados; e 3) não somos bobos (em relação às tentativas de manipular outros países em desenvolvimento)". Na mesma nota registro: "De minha parte, enviei longo e-mail ao ministro de Zâmbia, coordenador dos PMDRs, Dipak Patel, com quem fiz boa camaradagem em reuniões do G20 na Índia e no Paquistão". Ao colocá-lo a par dos últimos desenvolvimentos e da maneira como vínhamos nos posicionando, minha intenção era manter o espírito de cooperação dos últimos encontros e evitar que prosperasse qualquer tentativa de cooptação, sobretudo por parte dos europeus.

As observações dos últimos parágrafos se apoiam em uma nota escrita em 29 de outubro. Meu registro seguinte, em 7 de novembro, foi feito a bordo de um voo da British Airways com destino a Londres, onde voltaria a ter encontros (alguns bem significativos) relacionados com a Rodada. No meio-tempo, ocorreram eventos importantes, inclusive minha ida a Nova York para participar de uma reunião ministerial do Conselho de Segurança em que tratei de relatório sobre o assassinato do primeiro-ministro libanês Rafic Hariri.* Um desses eventos era diretamente ligado à OMC: uma tele(áudio?)conferência com os "*usual suspects*", segundo minha anotação. Foi uma conversa encerrada de forma algo abrupta, com a saída de Mandelson para outro compromisso, e que teve seus momentos de aspereza. O comissário europeu ficou perceptivelmente incomodado com uma observação que fiz sobre o manejo *pro domo sua* que a União Europeia fazia de alegadas dificuldades dos países que gozavam de preferência no mercado europeu (os ACPs). Essas demonstrações de irritação, pontuadas com certa dose de histrionismo, eram uma característica de Peter Mandelson e viriam a se repetir com lances mais bizarros na Conferência Ministerial de Hong Kong. No mesmo dia, tive uma conversa bilateral com Portman, com quem abordei o sensível tema da vinculação articulada por Washington entre a prorrogação das vantagens concedidas sob o SGP** e a questão da propriedade intelectual, uma matéria sempre contenciosa. Aproveitando o diálogo construtivo que vínhamos mantendo sobre a Rodada, disse a meu colega que seria útil se a controvérsia pudesse ser resolvida

---

* Ver narrativa *O Brasil e o Oriente Médio* nesta obra.

** O Sistema Geral de Preferências (SGP) foi idealizado para que países em desenvolvimento pudessem ter acesso privilegiado aos mercados de países desenvolvidos em bases não recíprocas, de modo a facilitar seu desenvolvimento. Esse sistema prevê que produtos oriundos de países em desenvolvimento têm tarifa alfandegária reduzida nos mercados outorgantes do benefício: União Europeia (27 Estados-membros), Estados Unidos, Suíça, Canadá, Noruega, Japão, entre outros.

antes da visita que o presidente Bush faria ao Brasil em novembro, logo após a Cúpula das Américas em Mar del Plata. Apesar do tempo escasso, o USTR prometeu que trataria do assunto com a devida atenção. No dia seguinte, Portman me comunicou que, por iniciativa sua, fora realizada uma reunião interagências, envolvendo oito ou nove órgãos da administração, para dar início ao processo que poderia terminar com a investigação unilateral sobre patentes e SGP. Segundo Portman, o USTR teria agido dessa forma baseado nos seguintes fatos (segundo minhas anotações): "1) a cooperação que demonstramos na busca de solução negociada para casos como o da [empresa farmacêutica] Abott [envolvendo licença compulsória para produção de medicamentos]; e 2) a boa coordenação na Rodada".

"Tudo terá que ser definido com certa dose de arbítrio"

Antes de minha partida para Londres, tiveram lugar a Cúpula das Américas e a visita de Bush ao Brasil. Em ambos os eventos, sobretudo o primeiro, o tema da ALCA apareceria com relevo. Dada a óbvia relação estratégica entre as várias negociações, é oportuno transcrever (numerados, tais como os passei) os pontos que rabisquei, em letra de forma (para evitar alguma imprecisão decorrente da minha péssima caligrafia), enquanto transcorriam os debates, para a intervenção de Lula – e que ele utilizou praticamente *ipsis literis* – a respeito da ALCA, na conferência de Mar del Plata:

> 1) Debate sobre comércio não pode ser ideológico; deve basear-se em considerações práticas.
> 2) Para o Brasil, não faz sentido focalizar em livre comércio enquanto persistem gigantescos subsídios à agricultura que "desnivelam o campo de jogo".
> 3) Daí a prioridade à OMC, onde se pode tratar efetivamente dessa questão.
> 4) Por outro lado (*sic*), não há modelos únicos para relações comerciais. Na ALCA, estavam-se discutindo, antes de Miami 2003, temas que iam muito além de comércio, como regras para investimentos, compras governamentais etc., que limitavam as possibilidades de políticas industriais, tecnológicas etc. Por isso, propusemos e obtivemos redefinição da base das negociações.
> 5) Brasil (e Mercosul) tem negociado com outros países em desenvolvimento acordos em que tomamos plenamente em conta as assimetrias e as sensibilidades dos países menos avançados. O mesmo princípio deve reger negociações hemisféricas.

6) Estamos dispostos a continuar esta discussão, mas não podemos fixar prazos artificiais, que não serão cumpridos e que apenas causarão desgaste. Por isso, preferimos avaliar a situação após Hong Kong, à luz do que ocorrer, sobretudo quanto aos subsídios.

Embora moderada quando comparada com as atitudes de Kirchner e Chávez, nossa posição eliminava qualquer dúvida quanto à pretensão de retomar as negociações hemisféricas, ignorando-se o contexto mais amplo das NCM. Mesmo que formalmente tenhamos preferido uma postura de "nem enterrar, nem ressuscitar", a formulação mais técnica do que política favoreceu o gradativo desaparecimento da ALCA nas agendas até seu sepultamento definitivo quando do fechamento dos remanescentes da secretaria em Puebla, no México.* Ainda na minha anotação, a bordo do voo rumo à Grã-Bretanha, feita duas horas e meia antes do pouso no aeroporto de Heathrow, escrevi: "Em Londres, volto a ocupar-me de OMC (G4). Seguir-se-ão reuniões [em vários formatos] em Genebra. Está chegando a hora da verdade. Até onde vai a aceitabilidade em agricultura? E onde estarão nossos limites em NAMA e serviços? Tudo terá que ser definido com certa dose de arbítrio. É o que começará a acontecer agora".

"Com certa dose de arbítrio"? Eu mesmo me surpreendo ao ler essa afirmação. Na verdade, eu sabia muito bem que não estaria tomando decisões em um vácuo político ou econômico. As reuniões no Planalto e a atitude de Lula me davam margem para atuar, embora também não desconhecesse que qualquer passo mais ousado poderia ser cobrado diretamente de mim, tanto pelos empresários como pela mídia. Algo semelhante ocorria na relação com o Mercosul. Depois das ofertas dos Estados Unidos e da União Europeia – ainda que insuficientes –, a pressão se voltaria contra o Brasil e a Índia em NAMA. O Brasil seria o alvo principal, pois Nova Délhi se sentia relativamente confortável em matéria de produtos industriais, já que, como parte de sua política macroeconômica, havia reduzido suas tarifas a níveis médios mais baixos que os nossos. Se não fizéssemos nenhum movimento e apenas aguardássemos uma melhora das propostas dos dois grandes, provavelmente seríamos acusados de obstruir o progresso da Rodada. No jogo de percepções, fator sempre importante no tipo de negociação que estávamos empreendendo, o Brasil ficaria em posição desconfortável e perderia a "superioridade moral" (*high moral ground*) de que vinha gozando. Assim, preparei-me para fazer uma oferta condicionada a avanços em agricultura (subsídios e acesso) e – muito importante – à aprovação dos nossos sócios do Mercosul.

---

* A secretaria administrativa da ALCA em Puebla, México, foi desativada em 2008.

O sentido da expressão "dose de arbítrio" tinha a ver, sobretudo, com a impossibilidade de medir com precisão o impacto dos cortes tarifários para os vários setores da indústria. Obviamente, tinha uma noção do que iria acontecer, baseado em estudos técnicos desenvolvidos em conjunto com órgãos do governo e em conversas com o setor privado. Mas, em alguma medida, a oferta era (e procurei valorizar esse aspecto em minha apresentação) um "salto no escuro". É interessante notar que situação semelhante se reproduziria durante a fatídica semana de julho de 2008, quando tive de fazer um julgamento, naturalmente com o apoio de meus colaboradores mais próximos – os quais por sua vez mantinham constante diálogo com os especialistas de outros ministérios em Brasília –, sobre os limites de até onde poderia ir quanto à chamada "anticoncentração"* (mais uma das invenções europeias para limitar as flexibilidades na aplicação da fórmula). Em ambos os casos, além de ganhos e perdas específicos, eu também levava em conta o interesse do Brasil em fortalecer o sistema multilateral de comércio e evitar as pressões para negociações do tipo ALCA, que, pelas razões já expostas, considerava estruturalmente desvantajosas. Indo um pouco mais longe, também via na OMC, para cuja criação o Brasil havia contribuído, um dos pilares da ordem mundial baseada no multilateralismo. Essas considerações me levaram a tomar a atitude que tomei no encontro do G4, em Londres e, em julho de 2008, em Genebra, como descreverei adiante. Mas tampouco podia ignorá-las quando, em sentido contrário, achei que não devia compactuar com manobras que visavam extorquir do Brasil – e, em geral, dos países em desenvolvimento – um *deal* desequilibrado. Sem querer atropelar esta narrativa ou repetir o que já expus em outras,** foi o que ocorreu em Hong Kong e em Potsdam. Assim, quando avançava em uma concessão ou quando "virava a mesa" diante de uma imposição inaceitável, tomava essa atitude com pleno sentido da responsabilidade. Uma das consequências da posição de liderança que o Brasil havia assumido desde Cancún é que não podíamos nos esconder atrás das posições de outros países ou grupos (o que não excluía, é claro, valer-nos da posição do grupo para reforçar a nossa). A rigor, a reflexão que acabo de fazer poderia ser inserida em qualquer parte do texto. Faço-a aqui porque me parece apropriado traçar o pano

* O conceito de anticoncentração foi desenvolvido pelos técnicos de Bruxelas como uma maneira de limitar o uso das flexibilidades negociadas para as reduções de tarifas industriais de países em desenvolvimento. Em essência, significava que essas isenções não poderiam ser aplicadas de modo a "blindar" todo um setor, por exemplo, o automobilístico.

** *Conversas com jovens diplomatas*, op. cit.; *Breves narrativas diplomáticas*, op.cit.

de fundo em que se deu a "oferta" brasileira de um coeficiente 30 para a redução tarifária em produtos industriais.*

"Un négociateur redoutable"

Minha estada em Londres começou com um encontro com Tony Blair na residência e escritório oficial no número 10 da Downing Street. Mesmo tendo sido embaixador junto a Sua Majestade por um ano, nunca havia passado de uma antessala da mansão do primeiro-ministro. Assim, era com certa curiosidade que atendia àquela convocação do Chefe de Governo britânico. Blair, com o gesto pouco usual de receber por iniciativa própria um ministro do Exterior de um país em desenvolvimento, procurava demonstrar o interesse político que a Rodada despertava no Reino Unido. Provavelmente, agira por inspiração do comissário europeu. Foi uma conversa simpática, mas curta, em que o premiê apelou para o nosso espírito construtivo – e, portanto, para uma atitude aberta em relação às tarifas industriais. De minha parte, disse-lhe que qualquer esforço de liberalização em produtos industriais só se justificaria econômica e politicamente mediante ganhos reais em agricultura. Nesse contexto, uma boa oferta agrícola europeia de acesso a mercados era fundamental, não só pelos benefícios diretos que isso representaria para as exportações de países em desenvolvimento, mas também porque dela dependia, em grande medida, o alcance da redução dos subsídios internos dos Estados Unidos. Blair transmitiu sua convicção de que a União Europeia tinha espaço (econômico ou político? – tive dúvidas) para melhorar sua oferta agrícola, mas que, para isso, "precisava mostrar que havia obtido algo". Esse "algo" era um avanço de nossa parte em tarifas industriais. As expectativas de Blair em relação à flexibilidade da União Europeia – ou melhor, as expectativas que o primeiro-ministro despertara em mim a esse respeito – não se confirmariam na reunião que teria naquela mesma noite.

* Embora conhecesse os cálculos do impacto de diferentes coeficientes para as tarifas dos nossos produtos, especialmente os mais sensíveis, teria séria dificuldade em explicar em termos matemáticos o que significava exatamente o coeficiente 30, de acordo com a chamada "fórmula suíça" para NAMA. Esses números, aliás, eram objeto de muita confusão. Em conversas com alguns chefes de Governo que os mencionavam, pude perceber que o coeficiente era frequentemente entendido como teto tarifário a ser aplicado de maneira genérica a todas as tarifas ou como percentual de redução. Não sei se essa confusão derivava da complexidade do tema ou se era utilizada propositalmente pelos negociadores para obterem apoio às posições que defendiam.

O G4 se reuniu em uma sala ampla e mal iluminada da India House, um antigo prédio no Aldwich – um bairro próximo do centro financeiro de Londres, a famosa City, onde outrora ficava o teatro da Royal Shakespeare Company e – mais significativo para mim – onde se situava a London School of Economics. Era o mesmo edifício que, nos tempos do Império, abrigara o poderoso India Office e que, depois da descolonização, foi total ou parcialmente entregue ao governo da Índia, que passou a utilizá-lo como centro cultural. Ao lado de Kamal Nath, Rob Portman e Peter Mandelson, fiz o aceno que havia acertado com o presidente. A reação de Mandelson, o que mais cobranças fazia em NAMA, foi um misto de indiferença e hostilidade. Assim, o gesto que meus colaboradores e eu considerávamos ousado, e que custaria longas e penosas explicações a nossos sócios argentinos e a alguns setores da nossa indústria, aparentemente caíra no vazio. Até hoje não estou seguro se a atitude de Mandelson foi calculada, de modo a evitar que se renovassem as pressões sobre a oferta agrícola da UE,* ou se efetivamente ele não percebeu, por desconhecimento técnico, a importância do passo que estávamos dando. Até então, o Brasil, como outros países em desenvolvimento, se recusava a basear a abertura que viesse a fazer em bens industriais em uma fórmula harmonizadora. Defendíamos uma abordagem diversa, baseada em corte linear, cercada de cautelas e flexibilidades. A reunião na India House terminou em um tom grave e sombrio que não escapou aos jornalistas brasileiros, reunidos à porta do prédio na fria noite londrina. O encontro mais amplo – espécie de miniministerial – que ocorreu no dia seguinte em Genebra foi cercado pelo mesmo ambiente negativo, reproduzido nas coletivas de imprensa. O "fracasso" foi objeto de manchetes no dia seguinte. O *Herald Tribune*, que, sem ser um jornal especializado, era sempre muito atento aos assuntos econômicos internacionais, estampou matéria de primeira página com várias citações minhas e do comissário europeu sob o título "Brasil e União Europeia trocam farpas em Genebra".

Não creio que eu pudesse ser qualificado como um "negociador ingênuo". As críticas que às vezes recebia de meus interlocutores norte-americanos e europeus – e mesmo de alguns líderes – denotavam, em geral, a percepção oposta. Certa

* A insuficiência da oferta europeia não havia sido denunciada somente pelo Brasil. Em estudo apresentado ao Congresso, o governo dos Estados Unidos afirma: "O 'nível de ambição' da UE em acesso a mercados não alcança o do G20 ou o dos Estados Unidos. Uma importante crítica da proposta agrícola europeia consiste no fato de que (...) não oferece incentivo para que países em desenvolvimento, como Brasil, Tailândia e outros membros do G20 façam concessões em NAMA e em serviços". In: *CRS Report for Congress: WTO Doha Round: Agricultural Negotiating Proposals.* 9 de novembro, 2005.

vez, em um diálogo entre Lula e Chirac durante a visita de Estado do presidente francês ao Brasil, tive de esclarecer a razão pela qual intervinha em uma parte da conversa que dizia respeito à OMC. Chirac me conhecia como chanceler que acompanhava Lula nas discussões sobre combate à fome ou em diálogos políticos sobre o Iraque e a governança global, mas não tinha por que saber que eu era o encarregado das negociações comerciais. Tendo mencionado essa condição, o presidente francês atalhou: "*Je le sais, et un négociateur redoutable*". Apesar dessa fama de negociador duro, ou mesmo intransigente, que passava ao largo de qualquer atitude que pudesse ser qualificada como "crédula", ficara perplexo com a atitude de Mandelson, tão distante da visão otimista que o primeiro-ministro Tony Blair me transmitira. A surpresa era maior porque eu sabia da ligação estreita entre o comissário e Blair, de quem Mandelson fora colaborador próximo no surgimento e na consolidação do New Labour. À época, Mandelson recebera da imprensa inglesa (e de opositores dentro do Partido Trabalhista) o apelido de "príncipe das trevas" (*prince of darkness*). Essa visão pouco lisonjeira dos métodos que empregava, à qual se juntariam acusações que, justa ou injustamente, foram feitas contra ele a propósito de certas transações imobiliárias, não diminuíra sua intimidade com o primeiro-ministro. Assim, a menos que imaginasse um conluio entre ambos para me enganar (minha paranoia não chegava a tanto), a frieza, se não hostilidade, do comissário diante do nosso "gesto audacioso" pareceu-me inexplicável.

Ainda sob o impacto da atitude intempestiva de meu colega, escrevi a seguinte nota: "O que explicará a diferença entre as expectativas que Blair quis levantar e a rigidez de Mandelson? Em retrospecto – e com a ajuda de Lamy, com quem estive longamente (...) – [percebo que] há uma diferença de tempos. [Segundo Lamy] a Europa pode avançar [em agricultura], mas não agora; para que isso ocorra, é preciso [entretanto] que façamos movimentos já (mas isso foi o que fiz, ainda que de maneira condicionada!). [Na mesma conversa] Lamy deu a entender que Mandelson ficara 'magoado' (*meurtri*) com as minhas críticas". Depois dos choques e estridências em Londres e Genebra, julguei conveniente retomar o diálogo com o representante europeu. Entre outras coisas, tratava-se de manter o equilíbrio de movimentos, já que naqueles dias Rob Portman estava visitando a Índia, a caminho de uma reunião da APEC. Embora em matéria agrícola as posições de ambos fossem muito distantes uma da outra, a hipótese de uma *entente* indo-norte-americana em temas como serviços e, mais remotamente, bens industriais, deixando-nos isolados no seio do G4, exigia um movimento simétrico de nossa parte. Eu também acreditava ser indispensável uma avaliação mais profunda dos resultados que poderiam ser obtidos na ministerial de Hong Kong, marcada para dali a aproximadamente um mês. A afirmação de posições fora feita, em alto e bom som, por ambos os lados, mas não fazia sentido seguir com acusações e contra-acusações até dezembro. Com isso em mente, aceitei o convite para um encontro com a Comissão, mas sugeri que, em vez de Bruxelas, a reunião se realizasse em Roma.

"Agriculture lies..."

Antes de passar a meu encontro com Mandelson no Palácio Pamphili, no dia 12 de novembro, reproduzo, de forma simplificada, uma anotação do mesmo dia, ainda sobre as recentes negociações de Genebra: "*Agriculture lies*: este muito bem poderia ser o título de um livro dedicado às negociações agrícolas. Permiti-me fazer essa brincadeira na conferência de imprensa logo após a reunião mini-ministerial de terça e quarta-feira. Na verdade, *Agriculture lies* eram as duas primeiras palavras de uma declaração do G20. Não haviam sido colocadas ali com o objetivo explícito de qualificar como 'mentirosas' as posições dos nossos parceiros. Tratava-se apenas do início de uma frase em que, pela enésima vez, afirmamos que a 'agricultura está no centro da Rodada' (*Agriculture lies at the center...*). Não resisti à tentação de aproveitar o jogo de palavras. 'Mentiras agrícolas' poderia ser o título do nosso manifesto. Depois da coletiva, continuei muito assediado pela mídia. Outras afirmações que fiz foram reproduzidas com destaque no *Herald Tribune* e no *Financial Times*. Em uma delas, eu cobrava avanços por parte da União Europeia sem os quais não haveria movimento dos países em desenvolvimento, 'nem em um mês, nem em dois meses, nem em dois anos'. O *New York Times* de sexta-feira (11 de novembro) utilizou-a como *lead* do seu editorial". Na esteira desses comentários, o diário norte-americano aconselhava aos países em desenvolvimento: "Fiquem firmes; não cedam em [bens] industriais e serviços enquanto os europeus não se moverem em agricultura". É claro que o diário não dizia isso por bondade ou simpatia por nossos objetivos. Tratava-se de uma batalha interna contra o *lobby* agrícola, que já transparecera quando da nossa vitória no caso do algodão. Mesmo o *Economist*, em geral pouco simpático às nossas posições, elogiava nossa atitude, ainda que implicitamente, sugerindo a manutenção de uma postura firme: "Nada é melhor do que muito pouco". Na mesma nota, observei que a boa repercussão na imprensa internacional da nossa postura chegou ao Brasil, reforçando minha posição frente a outros ministros e à oposição de certos setores empresariais e da mídia. Esse simples comentário revelava minha preocupação, talvez exagerada, de que, apesar do apoio recebido do presidente, a estratégia que eu defendia poderia ainda ser contestada.

Começo o relato do encontro com Peter Mandelson pelo aspecto anedótico. Já mencionei o "bom uso" que procurei fazer das nossas embaixadas para criar um clima favorável às negociações. O comissário europeu, homem de sensibilidade refinada, ao qual não faltava certo grau de teatralidade, havia ficado maravilhado (*sic*) com nossas *premises* em Paris (residência e Chancelaria). Fez um verdadeiro escândalo ao entrar no salão principal de nossa residência em Genebra, um cômodo aliás não muito grande, mas decorado com afrescos de motivos *groteschi* do início do século XIX, inspirados nas descobertas de Pompeia. Disse, brincando, que gostaria de fazer o *tour* das embaixadas brasileiras, pois estava seguro de que "cada uma delas era mais deslumbrante que a anterior!". Depois disso, comentei com meus colegas que, em algum momento, deveríamos levá-lo ao Palácio Pamphili, residência do nosso embaixador em Roma, esta sim uma joia arquitetônica do Renascimento tardio. Não me enganei. Na conversa telefônica com Tony Blair, enquanto percorria os aposentos do Palácio, Mandelson se revelou extasiado com a galeria Cortona, assim chamada pelos afrescos do teto, obra do pintor de mesmo nome.

Depois das acusações recíprocas pela imprensa e das expressões contundentes que marcaram as reuniões de Londres e Genebra, era importante restabelecer o nível de diálogo. Mandelson havia inicialmente sugerido um encontro na quinta-feira, dia 10, em Bruxelas, mas me pareceu que o cenário burocrático da Comissão Europeia apenas contribuiria para reforçar o caráter excessivamente técnico com que a reunião originalmente fora concebida por seus assessores. Sabendo que Mandelson estaria em visita à Itália na sexta-feira, convidei-o para um café da manhã no sábado. O dia ensolarado que se percebia na Piazza Navona por trás das grandes janelas do palácio completou o ambiente propício dos aposentos que um dia haviam sido da família Pamphili. Era o *décor* ideal para buscar algum tipo de entendimento, ainda que limitado, às vésperas de Hong Kong. A reunião permitiu uma "troca de boa-fé", como se costuma dizer na OMC, dos números com que as duas delegações trabalhavam, bem como uma análise de seus respectivos significados. Poderíamos comparar cálculos e desfazer mal-entendidos, sem a pretensão de chegar a um acordo naquele momento. Ao todo, ficamos reunidos por mais de quatro horas (quatro horas e meia, segundo os jornalistas brasileiros vindos de Genebra, que se postaram em um dos salões próximos ao lugar das discussões). A primeira hora foi dedicada à análise política da situação. Com aparente franqueza, Mandelson se referiu aos constrangimentos que cerceavam sua ação como comissário, acentuando os limites que a Política Agrícola Comum da

União Europeia (PAC) impunha à negociação. De minha parte, expus a situação em que me via em face das resistências de certos setores industriais e, sobretudo, do nosso maior sócio no Mercosul. Procurei esclarecer as implicações do "coeficiente 30" para a nossa indústria, mostrando os efeitos que teria como abertura real de mercados, ao lado da não desprezível consolidação de movimentos anteriores de liberalização comercial.*

Como de hábito, não deixamos de intercambiar análises sobre as respectivas percepções quanto ao grau de flexibilidade dos outros dois parceiros do G4. Como havia feito na conversa com o primeiro-ministro britânico, procurei fazer ver a Mandelson que a oferta europeia de acesso a mercados certamente influiria na disposição norte-americana em relação a apoio doméstico, que, para nós, era um aspecto central. Portanto, do nosso ponto de vista, não podia limitar a análise da proposta europeia a uma mera comparação entre toneladas de carne e o valor presumível de nossas importações de autopeças. No que dizia respeito à liberalização agrícola, a conclusão de toda essa conversa poderia ser resumida nos seguintes termos: naquele momento, não havia possibilidade de reformar a PAC, mas as linhas vermelhas seriam antes "bandas" (ou faixas) do que linhas bem demarcadas. Haveria assim, no dizer do comissário, alguma flexibilidade para negociar. Perguntei-me se era a isso que Tony Blair se referira na conversa em Downing Street, mas Mandelson tampouco deixou margem para muito otimismo. Nesse contexto, explicou, uma eventual abertura que fosse além de uma pequena redução no número de produtos sensíveis só ocorreria – e ainda assim era duvidoso – após janeiro. Alegando as reações previsíveis de alguns Estados-membros, meu interlocutor disse que não gostaria de se ver em situação que o impedisse de "fazer avanços" em um momento ulterior, quando outros aspectos da Rodada também houvessem registrado progresso. Não sei se com sinceridade ou por mera encenação, como parte da "distensão" que ambos estávamos empenhados em promover, o comissário europeu manifestou interesse e até surpresa com alguns números que apresentamos sobre tarifas industriais. A conclusão comum a que chegamos foi que necessitávamos definir o nível de ambição dos nossos objetivos em Hong Kong. Para tanto, era mister realizar nova reunião do G4 nos próximos dias. Tratei de manter Pascal Lamy informado de nossas intenções.

---

* *Grosso modo*, o coeficiente 30 representaria que as tarifas de produtos mais sensíveis, no caso do Brasil, seriam reduzidas, sem as flexibilidades, de 35% para 16%, uma queda considerável. Aplicando-se as flexibilidades previstas para países em desenvolvimento, segundo o modelo preferido do Brasil (redução pela metade em 10% dos itens tarifários), essa redução de 19 pontos percentuais cairia para 9,5 pontos percentuais. Assim, a tarifa de importação para automóveis, por exemplo, na verdade seria reduzida de 35% para 25,5%.

De Roma, regressei a Brasília e dois dias depois parti para Montevidéu, onde ocorreu a reunião ministerial do Mercosul sobre a Rodada. O ponto essencial era obter apoio ou, pelo menos, aceitação tácita da proposta ousada que fizera em Londres, relativa ao "coeficiente 30". Na ocasião, senti-me apoiado por nossos sócios, ainda que a Argentina tenha dado seu assentimento com a ressalva de que o "coeficiente 30" era o limite (*bottom-line*) do que poderíamos conceder. Essa posição coincidiu com a que ouvi da Fiesp poucos dias depois. No Mercosul, levantei ainda outra questão: a necessidade de uma "atitude generosa" em relação aos países de menor desenvolvimento relativo em matéria de acesso a mercados. Também sobre esse ponto saí satisfeito com o endosso que obtive de meus colegas.

Depois de uma reunião da Camex* em que, em termos muito genéricos, dei satisfação aos outros ministros de meus movimentos recentes e de uma aparição na mídia televisiva, parti novamente para Genebra, onde teria reuniões do G4 e do G4+2, que incluía também Japão e Austrália, além das inevitáveis bilaterais. Como sempre, também fiz questão de me reunir com os embaixadores do G20. Em minha anotação antes do encontro, descrevo a reunião do G4 como "provavelmente a última ocasião para que os ministros dos principais atores esbocem o que pode ser alcançado em Hong Kong". Ali me refiro à fórmula usada na época pelos negociadores de Genebra para caracterizar o nível de ambição da conferência ministerial: "*Less than full modalities*" (algo como "modalidades incompletas"). Mas eu mesmo não era capaz de definir exatamente o que isso queria dizer, salvo evidentemente que não chegaríamos a números precisos. No máximo, poderíamos acordar conceitos com amplitude suficiente para acomodar interesses ofensivos e sensibilidades. Estava claro que as expectativas em relação a Hong Kong haviam baixado. Era esse o consenso geral, mas todos achavam que essa redução de objetivos da Conferência não deveria afetar o nível da ambição da Rodada como tal. Em outras palavras, seria necessário pensar em um Hong Kong II. Com efeito, os encontros de Genebra nada trouxeram de novo. Ainda tentei sugerir, no âmbito do G4 (ou do G4+2, não tenho certeza) que estabelecêssemos uma "cesta" de itens a serem discutidos e aprofundados antes de Hong Kong (subsídios à exportação; relação entre corte global e acesso a mercados; questões ligadas ao desenvolvimento; NAMA e serviços). Não era nada de muito novo, apenas uma forma de focalizar a atenção. Mas nem essa modesta proposta

* A Câmara de Comércio Exterior (Camex) é composta do ministro do Desenvolvimento, Indústria e Comércio Exterior, que coordena as atividades; o ministro-chefe da Casa Civil; os ministros das Relações Exteriores; da Fazenda; da Agricultura, Pecuária e Abastecimento; do Planejamento, Orçamento e Gestão; e do Desenvolvimento Agrário.

metodológica foi aceita. Acertamos que haveria outra reunião, no início de dezembro, mas eu próprio tinha dúvidas sobre sua utilidade.

"África e Brasil estão mais próximos do que nunca"

Logo após as reuniões de Genebra, rumei para Arusha, cidade tanzaniana ao pé do Kilimanjaro, onde se realizaria no dia 23 de outubro uma reunião extraordinária da União Africana sobre comércio. No trajeto, dei uma "carona" a Pascal Lamy no "sucatinha" da FAB, que estava utilizando nessa série de viagens. Foi uma oportunidade rara para uma conversa totalmente informal com o diretor-geral. Nosso diálogo girou em torno de questões de processo mais do que de conteúdo, mas, em negociações desse tipo, saber como o coordenador pretende conduzir as negociações é sempre de grande valia. O *tête-à-tête* no setor privativo do avião presidencial foi registrado fotograficamente por meu assessor de imprensa, o então ministro (e atual embaixador em Roma) Ricardo Tavares. A inclusão de Arusha no meu itinerário era uma viva demonstração do empenho em obter um resultado positivo na Rodada e, ao mesmo tempo, manter uma cooperação ativa com os vários grupos de países em desenvolvimento. Além da participação no encontro formal em que, logo após Lamy, proferi breve alocução, ofereci almoço a um grupo de países africanos. Estavam presentes, entre outros, os ministros da Tanzânia, Angola, Gana, Zâmbia (coordenador dos PMDRs) e o comissário da União Africana para Comércio, em um total de aproximadamente dez convidados, sem contar os brasileiros. Discutimos vários temas de interesse de países menos desenvolvidos ou vulneráveis, como erosão de preferências e acesso livre de cotas e tarifas para PMDRs, entre outros. Tratei de criar um clima de confiança que permitisse a continuidade do trabalho com esses países em torno de objetivos comuns. Saí satisfeito do encontro, o que se refletiu na anotação que fiz: "Graças ao presidente Lula, mas também em função do trabalho que tenho desenvolvido, África e Brasil estão mais próximos do que nunca".

Minha viagem a Arusha, no coração da África, e que só pude realizar porque dispunha do avião presidencial, não foi um caso isolado. Fez parte de um esforço determinado de aproximação com os grupos de países em desenvolvimento que, no passado, haviam encarado com desconfiança iniciativas similares à do G20. Antes do *July Framework*, em 2004, estive em encontros semelhantes em Georgetown, na Guiana, e em Port Louis, nas Ilhas Maurício. Esse empenho por estreitar relações com países (salvo raras exceções) distantes do Brasil, renovado com minha participação na reunião de Arusha, foi plenamente recompensado na Conferência de Hong Kong.

De volta ao Brasil, tive muito com que me ocupar em função das reivindicações paraguaias sobre Itaipu, as negociações com a Argentina sobre o "famoso" MAC e a Cúpula do Mercosul (inclusive desdobramentos da Comunidade Sul-Americana de Nações). Minha estada em casa, além de interrompida pela comemoração, em Puerto Iguazu, dos vinte anos dos acordos Brasil-Argentina, foi curta. No dia 1º de dezembro parti novamente em direção a Genebra para mais uma rodada de reuniões, estas, sim, as últimas antes de Hong Kong. Minha confiança no que seria possível obter com essas conversas era muito reduzida. Sabia que os ministros das Finanças de alguns países, capitaneados por Gordon Brown, cogitavam alguma iniciativa em relação a Doha, mas eu não via como, sem um conhecimento pormenorizado do que se estava discutindo, esses ministros pudessem ir muito além de meras declarações exortativas.

Estimulado por mim e, em certa medida, por Antonio Palocci, Lula decidiu telefonar para Tony Blair. Nesse telefonema, o presidente disse, em síntese, que os negociadores haviam esgotado suas possibilidades e que tampouco se poderia esperar grande coisa dos ministros da Fazenda. Era essencial que os "líderes" assumissem a condução das negociações. O primeiro-ministro britânico, que naquela ocasião acumulava a presidência do G7/G8 com a da União Europeia, teria o poder de convocação necessário. Quanto a ele, Lula, estaria disposto a participar de qualquer reunião. A reação de Blair foi positiva, mas cautelosa. Perguntou se a cúpula substituiria uma reunião de ministros da Fazenda que havia sido convocada por Gordon Brown. Ficou aliviado quando Lula disse que seria adicional àquele encontro. Atribuí a preocupação, seguida de alívio, por parte de Blair, às eternas rixas entre o primeiro-ministro e o titular da Fazenda pela liderança do Partido Trabalhista britânico. Lula sugeriu a Blair um formato semelhante ao de Gleneagles (naturalmente sem a Rússia, que não era membro da OMC). Além da África do Sul, algum país africano de menor desenvolvimento também poderia participar. Na sugestão que havia feito a Lula, eu deixara em aberto se esse encontro de cúpula deveria se realizar antes ou depois de Hong Kong, mas o presidente concentrou-se na primeira hipótese, reafirmando sua disponibilidade "a qualquer momento". Ao final, Blair disse compartilhar das preocupações de Lula e ficou de dar um retorno ao presidente. Em vista da pasmaceira e do jogo de empurra que tinham caracterizado os últimos encontros de ministros do Comércio, a iniciativa de uma reunião de líderes, caso viesse a se concretizar, poderia constituir o "fato novo" que destravaria as negociações, ainda que não deixasse de ser uma iniciativa com algum risco de desgaste político para os chefes de Governo envolvidos. Todavia, a capacidade de assumir riscos é uma das atribuições esperadas de um líder. O telefonema fora sugerido por mim durante a viagem a Puerto Iguazu e ocorreu no dia seguinte, 1º de dezembro. Nesse mesmo dia, dei uma palestra no Conselho de Desenvolvimento Econômico e Social, em que aproveitei para falar das expectativas relativas à Rodada Doha.

"Eles não representam os países em desenvolvimento"

Escrevi a nota sobre esses temas a bordo do voo para Paris, de onde embarcaria para Genebra. Meu comentário sobre a dupla reunião (G4 e G4+2) de que iria participar denota algum desânimo: "[O encontro] não promete grandes avanços – questões de processo, esclarecimento de conceitos etc. Mesmo a ideia de uma lista de itens que pudessem gerar algum progresso foi posta de lado. A OMC continua a dar ao Brasil grande projeção, mas consome muito tempo e tem trazido pouco resultado". Fui à reunião munido de uma série de perguntas que, a meu ver, poderiam contribuir para maior clareza em relação aos vários pontos em discussão. Essas perguntas abrangiam questões relativas a subsídios à exportação, apoio doméstico, acesso ao mercado agrícola, NAMA, serviços e questões de interesse para países de menor desenvolvimento relativo. Em suma, os temas habituais. Mas procurei formulá-las de maneira a induzir algum avanço conceitual no modo como esses temas poderiam ser tratados. Cito dois exemplos que ilustram a tônica que pretendi imprimir às discussões. Em relação a subsídios à exportação, coloquei a seguinte questão: "É possível estabelecer uma data próxima, com credibilidade, para a eliminação dos subsídios à exportação, levando em conta o paralelismo necessário com outras formas de apoio distorcivo às exportações?". Em relação a apoio doméstico, indagava: "É possível concordar com cortes nos níveis de apoio doméstico global que impliquem cortes efetivos reais, desde que condições adequadas estejam presentes em outros pilares da negociação agrícola?". Procurei, assim, eliminar a eterna resposta de que tal coisa só poderia ocorrer em função de outra. Perguntas semelhantes, envolvendo inter-relações entre temas, foram formuladas sobre outras vertentes da negociação.

Para minha frustração, não consegui promover uma discussão aprofundada baseada nessas perguntas. De fato, o único resultado palpável da reunião de Genebra foi o entendimento, ainda que limitado, em torno do chamado *development package* (na verdade, itens de interesse dos PMDRs). Reproduzo, *in extenso*, um trecho da minha anotação: "Nenhum avanço concreto se registrou nos temas centrais da Rodada, a começar por agricultura. Meu relacionamento com o comissário europeu, Peter Mandelson, continua difícil, em parte devido às diferenças de posição, mas em parte também devido a sua hipersensibilidade. [Mandelson] escolheu o Brasil e o G20 como alvos preferenciais de seus ataques, assumindo o papel que Zoellick havia desempenhado logo após Cancún. Não se trata de meras críticas às nossas posições ou às nossas propostas, mas de ataques que buscam desqualificar-nos, do tipo 'eles não representam os países em desenvolvimento'. Ao final de uma discussão [algo acalorada] que tivemos, apontei essa prática pouco leal (não me lembro da palavra exata que usei). Minha observação deixou o comissário muito incomodado. Portman, ao contrário, continua em excelentes termos comigo. Foi visitar-me na residência em Grand Saconnex* após as reuniões. A atitude firme que temos adotado em relação a acesso a mercados em agricultura vai ao encontro dos seus interesses. Mas o que ocorrerá quando tiver que voltar minhas baterias contra a insuficiência da oferta norte-americana em subsídios internos? Alguns assessores me dizem que o governo dos EUA estaria interessado, por motivos econômicos (fiscais) próprios, em reduzir os gastos com subsídios. Oxalá assim seja! Nesse complexo xadrez de múltiplos jogadores, os EUA têm interesses convergentes com a UE (e contra nós) em produtos industriais e serviços; mas até aqui a aliança tática em agricultura tem prevalecido. O outro membro desse quarteto [central], o meu colega indiano, é sempre imprevisível. Em agricultura, seu discurso protecionista acaba levando água ao moinho europeu. Em serviços, tem interesses ofensivos muito mais marcados do que nós, especialmente em modo 4 e *outsourcing*,** mas não compartilha das teses mais ambiciosas dos países desenvolvidos. Enquanto o Brasil precisa defender os interesses do G20 como um todo, a Índia tende a acentuar os seus próprios".

Enquanto participava de uma reunião no formato G4+2, que tomou quase todo o dia de sábado, o presidente Lula me telefonou. Queria dar continuidade à conversa que tivera com Blair. Pedi ao secretário-geral, embaixador Samuel Pinheiro Guimarães, que organizasse, entre outras, uma chamada para o presidente

---

* Município do Cantão de Genebra, contíguo à Ville de Genève, em que se situa a residência de Mont Riant.

** Entre os quatro modos de prestação de serviços previstos no acordo da Rodada Uruguai, o modo 4 se refere ao deslocamento do prestador ao mercado onde o serviço é oferecido. Implica, na maioria das vezes, um visto temporário de trabalho. O termo *outsourcing* é comumente usado para se referir a práticas de terceirização de serviços, i.e., quando empresas, com o objetivo de diminuir custos, contratam outras empresas para realizar determinados serviços.

Bush. Mandei preparar os papéis correspondentes, o que foi feito ali mesmo em Genebra, no domingo, por Roberto Azevêdo, com a ajuda de Antonio Simões. Achava positivo o interesse que o presidente demonstrava pelas negociações. Em parte isso se devia à sua visão de sindicalista e de solidariedade com os mais pobres. Por vezes tinha de alertá-lo para a manipulação que os europeus (especialmente os franceses que, no plano político, alardeavam grande amizade conosco) tendem a fazer desses países e das tentativas frequentes de separar o Brasil e os outros membros do G20 dos menos desenvolvidos. Embora apoiasse com convicção a iniciativa de uma cúpula sobre a Rodada, percebi que a possibilidade de que viesse a dar frutos antes de Hong Kong era muito pequena. Uma reunião desse nível, depois da ministerial, enfrentaria outros problemas. Por um lado, um anúncio sobre sua realização, antes do encontro de Hong Kong, esvaziaria a conferência; por outro, em janeiro, o Reino Unido, nosso parceiro mais provável no empreendimento por suas posturas liberais em agricultura, já não estaria exercendo a presidência do G7 ou da União Europeia.

No dia 7 de dezembro, ocorreu a chamada para o presidente norte-americano. Bush recebeu positivamente a sugestão da cúpula, mas observou que, dada a exiguidade do tempo e "as condições políticas" (sobre as quais não se estendeu), a reunião só poderia ocorrer no início do ano seguinte. A sugestão repercutiu na imprensa norte-americana. O *New York Times* a comentou em editorial. Declarações atribuídas ao USTR e uma informação no *site* do Departamento de Estado deram algum alento à ideia. Como era praxe sempre que me encontrava no Brasil, acompanhei o telefonema entre os dois presidentes. Pude ouvir o elogio de Bush à "liderança" do ministro do Exterior/Comércio do Brasil. O presidente norte-americano fez questão de enfatizar essa dupla condição. Em seu inglês texano, dirigindo-se a Lula, referiu-se a "*your Trade-slash-Foreign Minister*".

"Não sei o que vocês fizeram, mas parece que detêm a chave dessa negociação"

No dia 9, após uma reunião do Mercosul em Montevidéu, cujo aspecto mais importante foi um acordo com o Paraguai sobre pagamentos pela energia de Itaipu, "tomei a proa" de Hong Kong, com escalas e conexões em São Paulo e Johanesburgo. No voo para a África do Sul, repassei alguns aspectos da estratégia que pretendia seguir na Conferência Ministerial. Nas últimas semanas e meses, as negociações se haviam concentrado em subsídios internos, acesso a mercados agrícolas e NAMA. A insuficiência da oferta europeia em acesso a mercados agrícolas inviabilizava, no curto prazo, a expectativa de um compromisso numérico significativo por parte dos Estados Unidos em matéria de subsídios internos. Minha tentativa de desbloquear esse impasse com a demonstração de flexibilidade em tarifas industriais, nas reuniões de Londres e Genebra, fora frustrada. Os norte-americanos, pelo menos, tiveram a gentileza de qualificá-la como "interessante"; os europeus, provavelmente devido a limitações para fazerem gestos correspondentes em agricultura, simplesmente a desprezaram. Assim, a "barganha central", que envolvia os três pilares (apoio doméstico, acesso a mercados agrícolas e tarifas industriais – com possível complementação em serviços), não iria ocorrer. Portanto, para evitar o fracasso da Conferência, era preciso que nos concentrássemos em alguns *deliverables* (resultados parciais com significado prático). Foi com base nesse raciocínio que me fixei na eliminação dos subsídios às exportações em todas as suas formas e em data certa, como nosso objetivo principal para Hong Kong. Mas tinha ciência de que outros aspectos da negociação, tanto do ponto de vista "ofensivo" como "defensivo", não poderiam ser negligenciados.

No dia 11, já no meu hotel na cidade-Estado que até pouco antes prestava vassalagem à coroa britânica e agora se inseria, como um corpo algo estranho, na soberania chinesa, anotei: "Estas poucas linhas serão provavelmente as únicas que conseguirei escrever durante esta semana, na qual dramaturgia, interesses e exposição midiática se misturarão (...). Não haverá resultados definitivos em Hong Kong. Disso sabemos todos. Lula lançou a semente do diálogo político em alto nível. Compete a mim criar as condições para que ele ocorra a partir de uma base apropriada. Mas é preciso ser humilde. Por mais que eu faça – e terei que fazer muito – não posso esquecer que sou apenas uma peça na engrenagem. O Brasil alçou voo, mas tornou-se também o alvo favorito dos defensores do *status quo*. Rigor técnico, ousadia política e muito esforço de coordenação no G20 – e para além dele – serão as palavras de ordem dos próximos dias".

A Conferência de Hong Kong estava marcada para o período de 13 a 18 de dezembro. Nos dois dias que antecederam a abertura oficial, mantive intensa atividade: encontros bilaterais com Kamal Nath, Mandelson e Portman; trilateral com os dois últimos; reunião do G4+2; inúmeros contatos com jornalistas, inclusive uma entrevista ao vivo à CNN. O USTR Rob Portman foi muito simpático e amistoso. Obviamente, tanto quanto possível, buscava estender a "aliança" com o Brasil ante a União Europeia. Seu desejo de levá-la a ampliar concessões em matéria de acesso agrícola era tal que chegou a me recomendar "não gastar toda a munição" de que dispunha em serviços, durante a Conferência. Em um momento em que ficamos a sós, antes ou depois da trilateral, comentou que Mandelson parecia obcecado com a oferta brasileira em NAMA e em como melhorá-la: "*I don't know what you guys did*", disse ele em seu estilo do Meio-Oeste norte-americano, "*but you now seem to have the key to these negotiations*".* No encontro trilateral, o tema principal das discussões foi a data final para a eliminação dos subsídios à exportação, utilizados sobretudo pela União Europeia e, em consequência, as questões correlatas de ajuda alimentar e créditos à exportação, praticados pelos EUA. Registrei na ocasião: "Nada mal que uma discussão entre os dois grandes sobre essa questão ocorra na nossa presença, o que, até certo ponto, nos confere um confortável (e, quem sabe, útil) papel de mediador". O fato de que Estados Unidos, União Europeia e Brasil se reunissem nesse formato (sem Índia, Japão ou Austrália, e sem o diretor-geral) reforçava o nosso peso nas negociações. Entretanto, preocupava-me ser colocado em uma posição que pudesse ser vista como resultado de cooptação pelas duas superpotências comerciais.

No dia 13, coordenei uma reunião do G20 e mantive encontros com ministros de vários países, com destaque para África do Sul (Mandisi Mpahlwa) e China (Bo Xilai), bem como para o "facilitador" dos "temas de desenvolvimento" (temas de interesse dos PMDRs e outras economias menores ou vulneráveis), meu amigo Clement Rohee, ministro da Guiana. Além disso, coordenei o encontro de *reach-out* do G20 com outros grupos de países em desenvolvimento. À noite, houve o primeiro Green Room sobre Desenvolvimento, Agricultura e NAMA. Tive também um café da manhã com os ministros brasileiros. Além de Furlan e Rodrigues, estava presente o ministro Miguel Rossetto, do Desenvolvimento Agrário. Dediquei bastante tempo às conversas com Rossetto, que tinha preocupações legítimas sobre o efeito da liberalização na agricultura familiar. Há tempos eu já vinha tentando acomodá-las no bojo da percepção mais agressiva do agronegócio. Basicamente, as inquietações do titular do MDA eram muito parecidas com as que haviam inspirado a criação do G33, grupo formalmente liderado pela Indonésia com forte influência da Índia. Como o próprio G20 era um grupo heterogêneo, incluindo membros de Cairns (competitivos em agricultura) e do G33 (de visão sobretudo defensiva), pude argumentar com meu colega que suas preocupações, ainda que em nível bastante genérico, eram contempladas nas propostas do G20.** Além disso, por mais que defendêssemos o direito de apoiar a pequena agricultura no Brasil, nunca poderíamos competir com os tesouros dos países ricos, o que recomendava não adotarmos uma posição

* "Não sei o que vocês fizeram, mas parece que detêm a chave dessa negociação."

** Certa vez, para explicar ao presidente Lula a posição da Índia em agricultura, recorri a uma comparação: "Pense, presidente, em um grande MDA [Ministério do Desenvolvimento Agrário]".

essencialmente defensiva. Provavelmente em função desse argumento, Rossetto me incentivou a concentrar o "fogo" nos subsídios à exportação.

A VI Conferência Ministerial da OMC teve de tudo, de momentos de tensão negociadora a atenção midiática. Diariamente, a imprensa publicava "perfis" dos principais negociadores. O assédio da mídia era constante. Longe estavam os tempos de Cancún, quando tive de me valer de uma manobra pouco usual para poder atrair para o Brasil e o G20 os holofotes até então voltados quase exclusivamente para os representantes de Washington e de Bruxelas. A intensidade dos encontros foi aumentando à medida que a Conferência se aproximava do final. Várias vezes, em particular nos dois últimos dias, o Green Room, apelidado na ocasião de "grupo consultivo do presidente" (ou CCG, em inglês), varou a noite. Três ou quatro horas de sono foi o máximo de que dispus nos últimos três dias de reunião. Na nota que escrevi no voo de volta, entre Hong Kong e Johanesburgo, disse que os resultados tinham sido "razoáveis": um "pacote" para países de menor desenvolvimento relativo (o *duty-free, quota-free*, que buscavam há muito tempo);* um texto de agricultura que consolidou os avanços realizados até então e que, em tese, poderia propiciar novos progressos; capítulos sobre produtos industriais e serviços que não chegavam a criar maiores problemas. Sobre as tarifas industriais, conseguimos inclusive introduzir o conceito de proporcionalidade entre os cortes em produtos manufaturados e os que viessem a ser realizados nas tarifas de produtos agrícolas. Sem exagerar o valor prático dessa concessão, no momento em que as negociações chegassem ao "núcleo duro", o conceito de proporcionalidade era uma proteção adicional às ambições excessivas dos países desenvolvidos.

A data final

Como era de se esperar, as discussões mais duras ocorreram em torno dos temas agrícolas, principalmente em relação à data final** para a eliminação de todas

---

* Para o Brasil, seria uma concessão pequena, embora de alto valor simbólico. Cálculos feitos na época dessa negociação indicavam que o comércio total do Brasil com os PMDRs era de aproximadamente US$ 1 bilhão, dos quais apenas US$ 30 milhões eram importações brasileiras. As tentativas posteriores de aplicar o *duty-free/quota-free* unilateralmente, apesar de um compromisso político assumido pelo presidente em reunião da Unctad em Acra, em 2008, não prosperaram devido a resistências de setores industriais junto ao Congresso Nacional. Caso, algum dia, a Rodada Doha venha a ser concluída, entretanto, o *duty-free/quota-free* fará parte do pacote global.

** Mais de uma vez, como embaixador nas Nações Unidas (Nova York e Genebra), ocupei-me de questões de desarmamento, inclusive da questão da implementação do artigo VI do Tratado de Não

as formas de subsídio à exportação. Eu havia elegido esse tema como aquele que poderia oferecer um resultado concreto, de interesse real e suscetível de ser percebido pelo público. E foi o que de fato ocorreu (como descreverei mais adiante). Mas também foi possível obter formulações positivas, ainda que não numericamente quantificadas, em apoio doméstico, tanto em termos do corte global ou OTDS, em relação ao qual conseguimos estabelecer a noção de cortes efetivos, como no que diz respeito a disciplinas dentro de cada "caixa".* Em produtos especiais e salvaguardas especiais para países em desenvolvimento, a linguagem adotada pareceu satisfatória aos membros do G33.

Por seu efeito prático e também por seu simbolismo (extirpar totalmente uma forma de distorção do comércio não era algo comum), a questão da data final foi a que mais concentrou as atenções e gerou as maiores polêmicas. Inicialmente, a União Europeia não queria fixar data nenhuma para a extinção desses subsídios e pretendia deixar a decisão para o momento em que as modalidades fossem adotadas. O G20, os Estados Unidos e a maioria dos demais países (à exceção dos membros do G10)** defendiam o término dos subsídios à exportação em 2010. Coube ao G20 e, em grande parte, ao Brasil, comandar essa batalha, que extravasou as salas de reunião e se espalhou pela mídia. Um momento importante dessa luta foi a reunião do G20 com o G90, da qual emergiu o documento em que praticamente a totalidade dos países em desenvolvimento exigia o fim dos subsídios à exportação em 2010. O momento da adoção por aclamação do texto que exigia a eliminação dos subsídios está documentado em foto que ilustra o *Conversas com jovens diplomatas*.*** Porém, a cena mais dramática dessa aliança entre os dois grupos de países em desenvolvimento infelizmente se deu longe das câmeras, por ter ocorrido em uma área de acesso restrito do Palácio dos Congressos. Havíamos convocado uma reunião entre uma *troika*

Proliferação Nuclear (TNP) e, nesse contexto, da eliminação total das armas nucleares. No meu espírito inevitavelmente se formou um paralelo entre esse objetivo e o da eliminação de todas as formas de subsídios à exportação. Embora reconheça que a comparação seja exagerada, o ponto relativo à "data final" para a abolição da forma mais distorciva de subsídio não deixava de guardar certo simbolismo, além do seu efeito prático.

* O maior ganho conceitual em relação às reduções no apoio interno global foi a consolidação da expressão "cortes efetivos", o que afastava a hipótese de que tais reduções se limitassem ao que, no jargão da OMC, significaria "cortar a água", isto é, diminuir o montante máximo permitido para os subsídios sem significar redução dos subsídios que estariam sendo praticados no momento do acordo.

** O G10 é um grupo de vocação "protecionista" na área agrícola, composto de Bulgária, Taiwan, Coreia do Sul, Islândia, Israel, Japão, Liechtenstein, Ilhas Maurício, Noruega e Suíça.

*** Op. cit.

ampliada do G20 com os coordenadores dos diversos grupos que compõem o G90. Mas, afinal, compareceram praticamente todos os delegados de ambos os lados. Eram verdadeiras hordas de representantes de países em desenvolvimento ingressando na sala de reuniões. Visualmente, era como se os "danados da terra", para utilizar a célebre expressão de Frantz Fanon, tivessem tomado de assalto a OMC, que, desde o antigo GATT, ainda era, em boa medida, um clube de cavalheiros anglo-saxões, ou com o desejo de sê-lo. A capacidade revelada pelo Brasil de aglutinar países "emergentes" e países muito pobres, economias relativamente competitivas e economias dependentes de preferências outorgadas pelos países ricos, surpreendeu a mídia e muitas delegações, sobretudo a da União Europeia. Tornara-se impossível alegar que a "eliminação de todas as formas de subsídio à exportação" era uma bandeira do G20, de pouco interesse para os países menos desenvolvidos.

Quando o Green Room voltou a se reunir sobre o tema, no terceiro ou quarto dia da conferência, o clamor pelo estabelecimento de uma data final não podia ser ignorado. Os europeus resistiram o quanto puderam. A solução de compromisso a que se chegou foi o estabelecimento do ano de 2013 como prazo final. Mas as divergências não se resolveram de uma vez. Uma nova batalha se travaria no Green Room, onde o Brasil, acompanhado de alguns outros países, continuou lutando para que alguma referência fosse feita a 2010 como etapa intermediária, quando uma parte substancial dos subsídios deveria estar eliminada. Essa insistência não era mero capricho. Nós sabíamos muito bem que, se a totalidade ou mesmo o grosso dos subsídios permanecesse em vigor até próximo do final do prazo, seria pouco crível que viessem efetivamente a ser suprimidos na data estabelecida. Mais do que a antecipação em um ou dois anos, a referência a uma data intermediária em que parte substancial dos subsídios fosse eliminada conferia credibilidade ao compromisso. Depois de muitas escaramuças, inclusive um momento, já na madrugada do último dia, em que ameacei abandonar a reunião, foi acordado o texto em que se enunciava que parte substancial seria eliminada até o meio do período de implementação (o qual, aliás, era 2010). Mas, até chegarmos lá, houve vários sobressaltos. Peter Mandelson disse várias vezes que não mencionar 2010 era um "ponto de honra" para a comissão. Supõe-se que essa atitude se devia principalmente à posição intransigente da França. Foi somente após o encerramento do encontro do CCG, por volta das 9 da manhã, após uma noite inteira de discussões, que Pascal Lamy logrou incluir no texto a formulação que continha uma referência indireta a 2010. Vale notar que, ao longo dessa longa batalha noturna, nossos aliados, fosse pelo cansaço, fosse por terem outras prioridades, foram um a um cedendo à rígida posição europeia. Mas, se não mencionar 2010 era um "ponto de honra" para Mandelson, referir a data era (ou deveria ser) um "ponto de honra" para o G20. Atuei nesse sentido, mas a única delegada que me apoiou de forma decidida durante todo o processo foi a ministra da Agricultura da África do Sul, Angela Thoko Didiza, uma matrona simpática e enérgica que lembrava a ministra do Exterior, minha amiga Nkosazana Zuma. Aos poucos, graças à persistência do diretor-geral, que obstinadamente buscava um acordo, outros apoios foram surgindo, sobretudo da parte de países africanos como a Nigéria e o Senegal. Entre os sul-americanos que participavam do Green Room, a Argentina tinha a mesma posição que o Brasil, mas, por alguma razão que não consegui atinar, foi pouco enfática. Suponho que o novo chanceler, meu amigo Jorge Taiana, oriundo da área dos Direitos Humanos, ainda não se sentisse totalmente à vontade com as especificidades de uma negociação comercial, mas também é possível que, já àquela época, Buenos Aires preferisse guardar sua munição para suas posições defensivas em produtos industriais. Com o crescimento da corrente que demandava a referência àquela data, o comissário europeu teve de abandonar a posição inicial, típica da arrogância europeia, de "pegar ou largar".

Em determinado momento da madrugada ou já no início da manhã, quando a resistência à Comissão parecia ter se esvaído, pensei em abandonar o encontro. Não queria ser cúmplice de uma atitude de complacência ou de subserviência ante a intransigência de Bruxelas. Cheguei a sair da sala de reuniões, deixando meus colaboradores bastante perplexos, como soube depois. Na verdade, não tinha plena clareza das consequências do meu ato. Não sabia, por exemplo, se na reunião formal no final da tarde, eu "bloquearia" um eventual consenso ou me limitaria a "marcar posição" com um discurso em que denunciaria a intransigência dos europeus. Tampouco poderia ter certeza da reação a esse gesto no Brasil. Enquanto essas ideias povoavam o meu espírito na sala de espera que eu era obrigado a atravessar para ir ao toalete, deparei com o ministro do Comércio japonês, Shoichi Nakagawa. Meu colega nipônico estava aparentemente alheio à crise que se desenhava e me deteve para tratar de outro tema (se não me engano, a questão do *duty-free, quota-free*). Embora a atitude de Nakagawa revelasse total ausência de sentido de oportunidade, decidi ouvi-lo, exclusivamente por questão de cortesia. No instante em que ele concluiu sua fala, Rob Portman saiu da sala à minha procura e insistiu que eu voltasse.* Segundo o USTR, nos breves minutos em que

* Esse episódio está narrado, com mais graça do que me seria possível transmitir, no livro *Misadventures of the Most Favored Nations*, de Paul Blustein, (publicado pela *Public Affairs*, em 2009, e

me ausentara da reunião, esboçou-se, por iniciativa sua e com apoio de Lamy, uma redação que contemplava, ainda que de forma bastante confusa, a nossa visão de "progressividade" para a eliminação dos subsídios. Cedi aos apelos de Portman e às minhas próprias dúvidas. Ainda fiz uma ou duas intervenções. Quando a reunião foi suspensa por volta de 9 da manhã, parecia que havíamos chegado a uma solução, embora persistissem algumas ambiguidades. Já no hotel, por volta das 10 da manhã, depois de uma noite insone, recebi um telefonema de Lamy. Mandelson não poderia aceitar, "em hipótese nenhuma", uma referência explícita a 2010. O comissário mencionou conflitos internos na comunidade e chegou a alegar que não podia dar a impressão de que "continuava a receber ordens" de seu antigo chefe, Tony Blair, nosso aliado nessa questão (não só pela vocação livre-cambista do Reino Unido, mas também em virtude de sua posição contrária aos gastos com a PAC). Foi então que propus a noção de "meio período", que era a forma de referir a data sem mencioná-la. Lamy aceitou a sugestão.

"I would never let you down"

Fui tirar algumas horas de sono antes das reuniões formais da tarde sem saber ao certo o que ocorreria. Ao despertar, fiz uma refeição leve e parti de novo para a luta. A caminho do centro de convenções, recebi outro telefonema, dessa vez do presidente da Conferência, o afável, mas não muito firme, John Chang, "ministro" de Hong Kong. Indagou se eu aceitaria uma formulação alternativa feita por Mandelson. Deu a entender (ou percebi dessa forma) que falava também em nome do ministro chinês, Bo Xilai. A meu ver, a redação proposta pela UE não significava absolutamente nada (dizia algo como "eliminar parte substancial antes da data final"). Com toda a cortesia, disse a Chang que não iria concordar com esse tipo de "tapeação". Acrescentei que não pretendia criar um problema para ele, presidente, mas deixei uma pontinha de dúvida sobre a atitude que tomaria. Como as decisões na OMC são adotadas por consenso, a mera incerteza sobre qual seria o comportamento do Brasil deve tê-lo feito refletir. Dirigi-me então à reunião do G20, programada para ocorrer antes da sessão plenária dos chefes de delegação. Ainda relatava aos membros do grupo (a grande maioria dos quais não participava do Green Room) os desdobramentos da véspera quando

traduzido para o português e publicado pela Funag em 2011 sob o título *Desventuras das nações mais favorecidas*), uma das poucas obras verdadeiramente legíveis escritas sobre a Rodada Doha.

recebi o documento emitido pela secretaria, em que a formulação que eu havia proposto a Lamy figurava intacta. Foi um grande alívio, pois a preservação do texto pelo diretor-geral – somada a outros avanços em subsídios internos e produtos especiais (que qualifiquei de "modestos, mas não insignificantes") – me permitia, como coordenador, recomendar que o G20 aceitasse o projeto.

Reforçado pelo apoio unânime do grupo e por expressões de apreço e vários aplausos, fui para a coletiva de imprensa acompanhado dos ministros da Índia, da Argentina, do Chile, do Zimbábue e da Tanzânia, um grupo variado e representativo. A reunião do G20 também foi marcada por momentos emotivos: além dos aplausos, houve o pedido público, e quase formal, de desculpas, feito por Kamal Nath, por me haver abandonado em momento crítico do Green Room* e um bilhete da minha fiel amiga Leila Rachid. Neste, entre outras afirmações, a ministra paraguaia dizia que eu me havia tornado "cidadão universal" e que a Rodada Doha deveria passar a se chamar "Rodada Amorim".

Como a sublinhar que não pode haver nenhum momento de descanso até o "apito final do juiz", logo após a conferência de imprensa do G20 e quando já me encaminhava para a reunião dos HODs (Heads of Delegation), Clodoaldo Hugueney, que parecia alarmado, me chamou para falar de algo "muito grave". A Venezuela, representada em Hong Kong por um ministro da Alimentação – se não me engano um militar – com pouco ou nenhum conhecimento dos temas, iria objetar à adoção do documento, quebrando assim o frágil e até então ainda incerto consenso (pois não estava seguro de qual seria a posição da UE). Em termos substantivos, suas preocupações não eram muito diversas das do G33 ou mesmo do nosso MDA, mas, diferentemente destes, a Venezuela as expressava de forma radical e envolta em uma retórica anticapitalista que deixava pouca margem para a negociação. Recordo que recorri à delegação de Cuba, sempre mais razoável e pouco propensa ao isolamento, para convencer os representantes de Caracas dos efeitos negativos de um eventual bloqueio que levaria ao colapso da Conferência. Sublinhei que, na declaração que seria aprovada, havia vários temas de interesse de países em desenvolvimento (inclusive os mais pobres) e que aquela ruptura de unidade seria mal recebida por africanos, caribenhos etc. O chefe da delegação venezuelana, porém, era inamovível. Havia recebido instruções diretas do presidente Hugo Chávez e somente com uma palavra dele poderia mudar de posição. Resolvi então chamar o presidente Lula. Era fim de tarde,

---

* *"I know you think that I have let you down, but I want you to know that I would never let you down"*, foram mais ou menos as palavras de Kamal.

início de noite em Hong Kong, o que correspondia a pouco mais de 7 horas da manhã de domingo no Brasil. Enquanto transcorriam os discursos dos chefes de delegação, Lula retornou minha chamada. Pedi-lhe então que ligasse para Chávez. Pouco depois, o ministro venezuelano veio me procurar. Eu já havia exposto minha preocupação não apenas com o destino da Conferência, mas a respeito da unidade do Mercosul (o ingresso da Venezuela no bloco começava a ser discutido) e do G20, que ela também integrava. O representante de Caracas pareceu acatar algumas ponderações que fiz, provavelmente menos em função dos argumentos e mais em decorrência da conversa que, àquela altura, Lula já teria tido com Chávez (mais tarde soube que o presidente havia encarregado o professor Marco Aurélio Garcia de transmitir a mensagem em seu nome). A incerteza persistia, porém. Ouvi com atenção e alguma apreensão o discurso de meu colega, pontilhado de "*rechazos*" e "*exigencias*". Somente me tranquilizei quando o delegado venezuelano encerrou seu exercício oratório e, apesar da virulência das palavras, não objetou ao consenso. Assim, a conferência de Hong Kong foi salva pelo Brasil do impacto de um derradeiro torpedo, circunstância que até hoje não sei se foi percebida pela maioria dos delegados.

"Quero dar-lhe um presente: a caneta com que eu assinava os subsídios à exportação"

Quando as últimas nuvens se dissiparam, Rob Portman veio até a bancada do Brasil para me cumprimentar. Convidou-me a ir com ele ao lugar onde estavam sua jovem mulher e seus filhos pequenos, todos muito bem-vestidos, como se estivessem indo para um serviço religioso dominical. Fez questão de me apresentar à família como um amigo e um profissional por quem nutria admiração. O "final feliz" da ministerial de Hong Kong teve outros momentos descontraídos. Registrei um deles em uma anotação que fiz no voo entre Johanesburgo e São Paulo: "A caneta com que estou escrevendo estas últimas vinte ou trinta linhas (...) me foi dada pelo diretor da área agrícola da Comissão Europeia, um simpático galego chamado José Manuel Silva Rodrigues, mais conhecido pelo curioso apelido de Cookie (ou será simplesmente Kuki?). Ao se despedir de mim, durante a última reunião dos chefes de delegação, o funcionário europeu me disse: 'Quero dar-lhe um presente: a caneta com que eu assinava os subsídios à exportação'". A previsão, na Declaração que acabáramos de aprovar, era que o término dos subsídios ocorresse em 2013 e, como sabemos hoje, está postergado *sine die*. O gesto de Silva Rodrigues não deixou de ter seu significado e até sua graça. Em um momento em que eu ainda estava me recuperando de emoções contraditórias, anotei, talvez com certa dose de pieguice: "As amizades e o respeito recíproco podem ignorar as diferenças de posição".

Do ponto de vista mais amplo da política externa brasileira, Hong Kong viria a reforçar a liderança e o respeito alcançados pelo Brasil. Um aspecto importante foi o aprofundamento da relação com outros países em desenvolvimento, especialmente da África. Foi à margem da conferência que tive um encontro com os ministros do Cotton-4, os quatro países africanos mais atingidos pelos subsídios norte-americanos (e, também, de maneira mais disfarçada, pelos europeus): Benin, Burkina Faso, Mali e Chade. Pedi ao diretor da área econômica do MRE, Roberto Azevêdo, que visitasse as quatro capitais e, poucos meses depois, receberia os ministros de Agricultura dos quatro países (aos quais se juntaria, em algum momento, o Togo), que tiveram encontros na Embrapa. Daquele encontro em Hong Kong, inicialmente voltado para a coordenação de posições negociadoras, emergiu a decisão de iniciarmos um programa de cooperação técnica, cujo ponto forte foi o apoio à fazenda-modelo no Mali, onde, anos mais tarde, eu colheria amostras de algodão em companhia do presidente Amadou Touré. Em decorrência de meus contatos com a ministra da Agricultura da África do Sul, Angela Thoko, que participou comigo da batalha do Green Room e com quem tive oportunidade de trocar algumas ideias no voo da Cathay Pacific, de Hong Kong a Johanesburgo, os países da SADC* foram convidados para um evento sobre agricultura familiar organizado pelo MDA, no Brasil, em 2006. Mais tarde, por iniciativa do próprio presidente Lula, se realizaria em Brasília, em torno da Embrapa, uma reunião destinada a promover a cooperação com a África, da qual participaria um grande número (cerca de quarenta) de ministros do continente africano.

Nas minhas notas, escritas nos voos de volta ao Brasil, teci comentários sobre o comportamento das delegações e do diretor-geral. Reproduzo a parte mais interessante: "Os chineses, às vezes representados pelo ministro Bo Xilai,** tiveram

---

* A Comunidade para o Desenvolvimento da África Austral (SADC) é uma organização intergovernamental que busca estimular a cooperação e a integração social e econômica entre seus quinze países-membros, entre os quais África do Sul, Angola, Moçambique, Namíbia, Tanzânia, Zâmbia, Botsuana, Zimbábue.

** Bo Xilai, como já tive ocasião de dizer, transmitia a sensação de um homem de personalidade forte, consciente de sua posição na estrutura de poder, diferentemente do aspecto mais burocrático dos ministros do Exterior chineses com quem convivera recentemente, em geral diplomatas de carreira. Herdeiro político do pai, um dos líderes revolucionários, o então ministro do Comércio foi frequentemente apontado como representante de uma tendência mais ortodoxa, seguidora de Mao

papel discreto. Segundo rumores que ouvi, chegaram a ser instrumentalizados pelos europeus, enquanto Lamy dormia, para que se editasse um *corrigendum* à Declaração, no qual não constaria a formulação relativa à 'eliminação de parte substancial dos subsídios [no meio período]'. Segundo esses 'informes', cuja veracidade nunca pude confirmar, Pascal Lamy, ao ser despertado, se teria recusado [a proceder desse modo]. Aliás, Lamy foi, para mim, a grande figura da Conferência. Não só por sua competência e capacidade de trabalho – lembrando o nosso Ulysses Guimarães do tempo da Constituinte –, mas também pela dignidade e firmeza do seu comportamento. Por duas vezes seguidas, após passar a noite no Green Room, fui dormir extremamente desanimado, em função das pressões negativas da União Europeia. Baseado na experiência, [temia que essas pressões] (...) acabassem por prevalecer nos textos emanados da Secretaria. Assim foi no penúltimo e novamente no último dia. Para a minha surpresa, em ambas as ocasiões constatei que (...) [meus temores eram infundados]. Lamy, mais do que qualquer outra pessoa, contribuiu para o resultado equilibrado da reunião".

O destaque dado ao Brasil pela mídia internacional* repercutiu positivamente dentro do governo, reforçando a liderança do Itamaraty nas negociações comerciais. Também no Brasil foram feitas apreciações favoráveis à condução da delegação brasileira. A mais significativa, do meu ponto de vista, foi uma coluna do jornalista Clóvis Rossi, na *Folha de S.Paulo*, intitulada "Homem de Estado".** Os adjetivos superlativos utilizados em algumas matérias encontraram eco entre ministros do governo, como pude verificar logo à minha chegada ao Brasil, quando, juntamente com minha mulher, Ana, fui a uma recepção de fim de ano na Granja do Torto. Ciro Gomes e Waldir Pires foram os mais pródigos em elogios. O ministro da Integração, possivelmente ecoando um artigo que aparecera no blog *ABKnet News*,*** saudou-me como a "águia de Hong Kong". Apesar da

---

Tse-Tung. Isso não deixou de me causar algum espanto, pois a impressão que tinha, inclusive por seu comportamento na OMC, era a de alguém devotado ao processo de abertura comercial e integração no sistema global pelo qual a China vinha passando.

* Um exemplo dessas apreciações positivas aparece no jornal francês *La Tribune*, de 19 de dezembro de 2005, reproduzida pelo jornal *O Estado de S. Paulo*. Entre outras afirmações, a matéria destaca meu papel em reunir, "em uma coalizão eclética, um conjunto de países em desenvolvimento para denunciar o desprezo das nações desenvolvidas em relação aos pobres". Citando um diplomata francês, o artigo conclui: "Irônico, o ministro conseguiu sozinho, com suas declarações, salvar os Estados Unidos e demonizar a União Europeia, que 'não dirige o mundo' e 'deve compreender que é ela quem deve se adaptar'".

** Rossi, Clóvis. O homem de Estado. In: *Folha de S.Paulo*, 18 de dezembro de 2005.

*** O artigo em questão foi publicado em português pela agência alemã em 18 de dezembro, no último dia da Conferência de Hong Kong.

ambiguidade que cerca o epíteto concedido a Rui Barbosa e do tom bem-humorado do meu colega, não percebi na comparação nenhum sinal de ironia. O vice-presidente, José Alencar, menos dado a arroubos, não economizou adjetivos. Mais tarde fiquei sabendo, por meio do secretário-geral Pinheiro Guimarães, que, em reunião ministerial antes da minha chegada, Roberto Rodrigues também se referira muito positivamente à minha atuação e que o próprio presidente se manifestara no mesmo sentido. Sinal desse entusiasmo era a decisão de Lula de participar da reunião de Davos "para falar de pobreza e de OMC".

De Hong Kong a Genebra

"É impressionante o engajamento de Lula!"

Afinal, pressionado por assuntos internos, Lula não iria a Davos, mas seu envolvimento pessoal com os temas da OMC prosseguiria por meio de contatos com os líderes das principais potências. Visto do meu ângulo, o ano terminara em triunfo. É bem verdade que se tratava de um triunfo relativo, uma vez que os resultados positivos obtidos na Conferência de Hong Kong estavam restritos a alguns pontos específicos (embora importantes) e só se concretizariam na hipótese, longe de garantida, de que avanços correspondentes fossem alcançados nas demais vertentes da negociação, dentro do princípio consubstanciado no mantra "nada está acordado até que tudo esteja acordado".* Mesmo assim, tratei de consignar os progressos obtidos em um artigo na *Folha de S.Paulo* de 26 de dezembro, e dediquei a esse tema meu discurso na reunião com os embaixadores brasileiros no início do ano.** Continuava também a receber *feedback* positivo da classe empresarial. Soube por meio de um embaixador, por exemplo, que Jorge Gerdau

---

* A Conferência de Bali, em dezembro de 2013, de certa forma afastou-se desse princípio, com o objetivo louvável de injetar ânimo nas negociações por meio do acordo sobre facilitação de comércio, em princípio menos controverso (embora parte da agenda inicial dos países desenvolvidos). No momento em que escrevo esta nota, o Acordo está em suspenso em virtude do "veto" do novo governo indiano, do primeiro-ministro Narendra Modi. O tempo dirá se a flexibilização metodológica permitirá alcançar os objetivos mais amplos da Agenda de Desenvolvimento de Doha.

** As reuniões com embaixadores brasileiros no exterior foram fruto de uma iniciativa do secretário-geral Samuel Pinheiro Guimarães. Nos anos em que se realizaram, essas reuniões propiciaram encontros com o presidente da República que serviram para infundir entusiasmo em nossos representantes diplomáticos. Infelizmente, as palavras que pronunciei de improviso em 5 de janeiro de 2006 não aparecem reproduzidas em nenhum documento público. Paradoxalmente, meu discurso de natureza protocolar, pronunciado durante o almoço oferecido aos embaixadores, aparece na

havia dito que eu "tinha domesticado a ideologia em prol dos interesses nacionais". Vinda de um empresário, essa afirmação era altamente elogiosa.

Hong Kong havia sido o fim de uma etapa, mas o árduo processo de negociação da Rodada prosseguiria. A "próxima parada" seria a incontornável reunião de alguns ministros em Davos, convocada dessa vez por meu velho conhecido Joseph Deiss, uma das "vítimas" do temperamento abrasivo de Bob Zoellick em uma das reuniões do Green Room antes da adoção do *July Framework*. Estavam programados também encontros do G6, G4 e G20, além de um painel público que seria mediado por uma famosa apresentadora da TV francesa, Christine Okrent, que, como eu viria a saber mais tarde, era casada com meu futuro colega nas Relações Exteriores, o ativista do Médecins Sans Frontières, Bernard Kouchner. As coisas haviam começado mal, mesmo antes de minha chegada a Davos. Dias antes das reuniões programadas, Mandelson voltara a fazer declarações despropositadas, com críticas ao Brasil e à Índia. Embora já estivesse acostumado com as tiradas do meu colega europeu, que tinham por objetivo principal reforçar suas credenciais junto aos países-membros, fui obrigado a responder e insisti com meu colega indiano para que fizesse o mesmo.

Antes de partir para Davos, ainda no Brasil, em despacho com o presidente, estimulei-o a continuar a impulsionar politicamente as negociações. Em particular, insisti que ligasse para Angela Merkel para tratar com ela da sugestão que havia feito antes de Hong Kong a Tony Blair e George W., com vistas a uma "minicúpula" sobre a Rodada. De imediato, havia outra oportunidade – embora com menor número de participantes de peso – que se oferecia com a reunião da Governança Progressista* a se realizar na África do Sul. Os telefonemas para Angela Merkel e Thabo Mbeki ocorreram no dia 26 de janeiro. Na chamada para a chanceler Merkel, Lula relembrou as conversas que tivera com Blair e Bush antes de Hong Kong. Qualificando os resultados da ministerial como "modestos", o presidente destacou a importância da Rodada para os "países mais pobres" (entre os quais não incluiu o Brasil). Transmitiu sua impressão de que os negociadores

---

coletânea disponibilizada no *website* do Itamaraty, intitulada "Discursos, palestras e artigos do chanceler Celso Amorim – 2006".

* Fórum criado por iniciativa de Tony Blair e do New Labour, e do qual Peter Mandelson fora um dos idealizadores, a Governança Progressista, como o nome indica, era destinada a reunir líderes de tendência socialista ou social-democrata de países desenvolvidos e em desenvolvimento. Lula já participara, como presidente, de um encontro desse tipo em Londres. Para a reunião da África do Sul em 2006, foram convidados Argentina, Brasil, Canadá, República Tcheca, Chile, Etiópia, Hungria, Nova Zelândia, Polônia, África do Sul, Coreia do Sul, Espanha, Suécia e Reino Unido. Participou também o diretor-geral da OMC.

"haviam chegado ao seu limite" e que só uma intervenção dos líderes, em uma "cúpula de emergência", teria condições de produzir os resultados desejados. Merkel comentou brevemente o interesse alemão na vertente de produtos industriais, "uma vez que já se tinha avançado em subsídios agrícolas". Quanto à ideia da cúpula, a chanceler mostrou-se reticente. Sem afastar de todo a hipótese, lembrou que haveria uma oportunidade de encontro na cúpula entre a União Europeia e a América Latina e o Caribe, programada para se realizar em maio, em Viena. Lula insistiu em uma "reunião extraordinária do G8 com o G20 da OMC" – na qual ele próprio estaria disposto a fazer concessões para permitir um acordo em que os "principais ganhadores deveriam ser os países pobres". Merkel disse então que tinha anotado as posições e as sugestões do presidente e afirmou que discutiria o assunto internamente com seus colegas na União Europeia. Imediatamente, passou a outro tema (uma resolução do conselho da AIEA sobre o Irã). No mesmo dia, Lula falou com Thabo Mbeki. Informou-o de que estava fazendo telefonemas para alguns líderes do G8 com o objetivo de discutir o seguimento a ser dado à Conferência de Hong Kong. Repetiu a sugestão de uma reunião G8 + G20 em alto nível sobre a Rodada Doha. Recordando que várias autoridades com interesse no tema, entre as quais o diretor-geral da OMC, estariam presentes na Cúpula da Governança Progressista, propôs que se aproveitasse o café da manhã já previsto para o dia 12 de fevereiro para uma conversa sobre a Rodada. Mbeki prontamente concordou com a proposta de Lula e disse que tomaria as providências necessárias.* Ao reler à época as transcrições dessas conversas, não me contive e registrei o comentário: "É impressionante o engajamento de Lula!".

Nada de muito substancial ocorreu nos encontros de Davos. Creio que me saí razoavelmente no exercício de diplomacia pública propiciado pelo painel.** Mantive também uma conversa política sobre próximos passos, em formato que poderia ser caracterizado como G3+1 (UE, EUA, Brasil + diretor-geral da OMC). Em síntese, Davos não registrou progressos (não me recordo de nenhum ano em

* O café da manhã sobre Doha efetivamente se realizou na Pousada Didimala, um *resort* em meio à savana sul-africana, a cerca de hora e meia de Johanesburgo. A Governança Progressista era concebida como um fórum de líderes, mas, dada a natureza do tema, outros interlocutores, como Lamy, Mandelson e eu próprio, participamos do encontro. Nada de muito substancial ocorreu. Como em tantas outras ocasiões semelhantes, a discussão valeu, sobretudo, por contribuir para manter o *momentum* político. O mesmo pode ser dito do encontro bilateral entre Lula e Blair em que eu e o comissário europeu também estivemos presentes.

** Entre os presentes na plateia, nada mais nada menos do que o escritor Paulo Coelho, que, penso eu, quis prestigiar o ministro brasileiro.

que o tenha feito), mas tampouco permitiu que prevalecesse o intento europeu de alterar os termos da discussão, relegando a agricultura a um plano secundário. Tanto nos eventos amplos como em discussões restritas, a agricultura continuou a ser o tema dominante, ainda que produtos industriais e serviços também tenham sido tratados. "Não andamos para trás", foi minha constatação, que refletia a preocupação de preservar os resultados de Hong Kong. Segundo um registro que fiz à época, a reunião 3+1 teria sido útil principalmente para estabelecer uma metodologia das discussões. Na mesma nota, volto a me queixar do temperamento de Mandelson e menciono o bom entendimento que seguia mantendo com Portman.

Paralelamente, a ideia de uma reunião de líderes tomava corpo e foi objeto de menção por Gordon Brown em Davos, em uma reunião sobre temas econômicos (não especialmente sobre a Rodada) da qual participei. Naturalmente apoiei a sugestão, sem deixar de, sutilmente, relembrar sua autoria. Havia algumas questões a resolver que foram levantadas no encontro 3+1. Mandelson observara, com razão, que a Cúpula teria de ser uma *one shot operation.* Os chefes de Governo não poderiam se desgastar em uma reunião que não produzisse resultados, pois seria ainda mais difícil retomar as negociações depois de um fracasso nesse nível. Havia ainda a questão da composição do eventual encontro de cúpula. Um formato G8 Plus incluiria Chirac e Berlusconi, cujas intervenções dificilmente contribuiriam para um desfecho positivo. Pascal Lamy, segundo as minhas notas, teria especulado sobre a possibilidade de que Durão Barroso viesse a ser o interlocutor europeu (hipótese que, imaginei, não seria do agrado de Mandelson). De todo modo, persistiam dúvidas sobre a capacidade do presidente da Comissão Europeia de tomar decisões em temas cruciais. Apesar de todas essas dúvidas, minha avaliação foi que, em Davos, o clima entre os principais negociadores havia melhorado. Acertamos novas reuniões em variados formatos (G6, G4 ou G3+1) para março. No ínterim, haveria uma discussão sobre OMC durante o encontro da Governança Progressista, na África do Sul. De Davos, parti, via Genebra, para Londres, onde mais uma vez vestiria o meu "chapéu" de chanceler *strictu sensu* e participaria, como único representante da América Latina, de uma conferência sobre o Afeganistão.

"Meu pessoal diz que você não quer um acordo"

Em fevereiro, prosseguiriam os contatos telefônicos sobre a Rodada. O mais importante a registrar, contudo, foi o esforço em procurar "uma aliança tática" com o Reino Unido para fazer avançar o processo, resultado em parte do encontro bilateral dos dois líderes na reunião da Governança Progressista. Já mencionei que Londres, além do intento de reduzir os gastos com a PAC, tinha um interesse intrínseco em favorecer o livre comércio. Certamente, esperava ganhar algo substancial em serviços, já que, em produtos manufaturados, havia algum tempo cedera a primazia à Alemanha, a verdadeira "usina industrial" da Europa. Para levar adiante essa tentativa de uma *entente cordiale* comercial com a Grã-Bretanha, viajei para Londres no dia 24 de fevereiro, aproveitando reuniões que teria em Paris, inclusive com Chirac, sobre a iniciativa de combate à fome. No dia 22, havia recebido em meu gabinete um enviado especial do primeiro-ministro, que já estivera no Brasil, inclusive como portador de uma mensagem ao presidente Lula. Eu apenas o conheci como Lord Levy, embora ele insistentemente me chamasse pelo primeiro nome. Era um sujeito um tanto estranho que, devo dizer, não chegava a inspirar confiança, mas aparentemente gozava da intimidade do primeiro-ministro e sentia-se livre para falar em seu nome. Lord Levy, que algum tempo depois viria a ter problemas com a justiça britânica, vinha desempenhando o papel de mensageiro de Blair para temas relacionados ao Oriente Médio. Em relação à OMC, pouco falou sobre tópicos de substância, mas frisou a sensibilidade do encontro que dois dias mais tarde eu teria com o chefe de gabinete do primeiro-ministro, Jonathan Powell. Com acuidade, o emissário de Blair destacou que, ao entabular um diálogo direto com o Brasil, o governo britânico estaria, a rigor, agindo fora do mandato da Comissão e, inclusive, transgredindo-o. Talvez por isso, a fim de manter a maior discrição possível, meu encontro com Powell se daria na Admiralty House e não no número 10 da Downing Street. De minha parte, correspondi a esse desejo de pouca ou nenhuma publicidade: em minha agenda do dia 24 constam apenas os horários de chegada e partida de Londres (de e para Paris).

Hong Kong, como já frisei, havia possibilitado avanços importantes em temas de interesse para o Brasil e outros países em desenvolvimento, mas mal tocara no que eu vinha chamando de "barganha central" da Rodada. Eu via nesses contatos em alto nível com o governo britânico uma oportunidade (cujo valor, em retrospecto, talvez tenha superestimado) de dissolver os impasses que impediam o avanço das negociações. Creio ser interessante reproduzir de forma resumida as reflexões que antecederam meu encontro com Powell, anotadas no voo que me levou a Paris, de onde partiria para Londres. Como se verá, com o auxílio de meus assessores buscava uma maneira criativa de produzir uma oferta atraente para a União Europeia e que, ao mesmo tempo, não tivesse os efeitos "devastadores" de uma liberalização *across the board*. Iniciei essa reflexão com a constatação de que os limites impostos tanto pela Fiesp como pelo Mercosul/Argentina (coeficiente 30 como *bottom-line*) não davam muita margem a explorar a possibilidade de concessões em manufaturados a partir de uma fórmula que pudesse ter impacto nas posições europeias. Anotei: "Tudo que posso fazer é acenar com a tentativa de verificar se, independentemente dos coeficientes, produtos de interesse europeu poderiam [ter tratamento mais favorável e] ser excluídos das flexibilidades (ou estarem sujeitos a flexibilidades mais limitadas), (...) [até porque] algumas dessas [flexibilidades] terão que ser reservadas para produtos oriundos da China, como têxteis e calçados.* (...) A outra questão [que terei que explicar] é que nos encontramos em uma situação de manejo complexo, pois não se trata de uma troca direta (...) mas de um jogo triangular, no qual aquilo que o Brasil (ou o G20) necessita da Europa é algo que leva os Estados Unidos a reduzirem substancialmente, em termos efetivos, seus subsídios domésticos. Para que isso ocorra, não creio que bastem acenos [como os que têm sido feitos pela Europa] de acesso por meio de cotas, que pouco beneficiarão os norte-americanos. Será necessária alguma aproximação em termos de corte por fórmula. Somente um movimento desse tipo, [inclusive] por seu impacto indireto sobre as desgravações de outros países (Índia e China, por exemplo)** poderá dar aos norte-americanos a compensação em acesso a mercados que consideram necessária para tornar politicamente viável a redução e as disciplinas dos subsídios domésticos. Daí porque qualquer conversa [sobre concessões recíprocas com a União Europeia] se torna incompleta sem os Estados Unidos (...). Isso, evidentemente, limita o conteúdo do meu diálogo com Powell. Entretanto, se tiver uma ideia concreta daquilo que os europeus consideram minimamente necessário de nossa parte [em produtos industriais], passando da lógica dos coeficientes para a lógica dos produtos (como os europeus têm feito conosco em matéria agrícola) [poderei saber] se é ou não possível avançar algum acordo (que sempre dependerá também dos norte-americanos)". Minha reflexão incluía um elemento de cautela: "Esta é uma Rodada para o desenvolvimento. As exigências europeias e as norte-americanas

* Como já assinalei, o pressuposto era que as flexibilidades no uso da fórmula estivessem restritas a 5% do total das linhas tarifárias (no caso do uso pleno da mesma) ou 10% desse total (caso a flexibilidade se limitasse a 50% da redução resultante da aplicação da fórmula). Dessa forma, mesmo alguns produtos considerados sensíveis teriam de sofrer alguma redução.

** A redução por fórmula por parte da União Europeia e de outros países desenvolvidos, ainda que modificada pelo sistema de bandas, impactaria nas reduções de países em desenvolvimento, mesmo que estas, em função do tratamento especial e diferenciado, ocorressem em proporção menor. Obviamente, eu não levava em conta aí o efeito em sentido contrário dos "produtos especiais" e das "salvaguardas especiais", que seria uma das principais causas do impasse de julho de 2008.

não podem desconsiderar as necessidades básicas dos países em desenvolvimento [reconhecidas i.a. pelo art. 24 da Declaração de Hong Kong]". E acrescentei: "Não quero ser visto como alguém que esteja atuando pelas costas do G20 ou do grupo mais amplo de países com o qual formamos alianças em Hong Kong".

Em outra linha de raciocínio, que também teria de testar com Powell, situava-se a questão da cúpula. O emissário de Tony Blair deixara claro que o primeiro-ministro continuava favorecendo a ideia de uma cúpula, "mas somente quando tiver alguma certeza da possibilidade de avanço". Eu próprio, àquela altura, começava a ter dúvidas sobre a viabilidade de uma reunião de líderes. A suposição óbvia é que haveria resistências a vencer, sobretudo dos franceses. Além disso, Blair necessitaria do apoio de Merkel e, para tanto, voltávamos à questão da oferta em industriais para atrair os alemães. Fechava-se novamente o círculo. No resumo que fiz antes do encontro com o chefe de gabinete de Blair cheguei a produzir um diagrama, em forma triangular, que representava as demandas dos principais participantes. A falha maior, que hoje reconheço, mas que na época não tinha como avaliar em toda a sua extensão, foi subestimar o peso que a questão de produtos especiais e salvaguardas especiais poderia ter no desfecho das negociações. Em resumo, meu diagrama se compunha de três pares de setas, com as pontas voltadas para lados opostos, indicando as demandas de Brasil, União Europeia e Estados Unidos, cada um deles representado por um dos vértices do triângulo imaginário. Assim, o Brasil demandava da União Europeia apoio doméstico e acesso a mercados agrícolas, enquanto esta nos demandava concessões em acesso a mercados industriais. Do outro lado desse triângulo (equilátero ou isósceles), a União Europeia era demandante dos Estados Unidos, sobretudo em apoio doméstico (para compensar as reduções que ela própria teria de fazer em virtude da reforma da PAC). Em sentido inverso, os Estados Unidos demandavam da UE principalmente acesso a mercados agrícolas. Na base do triângulo, o Brasil era altamente demandante dos Estados Unidos em apoio doméstico, enquanto estes queriam extrair concessões em acesso a mercados de produtos industriais. Sem dúvida, esse triângulo deixava muita coisa de fora, como as demandas em relação a serviços tanto dos EUA como da UE. Tampouco refletia as preocupações da Europa com "indicações geográficas". E assim por diante. Mas eu estava convencido de que, se fôssemos capazes de fazer com que os vetores do diagrama se movessem, poderíamos ter progresso. Nesse espírito, me dirigi à Admiralty House.

A conversa com Powell não era obviamente uma negociação, inclusive diante das preocupações que me haviam sido antecipadas por Lord Levy, mas seguramente produziu frutos. Foi a partir dela que, com a ajuda dos assessores, pude produzir um comunicado conjunto Lula-Blair sobre Doha, durante a visita de Estado do presidente brasileiro à Grã-Bretanha, cerca de dez dias depois, considerado como "forte e positivo", entre outros, por nosso embaixador em Genebra, Clodoaldo Hugueney, pouco dado a elogios fáceis. Na Declaração Conjunta sobre a OMC, os dois líderes ressaltaram que Hong Kong havia produzido resultados positivos (questões de desenvolvimento e data-limite para eliminação dos subsídios à exportação), mas não havia logrado avançar em modalidades; instaram os membros a melhorar suas ofertas em agricultura (acesso a mercados e apoio doméstico), bem como em NAMA e serviços. A Declaração consignou – algo importante do nosso ponto de vista, naquele contexto – que as concessões a serem feitas por países em desenvolvimento deveriam ser proporcionais e estar em conformidade com o princípio do tratamento diferenciado. No comunicado, Lula e Blair reafirmaram a importância de uma reunião de líderes, a exemplo de Gleneagles (*sic*), e se dispuseram a empreender consultas com seus pares a esse respeito.*

O chefe de gabinete de Blair deu outra demonstração de confiar no nosso ânimo negociador. Do diálogo que tivemos, dessa vez no número 10 da Downing Street, no dia seguinte ao banquete oferecido pela rainha Elizabeth II, surgiu a ideia de que eu pudesse me encontrar, em Berlim, com Angela Merkel, considerada a peça-chave na posição europeia. Além do peso específico da Alemanha, ela era a única líder com capacidade de exercer influência sobre a França de Chirac. Essa ideia seguramente foi transmitida por Powell a Blair. Dessa forma, quando nosso presidente encontrou o primeiro-ministro para uma "conversa privada" (da qual participei, à revelia da programação do cerimonial britânico) e o tema da Rodada veio à tona, Blair foi logo dizendo que telefonaria a Merkel para sugerir que a *Bundeskanzlerin* me recebesse.

Antes de passar ao relato dos encontros que tive em Berlim, menciono um fato curioso. No banquete no Palácio de Buckingham, fiquei sentado entre Camilla Parker-Bowles e o primeiro-ministro. Assim que nos acomodamos à mesa, a duquesa da Cornualha (esse era o título que Camilla recebera ao ser aceita na família real e que, diga-se de passagem, eu desconhecia, apesar de ter sido embaixador em Londres poucos anos antes) voltou-se para mim e entabulou uma conversa que deve ter durado uma boa meia hora. É preciso dizer que à sua esquerda estava o presidente Lula, entretido em um diálogo com Sua Majestade. Certamente,

---

* A íntegra da Declaração Lula-Blair sobre comércio consta de nota do Itamaraty divulgada em 9 de março de 2006.

Camilla seguia o rígido protocolo da corte de Saint James. O resultado prático dessa demonstração de atenção é que eu não podia aproveitar a oportunidade única de uma conversa menos formal com Tony Blair. À frustração somava-se certo constrangimento, pois eu não desejava que o primeiro-ministro tivesse a impressão de que eu era mais um diplomata deslumbrado com a possibilidade de trocar duas palavras com uma duquesa, em detrimento de uma conversa substantiva com um político poderoso. Felizmente (e isso também devia estar previsto no rígido *script* do cerimonial), passados trinta minutos, a duquesa/princesa voltou-se para Lula, o que me permitiu um breve mas interessante diálogo com Tony Blair. O premiê foi direto ao ponto: "Então, meu pessoal diz que você não quer um acordo [na Rodada]". Ao que respondi: "Não é verdade, primeiro-ministro". E prossegui com a explicação das ideias que já havia exposto a Powell. Blair voltou à carga, afirmando seu desejo de avançar: "Poucos querem esse avanço; talvez somente Lula e eu". E continuou: "Para isso precisamos nos mover substancialmente em relação às posições negociadoras". Comentei brevemente as conversas que havia tido com Powell, indicando que talvez houvesse da nossa parte alguma flexibilidade adicional em manufaturas (um coeficiente ligeiramente inferior havia sido mencionado em algum momento), desde que tivéssemos as contrapartidas adequadas em agricultura. Mas acrescentei que não poderíamos ir além de certos limites em função da nossa indústria e do Mercosul. Blair ainda ensaiou uma observação sobre como poderia agir. Obviamente, não poderia dar a impressão de que estava negociando em nome ou, pior ainda, por trás da Comissão. Mas talvez pudesse dizer algo como: "Creio que o Brasil aceitaria X ou Y. Para isso, necessito de um 'sinal' durante a visita de Lula" (o sinal viria com o comunicado a que já me referi). Finalizou os comentários sobre a OMC com a afirmação de que poderia convencer Bush a participar de uma cúpula no momento certo. Gentilmente, fez referência a um tema que sabia ser caro para mim: "O Brasil deve fazer parte do Conselho de Segurança; vou persuadir Washington disso".

No dia 13 de março, amanheci em Berlim, uma cidade coberta de neve. Enquanto aguardava o momento de me encontrar com a chanceler, esquematizei os pontos que iria levantar. Fugindo um pouco do âmbito técnico, anotei: "a) importância da Rodada para países mais pobres, reforçando condições de prosperidade e paz, inclusive contenção do terrorismo; b) brevíssima (*sic*) descrição do estado atual [da Rodada] e da disposição de fazermos nossa parte, respeitada a proporcionalidade; c) papel da Alemanha, sobretudo na Europa e, em particular, em relação à França, no sentido de mostrar que é preciso ir além dos interesses imediatos, como os de Chirac com a agricultura". Já no voo para São Paulo, na madrugada do dia 14, registrei minhas impressões sobre os encontros em Berlim: "Provavelmente fui a primeira autoridade brasileira a ter uma entrevista com a nova chanceler (primeira-ministra) alemã. (...) Tudo correu de forma irrepreensível da parte dos meus anfitriões, a começar com o cortejo com dois ou três carros de polícia, o diplomata de ligação e a bandeira brasileira hasteada na sede do governo entre a da Alemanha e a da União Europeia. E isso em uma visita marcada de última hora e com propósito muito específico. Segundo me haviam informado, Merkel não disporia de mais do que quinze minutos, mas acabou permanecendo na entrevista (em inglês, outra vantagem indiscutível) por cerca de meia hora. Foi simpática e sorridente, sem grandes formalismos, mas com gentileza. (...) Realmente pareceu interessar-se pela conversa. Revelou-se disposta a engajar-se no tema, inclusive com seu resistente vizinho. Por sinal, Chirac está chegando hoje a Berlim para o primeiro encontro pleno com o novo gabinete alemão. Talvez o ponto mais interessante tenha sido a ligação que ela própria fez entre a conclusão da Rodada e a governança mundial. É uma percepção que joga a favor da tese, que Lula tem defendido, de maior participação dos líderes. Como outros chefes de governo, a *Kanzlerin* não quer arriscar-se a ir para um encontro de cúpula se não tiver razoável grau de certeza de que este será bem-sucedido, o que é natural".

À minha conversa com a Chefe de Governo seguiu-se um breve diálogo com dois de seus assessores em que o tema principal foi o Irã. Nesse particular, insisti que quanto antes o tema saísse do Conselho de Segurança e voltasse à AIEA, melhor seria para todos. Destaquei também o papel que países como África do Sul e Brasil poderiam desempenhar. Minha nota prossegue: "Mantive um proveitoso encontro com o *sherpa** alemão Bernd Pfaffenbach, a quem expus os movimentos que seriam necessários para levar adiante os passos que a chanceler havia concordado em dar. Como sua chefe, Pfaffenbach demonstrou perceber a importância de um resultado rápido e positivo [na Rodada], sobretudo para os países em desenvolvimento. Como eu havia lido no maço preparado pela embaixada um comentário sobre a importância do *sherpa*, pude exprimir minha satisfação de me encontrar com "o mais influente servidor público da Alemanha", o que

* *Sherpa* é a designação dada a um representante pessoal de um Chefe de Estado ou Governo que trabalha na preparação do conteúdo de uma reunião de Cúpula. O termo, que é mais usado em relação às reuniões do G-8, deriva do nome de um povo do Nepal cujos membros frequentemente são usados como guias nas escaladas ao Everest.

obviamente não o desagradou, mas foi o encontro com Merkel que, como diz o *Guia Michelin*, "valeu a viagem".

Os assessores que me acompanharam nessas visitas, minha chefe de gabinete, Maria Nazareth Farani Azevêdo, e meu assessor de imprensa, Ricardo Neiva Tavares, pareciam entusiasmados. Neiva Tavares apontou o ineditismo da situação, em que "um primeiro-ministro britânico liga para a chanceler alemã para solicitar que esta receba um ministro do Brasil". Também notou a evolução da atitude britânica em relação à minha participação nos encontros. Tendo como paradigma o modelo europeu, especialmente o britânico, em que os ministros responsáveis por determinadas pastas não necessariamente são pessoas da confiança direta do Chefe do Governo, os assistentes de Blair não queriam nem mesmo que eu fosse o interlocutor de Jonathan Powell, e muito menos que estivesse ao lado de Lula no encontro privado. Quanto a esse ponto, o bom fluxo da conversa durante o jantar da rainha foi fundamental. Em certo momento, Blair me disse: "*I think you should come to the private meeting between me and Lula*". Ao que respondi: "*It is your call, Mr. Prime Minister*".* Ainda sobre Blair, impressionou-me a proximidade com que acompanhava a negociação. Sabia, por exemplo, que Peter Mandelson falara comigo por mais de uma hora ao telefone, durante minha estada em Paris na semana do carnaval. Isso demonstrava também que Blair e Mandelson continuavam estreitamente ligados.

"O lugar mais agradável do mundo"

Os "suspeitos de sempre" continuamos a nos encontrar em ritmo frenético, mas com resultados limitados. Imediatamente após a visita de Estado de Lula, tive encontros com meus colegas nos formatos G3, G4 e G6, em reuniões organizadas por Mandelson em Carlton Gardens.** No final de março, depois de uma visita ao Chile e de uma reunião do IBAS no Rio de Janeiro, voltei a me encontrar com Mandelson, Portman e Lamy. Não sei se Kamal Nath não pôde vir ou se a ideia era simplesmente ver que avanços se podiam realizar em uma troca mais informal de opiniões. Recordo-me que foi então que começamos também a examinar tabelas com o objetivo de verificar os efeitos práticos de fórmulas e

---

* "Acho que você deveria vir ao encontro privado entre mim e Lula." "A decisão é sua, primeiro-ministro".

** Carlton Gardens é um prédio pertencente à Coroa Britânica, onde ficou hospedado o general Charles de Gaulle durante a Segunda Guerra Mundial. Fora também residência oficial dos ministros de Exterior. Na minha primeira visita a Londres, como ministro do governo Itamar, fui recebido aí por Douglas Hurd, então secretário do Foreign Office.

coeficientes. Nossos encontros ocorreram no Copacabana Palace, cuja pérgula em dia de sol era, na opinião de Mandelson, o "lugar mais agradável do mundo". Esse ambiente acolhedor e por vezes quase festivo não foi capaz de motivar avanços reais. Porém, foi nessa ocasião que Portman admitiu, em tese, um teto bem mais baixo para os subsídios domésticos (OTDS). Penso mesmo que se referiu hipoteticamente ("caso tudo o mais se encaixe") a uma cifra de US$ 13 bilhões. Logo entretanto se arrependeu, e afirmou que essa "admissão" ia além das notas que tinha à sua frente. Pediu-me que não mencionasse o fato, o que poderia expô-lo junto ao *lobby* agrícola. Soube, tempos mais tarde, que, já depois de deixar o cargo, meu colega expressou a algum interlocutor comum que havia apreciado minha discrição. Portman foi eleito senador por Ohio e seu nome chegou a ser cogitado como eventual companheiro de chapa de um candidato republicano a Casa Branca. Quando também deixei de ser ministro do Exterior, visitei-o em seu gabinete no Capitólio. Recebeu-me com grande cortesia. Tanto quanto eu saiba, nunca mais voltou a se envolver de forma significativa com temas de comércio internacional. Os Estados Unidos nunca aceitaram oficialmente a cifra mencionada por Portman, mas ela ficou na minha mente como uma referência do que seria, no limite, "suportável" para Washington. Afora esse, o único outro episódio digno de registro na época foi uma altercação entre Lamy e Mandelson, quando o comissário europeu se mostrou indignado com uma opinião do diretor-geral (e seu antecessor) sobre o que a União Europeia poderia fazer ou deixar de fazer em uma das vertentes do dossiê agrícola. "Volte a seu papel de diretor-geral da OMC", disse Mandelson.*

Logo após os encontros do Rio de Janeiro, fui obrigado a me dedicar a algo que, por vários motivos, considerava "uma distração": nessa época, o Brasil deveria tomar uma importante decisão sobre o sistema de TV digital. Havia uma nítida preferência dos técnicos pelo sistema japonês, fato que era do conhecimento de Tóquio por meio do seu ativo – e, por vezes, inconveniente – embaixador em Brasília. Ao mesmo tempo, o governo desejava obter compromissos em matéria de investimentos e transferência de tecnologia por parte do país beneficiado com

---

* Embora eu pouco tenha registrado das conversas com Peter Mandelson nesse encontro no Rio, noto que o comissário estava particularmente preocupado em obter concessões tarifárias do Brasil. Mandelson, em seu livro já citado, relaciona as preocupações que tinha nesse encontro com os esforços de Tony Blair que, segundo ele, estaria colocando "ênfase excessiva" na reforma da PAC. Segundo o comissário, o efeito dessa atitude do primeiro-ministro britânico seria "o de encorajar os brasileiros (...) a segurarem (*hold back*) qualquer movimento sério em relação às [suas] barreiras tarifárias, achando que poderiam arrancar algo mais de mim" (Mandelson, Peter, op. cit., p. 420).

a escolha. Fui designado para chefiar uma missão à capital japonesa com o objetivo específico de obter essas contrapartidas. Fiz o que pude e ainda recebi alguns elogios, mas tinha consciência de que o vazamento prévio da nossa preferência diminuía muito nossa capacidade de negociação. Durante minha estada em Tóquio, não deixei de falar de OMC, por insistência da minha contraparte na área comercial, Soichi Nakagawa, que não escondia o apreço que tinha por mim como negociador. Nakagawa estava preocupado, sobretudo, em manter-se informado dos movimentos no G3/G4. Meu colega japonês estava especialmente interessado na liberalização em serviços e deixava para o seu colega da Agricultura (com quem não estive) expressar a posição intransigente de Tóquio em relação às monumentais barreiras ao comércio de certos produtos, notadamente arroz. Na viagem de volta, registrei algumas preocupações relativas à Rodada: "Terei que revisitar os movimentos táticos sobre a OMC. Na conversa que tive com o presidente antes de partir para Tóquio [no dia 6 ou 7 de maio], pude explicar os contornos do acordo possível e os passos necessários para chegarmos lá. (...) Lula mostrou-se preocupado com a coordenação com a Argentina. Aludiu à possibilidade de que eu viaje a Buenos Aires. (...) Para obter algum avanço, será necessária conversa adicional com os ingleses. No meio de tanta confusão política (na Europa e na América do Sul),* haverá chance para um novo movimento Lula--Blair, algo assim como uma reedição do Memorando de Downing Street, só que dessa vez com números aproximativos?". Reproduzo essa anotação porque, entre outros elementos, deixa transparecer meu crescente pessimismo diante dos parcos resultados das negociações em Genebra e também dos encontros ministeriais.

Nos meses que se seguiram, minhas atenções estiveram concentradas na América do Sul, em particular nas ações do recém-empossado governo de Evo Morales na Bolívia. Durante um jantar em Genebra, na residência do embaixador norte-americano junto à OMC, a convite de Rob Portman, destinado a fazer a apresentação de sua sucessora, Susan Schwab, soube, por intermédio de um telefonema de Dilma Rousseff, que se encontrava em Nova York, da nacionalização dos ativos da Petrobras na Bolívia. Fui obrigado a interromper meus contatos sobre a Rodada, à margem de uma reunião ministerial da OMC, para poder voltar ao Brasil o mais rápido possível. Tive tempo ainda de presidir um encontro

* Na América do Sul, a "confusão" decorria, sobretudo, das perspectivas de uma crise com a Bolívia em função do gás, mas havia outras questões que nos preocupavam: a disputa entre a Argentina e o Uruguai em torno das "*papeleras*", as atitudes sempre imprevisíveis do nosso amigo Hugo Chávez e os eternos reclamos de Assunção em relação a Itaipu. Confesso não me recordar a que me referia ao mencionar a existência de "confusão" na Europa.

do G20 e de almoçar com Lamy. Nada de verdadeiramente importante ocorreu na reunião ministerial. Poucos dias depois, a Bolívia voltaria a ser o foco das preocupações enquanto eu acompanhava Lula na IV Cimeira da União Europeia, América Latina e Caribe, em Viena. A tal ponto as conturbadas relações com La Paz me absorviam que não registrei sequer uma linha da conversa entre Lula e a chanceler Angela Merkel (a primeira que mantinham pessoalmente), em um café da manhã no dia 12 de maio. Lembro-me, porém, que o tema da Rodada foi um dos aspectos importantes do diálogo. Como era de se esperar, Merkel insistiu em uma maior abertura de nossa parte em matéria industrial e pouco avançou no que teria obtido da parte de Chirac em agricultura. Nessa ocasião, observei certa confusão de conceitos. A chanceler alemã entendia "coeficiente 30" como "teto tarifário". Supunha, portanto, que quando falávamos em "coeficiente 30" estávamos indicando que "30" seria a tarifa que aplicaríamos a produtos de interesse da Alemanha, como bens de capital e automóveis (ou autopeças). Durante a Cúpula, Lula também se reuniu com Blair, mas a neblina que se formara no altiplano boliviano apagou da minha memória todo vestígio dessa conversa. Certamente, não emergiu dela o novo memorando que eu havia cogitado.

No mês de junho, Lula e Bush trocariam telefonemas sobre a Rodada. A disposição de "fazer algo mais" a fim de permitir que se chegasse a um acordo foi mais uma vez reafirmada, mas nenhuma proposta concreta surgiu em decorrência desses contatos. Mesmo a ideia de uma reunião de líderes específica sobre Doha não mereceu grande atenção, talvez em vista da proximidade da Cúpula do G8+5, programada para julho em São Petersburgo. A substituição de Portman por Susan Schwab, uma economista de formação acadêmica que, no passado, fora negociadora de têxteis,* tampouco ajudava. Os contatos pessoais e a confiança que se cria entre os negociadores, mesmo que tenham posições adversas, são fundamentais para o processo não sofrer interrupções. A muito custo, eu havia construído essa confiança com Zoellick e, de forma mais amena, com Portman. Susan, com quem viria a desenvolver uma relação amistosa, era "nova no pedaço". Poderia ser uma boa técnica, mas não tinha experiência em negociações com forte componente político. A impressão de alguns dos meus interlocutores

* "Negociador de têxteis" tinha um sentido simbólico entre os veteranos do GATT. Dada a enorme complexidade técnica envolvida nas tratativas do setor, que fazia parte de um acordo específico, o qualificativo indicava alguém com grande conhecimento dos detalhes, mas que nem sempre tinha uma visão mais ampla do contexto político.

era que Susan Schwab estava "assustada", apavorada mesmo, com a possibilidade de vir a ser a primeira USTR a ter o resultado de uma negociação rejeitado pelo Congresso norte-americano. Susan Schwab era certamente uma profissional minuciosa, conhecedora do *métier* – ou de parte dele –, mas carecia da visão estratégica de Zoellick ou do desembaraço político de Portman, o que a tornava necessariamente menos propensa a gestos ousados, indispensáveis para um progresso efetivo.

"O vovô Celso eles não enganam"

Em uma passagem por Genebra, onde fui discursar em nome do Brasil na primeira sessão do recém-estabelecido Conselho de Direitos Humanos, que substituíra com maior estatura a antiga Comissão, jantei com Lamy. O diretor-geral se mantinha esperançoso, sobretudo em função do desejo que dizia perceber em Bush de chegar a um acordo: "É um *free-trader*, apesar de tudo. E quer deixar um legado. Seus auxiliares, mais de olho nas eleições de novembro (*mid-term elections*) do que em qualquer outra coisa, são mais cautelosos". A propósito de eleições, anotei na época uma curiosidade significativa, que percebi em uma entrevista de Mandelson. Comentando as perspectivas da Rodada, o comissário apontava, entre os possíveis complicadores – na hipótese de não se alcançar um progresso imediato –, as eleições no Brasil e nos Estados Unidos (nessa ordem!). Era a primeira vez que, em uma negociação multilateral, no GATT ou na OMC, as eleições do Brasil eram, tanto quanto eu soubesse, apontadas como fator determinante. "Isto é o que se chama mudança de patamar!", registrei no meu caderninho, com uma dose algo exagerada de ufanismo.

Para não perder o hábito, aproveitei minha estada em Genebra para me reunir com os embaixadores do G20. Foi basicamente um apelo à unidade, que eu sentia ameaçada pela diversidade de interesses dentro do grupo. Minha anotação, feita logo após a reunião, é ilustrativa dessa preocupação quase permanente: "Tive a reunião com os embaixadores do G20. Sem surpresas. Fiz meu apelo pela unidade, ressaltando que não teríamos chegado ao ponto que chegamos sem o grupo. Isso era verdade tanto para os que tinham interesses mais ofensivos, quanto para aqueles de preocupações defensivas. [Na reunião], os membros do G33 voltaram a pedir apoio e compreensão. Para os demais [isto é, os mais competitivos], procurei transmitir que, afinal de contas, o mercado de outros países em desenvolvimento não era o nosso alvo principal. Mais do que uma negociação entre liberalizantes e protecionistas dentro do G20, tratava-se de encontrar uma solução razoável para os 'produtos especiais' e as 'salvaguardas especiais', que permitisse concluir a Rodada".

Em Genebra, eu gozava da companhia da minha filha, Anita, e de dois dos meus netos, Yasemin e Omar. Tal fato contribuía para tornar mais leves esses períodos de discussões estafantes e às vezes estéreis. Em uma das ocasiões em que ia participar de uma rodada de encontros que prometiam ser extenuantes, minha filha sugeriu que eu recebesse uma "massagem tonificante" de uma amiga sua, especializada em ayurvédica. Minha neta de 8 anos indagou qual a razão. Anita respondeu que era para eu estar bem descansado e, dessa forma, não permitir que meus parceiros "me enganassem". Yasemin imediatamente objetou: "O vovô Celso eles não enganam". Não haveria melhor tonificante.

No final de junho, voltaria a Genebra para participar das reuniões do comitê de negociações comerciais da OMC. Foi nessa ocasião que tive meu primeiro contato bilateral com a nova USTR, Susan Schwab (um jantar oferecido pela norte-americana no Hotel Intercontinental). Foi mais um *get together*, para melhor conhecimento mútuo do que qualquer outra coisa. Desfiamos nossas avaliações sobre o estágio das negociações, e reiteramos intenções e preocupações conhecidas, sem elementos verdadeiramente novos. Mantive também outras bilaterais, inclusive com Peter Mandelson. Participei de outros eventos, a convite de Kamal Nath (jantar para ministros de países em desenvolvimento) e do ministro paquistanês Humayun Khan (outro jantar para chefes de delegação, não limitado a uma determinada categoria de países). Coordenei três reuniões do G20 (a do grupo propriamente dito; a do G20 com Países de Menor Desenvolvimento Relativo; e a do G20 com os coordenadores de outros grupos de países em desenvolvimento).

Foi em uma das reuniões do G20, na residência de Mont-Riant, que recebi um bilhete do comissário europeu, que transcrevo na íntegra: "Celso, está claro que os próximas dias/semanas são matar ou morrer (*do or die*). Depois disso, a Rodada estará perdida – ou todos teremos que nos curvar diante dos Estados Unidos, que vão acionar a arma do TPA.* Penso que a União Europeia e o G20 estão muito mais próximos agora, certamente no que diz respeito a cortes médios em acesso a mercados agrícolas (AMA *average cuts*),** e temos de resolver a

* Trade Promotion Authority: instrumento legal pelo qual o Congresso norte-americano concede autorização ao Executivo para negociar acordos comerciais. A TPA vigente deveria expirar em 2007, o que, em tese, limitaria a latitude do Executivo. Isso, por sua vez, tenderia a ser utilizado (como já ocorrera no passado) para forçar barganhas mais favoráveis a Washington.

** AMA, mais uma sigla, Agricultural Market Access, em contraste (mas com certa confusão devido à proximidade sonora) com NAMA, Non Agricultural Market Access.

questão dos produtos sensíveis (tenho de olhar esse ponto pessoalmente). Em apoio doméstico, ambos temos de fazer com que os EUA baixem o OTDS para US$ 15 bilhões. Em NAMA, será uma batalha, sei disso. Mas, se não conseguirmos convergir, estaremos diante do abismo. [Você acha] que nosso pessoal – embaixadores em Genebra – podem trabalhar conjuntamente na próxima semana, de modo que os ministros possam se reunir, talvez em uma teleconferência? – Peter". Não me recordo como respondi a Mandelson. Mas o bilhete, descontadas as malícias, indicava o fato de que as alianças se haviam invertido. Em Hong Kong e nas semanas que antecederam aquela conferência, os Estados Unidos ficaram do nosso lado em subsídios à exportação e contaram com a nossa pressão sobre a União Europeia em matéria de acesso a mercados. Agora, as atenções se concentravam em subsídios domésticos, o que, de acordo com o célebre triângulo, aproximava o Brasil (e o G20) da União Europeia. Diferentemente do que dizia Mandelson, as posições em "acesso a mercados agrícolas" não estavam tão próximas. E as divergências em matéria de tarifas industriais envolveriam mais do que uma simples "batalha". Mas, em larga medida, o jogo de forças naquele momento era o que o comissário esboçara, com boa dose de *self-interest*.

No início de julho, recebi em Brasília a nova secretária de Relações Exteriores do Reino Unido, Margaret Beckett, com quem em março, durante visita de Estado do presidente Lula, havia assinado acordo sobre desenvolvimento sustentável e mudanças climáticas. A visita de Beckett – a primeira que ela fazia fora da Europa, desde que fora nomeada ministra do Exterior – foi mais um passo na consolidação de uma relação especial entre Brasil e Grã-Bretanha. Embora formalmente o comércio não fizesse parte de suas atribuições, a ministra não deixou de elogiar publicamente a liderança brasileira na OMC. (Em outro tema – a ampliação do Conselho de Segurança –, Beckett foi até mais enfática no apoio ao Brasil, chegando a perguntar retoricamente "por que a Grã-Bretanha e não o Brasil?".) Isso ocorreu no dia 3 de junho, por coincidência a data do meu aniversário. No dia seguinte, acompanhei o presidente a Caracas, onde se celebrou o acordo relativo ao ingresso da Venezuela no Mercosul, cuja ratificação, entretanto, tomaria vários anos. Poucos dias depois, realizou-se na Bahia a Conferência dos Intelectuais da África e da Diáspora (CIAD). A política externa estava assim em plena ebulição quando novamente me desloquei para a Europa, a fim de retomar as conversas sobre Doha.

Em meu voo para Londres, anotei: "Devemos chegar em uma hora, mais ou menos. Terei algum tempo para descansar antes de me reunir com meus colaboradores em preparação do encontro com Mandelson e sua equipe, na última bilateral antes de São Petersburgo. Aí os líderes do G8 e de cinco países 'emergentes' (além de um representante da África, creio) deverão discutir [entre outros assuntos] maneiras de destravar a Rodada. O ideal seria um encontro em formato mais reduzido (G4 ou G5),* mas não creio que será possível. Sexta-feira passada (6 de julho), conversando ao telefone com Susan Schwab [falei com Kamal Nath no mesmo dia] expressei que se poderia esperar dos presidentes/primeiros-ministros que, além de [darem] sinais positivos de flexibilidade (principalmente da parte do presidente Bush), instruíssem seus ministros a irem a Genebra e só saírem de lá com um acordo fechado. No dia seguinte, em uma entrevista em que [Schwab] falou de forma algo desagradável sobre a necessidade de abertura da parte 'das Chinas, das Índias e dos Brasis deste mundo', a jovem e relativamente insegura USTR repetiu quase literalmente minhas palavras: '[Os ministros] têm de vir com o trabalho feito'. Será que conseguiremos?"

"Cara, eu sei que você tem dois chapéus"

A reunião com Mandelson foi um mero repassar de percepções. No dia 17 de julho realizou-se a reunião do G8+5+1 (o "+1" era a República do Congo, na presidência da União Africana). O dia começou com uma bilateral de Lula com Bush. Foi uma reunião ampla em que os dois presidentes estavam acompanhados de vários assessores. No caso de Bush, minhas duas "colegas", Condoleezza Rice e Susan Schwab, estavam presentes. Sem tempo ou disposição para formalidades, o presidente dos Estados Unidos foi logo ao ponto: "OMC. Nós faremos mais. Nós estamos preparados a fazer mais". Naturalmente, essa afirmação veio condicionada a progressos da parte dos demais parceiros, especialmente, mas não apenas, os europeus. Havia a óbvia expectativa em relação às "Chinas, Índias e Brasis" a que se referira a USTR, embora o presidente tenha sido mais delicado do que sua assessora, evitando formular essa condicionalidade de modo tão direto. O presidente/caubói texano tinha uma simpatia genuína por Lula, o que não o impediu de lhe perguntar provocativamente: "Esse cara, o Evo Morales, confiscou todos os seus ativos?". Lula não passou recibo. Em determinado momento, os assuntos da OMC deram lugar a temas políticos (Bolívia, Venezuela, Reforma do Conselho de Segurança). Nesse ponto da conversa, Lula introduziu alguns comentários referindo-se a mim: "Conforme eu disse ao Celso; às vezes eu

---

* O G4 é nosso velho conhecido. O G5, com a inclusão da China, só viria a se firmar a partir de 2008. Não estou seguro se naquele momento minha especulação se dirigia a Beijing ou a Tóquio. Outra hipótese, mais provável, é que estivesse pensando, além dos quatro líderes, no diretor-geral da OMC.

falo com o Celso...". Estimulado por essas menções, arrisquei-me a introduzir uma observação sobre um dos temas tratados. Antes que eu tivesse tempo de explicar em que qualidade o fazia, Bush foi dizendo: "*Man, I know you have two hats*".*

No encontro do G8 ampliado, Lula faria duas intervenções.** Uma delas versou sobre um dos seus temas preferidos naquele momento: etanol, biodiesel, H-bio etc. A outra intervenção concentrou-se exclusivamente na OMC. Era um texto bem estruturado, com várias frases fortes. Lamy, que também participou do encontro, se disse comovido. Já nosso amigo Jacques Chirac – que antes interrompera de forma pouco polida o seu compatriota diretor-geral da OMC – esperou que Lula terminasse, mas reagiu com pouco *fair play*. Em meio a declarações de amizade e admiração, o presidente francês foi pouco delicado ao qualificar o que chamou de "princípio negociador" de Lula da seguinte forma: "O que é meu é meu; o que é seu é negociável". Tratava-se obviamente de uma inversão total da realidade. A grosseria pouco comum em Chirac, que normalmente se comportava como um *grand seigneur*, não passou despercebida e foi objeto de comentários por parte de Lamy e de Susan no avião da Força Aérea norte-americana que nos trouxe a Genebra, onde teríamos um jantar do G4 com o DG. Aliás, nossa chegada ao avião não foi isenta de peripécias, em que a incompetência das burocracias russa e norte-americana se somaram, quase inviabilizando nosso embarque. Na nota que escrevi no dia 18, avaliei que o G8 cumprira seu papel. O tema da OMC, incluído nas discussões por insistência de Lula, permitiu que a quase totalidade dos líderes presentes declarasse a importância de flexibilizar posições (inclusive as próprias) a fim de que a Rodada pudesse ser concluída. O presidente francês ficou sozinho e demonstrou seu isolamento com reações que beiraram o desequilíbrio. Mesmo o presidente Sassou Nguesso, da República do Congo, país ainda economicamente dependente da França, referiu-se à importância da Rodada sem ecoar as advertências sombrias de Chirac sobre as "consequências nefastas" de um acordo para os países mais pobres.

A viagem a bordo do avião da Força Aérea dos EUA foi confortável. Na "sala de estar", fiquei sentado ao lado de Susan e de frente para Lamy. Do lado oposto

---

* "Cara, eu sei que você tem dois chapéus."

** Diferentemente do que ocorria com outros ministros das Relações Exteriores (outra exceção era a ministra da África do Sul e, creio também, a mexicana), eu atuava como *sherpa* do presidente Lula. Os *sherpas* não ficavam na mesma sala que os líderes, mas tinham acesso por áudio às conversas. Em alguns casos, tinham também acesso visual, separados dos líderes por paredes de vidro. Em São Petersburgo foi dessa espécie de aquário que acompanhei a reunião, munido de fones de ouvido. Na correria para acompanhar o presidente, ao final do encontro, perdi um par de óculos.

ficaram os assessores mais próximos da USTR, além das duas chefes de gabinete, a de Lamy (Arancha Gonzalez) e a minha (a embaixadora Maria "Lelé" Nazareth). Susan desfez-se em amabilidades em relação a mim. Referiu-se às "habilidades diplomáticas extraordinárias" que eu supostamente teria. Aludindo à observação do seu chefe na reunião com Lula sobre os "meus dois chapéus", a USTR esbanjou charme: "Condi e eu frequentemente comentamos que nós temos de compartilhá-lo, Celso". Essas gentilezas, embora agradáveis de ouvir, não podiam me iludir: as diferenças de substância eram grandes e nos manteriam em permanente antagonismo, ainda que, em geral, envolto em delicadezas e amabilidades. De fato, eu vinha procurando manter um diálogo fluido e frequente com Susan Schwab, de modo a equilibrar a "cumplicidade" que Mandelson tentava desenvolver comigo (e também, é bom frisar, com Kamal). Na reunião do G6 no entardecer do dia 17, na sede da OMC, após a estressante partida de São Petersburgo, fiz o possível para evitar que Susan ficasse isolada. Parecia-me contraproducente para os nossos objetivos naquela fase da negociação colocá-la em posição extremamente defensiva. Por isso, não insisti, diferentemente de Kamal e de Mandelson, em tomar como parâmetro os números da proposta do G20 em acesso a mercados agrícolas, pois sabia que eram de longe insuficientes do ponto de vista norte-americano. Tanto o comissário europeu como o ministro indiano não o faziam gratuitamente. Ambos tinham interesse em manter como base uma referência relativamente modesta, como a contida na proposta do G20. No caso europeu, o passo em direção à sugestão do G20 se explicava também taticamente: a Comissão passaria a concentrar suas posições defensivas no tratamento dos produtos sensíveis (onde, aliás, se localizava grande parte dos nossos interesses). Quanto a Nath, mais do que por fidelidade ao grupo, tratava-se de garantir que o parâmetro a partir do qual se calculariam as reduções tarifárias de países em desenvolvimento não fosse elevado. Para mim, mesmo tentando não me afastar das propostas do G20 (que afinal eram as nossas), era muito mais importante naquele momento obter flexibilidade da maior potência no tema de apoio doméstico do que tentar "encurralá-la" na questão de acesso a mercados.

Já em voo para o Brasil, depois de oito dias de viagem, que incluiu Salvador (CIAD), Londres, Porto (pernoite), São Petersburgo, Genebra e Paris, fiz algumas reflexões relativas aos últimos dias, dedicados predominantemente à Rodada. Já me preparava para o regresso a Genebra, quatro dias depois, para as reuniões do G6, que precederiam os encontros ministeriais mais amplos da OMC no final do mês. Durante algum tempo, a própria realização desses encontros estivera ameaçada, o que inevitavelmente levaria a uma postergação quase indefinida das negociações. Observei que uma parte da mídia, inclusive a brasileira, havia percebido que a própria fixação das datas para esses encontros ministeriais, como resultado das discussões no G8, havia representado uma vitória para o Brasil, um tributo a nossa insistência. Na minha opinião, aquela série de reuniões constituía a última chance de um acordo no curto ou no médio prazo. Pascal Lamy me havia dito que estava cogitando propor alguns indicadores numéricos para os temas principais, mesmo que admitindo certa latitude. Sobre minha relação com Lamy, registrei na época o seguinte comentário: "O fato é que tenho mantido uma relação privilegiada com meus principais interlocutores. (...) Lamy (...) sempre me ouve com (...) deferência; e não só sobre as posições do Brasil ou do G20, mas sobre a forma de estruturar as reuniões etc. Dessa vez, em nosso curto telefonema antes da Cúpula G8+5+1 [e logo depois do G8 propriamente], aconselhei-o a adotar atitude firme em relação ao prazo de um mês [para um *breakthrough*]. (...) Sugeri que tomasse essa demonstração de voluntarismo [expressa no G8] como sinal de engajamento. O anúncio da disposição de flexibilizar posições por parte dos principais governantes (Bush, Lula, Singh e, com limitações, Barroso)* ajudou a dar novo impulso [às negociações] e justificou a reunião de segunda-feira, dia 17".

Relembrando alguns episódios da Cúpula, registrei a forma como Putin passou a palavra a Lula quando se discutiu a Rodada, logo depois de intervenções da chanceler Angela Merkel (esta muito breve) e do diretor-geral da OMC: "E, como se trata de comércio, não posso deixar de dar a palavra a Lula". Não sei se o presidente da Federação Russa – que ainda estava em processo de adesão à OMC – tinha plena consciência de quanto estava correta sua percepção. A verdade é que a Rodada dificilmente teria sido discutida com a mesma amplitude não fossem os esforços do nosso presidente em colocar esse tema no centro da agenda. Não havia segurança quanto ao caminho a seguir e mesmo a hipótese de um adiamento indefinido da retomada das negociações não era descartada. Assim, podíamos considerar que havíamos logrado nosso objetivo de não deixar que Doha simplesmente fosse relegada ao esquecimento, diante de tantas outras preocupações (mudanças climáticas, crise energética etc.). A questão naquele momento era saber se conseguiríamos evoluir do "triângulo de Pascal" (essencialmente um triângulo equilátero) para o que o economista Paulo Nogueira Batista Jr.

* Manmohan Singh, primeiro-ministro da Índia. José Manuel Durão Barroso, presidente da Comissão Europeia, embora buscasse falar em nome do conjunto dos países europeus, não tinha o mesmo peso dos líderes eleitos dos países representados na Cúpula.

intitulou de "triângulo de Amorim", um triângulo isósceles em que o lado menor representaria as concessões a serem feitas por países em desenvolvimento. Prosseguindo em minha reflexão sobre as perspectivas dos dias seguintes, anotei: "Um grande problema para nós, além das questões inerentes às negociações, é obter uma atitude (...) compreensiva da Argentina quanto à relação agricultura/ NAMA.* A par das dificuldades substantivas, haverá que ter cuidado com o ciúme daqueles que se sentem alijados da negociação".

No dia 22 de julho, estava novamente a caminho de Genebra. Os poucos dias que passei em Brasília foram dedicados à preparação da Cúpula do Mercosul e à situação do Líbano. Sobre esta, troquei vários telefonemas com o secretário-geral da ONU e com meus colegas mais diretamente envolvidos, como Condoleezza Rice e Abdullah Gül.** Embarquei para a cidade suíça com algum sentimento de culpa por estar faltando pela primeira vez como ministro a uma Cúpula do Mercosul, que, naquele semestre, se realizava em Córdoba. Mas esse era também um sinal da alta prioridade que, com apoio do presidente, eu concedia à Rodada Doha. Como de hábito, aproveitei as últimas horas de voo, depois de um período razoável de descanso com a ajuda de um sonífero e restaurado por um bom café da manhã, para escrever uma nota sobre minhas expectativas em relação às reuniões que teria em Genebra: "Estamos ainda a cerca de duas horas de Paris e, se não houver problemas na conexão, a cerca de quatro horas e meia de Genebra. Aí terei mais outra etapa das negociações. Estamos chegando a um ponto em que não há muito mais o que discutir. As posições são conhecidas, os argumentos foram dados e os limites traçados. (...) [Em última análise,] caberá a Lamy propor algo que ele deduza ser justo e/ou aceitável, a partir do que já sabe e de alguma flexibilidade que venha a detectar nos próximos dias. Vislumbro essencialmente dois cenários: um mais ambicioso do que o outro [com maiores ou menores concessões nos eixos principais da Rodada]. Mas haverá dificuldade, especialmente se os Estados Unidos insistirem, como têm feito [ultimamente] em uma 'ambição desequilibrada', [com] pequenos cortes nos subsídios internos e reduções importantes em tarifas. De nossa parte, o maior problema será garantir, mesmo em um cenário ambicioso, não descer abaixo do coeficiente 20 em industriais.***

---

* O Brasil fora em Hong Kong um dos países que, ao lado da África do Sul e da Argentina, mais se batera pela inclusão do conceito de "proporcionalidade", que fizemos questão de fazer constar também da declaração Lula-Blair, mas temíamos que, levado a extremos, inviabilizasse a negociação.

** Ver narrativa *O Brasil e o Oriente Médio* nesta obra.

*** Nas conversas com Jonathan Powell, eu havia mencionado de forma totalmente especulativa e sem compromisso (e, naturalmente, condicionada ao que ocorresse em setores do nosso interesse) um coeficiente de 22,5. Oficialmente, nossa posição continuava a ser "coeficiente 30".

Até isso é difícil de vender (...) internamente e, sobretudo, para nossos parceiros argentinos. A rigor, [no cômputo final,] a diferença entre um coeficiente de, digamos, 20 ou 22 e outro de 18 ou 19 – que poderia [talvez] atender aos europeus – não é tão grande assim. A questão, entretanto, é também psicológica e, de certa forma, de justiça [em relação ao que receberemos em troca] (conceito infelizmente de pouco valor nas negociações comerciais)".

Minha nota sobre a Rodada foi interrompida pelo registro de uma lembrança que me veio à mente no estado de semivigília durante o voo. A anedota é mais ou menos esta: cerca de um ano antes, havia tido uma conversa com o ministro Sergei Lavrov sobre a adesão da Rússia à OMC. Na ocasião, Lavrov, com quem mantinha excelentes relações desde o tempo em que servíramos juntos no Conselho de Segurança, comentou em tom de queixa que a Rússia já havia fechado acordos com todos os países da América do Sul. Só faltava o Brasil. Respondi-lhe com uma pergunta: o que acharia se, a propósito de qualquer assunto, eu dissesse que o Brasil "havia fechado com todos os países da Europa oriental, menos com a Rússia?". Dada a síndrome de superpotência de que os diplomatas russos ainda sofrem, não sei se meu amigo caiu em si totalmente, mas algo ele percebeu. Contei essa história para Susan Schwab em São Petersburgo (não poderia haver local mais apropriado, salvo talvez Moscou). A USTR, que também estava às voltas com negociações sobre o ingresso da Rússia na OMC, achou muita graça.

Volto às minhas anotações. A seguinte foi escrita provavelmente na casa da minha filha enquanto ela estava no trabalho e meus netos se encontravam na escola, logo após uma reunião do G6, no dia 23: "Um dia de cão. Somente assim posso descrever as prolongadas e inúteis reiterações de posições, que tomaram todo o dia de ontem e terminaram com a constatação feita por todos – mas vocalizada por Lamy – de que as negociações teriam que ser suspensas. O 'mico',* para usar um termo tão a gosto do nosso embaixador Clodoaldo Hugueney, certamente ficou com os norte-americanos, para alívio e até uma ponta de satisfação dos europeus e dos indianos. [A propósito do impasse,] Austrália e Brasil demonstramos (a primeira pessoa do plural se aplica, pois isso se passou em uma reunião de ministros, sem assessores) nossos temores e apreensões, enquanto

* A metáfora, muito usada pelos negociadores comerciais brasileiros, é extraída do jogo do mico preto. Nesse jogo infantil de baralho, vai-se procedendo ao casamento dos pares de bichos. O único que não tem par é o mico preto. Na negociação, o "mico" representa o país cujas posições são percebidas como tendo bloqueado um acordo e que, portanto, é o "perdedor", pelo menos no jogo das culpabilidades.

o ministro japonês, provavelmente sem perceber plenamente o que se passava,* limitou-se a dizer que 'confiava em Pascal'". Minha referência a "dia de cão" tinha a ver também com a situação no Líbano e a ameaça que corriam os milhares de brasileiros que lá viviam. Tive de ir ao telefone várias vezes, durante a reunião, para falar com meus interlocutores habituais sobre o tema e, pelo menos uma vez, para uma longa conversa com o presidente.

"É importante não deixar que o fracasso vire rotina"

No dia seguinte, despertei inquieto, mas ainda com uma pontinha de esperança. Registrei: "Se os norte-americanos demonstrarem alguma flexibilidade [nas reuniões que teremos ao longo do dia], o jogo continuará. (...) [Do contrário,] o cenário de suspensão [das negociações] é inevitável. A questão é: há meios de evitar que uma 'suspensão' se transforme em colapso puro e simples? E mesmo que se consiga [evitar esse cenário] será possível impedir que as atenções se desviem para acordos bilaterais ou regionais? Tudo isso será muito negativo para nós e (...) para o sistema multilateral de comércio. Sempre poderei denunciar a 'inflexibilidade dos ricos' na reunião do TNC [programada para a tarde daquele dia]. Mas com que propósito? (...) As próximas horas serão decisivas". Na verdade, nada de "decisivo" aconteceu e o cenário que eu temia – sem saber ainda quais seriam seus desdobramentos – seria confirmado.

Também na manhã do dia 24, antes de uma nova reunião do G6 que Lamy convocara em boa parte por insistência minha, recebi em Mont-Riant a visita de Susan Schwab, acompanhada do secretário de Agricultura, Mike Johanns. Nesse encontro, talvez para mostrar que os Estados Unidos continuavam empenhados em um acordo, Susan praticamente se autoconvidou para vir ao Brasil. Combinamos que nos reuniríamos no Rio de Janeiro no fim de semana seguinte, logo após minha volta de uma viagem a Adana, na Turquia, onde iria encontrar brasileiros refugiados do Líbano. A reunião do G6 acabou sendo mera formalidade.

---

* Os ministros japoneses, tanto da Agricultura como do Comércio, eram os únicos que dependiam nas reuniões do G6 de interpretação simultânea, feita ao pé do ouvido para limitar o efeito perturbador para os demais participantes. Embora as intérpretes japonesas (eram sempre mulheres) parecessem, tanto quanto pude julgar, muito competentes, mais de uma vez a necessidade de tradução causou mal-entendidos. Em julho de 2008, depois que Lamy interrompeu uma tensa reunião e disse que ia iniciar os *confessionals* ("confessionário" é o procedimento em que o DG consulta um por um e separadamente os principais negociadores), um perplexo ministro japonês perguntou: ele vai chamar os *professionals*?

Durante o TNC, em que Lamy confirmou o cenário de suspensão dos trabalhos, Kamal e Mandelson fizeram críticas pesadas aos Estados Unidos, citando-os nominalmente como responsáveis pelo impasse. Mesmo sem deixar de apontar a responsabilidade principal pelo fracasso às dificuldades em apoio doméstico (e, portanto, implicitamente aos EUA), procurei ser mais cuidadoso com as palavras. Mais uma vez, evitei a impressão de que estaríamos todos *ganging up* contra Washington. Disse que cada um de nós tinha dificuldades, mas que o bloqueio em torno dos subsídios internos nem permitira que as eventuais flexibilidades em outros temas fossem testadas (inclusive a nossa própria em NAMA). Em meu pronunciamento, em tom bastante emotivo, não escondi minha tristeza com o momento pelo qual estávamos passando. Comparando com outras situações da história recente do sistema GATT/OMC, disse que raras vezes, tendo chegado a um consenso sobre aspectos conceituais, havíamos fracassado de maneira tão gritante em nos pôr de acordo sobre os números. Antecipando sem o saber reflexões que faria dois anos mais tarde, após o "grande fracasso de julho", afirmei que havíamos falhado com os nossos líderes, que nos haviam instruído a sermos flexíveis e, referindo-me especificamente aos membros do G6, acrescentei que tínhamos decepcionado todos aqueles (especialmente os mais pobres) que haviam depositado suas esperanças na nossa capacidade de negociação. Aludindo à situação do Líbano e, de forma implícita, à inação do Conselho de Segurança da ONU, disse que o fracasso em Genebra agravava o desgaste que o multilateralismo estava sofrendo naquele momento. Meu discurso, feito de improviso – o que, naturalmente aumentou seu impacto –, foi muito apreciado. O representante do Paquistão veio dizer-me que sentiu vontade de aplaudir, o que apenas deixara de fazer porque esse gesto era contra as práticas da OMC. O secretário Johanns, provavelmente aliviado com o fato de que meu ataque à posição norte-americana não fora (na forma, ao menos) tão contundente quanto temia, veio me cumprimentar pelo "discurso de estadista".

Na manhã do dia 25, antes de partir para Adana via Istambul, solicitei um encontro com Lamy. O objetivo era discutir as perspectivas para as semanas e meses seguintes. Na ocasião, não me pareceu que o diretor-geral tivesse um plano definido. Falamos um pouco sobre "números", sobretudo os de apoio interno. Provavelmente baseado no que Susan lhe dissera no "confessionário", Lamy indicou que a flexibilidade dos EUA ainda era limitada. O valor mínimo que contemplariam para o OTDS seria de US$ 19 bilhões (muito acima dos US$ 13 bilhões que Portman deixara escapar em um momento de "candura"). O DG ficou muito interessado na informação de que Susan Schwab me faria visita no Brasil, daí a três ou quatro dias, e sugeriu que eu insistisse na inaceitabilidade de uma proposta baseada naquela cifra. Discorreu um pouco sobre alguns pressupostos do "arcabouço de julho" que talvez necessitassem ser mudados, em particular quanto às flexibilidades para produtos especiais (não anotei se essas alterações seriam para mais ou para menos, mas imaginei que o DG quisesse "acomodar" os EUA). Diante dessa observação, reiterei o que afirmara durante a reunião do G6: reabrir o *framework* seria um grande risco. Se algo tivesse de ser feito para acomodar alguma situação específica, seria preferível fazê-lo "na prática" e não "na teoria". Do contrário, ocorreria o que Lamy, como todos os negociadores, mais dizia temer: o *unravelling** de toda a negociação. Lamy pediu nossa ajuda, como coordenadores do G20, para encontrar fórmulas que permitissem superar as dificuldades em relação aos produtos especiais (alvo de críticas sobretudo dos Estados Unidos), mas concordou que não eram as divergências em torno desse tema (juntamente com as "salvaguardas especiais") a causa principal do impasse. Todavia, esses dois aspectos geminados do acesso a mercados agrícolas de países em desenvolvimento forneceriam o pretexto para os americanos não avançarem em apoio doméstico. (Em retrospecto, é interessante notar ter sido a dinâmica entre esses dois temas que, em grande medida, ocasionou o "grande fracasso" de julho de 2008.)

Na conversa com o DG, insisti na importância de que os riscos políticos de um fracasso de Doha fossem destacados. Com o objetivo de sublinhar tais riscos, com as implicações que ressaltara no meu discurso para o sistema multilateral, pretendia – seguindo o exemplo de Lamy – telefonar para Kofi Annan. Era importante que o secretário-geral da ONU transmitisse sua preocupação a respeito do impasse na OMC ao detentor final da capacidade de destravar as negociações: o presidente George W. Bush. Também sugeri ao diretor-geral que ele próprio, valendo-se de sua posição de principal funcionário internacional na área do comércio, ligasse diretamente para os principais líderes, especialmente Bush e Singh. Recordo-me de uma frase que usei: "É importante não deixar que o fracasso vire rotina". Sem a pretensão de estar dizendo algo de terrivelmente novo, expus minha percepção de que a OMC estava em uma encruzilhada: ou bem continuaria a ser o foro principal das negociações comerciais ou bem passaria a ser, na prática, um órgão subsidiário dos acordos bilaterais, ao qual os países-membros recorreriam esporadicamente para a solução de controvérsias, concessão

* O termo *unravelling*, muito comumente usado pelos negociadores da OMC para significar o risco de "desfazer" avanços previamente alcançados, é difícil de traduzir para o português. Trata-se, na verdade, de uma metáfora derivada da atividade de unir fios para a confecção de um tecido ou uma peça de tricô. "*Unravel*" consistiria, assim, em "puxar o fio da meada", inutilizando o trabalho feito.

de *waivers** etc. É curioso que, oito anos depois, no momento em que escrevo estas linhas, essa alternativa continue a "assombrar" os negociadores.

Cheguei da Turquia no dia 29 de julho e em seguida me reuni com Susan Schwab no Rio de Janeiro, conforme havíamos combinado em Genebra. O encontro, logo após o impasse registrado na reunião do G6, serviu como um sinal de engajamento de dois dos principais participantes na negociação em meio a uma quantidade de artigos catastrofistas. Foi com essa referência ao sinal positivo que Susan havia justificado para a mídia seu desejo de vir ao Brasil. A reunião de sábado no Copacabana Palace permitiu esclarecer alguns pontos. Transcrevo-os como os registrei na época: "1) os Estados Unidos continuam dispostos a negociar (...) ao invés de simplesmente jogar a culpa nos parceiros, como fizeram, por exemplo, após Cancún; 2) um [eventual] calendário de futuras reuniões terá que levar em conta a necessidade de avanço substantivo até janeiro ou fevereiro de 2007, de modo a preparar o terreno para a prorrogação da TPA; 3) a margem de flexibilidade que os Estados Unidos estão dispostos a revelar é ainda muito reduzida para desencadear o 'círculo virtuoso' necessário à conclusão da Rodada". A conversa com Susan Schwab foi amistosa e constituiu uma demonstração do bom momento por que passava o diálogo entre os dois países, apesar das diferenças. De volta a Brasília, continuei empenhado em contribuir para reviver a Rodada. Depois de vários telefonemas, alguns por iniciativa minha e outros provocados por meus interlocutores (entre esses, Pascal Lamy), resolvi dar início aos procedimentos para a convocação de uma reunião do G20 em setembro. A presença já garantida do diretor-geral certamente seria um atrativo para os ministros do grupo e para outros (UE, EUA) que pretendia convidar.

A reunião do Rio de Janeiro teve amplo comparecimento de ministros de países em desenvolvimento. Alguns, que haviam abandonado o grupo no período pós-Cancún por pressão dos Estados Unidos, voltaram a integrá-lo. Assim, na reunião do Rio, pude saudar o retorno do Peru e do Equador. Coordenadores dos grupos de países em desenvolvimento se fizeram presentes: o grupo africano, o Cotton-4, os países ACP, os PMDRs e o G33. No dia 9 de setembro, um sábado, os ministros mantiveram reuniões em vários formatos: só G20, G20 com coordenadores de países em desenvolvimento, reunião com o diretor-geral. No domingo, em conjunto com os demais coordenadores, o G20 manteve encontros com o comissário europeu, a USTR e o ministro do Japão (este praticamente se

* *Waiver* é uma permissão concedida pela OMC para que alguns de seus membros não cumpram compromissos gerais, diante de justificativas específicas e por prazo determinado.

convidou para vir à reunião). Mais do que qualquer outra coisa, a sucessão de encontros no Rio de Janeiro representou um primeiro esforço efetivo para reviver as negociações depois do baque de Genebra, em julho. Em meu breve discurso de abertura, além de ressaltar o significado da reunião, cujo mérito pela iniciativa fiz questão de dividir com Kamal Nath, salientei que o relançamento da Rodada não poderia ocorrer em detrimento dos progressos até então obtidos nem perder de vista o fato de que se tratava de uma Rodada "de" e "para" o desenvolvimento. Destaquei o papel que nossos países haviam tido nos progressos obtidos desde Cancún, especialmente a fixação, em Hong Kong, de uma data para a eliminação total dos subsídios e outras formas de apoio distorcivo às exportações de produtos agrícolas. Salientei algumas das teses mais importantes que vínhamos defendendo: cortes efetivos nos subsídios internos; proporcionalidade entre as concessões pelos países em desenvolvimento em produtos industriais e pelos desenvolvidos em produtos agrícolas; necessidade de tratamento diferenciado para os "produtos especiais" e as "salvaguardas especiais". Já na coletiva de imprensa, enfatizei que os países em desenvolvimento representados na reunião encaravam o fracasso da Rodada como uma "não hipótese". Ressaltei a importância de o G20 manter sua unidade e continuar a atuar de forma propositiva.

"Tiramos o paciente da UTI e o colocamos na enfermaria"

As reuniões do Rio de Janeiro serviram, acima de tudo, para mostrar que a Rodada continuava viva e que o G20 estava no centro das negociações. Ao convocar a reunião, eu sabia que enfrentaríamos o ceticismo de muitos e que corríamos o risco de um comparecimento medíocre, pelo qual certamente seríamos criticados. Afinal, ocorreu o oposto. O Rio de Janeiro, naquele fim de semana, foi o centro das atenções do noticiário sobre a OMC, e o Brasil manteve seu alto perfil nas negociações. Os ministros dos países desenvolvidos mais poderosos – um deles, o do Japão, praticamente deu a volta ao mundo – acorreram ao Rio para dialogar com o G20. Alguns ministros de países em desenvolvimento não contiveram o entusiasmo. O das Filipinas chegou a dizer que, no futuro, a reunião do Rio seria relembrada como o momento da ressurreição (*sic*) de Doha. Fui mais modesto: em conversas com jornalistas, resumi o que havia sido obtido nos seguintes termos: "Tiramos o paciente da UTI e o colocamos na enfermaria".

O encontro do G20 Plus ocorreu no fim de semana de 9 e 10 de setembro. Logo em seguida parti para Havana, onde participei de uma cúpula dos não alinhados, precedida de uma reunião ministerial do G15, um grupo de países em desenvolvimento criado nos anos 1980 "para dialogar" com o G7 (na época o G8 ainda não havia tomado forma). O G15 perdera muito de seu atrativo inicial devido à indiferença das maiores economias do mundo em relação às suas demandas e à dificuldade de levar adiante a noção inovadora de projetos de cooperação Sul-Sul. De todo modo, aproveitei o foro para destacar o papel que o G20 estava desempenhando de forma pragmática, mas sem se afastar de seus princípios, no âmbito das negociações comerciais. De Havana, parti para Nova York, onde me juntei ao presidente para participar da Assembleia Geral da ONU.

Relato um pequeno episódio que ilustra como a Rodada estava sempre no centro das nossas preocupações. Em 19 de setembro, enquanto aguardávamos a abertura do debate geral, em uma saleta situada atrás do pódio do saguão da Assembleia, ocorreu um breve encontro entre os dois primeiros oradores: o presidente brasileiro e o norte-americano. Depois de trocar cumprimentos com Lula, Bush dirigiu-se a mim perguntando se eu continuava a "usar dois chapéus" e indagou como andava a Rodada. Disse-lhe o que pensava: referi-me à necessidade de um gesto mais ousado de Washington, especialmente quanto a subsídios internos. "Oh, como sempre", ele comentou, já andando. "É sempre culpa do Bush." "Não, presidente", retruquei. "Queremos que seja *mérito* de Bush; queremos que seja a *Rodada Bush*" (pensei mesmo em mencionar a Rodada Kennedy, mas não o fiz, pois me pareceu que a comparação seria por demais irreverente). O presidente norte-americano deu uns tapinhas carinhosos no meu rosto e foi cumprimentar os funcionários que se aglomeravam no canto da sala. Na época, anotei: "Não se trata propriamente de um episódio que me encha de orgulho, mas se a bajulação servir para atiçar a vaidade do presidente norte-americano, ainda que milimetricamente, terá sido justificada".

Durante a mesma Assembleia Geral, participei de um café da manhã, organizado pelos ministros da Noruega e da França, sobre um desses assuntos que os analistas políticos classificam de "*soft*", mas que nem por isso é secundário: política externa e saúde. Ao me dirigir para a reunião, recordei o papel que, como embaixador junto à OMC, eu havia desempenhado sobre um aspecto relevante desse tema: as patentes farmacêuticas e seu impacto no preço dos remédios nos países pobres. Lembrei-me especialmente da resistência que opus às tentativas do presidente do Conselho, Stuart Harbinson – natural de Hong Kong, mas tão britânico quanto um ator da Royal Shakespeare Company –, em arbitrar (certamente não em nosso favor) um texto sobre TRIPs e saúde, antes da ministerial de Doha.*

---

* Ver *Breves narrativas diplomáticas*, op. cit., cap. 4, inclusive nota 1.

Minha atitude desassombrada* permitiu reverter a situação desfavorável que, por motivos que seria muito complexo explicar aqui, vivíamos em Genebra. Voltou-me à mente também o momento, já em Doha, em que o "facilitador" das negociações, o ministro Luis Ernesto Derbez, do México, disse que queria ter uma reunião mais restrita apenas comigo e o delegado norte-americano. Objetei ao procedimento, dizendo que não entraria na sala sem um delegado africano. O representante africano – já não me recordo de qual país – atalhou: "Nós nos sentimos representados pelo Brasil". Aquele episódio contribuiu para minha convicção de que o Brasil poderia agir com firmeza nas negociações, de maneira a não só defender o seu próprio interesse, mas fazê-lo em nome de um grande número de países em desenvolvimento. Esse fato ocorreu em 2001. A liderança brasileira se afirmaria em 2003, em Cancún, e se consolidaria em 2005, em Hong Kong. Mas o episódio aqui referido de modo muito incompleto certamente nos credenciou a exercê-la.

Em contraste com o mesmo período do ano anterior que antecedeu Hong Kong, nada de muito relevante aconteceu nos últimos meses de 2006 no que diz respeito à Rodada. Naturalmente, os trabalhos em Genebra continuaram, mas o envolvimento dos ministros, ou pelo menos o meu, foi muito limitado. A América do Sul absorveu quase totalmente minha atenção. Além disso, houve a campanha pela reeleição do presidente Lula, na qual me envolvi mais do que era comum para um chanceler (e fui muito criticado por isso). Houve um ou outro telefonema, mas nada de muito substantivo ocorreria antes das eleições parlamentares nos Estados Unidos. Em 22 de novembro, fui a Montevidéu para participar de um evento comemorativo dos vinte anos do lançamento da Rodada Uruguai, organizado pelo ex-chanceler Sergio Abreu, meu homólogo à época do governo Itamar. Além de um gesto em relação aos nossos vizinhos, minha participação nesse encontro serviu para renovar algumas mensagens de apoio à Rodada. Propiciou também um encontro com Pascal Lamy. O diretor-geral continuava a ter as mesmas dúvidas que expressara quatro meses antes em Genebra: incertezas com relação ao comportamento norte-americano em apoio doméstico e ceticismo sobre a flexibilidade indiana em produtos especiais. Comentamos sobre os novos líderes democratas no Congresso que passariam a ter influência sobre as negociações. O futuro presidente do poderoso Comitê de Agricultura da Câmara, Collin Peterson, deputado de Minnesota, era muito ligado aos *lobbies*

* Meses depois, o embaixador Narayana, da Índia, lamentaria não ter feito o mesmo em relação a temas do seu interesse e completou: "*I do not have your stature, Sir!*".

que defendiam os subsídios. No Senado, segundo Lamy, a situação "não seria tão má". Essa avaliação não chegava a ser propriamente animadora. O diretor-geral também se referiu à sequência ainda incerta entre a nova versão da Farm Bill e o TPA. Eram assuntos áridos, com os quais tinha de voltar a me familiarizar. Ser negociador comercial é um pouco como ser piloto de avião (pelo que me dizem): não se pode perder a prática. No meu caso, quando as demandas diminuíam, eu passava a me concentrar em outros temas e quase "me esquecia" da OMC.

"O Celso não precisa nem me telefonar"

No dia 3 de janeiro, dois dias após a cerimônia de posse do presidente Lula, que inaugurava seu segundo mandato, fiz uma viagem-relâmpago a Nova York para um encontro com Susan Schwab. Foi uma "conversa sobre conversas", conforme noticiou a imprensa. Tanto para Susan como para mim, por motivos diferentes, era importante a retomada de contato. Poucos dias depois, durante brevíssimas férias no litoral norte da Bahia, meu descanso foi interrompido duas vezes por telefonemas relativos à OMC, primeiro pela USTR e, logo em seguida, por Peter Mandelson. Não tenho registro do que conversamos, mas provavelmente tratamos de planos para encontros futuros, a começar por Davos, onde, depois de alguns meses de calmaria, a atividade dos ministros voltaria ao ritmo pré-Hong Kong.

Em 23 de janeiro, tomei o avião para Paris, onde participaria de uma conferência sobre a reconstrução do Líbano. Da capital francesa, viajei para Zurique, de onde prossegui para Davos de automóvel. Antes da viagem, anotei em meu caderno que os trabalhos na OMC provavelmente se intensificariam. Os indícios de que isso estaria ocorrendo nem sempre eram positivos, porém. Na véspera, alguns jornais, como o *Financial Times* e o nosso *Valor Econômico*, aludiram à possibilidade de um *deal* entre os Estados Unidos e a União Europeia. Em meu comentário, observei com certo otimismo que, àquela altura, mesmo um cenário desse tipo não seria tão desfavorável quanto o de Cancún, uma vez que "a base agora (após o *July Framework* e a ministerial de Hong Kong) é outra". Ainda assim, uma de minhas missões em Davos era deixar claro que não haveria acordo sem o G20. Antes de embarcar, entre uma visita do secretário executivo da Aladi,*

* A Associação Latino-Americana de Integração (Aladi) foi criada pelo Tratado de Montevidéu em 1980. Substituiu a Associação Latino-Americana de Livre Comércio (Alalc). Sob o abrigo da Aladi são feitos acordos comerciais, como o que instituiu o Mercosul.

o ex-chanceler uruguaio Didier Opperti, meu velho conhecido, e uma chamada telefônica que parecia um "pedido de socorro" do primeiro-ministro do Líbano, Fouad Siniora, recebi uma ligação de Susan Schwab, que, acima de tudo, estava interessada em garantir que não sofreria pressões desmesuradas nos encontros de Davos. A notícia do *Financial Times* reportou que, em suas tratativas bilaterais com a União Europeia, os Estados Unidos teriam indicado disposição de aceitar um teto de US$ 17 bilhões para o OTDS, abaixo do mínimo que haviam indicado publicamente (US$ 22 bilhões) e até mesmo do número que Susan revelara como seu limite no "confessionário" a Lamy, em julho (US$ 19 bilhões). Esse valor estava longe da cifra mencionada em particular por Portman, a qual, por sua vez, correspondia aproximadamente à proposta do G20, entre US$ 12 e 13 bilhões de dólares. Em termos de cortes médios, a oferta da União Europeia em acesso a mercados agrícolas havia confluído para o número proposto pelo G20 (54%). Mas, como assinalei em uma entrevista ao jornalista Clóvis Rossi, o problema era o grande número de "produtos sensíveis" (que não estariam sujeitos aos cortes da fórmula), além da ausência de clareza sobre seu tratamento. Algo semelhante se passava com a suposta oferta dos EUA em apoio doméstico. Além da insuficiência do montante global, não havia indicação precisa das disciplinas a que estariam sujeitos os programas da "caixa azul". Tampouco se esclarecia se haveria tetos por produto de modo a evitar a livre transferência dos subsídios de um lado para outro (*box shifting*). O telefonema com Susan não serviu para esclarecer esses pontos. Quanto à proposta europeia, as discussões em Genebra e as conversas telefônicas com Mandelson eram consistentes com a notícia do *Financial Times*.

Em Davos, as discussões bi e plurilaterais não alcançaram esse grau de especificidade. Cheguei à estação de inverno dos Alpes suíços, onde se situava o famoso sanatório que servira de palco ao clássico de Thomas Mann, *A montanha mágica*, por volta das 21 horas. O cenário coberto de neve e a temperatura bem abaixo de zero convidavam a um rápido recolhimento debaixo dos cobertores, mas logo recebi o recado de que o presidente, que chegara um pouco antes vindo diretamente do Brasil, me convidava para jantar. Na verdade, tratava-se de rever os textos para as falas do dia seguinte: uma palestra sobre o combate à fome, uma reunião com CEOs e uma discussão sobre América Latina de que também participaria o presidente do México, Felipe Calderón, recém-empossado. Afinal, como tantas vezes fez, Lula mal olhou para os papéis e improvisou em grande parte de suas falas. Creio que, na verdade, o presidente desejava companhia e conversar um pouco sobre alguns fatos recentes, especialmente uma reunião do

Copom, cuja decisão conservadora lhe causara algum desconforto. Participei de encontros bilaterais do presidente Lula com o primeiro-ministro Tony Blair e o ministro das Finanças (já pré-indicado como sucessor do primeiro-ministro), Gordon Brown. Em ambos, a Rodada Doha foi o tema central. Lula revelou o engajamento de sempre, relacionando os resultados das negociações com o combate à pobreza e, indiretamente, com o terrorismo. Além desses dois encontros, Lula participou de uma reunião restrita sobre a OMC, coordenada por Blair, à qual esteve presente, entre outros, o diretor-geral, Pascal Lamy. Nessa ocasião, Lula preferiu não se estender, concedendo-me a palavra. Para esses interlocutores, o presidente fez questão de dizer que eu tinha autoridade para fechar o acordo: "O Celso não precisa nem me telefonar". Embora essa demonstração explícita de confiança fosse lisonjeira e me valorizasse aos olhos de meus colegas, tinha dúvidas se era boa tática negociadora. A afirmação do presidente subtraía o eventual recurso – frequentemente usado em negociações – à necessidade de consultar a liderança política máxima. Mas a frase serviu como indicação de engajamento e otimismo em um momento em que o objetivo principal era injetar um "sopro de vida" na Rodada.

Engajamento e otimismo foram também a tônica da reunião de alguns ministros de Comércio organizada pela conselheira federal de Economia da Suíça, Doris Leuthard – que, com o tempo, se tornaria uma boa amiga, apesar das diferenças de posição (o pequeno país alpino, não membro da União Europeia, era muito protecionista em agricultura e muito demandante em serviços e bens manufaturados, em relação aos quais havia "inventado" a famosa fórmula). Os mesmos sentimentos positivos foram expressos em uma discussão pública entre alguns dos principais negociadores, uma espécie de *reality show* político-diplomático, muito ao estilo de Davos, na tarde daquele dia. Embora de forma que deixava alguma dúvida sobre a maneira como iria implementá-lo, a União Europeia confirmou o corte médio em AMA próximo da cifra proposta pelo G20, mas a USTR foi mais cautelosa, evitando se comprometer com um número específico para OTDS.

Após esses encontros, fui para Genebra, onde tive o domingo para descansar e realizar reuniões internas com a minha delegação. Na segunda-feira, dia 29, participei de um encontro com os embaixadores do G20, ao qual se seguiu uma reunião entre o grupo e o comissário europeu. A atenção que eu dava ao G20, mesmo na ausência de meus pares, minsitros, não era mero exercício de relações públicas. Fazia parte de um esforço de transparência e objetivava reforçar o sentido de participação dos países do grupo no processo, do qual, do contrário, seriam espectadores distantes. Essas reuniões contribuíam também para eliminar dúvidas e aliviar ansiedades decorrentes da suspeita – que nunca era possível extirpar de todo – de que os principais participantes, sobretudo os do G4, estariam "cozinhando" uma barganha pelas costas dos demais países. Encontrei-me também separadamente com Mandelson e Schwab apenas para conferir alguns aspectos do processo de negociação. Ambas as reuniões ocorreram na residência do representante permanente brasileiro, detalhe não insignificante, na cuidadosa coreografia que cerca as negociações. No fim do dia, tivemos uma reunião "a três". Encontrara-me com o outro membro do quarteto, Kamal Nath, em Davos. Já no dia 30, tomei café da manhã com Lamy. Na ocasião, trocamos impressões sobre o estado da Rodada. Nesse encontro, da mesma forma que ocorreu nos contatos que mantive com Peter e Susan, a atitude da Índia, mais especificamente de Kamal Nath, constituía um dos assuntos principais. Era uma vereda estreita, mas que tinha de percorrer, entre minha relação pessoal com Kamal e a aliança estratégica Brasil-Índia, de um lado, e a necessidade de impulsionar o processo como um todo, de outro. As dificuldades levantadas pela Índia, tanto em reuniões do G4 como em encontros maiores e, por vezes, em diálogos bilaterais, bem como as intervenções propositalmente confusas e pouco específicas de Kamal, eram destinadas a fazer crer que, no fundo, nosso grande parceiro asiático não desejava uma conclusão exitosa da Rodada, ainda que não pudesse dizê-lo de forma explícita. Como sabia que, por seu turno, meu colega indiano mantinha encontros separados com os dois outros parceiros do G4, não havia razão para eu alimentar nenhum tipo de sentimento de culpa em relação a essas conversas. Porém, era essencial evitar que se perdesse a confiança mútua. A natureza irrequieta de Kamal Nath, que o levava a consultar constantemente o seu *tablet*, e sua relutância em se demorar além do mínimo necessário em qualquer lugar dificultavam um diálogo mais profundo. Para compensar esse obstáculo, eu era obrigado a fazer telefonemas frequentes a Nova Délhi ou confiar nos contatos entre os embaixadores em Genebra, mas estes não eram capazes de eliminar de todo minhas dúvidas sobre os objetivos de Kamal.

"E você terá de se desvencilhar de seus probleminhas sul-americanos"

Concluí minhas anotações sobre esse ciclo de encontros com uma breve análise "atualizada" das personalidades de Mandelson e Schwab e de sua circunstância. Quanto ao comissário, confirmei minha impressão de que era uma raposa política, longe porém de ser um negociador frio, pois era dado a frequentes demonstrações (espontâneas ou estudadas) de alta irritabilidade. No entanto, Mandelson também era um interlocutor intelectualmente aberto a ouvir opiniões diferentes da sua, sobretudo em privado. Já Susan – que, como Peter, procurava valorizar o diálogo com o Brasil e atrair-me para o seu lado – deixava transparecer certa desorientação, resultante da difícil situação que vivia, imprensada entre os negociadores e seus próprios congressistas. De volta ao Brasil, dei posse no dia 31 aos novos subsecretários do Itamaraty e participei de uma longa reunião coordenada pela chefe da Casa Civil, Dilma Rousseff, sobre os riscos e as oportunidades da cooperação com os Estados Unidos em matéria de etanol, na perspectiva da visita que o presidente norte-americano faria ao Brasil. No dia 1º acordei cedo e, antes mesmo do café, abri meu caderninho para registrar uma observação que Mandelson havia feito em nosso encontro bilateral em Genebra. Perto do final da nossa conversa, em tom amistoso, o comissário me havia dito mais ou menos o seguinte: "Bem, Celso, agora está claro o que cada um de nós tem de fazer. Eu tenho de manter os Estados-membros atrelados à minha proposta (quiçá ligeiramente melhorada) em acesso a mercados; Susan terá de convencer seus congressistas de que é preciso reduzir de maneira significativa os ridículos subsídios internos; e você terá de se desvencilhar de seus probleminhas (*sic*) sul-americanos e dedicar-se em tempo integral à conclusão da Rodada". Também em tom de brincadeira, respondi que "o meu salário não é o do Pascal Lamy". Minha conclusão de todas aquelas reuniões foi a de que eu efetivamente deveria encontrar uma maneira de dedicar mais tempo à OMC. Meu primeiro passo nesse sentido foi marcar uma reunião interna no Itamaraty para avaliar "o estado da arte".

Ao longo do mês de fevereiro, em que, contrariando a recomendação de Mandelson, me dediquei primordialmente a temas da América do Sul com ênfase na Bolívia – cujo presidente visitou o Brasil para longas e laboriosas discussões envolvendo o preço do gás –, o tema da Rodada não foi de todo abandonado. Minha agenda registra várias ligações (uma com cada membro do G4 e uma com Lamy), além de uma conferência telefônica com o comissário europeu e a USTR. Mas somente em março é que eu voltaria a me encontrar com meus "parceiros prediletos" em Genebra. No voo (finalmente um Legacy da FAB!), ouvi de Roberto Azevêdo o relato dos últimos contatos que tivera com altos funcionários da União Europeia, dos EUA e da Índia, em preparação para as reuniões em nível ministerial que eu iria manter. Cheguei à cidade suíça no domingo, dia 4, proveniente de Georgetown, onde acompanhara o presidente em uma cúpula do Grupo do Rio para cuja organização havíamos contribuído com recursos e pessoas.

Na Guiana, foi anunciado que reiniciaríamos as obras da ponte sobre o rio Tacutu, de grande interesse para o nosso vizinho sul-americano/caribenho e de suma importância para as relações bilaterais.

Os encontros de Genebra se concentraram todos no dia 5. A ideia inicial era começarmos com uma "trilateral" envolvendo Peter e Susan e eu, mas a USTR fez questão de ter antes uma conversa bilateral comigo, que durou cerca de meia hora. Assim, meu ciclo de encontros começou às 7h15 da manhã, um horário que positivamente não se coadunava com a boa tradição diplomática. Embora eu tivesse o hábito – que mantenho até hoje – de acordar cedo, gostava de reservar as primeiras horas depois de despertar para alguma leitura ou para anotações pessoais, mas cedi ao pedido da minha aflita colega norte-americana. Logo após o encontro trilateral, tive uma reunião com Kamal Nath, inicialmente *tête-à-tête*, seguida de uma discussão mais ampla com a participação de assessores, que se estendeu pela hora do almoço. Foram ao todo quase quatro horas, certamente o mais longo encontro que tivera com meu colega indiano até então. Cobrimos a quase totalidade da agenda, de OTDS a produtos especiais, e abordamos questões relativas a manufaturados e serviços, sobre as quais havíamos falado pouco. Registramos uma boa dose de concordância sobre a maioria dos temas. Por volta das 15h, Kamal partiu e, às 16h, Mandelson voltou à residência brasileira para nova reunião, dessa vez bilateral, que durou cerca de duas horas. Novamente, as tarifas industriais foram objeto de demandas do comissário europeu. De minha parte, insisti na questão do tratamento de produtos sensíveis em agricultura. Como sempre ocorria nas conversas com Mandelson, analisamos também o comportamento dos outros membros do G4. Para encerrar o longo dia de trabalho (sem contar uma breve entrevista a jornalistas brasileiros), recebi o diretor-geral, com quem mantive uma substantiva conversa. Estranhamente, minha agenda não registra encontro no formato G4. Tampouco tenho uma anotação a respeito.

Sigo com a nota escrita no voo do Legacy, já no regresso a Brasília, uma hora e meia antes da aterrissagem: "Avanços? Sim. Sobretudo na atitude de Kamal, que começou a pensar de modo mais específico e menos negativo. (...) Com Peter, a conversa foi útil, sobretudo [no que toca à] análise conjunta do comportamento de Susan Schwab e os constrangimentos políticos que limitavam sua ação. Quanto à norte-americana, ainda que não tenha dito nada que representasse retrocesso, tampouco demonstrou, em termos concretos – i.e., que pudessem ser traduzidos em números –, a disposição de avançar. [A USTR] reconhece que os Estados Unidos têm que 'fazer mais' em apoio doméstico, mas evita qualquer indicação minimamente precisa e assinala que isso só ocorrerá 'quando tiver certeza dos movimentos dos demais'. Forma-se assim um círculo vicioso, cuja transposição parece politicamente distante". Em minha nota, especulo se a conversa entre Lula e Bush, na visita programada do presidente norte-americano para o fim de semana seguinte, poderia dar margem a extrair alguma especificidade em relação à posição de Washington. A percepção certamente exagerada, mas difundida entre os negociadores norte-americanos, de que a oferta feita em Zurique no final de 2006 (que ficou conhecida como *October Offer*) fora simplesmente "embolsada", sem contrapartida dos demais parceiros, tornava improvável que os Estados Unidos viessem a fazer o "primeiro movimento" nessa nova fase das negociações. Os temores em relação à reação do Congresso agravavam a atitude de "retranca". Da conversa com Mandelson deduzi também que a União Europeia não se moveria em AMA (o que, por sua vez, era indispensável para motivar os norte-americanos) sem que, de nossa parte, fizéssemos algum gesto adicional em relação às tarifas industriais. Eu achava que havia margem para tanto. O impacto da redução de alguns pontos no coeficiente era menos expressivo do que poderia parecer a uma análise superficial. Poderíamos, talvez com algum esforço, chegar a um coeficiente inferior, mas, pelos motivos já expostos, não abaixo de 20, como desejava a União Europeia. Em reuniões técnicas, a Comissão insistia em um coeficiente perto de 18, o que não tínhamos condição de atender. Para um leigo (que seria o meu caso não fosse o constante *briefing* dos meus assessores), toda essa numerologia parecia pouco significativa, mas, além do efeito real das reduções, havia que considerar, no jargão do GATT/OMC, seu "aspecto óptico". Desse ângulo, um coeficiente abaixo de 20 poderia ser apresentado como um "ganho" extraído pelo comissário, o que não ocorria com um índice de, digamos, 22 ou 23, ainda que a diferença em termos reais não fosse tão grande.

Da série de reuniões, sobretudo a que tive com Kamal Nath, concluí que deveria aprofundar meu engajamento com outros blocos, especialmente o G33, que reunia países em desenvolvimento com preocupações defensivas em matéria agrícola, ligadas à segurança alimentar e aos pequenos produtores. Esse engajamento seria essencial se eu desejasse ter alguma influência (que, afinal, não obtive na medida suficiente) na definição da flexibilidade do grupo em relação a produtos especiais e salvaguardas especiais para países em desenvolvimento. Na verdade, começava a perceber, de forma mais clara, que, mesmo fora do meu triângulo preferido, esse tema poderia se transformar em um *deal-breaker* da negociação como um todo, além de ser um potencial divisor dentro do G20. Como sempre, a principal conclusão de uma reunião é a convocação de outra. Dessa vez (nos formatos G4 e G6), ela teria lugar em Nova Délhi, cerca de um mês depois.

"É preciso trancar os negociadores a sete chaves"

Quatro dias após os encontros em Genebra, o presidente George W. Bush visitaria o Brasil. Na véspera, ainda recebemos em Brasília a visita de Estado do presidente alemão, Horst Köhler, um ex-diretor do Banco Mundial que, no primeiro encontro com Lula em 2003, chegara às lágrimas ao abraçar o presidente-operário. Durante a estada de Bush em São Paulo, fiquei hospedado na amplíssima suíte de cobertura do Hotel Hilton, o que me permitiu receber adequadamente minhas duas contrapartes norte-americanas, a secretária de Estado, Condoleezza Rice, e a representante comercial, Susan Schwab. No roteiro que preparei para o diálogo com Rice, a OMC aparece com dois pontos de interrogação, o que provavelmente refletia minha hesitação em tratar do assunto com ela. Temia dar a impressão de que desejava "contornar" (*bypass*) minha colega do comércio. Ao mesmo tempo, achava importante não permitir que, dentro do governo norte-americano, o tema fosse visto apenas pelo ângulo técnico ou dos interesses especiais deste ou daquele setor. Afinal, encontrei um meio-termo. Salientei para a secretária de Estado a importância política de um acordo na OMC para a estabilidade global (na verdade, fora o 11 de Setembro que permitira o lançamento da Rodada em Doha em bases não muito diferentes das que estavam em jogo no retumbante fracasso de Seattle).

Antes de passar aos três encontros (Amorim-Rice, Lula-Bush, Amorim-Schwab, realizados nessa ordem), reproduzo trechos de uma nota que ilustram minhas dúvidas sobre como conduzir uma relação cooperativa com os Estados Unidos, inclusive quanto à América do Sul. Embora a nota se refira provavelmente à conversa que iria ter com a secretária de Estado – e, portanto, em um tom mais político –, ainda assim é relevante para alguns aspectos do relacionamento comercial que repercutiam em nossas atitudes frente à OMC, inclusive em relação a projetos regionais, como a ALCA. Segue o trecho em questão: "A tentação de todos os governos brasileiros [desde Joaquim Nabuco, poderia ser dito] sempre foi a de ter uma relação privilegiada com os Estados Unidos, com o objetivo principal, se não único, de ressaltar nossa superioridade *vis-à-vis* nossos vizinhos da América do Sul/América Latina. Hoje, a integração da América do Sul é a prioridade da política externa brasileira. (...) O Brasil não quer o papel de 'substituto' (*surrogate*) ou agente dos Estados Unidos na região. Queremos, sobretudo, fortalecer a América do Sul. (...) Podemos ter parcerias [com os Estados Unidos·em benefício de outros países da América do Sul/América Latina], mas [essas parcerias] têm de ser muito bem calibradas. Não há por que importar [ou assumir] a carga psicológica do antiamericanismo". Em seguida, comentei algumas ações que poderiam ser úteis no caso da Bolívia, como a prorrogação do ATPDEA* ou a inclusão do país na Millenium Account,** temas que viria a abordar em minha conversa com Rice. Mas eu próprio me perguntava se era possível induzir algum tipo de ajuda limitada e temporária dos EUA sem transformá-la em um mecanismo de dominação permanente.

Tanto em minha conversa com a secretária de Estado como naquela entre os presidentes, a expressão "relação estratégica" apareceu várias vezes. Tratamos de muitos assuntos: Oriente Médio, cooperação trilateral envolvendo países da América Central, do Caribe e da África; falamos também de etanol e, naturalmente, de Haiti. Trocamos impressões sobre a crescente presença da China no continente africano, tema que parecia preocupar especialmente Condoleezza Rice. Seus olhos brilharam quando aventei algum tipo de ação conjunta na África que contrabalançasse aquela presença, aparentemente cada vez mais avassaladora. (Meses mais tarde, em Washington, assinaríamos um memorando sobre o fortalecimento das instituições políticas em Guiné Bissau,*** juntamente com o representante daquele pequeno e frágil país.) Sobre a OMC, Rice respondeu a minhas considerações políticas de maneira genérica. Quando tratamos de Doha sem a presença de assessores, Rice fez questão de pintar a posição dos EUA com cores dramáticas. Referiu-se à suposta disposição do presidente Bush, caso se sentisse muito pressionado, de simplesmente abandonar a negociação (*walk out*). Essa "exasperação" refletia não só a resistência do Congresso, mas um crescente desinteresse dos principais *lobbies* norte-americanos em relação aos ganhos que poderiam ser obtidos na Rodada. Como pude observar em outras ocasiões, em especial nos encontros de Davos, já não havia grande pressão para concluir as negociações por parte das empresas multinacionais que, na Rodada Uruguai, já haviam conseguido a maior parte do que desejavam em serviços e propriedade intelectual, por exemplo. Daí a importância para os Estados Unidos do que poderia ser

---

* Andean Trade Promotion and Drug Eradication Act (ATPDEA): sistema de preferências comerciais concedido pelos Estados Unidos a Bolívia, Peru, Equador e Colômbia, criado em 2002, em substituição ao Andean Trade Preferences Act, de 1991. Seu objetivo declarado é desestimular a produção de narcóticos nesses países por meio de isenção tarifária no mercado norte-americano para produtos andinos.

** Programa de Assistência Oficial ao Desenvolvimento, criado pelos Estados Unidos em 2004, que dispunha de importantes recursos.

*** O Memorando seria assinado por mim e pela secretária de Estado, com a presença do embaixador da Guiné Bissau, em 30 de março, no contexto da visita de trabalho que Lula realizou aos Estados Unidos (Camp David).

extraído em AMA, inclusive de países em desenvolvimento. Devo admitir, porém, que essas reflexões não estavam plenamente amadurecidas no meu espírito na ocasião daquele encontro e só viriam a se cristalizar mais tarde.

O tema principal do encontro entre os dois presidentes não era a OMC, mas a cooperação em matéria de etanol (objeto de um acordo que firmei com a secretária de Estado). Todavia, a Rodada ainda era o "tema do momento" e acabaria por dominar a conversa no Hotel Hilton, após a visita a um terminal da Petrobras. Em termos muito semelhantes, Bush repetiu a Lula a advertência que Condi me havia transmitido sobre sua disposição de, em caso extremo, deixar as negociações. Apesar disso, e paradoxalmente, o presidente norte-americano não foi de todo negativo. Disse que continuava pessoalmente interessado em chegar a um acordo, mas "os Estados Unidos não dariam o primeiro passo". Era uma referência indireta à atitude que atribuíam aos parceiros quanto ao suposto *pocketing* da oferta de outubro sobre OTDS. Com um simples gesto de mão, Lula passou-me a palavra. De maneira conciliatória, mas sem ocultar a necessidade de movimentos simultâneos de todos os atores, tentei descrever a situação em que se encontravam as negociações. Susan interveio nesse ponto: salientou que vínhamos tendo "boas conversas" no nível bilateral e indicou os avanços que seriam necessários do ponto de vista norte-americano. Concentrou-se na questão do acesso aos mercados em agricultura na União Europeia, mas mencionou também o interesse na liberalização do comércio agrícola nos países em desenvolvimento, o que se contrapunha às restrições contidas nos conceitos de produtos especiais e salvaguardas especiais. Não sei se foi então que Lula disse que era preciso "trancar os negociadores a sete chaves" (mais tarde, um engraçadinho presente à reunião perguntou se não bastaria uma). O presidente falou de modo genérico, mas evidentemente se referia a mim e a Susan, o que não deixava de introduzir elemento algo constrangedor. O mesmo pensamento foi repetido por Bush na coletiva de imprensa. Nesta, porém, o mandatário norte-americano adotaria tom mais otimista do que na reunião com Lula.

Susan e eu não fomos propriamente "trancados a sete chaves", mas tivemos um café da manhã de trabalho no dia seguinte, sábado. Foi uma longa reunião, na qual dediquei boa parte do tempo a procurar tranquilizar minha interlocutora em relação a teorias conspiratórias ("estão tentando encurralar os Estados Unidos"). Essa percepção quase obsessiva da USTR refletia a insegurança há tempos detectada por Mandelson, Lamy e por mim próprio. A diferença entre a minha atitude e a do comissário europeu é que eu buscava aplacar os temores de Susan Schwab na esperança de obter alguma flexibilidade. A postura pouco confiante da representante comercial se manifestava também na tendência a transferir aspectos importantes da negociação a seus assessores, o que dificultava o tratamento político dos temas mais polêmicos. Susan nutria expectativas, que me pareciam excessivas, em matéria de acesso aos mercados agrícolas de países em desenvolvimento como Índia e Indonésia. Os temas de apoio doméstico e NAMA foram naturalmente objeto de menção, mas nada digno de nota foi adiantado a respeito. No fundo, sua principal preocupação naquele momento era com a próxima reunião do G33, marcada para daí a dez dias. A USTR temia que as posições norte-americanas fossem objeto de ataques e acusações.

Escala em Jacarta

Minha agenda registra, no dia 13 de março, telefonemas de Kamal Nath e Peter Mandelson. Nada anotei a respeito, mas suponho que ambos tenham buscado se informar do conteúdo das conversas durante a visita de Bush. No caso de Mandelson, a chamada visava também sondar minhas intenções em relação ao G33. No dia 15 parti para a Indonésia, com uma parada na Noruega, onde teria uma reunião bilateral de caráter predominantemente político, embora (caso raro na Europa) meu colega das Relações Exteriores, Jonas Store, fosse também encarregado das negociações comerciais. Mas os temas da Rodada não me abandonaram. Recebi mais um telefonema do comissário europeu acerca da reunião de Jacarta. Entendi pela conversa que Peter Mandelson praticamente se autoconvidara para o encontro do G33. Esse encontro foi também objeto de um telefonema de Susan Schwab, que continuava obcecada com um suposto *ganging up* contra os Estados Unidos. Susan esperava receber algum "alento" da reunião na Indonésia. Para mim, era óbvio que um grupo de países em desenvolvimento, unidos por suas preocupações defensivas em agricultura, não produziria uma declaração que os Estados Unidos pudessem considerar estimulante. O máximo que minha atormentada colega poderia esperar era que não houvesse sinais muito negativos ou críticas muito diretas às posições norte-americanas. Tomei a iniciativa, pouco usual, de sugerir a Susan que enviasse mensagem ao G33, na qual indicasse de alguma forma uma atitude de respeito às sensibilidades dos países do grupo em relação aos temas que lhes eram mais caros: produtos especiais (SP) e salvaguardas especiais (SSM). Susan gostou da ideia e disse que me submeteria (*sic*) um *draft* antes de enviar o texto. O e-mail da USTR com o rascunho da mensagem me alcançou em Paris, onde fiz uma escala prolongada antes de embarcar para a Indonésia. Fiz apenas uma pequena sugestão, no sentido de deslocar uma frase sobre a "contribuição" do G33 em acesso a mercados agrícolas para o final do parágrafo em que a USTR expressava a disposição dos Estados Unidos de "fazer mais" em subsídios domésticos. Essa demonstração de confiança na nossa relação (e até de certa humildade) por parte da representante comercial norte-americana ilustrava também a continuada desorientação da minha interlocutora. Sobre o texto propriamente anotei: "(...) Não é a mensagem que eu faria, enquanto Brasil, mas partindo dos Estados Unidos terá um efeito positivo".

No longo voo entre Paris e Jacarta, tive tempo para refletir sobre os objetivos da minha viagem. Duvidava que existissem condições propícias para convencer (ou, mais modestamente, ajudar a convencer) esse grupo amorfo e em geral defensivo de países de que a conclusão da Rodada era boa para eles. Ao contrário do Brasil, a maioria dos membros do G33 não tem fortes interesses exportadores em agricultura. Não seria fácil fazê-los ver, com argumentos, que dispunham de um potencial que poderia ser aproveitado caso os subsídios às exportações fossem eliminados e as medidas de apoio interno dos países ricos fossem reduzidas "substancialmente". Tampouco era autoevidente que uma maior liberalização dos mercados agrícolas dos países ricos fosse benéfica para os membros do grupo. Além disso, o argumento – para mim muito forte – de que, caso a Rodada não se concluísse, o sistema multilateral cederia espaço a regimes bilaterais ou birregionais em que os países ricos têm maior capacidade de pressão, soaria, para muitos deles, como excessivamente abstrato. Terminei essas reflexões com o pensamento de que provavelmente o maior benefício que poderia colher da minha participação na reunião do G33 seria uma compreensão mais profunda dos problemas, interesses e preocupações dos países que o integravam. Como coordenador do G20, que tinha entre seus membros vários países do G33, esse fato já seria motivação suficiente. Com todos esses complexos fatores ocupando minha mente, desembarquei no aeroporto de Jacarta, sofrendo de um forte *jet lag*.

A reunião do G33 acabou sendo uma ocasião propícia. O grupo não conseguiu, como se propôs – e era frequentemente cobrado a fazê-lo –, "simplificar" ou "racionalizar" suas demandas sobre produtos especiais, uma categoria nunca perfeitamente definida. "*Special products are classified as special products because they are so defined by the government of a developing country*",* costumava contrapor Kamal às demandas de maior especificidade na definição. Apesar de tudo,

* "Produtos especiais são classificados como tais por assim serem definidos pelo governo do país em desenvolvimento em questão."

houve uma tentativa, a meu ver não muito séria, de limitar os indicadores que poderiam ser usados para identificar o que é um SP. O resultado foi decepcionante. O comunicado final, entretanto, adotou uma linguagem moderada, e os discursos do presidente Susilo Yudhoyono, na abertura, e da ministra do Comércio, Mari Pangestu, no encerramento, deram mais destaque à necessidade de eliminar e/ou reduzir os subsídios do que ao tratamento privilegiado dos produtos especiais e das salvaguardas especiais. Ao resumir as conclusões do encontro, ecoando algo que eu dissera nas reuniões de trabalho, Mari Pangestu destacou quanto os países em desenvolvimento perderiam caso as negociações fracassassem. A participação de Pascal Lamy, de Peter Mandelson e a minha própria ajudaram a criar um clima de moderação e equilíbrio. Sentia que, apesar de tudo, minha presença acabara sendo um fator de inibição às manifestações mais extremadas de Kamal Nath. Mari Pangestu tratou-me com especial distinção (mais significativa por ser o Brasil mero observador), oferecendo-me sempre posição de destaque, tanto no jantar de trabalho como na reunião formal e mesmo na coletiva de imprensa, na qual pude transmitir minha mensagem sobre o valor da Rodada e a prioridade da eliminação e/ou redução dos subsídios dos países ricos. Eu havia aceitado a sugestão de ir a Jacarta movido por vários fatores, entre os quais o momento de definições da Rodada e o desejo de retribuir o comparecimento da ministra indonésia à reunião do G20 no Rio de Janeiro. O convite deu-me a oportunidade de demonstrar engajamento com as causas dos países mais pobres. Dessa forma, contribuiu para firmar a posição de liderança do Brasil (não exclusiva, bem entendido). As conversas que tive com Kamal, Mandelson e Lamy me ajudaram a ver melhor o que seria necessário fazer nas próximas semanas. Quanto a Susan, que não fora convidada nem se atrevera a aparecer por conta própria, o fato de ter enviado a mensagem (mesmo sem a inversão que eu havia sugerido) teve algum efeito. Pelo menos, contribuiu para mitigar os arroubos antiamericanos, latentes naquele grupo heterogêneo.

Registro *en passant* que aproveitei a viagem a Jacarta para me encontrar com o presidente Susilo Yudhoyono. Com ele, além dos temas da Rodada que abordei de uma perspectiva positiva, tratei de várias questões bilaterais, como biocombustíveis e aviões da Embraer. Levei também uma mensagem de Lula, convidando-o a visitar o Brasil, recebida com muito interesse. De fato, o convite provocou uma troca de visitas entre esses dois grandes países em desenvolvimento, que praticamente se ignoravam até então, salvo alguma coordenação em foros internacionais de comércio e de meio ambiente (florestas). Até mesmo um projeto de cooperação trilateral, em benefício do Timor Leste, viria a ser acordado.

Em suma, apesar de cansativa, a viagem foi útil. Para terminar: no voo de volta ao Brasil, repassei algumas tarefas que me aguardavam nos dias e semanas seguintes. Comentando a falta de tempo para me dedicar a alguns projetos que havíamos iniciado – entre eles, um dos meus favoritos: o IBAS –, observei a agenda carregada dos meus pares (ministros das Relações Exteriores) da África do Sul e da Índia e acrescentei: "E eu mesmo sempre às voltas com a OMC. Mas quem sabe é somente até junho, tenho ilusões". Estas logo seriam desfeitas, mas não de imediato.

"Os europeus vão ter que pôr as cartas na mesa"

Poucos dias depois do meu regresso de Jacarta, houve uma minirreforma ministerial no Brasil, da qual escapei. Digo "escapei" não apenas por não ter saído do governo, mas porque volta e meia meu nome era cogitado para outra função. Dessa vez, segundo o próprio presidente viria a me contar enquanto aguardávamos o embarque no helicóptero do Corpo de Fuzileiros Navais que nos levaria a Camp David, fui cotado para o MDIC. "Você escapou por pouco", disse Lula. Afinal, essa pasta seria entregue a um alto executivo paulista e ex-jornalista, Miguel Jorge, com quem viria a ter uma convivência bastante harmoniosa, bem diferente da relação com seu antecessor, sobretudo no início do primeiro mandato de Lula. Passados os dias naturalmente turbulentos do remanejamento ministerial, acompanhei o presidente na visita aos Estados Unidos. Pernoitamos em Washington, na casa de hóspedes oficial, Blair House, famosa nos círculos genebrinos por ter sido palco do acordo entre os Estados Unidos e a União Europeia que deu o impulso para a conclusão da Rodada Uruguai. Os trabalhos e a parte social da visita transcorreram quase inteiramente em Camp David, a casa de campo do presidente norte-americano, a cerca de meia hora de helicóptero da capital.

Eu chegara a Washington um dia antes do presidente e mantivera conversas com minhas duas interlocutoras, Condi e Susan, que ajudaram a preparar o terreno para o amplo e substancioso diálogo entre os dois chefes de Estado. Com Susan, limitei-me a repassar as principais questões em discussão sobre a Rodada, os próximos passos etc. Já com Condi, além dos temas políticos, tratei também da OMC. Dessa vez, não percebi as mesmas reticências, resumidas na ameaça de *walk out* que ela mencionara em São Paulo. Antes da reunião no refúgio campestre do presidente norte-americano, fomos conduzidos em carrinhos de golfe pelos campos verdejantes da propriedade. Vieram-me à mente as descrições de

Boutros-Ghali, por ocasião dos encontros que haviam resultado nos acordos entre Egito e Israel, no final dos anos 1970. Coube a Susan, seguindo a secretária de Estado que se deslocava em velocidade considerável naquele tipo de viatura, levar-me até a "cabana" onde se alojou a delegação brasileira. Dos vários temas da agenda que haviam sido acordados, e que iam da cooperação em etanol à situação de Cuba, passando pelo Oriente Médio, Irã e a reforma da ONU (além dos comentários sobre líderes sul-americanos), a Rodada Doha foi um dos tópicos tratados. No relato que meus colaboradores fizeram do encontro, Doha mereceu quatro parágrafos. Apesar da forma truncada, vale reproduzir alguns trechos dessa comunicação: "(...) O presidente norte-americano introduziu o tema da Rodada Doha, chamando atenção para [um dos] problemas da negociação. 'Todos querem exceções', disse ele [referindo-se provavelmente aos produtos sensíveis dos europeus e aos produtos especiais do G33 em matéria agrícola]. Não obstante, [Bush] declarou-se ansioso (*sic*) para que a Rodada chegue a bom termo, acrescentando que 'sem a Rodada Doha não haverá combate à pobreza' [uma óbvia alusão à iniciativa de Lula e Chirac, da qual os EUA não participavam]. Disse que Susan Schwab deverá anunciar (?) que haverá trinta dias para se chegar a um acordo preliminar com vistas a finalizar a Rodada* (...). Bush lembrou o que ouvira do presidente Lula em São Paulo sobre a necessidade de clareza nas demandas [ou seria nas "ofertas"?] de abertura econômica: 'É preciso colocar as cifras na mesa'. Para tanto, acreditava Bush, seria necessário um entendimento do que querem [e do que estão dispostas a fazer] as outras partes envolvidas. 'Preciso entender plenamente o que os europeus querem;** não posso colocar meu país em apuros'. (...) Em sua percepção, haveria diferenças importantes entre o Brasil e a Índia. (Diante dessa afirmação, o presidente brasileiro fez menção à responsabilidade do Brasil como líder do G20 e disse estar determinado a 'colaborar para que o primeiro-ministro Singh se engaje nas negociações')".

A comunicação prossegue: "O ministro Celso Amorim interveio dizendo que ele e Susan devem ir à Índia [para uma reunião do G4/G6] e poderiam tratar

* Nunca entendi a que Bush se referia precisamente ao mencionar o prazo de 30 dias. Como se verá, a mesma referência foi repetida por Lula. Suponho que ambos quisessem sublinhar a urgência de um avanço nas negociações.

** Na verdade, com exceção da questão de "indicações geográficas", que, naquele momento, não estava no centro das discussões, a União Europeia não tinha propriamente demandas "auto-originadas" em relação aos Estados Unidos. Pressionava por um OTDS baixo, sobretudo como reflexo das reduções que ela própria iria fazer nos subsídios internos, como resultado do contínuo processo de reforma da PAC. A maior diferença com os EUA residia na resistência europeia à abertura de mercados em AMA.

do assunto [a imobilidade da Índia em relação a SP e SSM]. Sugeriu que os presidentes ligassem para o primeiro-ministro Singh, estimulando-o a (...) ['uma posição flexível']. Condoleezza Rice respondeu, afirmando que essa possibilidade seria examinada. Bush, por sua vez, sugeriu que ele e Lula enviassem uma carta [conjunta] ao PM indiano. O presidente brasileiro observou que isso poderia causar desconforto em outros parceiros do G20, especialmente a Argentina. Disse, entretanto, que a ideia de ambos telefonarem para Singh lhe parecia boa. Bush observou que a coalizão de Singh era frágil. 'Ele não tem autonomia para fechar o acordo', disse. O ministro Celso Amorim assinalou que os indianos não desejariam ficar isolados [o que era um fator potencialmente positivo]. Bush lembrou [as dificuldades em relação ao] acordo nuclear EUA-Índia, [mas admitiu] que, no caso da Rodada, haveria menos reações desfavoráveis em Nova Délhi. O presidente norte-americano assinalou que a classe média indiana é muito numerosa (mais de 350 milhões de pessoas). 'Com o acordo', completou, 'a Índia será um grande mercado para os produtos do Brasil e dos EUA'".

Com essa observação ficou evidente o desejo de Bush de despertar nossa "cobiça" pelo mercado indiano, atraindo-nos para suas posições. Aliás, essa era a posição de boa parte do agronegócio brasileiro, que não via com bons olhos nossa aliança com Nova Délhi. O informe prossegue: "Bush reiterou que sua maior preocupação era com a União Europeia: 'Os europeus vão ter de pôr as cartas na mesa em abril. A UE promete e não cumpre; os Estados Unidos cumprem o que prometem'. O presidente Lula observou que 'as decisões dos Estados Unidos têm importância global' (...) e declarou-se 'extremamente satisfeito' com a disposição norte-americana de buscar uma solução para o avanço das negociações no prazo de trinta dias a partir de maio".

O relato oficial do Itamaraty não capta todo o colorido do diálogo, por exemplo, no que se refere à preocupação permanente dos Estados Unidos com o que Bush considerava a tendência dos parceiros em "embolsar" (*pocket*) as ofertas norte-americanas, levando Washington a uma postura de virtual imobilismo. Nem reflete o tom coloquial do presidente norte-americano. Assim, para dizer que teríamos muito trabalho pela frente, Bush afirmou: "*Your minister will be in trouble*". Sobre a União Europeia, disse ser necessário "*call their bluff*". Ao comentar a posição da Índia, Bush destacou o nosso papel: "Muitos países olham para o que faz o Brasil". Quanto a Lula, o informe inclui observações reveladoras de sua percepção (que também era a minha) de que "Singh é diferente de Kamal" (isto é, mais construtivo). Das conversas em Camp David, transpareceu que o presidente norte-americano havia adotado uma atitude mais proativa e, apesar das ressalvas, mais otimista em relação à Rodada,* o que ajudou a reacender em mim uma pequena chama de otimismo.

O diálogo entre os dois presidentes, embora genérico e, por vezes, confuso, indicava um clima de entendimento que, aliás, ditava as conversas que eu mantinha nessa época com meu colega europeu. Assim, nada indicava que, no encontro de junho do G4, que deveria ser decisivo, Estados Unidos e União Europeia fossem estabelecer uma *unholy alliance* contra o Brasil e, por tabela, a Índia. O que terá feito os dois grandes blocos (os Estados Unidos são um bloco por si só) deixarem de lado, por algum tempo, os confrontos em torno do acesso a mercados agrícolas e do OTDS e se concentrarem em NAMA, assestando suas baterias contra nós e voltando, de certa forma, ao comportamento de Cancún? Não tenho uma explicação clara para essa reviravolta. Sabia muito bem que as tensões latentes, que nos opunham tanto a Washington como a Bruxelas em matéria de industriais, mais cedo ou mais tarde viriam à tona. Tampouco ignorava que as "zonas de conforto" de Washington em apoio doméstico e de Bruxelas em AMA eram muito estreitas. Nos últimos meses, os esforços dos dois maiores "jogadores" pareciam principalmente voltados a obter o nosso apoio para forçar movimentos um do outro nesses temas sensíveis. No caso dos Estados Unidos, somava-se a isso o desejo de nos envolver em sua batalha contra as restrições pretendidas pelo G33 em matéria agrícola. Na sequência de Camp David e poucas semanas depois das "juras de amizade" de Mandelson no último encontro em Genebra, no qual a principal cobrança que o comissário europeu me fez foi que eu dedicasse mais tempo à Rodada, não podia prever que os fatos tomariam o rumo que tomaram em Potsdam.

* Na declaração conjunta relativa à visita do presidente Lula a Camp David, a Rodada mereceu um parágrafo, que transcrevo de acordo com a tradução que consta da nota oficial do Itamaraty: "Os Chefes de Estado reafirmaram o crescimento econômico global e o desenvolvimento como objetivos centrais da Rodada Doha (...). Sublinharam a importância da continuidade do engajamento construtivo dos negociadores, que possibilitou a retomada das negociações. Comprometeram-se a trabalhar conjuntamente em prol de sua conclusão, aproveitando a janela de oportunidade que se apresenta em 2007. Ressaltaram que o acordo deverá ser ambicioso e equilibrado, a fim de contribuir tanto para o aumento expressivo de acesso a mercado e dos fluxos internacionais de comércio quanto para a redução significativa dos índices de pobreza no mundo".

"Somente Lula consegue fazer com que Singh sorria"

Estou me antecipando, porém. Entre os dias 11 e 13, visitei a Índia, dessa vez não com dois, mas com "três chapéus": o de chanceler, que utilizei na Comissão Mista e nos contatos bilaterais com o ministro Pranab Mukherjee (hoje presidente da República da Índia), que literalmente "saiu do hospital" para estar comigo (havia sofrido um pequeno acidente cinco dias antes); o de "assessor de segurança" para o diálogo estratégico que iniciei com o conselheiro do primeiro-ministro, Mayankote Narayanan, conforme determinado pelos chefes de Governo na visita de Singh ao Brasil no ano anterior; e o de ministro responsável pelas negociações comerciais, em contatos bilaterais com Kamal Nath e em reuniões do G4 e do G6. Durante minha estada em Délhi, fui também recebido pelo primeiro-ministro Manmohan Singh. Com respeito à Rodada, a reunião realmente importante ocorreu durante um jantar de trabalho do G4 no dia 11. Desse encontro nasceu um esboço de calendário – que aprovamos formalmente no dia seguinte – cobrindo o período de abril até julho. Foi antes de tudo uma demonstração de engajamento e um reconhecimento de que, com algum esforço e vontade política, seria possível chegar a um resultado em dois ou três meses. Dessa vez, o problema maior me pareceu residir na distância entre as excessivas ambições norte-americanas e a sensibilidade indiana em acesso a mercados para produtos agrícolas: em suma, a questão dos SP e SSM, que nos viria atormentar e, finalmente, contribuir para a implosão das negociações em julho do ano seguinte. Isso naturalmente não queria dizer que os outros problemas (OTDS, NAMA e AMA para desenvolvidos) tivessem sumido da pauta, mas, como já observei, a tônica ia mudando de reunião para reunião.

Meu encontro com o primeiro-ministro merece um registro à parte. Reproduzo um trecho da anotação que fiz: "Sinto que [Manmohan Singh] tem um real entusiasmo pela relação com o Brasil, pelo 'IBSA' e, sobretudo, pelo presidente Lula. Não é exagero dizer que seu rosto se iluminou quando lhe contei que a inclusão da Índia no programa de visitas presidenciais do ano em curso fora iniciativa do próprio presidente (guardo em meus arquivos uma foto que registra o momento em que entreguei a Singh a carta de Lula, na qual o primeiro-ministro exibe um sorriso beatífico).* Falamos de vários temas: programas sociais, energia renovável, reforma do Conselho de Segurança e comércio bilateral

* O sorriso de Singh era mais expressivo porque o governante indiano normalmente mantinha um semblante de inalterável e sóbria serenidade. Certa vez, depois de uma reunião do IBAS em Brasília,

(que desejávamos elevar de pouco mais de US$ 2 bilhões, em 2007, a US$ 10 bilhões em 2010). Manmohan Singh, que é um economista renomado, referiu-se a Celso Furtado: 'Cresci com ele', disse. Sobre a Rodada, o primeiro-ministro [revelando entendimento do desgaste implícito no nosso esforço por manter a unidade do G20] agradeceu o apoio e a compreensão do Brasil em relação às 'sensibilidades indianas' (...)". Mas, como se quisesse se distanciar das posições mais rígidas do ministro do Comércio, completou: "A Índia quer ser parte da solução e não do problema". Considerei que não deveria insistir com o primeiro-ministro sobre prazos ou índices. Limitei-me a sublinhar a importância do sistema multilateral de comércio para países como o Brasil e a Índia e mencionei os ganhos potenciais para as nações mais pobres.

O restante do mês de abril foi dedicado à América do Sul: discussões sobre a Unasul, que agora era o novo nome da CASA; questões relativas à integração energética e visitas presidenciais ao Chile e à Argentina etc. A propósito dessas, redigi uma pequena nota contendo uma referência à Rodada: "Há diferenças entre o Chile e a Argentina (ambos do G20) quanto à OMC. O Chile, mais liberal, estaria pronto a aceitar um acordo que o Brasil viesse a negociar [no âmbito do G4 ou do G6]. Na realidade, a tendência de Santiago seria até de maior flexibilidade [em produtos industriais]. A Argentina tenderá a resistir, por motivos econômicos ligados aos esforços de reindustrialização em detrimento da agricultura. [Além disso, há razões] (...) histórico-políticas, vinculadas à perda de peso do país nas negociações.* Seguramente, [Buenos Aires] vai querer ser ouvida". Eu não podia perder de vista nas negociações globais esse pano de fundo regional.

Em meados de maio, parti novamente para Genebra, onde discursei na Assembleia Mundial da Saúde a pedido do ministro José Gomes Temporão, sobre um tema relacionado com a OMC: o uso de licenças compulsórias para a fabricação e/ou importação de remédios a custos menores do que os praticados pelos detentores das patentes. Temporão provavelmente conhecia minha ligação com o tema. Além disso, sabia que a palavra do ministro do Exterior traria mais peso do que a sua própria, por significar um engajamento do Estado brasileiro na questão. Não se tratava de uma apresentação conceitual *in abstracto*. Naquele momento, estávamos empenhados em conceder licença para um medicamento

---

o presidente sul-africano, Thabo Mbeki, comentou comigo que "somente Lula consegue fazer com que Singh sorria".

* Durante a Rodada Uruguai, a Argentina fora um dos membros mais atuantes de um grupo restrito de países (que incluía, entre outros, EUA, CEE, Austrália e Nova Zelândia), do qual o Brasil não fazia parte.

de combate à AIDS, o Efivarenz.* De Genebra, com uma breve passagem por Paris, em que mais uma vez participaria de um exercício de *outreach* da OCDE e de encontros de ministros na Missão da Austrália e no formato G6, iria me deslocar para mais uma reunião dos "quatro grandes" da OMC, em Bruxelas. Essa maneira com que parte da imprensa especializada frequentemente se referia aos membros do G4 não deixava de me envaidecer como brasileiro, pois ainda me recordava dos jornais cinematográficos (*Movietones* e *Actualités Françaises*, entre outros) dos meus tempos de menino, aí pelo final dos anos 1940 e início dos anos 1950, e das menções aos "quatro grandes", as grandes potências da época (Estados Unidos, França, Reino Unido e União Soviética). Mesmo sem ter a ilusão de que, no futuro, essa configuração na OMC permaneceria inalterada, a inclusão do Brasil nesse quarteto era lisonjeira, tanto mais que nele não figuravam países como Japão e China, cujas economias tinham maior peso do que a brasileira. O encontro do G4 em Bruxelas fora objeto de um telefonema de Bush a Lula, enquanto eu voava de Ottawa (onde havia realizado minha primeira visita bilateral ao Canadá, em retribuição à que recebera do chanceler Peter MacKay meses antes) para Brasília. Pelo que pude ler no relato sobre a ligação, o presidente norte-americano estava atribuindo "importância decisiva" a essas discussões. A propósito, anotei: "Vamos ver se os Estados Unidos vêm com algo de concreto, ao invés de apenas colocarem pressão sobre a Índia, o G20 e o G33!". A passagem por Paris foi pouco produtiva. A reunião de cerca de quinze ministros na Missão da Austrália e o encontro do G6 serviram sobretudo para "sentir a temperatura" dos países que não faziam parte do círculo restrito que conduzia as negociações. O *outreach* da OCDE é principalmente um momento para pronunciamentos curtos e, se possível, incisivos. É também uma ocasião em que os países-membros da UE podem expressar, em um foro de composição ampla, suas opiniões individuais sobre temas de comércio, reservados na OMC à competência da Comissão.

---

* Transcrevo um trecho especialmente eloquente do meu discurso pronunciado no dia 15 de maio (original em inglês): "Desta vez, nem mesmo aqueles que são normalmente críticos de qualquer forma de ação governamental em temas socioeconômicos puderam negar que a medida tomada pelo Brasil era inatacável, seja em bases morais ou legais. Alguns deles expressaram preocupação quanto a seu impacto negativo nos investimentos. Mas aqui é preciso perguntar: que tipo de investimento? Não na fabricação de medicamentos. Muito menos na pesquisa e no desenvolvimento voltados a novos avanços tecnológicos, já que, como todos sabemos, tais atividades são restritas aos quartéis-generais das grandes companhias farmacêuticas ou, no máximo, a suas filiais em outros países desenvolvidos. Em qualquer caso, nenhuma consideração de natureza econômica pode impedir medidas cujo objetivo é o de salvar dezenas de milhares de vidas humanas".

"O mundo está sobre os seus ombros"

Val Duchesse é um castelo nos arredores de Bruxelas, cercado de jardins desenhados à francesa e de bosques verdejantes. Pequenos lagos adornam o parque. Naquela ocasião, fim de primavera, a temperatura era amena e a atmosfera, agradável. Fora aí que, em 1957, haviam sido concluídas as negociações que levaram à criação do Mercado Comum Europeu. O fato, devidamente registrado em uma placa de bronze no saguão de entrada do castelo, nos foi apontado como um signo positivo em relação à Rodada.* No conjunto, as discussões do G4 foram bastante produtivas, com simulações acerca dos vários coeficientes em NAMA ensejando interessantes comparações entre os efeitos que teriam para os países em desenvolvimento e os desenvolvidos. A combinação dos debates políticos com elementos técnicos, às vezes ásperos, teve o mérito de permitir que se vislumbrassem com maior clareza os cenários decorrentes das várias hipóteses.** Recordo-me que um tema até então pouco discutido entre ministros – o das salvaguardas especiais de que gozavam os países desenvolvidos (as SSG,*** que não devem ser confundidas com as SSM, reivindicadas pela Índia e outros, para países em desenvolvimento), oriundas da Rodada Uruguai – foi objeto de conversas aprofundadas. Era uma área em que mecanismos protecionistas, sobretudo europeus, continuavam a funcionar em detrimento das exportações de países como o Brasil. A possibilidade de sua eliminação ao longo do período de implementação dos resultados da Rodada era objeto de resistência pela Comissão, mas a hipótese começou a ser admitida. Segundo minhas notas, o tema crucial do teto para subsídios domésticos não chegou a ser examinado em profundidade, mas conversas *ad laterem* me faziam crer que a "zona de aterrissagem" se situaria próxima dos US$ 15 bilhões. A mim parecia então que essa cifra, embora superior à que tinha escapado na "inconfidência" de Portman no Rio de Janeiro, caso acompanhada de disciplinas adequadas, seria aceitável no limite. Minhas anotações sobre

---

* A mesma lógica, em sentido contrário, teria desaconselhado a infeliz escolha de Potsdam para a reunião do G4, no mês seguinte.

** As discussões em Val Duchesse cobriram sistematicamente os principais vetores das negociações. Assim, além dos temas mencionados no texto, houve sessões relativas a serviços, regras (sobretudo *antidumping*) etc.

*** As salvaguardas especiais (SSG) se destinavam a prover um mecanismo adicional de proteção em agricultura e foram reivindicadas sobretudo pelos europeus, independentemente das salvaguardas "gerais", objeto de um acordo específico. Sempre tive dúvidas sobre a que precisamente se referia o "G" da sigla. Cheguei a comentar na época da Rodada Uruguai que visava apenas evitar uma referência à "SS", de triste memória. Nunca fui desmentido.

a reunião deixam transparecer um cauteloso otimismo: "Os norte-americanos continuarão a pressionar por mais acesso a mercados [em agricultura] – o que repercute na atitude [agressiva] europeia em relação a NAMA. Mas a percepção de que estamos chegando à reta final pode levar a uma maior razoabilidade das ambições. Restará o assunto espinhoso dos produtos especiais [e salvaguardas especiais, SSM] (...). Mesmo aí, as conversas parecem avançar ou, ao menos, não estar bloqueadas". O aspecto mais curioso do meu registro foi a relativa tranquilidade em relação ao exercício analítico em NAMA. Na verdade, eu poderia ter intuído – o que não ocorreu – que essa calmaria prenunciava o ataque concentrado ocorrido em Potsdam. A atitude dos meus interlocutores não me deixava antever uma união de forças entre os dois grandes contra nós. Em Bruxelas, Susan Schwab chegou a sugerir que o "encontro decisivo", previsto para dali a um mês aproximadamente, ocorresse no Brasil, o que tornaria mais remota a hipótese de um conluio entre os Estados Unidos e a UE. Não era lógico que a norte-americana escolhesse o nosso terreno para desfechar um ataque contra o Brasil. O encontro só não foi marcado para o Rio de Janeiro porque Kamal Nath e Peter Mandelson – alegando razões de ordem logística – insistiram que se realizasse na Europa.

A semana seguinte foi dedicada quase integralmente aos nossos vizinhos. No início de junho, acompanhei Lula em mais uma visita a Nova Délhi. Dessa vez, nosso presidente fora agraciado com o Jawaharlal Nehru Award for International Understanding. A caminho da Índia, fizemos uma escala em Londres, onde o evento mais importante foi uma partida amistosa entre a seleção brasileira e o *English team*, por ocasião da reinauguração do estádio de Wembley. O ministro britânico designado para acompanhar Lula no evento foi meu jovem amigo David Miliband, com quem eu havia estado poucas semanas antes, quando da minha passagem por Paris. (Naquela ocasião, Miliband, então ministro encarregado do meio ambiente e mudanças climáticas, me revelou que desistira de competir com Gordon Brown pela liderança do partido para evitar o que metaforicamente qualificou de "derramamento de sangue".)* Durante a estada em Londres, minha agenda registra uma longa reunião, de cerca de quatro horas, com Susan Schwab, da qual participou também o secretário de Agricultura, Mike Johanns. Anotei apenas que o encontro me permitiu vislumbrar, da parte do secretário, alguns acenos positivos na área agrícola. Inversamente, as dificuldades em NAMA,

---

* Logo em seguida, David Miliband foi alçado ao posto de secretário do Exterior. Anos mais tarde, com os trabalhistas já na oposição, travaria (e perderia) a batalha pela liderança do Labour Party com o irmão mais novo, Ed.

objeto de crescentes demandas dos parceiros norte-americanos, pareciam aumentar. Schwab voltaria a entrar em contato comigo poucos dias depois, enquanto eu acompanhava o presidente em encontros bilaterais em Berlim, na véspera da Cúpula do G8+5. Tanto esforço para manter um alto nível de entendimento com o Brasil, apesar das diferenças, contrastaria com o comportamento da USTR poucos dias depois, na reunião ministerial do G4. Em Nova Délhi, a OMC também foi tema de conversas de Lula com Manmohan Singh, acompanhadas por mim e Kamal. Mais uma vez, pude constatar que o primeiro-ministro parecia mais receptivo a um acordo do que seu irrequieto ministro do Comércio.

A Cúpula do G8+5 em Heilingendamm, um balneário à beira do Báltico, aonde chegamos após uma viagem que envolveu deslocamentos por carro, avião e helicóptero, era a quarta reunião desse tipo de que o Brasil participava. Uma boa parte do encontro entre os líderes, na manhã do dia 8, teve como foco mudanças climáticas. Durante o almoço, Lula falou da OMC. Entre um evento e outro, tive oportunidade de conversar brevemente com alguns líderes presentes. Tony Blair e Durão Barroso insinuaram que eu "detinha a chave das negociações". Obviamente, atrás desse "afago ao ego" mal se escondia um forte elemento de pressão. Em tom algo jocoso, que deixava transparecer certa provocação, o ainda primeiro-ministro britânico disse-me: "O mundo está sobre os seus ombros". Bush, por sua vez, mostrou-me um quadrinho, cuja cópia Schwab me entregara minutos antes, com números ambiciosos em NAMA e cifras modestas em subsídios agrícolas. Educadamente, evitei engajar-me em uma discussão com o presidente dos EUA sobre aquele nível de detalhe: "Não vou negociar com o senhor, *Mr. President*. Eu ficaria intimidado. Mas continuarei a discutir [sobre os números] com Susan". Esses retalhos de conversas ocorreram durante uma caminhada sob a copa das árvores (tílias?) que formavam uma sombreada aleia entre o local da reunião de trabalho e o pavilhão principal do hotel, onde se realizou o almoço. Creio apropriado transcrever aqui, mesmo que não diretamente voltada para a OMC, a observação que fiz ao final da Cúpula de Heiligendamm: "Aos poucos vai-se consolidando, no G8, a ideia de diálogo com grandes países em desenvolvimento. É óbvio, porém, que [os países mais ricos] querem utilizar o mecanismo para nos pressionar em certos itens, como propriedade intelectual, investimentos, obrigações em matéria de clima [todos esses temas fizeram parte do chamado Processo de Heiligendamm, que terminou de forma inconclusiva]. Ao mesmo tempo, [esses países] buscam preservar para si as decisões importantes".*

* Depois de Heilingendamm, houve ainda duas cúpulas com formato semelhante: a do Japão (2008) e a da Itália (2009). As dificuldades em estabelecer uma agenda previamente acordada entre o

Em seguida à Cúpula, fui para Genebra, onde mantive mais um encontro sobre a Rodada com Peter Mandelson, no sábado, dia 9. Na segunda-feira, coordenei uma longa e substanciosa reunião do G20, que avaliei positivamente. Ao final do encontro, juntaram-se aos membros do G20 – como já era tradição – os representantes dos vários grupos de países em desenvolvimento (grupo africano, PMDRs, economias pequenas e vulneráveis, ACPs etc.). A reunião teve ampla participação de ministros. Além do Brasil e da Índia, estiverem presentes no encontro, entre outros, os ministros da Argentina (Jorge Taiana, sempre acompanhado de Alfredo Chiaradia, secretário de Comércio da Chancelaria); do Paquistão (Humayun Khan); do Egito (Rachid Mohamed Rachid); da África do Sul (Mandizi Mpalwa); da Indonésia (Mari Pangestu, coordenadora do G33) e da Tanzânia (Basil Mramba, único representante dos PMDRs no grupo). Algumas intervenções feitas na reunião destacaram a necessidade de conciliar firmeza com flexibilidade. Mais importante, do meu ponto de vista e do de Kamal: os demais ministros reafirmaram a confiança nos "representantes do grupo" no G4. Esse aspecto foi o foco principal das falas dos ministros da África do Sul, do Egito, da Indonésia e do Paquistão (nesse caso, algo notável, dada a conhecida rivalidade entre Islamabad e Délhi). Pronunciaram-se de forma semelhante os coordenadores dos outros grupos de PEDs. Alguns oradores se estenderam em apreciações positivas sobre a "liderança" do Brasil (e também, em menor medida, da Índia). Demonstrando que meu esforço, meses atrás, não fora em vão, Mari Pangestu agradeceu enfaticamente minha participação no encontro do G33 em Jacarta. O representante permanente do Benin, coordenador do C-4 (Cotton-4), desfez-se em elogios à iniciativa de convidar uma delegação dos países que compunham o grupo a visitar o Brasil. Mas houve notas dissonantes. O delegado boliviano, meu conhecido e "amigo", Pablo Solón, referiu-se de modo pouco feliz à "falta de transparência" das negociações. Provavelmente Solón não tinha o objetivo de criticar diretamente a Índia ou o Brasil e apenas reprisava o bordão frequentemente usado pelos países que ficavam de fora das mesas mais restritas. Mas, naquele contexto, a referência podia ser mal interpretada. Contudo, a voz do boliviano foi isolada e não encontrou eco. Como a ilustrar as dificuldades inerentes à coordenação de um grupo ideologicamente heterogêneo, o representante cubano, ministro conselheiro em Genebra, fez um enfático – e, sob qual-

G8 e o "resto" (para tomar emprestada a formulação de Fareed Zakaria), bem como o surgimento do G20 de líderes, após a eclosão da crise financeira, acabaram levando ao desaparecimento desse exercício, que não deixava de ter seu mérito e, quiçá, poderia ter evoluído em uma direção mais positiva. O próprio Brasil, em 2010, ainda sob a minha gestão no MRE, se desinteressaria em manter reuniões naquele formato, o que, em retrospecto, talvez tenha sido um erro.

quer aspecto, descabido naquele contexto – discurso contra os biocombustíveis, tema que havia sido abordado superficialmente e de forma positiva por Rachid Rachid. Jorge Taiana, embora cuidadoso nas palavras, acentuou os elementos que tornavam difícil um acordo do ponto de vista argentino. Apesar dessas nuances, a reunião terminou com uma forte demonstração de unidade dos países em desenvolvimento. O comunicado preparado pelos embaixadores, com duas alterações menores propostas pela Tanzânia, foi adotado sem maiores dificuldades. Uma coletiva de imprensa na sede da OMC daria boa repercussão ao encontro. Depois do G20, houve uma reunião do NAMA-11 (grupo de países em desenvolvimento preocupados com as pressões por abertura em produtos industriais). O NAMA-11 estava longe de ter a importância do G20. Alguns membros do grupo defendiam posições radicais e chegavam, por vezes, a dar a impressão de preferir que as negociações da Rodada não produzissem nenhum resultado. Mari Pangestu, Humayun Khan e eu próprio saímos da reunião assustados. Em suma, apesar de alguns sinais contraditórios, os encontros com países em desenvolvimento deram alento ao esforço que Kamal e eu iríamos desenvolver na etapa seguinte das negociações, daí a alguns dias.

Nos três dias seguintes "refugiei-me" na residência oficial do Brasil em Paris. Durante minhas intermináveis viagens, alguns lugares acabavam, de certa forma, tornando-se "minha casa" ou parte dela. Isso ocorria com o apartamento da minha filha, Anita, no bairro de Saint Jean, em Genebra. Acontecia também em Mont-Riant, onde Ana e eu havíamos morado duas vezes. A mesma sensação eu experimentava na residência de Paris, sobretudo ao tempo da embaixadora Vera Pedrosa. Certa vez, surpreendi-me, entre um regresso da Índia e uma ida a Bruxelas, ao encontrar sobre a mesa de cabeceira na suíte em que me hospedava o mesmo livro que não terminara de ler e, no chuveiro, o mesmo frasco de xampu que tinha comprado na última visita. Aproveitei o intervalo entre os encontros de Genebra, logo em seguida a Heiligendamm, e a reunião do G4 (com possível desdobramento em um G6), prevista para daí a alguns dias em Potsdam, para me dedicar ao estudo minucioso dos dossiês de acesso a mercados em agricultura e industriais. Em matéria agrícola, procurei estudar não apenas as reduções tarifárias por "bandas", mas também o tratamento dos produtos declarados sensíveis, de modo a garantir um aumento razoável no acesso aos mercados de países desenvolvidos, notadamente da União Europeia. No caso de NAMA, mergulhei nas tabelas que relacionavam coeficientes e flexibilidades com as reduções tarifárias nos diversos setores de maior interesse "defensivo" do Brasil.

A escolha de Paris para esse meu "recolhimento" não se deveu a um desejo de fruir das amenidades da "cidade-luz". É que ele ocorreu concomitantemente com reunião de altos funcionários, preparatória de Potsdam, que se realizava na capital francesa. Obviamente não participei dessas reuniões, mas, ao final de cada dia de trabalho que passava mergulhado no estudo daqueles números, pude ouvir o relato que me faziam os delegados brasileiros chefiados por Roberto Azevêdo. Além disso, aproveitava esses "serões" para esclarecer dúvidas suscitadas durante minha análise dos papéis. Desde os encontros de um ano antes com Tony Blair e Jonathan Powell, estava ciente de que o Brasil teria de fazer concessões adicionais em NAMA, i.e., buscar uma "zona de aterrissagem", para voltar ao jargão da OMC, que se situaria abaixo do coeficiente 30 (algo entre 20 e 25). Entretanto, estava igualmente convencido de que era preciso resistir a pressões por concessões excessivas, sem correspondência proporcional nos temas agrícolas, que resultassem em uma "desindustrialização" do nosso país (ainda que o ponto preciso em que isso ocorreria fosse difícil de determinar). Retoricamente, dizia para mim mesmo que, ainda que essa não fosse – como o nome sugeria – uma "Rodada para o Desenvolvimento", não deveria ser uma rodada *contra* o desenvolvimento. Depois da minha pausa para reflexão em Paris, fiz nova parada em Genebra a caminho de Potsdam, onde recebi *briefings* sobre temas aos quais me havia dedicado com menor intensidade, especialmente serviços.

Ao final da Segunda Guerra, Potsdam fora palco de uma das mais importantes reuniões sobre a ordem mundial,* sobretudo a europeia, após a derrota da Alemanha. Ao chegar ao local, depois de um breve descanso em Berlim, sentia-me política e tecnicamente preparado para o embate, que se afigurava decisivo para o destino da Rodada.** Muito do que ocorreu naquela reunião "memorável" (infelizmente não no sentido positivo) foi descrito no capítulo correspondente do meu *Conversas com jovens diplomatas.**** O leitor que tiver tido a paciência de percorrer aquelas páginas inevitavelmente encontrará alguma repetição com o

* A Cúpula de Potsdam, realizada entre 17 de julho e 2 de agosto de 1945, contou com a presença de Truman, Stalin e Churchill, este logo substituído por Clement Atlee, após a derrota dos conservadores nas eleições gerais que se seguiram ao final da guerra na Europa. Entre os temas discutidos estava o *status* de desmilitarização da Alemanha e as fronteiras no Leste da Europa. Em Potsdam, Truman teria revelado a Stalin a primeira explosão nuclear que serviria de ensaio para o ataque a Hiroshima e Nagasaki. Apesar de alguns acordos, o clima foi em geral tenso e os líderes dos principais aliados na guerra não voltariam a se encontrar.

** Creio haver sido a propósito de minha atuação nessa reunião que Peter Mandelson se referiria em seu livro de memórias, *The Third Man*, já citado aqui, ao meu suposto conhecimento "forense" dos dossiês.

*** Ver *Conversas com jovens diplomatas*, op. cit., capítulo 5, "Celso disse isso, Celso disse aquilo". Uma boa parte do relato que fiz da "conversa" com os alunos do Instituto Rio Branco, dias depois da reunião, dizia respeito à definição de conceitos e à recapitulação dos avanços alcançados até então.

que verá a seguir. Como justificativa para essa redundância, invoco as circunstâncias diversas em que foram escritos os dois relatos, um deles com base na memória recente dos eventos e, portanto, colorido pelas emoções de que ainda estava tomado; o outro, feito sete anos depois, valendo-me naturalmente das notas da época, mas com o benefício da visão retrospectiva. Fiz o possível para eliminar ou diminuir os detalhes já descritos anteriormente, desde que não de todo indispensáveis ao fluxo da narrativa e à compreensão da sequência de eventos.

A escolha do local para a reunião não foi das mais felizes. O que talvez tivesse sido um lugar elegante nas primeiras décadas do século XX tinha agora um aspecto velhusco, uma espécie de Quitandinha pós-Vargas. O Cecilienhof Schlosshotel não parecia ter sofrido nenhuma remodelação importante desde que abrigara o encontro dos "três grandes". Os longos corredores faziam lembrar um internato; as salas de reunião eram acanhadas; e os quartos, mesmo os destinados aos chefes de delegação, embora espaçosos, careciam dos confortos modernos. No caso do meu aposento, o banheiro exalava um cheiro pouco agradável que só não interferiu nas minhas (poucas) horas de sono devido ao cansaço dos longos dias de trabalho e às tensas discussões. A única atração próxima era um castelo de um príncipe da família Hohenzollern, que datava, creio, do século XVII ou XVIII, mas a ideia de visitá-lo não chegou a despertar meu interesse. O campo que se estendia em frente ao hotel possibilitava uma caminhada matinal (que cheguei a fazer no primeiro dia). Mesmo nesse caso, o vento úmido daquele início de verão setentrional tornava o passeio pouco convidativo. O público do hotel tampouco contribuía para tornar o ambiente mais alegre. Consistia basicamente em *senior citizens* provenientes de outras partes da Alemanha; pouquíssimos jovens (salvo talvez algumas crianças que acompanhavam os avós), e nenhum estrangeiro além dos participantes do nosso encontro. Em suma, nada que recordasse o dinamismo e a vibração dos *resorts* frequentados pelo *jet set* internacional ou a atmosfera acolhedora dos "hotéis de charme". A simbologia do local também não era inspiradora. O folheto distribuído antes da reunião recordava que fora ali que, em 1945, se consolidara a divisão do mundo entre Oriente e Ocidente, depois de um período de colaboração nos últimos anos da guerra. Era quase inevitável pensar que Potsdam poderia vir a ser também outro marco: uma espécie de Cancún II, em que poderiam ser enterradas as esperanças de superar a nova divisão do mundo entre o Norte rico e o Sul pobre, ao menos em matéria de comércio. Eram esses os pensamentos e as sensações que ocupavam meu espírito, enquanto repassava pela enésima vez os números e as tabelas que iria utilizar nas discussões.

O grande teatro de Potsdam

Sob todos os aspectos, Potsdam foi um desastre. Diferentemente de Cancún, em que ao menos fomos capazes de consolidar o G20, a reunião do G4 entre os dias 19 e 21 de junho nada deixou de positivo. O encontro já começou sob um signo pouco favorável, no almoço privado entre os quatro ministros no dia 19. Com a silenciosa conivência de Susan Schwab, Mandelson propôs que invertêssemos a ordem que havia sido acordada para os trabalhos e que fora seguida em Val Duchesse. Com o ar mais inocente do mundo, o comissário europeu sugeriu que iniciássemos as discussões com o tema de NAMA em vez de agricultura, "nem que seja para variar". Como era natural, reagi com firmeza à sugestão e fui logo apoiado por meu colega indiano. A norte-americana permaneceu calada e Mandelson teve de recuar. As discussões substantivas, com a participação de dois ou três assessores de cada lado, se iniciaram às 16 horas e se estenderam até aproximadamente as 20h30. Após uma apresentação de natureza geral, e bastante neutra, feita por funcionários norte-americanos (em Val Duchesse esse papel coubera ao Brasil), entramos em agricultura. Fiz uma apresentação forte sobre apoio doméstico, valendo-me dos dados que havia estudado nos últimos dias. Pude mostrar que a média dos dispêndios efetivos nos últimos anos por parte dos Estados Unidos situava-se ao redor de US$ 11 e 12 bilhões de dólares, muito abaixo da cifra com que os negociadores norte-americanos acenavam agora (US$ 17 bilhões). Não faria sentido permitir que Washington dispusesse de um "colchão" de US$ 5 bilhões para a eventualidade de quererem aumentar os subsídios em função, por exemplo, de uma queda dos preços internacionais. Também falei sobre as disciplinas dentro de cada uma das "caixas" e a necessidade de tetos por produto que garantissem a credibilidade das reduções. O secretário de Agricultura, Mike Johanns, queixou-se ao final da reunião, em tom que considerei amigável, da "pressão" que eu estaria exercendo. O perito europeu em agricultura, Jean-Luc Demarty, comentou com Roberto Azevêdo que a apresentação fora um dos meus "melhores momentos" (*Amorim was at his best*). As notas de onde extraí essa breve descrição da primeira sessão de trabalho deixavam entrever uma expectativa positiva, apesar da "manobra inocente" do comissário europeu, mas eu sabia que os problemas estavam longe de ser resolvidos.

No dia seguinte, as reuniões cobriram basicamente AMA e NAMA. Em acesso a mercados agrícolas, insisti na necessidade de que os produtos "sensíveis" fossem objeto de corte, independentemente das cotas, o que aparentemente deixou os europeus furiosos. Essa questão não havia sido discutida anteriormente em nível ministerial, o que levou o comissário europeu a dizer que eu estava "mudando a trave de lugar". Mas nós tampouco havíamos aceitado, em momento nenhum, que o tratamento dado aos "sensíveis" ficasse limitado à compensação por meio de cotas. Recordo-me ainda de ter abordado o cálculo das cotas para importação desses produtos com base em um percentual do consumo interno (e não da forma que agradaria aos europeus, como mero incremento aos valores estabelecidos na Rodada Uruguai). Tratei também das SSG, sublinhando que era indispensável um horizonte para eliminar esse benefício anacrônico que a Rodada Uruguai concedera ao protecionismo agrícola europeu. Para minha decepção, meus argumentos em AMA receberam apoio apenas discreto de Susan Schwab e Mike Johanns, o que não condizia com o forte interesse dos Estados Unidos nessa área das negociações. Não posso dizer que tenha pressentido desde então um conluio entre os "dois grandes", mas a atitude excessivamente discreta dos negociadores norte-americanos me deixou inquieto. Esse sentimento cresceu na sessão da tarde, dedicada a produtos industriais, na qual meu colega indiano comportou-se corretamente, evitando fazer aberturas que fossem além da margem de que eu dispunha. Até aí, minha expectativa era que, depois de uma primeira discussão sobre cada uma das grandes áreas de negociação, voltássemos a abordar os temas e testássemos as flexibilidades, à luz das barganhas possíveis. O jantar de trabalho em um restaurante, significativamente denominado *Il Teatro*, no alto de uma torre (não recordo se um moinho ou um farol), à beira de um lago ou baía, desfez minhas ilusões, embora teimosamente, no dia seguinte, ainda tenha tentado seguir a trilha da negociação. No jantar, fui objeto de pressões contínuas dos negociadores da Europa e dos Estados Unidos. Somente não tive uma indigestão porque à noite tenho por hábito comer muito pouco. Ambos me bombardearam com hipóteses de coeficientes para industriais bem abaixo do limite a que eu poderia chegar. Mais uma vez, Kamal foi correto e não se prestou a facilitar o intento de Susan e Peter.* Recolhi-me aos aposentos pouco acolhedores do Schlosshotel e, depois de uma breve conversa com meus assessores, fui dormir bastante preocupado.

Mas o pior ainda estaria por vir: ao "drama" encenado no *Il Teatro*, se seguiria uma farsa de conotações realmente pirandellianas. Após um arremedo de sessão de trabalho em que discutimos em clima de relativa normalidade temas que não faziam parte da barganha central, Mandelson começou a apresentar um *summing up* das discussões do dia anterior em que também incluiu questões puramente

* Meu apreço pela atitude correta de Kamal era tanto maior quanto eu sabia que a Índia tinha menos dificuldades do que o Brasil em NAMA, devido ao rebaixamento unilateral das tarifas em produtos industriais, como parte da política de liberalização seguida por Manmohan Singh aproximadamente uma década antes, quando era ministro da Economia.

formais: o momento em que o G4 deveria chamar Pascal Lamy e o ministro japonês, aguardados para o final da reunião.* Como ainda tinha a expectativa de que fosse haver um segundo ciclo de discussões, expressei ao comissário minha perplexidade e perguntei-lhe de forma direta se estava preparando uma "aterrissagem suave" para um cenário de fracasso. Mandelson limitou-se a dizer que conversaríamos sobre isso durante o almoço, o que aumentou minha estranheza. Já nesse momento, o comissário europeu e a USTR, secundados pelos titulares de Agricultura, afirmaram que era inútil continuar as negociações. Foi também nessa ocasião que ocorreu o insólito diálogo – que descrevi no capítulo correspondente do *Conversas com jovens diplomatas* – em que Susan Schwab e Peter Mandelson disputaram a primazia para reproduzir o que eu dissera no jantar da véspera: "Celso disse [tal coisa]", afirmava a norte-americana, recorrendo a um caderninho. Ao que Mandelson atalhava: "Não, Susan, Celso disse [outra coisa]". O aspecto farsesco daquela situação chegou a tal ponto que, em certo momento, propus ausentar-me da sala para que meus dois detratores se pusessem de acordo sobre o que eu dissera. Era óbvio, entretanto, o propósito de ambos de me encurralar. Durante esse bizarro diálogo, Kamal ficou a maior parte do tempo calado. Mais tarde soube que, após o jantar no *Il Teatro*, Susan e Peter haviam tido um encontro no qual traçaram o cenário que desenvolveriam na sessão da manhã e durante o almoço do dia seguinte.

O jornal *Valor Econômico*, na edição do dia 22, em artigo assinado por Assis Moreira, seu competente correspondente em Genebra, transcreveu sob a forma de uma entrevista pingue-pongue a conversa que tive com jornalistas brasileiros e estrangeiros no meu aposento depois que o impasse se tornou público. Terminado o almoço, propus ao meu colega indiano que nos antecipássemos ao desenrolar arquitetado por Mandelson e Susan e convocássemos uma rápida coletiva de imprensa. Seria a única forma – em face do estranho "dueto" da hora do almoço, durante o qual o comissário europeu e a representante comercial norte-americana haviam decretado a inutilidade de prosseguir as conversas (mas ainda assim procuravam dar uma feição por assim dizer benigna ao impasse) – de impedir que ambos levassem adiante o plano de jogar a culpa para o nosso (principalmente o meu) lado. Kamal concordou com a ideia. Nossas falas foram

* Como terá ficado claro ao longo deste relato, a presença do diretor-geral nos encontros do G4 esteve longe de ser uma constante. Em momentos em que o aspecto negociador predominava sobre o de mera avaliação (embora seja difícil separá-los totalmente), a tendência, sobretudo dos dois maiores parceiros, era dispensar a participação de Lamy. Quanto ao ministro japonês, já se habituara a um papel de menor relevo nos círculos restritos da negociação.

convergentes, sem que houvesse a necessidade de coordená-las previamente.* A iniciativa de falar logo com a mídia – uma lição que eu trazia de Cancún – tomou de surpresa os dois outros membros do G4, que, nitidamente, preferiam um cenário de fracasso disfarçado em que pudessem fazer o ônus recair sobre o Brasil ou a Índia. As expressões agressivas utilizadas por nossos colegas nas entrevistas que concederam em seguida à nossa coletiva deixavam claro que haviam sido pegos desprevenidos no jogo de sombras com que pretendiam encobrir as verdadeiras razões do impasse. O fato de Brasil e Índia não terem se limitado a um comportamento reativo, tomando a iniciativa de comunicar a situação ao público, surtiu um efeito positivo. Contrariando as expectativas da União Europeia e dos Estados Unidos, alguns dos principais jornais, como o *Wall Street Journal* e o *Herald Tribune*, abriram suas matérias sobre a reunião de Potsdam com títulos que atribuíam a causa do fracasso aos impasses em agricultura.

No artigo do *Valor Econômico* foram citadas algumas de minhas avaliações imediatamente após os "momentosos eventos". O jornal reproduziu com fidelidade minha percepção de que, da mesma forma que em Cancún, Estados Unidos e União Europeia acordaram uma zona de conforto para suas respectivas dificuldades: do lado norte-americano, um teto elevado para o OTDS, com disciplinas insuficientes para os subsídios distorcivos; do lado europeu, reduções pouco significativas nas barreiras aos produtos agrícolas. Na mesma conversa/entrevista, afirmei, a título de exemplo, que seria totalmente inaceitável para o Brasil um valor para os subsídios do algodão igual ou superior à cifra que o próprio Órgão de Solução de Controvérsias da OMC já qualificara como causador de "prejuízo grave". Transmiti a convicção de que os representantes das duas mais poderosas economias tinham ido a Potsdam decididos a pressionar o Brasil e a Índia e, se possível, separá-los um do outro. Estava seguro de que, caso o Brasil cedesse em industriais, as baterias teriam se voltado contra a Índia, na expectativa de isolá-la em SP e SSM. Não é impossível também que os europeus e os norte-americanos tivessem a esperança de que o grande empenho que vínhamos demonstrando no êxito da Rodada (inclusive por motivos sistêmicos) nos levasse a fazer concessões de vulto em NAMA. Não deixei de lembrar na entrevista que minha responsabilidade nas negociações ia além dos interesses

* A concordância de Kamal não se devia apenas à solidariedade, embora não tenha razões para supor que esse sentimento não estivesse presente também. Kamal não ignorava que, embora os obuses dos nossos "adversários" estivessem assestados contra mim, na hora de "distribuir culpas" não faltariam referências aos SP e SSM. Isso ficaria claro no diálogo que tive com Susan, depois do encontro, objeto de referência posterior neste texto.

brasileiros (que, de resto, tampouco foram atendidos): "Não poderia fazer um acordo que [representasse] traição aos interesses da indústria brasileira, traição ao Mercosul e traição aos países do G20". Aproveitei minha conversa com os jornalistas para desfazer a versão falaciosa de que Kamal e eu fôramos responsáveis pelo impasse. Revelei o que se passara no almoço, quando tanto Mandelson como Susan, contrariando minha disposição de seguir negociando, afirmaram que "era inútil continuar". Como disse aos jornalistas, foi naquele momento que propus – e Kamal aceitou – que nos antecipássemos à jogada que estavam armando e denunciássemos o complô.

De Potsdam fui para Genebra, onde tinha encontros marcados no dia 23, com Pascal Lamy e o G20. Falei várias vezes ao telefone com o presidente (a primeira delas ainda em Potsdam), que apoiou firmemente a posição que eu tomara. Contudo, Lula desejava conhecer detalhes que o habilitassem a manter as conversas que lhe haviam sido solicitadas. Na verdade, depois de uma tentativa despropositada de um dos interlocutores de organizar uma conferência telefônica entre Lula, Merkel, Barroso e Blair, ocorreu apenas um telefonema com Blair. Havia uma reunião do TNC programada para os dias imediatamente posteriores a Potsdam. Aconselhei vivamente o diretor-geral a não estimular a presença de ministros no encontro, uma vez que isso anuviaria ainda mais o pesado clima que se formara em Potsdam. O bom senso prevaleceu e o TNC se realizou com discursos fortes, como fiquei sabendo por Clodoaldo Hugueney, mas no nível dos embaixadores. Também disse a Lamy que em minha reunião com o G20 pretendia transmitir uma mensagem que não fosse negativa. Teria de ser franco sobre as dificuldades e as manobras, mas expressaria a opinião de que deveríamos continuar a nos esforçar por um resultado. Em relação a esse aspecto, Lamy e eu estávamos no mesmo barco.

Com alguma surpresa, recebi no meio da tarde um telefonema da USTR. Em Potsdam, tanto Susan como Mandelson haviam dado indicações de que não pretendiam ir a Genebra, mas provavelmente, ao saber da minha ida, tinham mudado de ideia. Susan Schwab queria um encontro comigo. Mandei dizer que estaria na residência do Brasil a partir das 17 horas. Seus assessores chegaram a esboçar uma tentativa de me levar ao hotel em que ela estava hospedada, mas não insistiram. Assim, a norte-americana veio para o encontro "no nosso campo". Sentamo-nos a sós exatamente no mesmo lugar em que nos havíamos reunido um ano antes, após um impasse semelhante (mas com menos jogo de cena). Sob o toldo de verão, com vista para o amplo parque de pinheiros tendo ao fundo os Alpes semiencobertos por algumas nuvens, ouvi uma USTR totalmente diferente da que estivera comigo ainda na véspera em Potsdam. Sem expressar posições de substância diferentes das que defendera no Cecilienhof, adotou um tom conciliatório e admitiu "erros e mal-entendidos" (que atribuiu principalmente a Mandelson) na condução das reuniões. Escutou com paciência minha versão dos fatos, sem concordar de modo explícito, mas sem contestar. De um modo que não se coadunava em nenhum aspecto com a pressão dirigida contra mim em NAMA, Susan expôs uma interpretação insustentável mas reveladora de suas intenções (tanto dela como de Mandelson, estou seguro): eu havia "abraçado" a causa da Índia em detrimento do êxito das negociações. Era uma visão distorcida que implicava uma atitude rígida da minha parte em industriais (tema cuja sensibilidade para o Brasil minha interlocutora não desconhecia), apenas para poupar a Índia da carga que sofreria em produtos especiais. Diante de minha perplexidade, Susan não insistiu nessa explicação sem nexo. Perguntou-me se eu consideraria favoravelmente a hipótese de encontros muito discretos (*sic*) entre altos funcionários para explorar aproximações. Ainda com as cicatrizes decorrentes das manobras de Potsdam, preferi não me comprometer, mas não reagi negativamente. Despedimo-nos com gestos cordiais. Concordamos que aquela havia sido uma "não conversa" e dissemos que manteríamos contato.

Eu não sabia exatamente a que atribuir aquela reviravolta tão súbita no comportamento da USTR. Sem dúvida, tinha algo a ver com o fracasso da estratégia que adotara com Mandelson. Os dois objetivos alternativos (plano A e plano B), que ambos perseguiam, não haviam sido alcançados. Nem tinham logrado extrair as concessões que achavam ser possível obter do Brasil em NAMA (e, com isso, isolar a Índia em SP/SSM), nem conseguiram transmitir à opinião pública a versão de que o encontro fracassara por nossa causa. Susan tinha outra preocupação, que deixou transparecer em mais de uma ocasião: não queria que o impasse fosse caracterizado como resultado de um conflito Norte-Sul. Não sei se isso ou algum contato com Bush, ainda propenso a uma conclusão positiva, motivou condutas tão contrastantes com menos de 24 horas de intervalo. Do meu ponto de vista, essa atitude conciliadora da delegada norte-americana apenas confirmava o acerto da posição que eu assumira nos últimos dias. Em meu eterno otimismo, julguei perceber uma luz, ainda que tênue e vacilante, no fim do túnel.

Minha passagem por Genebra encerrou-se com uma entrevista com Lamy, a seu pedido, e um telefonema que recebi de Peter Mandelson. À saída do encontro com o diretor-geral no fim da sexta-feira, dei uma breve entrevista aos jornalistas que cobrem a OMC. Respondendo a uma pergunta sobre se eu tinha planos de me encontrar em breve com Schwab ou Mandelson, afirmei que não estava pensando em tomar iniciativa nesse sentido e, como combinado, omiti o encontro que havia mantido com a USTR na residência do Brasil, por sua solicitação. Acrescentei, porém, que gostava de me imaginar uma pessoa educada e que, se algum deles me chamasse ao telefone, eu não deixaria de atender. Foi o que aconteceu no sábado com a ligação de Peter Mandelson. O comissário fez três comentários a propósito de Potsdam: 1) que os EUA não haviam sido "convincentes" em OTDS; 2) que a UE (!) não fora convincente em AMA; 3) que os países em desenvolvimento não haviam sido convincentes em matéria de acesso aos seus próprios mercados (industriais e agrícolas). Mandelson disse também que as conversas que mantivera em Genebra o haviam levado a concluir que "não há mercado" para um OTDS acima de US$ 14 bilhões ("eu prefiro US$ 13 bilhões, mas é muito difícil", disse o comissário). Noto, *en passant*, que essa afirmação contradizia frontalmente algo que um dos negociadores europeus dissera a um membro da nossa delegação em Potsdam: que a UE não pressionaria por um OTDS menor para evitar reflexos nas demandas americanas em AMA. Com surpreendente candura (que seria comovente se não encerrasse uma atitude que os anglo-saxões chamam de *disingenuous*), o comissário observou que achara mais interessante o que o Brasil (ou seja, eu próprio) dissera sobre NAMA (i.e., as longas análises em que me estendi, baseado no estudo profundo dos dados estatísticos) do que o *briefing* que recebera de seus assessores de Bruxelas. Como se nada de grave tivesse ocorrido, propôs um encontro em Lisboa, no início de julho, na véspera do Diálogo Estratégico entre o Brasil e a União Europeia.*

No voo de volta ao Brasil, refleti sobre Potsdam e seu imediato *aftermath*. As atitudes de Susan Schwab e Peter Mandelson em relação ao Brasil e a mim tinham mudado de modo radical em pouquíssimo tempo. O que os teria feito chegar a conclusões tão diversas das que haviam exposto de modo quase rude dias antes? Uma das causas poderia ser o ambiente em Genebra, no qual possivelmente constataram reações negativas às atitudes que haviam tomado. No caso de Susan, perguntei-me se teria recebido alguma nova instrução de Bush. Da mesma forma, a conversa de Lula com Blair, baseada em minhas informações ao presidente, cujo teor seguramente passara para Mandelson, poderia ter tido alguma influência na conduta do comissário. Outra hipótese, mais simples, era que um

* A parceria estratégica entre Brasil e União Europeia foi criada por iniciativa de Bruxelas, a partir de uma proposta feita pelo presidente da Comissão Europeia, José Manuel Durão Barroso, durante visita que fez a Brasília em 31 de maio de 2006. Ganhou forma na Cimeira de Lisboa, em 4 de julho de 2007.

pouco de reflexão e análise sobre os riscos de uma crise continuada tenha levado a USTR e o comissário europeu a buscar uma acomodação. Qualquer que fosse a explicação, era certo que ambos haviam feito alguma autocrítica. De resto, ambos sabiam que não haveria condições de impulsionar as negociações sem o concurso do Brasil. Outros países do G20, como África do Sul e Argentina (para não falar de Venezuela e Cuba) tinham posturas bem menos flexíveis que a nossa. Ademais, sem a nossa liderança, compartilhada com a Índia, seria impossível conter a avalanche de reivindicações dos vários grupos de países em desenvolvimento, cujo sentimento os dois negociadores teriam possivelmente auscultado de alguma forma, em Genebra.

Considerei que, dado o nosso interesse na Rodada, seria difícil recusar os contatos propostos em formatos diversos por Peter Mandelson e Susan Schwab. Com o G4 em suspenso, tinha também de manter Kamal Nath informado. Finalmente, era preciso que eu levasse em conta a pressão do tempo. Na longa conversa que tivemos no fim de semana, Lamy me alertara que os coordenadores dos grupos de negociação, que haviam ficado à margem do processo, não deixariam de apresentar seus *papers** no prazo de dez dias, segundo estimava o diretor-geral. O que mais me surpreendeu em tudo o que se passou foi mesmo a rapidez do "reengajamento" comigo em iniciativas separadas, por parte de Schwab e Mandelson. Depois de Cancún, quatro meses haviam decorrido antes que Zoellick voltasse a me procurar sobre a Rodada. Dessa vez, tinham sido apenas 24 horas, no caso da americana, e 48, no do europeu. Esse fato reforçava minha convicção de que nossa posição em Potsdam fora a única possível. Anotei no meu caderninho: "Entramos agora em um novo capítulo". Não sabia, porém, que o final seria tão desastroso.

Cinco dias depois dos acontecimentos descritos, houve a reunião do Conselho de Ministros do Mercosul. Por solicitação dos meus colegas, durante o jantar do CMC realizado na véspera, no dia 27, fiz uma exposição bastante detalhada sobre o que ocorrera em Potsdam. Pelo que pude perceber, minha apresentação foi

* Na prática tradicional da OMC e do seu antecessor, o GATT, as negociações entre os membros se realizavam com base em papéis preparados por coordenadores (*chairs*) dos diversos temas. O fracasso da tentativa de utilizar um documento preparado pelo presidente do conselho em Cancún havia prejudicado a confiança nesse método. O "acordo de julho" fora obra dos FIPS, que dispensaram roteiro prévio preparado por um coordenador supostamente neutro. As discussões no seio do G4 (e, por extensão, no G6) tampouco se baseavam em *papers* de coordenadores. Na sequência do impasse de julho de 2006, o diretor-geral reativara o procedimento tradicional. Este, entretanto, ficou "em suspenso" enquanto o G4 e o G6 negociavam. Com o "fiasco" de Potsdam, os *chairs* voltaram à cena com suas propostas.

acompanhada com muito interesse. A posição brasileira foi objeto de elogios de praticamente todos os ministros presentes (do Exterior e da Economia). A única exceção foi o ministro da Economia uruguaio, Danilo Astori, que há tempos se queixava da atitude brasileira (e da minha, em particular) de não facilitar um acordo de livre comércio entre o Uruguai e os Estados Unidos. Para Astori, que não primava pelo trato diplomático, a exposição sobre Potsdam fora "perda de tempo". O chanceler uruguaio, Reinaldo Gargano, agradeceu as explicações que dei e apoiou nossas posições. O mesmo fizeram Jorge Taiana e a ministra da Economia argentina, Felisa Miceli (que disse que gostaria de ter um gravador para registrar a minha fala). O ministro do Exterior do Paraguai, Rubén Ramírez, expressou-se no mesmo sentido. A reunião formal do Mercosul também propiciou expressões de apoio à nossa atuação por parte do representante do Parlamento do Mercosul e do Foro Consultivo Econômico e Social. Este, um velho sindicalista argentino, foi especialmente veemente. Durante a Cúpula, a presidenta Bachelet, com quem eu havia conversado brevemente, fez uma forte declaração de apoio ao Brasil. Deu grande ênfase à prioridade da agricultura. O discurso de Bachelet tinha um valor especial, pois significava uma desautorização de certas atitudes do embaixador chileno em Genebra, que, juntamente com o do México,* além de outros *like-minded*, havia apresentado uma proposta "conciliatória" sobre NAMA que se chocava diretamente com os nossos interesses (e também os da Argentina, da África do Sul etc.). Depois do colapso das negociações em Potsdam, o apoio político de nossos sócios no Mercosul, inclusive associados como o Chile, era muito bem-vindo.

"Papéis flutuando no espaço"

No início de julho, acompanhei o presidente Lula em viagem a Lisboa, para uma Cúpula em que foi oficialmente lançada a Parceria Estratégica entre o Brasil e a União Europeia. Vários mandatários europeus, entre os quais o presidente da França, Nicolas Sarkozy, o presidente do Conselho de Governo espanhol, José Luiz Zapatero, e o primeiro-ministro da Itália, Romano Prodi, além dos integrantes da *troika*, compareceram ao encontro presidido pelo primeiro-ministro de Portugal, José Sócrates. A Cúpula (ou "Cimeira", como ficou conhecida em função dos anfitriões), entre outros méritos, serviu para mostrar mais uma vez a

* O Chile, como o México, era membro do G20, cujo objetivo central era a liberalização do comércio agrícola. Ambos os países, que já haviam passado por processos de abertura comercial unilateral, atuavam de forma independente em outros temas, como serviços e NAMA.

atração exercida por nosso presidente sobre os líderes europeus. A situação das negociações em Doha foi discutida de maneira genérica, com reafirmação do compromisso dos chefes de Governo, mas teve de dividir as atenções com outros temas relativos à governança global e questões específicas sobre a América do Sul. Antes da Cúpula, conforme combinara, avistei-me com Mandelson. Passadas as escaramuças de Potsdam, o comissário europeu reassumira o tom amigável e o ar de "analista neutro" que marcara tantas de suas conversas comigo. Disse que a maior dificuldade que a Rodada enfrentava no momento era o reengajamento dos norte-americanos. Buscando ser simpático, e em gritante contraste com o discurso que adotara da última vez que estivéramos juntos, revelou certa disposição de flexibilizar as exigências europeias em NAMA, embora tenha também afirmado, bem ao seu estilo, que um coeficiente superior a 22 o deixaria em "situação humilhante" perante os Estados-membros da UE. Apesar do tom patético, a afirmação de Mandelson sinalizava alguma possibilidade de avanço, ainda que eu soubesse muito bem que não poderia me fiar em promessas ou alusões vagas. De todo modo, Peter Mandelson me pareceu mais realista sobre a *exchange rate** entre NAMA e OTDS que viabilizaria a negociação. Mesmo em relação aos temas delicados do ponto de vista europeu, o comissário acenava com alguma disposição de se mover. Parecia inclusive aceitar uma mudança quanto às salvaguardas especiais da Rodada Uruguai (SSG). No caso dos produtos sensíveis, não refutou de pronto meu argumento sobre a necessidade de um corte da ordem de 30% (independentemente das cotas). Roberto Azevêdo e Clodoaldo Hugueney, por sua vez, vinham mantendo contatos "muito discretos" com os *senior officials* norte-americanos, que confirmavam a leitura feita pelo comissário europeu a respeito da postura reticente de Washington. Minha intenção era telefonar para Susan Schwab em algum momento, mas não queria fazê-lo antes de terminar o ciclo de encontros que teria em Genebra logo após a Cúpula de Lisboa e o seu seguimento em Bruxelas.** Eu havia programado reuniões com o G20/G90, com Pascal Lamy e Kamal Nath. Uma das preocupações que levava comigo ao chegar a Genebra se referia à iminência (uma ou duas semanas) da apresentação pelos coordenadores dos papéis que orientariam as discussões. Seguramente, esses

* Literalmente, "taxa de câmbio". Nas negociações da OMC, a expressão era frequentemente usada para indicar as concessões recíprocas que tornariam um acordo aceitável.

** As discussões no "segundo tempo" da reunião com a União Europeia, na qual Lula teve como anfitrião o presidente da Comissão, concentraram-se principalmente na questão dos biocombustíveis. Deram ocasião também a contatos diretos entre ministros brasileiros e seus pares na Comissão sobre projetos que dessem "concretude" à parceria estratégica.

textos, contendo propostas de acordos, ainda que em linhas gerais, teriam de passar pela revisão dos Estados-membros. Estava persuadido de que alguma "intervenção" em nível ministerial seria indispensável, caso desejássemos avançar a tempo de concluir as negociações antes das próximas eleições presidenciais nos EUA. Naquele momento, ainda nutria a esperança de que isso fosse possível, mas reconhecia as dificuldades não só quanto à substância, mas também ao processo. Perguntava-me: estarão os norte-americanos dispostos a enfrentar uma negociação real, como a que havíamos empreendido no quadro dos FIPS, em julho de 2004? Deveria estimular Lamy a tomar a iniciativa de provocar uma reunião dessa natureza? Com essas reflexões fui cumprir a agenda de encontros que me havia proposto manter em Genebra.

Minha primeira reunião foi com Kamal Nath, pela manhã. Em seguida, encontrei-me com o G90. No final da tarde, estive com Lamy na sede da OMC. Com meu colega indiano, troquei informações sobre os nossos últimos contatos. Kamal havia estado em Washington, no contexto de uma Comissão Mista Índia-Estados Unidos. Seus comentários pouco acrescentaram à impressão que Mandelson me havia transmitido sobre a relutância dos Estados Unidos em voltar às negociações, confirmada pelas "conversas discretas" de Hugueney e Azevêdo com funcionários do USTR e do Departamento de Agricultura. Os negociadores norte-americanos demonstravam preocupação com o possível desgaste político junto a congressistas e ao *lobby* agrícola. Contei a Kamal a conversa que tivera com o comissário europeu em Lisboa. Disse-lhe que ambos havíamos considerado interessante retomar um ritmo mais intenso de consultas em formatos variáveis, sem necessariamente – pelo menos naquele momento – tentar reviver o G4, que se desgastara como instrumento de negociação em virtude do que ocorrera em Potsdam. Contrariando o que me parecia ser sua inclinação natural em favor de atitudes protelatórias, Kamal Nath se mostrou interessado em participar dessas consultas, ainda em julho. Fez questão de chamar por telefone o diretor-geral na minha presença para dizer que havíamos discutido essa hipótese de trabalho e que eu detalharia "nossas ideias" no encontro que teria com ele mais tarde. A reunião com os embaixadores do G-20, segundo a avaliação que fiz na época, foi muito positiva. Apesar de curta, ela me permitiu expor em linhas gerais o que havia ocorrido em Potsdam e traçar o cenário que eu vislumbrava à frente. Todos os participantes que fizeram uso da palavra iniciaram seus comentários com elogios à posição do Brasil e, em particular, ao nosso esforço de manter a mobilização. Minha conversa com Pascal Lamy centrou-se em questões de processo. Exprimi minha preocupação com o que considerava um "perigoso desengajamento" dos ministros, deixando a tarefa de negociar para embaixadores e altos funcionários, sem poder de decisão. Apontei também os riscos de que os "papéis" ficassem "flutuando no espaço" por muito tempo. Lamy, entretanto, estava determinado a fazer com que esses *papers* fossem apresentados na semana do dia 16, já com números (ou, pelo menos, faixas de números). Disse que iria refletir sobre as preocupações que eu expressara e chegou a mencionar a hipótese de consultas ministeriais em agosto. Os contatos entre ministros continuaram. No dia 9, já em Brasília, recebi chamada de Susan Schwab. No dia seguinte, falei ao telefone com Peter Mandelson. Nesse mesmo dia, Gordon Brown, recém-empossado como primeiro-ministro, telefonou para Lula. Embora não tenha guardado registro do conteúdo dessas chamadas, elas demonstraram a disposição positiva de intensificar os diálogos. A despeito das encenações que haviam causado o fracasso da "reunião decisiva" de Potsdam, nenhum dos principais participantes se propunha a dar o jogo por encerrado.

Entre os dias 15 e 17, estive em Nova Délhi para uma reunião do IBAS. Foi então que, por meio de telefonema de Hugueney ou de Azevêdo, tomei conhecimento dos papéis dos presidentes do grupo de agricultura e de NAMA. Minha primeira reação, sem contar ainda com o estudo aprofundado dos assessores, não foi de todo negativa. Em nota escrita a bordo de um avião que me levaria de Délhi a Paris, após comentar meus encontros com autoridades indianas, inclusive o primeiro-ministro Singh, observei: "Vamos ter que fazer algum chororô, mas se conseguirmos empurrar os números para os pontos extremos de cada faixa, não estaremos de todo mal". Paris foi apenas uma escala. No próprio aeroporto, tomei o TGV para Bruxelas, onde me encontraria com o comissário europeu. Minha conversa com Mandelson foi cordial, bem-humorada, mas sem grandes novidades. Pela manhã, enquanto eu me deslocava, Roberto Azevêdo havia mantido conversas – que qualificou de "pouco produtivas" – com os dois diretores europeus (o de Comércio e o de Agricultura). Apesar disso, Mandelson e eu concordamos em dar um sinal positivo para a mídia. De importante quanto à substância, acertamos que nossos "altos funcionários" voltariam a se reunir em Genebra e tentariam destrinchar o enigma das cotas. Essencialmente, esse "enigma" – mais além de manobras protecionistas – decorria de uma dificuldade real: enquanto a evolução do consumo doméstico, que deveria servir de parâmetro para o cálculo das cotas, era medida por setores (digamos, carne), as importações teriam de levar em conta a classificação tarifária de cada produto, muito mais específica (um exemplo imaginário que me ocorre: "carne bovina desossada"). Assim, para estabelecer as cotas de importação de produtos qualificados como "sensíveis" (as regras para a delimitação desses produtos eram outra dor de cabeça), era necessário traduzir percentagens de consumo doméstico, medidas globalmente por setor, em toneladas de produtos, de acordo com linhas tarifárias. O que me parece interessante notar é que, apesar de todas as dificuldades, nós continuávamos a avançar na discussão técnica de temas que antes pareciam verdadeiros tabus. Do ponto de vista político, Mandelson e eu concordamos com a avaliação de que o engajamento de Washington era apenas "morno". A esse respeito, o comissário insistiu na importância de que Lula telefonasse para Bush, "uma vez que Blair já não está mais por aí" (*he is no longer around*).

Depois de uma noite bem dormida em um simpático hotel situado na praça do Grand Sablon, próxima ao centro histórico de Bruxelas, viajei para Genebra. Era um esforço adicional para quem havia acabado de chegar da Índia e se deslocara imediatamente até a Bélgica, com conexão em Paris. Na cidade suíça, mais uma vez participei de uma reunião de embaixadores do G20, com o objetivo de fazer ato de presença e estimular a preservação da unidade do grupo. Visitei ainda o diretor-geral com o tríplice propósito de: a) transmitir críticas que, àquela altura, não eram somente minhas, mas também de outros membros do G20, aos "papéis", sobretudo o de NAMA; b) proceder a uma avaliação do posicionamento dos principais participantes (sobre isso, compartilhamos a percepção de que a posição dos Estados Unidos permanecia ambígua); e c) discutir o processo que deveríamos seguir daquele ponto em diante. De forma indireta, expressei a preocupação de que o ritmo em que transcorriam as conversas, praticamente limitadas a embaixadores e altos funcionários, não permitiria encerrar as negociações até outubro, mês a partir do qual o espectro das eleições norte-americanas tornaria mais difícil chegar a um acordo. Pascal, entretanto, parecia tranquilo a esse respeito. O aspecto mais interessante daquela minha passagem-relâmpago pela sede da OMC foi a reunião com países em desenvolvimento, que consegui reorganizar na última hora com o apoio de Clodoaldo, de modo que estivessem presentes não só o *core group* do G20, mas também representantes de outros grupos (africanos, PMDRs, ACPs, SVEs* etc.). O diálogo franco e aberto que marcou o encontro me permitiu perceber que as queixas e as preocupações em relação ao *chairman's text* sobre NAMA eram generalizadas. Serviu também de oportunidade para se discutir a conveniência de uma declaração comum de todos os países em desenvolvimento. Sugeri que essa declaração contivesse as críticas que fossem

* A sigla SVEs se refere às "economias pequenas e vulneráveis", tais como as dos pequenos países do Caribe, de pequenos Estados insulares do Pacífico etc., independentemente do fato de sua renda *per capita* se situar em nível de PMDR.

necessárias a vários aspectos do texto, mas não o rejeitasse de todo. Em outras palavras, a declaração deveria permitir o prosseguimento das negociações. O argumento apresentado pelo embaixador da Índia* – e apoiado por mim – de que os Estados Unidos seriam os principais beneficiários de uma atitude radical pesou mais do que o desejo da Argentina e de alguns outros de dar plena vazão a sua ira em relação ao conteúdo das propostas. Se fôssemos de fato capazes de produzir um comunicado que representasse a unidade de posições daquele vasto grupo de países, daríamos um sinal político importante, que ajudaria a desacreditar a tese – que continuava a ser propalada, principalmente por Washington – segundo a qual, em Potsdam, a Índia e o Brasil haviam agido egoisticamente, desconhecendo o interesse da maioria dos países em desenvolvimento. Segundo a análise que fiz na época, do ponto de vista estrito do nosso interesse, a situação havia mudado um pouco a nosso favor. A partir dos números que me foram apresentados (e daqueles que deduzi e não estavam longe da realidade), um OTDS próximo ao limite mínimo que figurava no papel do presidente (US$ 13 bilhões) e um coeficiente no extremo mais alto contemplado na proposta (23) configurariam uma barganha aceitável. Fazia-se necessário lograr especificações adequadas em matéria de acesso aos mercados agrícolas de países ricos, sobretudo da União Europeia. Mas eu sabia que chegar lá não seria fácil. Por isso, entre outras razões, continuava a dar grande importância à unidade dos países em desenvolvimento.

"A Rodada Doha te salvou"

Enquanto esses movimentos se desenvolviam em Genebra e nas capitais dos nossos principais parceiros, Brasília se via envolvida em uma nova crise política, dessa vez localizada no Ministério da Defesa, em função de uma sequência de problemas ligados à aviação civil, subitamente agravados pelo trágico acidente com o avião da TAM no aeroporto de Congonhas. Esse fato veio se somar a conflitos trabalhistas envolvendo os controladores de voo, que já haviam causado o que a nossa mídia chamou de "apagão aéreo". O somatório desses problemas acabou levando a uma enorme pressão, a meu ver injusta, sobre o ministro Waldir Pires, então titular da pasta. Eu estava em meio a minha caminhada matinal –

* Essa posição construtiva do embaixador indiano contrastava com as atitudes típicas do ministro do Comércio da Índia, que se servia de qualquer pretexto ou dificuldade para expressar ceticismo sobre a possibilidade de conclusão positiva das negociações. Essa diferença de condutas, como eu já observara, não era infrequente.

que costumava fazer, por insistência da minha mulher, nos raros dias em que me encontrava em Brasília – quando o veterano jornalista Pedro Rogério (no passado, apresentador da Globo e então diretor de alguma outra rede) se dirigiu a mim: "Dessa vez bateu na trave", disse ele, referindo-se às especulações sobre a eventual indicação do meu nome para substituir Waldir (um dos ministros com quem, aliás, eu tinha mais afinidades). Essa possibilidade vinha sendo objeto do noticiário político e fora comentada pela colunista Tereza Cruvinel com o meu assessor de imprensa, Ricardo Tavares. Tereza, ao advertir-me do boato por meio do Ricardo, acrescentara que eu não devia aceitar, não só por se tratar de um grande "abacaxi", segundo ela, mas também porque eu seria "a cara da política externa". Durante alguns dias, a especulação em torno do meu nome esteve presente em artigos de imprensa e blogs, os quais geralmente se reportavam a comentários de "ministro com assento no Planalto". Segundo alguns, eu seria "o preferido de Lula", que teria em mim "integral confiança". Embora esses comentários não deixassem de me afagar o ego, não me sentia nada animado em ter de enfrentar a situação caótica da aviação civil, fruto da carência de recursos e do emaranhado de competências administrativas. Não me sentiria bem abandonando tantos projetos da política externa ainda em curso. Além do mais, para lidar com aquele tipo de situação (que no momento parecia muito mais relevante do que as questões militares) era necessária, a meu ver, uma pessoa com o perfil de "grande gerente", que certamente não era o meu. Expus esse raciocínio ao presidente, após uma audiência com um enviado de Mahmoud Abbas. Mais por suas expressões faciais enquanto eu falava do que por palavras, Lula pareceu concordar. Então, fui mais direto. Indaguei: "Quer dizer que posso ficar tranquilo, presidente?". Lula respondeu de forma igualmente curta e direta: "Pode". Mais tarde – e isso é o que mais interessa do ponto de vista desta narrativa – um "interlocutor bem informado", para usar a fórmula jornalística, me diria com convicção: "A Rodada Doha te salvou".*

Em Genebra, as discussões sobre a declaração do G110 (G20 + G90 + G33 etc.) haviam sido concluídas exitosamente, graças ao bom trabalho de Azevêdo e Hugueney, embora eu próprio tenha monitorado de perto as negociações em torno do texto. Mais uma vez, o Brasil apareceu como líder dos países em desenvolvimento e, ao mesmo tempo, como uma influência moderadora e construtiva

---

* Ironicamente, anos depois, eu seria convidado pela presidente Dilma Rousseff para a pasta da Defesa; felizmente, quando isso ocorreu, meu antecessor, Nelson Jobim, já conseguira lidar adequadamente com a situação da aviação civil, e – mais importante – terminar com a anomalia da vinculação desses temas com a Força Aérea.

que buscava o acordo. A atenção aos países em desenvolvimento, além da América do Sul, não ficava limitada às articulações sobre a Rodada. Havia algum tempo, vinha pensando em como dar impulso político às discussões sobre acordos comerciais entre o Mercosul, a SACU* e a Índia. O Mercosul havia negociado separadamente com a SACU e com a Índia acordos de alcance limitado (acordos-quadro e acordos de preferências fixas). Entre os meus planos, compartilhados pelos colegas chanceleres da África do Sul e da Índia (talvez mais do que pelos ministros de Comércio), estava o de criar entre os três blocos (tomando a Índia como um bloco) um "grande espaço econômico do Sul", ideia certamente ambiciosa que, apesar de alguns passos modestos, não chegou a se materializar. O próprio presidente, sempre fiel à visão de uma "nova geografia econômica e política", entretinha o sonho de uma Cúpula do G20 (não o G20 que veio efetivamente a se conformar após a crise financeira, com base no formato que existia no FMI) de que participariam os líderes do grupo de países em desenvolvimento que havíamos "institucionalizado" na OMC. "Mas não é só para tratar de agricultura ou, mesmo, de comércio", dizia o presidente. Circunstâncias diversas, desde dificuldades de agenda até diferentes prioridades políticas, nunca permitiram levar essa ideia adiante. Completando o ciclo de notícias positivas no plano interno, o ex-presidente Sarney, ainda sob o impacto de Potsdam, fez um discurso muito positivo sobre a atuação do Brasil, no qual disse: "Celso Amorim é um dos melhores ministros das Relações Exteriores da nossa história". Além de gratificante, aquela manifestação era valiosa, pois um dos grandes problemas que enfrentava naquele ano era a ratificação pelo Congresso do acordo sobre o ingresso do Venezuela no Mercosul. E, justamente, o presidente Hugo Chávez havia escolhido Sarney como alvo de suas críticas. Era reconfortante saber que essas expressões inoportunas do nosso vizinho não haviam contaminado a percepção de um líder influente do Senado Federal.

Julho terminou sem que os ministros dos principais parceiros na negociação da Rodada voltassem a se engajar. Apesar disso, noto que no esquema que fiz para a palestra aos estagiários do Curso de Aperfeiçoamento de Diplomatas incluí um item (o sétimo no total de dez) em que assinalo: "terminar Rodada Doha (otimismo)". Os meses seguintes foram ocupados por intensa atividade diplomática com a América Latina (inclusive viagens presidenciais ao México e à América Central). Eu continuava às voltas com a aprovação pelo Congresso brasileiro do ingresso da Venezuela no Mercosul, o que me levou a Caracas para uma

* Southern African Customs Union (SACU) é uma união aduaneira entre cinco países sul-africanos: Botsuana, Lesoto, Namíbia, África do Sul e Suazilândia.

conversa noite adentro com o presidente Chávez, em que procurei convencê-lo de que era importante respeitar a diferença de sistemas econômicos entre os países e que essa diferença não impediria uma cooperação eficaz e solidária. Surgiram nessa época os primeiros problemas com o Equador, especialmente o descontentamento recíproco entre a Petrobras e o governo de Rafael Correa. Essas dificuldades exigiram minha presença em Quito, onde mantive uma longa (e, afinal, infrutífera) conversa com o presidente. Houve também uma Cúpula do IBAS, em Pretória, na qual soubemos que a China abordara o presidente Mbeki no sentido de se integrar ao grupo (anos depois, ocorreria algo de certa forma parecido, mas pelo caminho inverso, i.e., a incorporação da África do Sul aos BRICs). De Pretória, o presidente seguiria em um périplo africano que contribuiria para consolidar nossa presença no continente. No meio disso tudo, visitas de Estado à Escandinávia e à Espanha, entre outros eventos, deram colorido (e, de certa forma, conteúdo empresarial e econômico) a nossa incessante atividade diplomática. À exceção de uma brevíssima referência a uma tentativa de telefonema (afinal frustrada) de Brown a Lula, em que a OMC é mencionada como tema da conversa, só voltaria a tratar da Rodada em uma nota do início de novembro, dedicada a uma visita bilateral que fiz a Berna (e coincidiu com uma ida do presidente a Zurique, em que foi formalizada a decisão de se realizar no Brasil a Copa do Mundo de Futebol de 2014). Na nota, faço alusão a um encontro com Lamy e a uma reunião com os embaixadores do G20, cujo objetivo era "esquentar os motores" com vistas a um encontro do grupo em nível ministerial no dia 15 de novembro. A propósito do café da manhã com o diretor-geral, fiz uma anotação muito breve: "Apesar da confiança de Lamy no processo genebrino (i.e., discussões entre os negociadores), cresce em mim a convicção de que será necessário algum impulso externo, que, a esta altura – dadas as dificuldades conhecidas entre os ministros – deverá provir dos [próprios] líderes". Relendo essa nota, observo dois fatos: primeiro é que nada havia mudado, em termos políticos, em relação à situação que existia em julho, i.e., o *aftermath* de Potsdam; segundo, as relações entre os ministros permaneciam tensas, apesar de eles não terem tido contato direto havia mais de três meses. A essas duas observações talvez devesse acrescentar uma terceira: eu praticamente havia "jogado a toalha" quanto à possibilidade de conseguir negociar um acordo no nosso nível. Minha esperança de que os "líderes" o fizessem revelou-se infundada.

Enquanto no Brasil se comemorava (sobriamente, como sempre) a Proclamação da República, eu participava de uma reunião do G20 em Genebra, meu único compromisso naquela curta viagem à Europa. Nos dias que precederam o encontro, falei pessoalmente com alguns ministros dos membros do grupo para incentivá-los a participar, e pedi a Kamal que fizesse o mesmo com nossos colegas asiáticos. Transcrevo o breve registro que fiz a propósito do encontro, no voo de volta para o Brasil: "A reunião do G20 foi um tento. Compareceram seis ou sete ministros (em nota posterior, manifesto minha alegria pela presença de Jorge Taiana), muitos vice-ministros e outros [altos] representantes das capitais. Logramos passar uma mensagem firme, mas construtiva e ainda (...) [nos apresentamos] como críticos das demoras e procrastinações. Em outras palavras, a leitura isenta [do comunicado] (...) é a de que o G20 quer a Rodada e [a] quer logo! A participação de outros grupos de países em desenvolvimento, embora restrita aos embaixadores em Genebra, também foi positiva. Muito significativa foi a declaração do embaixador de Maurício – inicialmente um dos países mais céticos em relação a essa aliança [dada a sua condição de economia muito dependente das preferências europeias] – no sentido de que a unidade do grupo [G20 + G90] cada vez mais se afirma em termos concretos. [De fato], as nuances que existem (...) nunca chegaram a adquirir contornos de aspereza (...) o representante do Uruguai (cuja economia é altamente competitiva em agricultura) (...) se sentiu compelido a elogiar a intervenção construtiva da ministra da Indonésia, Mari Pangestu (coordenadora do G33). Kamal e eu fizemos discursos bem afinados. Será difícil, desta vez, que a imprensa venha com as manchetes preferidas ('divisão entre países em desenvolvimento' ou 'Brasil e Índia bloqueiam avanços') (...) A atitude (...) foi construtiva e de cobrança".

Esse foi meu último registro sobre Doha em 2007. Antes de passar aos episódios de 2008, que culminaram no "grande fracasso de julho", reproduzo trechos de uma conferência sobre Rui Barbosa e o multilateralismo,* pronunciada dez dias antes da reunião do G20. Nessa palestra, dirigida a uma plateia composta de intelectuais dedicados ao estudo das relações internacionais, procurei traduzir minhas motivações e expectativas quanto à Rodada Doha, relacionando-as com a prioridade que damos às instituições multilaterais. Cito três parágrafos:

> Estamos em um momento crucial. As negociações estão perto de completar seis anos. Líderes mundiais continuam a manifestar apoio à conclusão da Rodada. É essencial que os países em desenvolvimento mantenham sua coesão. Ao mesmo tempo, temos que mostrar visão positiva e disposição de negociar.

---

* *A diplomacia multilateral do Brasil: Um tributo a Rui Barbosa*. Palestra do ministro das Relações Exteriores, embaixador Celso Amorim, por ocasião da "II Conferência Nacional de Política Externa e Política Internacional – O Brasil e o mundo que vem aí". Rio de Janeiro, Palácio Itamaraty, 5 de novembro de 2007. Fundação Nacional Alexandre de Gusmão (Funag).

Vamos continuar trabalhando para obter resultados que sejam ambiciosos e satisfatórios aos nossos interesses. Os subsídios que distorcem o comércio agrícola exportam fome e miséria. Os países desenvolvidos precisam reconhecer que essas questões não podem ser adiadas indefinidamente. (...)

O comércio internacional, sem a OMC, ficaria refém do unilateralismo e das políticas nocivas que não respeitam regra alguma e tendem a favorecer os mais fortes e privilegiados. Não é exagero dizer que, sem a OMC, o comércio internacional ficaria sujeito a uma verdadeira lei da selva.

"No ano passado, tínhamos uma janela de oportunidade; agora, temos uma janela de necessidade"

Em 19 de janeiro de 2008, Doha voltou a ocupar-me. Registrei um telefonema, dias antes, de Peter Mandelson, "com quem não falava há mais de dois meses". Pensando nas duas semanas seguintes, escrevi: "Em Davos, será OMC, OMC, OMC!". Cheguei a Zurique no dia 24, de onde me dirigi ao vilarejo alpino de que já me tornara *habitué*. Um fato curioso se passou alguns minutos antes da aterrissagem: à esquerda da aeronave que me transportava, um Legacy da FAB, acompanhado da Ana, da embaixadora Maria Nazareth e do jovem assessor Nilo Ditz, avistei, provavelmente alertado por um dos meus acompanhantes, um avião de caça da Força Aérea Suíça, a uma distância de não mais de 50 metros. A proximidade era tanta que pude distinguir nitidamente a cabeça do piloto e seu capacete de cor cinza. O avião militar me "escoltava". Na ocasião, anotei: "Esse tipo de honraria se reserva normalmente a chefes de Estado. Terão os pilotos suíços feito alguma confusão ou há aviões de caça sobrando neste país?".

Como de hábito, Davos foi marcada por intensa atividade: reuniões bilaterais, cafés da manhã e almoços de trabalho, mesas-redondas e entrevistas de imprensa (coletivas e individuais). Tudo praticamente em torno da OMC. Mantive encontros com meus principais interlocutores (Schwab, Mandelson, Nath e Lamy), além do novo ministro da Austrália, Simon Crean (um *true believer* nos méritos da liberalização comercial, que viria a ter algum papel em episódios subsequentes). Achei que as atitudes haviam tomado um viés mais positivo. Lamy e Mandelson, de pontos de vista distintos, revelaram alguma compreensão quanto à necessidade de ampliarmos, em relação ao texto do *chair*, as flexibilidades em

NAMA, em virtude das assimetrias existentes no Mercosul. Era uma questão que suscitávamos pela primeira vez em nível ministerial, como decorrência das reticências por parte, principalmente, da Argentina. A norte-americana pareceu-me menos negativa e fugidia do que nos últimos encontros de vários meses antes, mas essa visão otimista era temperada pela percepção de que as atitudes de meus interlocutores não chegavam a inspirar confiança. A propósito, observei: "Dentre os principais atores, Kamal Nath é o mais relutante [a empenhar-se na conclusão das negociações]. Mas Susan não fica muito atrás. Ambos acabam compondo um duo de retroalimentação negativa". Curiosamente, foi exatamente isso que ocorreu meses depois em Genebra. Com os dois tentei utilizar a crise financeira como argumento para impulsionar as negociações – tratava-se então de uma questão aparentemente restrita ao mercado imobiliário. "Quando o doente está com febre, o remédio pode ser amargo, mas é indispensável", lembro-me de haver dito. Algumas frases que usei durante as reuniões tiveram repercussão: "No ano passado, tínhamos uma janela de oportunidade; agora, temos uma janela de necessidade". A *boutade* foi repetida pela ministra suíça, Doris Leuthard, na reunião miniministerial e por Peter Mandelson no painel de que participamos juntos com a presença da mídia. Ambos tiveram a honestidade de reconhecer a autoria daquela "frase de efeito".

Logo após os encontros de Davos, estive na Fiesp com alguns de seus diretores, inclusive o presidente, Paulo Skaf. Os representantes da indústria paulista suscitaram questões relativas à Venezuela e mencionaram o desejo de dar impulso às negociações entre o Mercosul e a União Europeia, então paralisadas devido à prioridade concedida à Rodada por ambas as partes, é bom que se diga. Aparentemente haviam se esquecido das dúvidas que eles próprios tinham levantado anos antes, quando um acordo parecia estar no horizonte. Outra hipótese é que essas dúvidas tivessem deixado de ser relevantes, devido ao processo em curso de crescente associação dos industriais brasileiros com empresas estrangeiras. Sobre Doha, os contatos com membros da diretoria da poderosa Federação vinham sendo feitos com bastante fluidez por Roberto Azevêdo, entre outros, com Carlos Cavalcanti. O clima da reunião foi bastante ameno. Pude confirmar a impressão de que, apesar das inevitáveis reclamações que viriam no momento de proceder aos cortes, não parecia haver maiores dificuldades da parte da indústria em aceitar o acordo que se desenhava como possível, sobretudo se conseguíssemos ampliar as margens de flexibilidade para produtos mais sensíveis.

Novamente, a Rodada sumiria da minha agenda. Passei o mês de fevereiro às voltas com questões sul-americanas, um périplo por vários países do Oriente

Médio na sequência da Conferência de Annapolis* e uma viagem exploratória à Ásia, passando por Hanói e Cingapura. Em março, Doha ressurgiria como uma preocupação em decorrência de pronunciamentos muito negativos dos ministros da Agricultura da União Europeia, que se refletiram em declarações pessimistas de Mandelson. Na verdade, a impressão que tive foi que o comissário se dirigia ao público interno, como um sinal de alerta para o risco de fracasso da Rodada. Ao mesmo tempo, os Estados Unidos vinham assumindo uma postura mais agressiva, multiplicando exigências, agora em serviços. Em uma nota do dia 2 de março, refiro-me a uma carta da USTR, recebida dias antes e redigida em estilo impositivo, típico de outros períodos do relacionamento bilateral em matéria de comércio. Mesmo antes de uma análise pormenorizada dos especialistas, interpretei, pelo tom da correspondência, que a atitude de Washington não era de molde a facilitar uma conclusão rápida da Rodada. Assim, a "janela de necessidade" a que me referira em Davos parecia cada vez mais difícil de transpor. Cheguei a pensar que deveríamos aumentar nossas demandas em serviços, como forma de buscar algum equilíbrio. Mas não era fácil encontrar setores em que o nosso interesse "ofensivo" fosse claramente superior às preocupações "defensivas". O máximo que poderíamos fazer era apresentar propostas que "incomodassem" os nossos interlocutores. Algum exercício analítico foi feito nesse sentido, mas os desdobramentos das negociações em outros temas não permitiram que essa hipótese de trabalho fosse testada. O mês de março continuou tomado pelas questões do nosso continente: cúpula extraordinária do Grupo do Rio sobre o ataque da Colômbia a uma base das FARC em território equatoriano; reunião de consulta da OEA sobre o mesmo tema; tentativas de mediação brasileira para o conflito interno na Bolívia, entre La Paz e a *Media Luna*. Em meio a esses episódios, Durão Barroso veio a Brasília com o objetivo de reforçar a parceria estratégica Brasil-UE. Naturalmente, não faltaram as pressões sobre a Rodada Doha e sobre mim, diretamente: "Você é um negociador muito duro", disse o presidente da Comissão Europeia, que antes fora primeiro-ministro de Portugal e, na primeira metade dos anos 1990, meu colega como chanceler. Mas Barroso não deixou de dizer algo simpático. Na conversa com Lula, destacou três elementos responsáveis pela "nova posição do Brasil no mundo": a economia, os programas sociais e a diplomacia. O que Barroso parecia não perceber era que a firmeza nas negociações, que levara à criação do G20 e ao resultado positivo de Hong Kong em subsídios à exportação, era parte integrante da diplomacia.

---

* Ver narrativa *O Brasil e o Oriente Médio* nesta obra.

No mês de abril, durante uma reunião da Unctad em Gana na qual acompanhei o presidente, mantive encontros com Pascal Lamy e Kamal Nath. Aproveitando a presença de vários ministros de Comércio, presidi uma reunião do G20. Nela pude perceber a forte resistência de alguns países (Argentina, África do Sul) à conclusão da Rodada, que era vista como excessivamente "custosa" para os países em desenvolvimento em virtude das concessões que teriam de fazer em NAMA e serviços. Essa percepção era reforçada pela alta conjuntural dos preços de produtos agrícolas, o que acarretava uma redução nos subsídios dos países ricos e diminuía aquele que seria um dos maiores atrativos da negociação. Com os preços altos, os produtores agrícolas norte-americanos estavam sendo "remunerados" pelo mercado, necessitando, portanto, de valores menores de subsídios. De fato, o número cogitado para o OTDS nas negociações da Rodada situava-se em um nível bem mais alto do que o valor dos subsídios efetivamente despendidos nos últimos anos. Embora se tratasse de situação conjuntural que poderia mudar, por exemplo, com uma queda na demanda chinesa, as concessões em produtos industriais pareciam, naquelas circunstâncias, um esforço sem sentido prático, uma espécie de "bom-mocismo" com o objetivo principal de fortalecer a instituição multilateral que várias capitais dos países em desenvolvimento, diferentemente do passado, já não estavam dispostas a fazer.

No dia 13 de maio, depois de uma reunião ministerial do IBAS na África do Sul e de rápidas visitas decorrentes de paradas necessárias do Legacy, em São Tomé e na Líbia, recebi Susan Schwab no Palácio Pamphili, em Roma, para um jantar de trabalho. A escolha de Roma não se devia apenas ao ambiente propício da nossa embaixada. Resultava também do fato de que a capital italiana era uma escala conveniente no percurso que me levaria à primeira reunião ministerial formal dos BRICs em Ecaterimburgo, na Rússia (até então os ministros desses países haviam se reunido apenas em Nova York, à margem da Assembleia Geral da ONU). A conversa com Susan foi ampla e franca. Propositalmente, deixei os detalhes para o dia seguinte, quando nos reuniríamos acompanhados por assessores. Transmiti à USTR a preocupação do Brasil com a sugestão, então corrente em Genebra, de que as negociações deveriam passar a um processo "horizontal", isto é, envolver uma discussão simultânea dos temas principais. Meu maior cuidado naquela etapa era garantir as premissas do Mercosul decorrentes do *status* do bloco como união aduaneira.* Já não me recordo com precisão dos ar-

* De modo simplificado, a condição de união aduaneira (e ainda mais uma união aduaneira em formação entre países em desenvolvimento) forçosamente levava a um aumento do número de itens que seriam objeto de flexibilidade. Como os produtos sensíveis de um país não eram

gumentos técnicos que embasavam nossa posição, mas eram convincentes, pois acabaram sendo acatados, ainda que parcialmente, no curso das negociações em Genebra. Susan Schwab pareceu impressionada com minha determinação sobre a integridade do Mercosul e demonstrou interesse em continuar o diálogo sobre o tema, mas não deu sinais de que aceitaria as premissas. Passando por cima dos pormenores, a matéria do jornal *Valor Econômico* reproduziu adequadamente a mensagem que procurei transmitir: "Estão querendo cobrar muito caro por uma Rodada que vale cada vez menos".

No início de junho, depois da primeira reunião ministerial dos BRICs na Rússia e da Cúpula em Brasília, que consagrou a criação da Unasul, voltei minhas atenções para Doha e encontrei-me de novo com Pascal Lamy e Susan Schwab. Como de hábito, o café da manhã com o diretor-geral concentrou-se em questões de processo. Ao longo das negociações, procurei manter sempre uma relação de confiança com Lamy que, por sua vez, demonstrava apreço pelo papel do Brasil. Nossas conversas raramente se limitavam a um ponto específico. O diretor-geral apreciava minhas análises e gostava de compartilhar comigo as suas. O que mais poderia explicar que se deslocasse até Roma, na véspera de uma reunião em Paris da qual tanto ele como eu participaríamos, se não o desejo de uma conversa mais tranquila e relativamente longe dos holofotes (não só da mídia como de outros ministros)? Além disso, o DG via no Brasil um participante influente que, além de defender suas posições e a dos membros do G20, buscava contribuir para um desfecho positivo das negociações. De sua parte, Lamy procurava corresponder a esse nosso esforço em prol da Rodada buscando fórmulas que atendessem às nossas dificuldades. Foi, aliás, o que ocorreu em relação ao texto do *chair* de NAMA, no qual nossas propostas relativas às premissas do Mercosul foram incorporadas, ainda que entre colchetes.* O mesmo tema dominaria boa parte da conversa com Susan Schwab, que se seguiu ao encontro com Lamy e se prolongou pelo almoço. A principal negociadora norte-americana continuava a forçar um resultado em NAMA que, para nós, era excessivamente ambicioso. Mas evitou uma atitude de confronto e voltou a propor que nossos técnicos mantivessem conversas mais detalhadas nas próximas semanas. Na questão do acesso a mercados agrícolas de países

necessariamente os de outro (embora houvesse evidentemente uma ampla faixa de convergência), a única maneira de acomodar as flexibilidades sem romper o princípio da tarifa externa comum era ampliar, dentro de limites razoáveis, o universo dos bens que receberiam tratamento favorecido.

* Durante o processo de elaboração de textos, estar "entre colchetes" significa que uma determinada parte do documento ainda está em discussão e não foi objeto de acordo.

desenvolvidos (leia-se principalmente União Europeia e Japão), nossas posições eram em geral convergentes. Nesse sentido, Potsdam havia sido "um ponto fora da curva", motivado por uma aliança tática passageira, uma recaída na "síndrome" pré-Cancún, que não voltaria a se repetir.* À medida que as discussões iam se tornando mais focalizadas, porém, surgiam pontos de fricção. Era o caso, entre outros, da dupla taxação que incidia sobre as importações de etanol pelos Estados Unidos. Mais de uma vez, se havia cogitado no Brasil levar essa questão, que violava o princípio básico de que não pode haver outra barreira à importação afora a tarifa (restrições quantitativas compensadas por cotas para produtos sensíveis, à parte), à solução das controvérsias, mas considerou-se mais prudente, sobretudo por motivos táticos, buscar antes uma solução negociada no contexto da Rodada. O tema, aliás, continuaria a ser tratado em discussões paralelas ao longo da "jornada de julho" e provavelmente, caso tivéssemos sido bem-sucedidos nos pontos centrais, constituiria objeto de entendimento específico. Como sempre, registramos nossas diferenças de abordagem em relação à questão do acesso a mercados agrícolas em países em desenvolvimento (produtos especiais e salvaguardas especiais), neste caso, menos por dificuldades do Brasil e mais por nossa posição como coordenadores do G20.

De Roma, viajei para Paris. Tratava-se da reunião anual da OCDE. Grande parte do tempo foi dedicada à OMC. Fui o terceiro orador na sessão plenária de *outreach*. Em meu breve pronunciamento, carreguei nas tintas contra os subsídios. A propósito da crise de escassez de alimentos, fiz referência ao efeito devastador dos subsídios sobre a produção local em países pobres, como São Tomé e o Haiti, cujos primeiros-ministros haviam caído em meio a protestos populares decorrentes da alta dos preços do arroz importado. De certa forma, "abusei" da retórica e aludi, numa citação oblíqua à obra de Charles Dickens, a uma *Tale of Two Islands* e cunhei a expressão *rice for riots*. Depois de um almoço de trabalho presidido pela já então ministra de Economia, Christine Lagarde, em que ela me deu a palavra "para falar de qualquer assunto" (sem que eu a houvesse pedido), participei ainda da tradicional miniministerial na Missão da Austrália e de algumas bilaterais (Índia, União Europeia, Austrália e Japão). O dia terminou com um jantar oferecido por Susan Schwab com a participação de Lamy, Mandelson, Simon Crean e (como anotei) "a furtiva presença de Kamal Nath". Nada de muito importante e que merecesse registro ocorreu nesses encontros. Durante

---

* Mesmo em Potsdam, não chegou a haver mudança substantiva de posições em relação a AMA. Apenas os canhões mudaram os alvos.

minha estada em Paris, estive também, por sugestão dele mesmo, com o simpático (e midiático) ministro das Relações Exteriores da França, Bernard Kouchner. O ministro francês fez questão de organizar o encontro como se fosse uma visita bilateral plena, com direito a guarda de honra no Quai d'Orsay e viatura oficial com batedores para me buscar no Palais de la Muette (sede da OCDE) e levar-me de volta ao local das reuniões. Durante uma hora, o "elétrico" ministro abordou comigo muitos assuntos: do Haiti aos BRICs; de Líbano a Colômbia. No final, aportamos em Doha. Comentei as dificuldades que os agricultores franceses causavam ao Brasil e à própria OMC, um baluarte do sistema multilateral que os franceses diziam tanto valorizar. "E não representam mais de 1% da população", disse eu. "2%", corrigiu Kouchner. "E muito violentos", completou.

De Paris fui a Lubliana para uma reunião com a *troika* da União Europeia no contexto da parceria estratégica. Foram basicamente consultas políticas, em que a OMC e Doha apareceram pouco. Já na volta ao Brasil, fiz escala em Genebra, onde tive uma reunião bilateral, que considerei útil, com a conselheira federal, Doris Leuthard. Como ministra de Comércio que vinha ultimamente presidindo as reuniões de Davos, Doris tornara-se uma boa amiga a ponto de me convidar para um jogo de futebol da Eurocopa juntamente com meus netos. Na reunião que tivemos em Genebra, no dia 7 de junho, creio que, pela primeira vez, entendeu o esforço que estávamos fazendo em NAMA, de modo a permitir um resultado significativo, ainda que aquém das ambições suíças nesse setor. De minha parte, tratei de "pegar leve" em agricultura. Embora muito protecionista nessa matéria (dizia-se que a renda *per capita* das vacas suíças era mais alta que a dos seres humanos em muitos países), a Suíça não vocalizava oposição militante em temas como OTDS e disciplinas da "caixa azul". Para mim, era mais interessante manter Berna menos agressiva em industriais (afinal, os suíços foram os inventores da famosa fórmula que, a contragosto, havíamos aceitado). Se chegássemos perto de uma fase conclusiva iria certamente necessitar do apoio ou, pelo menos, da simpatia de outros países desenvolvidos, como Noruega e Suíça. Depois de alguns compromissos no Brasil, parti para uma viagem que incluiu três países do Magrebe e Cabo Verde. No voo de ida, fiz uma escala na Ilha do Sal, de onde falei com Roberto Azevêdo, então em Genebra, para negociações sobre a Rodada. Azevêdo estava particularmente concentrado no esforço de "vender" a metodologia especial para o Mercosul na aplicação da fórmula de NAMA. Segundo ele, as negociações estavam muito difíceis, mas a conversa telefônica que eu tivera na véspera com Susan Schwab parecia ter surtido algum efeito. O negociador americano em Genebra, Peter Allgeier – o mesmo que se revelara um terrível fundamentalista nas negociações sobre a ALCA –, se mostrara menos rígido após o telefonema. Completei a anotação que fiz sobre a conversa com Roberto com a seguinte observação, indicativa de alguma esperança e do foco da minha preocupação naquele momento: "Se as discussões agora evoluírem, teremos ministerial em meados de julho; antes disso, teremos que trabalhar muito junto a nossos sócios e amigos argentinos". Já na volta, complementei esse comentário com outro, que demonstrava a minha ansiedade: "Em vários momentos deste percurso, tive que tratar da Rodada, seja com Roberto Azevêdo e Clodoaldo, seja com Lamy. A previsão agora é de uma reunião ministerial em 21 de julho. Será a última chance".

"Mais perto que nunca de um acordo"

Antes da ministerial, a "próxima estação" em que algo poderia ser tentado era a cúpula G8+5 em Toyako, no Japão, entre 7 e 9 de julho. O tema dominante da reunião, entretanto, não foi a OMC e sim as mudanças climáticas. A Rodada apareceria nos encontros bilaterais com Bush e Gordon Brown. O presidente dos Estados Unidos, já em final de mandato, parecia desinteressado. Mal tomou parte no debate das "grandes economias" sobre clima, limitando-se a fazer uma observação que exprimia certa dose de autocomiseração, mas que também poderia ser interpretada como indiferença ou arrogância. Em tom de despedida, disse aos líderes presentes que "ficariam livres do grande poluidor". Afinal, embora não voltasse a participar de outra cúpula do G8, a verdadeira despedida de Bush do cenário multilateral ocorreria no fim do ano com a Cúpula do G20 financeiro, na esteira da falência do Lehman Brothers. No encontro com Lula, Bush teve palavras formais em defesa da Rodada. Sem demonstrar a espontaneidade (real ou estudada) de diálogos anteriores, Bush evitou entrar em temas substantivos, a pretexto de que não caberia aos presidentes tratar de detalhes técnicos. A mensagem implícita nas palavras e no tom do presidente norte-americano era mais ou menos a seguinte: "Quero a Rodada, mas não fiquem pensando que estou disposto a qualquer concessão só porque meu mandato está acabando". Não deixou de ser caloroso com os interlocutores, distribuindo tapinhas e beijinhos e chamando a mim e ao intérprete do nosso presidente, Sérgio Ferreira, pelo primeiro nome. Susan Schwab estava presente ao encontro, mas sua expectativa de manter uma conversa estruturada comigo não pôde se concretizar em meio à correria que caracteriza as cúpulas e à minha necessidade, como *sherpa*, de estar junto do presidente.

Gordon Brown, por sua vez, insistiu no papel central do Brasil nas negociações. Estimulado por Lula, expliquei nossas dificuldades nas chamadas "setoriais"* em NAMA, e também em relação à última invenção que os negociadores europeus haviam "tirado da cartola": o conceito de "anticoncentração" na aplicação das flexibilidades. Essencialmente, com esse mecanismo, a União Europeia pretendia evitar que as flexibilidades – a que cada país em desenvolvimento tinha direito – se concentrassem em um único setor industrial. Era a forma de defender os interesses, principalmente, da Alemanha quanto ao mercado automobilístico. Brown ainda tentou extrair um número preciso até o qual pudéssemos chegar nesse tema, o que evidentemente não conseguiu. No final, foi pródigo em elogios (atrás dos quais se escondiam pressões) ao papel do Brasil: "*You will be the heroes*". Lula e Brown adotaram um comunicado conjunto** que procurou dar impulso à reunião ministerial prevista para o dia 21. Segundo o comunicado, estaríamos "mais perto que nunca de um acordo". Entretanto, os dois líderes advertiram para o fato de que "a janela de oportunidade para alcançar esse acordo [seria] pequena e [estaria] se fechando". Salientaram que, "após meses de trabalho árduo e negociações minuciosas",*** o momento era de decisões políticas. Para reforçar a mensagem, o comunicado inseriu a Rodada no contexto maior do combate às crises econômicas, citando, em particular, a escassez de alimentos que assolava os países mais pobres. Problemas específicos da negociação foram cuidadosamente evitados. A versão original do comunicado, apresentada pelo *sherpa* britânico, continha alguns pontos que nos causavam dificuldades. Diante de minhas objeções, Gordon Brown prontamente recuou, deixando patente que o mais importante para ele era chegar a uma declaração conjunta com o presidente brasileiro sobre Doha.

Em seguida ao G8+5, acompanhei Lula em visitas a Hanói, Jacarta e Díli. Era o início do que poderia ter sido o nosso "pivô asiático", voltado para a cooperação e o comércio. Voltamos ao Brasil no dia 13 de julho, um domingo.

* Em NAMA, além da fórmula para reduzir tarifas, estava prevista a possibilidade de negociações setoriais por grupo de produtos. Era um tema que interessava especialmente aos Estados Unidos, que esperavam extrair das "setoriais" vantagens que não conseguiriam obter por meio da fórmula. O Brasil e outros países em desenvolvimento, como a China, tinham grande dificuldade com essa possibilidade. Essa questão viria a ser um dos obstáculos (não o principal) à conclusão de um acordo no final do mês.

** A íntegra da Declaração Conjunta Brasil-Reino Unido foi divulgada em nota à imprensa pelo Itamaraty, em 9 de julho de 2008.

*** De fato, o "árduo trabalho" permitira avançar consideravelmente no estabelecimento de números, ou faixas de números, para os principais aspectos das "modalidades".

Na segunda de manhã, parti para o Rio de Janeiro, onde participaria de uma reunião de ministros do Mercosul especialmente convocada para discutir os papéis revisados dos coordenadores.* Minha tarefa nesse encontro (que qualifiquei em uma nota como "quase impossível") era convencer nossos parceiros argentinos de que, em tese, havia um acordo a que se poderia chegar, se fossem postas de lado exigências desmedidas. Sabia que Uruguai e Paraguai iriam criticar o texto de agricultura, em especial as facilidades concedidas a outros países em desenvolvimento importadores de alimentos. Achei que, nesse caso, a melhor tática era evitar conclusões muito precisas. O principal, em relação aos dois sócios menores, era cumprir com nossa obrigação de transparência. Em minha anotação, feita antes da reunião, menciono que procuraria ter uma bilateral reservada com Taiana. Embora não tenha registro da reunião propriamente e saiba que a memória frequentemente nos prega peças, tenho para mim que o encontro se realizou. Faço um parêntese para voltar ao encontro de Lula com Gordon Brown em Toyako, que tem a ver com as atitudes de Buenos Aires e com a maneira cuidadosa como as tratávamos. Na ocasião, o primeiro-ministro britânico chegou a sugerir que poderia "ajudar" a fazer com que a Argentina se movesse, valendo-se das negociações sobre sua dívida oficial no Clube de Paris. Tomei a iniciativa de rebater a sugestão do premiê, dizendo que não achava boa ideia vincular comércio com dívida, mesmo que, nas palavras de Brown, se tratasse de um "estímulo" e não de uma pressão. Para mim, era evidente que não se podia distinguir claramente uma coisa da outra.

No mesmo dia da reunião do Mercosul, recebi telefonema de Peter Mandelson e, no dia seguinte, Susan Schwab me chamaria. Essa troca intensa de telefonemas, sobre os quais não fiz anotação, ilustra o nervosismo dos dias que antecederam a ministerial de julho. Como já assinalei, fui para Genebra convencido de que aquele era o último esforço para concluir a Rodada em um horizonte previsível. "Se não o fizermos agora", anotei no avião, "fatores políticos diversos imporão uma espera de dois ou três anos". Mal sabia que a espera viria a ser bem maior, estendendo-se até os dias de hoje. Incomodava-me a ideia de que, se prevalecesse o cenário menos favorável, Lula e eu estaríamos fora do jogo. Embora estivesse consciente de que esse tipo de consideração não podia influir em meu comportamento nas duras negociações que se anunciavam, entristecia-me constatar que o nosso legado, depois de tanto esforço, poderia ficar restrito ao relativo

* Os "papéis revisados" eram fruto do trabalho dos negociadores em Genebra e dos *chairs* dos respectivos grupos. Em alguns casos, como o das flexibilidades do Mercosul, lembro de ter mantido longa conversa telefônica (creio que de mais de uma hora) com o diretor-geral.

reequilíbrio de forças que obtivéramos por meio do G20, e ao grau inédito de coesão entre países em desenvolvimento no âmbito da OMC. Além disso, tínhamo-nos livrado de um "mau acordo" em Cancún. Mas era pouco.

"Um caminho direto para o êxito e uma tortuosa estrada para o fracasso"

Passei boa parte do trajeto entre Rio e Natal e de Natal a Sal, a bordo do Legacy da FAB, enfrentando a árdua tarefa de digerir os papéis preparados por nossos técnicos sobre os textos dos *chairs.* Não era leitura agradável nem fácil, e vários pontos permaneciam obscuros. Esperava elucidá-los nas reuniões de delegação que teria ao chegar. Durante o voo, alinhei algumas condições que considerava necessárias para um acordo: a) dentro das margens propostas pelo presidente do grupo de agricultura, os países ricos deveriam avançar até os limites máximos de ambição (em tese, isso não seria difícil, uma vez que essas margens apontavam para resultados que não exigiriam grande esforço desses países em relação ao que estava sendo praticado naquele momento, sobretudo em matéria de subsídios); b) os países ricos precisariam também demonstrar alguma moderação em seus objetivos, especialmente em NAMA, já que, mesmo nas hipóteses mais "conservadoras" (do ponto de vista dos demandantes), os países em desenvolvimento estariam assumindo compromissos maiores do que teriam contemplado até pouco tempo antes; c) soluções razoáveis teriam de ser encontradas para outros problemas à margem do que eu considerava a "barganha central"; dentre esses temas, assinalei tetos tarifários para produtos agrícolas – de especial sensibilidade para o Japão –, produtos especiais e salvaguardas especiais para países em desenvolvimento (SP e SSM) e questões relativas a países que haviam acedido recentemente à OMC, como a China. Como se comprovaria no curso de exaustivas consultas, eu continuava subestimando a centralidade dos produtos especiais e das salvaguardas especiais. Não desprezava a sensibilidade do tema para a Índia e demais membros do G33 (a consciência desse fato havia feito com que me deslocasse a Jacarta alguns meses antes), mas, de algum modo, achava que os problemas eram solucionáveis, desde que houvesse vontade política. Concluí essa breve análise com duas considerações, uma delas minha, a outra de Jagdish Baghwati, economista norte-americano de origem indiana, para quem o essencial era "não sobrecarregar as negociações". Desde a Rodada Uruguai, como defensor do livre comércio e do sistema multilateral (e ferrenho opositor dos acordos bilaterais, responsáveis pela fragmentação do comércio internacional), Baghwati sempre se opusera à inclusão na agenda da OMC de itens não estritamente comerciais, como TRIMs e TRIPs. Havíamos participado de algumas discussões em que nossos pontos de convergência sempre foram maiores que os de desacordo. Nesse caso, penso que Baghwati queria, sobretudo, "proteger" os interesses de alguns países em desenvolvimento, inclusive seu país de origem, mesmo em temas que, a rigor, eram "exceções" ao livre comércio.* Quanto a mim, talvez simplificando um pouco a situação, fiz a seguinte observação, que retomaria em meu pronunciamento ao TNC: "Poder-se-ia (...) dizer que há um caminho direto para o êxito e uma tortuosa estrada para o fracasso".

Cheguei a Genebra na manhã do dia 18 de julho, uma sexta-feira. Depois de algumas reuniões preparatórias, tive meu primeiro encontro bilateral com Kamal Nath, "meu companheiro de luta" (conforme o descrevi). O ministro indiano teria de interromper sua estada na sede da OMC para poder participar, em Nova Délhi, da votação de uma moção de confiança relacionada às negociações sobre energia nuclear com os EUA, que o primeiro-ministro Singh enfrentaria no Parlamento. Ainda que sua ausência fosse curta, Kamal não poderia estar presente à reunião do G20, marcada para o mesmo dia da votação, segunda feira, 20. Tampouco participaria do Green Room nos dois primeiros dias, o que, em tese, era um fator que dificultava qualquer avanço. Embora os embaixadores e os altos funcionários indianos fossem muito competentes, nenhum se atreveria a tomar decisões, mesmo que provisórias, na ausência do ministro. Na conversa que tivemos, Kamal demonstrou pessimismo. Como era seu costume, misturou várias categorias de argumentos, alguns sobre o conteúdo e outros sobre o processo. Assinalou uma grande insatisfação sobre vários pontos contidos nos papéis revisados (NAMA, SPs, entre outros). Alegou também incerteza sobre o que ocorreria no Congresso norte-americano, mesmo no caso de um acordo. Além do mais, haveria em breve uma nova administração em Washington, cujos objetivos não conhecíamos. O argumento sobre o Congresso tinha certo fundamento. Na ausência de uma autorização explícita para negociar, o risco de que os congressistas tentassem alterar o eventual acordo era real. Nessa hipótese, teríamos de renegociar o que fora pactuado, entrando em uma situação desvantajosa.

* É importante notar que, no caso das SSMs, não se tratava, apenas para a Índia e outros, de resguardar-se contra os riscos de uma liberalização imposta por cortes, mas sim de criar uma camada de proteção adicional. O que o G33 (e especialmente a Índia) reivindicava era a possibilidade de estabelecer defesas que elevariam as tarifas a níveis superiores aos consolidados na Rodada Uruguai. Além disso, pretendiam poder fazê-lo mesmo sem comprovar a existência de um "surto" (*surge*) de importações. Esse aspecto viria a ser um dos principais obstáculos ao êxito das negociações de julho de 2008. Por esse motivo entre outros, o G20 nunca passou de formulações gerais sobre o tema.

Uma das justificadas obsessões dos participantes nesse tipo de discussão era não precisar "negociar duas vezes". E, de fato, era o que ocorreria, caso o Congresso resolvesse emendar o possível acordo, mas era um risco que a maioria dos países envolvidos estava disposta a correr. Quanto a esse aspecto, não havia outra opção senão confiar na capacidade do governo norte-americano de "forçar" a aprovação das modalidades que viessem a ser adotadas em Genebra. Eu também compartilhava com Kamal algumas críticas à falta de equilíbrio entre concessões e exigências por parte dos países desenvolvidos. Ao ver os problemas enumerados um por um, minha convicção quanto à necessidade de concluir a Rodada chegava a balançar. Diferentemente da Índia, entretanto, havia no Brasil uma forte pressão por abertura dos mercados agrícolas dos países desenvolvidos. Na verdade, essa pressão se estendia aos mercados dos países em desenvolvimento, mas fôramos capazes de evitar que o *lobby* agrícola implodisse até então a nossa ação solidária no G20. Para ser justo, devo admitir que mesmo alguns defensores de uma posição mais agressiva compreendiam a importância da aliança que construíramos a partir de Cancún e que nos permitira, no *July Framework*, em Hong Kong e no processo que deveria culminar naquele mês de julho em Genebra, obter avanços sucessivos – principalmente em matéria de subsídios, mas também em acesso a mercados dos países ricos. No entanto, não podia deixar de levar em conta esse interesse marcado na liberalização do comércio agrícola (com algumas ressalvas dos defensores da agricultura familiar, que respeitávamos e procurávamos atender). Por isso, entre outras razões, eu era "empurrado" no sentido de encontrar uma solução multilateral no âmbito da OMC para satisfazer esse "apetite" dos nossos agricultores. Caso não o fizesse, os impulsos por acordos bilaterais com os Estados Unidos e a União Europeia ganhariam força, o que nos colocaria em condições de negociação bem menos favoráveis. Assim – e esse era um fator que nos distanciava da Índia –, o fracasso puro e simples, sem uma perspectiva de retomada, não era uma opção, a não ser em uma situação de extremo desequilíbrio. Apesar dessas diferenças de percepção, Kamal e eu concordamos em fazer todo o possível para manter a unidade de posições entre Brasil e Índia. Confirmar essas boas intenções na prática se revelaria mais difícil do que eu supunha naquele momento.

No dia seguinte, sábado, encontrei-me com Pascal Lamy. Minhas anotações não registram o que efetivamente conversamos, mas assinalam as linhas gerais da mensagem que eu pretendia passar. Não é provável que me tenha afastado muito delas. Meu ponto central consistia na necessidade de que, dentro dos parâmetros que haviam sido estabelecidos pelos *chairs* e que constavam dos documentos revisados, encontrássemos as soluções mais amigáveis em relação ao desenvolvimento (*development-friendly*). Afinal, tratava-se de realizar a "Agenda de Desenvolvimento de Doha". Não sair daqueles parâmetros já exigiria um esforço considerável dos países em desenvolvimento. Era o caso, por exemplo, da aceitação de um acordo sobre NAMA, baseado na "fórmula suíça", com um coeficiente bem inferior ao que havíamos proposto antes de Hong Kong. O *blueprint* que tencionava apresentar a Lamy incluía maior corte em OTDS, disciplinas mais rigorosas nos subsídios por produto, alguma melhoria nas cotas para produtos sensíveis em AMA e, sobretudo, não sobrecarregar as demandas em NAMA. Pretendia argumentar que os números propostos para o coeficiente da fórmula e para as flexibilidades* não seriam facilmente aceitos pela Argentina. Exigências adicionais em matéria de anticoncentração ou em setoriais provavelmente "entornariam o caldo", devido aos graves prejuízos que causariam para o equilíbrio interno do Mercosul. Havia, naturalmente, uma miríade de outras questões que eu não teria como tratar em uma entrevista relativamente breve. Sobretudo temia que, diante de um impasse, houvesse novamente a tentação de recorrer a um texto arbitrado pelo DG e colocado diante dos negociadores no último dia, para "pegar ou largar". Pessoalmente, tinha confiança em Lamy – cujo comportamento em Hong Kong fora irrepreensível –, mas as pressões por uma solução desequilibrada poderiam ser irresistíveis, do nosso ponto de vista. Ao final da nota sobre a mensagem que levaria ao diretor-geral, acrescentei um comentário revelador de que, apesar de interesses específicos do Brasil, eu não estava disposto a um acordo a qualquer preço: "Embora [uma atitude firme de recusa] possa significar que eu venha a ser crucificado pelo nosso agronegócio, preciso estar preparado para um novo Cancún".

O sábado e o domingo, assim como os dois primeiros dias após a instalação do TNC, foram repletos de reuniões bilaterais, com o comissário europeu, a negociadora norte-americana, os ministros do Japão, da China, da África do Sul, do Egito (os três últimos, membros influentes do G20), entre outros. Mas também recebi o ministro do Comércio de Burkina Faso, um dos países africanos mais pobres, integrante do Cotton-4. Tive também várias reuniões plurilaterais, que envolveram vários grupos de países em desenvolvimento. A mais substanciosa delas foi a do G20, que emitiu um comunicado reiterando o interesse na conclusão

* No curso das negociações, fomos descobrindo que, dentro de certos limites, a ampliação das flexibilidades atendia mais às nossas dificuldades do que a manutenção de um coeficiente mais alto. Tratei desse tema mais extensamente no *Conversas com jovens diplomatas*, op. cit., capítulo 7.

da Rodada e acentuando a prioridade da agricultura.* Na segunda-feira, 21, ocorreu a primeira reunião do TNC.

Como em outras vezes, a reunião ministerial se desdobrou em diferentes formatos. O TNC era a oportunidade para a apresentação inicial do próprio diretor-geral e para as decisões formais quando chegasse o momento. O TNC servia também de plataforma para os discursos dirigidos ao "público externo". Ilustro com meu próprio pronunciamento, no qual, além de abordar temas específicos do nosso interesse, procurei transmitir algumas mensagens de natureza política. Iniciei meu discurso, parcialmente de improviso, com a lembrança de uma metáfora feita por Arthur Dunkel, diretor-geral do antigo GATT e presidente do TNC "em nível de altos funcionários" durante a Rodada Uruguai. Em uma de suas muitas exortações públicas à capacidade de negociação das partes contratantes, Dunkel havia comparado o exercício em que estávamos empenhados a uma escalada rumo ao Everest. Na ocasião, com a irreverência de um jovem embaixador, eu indagara se, já que estávamos em Genebra, não deveríamos nos contentar com o Mont Blanc. Evidentemente, eu queria assinalar a conveniência de reduzir as expectativas. Em meu pronunciamento de julho, fiz alusão ao chamado "*Mont Blanc des Anglais*", em geral visível mesmo em dias nublados. Este era apontado aos turistas "para inglês ver", enquanto o verdadeiro permanecia oculto por trás da espessa camada de nuvens que caracteriza os invernos genebrinos. Completei meu pensamento dizendo que o risco que corríamos naquele momento era o de que alguns membros apontassem para o Everest e nos oferecessem, em vez disso, o "*Mont Blanc des Anglais*". Ressaltei a importância de um resultado orientado a "promover o desenvolvimento". Disse que considerava crucial, para a própria "credibilidade e relevância" da OMC, restabelecer a confiança "naquele momento

* O comunicado do G20 na reunião do dia 20 de julho destaca: "Será necessário fazer cortes efetivos em Apoio Geral Distorcivo (Overall Trade-Distorting Domestic Support – OTDS), levando em conta mudanças nos padrões de preços mundiais (...)". O comunicado salienta a importância de "disciplinas" de modo *inter alia* a evitar a concentração dos subsídios em alguns poucos produtos. O algodão é objeto de referência específica. "Quanto a Subsídios à Exportação, o final do período acordado em Hong Kong para a eliminação de todos os subsídios à exportação deve ser respeitado". A declaração prossegue: "Os países desenvolvidos devem produzir resultados que correspondam ao Mandato de Doha relativo à melhora substancial em acesso a mercados, bem como o Mandato de Hong Kong sobre equilíbrio entre agricultura e NAMA (parágrafo 24). A fórmula para cortes tarifários deve ser ambiciosa, em particular na faixa mais alta; e o corte médio mínimo de 54% deve ser respeitado, em linha com a proposta do G20. Os limites sobre tarifas (*tariff capping*) devem ser efetivos (...)". O comunicado enfatiza também "o papel vital dos produtos especiais ('SPs') no tratamento da segurança alimentar, do desenvolvimento rural e nas preocupações de subsistência nos países em desenvolvimento, bem como o mecanismo de salvaguarda especial ('SSM')."

crítico por que passava a economia internacional". Citando a crise dos alimentos, sublinhei que "eliminar ou reduzir substancialmente os subsídios" contribuiria decisivamente para evitar o agravamento da fome e da pobreza no mundo. Reiterei que fora a Genebra com a "disposição de concluir a negociação das modalidades em agricultura e em NAMA", a fim de que pudéssemos terminar a Rodada ainda naquele ano. Ao recordar o "interesse central" do Brasil no sistema multilateral de comércio, citei palavras do presidente Lula, que repetidas vezes afirmara que "o Brasil fará sua parte, desde que os outros – e especialmente os países ricos – façam a deles". Comentei o que, a meu ver, era um desequilíbrio entre os textos de agricultura e NAMA. Naturalmente, carreguei um pouco nas tintas: "Lendo o texto de agricultura, podemos concluir que, apesar de todos os esforços, o texto foi baseado na lógica de acomodar exceções em vez de buscar ambição. Quase trinta parágrafos do texto de agricultura estabelecem exceções específicas para determinados países. O texto de NAMA, por outro lado, baseia-se na lógica de forçar os países em desenvolvimento para fora de suas 'zonas de conforto'". Resumi a essência do meu pensamento (que já expusera a Lamy) de como seria possível concluir a Rodada. Afirmei: "Não temos tempo para encenações. Devemos avançar da forma mais direta possível (...). Sempre que tivermos de optar, [devemos] escolher a opção mais pró-desenvolvimento. Afinal, esta é a Rodada do Desenvolvimento. Agindo assim, (...) teremos um caminho direto para o êxito. A alternativa é um caminho tortuoso rumo ao fracasso". Finalmente, conclamei os negociadores a não guardarem suas possíveis concessões à espera de movimentos correspondentes dos seus parceiros: "É claro que se pode sempre deixar a moeda de troca para o momento final, mas o momento final pode ser tarde demais".

"Nous n'avons pas un 'deal'"

Por iniciativa do diretor-geral, logo foi estabelecido um Green Room com cerca de trinta países. Diferentemente do que ocorrera em Hong Kong, porém, as negociações mais importantes foram conduzidas pelo diretor-geral em um grupo restrito, um G7 composto do já tradicional G4 (União Europeia, Estados Unidos, Brasil e Índia) mais Austrália, Japão e – a grande novidade – China.* A ideia por trás do G7 era que um consenso entre os "sete grandes" gozaria, em

* Depois de um longo período de introspecção, que se seguiu a sua admissão como membro da OMC, a China começava a dar mostras de querer atuar de forma compatível com o tamanho de sua economia. Além disso, ter a China no grupo era uma garantia de que o que viesse a ser acordado seria

princípio, de alto grau de aceitabilidade pelo conjunto dos membros. O Green Room seria a instância intermediária. Como sempre, essa delegação implícita do poder de negociar não ocorria sem tensões. Muitos países ensaiaram questionar esse formato restrito, mas acabaram se rendendo à evidência de que não havia outra forma para tentar avançar. Na quarta feira, o G7 teve sua primeira reunião no gabinete do diretor-geral. Essa "consulta", como era oficialmente chamada, se prolongou pela madrugada de quinta-feira. Voltaríamos a nos reunir nesse formato várias vezes nos dias que se seguiram até a terça-feira, 29. Creio que foi logo ao final do primeiro encontro do G7 que Lamy, depois de longas discussões em grupo e individuais ("confessionários") me transmitiu a impressão de estar entregando os pontos: "*Nous n'avons pas un 'deal'*", disse-me em um *franglais* típico da OMC, durante o encontro privado que tivemos na madrugada de quinta-feira, como parte dos "confessionários". Apelei ao diretor-geral que não desistisse de um acordo. Meu chamado certamente foi repetido por outros membros do G7. No final desse mesmo dia, tivemos uma reunião bastante penosa do Green Room, em que manifestações de inconformidade com o formato restrito se fizeram ouvir com insistência, tanto mais que "não estava produzindo resultados". Mas, ao final, o grupo de 34 países exortou o G7 a continuar batalhando por um acordo sobre os elementos básicos da negociação. A mesma cena voltaria a ocorrer um ou dois dias depois. Entre esses elementos básicos estavam nossos conhecidos AMA e NAMA, OTDS (juntamente com disciplinas), produtos especiais e salvaguardas especiais. Em NAMA, estavam incluídas questões como flexibilidades, anticoncentração e setoriais.

Meu registro seguinte é do dia 27 de julho. Absorvido pelas infindáveis discussões durante aquela semana crucial, não escrevi nem sequer uma linha. A princípio, as reuniões deveriam terminar no dia 25, sexta-feira, mas foram prolongadas na tentativa quase desesperada de salvar a Rodada. Desde o início, as negociações se afiguravam muito difíceis, com acusações mútuas que pareciam antecipar um desejo de vários membros, sobretudo os países desenvolvidos, de se prevenir em relação à imputação de culpas. União Europeia e Estados Unidos foram logo apontando a "intransigência" dos grandes países em desenvolvimento, especialmente Brasil, Índia e China. A distorção dos fatos chegou a tal ponto que me obrigou, em um arroubo retórico, a comparar a atitude dos dois maiores sócios com a prática preconizada por Goebbels, na Alemanha nazista, de repetir uma mentira tantas vezes quantas fossem necessárias para que ganhasse foros de

---

acatado por Beijing. A China era alvo de demandas dos países desenvolvidos, especialmente os EUA, tanto em manufaturas como em produtos agrícolas.

verdade. Essa afirmação, fora do contexto em que foi proferida e amplamente difundida pela mídia internacional, foi muito explorada e valeu-me uma avalanche de ataques. No Brasil, não deixou de suscitar manifestações favoráveis, como a provocada por um artigo de Mauro Santayana, que um leitor reproduziu com um brado de apoio em uma carta ao jornal: "Fala, grande Amorim!". O episódio não chegou a repercutir nas negociações, que seguiram intensas, mas o clima em Genebra certamente não era dos mais favoráveis.*

Baseado no que ouvira tanto nas reuniões como nos confessionários, ao retomar as "consultas" já na sexta-feira, Lamy apresentou uma proposta que continha indicações numéricas para cada um desses itens, formuladas de maneira muito sucinta, em uma única folha de papel. No caso de setoriais, a formulação era essencialmente discursiva. Como sempre, a proposta do DG provocou reações acaloradas. Tais reações eram parte da "teatralidade" que caracteriza esse tipo de negociação e visavam posicionar favoravelmente seu autor ou autores para as discussões que se seguiriam. No caso da Índia, o problema era mais sério. Kamal Nath foi o primeiro a rejeitar a proposta do diretor-geral. Expressou total inconformidade com o tratamento dado aos produtos especiais** e às salvaguardas especiais. As margens que buscava para as pretendidas exceções, sobretudo em SSM, eram muito mais amplas do que as apresentadas na "folhinha" de papel do diretor-geral. Sob pretexto de que o governo indiano não teria condições técnicas de fazê-lo, Kamal não aceitava a proposta do DG de que a aplicação das salvaguardas ficasse condicionada à demonstração de um aumento substancial das importações do produto em relação ao ano anterior, o que parecia uma exigência razoável.*** Mandelson também reagiu negativamente à "folhinha", considerando insuficientes as cifras que Lamy havia apresentado para NAMA, principalmente em relação ao quesito de anticoncentração. Não me recordo das palavras que usou, mas o sentido geral da intervenção do comissário foi afirmar que a proposta de Lamy era um *non-starter.* Os ministros do Japão e da China, que falaram

---

* Uma reconstituição detalhada das reuniões daquela "semana estendida" consta do capítulo 13 do livro de Paul Blustein, op. cit., intitulado na versão original *Losing it* e, na tradução brasileira, *Fracasso*. Para um relato ainda sob o impacto dos eventos, ver Amorim, Celso. *Conversas com jovens diplomatas*, op.cit., capítulo 7, "Outras crises virão...".

** Além dos "produtos especiais", sujeitos a reduções menores que a decorrente da fórmula, o G33 havia obtido que certo número deles fosse classificado como "superespeciais". Estes não estariam sujeitos a nenhuma redução. Nesse ponto, o debate ficou restrito ao percentual máximo de produtos que poderiam ser classificados dessa forma.

*** Uma das alegações de Kamal era que havia vários pontos de entrada para esses produtos na Índia e o governo central não possuía estatísticas confiáveis com as quais medir o aumento total, a tempo de remediar os danos aos seus agricultores.

a seguir, também teceram críticas, de pontos de vista distintos, em alguns casos muito fortes, ao papel do diretor-geral. O ministro chinês, Chen Deming, com quem me havia encontrado dois dias antes na residência do embaixador brasileiro e que parecera disposto a ser um verdadeiro participante nas negociações, estava especialmente preocupado com as setoriais em NAMA e com o acesso a mercados em produtos agrícolas. A China também pretendia se valer das SSMs para coibir o aumento de importações de produtos cuja negociação fizera parte do pacote relativamente recente do acesso chinês à OMC. Já o ministro da Economia japonês, Akira Amari, sempre secundado por seu colega da Agricultura, lutava contra a fixação de tetos para as tarifas (*tariff capping*) sobre produtos agrícolas, sobretudo (mas não exclusivamente) arroz.*

Quando chegou a minha vez, com base em consultas que havia feito na véspera aos técnicos em Brasília e em uma conversa telefônica com o presidente Lula (de uma sala contígua ao gabinete do DG), que reforçou minha autoridade para decidir, resolvi fazer um gesto ousado. Disse que o papel não me agradava em vários pontos. Por motivos opostos aos de Mandelson, o parágrafo sobre NAMA – especialmente no que se referia à anticoncentração – era difícil de aceitar e, no parágrafo de agricultura, o número fixado para o OTDS estava acima do que esperávamos.** Apesar dessas deficiências, disse que estaria disposto a "engolir" a proposta, caso ela permitisse chegar a um consenso. Minha atitude surpreendeu os participantes e mudou a dinâmica da reunião. Simon Crean e Susan Schwab (esta com alguns condicionantes) falaram no mesmo sentido que eu, o que, ato contínuo, levou o comissário europeu a rever sua posição inicial de que o texto de Lamy era "inaceitável". China e Japão mantiveram-se relativamente silenciosos nessa segunda volta de intervenções. O fato de que ambos necessitassem de intérpretes limitava sua capacidade de acompanhar a dinâmica das discussões. Naquele momento, a única voz nitidamente dissonante continuava a ser a de

* Em alguns casos, as tarifas impostas pelo Japão equivaliam a uma proibição pura e simples de importação, atingindo percentuais de 200% a 600%, e, no caso de certos tipos de arroz, ultrapassavam 1.000%!

** A proposta do G20 era que se deveria adotar o número-limite mínimo estabelecido pelo "texto revisado", i.e., US$ 13 bilhões. O papel de Lamy estipulava um teto de US$ 14,5 bilhões, que era um meio-termo entre os dois limites da faixa. Antes das negociações, Susan Schwab anunciou que, se as principais reivindicações norte-americanas fossem atendidas, poderia chegar a US$ 15 bilhões. Todas essas cifras eram superiores aos dispêndios efetivamente feitos nos últimos dois ou três anos (aproximadamente US$ 11 bilhões). Isso significava que, por um lado, Washington não poderia voltar aos gastos astronômicos do passado, que haviam atingido ou mesmo ultrapassado a casa dos US$ 20 bi, mas, por outro lado, não haveria cortes reais sobre o valor praticado em anos recentes. Para confirmar essas cifras, recorri às minhas notas e ao livro de Blustein, já citado.

Kamal Nath. No correr das negociações, nas horas e dias que se seguiram, Schwab, já insatisfeita com os números em SP e SSM e frustrada com uma linguagem que considerava pouco precisa em setoriais, foi aos poucos revertendo sua posição e, afinal, viria a formar com Kamal Nath uma cumplicidade de conveniência em favor da suspensão das negociações.* A rigor, essa aliança de contrários só se explicitou totalmente no último dia, quando, de forma patética, Kamal e Susan compararam, em plena reunião do G7, as datas e os horários de partida de cada um, enquanto alguns de nós – inclusive Lamy – ainda buscávamos uma saída para os impasses. Até então, predominara o jogo de acusações. Curiosamente, Mandelson e eu, que havíamos tido talvez a troca de palavras mais áspera de toda a reunião (sobre NAMA), passamos, juntamente com o bem-intencionado ministro australiano, a defender com vigor um acordo baseado nas propostas feitas por Lamy.** Funcionários da Comissão Europeia, juntamente com os nossos (e alguma ajuda dos australianos e do secretariado), foram instruídos a buscar alternativas que tornassem a parte do papel sobre SP e SSM aceitável para os Estados Unidos, de um lado, e para China e Índia, de outro.*** Algo similar, *mutatis mutandis*, foi tentado em relação às setoriais. A sensação predominante era que, apesar das dificuldades e a fim de evitar o isolamento, a China muito provavelmente acabaria aceitando uma solução de compromisso. Mas o jogo estava feito. A impermeabilidade de Kamal, que se recusava a considerar qualquer fórmula que se afastasse minimamente de sua posição inicial, e a incapacidade de Susan de lidar com o peso das concessões em agricultura – sem compensações suficientes em NAMA ou em acesso a mercados agrícolas, no seu entender – acabaram por derrubar todos os esforços de conciliação. Depois de muito "choro e ranger de dentes", que se prolongou até a terça-feira (portanto, muito além da duração prevista para o TNC), Lamy anunciou o colapso das negociações.

---

* Em grande medida, a mudança de Schwab pode ser atribuída a contatos durante o fim de semana com os *lobbies* industrial e agrícola, presentes em Genebra, respectivamente a Associação Nacional de Produtores de Manufaturas (NAM) e o Farm Bureau. Cf. *Conversas com jovens diplomatas*, op. cit., e Blustein, *op. cit.* Mas fatores mais profundos, inerentes à personalidade da USTR, associados à perspectiva do final do governo Bush e ao "medo" dos congressistas, seguramente influíram na mudança de atitude da norte-americana.

** Em algum momento das discussões no G7, quando Susan Schwab tentou tratar com pretensa naturalidade um adiamento das negociações, procurando encobrir a gravidade do colapso, Mandelson qualificou o comportamento da USTR de "*disgraceful*".

*** A descrição feita por Mandelson (op. cit., p. 437), embora mais resumida, é muito parecida com a minha. Referindo-se à intransigência de Schwab e de Nath, diz: "Celso Amorim e eu, com o apoio de Pascal Lamy, tentamos tudo que podíamos imaginar para superar o impasse, mas os dois lados simplesmente não desejavam chegar a nenhum acordo".

"A profecia de Amorim"

Não fora uma decisão fácil para o Brasil aceitar a proposta de Lamy. As discussões que precederam a sessão em que o diretor-geral colocou sobre a mesa uma série de números para os diferentes temas tinham deixado claro que, se desejássemos um acordo, teríamos de fazer alguma concessão em relação à anticoncentração. Na véspera, Roberto Azevêdo me havia dito, após contatos em Brasília, que um índice de 15% seria suportável. Lamy havia sugerido 20%.* A diferença não era tão grande. Em relação às flexibilidades, o papel estabelecia que cobririam 14% das linhas tarifárias e 16% do valor de comércio. Isso estava muito próximo dos números reivindicados pelo Brasil para atender às dificuldades do Mercosul. O coeficiente para a fórmula de redução coincidia com o limite que figurava no "texto revisado": 20. Acompanhado das flexibilidades, esse número não representava uma abertura desastrosa para o setor industrial. Funcionários e assessores da diretoria da Fiesp acompanhavam de perto as negociações e davam mostras de que a indústria brasileira poderia "conviver" com esse resultado. Nessas condições, mesmo com algum sacrifício, considerei que aceitar o pacote era o que mais nos convinha.

Peter Mandelson deve ter feito um raciocínio semelhante, com sinais opostos. Para a União Europeia, o sistema multilateral de comércio tinha valor em si. Com um sistema legal distinto daquele dos Estados Unidos, desde a Rodada Uruguai, a então Comunidade Econômica Europeia, da mesma forma que o Brasil, havia defendido a institucionalização da OMC (o GATT era um mero acordo e ainda por cima provisório) e, com ela, um sistema de solução de controvérsias que inibisse o uso de medidas unilaterais, que Washington, baseada na famigerada seção 301 da Lei de Comércio, empregava com largueza. Embora não fosse avessa a acordos bilaterais, Bruxelas não favorecia a fragmentação do comércio. Os norte-americanos, por sua vez, sempre deram sinais ambíguos sobre essa possibilidade. A moeda de troca que Mandelson levaria aos Estados-membros, mesmo sem atender em toda a extensão a seus objetivos, era suficientemente atraente. Com limites e disciplinas para os subsídios internos dos Estados Unidos, os europeus, de certa forma, "nivelariam o campo de jogo" em matéria de apoio interno (já que a reforma da PAC implicaria redução no nível de subsídios

---

* Os percentuais de anticoncentração se referem ao número mínimo de linhas, dentro de um capítulo tarifário, que deveria ser objeto do corte integral resultante da fórmula (isto é, que não se beneficiaria das flexibilidades). Quanto maior o percentual, menos latitude haveria para "concentrar" as flexibilidades em um único setor.

europeus). Em NAMA, com o coeficiente relativamente próximo do que havia sido sua meta inicial (15), e com a incorporação, ainda que em limites mais modestos, da anticoncentração como fator "moderador" das flexibilidades, a Comissão poderia apresentar um ganho concreto aos produtores industriais da Alemanha e de alguns outros países. Naturalmente, no curso das negociações, pretenderia aumentar esse ganho em serviços e (com menor probabilidade de êxito) em indicações geográficas.*

Quanto a Susan Schwab, já me referi à sensação de "sobrecarga" que lhe causava o pacote de concessões que teria que vender aos congressistas, com relativamente poucos ganhos, no seu entender. Afora o que os Estados Unidos ainda pudessem obter em serviços, os dois aspectos que mais interessavam a Washington tinham a ver com acesso a mercados. No caso de agricultura, o foco era dividido entre o mercado europeu e outros países desenvolvidos, como o Japão, de um lado, e, de outro, o de países em desenvolvimento menos competitivos, como Índia, China e Indonésia. Ao longo dos últimos três anos, a ênfase dos Estados Unidos pareceu ter-se deslocado dos primeiros para os segundos. Em uma das várias reuniões bilaterais que tive com Susan, depois da apresentação do papel de Lamy, a norte-americana reclamou de absolutamente tudo e parecia transtornada com as "concessões" que já havia feito. Àquela altura, minha colega norte-americana não havia desistido de todo de um acordo (era difícil assumir o ônus do fracasso, mesmo que compartilhado com a Índia) e expressou a esperança de que o "Brasil pudesse ajudar, convencendo o G33 a se mover".

Quanto à Índia, de acordo com a nota que escrevi no dia 27, minha percepção era que havia jogado mal. Era razoável que Nova Délhi esperasse ser alvo de alguma consideração para com suas reconhecidas sensibilidades em relação à pequena agricultura e à segurança alimentar. O Brasil, algumas vezes com desgaste, fosse com nossos sócios do Mercosul, ou com nosso agronegócio, sempre se dispôs a trabalhar para que uma margem de proteção importante fosse concedida à produção agrícola indiana. Mas a impressão que eu tive naquele momento foi que Kamal tinha a expectativa de obter tudo que queria, sem precisar fazer nenhuma concessão. Em outras palavras, achei (e continuo a achar) que o ministro indiano tinha para si que o conjunto dos membros, diante da perspectiva de

* A qualidade de um produto, sua reputação ou outras características podem ser determinadas de acordo com sua origem. A terminologia "Indicações Geográficas" refere-se a nomes de lugares usados para identificar produtos que se originam desses lugares e têm características específicas (por exemplo, Champagne, Roquefort, Tequila). Nas negociações do tema na OMC, o Brasil tem posição intermediária, enquanto EUA, Austrália e Argentina são radicalmente contra. Mencionei o tema no capítulo 7 de *Conversas com jovens diplomatas*, op. cit.

eventual fracasso causado por um veto indiano, cederia a suas exigências. Apesar das manifestações iniciais que obtivera do G33, o apoio às posições intransigentes da Índia foi menos sólido do que Kamal esperava. A coordenadora do grupo, a ministra Mari Pangestu, da Indonésia, confessou que se sentira arrependida de defender posições maximalistas que inviabilizariam a Rodada.* Outros membros do G33 – sobretudo países mais pobres, de olho em vantagens em outros setores da negociação, como o *duty-free, quota-free* – não eram atraídos pela hipótese de ruptura que, em certo momento, foi abertamente sugerida por Kamal. Ele mesmo admitiria para mim que havia proposto um rompimento formal das negociações, mas que acatara uma forte advertência de países pequenos: "*You must not do that*". Talvez o desconforto decorrente dessas inquietações tenha levado Kamal a me propor uma reunião com Mari Pangestu e o diretor-geral a fim de "buscar a ajuda do Brasil" para encontrar uma solução que permitisse cobrir a brecha entre o G33, de um lado, e os Estados Unidos, de outro. Desconfiado de tantos pedidos de ajuda, disse a Lamy, quando ficamos a sós, que tinha todo o interesse em colaborar para a superação do impasse, mas que só o faria depois que ele consultasse Schwab e Mandelson, pois temia que mesmo um esforço bem-intencionado de aproximar posições pudesse ser utilizado como pretexto para reabrir outros aspectos do pacote. Essas articulações, já em fase de "falência geral de órgãos", demonstram também que a versão de que o Brasil teria "abandonado" a Índia carecia totalmente de fundamento. Além do erro tático de superestimar o valor da sua cartada, outra motivação explicava a conduta de Kamal Nath: dentro de poucos meses, seriam realizadas eleições estaduais na Índia e ali estava em jogo sua ambição de se tornar *Chief Minister* do importante estado de Madhya Pradesh, cuja economia era em grande medida constituída por pequenos produtores rurais.**

---

* Mari Pangestu, uma personalidade suave, vinha do mundo acadêmico. Embora tivesse alguma experiência em negociações comerciais (participara dos acordos da Asean com o Japão e com a Coreia), talvez não tivesse ainda a vivência plena das asperezas e manipulações dos embates políticos característicos da OMC. Pangestu me visitaria em Brasília em 1º de agosto, portanto logo após o colapso das negociações em Genebra. Nessa ocasião, confessou ter ficado muito abalada com o impasse ocorrido em torno dos produtos especiais. Como coordenadora do G33, se sentiu usada em proveito de posições radicais. Depois da visita, em reação a uma mensagem que lhe enviei por meio do nosso embaixador em Jacarta, Pangestu chegou a admitir que, apesar de inconformada com o fracasso das negociações, não podia recorrer a seus próprios colaboradores para um trabalho técnico (que Lamy nos havia solicitado), pois todos estavam engajados no radicalismo que Kamal soubera aproveitar.

** Manter a aliança estratégica com a Índia e a unidade do G20 era certamente uma de nossas preocupações, mas o ponto débil de nossa posição comum sempre fora o relativo aos SP e SSM. Mesmo

Declarado formalmente o colapso das negociações, cada um teria sua própria versão dos fatos. Outros – inclusive, neste caso, o próprio diretor-geral – procurariam "suavizar" o fracasso. Não foi essa a minha atitude. Ao sair da sala de reuniões em que se realizou o último Green Room, desci a escadaria do Centro William Rappard, sede do antigo GATT – que no período entre guerras abrigara o BIT –,* e falei com a imprensa, ansiosa por notícias e reações. Na parte central desse pronunciamento, feito de improviso e sob a forte emoção do momento, expressei minhas dúvidas sobre a viabilidade do apelo feito por vários oradores no sentido de se preservar o que já fora obtido. E acrescentei: "Eu concordo com isso (o desejo de preservar os avanços), mas (...) não depende de nós. A vida continua. Temos a crise alimentar. Teremos outras crises. Outras preocupações se apresentarão de forma mais incisiva do que agora. Interesses protecionistas (...) escrutinizarão o que fizemos, algumas vezes como um salto no escuro (...)". Comentando minhas "palavras pungentes" em um livro publicado em 2009, Paul Blustein** referiu-se à crise financeira desencadeada pela falência do Lehman Brothers e assinalou: "Com espantosa rapidez, se realizaria a profecia de Amorim sobre 'outras crises' que se sobreporiam ao fracasso da reunião da OMC de julho de 2008".

Fiquei mais um dia em Genebra e não me furtei a conceder entrevistas. Em uma delas, para a revista *Newsweek*, lamentei a visão estreita dos negociadores comerciais, muito dependentes dos *lobbies*, e cheguei a sugerir, parodiando as palavras do presidente francês Georges Clemenceau, que as "negociações comerciais eram sérias demais para serem deixadas nas mãos de ministros do Comércio. Nessa mesma entrevista e em outra, concedida ao *Financial Times*, previ (com otimismo, como constato em retrospecto) que seriam necessários três ou quatro anos para recompor um pacote que permitisse chegar a um acordo. Para o jornal britânico, qualifiquei como *wishful thinking* a ideia (atribuída pelo jornalista a Susan Schwab) de que pudéssemos retomar as discussões, concentrando-nos em temas individuais. Também apontei para o risco real de fragmentação do sistema internacional de comércio e afirmei que acordos bilaterais seriam sempre um *second best*, incapazes que são de lidar com temas centrais como subsídios.

---

assim, até o último momento, procuramos encontrar uma solução e é difícil dizer se, no caso de conseguirmos acomodar Nova Délhi, os Estados Unidos teriam voltado à disposição inicial. O ônus de ficar isolado é sempre muito pesado e o conforto mútuo que Susan e Kamal criaram um para o outro facilitou a manutenção das respectivas atitudes. Mas, afinal, a capacidade de ficar isolado em situações como aquela é uma das características das grandes potências.

* Bureau Internacional do Trabalho, antecessor da OIT.

** Op.cit., p. 275.

De Genebra a...

"A Argentina é um problema do Brasil"

No dia 31 de julho, voltei a Brasília. A chuva fina e fora de época daquela madrugada acentuou a desolação do meu estado de espírito. Contrariamente ao que ocorrera tantas outras vezes, apenas duas pessoas nos aguardavam na base aérea onde pousou o Legacy: o embaixador Ruy Nogueira (suponho que na qualidade de ministro interino devido a alguma ausência do secretário-geral) e a mulher do meu assessor de imprensa, Cecilia Neiva Tavares. Na tarde desse mesmo dia, fiz um relato pormenorizado do que ocorrera ao presidente Lula. No dia seguinte, recebi a ministra da Indonésia e, nos dias 3 e 4, acompanharia o presidente em visita a Buenos Aires. Na capital argentina, Lula teria um encontro com cerca de vinte "pesos-pesados" do empresariado brasileiro, em preparação a um encontro de negócios entre eles e seus pares portenhos. Nessa ocasião, o presidente da Fiesp elogiou o diálogo fluido e constante entre os delegados brasileiros e os representantes da indústria que se haviam deslocado a Genebra. Manifestou também total apoio à posição que o Itamaraty havia adotado. Em um de meus contatos paralelos ao encontro presidencial, enquanto, juntamente com outros ministros dos dois países, aguardava o desenrolar do encontro privado entre Lula e Cristina Kirchner, pude perceber que altas autoridades argentinas da área econômica tinham uma visão equivocada do impacto da aplicação da fórmula suíça com coeficiente 20, acompanhada das margens de flexibilidade indicadas no papel de Lamy, sobre os cortes nas tarifas de produtos industriais. O chanceler Taiana, com quem estivera algumas vezes antes e durante as negociações, levou-me pelo braço até onde estava o secretário de Comércio (ligado ao Ministério da Economia e não à Chancelaria) e pediu-me que explicasse qual o efeito real dos cortes previstos. Expus ao secretário que, com as flexibilidades, a tarifa sobre automóveis (item que interessava especialmente à Argentina) não cairia para 14% ou 15%, como ele pensava, mas sim para algo em torno de 23% ou 24%. A surpresa revelada por meu interlocutor foi desconcertante. Acomodar as preocupações argentinas fora um cuidado constante do Brasil. A discussão sobre a ampliação das flexibilidades, com sacrifício do coeficiente, tinha em grande parte a ver com esse cuidado. Durante as últimas negociações em Genebra, quando mencionava as dificuldades de Buenos Aires, meus interlocutores logo redarguiam: "A Argentina é um problema do Brasil". Não ignorava que, se tivéssemos logrado concluir as modalidades, teríamos de pagar parte da conta da Argentina, provavelmente abrindo mão de incluir algumas linhas tarifárias nas flexibilidades para que nosso vizinho pudesse aumentar o número dos seus produtos sensíveis. Aquela ignorância de um alto funcionário sobre aspecto tão fundamental era motivo de perplexidade. Quem teria induzido um dos principais responsáveis pela política industrial a basear as posições de Buenos Aires em premissas absolutamente falsas? E que interesses específicos representava esse interlocutor privilegiado, que aparentemente não "brifara" adequadamente o próprio chanceler? Enfim, as respostas às indagações que me fiz naquele momento aos poucos deixariam de ser relevantes à medida que as discussões em torno de Doha foram perdendo ímpeto, até entrarem em estado de letargia profunda.

Antes mesmo de partir para a visita à Argentina em 2 de agosto, incentivado por mim, Lula ligou para Bush. Tratava-se sobretudo de manter o "engajamento". O próprio Lamy me sugerira esse gesto. No dia 5, Lula telefonou para Manmohan Singh a fim de patentear a importância que o Brasil continuava a dar à Rodada. Nosso presidente ouviu do primeiro-ministro, sempre mais disposto a conciliar do que seu ministro do Comércio, palavras alentadoras ainda que vagas. Seguramente em função desse telefonema, Kamal me ligou no mesmo dia e se disse disposto a manter um diálogo conosco com vistas a buscar uma solução para os impasses. Também nesse dia 5, recebi a visita do ministro do Comércio do Egito, meu companheiro no G20, que sempre manteve uma atitude sensata e cooperativa. Mas – fato em si mesmo indicativo de que Doha começava a se esfumar no panorama geral dos temas comerciais –, dessa vez, o foco da conversa foi a possibilidade de se concluir rapidamente um acordo entre o Egito e o Mercosul. Também falei com Lamy, que estava em Nova Délhi, empenhado em resgatar o apoio da Índia para as negociações. Recebi ainda uma chamada de Susan Schwab. Toda essa atividade telefônica não escapou à imprensa internacional. Referindo-se à abertura dos Jogos Olímpicos em Beijing, da qual Lula participaria sem minha companhia, o *Monde*, na edição de 13 de agosto, comentou em reportagem intitulada "O presidente Lula e Pascal Lamy movem céus e terra", que "nunca se falou tanto de comércio em uma Olimpíada" e prosseguiu com uma entrevista minha. Nesta, além de lamentar prejuízos específicos para o Brasil, destaquei nossa visão geopolítica, segundo a qual o sistema multilateral de comércio seria essencial ao equilíbrio do mundo contemporâneo. Acrescentei que os acordos bilaterais não seriam uma alternativa para os problemas dos países mais pobres, já que não removeriam os subsídios que causavam tantas privações. A uma pergunta sobre minha expectativa de retomada das negociações, disse que, se isso ocorresse rapidamente, talvez fosse possível "continuar de onde havíamos parado". Do contrário, todo o *acquis* poderia ser perdido. Concluí a nota em que descrevi esses fatos com este comentário, no qual se pode ler uma réstia de esperança: "Será possível lançar uma ponte entre Délhi e Washington? Susan me pareceu desnorteada e Kamal, embora se dizendo disposto a conversar, continua, como é de seu estilo, misturando argumentos. Hoje (...) [o primeiro-ministro britânico] vai falar com Lula [em Beijing]. Mas, como certa vez Joseph Stalin (...) perguntou a propósito do papa [Pio XII], de quantas divisões dispõe Gordon Brown?".

No final do mês de agosto, visitei a Austrália e a Nova Zelândia. Como anotei à época, o maior interesse da viagem era o que ainda poderia ser feito por Doha, "o enfermo que vários de nós tentávamos fazer reviver". A Austrália, que liderava o grupo de Cairns e tivera papel de certo relevo como membro dos FIPS no *July Framework*, era uma ardente defensora da Rodada, e seu ministro do Comércio era um dos fiéis adeptos do sistema multilateral de comércio. Já a Nova Zelândia se orgulhava de ser o típico "bom cidadão" internacional que tradicionalmente exercera algum papel na condução dos temas agrícolas na OMC. Naturalmente, em ambos os países iria tratar também de temas bilaterais e questões políticas. Antes de partir rumo a Canberra, no dia 24, falei novamente com Lamy, que voltara de uma viagem a Washington depois de passar na Índia, um roteiro que por si só dizia muito sobre onde residiam as principais dificuldades. O diretor-geral se mostrou "moderadamente esperançoso" quanto à retomada das conversações. Eu tinha também a expectativa de um encontro com Kamal Nath em um ponto intermediário da minha viagem, possivelmente Dubai, com o objetivo de avaliar em uma conversa pessoal – sempre mais útil do que os telefonemas –, se ainda valia a pena continuar trabalhando para reanimar o doente. Afinal, o encontro não se concretizou, devido a "inadiáveis compromissos" políticos de Kamal em seu estado. Apesar de ter afirmado durante palestra que proferi aos alunos do Instituto Rio Branco, transcrita no livro já citado,* que minha estimativa sobre a possibilidade de conclusão positiva se havia reduzido, após o TNC de julho, a não mais de 10% (antes da reunião, havia falado em 60%), eu seguia acreditando (ou querendo acreditar) que valeria a pena fazer "um último esforço".

"Não será fácil percorrer essa milha final"

A primeira semana de outubro foi marcada pela saída de Mandelson da Comissão Europeia, indicado por Brown para um alto posto no governo trabalhista, combalido então pela situação econômica e por suas próprias disputas

* *Conversas com jovens diplomatas*, op. cit.

internas. Não voltaria a estar com o comissário europeu enquanto estive à frente da diplomacia brasileira, embora tenhamos falado ao telefone pouco antes da Cúpula do G20. Reencontraria Peter Mandelson em um seminário em São Paulo, patrocinado por uma fundação que ele próprio dirigia. Na ocasião, comentamos a ação conjunta que havíamos desenvolvido em Genebra na tentativa de salvar a Rodada. Mandelson presenteou-me com o livro que acabara de publicar, *The Third Man*,* cuja simpática dedicatória dizia: "Para Celso Amorim, unidos em prol do bem comum". No dia 13 de outubro de 2008, desembarquei em Nova Délhi para mais uma Cúpula do IBAS, cujo calendário o presidente Lula fazia questão de manter religiosamente. Lula sabia muito bem que esse tipo de iniciativa – como tantas outras que havíamos tomado – era uma "planta tenra" que tinha de "ser regada diariamente" (assim como a democracia, no dizer de um político brasileiro dos anos 1940/1950). Antecipei-me em um dia e meio à estada de Lula na capital indiana, de modo a poder manter conversações com meus interlocutores, o ministro do Exterior, Pranab Mukherjee, e – naturalmente – Kamal Nath. Eu ainda buscava ressuscitar o "grande enfermo". Para tanto, havia pedido que, antes mesmo da minha chegada, meus assessores – com Roberto Azevêdo à frente – mantivessem conversações com a equipe indiana. O tema principal eram as salvaguardas especiais, que – mais do que seu irmão siamês, relativo aos "produtos especiais" –, era onde parecia residir o maior obstáculo a uma retomada das negociações. Meus apontamentos revelam que grande parte de meu encontro com o ministro do Comércio foi despendida em uma discussão bastante genérica sobre a crise financeira mundial e a política norte-americana. Em um seminário empresarial de que havíamos participado logo antes do nosso encontro, Kamal havia apoiado declarações minhas sobre a necessidade de reformar o sistema financeiro/monetário internacional. Segundo o relato de jornalistas meus amigos (sim, eles existiam!), meu colega teria mesmo ido além e proposto substituir toda a arquitetura prevalecente por uma "WFO", com o "F" de *Finance* no lugar de "T" de *Trade*. Desde logo, ficou claro para mim que Kamal Nath preferia discorrer sobre generalidades a discutir temas específicos. Participei conscientemente desse "joguinho" porque – além da atualidade dessas questões – tinha para mim que isso ajudaria a desanuviar o clima entre nós, sobre o qual ainda pesava a carregada atmosfera de julho. Antes mesmo de minha conversa com Kamal, ouvindo meus assessores, eu havia concluído que era necessário dividir nossos esforços com os indianos em duas etapas

* Op. cit.

bem distintas. Até as eleições locais, nas quais meu colega concorreria ao posto de *Chief Minister* em seu estado, os trabalhos teriam de ser discretos, técnicos e, a rigor, inconclusivos. No período pré-eleitoral, qualquer coisa que mesmo de longe pudesse parecer menos do que uma proteção absoluta à agricultura familiar não seria aceitável para a Índia. Depois – tinha a esperança –, quem sabe, poderia buscar, dentro de limites, um entendimento mais realista. Mesmo isso não seria fácil, entre outras razões, em virtude da grande variedade de produtos em relação aos quais a atitude protecionista da Índia se estendia.* Expus esse raciocínio a Kamal, que não discordou e se dispôs a trabalhar nessa base, apesar do tempo exíguo de que disporíamos entre as eleições indianas e a mudança de administração nos Estados Unidos. Meu colega também concordou, em tese, com uma "conversa a três" com Susan Schwab. Chegamos mesmo a estipular uma data aproximada (10 de novembro).**

Kamal ofereceu-me um jantar no qual mantivemos uma conversa, a dois. Foi então que ocorreu o que as pessoas de fala espanhola chamam de *sinceramiento*. Meu amigo queixou-se do meu comportamento nos embates de julho. Segundo ele, eu o teria "deixado sozinho". Procurei justificar-me, lembrando as dificuldades que o tema representava dentro do G20 – fato que ele certamente não ignorava. Devido a essas dificuldades, nosso grupo nunca conseguira passar de expressões genéricas, diferentemente do que ocorrera em outros temas, como subsídios ou AMA. Mais importante: busquei contextualizar e, de alguma maneira, contrabalançar a queixa de Kamal lembrando as frequentes ocasiões em que o indiano admitira no G7 (e em outros âmbitos), na minha presença, que estava disposto a ser flexível em NAMA – o tema mais sensível para o Brasil – desde que obtivesse o resultado desejado em SP/SSM. Porém, concordei com meu colega em relação a um aspecto: poderia tê-lo prevenido, logo após sua apresentação, de minha disposição de aceitar o conteúdo da "folhinha de papel" de Lamy. A meu favor, entretanto, poderia argumentar (mas não creio que o tenha feito) que a exiguidade de tempo entre a tabulação do "papelucho" e a reunião do G7 fora totalmente consumida em consultas e cálculos (sobretudo no que dizia respeito à anticoncentração), feitos no âmbito da minha delegação. Tudo se dera no afogadilho das negociações. Como eu mesmo já havia dito aos

* "De sementes de areca (!) a soja", anotei na época. Em termos de países, as restrições afetavam o interesse de grandes exportadores, como os Estados Unidos (e o Brasil!), até pequenas nações asiáticas, como o Sri Lanka.

** A propósito da norte-americana, concordamos que suas "demandas excessivas" em outras áreas das negociações, especialmente "setoriais" em NAMA, dificultariam a eventual retomada.

jornalistas em julho, nossa demonstração de flexibilidade para obter um acordo fora em grande parte um "salto no escuro".

Durante o jantar, Kamal me confessaria que sua ambição real, caso viesse a ser bem-sucedido nas eleições que enfrentaria em seu estado, era se tornar líder do Partido do Congresso em nível nacional, o que automaticamente o elevaria ao cargo de primeiro-ministro, na suposição de que a agremiação de Sonia Ghandi (a quem aparentemente era muito ligado) mantivesse sua maioria no Parlamento. Em um acesso de franqueza, disse-me que "não pretendia morar muito tempo em Bhopal" (a capital do Estado de Madhya Pradesh, mais lembrada em função do terrível acidente que causara milhares de vítimas na fábrica da Union Carbide, em 1984). Nesse ponto, Kamal me fez uma confissão. Contou-me que, para entrar na política (era então muito jovem), teve de falsificar a idade. Em minha anotação, não deixei de manifestar minha perplexidade.

De Délhi parti para um curto périplo africano, que incluiria Maputo (onde acompanhei o presidente em uma visita bilateral), Harare e Lusaka. No Zimbábue, que buscava insistentemente uma cooperação com o Brasil, vi-me envolvido em conversas delicadas com o velho líder (ou ditador, se preferirem) Robert Mugabe e representantes da oposição, inclusive seu principal expoente, Morgan Tsvangerai, que me deu a impressão de ser politicamente frágil e muito dependente da opinião de seus apoiadores no Reino Unido. Na ocasião, conversei também com Thabo Mbeki, já então ex-presidente da África do Sul, que havia sido escolhido como mediador da intratável crise do país. Controlei uma ligeira indisposição que me acometeu com muito chá preto, de resto a única bebida que me atrevi a tomar no país, que logo seria assolado por uma grave epidemia de cólera. (Naquele momento, porém, a principal preocupação era com a ameaça da fome, em virtude da queda no plantio e na colheita de gêneros alimentícios). Na capital da Zâmbia, fui descansar na residência do embaixador, depois de uma programação intensa em termos de deslocamentos, mas muito mais tranquila do ponto de vista político. Seguindo uma sugestão da minha mulher, Ana, com quem falava regularmente nessas viagens, telefonei para Clóvis Rossi, da *Folha de S.Paulo*, que se encontrava em Madri. Minha intenção era transmitir-lhe as impressões que recolhera no Zimbábue e falar de nossa ação naquele país em plena crise política. Tratava-se de agir de forma preventiva em relação a possíveis matérias críticas quanto à minha presença em Harare, ao lado de "mais um ditador africano". O veterano jornalista ouviu-me com atenção, mas logo comentou os últimos movimentos em torno da crise financeira. Graças a esse alerta, procurei acompanhar o noticiário da noite e tomei conhecimento da decisão do presidente Bush, aparentemente estimulado por Sarkozy e Durão Barroso, de convocar uma cúpula de países desenvolvidos e em desenvolvimento para tratar da crise, antes do fim de novembro. Segundo o *Washington Post*, o Brasil estaria entre os convidados. Rossi havia aproveitado meu telefonema para perguntar quem se ocuparia de preparar a posição brasileira, se seria o Ministério da Fazenda ou o Itamaraty. Tratando-se de tema essencialmente econômico-financeiro, era natural que a liderança coubesse à Fazenda. Quase ao mesmo tempo, o presidente me pediu diretamente que fizesse o projeto para o discurso que ele pronunciaria na abertura da reunião do G20 financeiro (em nível ministerial), no dia 8 de novembro, em São Paulo. Quanto do meu projeto foi utilizado por Lula não tenho como dizer com precisão, mas notei que o presidente fez referência à conclusão da Rodada Doha, "não mais como uma oportunidade, mas como uma necessidade". Dias antes, no final de outubro, havíamos convocado uma reunião de chanceleres, ministros da Fazenda e presidentes de bancos centrais do Mercosul, em que obtivemos um boa menção à Rodada. À luz da posição resistente da Argentina, era um ganho a ser registrado. A perspectiva de uma cúpula em Washington sobre questões econômico-financeiras (cujo formato acabou sendo inspirado pelo G20 financeiro, que já existia no âmbito do FMI, mas sem grande poder) reabria, a meu ver, a possibilidade de discussões sobre a OMC no mais alto nível. Como ocorrera outras vezes, mesmo remota, essa possibilidade reacendeu minhas esperanças.

Por essa época, voltando de uma viagem a Teerã (a primeira de várias, que culminariam na famosa "Declaração"),* fiz escala em Genebra, o que me permitiu conversar com Roberto Azevêdo, que, havia pouco, tinha substituído Clodoaldo Hugueney como representante do Brasil junto à OMC. Roberto me transmitiu o clima de "forte pessimismo" que reinava entre os negociadores. No dia 4 de novembro (dia da eleição presidencial norte-americana, que consagrou a vitória de Barack Obama), encontrei-me com Pascal Lamy. O diretor-geral revelou-se menos pessimista sobre a posição dos democratas quanto a Doha, mas concordou com minha opinião de que era fundamental procurar avanços ainda na administração Bush, sob o impacto da crise financeira. No mesmo dia, estive também com o ministro do Comércio australiano, Simon Crean, que, por alguma razão, também visitava a sede da OMC. A ambos expus minha opinião de que os líderes não deveriam se limitar, na declaração que viesse a emanar da cúpula desse novo G20, a uma referência *pro forma* à Rodada. Era minha opinião – e eles concordaram – que seria importante que a Declaração contivesse "instruções claras" aos ministros com prazo certo para reportarem resultados, com base

* Ver narrativa *A Declaração de Teerã: oportunidade perdida?* nesta obra.

nos trabalhos de julho. Meu colega australiano, que parecia estar ativamente envolvido na preparação dos documentos para a cúpula, prometeu incorporar minhas sugestões ao projeto que o seu primeiro-ministro levaria a Washington. Foi durante essa passagem por Genebra que reiterei, em termos que não deixavam margem a dúvidas ou especulações, o apoio do Brasil à recondução de Lamy como diretor-geral da OMC, antes mesmo que ele confirmasse oficialmente a intenção de permanecer no cargo. Agi assim movido pela necessidade de pôr fim aos rumores de que eu próprio seria candidato ao cargo. Esse objetivo, pelo menos, foi alcançado.

Por minha sugestão, o presidente Lula havia proposto a Bush que Lamy fosse convidado para a cúpula. Eu mesmo havia feito sugestão idêntica ao secretário do Tesouro, Henry Paulson, que me visitara no Brasil em 2007 e com quem, naquela ocasião, mantivera um diálogo franco e positivo sobre temas de comércio. As reações a essa ideia, contudo, não haviam surtido efeito, fato que por si só indicava que Doha seria no máximo uma "nota de rodapé" na declaração dos presidentes. Mesmo sabendo que o papel de destaque, afora o dos próprios líderes, seria dos ministros da Fazenda, não deixei de acompanhar as discussões, principalmente por meio do embaixador Pedro Carneiro de Mendonça (que passara a ocupar o cargo de subsecretário econômico com o deslocamento de Azevêdo para Genebra), que estava atuando, juntamente com um representante da Fazenda (por sinal um diplomata), como *sherpa* na preparação do encontro. (Na cúpula propriamente, esse papel passaria ao nosso embaixador em Washington, Antonio Patriota).

Em meu regresso ao Brasil, onde permaneceria por apenas dois dias para juntar-me ao presidente em uma viagem que nos levaria a Roma e Washington, fiz, como de hábito, uma escala na Ilha do Sal. Aproveitei para telefonar para Patriota. Desejava obter percepções adicionais sobre a vitória de Obama, mas concentrei-me na sugestão que havia feito a Paulson sobre a presença do DG na cúpula. Nosso embaixador contou-me que estivera com o secretário do Tesouro, o qual lhe dissera haver telefonado para Lamy, mas que este se teria mostrado hesitante quanto à conveniência de comparecer à citada reunião. Para mim, essa informação foi uma grande surpresa, pois na longa conversa que havia mantido na véspera com o diretor-geral ele nada me dissera que permitisse fazer essa suposição. Remexendo na memória, lembrei-me de uma afirmação dele de que poderia haver alguma vantagem "em não estar presente na reunião dos líderes". Naquele momento, pareceu-me pura racionalização. Era possível que a "hesitação" de Lamy fosse relacionada a sua recondução como titular da OMC e ao desejo de "não criar marola", como se diz no Brasil. De todo modo, para mim havia um elemento obscuro na tática do diretor-geral, cujo significado eu não conseguia decifrar. Mas consolava-me a constatação de que Lamy concordara comigo quanto à necessidade de que o documento que viesse a ser produzido na cúpula contivesse um "chamado" dos líderes e uma instrução clara aos negociadores sobre a Rodada.

Ao tomar conhecimento do formato (1+1) da cúpula, tive dúvidas sobre a minha presença em Washington, uma vez que era natural que o acompanhante do Chefe de Estado fosse o ministro da Fazenda. Mas a insistência do presidente para que eu viajasse com ele não me deixava escolha. Afinal, minha presença em Washington ensejou a oportunidade de participar de várias bilaterais em que constou o tema da Rodada. Mais interessante foi a possibilidade de contribuir para as intervenções que o presidente faria na reunião, uma das quais, durante o almoço, abordaria especificamente os temas da OMC. Pude também monitorar a negociação do comunicado conjunto que, no essencial, atendeu a minhas preocupações sobre Doha.* Ainda que indireta, minha participação ajudou a fortalecer a presença do Itamaraty que, pela primeira vez em muitos anos, assumia um papel de relevo, exercido primeiro por Carneiro de Mendonça e depois por Patriota, em uma reunião cujo foco principal era financeiro. Esse papel foi realçado pelas entrevistas à imprensa que Guido Mantega e eu demos conjuntamente. O mérito principal coube ao próprio presidente, que, ao perceber o significado político do processo, insistiu na minha vinda aos Estados Unidos. Daí, inclusive, resultou a indicação de Patriota como *sherpa*.

A manchete do *Washington Post*, estampada em sua primeira página, deu uma medida do alcance da mudança representada pela convocação da cúpula: "Ao iniciar-se a cúpula, nações emergentes exibem sua força: Brasil, China e Índia ascendem, em reviravolta do poder diplomático". "Barrado no baile", tive a minha agenda paralela. Enquanto Lula e Mantega estavam no banquete na Casa Branca, participei de jantar oferecido pela secretária Condi Rice, no oitavo andar do Departamento de Estado. O jantar foi um misto de despedida e comemoração do seu aniversário. Foi uma ocasião agradável, não só em função das conversas,

* Em seu parágrafo 13, após exortar os países a não adotarem medidas protecionistas, o comunicado aborda especificamente a Rodada de forma muito positiva: "*Further, we shall strive to reach agreement this year on modalities that leads to a successful conclusion to the WTO's Doha Development Agenda with an ambitious and balanced outcome. We instruct our Trade Ministers to achieve this objective and stand ready to assist directly, as necessary. We also agree that our countries have the largest stake in the global trading system and therefore each must make the positive contributions necessary to achieve such an outcome*".

mas também graças à boa música executada por um quarteto composto de amigos da secretária de Estado. Como se dizia nas crônicas sociais de antigamente, "era um grupo seleto" com apenas alguns chanceleres que haviam acompanhado seus presidentes a Washington e pouquíssimos membros do primeiro escalão do governo norte-americano, como o secretário do Conselho de Segurança Nacional, Stephen Hudley. Talvez sensibilizada pelas minhas cãs, Rice fez-me sentar à sua direita e debateu comigo a hipótese de um G20 de ministros do Exterior que poderíamos copresidir. Infelizmente, o tempo da administração Bush já era curto demais para pormos em prática essa ideia.

Ao enumerar nas minhas notas as personalidades presentes, quase ia me esquecendo de Susan Schwab, uma omissão imperdoável, que seguramente deve ter uma explicação freudiana. No dia da cúpula propriamente, tive uma ampla conversa com a USTR, que veio me visitar na suíte do confortável e elegante hotel em que eu estava hospedado em Georgetown. Apesar do tom amigável e da franqueza do diálogo, não pude vislumbrar sinais de progresso em relação à retomada das negociações. Minha "amiga" continuava muito presa às reivindicações dos *lobbies*, em especial o dos industriais da NAM (National Association of Manufacturers), que pressionava fortemente por um resultado imediato em matéria de "setoriais". A meu ver, a única maneira de tratar do assunto (que nos incomodava, mas causava reação ainda maior por parte da China) seria emitir conceitos genéricos que permitissem negociações em uma fase ulterior, depois das "modalidades". Em princípio, Susan não chegou a discordar, mas faltava-lhe a dose de coragem política indispensável para não ficar refém dos "grupos especiais". Como seu chefe era confessadamente ignorante dos detalhes, além de já demonstrar cansaço e inapetência política, as perspectivas não eram animadoras. A propósito, anotei: "Mesmo tendo agora a nosso favor o [renovado] mandato dos presidentes, não será fácil percorrer essa milha final".

Embora não estritamente relacionadas apenas com a Rodada, enumero a seguir as conclusões com que sumariei o resultado daquela cúpula inédita: "1) Consolidação do G20, em lugar do G8, como instância decisória sobre temas financeiros (sobretudo os afetos ao FMI e ao Banco Mundial); 2) coordenação de políticas proativas de estímulo à economia; 3) necessidade de maior supervisão internacional sobre operações financeiras; 4) mudança na 'arquitetura institucional', com maior participação dos países em desenvolvimento (na prática, isso já estava ocorrendo, mas haveria muito o que fazer em relação aos mecanismos formais de decisão); 5) engajamento [dos líderes] na conclusão da Rodada Doha até o fim do ano (*sic*), com mandato para ministros e disposição [expressa] dos chefes de Governo de assistirem o processo".

"Caia na real!"

Os últimos dias de novembro foram dedicados a temas sul-americanos. Entre eles, a crise que se abrira com o Equador em virtude da decisão do presidente Rafael Correa de iniciar procedimento arbitral contra o BNDES em relação a uma obra de empresa brasileira em seu país financiada pelo nosso grande banco de desenvolvimento. A ação, totalmente inusitada e descabida, com o potencial de inviabilizar todo o sistema de créditos recíprocos da Aladi, essencial para as operações de financiamento na América do Sul, levou-me, com a anuência de Lula, a "chamar para consultas" o nosso embaixador em Quito. Mas houve também momentos positivos, como a reunião Mercosul-Asean, realizada em Brasília no dia 24 de novembro, na mesma data de uma reunião ministerial na Granja do Torto, ocasião em que o presidente me colocou como um dos oradores principais ao lado de Mantega, para discorrer brevemente sobre a crise internacional. O Fórum do Mercosul com aquele grupo de países do Sudeste Asiático decorrera de uma iniciativa minha, prontamente endossada pelo ministro do Exterior de Cingapura, George Yeo. Fora o resultado mais palpável de uma conferência mais ampla (e sem muito propósito, a meu ver) realizada no ano anterior, a Focalal.* Ampliar o relacionamento do Mercosul com outros grupos de países em desenvolvimento era uma diretriz que eu procurava seguir. Nesse período, pus a minha imaginação a funcionar em busca de novas iniciativas em relação ao Mercosul, sobretudo o Paraguai e o Uruguai. Em termos de financiamento, propus "dobrar a aposta" no Focem,** com o que o presidente concordou.

No final de novembro, voltaria a Doha, dessa vez para representar o Brasil na Conferência das Nações Unidas sobre Financiamento para o Desenvolvimento. Em meu curto discurso na sessão plenária, incluí a Rodada entre os quatro pontos

* O Fórum de Cooperação América Latina-Ásia do Leste (Focalal) nasceu de iniciativa conjunta de Cingapura e do Chile, em 1999, com o objetivo de estimular interação e conhecimento mútuos, promover maior diálogo político e intensificar a cooperação,

** É curioso que, no mesmo dia (9 de setembro de 2014) em que consultei minhas notas sobre o período, tenha lido um artigo do jornalista Clóvis Rossi em que mencionou a expressão "redobrar a aposta" a propósito de iniciativas que tomei sobre a América do Sul entre o governo Itamar e o governo Lula. Aumentar nossa contribuição de US$ 70 milhões para US$ 140 milhões exigiu algum esforço de convencimento do ministro da Fazenda, parte do qual ocorreu em uma salinha improvisada, de onde Lula exercia a presidência da grande Cúpula Latino-Americana e Caribenha (CALC), origem da hoje bem estabelecida Celac. Ouvindo meu diálogo com Mantega, no qual eu praticamente me conformara com um aumento limitado a US$ 30 milhões (que resultaria em um total de US$ 100 milhões), o presidente atalhou: "Ô, Guidô (com seu sotaque paulistano), deixa de ser 'mão de vaca'; solta os 140 milhões!"

que iria abordar. Destaquei pronunciamentos de países mais pobres, segundo os quais os ganhos que poderiam advir de uma conclusão positiva da Rodada eram mais significativos que o eventual aumento da ajuda financeira ao desenvolvimento. Essa atitude revelava um novo grau de maturidade dos chamados PMDRs. Lembrei que havíamos chegado muito perto de uma conclusão no mês de julho e disse que avanços na negociação só seriam possíveis se os países ricos não insistissem em concessões adicionais dos países em desenvolvimento. Durante essa estada em Doha, em meio a encontros bilaterais com líderes e/ou chanceleres árabes e africanos, além da participação em um "retiro" organizado pelo secretário-geral da ONU, tive – como não poderia deixar de ser –um café da manhã com Pascal Lamy. O único registro que tenho sobre essa conversa fala do estímulo que procurei dar ao DG para que realizasse quanto antes a reunião ministerial prevista no comunicado dos líderes do G20.

No regresso ao Brasil parei em Genebra, onde participei de um almoço com Catherine Ashton. Com a saída de Mandelson, semanas antes, Ashton assumira o posto de comissária de Comércio da UE. A baronesa* me causou uma impressão positiva, de pessoa serena, objetiva e segura, muito diferente de seu antecessor, ainda que talvez sem o mesmo brilho. Aproveitei meu conhecimento da Grã-Bretanha, onde fora jovem diplomata e estudante de pós-graduação no final dos anos 1960, e embaixador por um ano em 2002, para estabelecer com a nova comissária um contato menos formal, ao que ela correspondeu de bom grado. As circunstâncias que marcaram a interrupção das negociações em julho haviam aproximado o Brasil da União Europeia. Além disso, Londres sempre fora nosso interlocutor privilegiado nesse tema. O encontro com Ashton, cuja oportunidade era realçada pela previsão de uma reunião ministerial em 13 de dezembro, confirmou que, a despeito de diferenças sobre pontos específicos, estávamos no mesmo "comprimento de onda" em relação à necessidade de conclusão da Rodada. Ao final do encontro, Ashton e eu demos uma entrevista à imprensa, que serviu para sublinhar nossas posturas convergentes. Ainda em Genebra, e por sugestão de Azevêdo, convidei para reuniões alguns embaixadores acreditados junto à OMC, entre os quais os *chairs* dos grupos negociadores de agricultura e de NAMA e o presidente do Conselho Geral. Extraí desses diálogos a percepção de que algum progresso acontecera ultimamente no nível técnico, mas que persistiam dificuldades importantes. O representante neozelandês, que coordenava o

---

* Em sua originalidade, os britânicos dão o título de "baronesa" às mulheres nomeadas para a Câmara dos Lordes, já que *Ladies* são as mulheres dos *Lordes* ou aquelas que, por seus próprios méritos, recebem a honraria equivalente ao masculino *Sir*.

grupo sobre agricultura, confessou que o papel que ainda pretendia produzir estaria "muito abaixo do ideal". O coordenador de NAMA, embaixador da Suíça, foi ainda menos preciso. Também presente ao café da manhã, o embaixador do Japão, que, pelo teor de sua observação, presumi ter chegado a Genebra pouco antes, referiu-se ao "mantra" que ouvia sem cessar: "*Become realistic!*".*

Esses encontros ocorreram nos dias 1º e 2 de dezembro. No próprio dia 2, regressei a Brasília, onde cheguei por volta das 11 da noite. No dia seguinte, ao meio-dia, participei de uma audiência pública na Câmara dos Deputados, marcada, sobretudo, por questionamentos em relação à crise com o Equador. Dessa feita, em face das providências firmes que havíamos tomado, os parlamentares da oposição não puderam criticar nossa "leniência" com um vizinho sul-americano, mas não deixaram de aproveitar a ocasião para criticar nossa política de aproximação com os países do "eixo bolivariano". Depois de uma quinta-feira pouco excitante, passei praticamente toda a sexta ao telefone, em conversas dedicadas à Rodada. Atendi uma chamada de Peter Mandelson, já então secretário de Indústria da Grã Bretanha (e "terceiro homem" na hierarquia do governo). Meu ex-colega continuava a se interessar muito por Doha e queria manter-se informado sobre os últimos acontecimentos. Entre sexta e domingo, falei também com Kamal Nath e Chen Deming. Nesses dois casos, a iniciativa fora minha, pois me preocupava a insistência norte-americana em "setoriais", que estava exigindo estreita coordenação entre os três grandes "emergentes". No mesmo período, conversei três vezes com o diretor-geral, sempre a seu pedido. Mais uma vez, tratava-se da tentativa de "salvar" Doha de um segundo naufrágio. Para tanto, era indispensável concluir as "modalidades", mas os últimos desenvolvimentos nos Estados Unidos não eram positivos. Congressistas republicanos e democratas, inclusive os respeitados Max Baucus e Charles Rangel, haviam recomendado em uma carta dirigida ao presidente Bush que este não aceitasse o pacote de julho. Eu não sabia quem estaria convencendo quem, mas o fato real era que, além do *lobby* agrícola, os industriais da NAM demonstravam muita insatisfação. Anotei na época que Susan Schwab deixara de aproveitar a força do Executivo enquanto Bush tinha "bala na agulha". Agora, na situação de *lame duck*, pouco poderia fazer. Em Genebra, o panorama tampouco era brilhante. Na mesma sexta-feira em que tive o primeiro dos três telefonemas do fim de semana com Pascal Lamy, o presidente do grupo de NAMA ameaçou tabular um anexo ao texto altamente inconveniente, do nosso ponto de vista. Alertado por nosso embaixador, consegui evitar que isso ocorresse por meio de uma conversa firme com Lamy e de um

* Ou, em tradução livre: "Caia na real!".

"recado" igualmente vigoroso para o coordenador das negociações. Nesse episódio, atuamos em articulação com a China e a Índia. (Em minha anotação da época, registrei que essa coordenação seria essencial se as negociações efetivamente prosseguissem.) Em paralelo, salientei ao diretor-geral que uma tentativa de reabertura do pacote (um *réequilibrage*, como ele sugeria, no nosso idioma comum) inevitavelmente provocaria mudanças em outras partes dos documentos, levando ao cenário mais temido pelos negociadores: o *unravelling*. O último dos telefonemas ocorreu às 19h do domingo. Nele, Lamy me adiantou seu plano de ação (*schéma*) para os dias seguintes. Disse-me o diretor-geral que pediria aos ministros que reservassem as datas de 18 e 19 de dezembro para uma reunião. Nada comentei, mas não pude deixar de pensar com meus botões que fixar esses dias tão próximos das festividades de fim de ano já era, em si, uma temeridade. Segundo seu plano, entre o dia 7 (data desse telefonema) e os da eventual reunião ministerial, Lamy tentaria, por meio de uma combinação de contatos telefônicos e videoconferências com ministros, além de consultas em Genebra com "altos funcionários", alcançar algum progresso nos temas mais difíceis. Segundo o diretor-geral, esse esquema se baseava na constatação de que não haveria condições de convocar a reunião ministerial para as datas inicialmente previstas (13 ou 14 de dezembro), "*étant donnée l'attitude des américains sur les sectorielles et, dans une certaine mesure, la position des indiens sur SSM*".* Não deixei de registrar a interessante gradação feita por Lamy entre as atitudes de Washington e Délhi. Outro ponto que observei referia-se à nota relativamente otimista por meio da qual Lamy divulgara os novos papéis dos *chairs* de agricultura e NAMA. Nela, Lamy alertava para o risco de "ambições excessivas", uma expressão que eu usara repetidamente em relação às "setoriais", em entrevistas e discursos.

Alertei Lamy para o risco implícito em seu "esquema" de uma segmentação das negociações por países, o que poderia trazer dificuldades no futuro. Em especial, não concordava com sua visão de que as "setoriais" de NAMA constituíam uma questão que envolveria essencialmente Estados Unidos e China. Era bem possível que um acordo entre Washington e Beijing não fosse satisfatório para outros países, inclusive o Brasil. Disse compreender seu esforço de "adiar a agonia", na expectativa de um sinal positivo da administração Obama que tivesse o efeito de diminuir o peso político da carta dos congressistas. Lamy admitiu que isso era exatamente o que ele estava buscando. Após a conversa com o diretor-geral, liguei novamente para Roberto Azevêdo e reiterei a recomendação sobre a

* "Dada a atitude dos americanos sobre setoriais e, em certa medida, a posição dos indianos sobre SSM".

coordenação com Índia e China. No quadro confuso que se havia criado, não poderia permitir que, na hipótese de algum progresso em SSM, os Estados Unidos jogassem a culpa de um eventual fracasso nos emergentes. Afinal, era Washington que estaria cometendo uma quebra de confiança (*breach of faith*) ao transformar a natureza das negociações em setoriais, antecipando-as para a fase das "modalidades". De fato, o entendimento sempre fora que essas negociações deveriam ficar para mais tarde.* Concluí meus registros daquele domingo com a seguinte observação: "A esta altura, começo a ter dúvidas sobre a utilidade desses esforços desesperados de salvar a Rodada. Ontem mesmo despachei o subsecretário Pedro Carneiro de Mendonça, com dois assessores, para Buenos Aires. Atendia com isso ao apelo dramático (feito informalmente) de um negociador do nosso vizinho privilegiado: 'O Brasil não pode deixar a Argentina sozinha'. Trabalhamos muito nos planos político, diplomático e técnico para obter uma conclusão [da Rodada], mas o resultado não pode se voltar contra nós". No dia seguinte, complementaria minhas reflexões: "É óbvio que a possibilidade de terminarmos as 'modalidades' ainda este ano é cada vez mais remota. Com isso, a OMC entrará num limbo (...). No Brasil [isso significa que] as pressões por acordos bilaterais aumentarão, ainda que a crise possa funcionar como elemento de cautela".

Uma desagradável sensação de *déja vu*

No dia 10 de dezembro, eu partiria novamente com destino a Genebra, mas dessa vez a razão principal da minha viagem era falar em nome do Brasil na sessão do Conselho de Direitos Humanos por ocasião da celebração do 60º aniversário da Declaração Universal, no dia 12. Inevitavelmente, porém, Doha faria parte da minha agenda. Já no dia da minha chegada (11 de dezembro), falei por telefone com Kamal Nath e Simon Crean. À noite, tive uma longa conversa com Lamy na sala de reuniões que faz parte do gabinete do diretor-geral, da qual se originou o nome Green Room, pois aí se realizavam os encontros restritos, onde ocorriam os debates que antecediam as deliberações formais em âmbito mais amplo.** Na manhã do dia 12, para não perder o hábito, reuni-me com os

---

* O parágrafo 16 da Declaração da Ministerial de Hong Kong estabeleceu: "Em seguimento ao parágrafo 7 do *NAMA Framework*, reconhecemos que os membros estão empreendendo esforços com vistas a iniciativas setoriais. Com esse fim, instruímos o grupo negociador a examinar propostas com o objetivo de identificar aquelas que podem atrair participação suficiente para viabilizá-las. A participação deverá ser não mandatória".

** Como vim a descobrir por acaso, ao ler a famosa *Vida de Samuel Johnson*, de Boswel, a expressão deriva do nome dado à antessala utilizada pelos atores de uma peça de teatro antes de entrarem em

embaixadores do G20. Em vez de tentar resumir os fatos que ocorreram nesse curto período, parece-me mais prático reproduzir a nota que escrevi naquela mesma data, após comentar minhas outras atividades em Genebra: "E a OMC? Bem, para encurtar uma longa história, soube hoje pela manhã que Lamy iria anunciar não existirem as condições para se convocar uma reunião ministerial. Na 'longa conversa' de ontem no famoso Green Room, e [mais tarde] pelo telefone, cheguei a sugerir [ao DG] que convocasse os ministros para uma avaliação conjunta. Lamy preferiu, porém, o caminho mais curto. Em minhas entrevistas [à imprensa] ontem e hoje, expressei a opinião de que a responsabilidade [desse novo adiamento/fracasso] cabia fundamentalmente aos Estados Unidos, em virtude do excesso de ambição em NAMA/setoriais. Ontem havia assinalado que, à luz das atitudes dos negociadores [norte-americanos] e da carta dos congressistas, somente um sinal do presidente eleito, Barack Obama, poderia reverter a situação. Acrescentei que os líderes não podem se esconder atrás das formalidades da transição [de poder]. Lembrei [nesse particular] o episódio, em 2002, em que Lula compartilhou com Cardoso uma difícil decisão relativa à crise da Venezuela.* A agência Reuters e alguns outros veículos internacionais captaram adequadamente o sentido da minha observação. Já o *Estado de S. Paulo* estampou manchete com o seguinte teor: 'Amorim culpa Obama pelo impasse'. O ano de 2008 ainda assistiria a um bom número de atividades: as 'multicúpulas' sul/latino-americanas (Mercosul, Unasul, CALC),** a visita bilateral de Raúl Castro ao Brasil, e os encontros de Lula com Sarkozy, no Rio de Janeiro, em que o presidente francês veio na dupla condição de primeiro mandatário do seu país e de presidente da União Europeia. No dia 14 de dezembro, encarando as trabalhosas jornadas que tinha pela frente naquele fim de ano, todas em torno de iniciativas importantes, lamentei: "Tudo isso seria menos cansativo se eu pudesse estar celebrando o êxito das negociações de Doha".

---

cena. Em uma das seções do livro, Boswel descreve o hábito do amigo famoso de frequentar os *green rooms* dos teatros londrinos. Essa ideia de "bastidor" está obviamente presente na função desempenhada pelo Green Room no processo decisório da OMC.

* Cardoso e Lula concordaram em enviar um petroleiro à Venezuela, "furando" a greve/*lockout* da companhia venezuelana de petróleo (PDVSA).

** Em dezembro de 2008, ocorreu a I Cúpula da América Latina e do Caribe sobre Integração e Desenvolvimento (CALC), na Costa do Sauípe, Bahia. Foi a primeira reunião de chefes de Estado e de Governo latino-americanos e caribenhos não patrocinada por potências de fora da região. Todos os 33 países da região participaram. Em 2010, durante a II CALC, no México, iniciou-se o processo de convergência entre a CALC e o Grupo do Rio para formar a Comunidade dos Estados Latino-Americanos e Caribenhos (Celac).

A Rodada voltaria à minha agenda, um mês e meio depois, em função dos tradicionais encontros em Davos no final de janeiro. Naturalmente, o tema dominante foi a crise financeira. As discussões sobre a OMC se realizaram nesse contexto. Em um dos painéis de que participei, referi-me ao protecionismo como "uma doença contagiosa". Essa afirmação foi citada por vários jornais e um deles, o *Boston Globe*, a elegeu como frase do dia. Mas minha menção ao protecionismo não se limitou a esse *mot d'esprit*. Disse que a tendência a que estávamos assistindo não se limitava a um "protecionismo *ad hoc*", motivado pela necessidade ou pelo desejo de "blindar" um setor específico. Antes, fazia lembrar certo tipo de nacionalismo econômico que prevalecera nos anos 1930. Assinalei, sem citar nomes, declarações de líderes europeus do tipo: "Ajudarei a indústria automobilística desde que seja para investir no meu país" ou "[determinado] banco não deve emprestar dinheiro fora do país".* Em um terceiro país europeu, o governo lançou uma campanha conclamando os consumidores a "venderem seus carros velhos estrangeiros e comprarem um carro novo nacional". Em um quadro desse tipo, como esperar – perguntei em uma das discussões de que participei – que os países em desenvolvimento não reagissem? Na falta de recursos vultosos em suas reservas, essa reação assumiria a forma de elevação de tarifas. Na verdade, eu estava preocupado com a ênfase que muitos vinham dando ao "monitoramento" de ações defensivas, deixando de lado os subsídios financeiros e os apoios diretos, praticados pelos países desenvolvidos, e concentrando-se em barreiras tarifárias, recurso mais ao alcance dos países pobres. Nas várias reuniões em que o foco recaiu especificamente sobre a OMC, enfatizei que nossos esforços deviam continuar dirigidos à rápida conclusão da Rodada Doha. Critiquei especialmente a ideia, que começava a se difundir, de diretrizes (do tipo *sunset clause*)** que deveriam nortear as "medidas permitidas" de proteção (isto é, as que se enquadravam nas normas da OMC). Por um lado, essas diretrizes poderiam representar – e provavelmente representariam – limitações à liberdade de ação dos países-membros, sobretudo os países em desenvolvimento. Por outro lado – e, paradoxalmente –, poderiam estimular o emprego dessas medidas, desde que dentro de certos parâmetros. A linha de pensamento de que o importante seria a conclusão da Rodada acabou prevalecendo nas discussões, mas esse fato não teve

* A afirmação sobre a indústria automobilística foi feita por Sarkozy. A restrição aos empréstimos bancários no exterior tinha como alvo o Bank of Scotland e foi objeto de declaração de Gordon Brown. O "terceiro país" mencionado era a Espanha.

** *Sunset clause* é uma expressão corrente na OMC desde o antigo GATT para designar um prazo final para determinada medida ou política.

consequências práticas diante da ameaça de Kamal de "voltar ao texto de Hong Kong" e da ausência dos Estados Unidos em nível político. Aproveitei o fórum de Davos para duas ações de natureza simbólica: firmei com o ministro indiano uma nota conjunta sobre uma apreensão indevida de medicamentos provenientes da Índia e destinados ao Brasil, no aeroporto de Amsterdã,* e tive também uma brevíssima reunião com Kamal Nath e o ministro sul-africano Mandisi Mpahlwa, com o objetivo ostensivo de relançar a ideia do comércio Sul-Sul, por meio de um acordo Mercosul-SACU-Índia. Os encontros bilaterais de sempre (comissária da UE, ministro australiano e diretor-geral da OMC) completaram a minha agenda comercial. Participei ainda de um almoço de trabalho intitulado "Brazil: the new power broker", em que fui um dos *keynote speakers*. Comecei minha intervenção chamando atenção para o título: "Se fosse há alguns anos, o painel se chamaria '*Brazil: the sleeping giant*' ou, no máximo, imitando Stefan Zweig, 'Brasil, país do futuro'".

Mas, obviamente, as discussões sobre a Rodada haviam entrado em câmera lenta. A bem da verdade, careciam de conteúdo concreto. Passaram a constituir o que, em jargão diplomático, se costuma chamar de "conversas sobre conversas". Cerca de um mês depois, fui portador de uma carta do presidente Lula ao mandatário francês, na qual foram abordados temas internacionais com vista à próxima cúpula do G20, programada para se realizar em Londres. A persistência da crise foi um dos pontos centrais da carta. Nesse contexto, citando o recrudescimento do protecionismo, Lula sublinhou a urgência da Rodada Doha, "crucial para aumentar o acesso a mercados para produtos de países em desenvolvimento, especialmente os mais pobres". Lula não deixou de recordar o fato de que, durante sua visita ao Brasil, Sarkozy ressaltara a importância da participação de líderes nas negociações finais (*sic*) sobre o tema. O presidente brasileiro ampliaria o foco das propostas de modo a abranger a reforma da governança global, assunto que aparentemente era caro a Sarkozy. A referência a Doha mostrava que, apesar

---

* "(...) Os ministros Amorim e Nath coincidiram em sua grande preocupação com a decisão de se reter insumo estratégico para a saúde pública, comercializado entre países em desenvolvimento em plena conformidade com as disciplinas internacionais vigentes. Tal decisão também assinala grave retrocesso para o princípio do acesso universal aos medicamentos e contraria, ademais, o espírito da Resolução 2002/31 da Comissão de Direitos Humanos (...)." No dia 21 de janeiro, o Itamaraty emitira nota condenando o procedimento, contrário às regras básicas da liberdade de trânsito no comércio internacional, que consistiu na apreensão de um carregamento do medicamento losartana potássica. A ação contrariava, ademais, o espírito da declaração sobre TRIPs e saúde. Após infrutíferas gestões junto a Bruxelas, o Brasil solicitou formalmente a abertura de consultas sob a égide do Sistema de Solução de Controvérsias da OMC, conforme nota do MRE de 12 de maio de 2010.

da letargia a que fora relegada, a Rodada ainda não era um assunto morto para o Brasil. No final de março, Lula receberia a visita de Gordon Brown. Além dos temas estritamente financeiros (direitos especiais de saque, fundo rotativo, recursos para o FMI etc.), Lula abordou a questão do protecionismo, "criticado por todos, mas [amplamente] praticado, de forma dissimulada". Aproveitou o "gancho" para sublinhar a importância da retomada das negociações de Doha, "pois os países mais pobres serão os mais afetados pela recessão [e pela não conclusão da Rodada]". Brown concordou com Lula sobre a importância de Doha e disse estar empenhado em "convencer os Estados Unidos e a Índia", mas completou afirmando que o USTR recém-nomeado, Ron Kirk, parecia inclinado a rever toda a negociação. Segundo Brown, caso Washington viesse a concordar com o acordo nas bases existentes, a Índia provavelmente acompanharia esse movimento "até porque as eleições [gerais] de abril já terão passado". Mas o primeiro-ministro logo temperou essas palavras indicativas de algum otimismo com observações que acentuavam as dificuldades que Obama enfrentava no Congresso. Intervim na discussão para comentar a informação que recebera dias antes, em um encontro com Pascal Lamy em Genebra. Na ocasião, o diretor-geral me dissera haver conversado com o novo USTR e que este se havia mostrado firme na intenção de revisar o conjunto da negociação, "o que exigirá pelo menos seis meses". Acrescentei que o "erro" do governo norte-americano era tratar a Rodada e o livre comércio apenas como uma barganha comercial tradicional, e não como parte de uma política anticíclica que ajudaria a reerguer a economia mundial. Brown expressou a opinião de que os democratas não aprovariam a Rodada sem introduzir padrões trabalhistas e ambientais. Recordei a discussão sobre *labour standards* de que eu participara em Seattle, com alguma perspectiva de êxito, e que fora abortada pela *débacle* geral. Comentei que não se deveria reabrir a negociação em relação aos avanços feitos até julho. Não era impossível, contudo, encontrar-se uma fórmula, similar ao modelo usado em Marraqueche, em relação ao meio ambiente, que consistiria em uma declaração à parte, sem obrigações jurídicas, que apontasse futuros entendimentos na área social.

No fim de semana anterior, havia participado de um fórum em Bruxelas, intitulado "How to make multilateralism work?". O evento principal era uma discussão que envolvia o presidente do Banco Mundial, meu velho contendor e colega, Bob Zoellick, e um "Minister of State" britânico, Mark Malloch-Brown, além de um ex-colega da ONU e então secretário executivo da Commonwealth, o indiano Kamalesh Sharma. O tema era a crise financeira, mas as perguntas do moderador e do público conduziram o debate para questões de protecionismo e comércio. Minhas opiniões e as de Zoellick – e também as do ministro britânico

– foram surpreendentemente convergentes, lembrando mais o clima cooperativo do *July Framework* do que as batalhas em torno da ALCA. À margem do debate, conversei com o presidente do BM sobre formas de aumentar o comércio Sul--Sul. Zoellick evoluíra muito em seu pensamento e passara a valorizar as relações entre países em desenvolvimento. Nada fazia lembrar o conselho infeliz que dera durante a campanha eleitoral brasileira de 2002, quando afirmou que o Brasil, se não desejava a ALCA, deveria negociar com a Antártida. Discutimos a possibilidade de garantias bancárias para o comércio Sul–Sul, fortemente afetado pelo *credit crunch*. O antigo USTR não foi refratário à ideia, mas mencionou algumas dificuldades práticas que estaria "tentando contornar". Em minha estada em Bruxelas, visitei o presidente da Comissão, que continuava a acreditar em um relançamento da Rodada, para o que o papel do Brasil era fundamental. Em outro momento, Durão Barroso me havia qualificado como um negociador muito duro e o fizera de maneira evidentemente crítica. Nessa minha passagem pela "capital" da UE, outro interlocutor de peso, Javier Solana, diria algo semelhante, mas em tom positivo. Ao demonstrar apreço por nossa política externa, que tinha como centro a figura do presidente Lula, Solana acrescentou, referindo-se a mim: "Não subestime sua própria credibilidade e influência; as pessoas o veem como um negociador duro, mas o respeitam".

Nos Estados Unidos, as atitudes em relação à Rodada não pareciam se mover. No encontro entre Lula e Obama na Casa Branca, em 14 de março, o assunto fora tratado de forma muito superficial. O presidente norte-americano limitou--se a uma ou duas frases vagas e logo passou a palavra para seu assessor econômico, Larry Summers, um antigo colaborador de Clinton, que parecia preso aos conceitos da época do final da Rodada Uruguai e do lançamento da ALCA, quinze anos antes. Com o novo USTR, Ron Kirk, que viria a ser confirmado pelo Senado pouco depois e não participou do encontro na Casa Branca, meu primeiro contato ocorreu em abril de 2009, enquanto eu participava de encontros paralelos à segunda Cúpula do G20, em Londres (a mesma em que Obama se referiria a Lula com a frase "*This is my man*", livremente traduzida no Brasil como "Esse é o cara"). Na ocasião, Kirk me telefonou como gesto de cortesia, mas não deixou de mencionar a Rodada. A conversa com o ex-prefeito de Dallas, um *african american* com ar de empresário bem-sucedido que eu só conhecia por fotografia, foi descontraída a tal ponto que me permiti dar-lhe um conselho, baseado em seu *curriculum vitae* (que ele fez questão de desfiar): "Se você quiser concluir Doha, use mais a sua experiência de político do que a de advogado".

Crise financeira internacional, discussões com Sarkozy e seus assessores sobre governança global, a Primeira Cúpula dos BRICs e questões recorrentes envolvendo os nossos vizinhos empurraram Doha para o fundo do palco. Em vários pronunciamentos que fiz sobre temas econômicos globais, inclusive na Conferência da ONU sobre a Crise Financeira e Econômica Mundial e seu Impacto Sobre o Desenvolvimento, realizada em Nova York em 26 de junho, a necessidade de concluir a Rodada sempre aparecia. Foi essa necessidade que também me levou a Paris para mais um encontro da OCDE, de que participaram, entre outros, Ron Kirk, Catherine Ashton, Rob Davies (o novo ministro sul-africano, branco e oriundo do Partido Comunista) e Anand Sharma (ex-*Minister of State** das Relações Exteriores), que substituíra Kamal Nath como ministro do Comércio. Tanto em meu curto pronunciamento na OCDE como nos breves comentários durante a miniministerial na missão da Austrália, enfatizei a importância de se evitarem propostas que se afastassem dos textos de julho. Outros países, sobretudo os Estados Unidos, revelaram a intenção de aproveitar uma eventual retomada para obter concessões adicionais. Ron Kirk, que transmitia a sensação de um político com pouca paciência para detalhes técnicos, se disse disposto a "ir em frente", mas não revelou em que condições. A pressão sobre China, Brasil e Índia prosseguia, o que me obrigou a rejeitar a singularização desses países, qualificando-a como totalmente injusta. O encontro ocorreu no amplo salão envidraçado da missão australiana, uma *penthouse* com vista para a Torre Eiffel. Durante a discussão, ouviram-se vagas expressões sobre a importância da OMC, mescladas com reiterações de dificuldades e manifestações de inconformidade com os textos que haviam resultado de anos e anos de laboriosos trabalhos. Apesar de os personagens serem novos, para mim a reunião foi uma espécie de *flashback*, que me lançou de volta às primeiras miniministeriais de que participara, quatro ou cinco anos antes, e nas quais questões esotéricas como os AVEs surgiam como obstáculos aparentemente intransponíveis. Fui tomado por uma desagradável sensação de *déjà-vu*, que me deixou ainda mais abatido e me estimulou a conduzir meu barco para "outro porto".

Talvez a ilustração mais significativa de que Doha havia efetivamente descido de patamar nas considerações dos líderes tenha sido a ausência de qualquer discussão de maior substância sobre o tema na Cúpula do G8+5 em L'Aquila. Minhas notas sobre a reunião se limitam à questão das mudanças climáticas que "sequestrou" a atenção da mídia e, de modo sumário, ao Irã – objeto principal da entrevista de Lula com Obama. É bem possível que alguma menção simbólica tenha sido feita no comunicado final (houve na verdade um mandato para que os

---

* Como na ex-metrópole, na Índia os *Ministers of State* são, na verdade, vice-ministros. Diferem dos nossos secretários-gerais ou secretários executivos por ocuparem posições no Parlamento.

ministros continuassem a trabalhar sobre a Rodada) e que Lula tenha aludido ao tema em um de seus pronunciamentos. Mas, desde que o Brasil passou a participar de forma mais sistemática nesses encontros, a partir sobretudo da Cúpula de Gleneagles, L'Aquila foi a primeira vez em que a Rodada praticamente não esteve no radar. Mesmo sem que houvesse uma decisão formal de enterrá-la, era cada vez mais claro que, com raras exceções, os líderes mundiais tratavam-na como um moribundo inconveniente, cuja incômoda presença no salão de festas preferiam ignorar.

Somente em setembro, em um encontro ministerial convocado por Anand Sharma, eu voltaria a me ocupar mais de perto do tema que me absorvera tão intensamente nos últimos dez anos (três deles, aproximadamente, como embaixador em Genebra pela segunda vez, e sete como ministro das Relações Exteriores de Lula). Eu conhecia bem o ministro Sharma, um homem de modos suaves e natureza reflexiva, marcado por um problema familiar que certamente contribuíra para humanizá-lo. Sharma sempre falava em voz baixa, como se não desejasse dar a impressão de querer impor o seu ponto de vista, o que de maneira nenhuma significava que não tivesse convicções. Em gestos e atitudes, revelava possuir um temperamento e uma personalidade bem diferentes de seu agitado antecessor. Nos últimos anos, fora ele quem, na ausência dos titulares da pasta – em geral homens provectos, com pouca mobilidade –, comparecera às reuniões do IBAS, sempre que estas não se realizavam em Nova Délhi. Eu me perguntava o que teria levado Sharma a tomar a iniciativa de convocar aquela miniministerial. Mesmo no auge das negociações, a Índia havia evitado esse grau de protagonismo, limitando-se a sediar um encontro do G20, além de reuniões restritas do G4/G6. Meu palpite era que, como o ciclo eleitoral indiano tivesse passado por ora, talvez Sharma considerasse mais plausível a possibilidade de encetar uma negociação "para valer". Certamente, havia também o desejo de apagar a má impressão que ficara para a maioria dos membros, inclusive países em desenvolvimento, do papel do seu país no desastre de julho do ano anterior. Ainda que as posições substantivas não tivessem mudado muito, o estilo era outro, o que em tese abriria alguma perspectiva.

Os dois primeiros dias da minha estada na Índia foram dedicados a uma bem-sucedida ministerial do IBAS com vários projetos em andamento, e a encontros bilaterais de natureza política, com autoridades indianas, principalmente o ministro S. M. Krishna, que substituíra Pranab Mukherjee, transferido para a Economia (mais tarde Mukherjee seria eleito presidente da Índia, um cargo de alta representatividade, mas em grande medida protocolar). O encontro ministerial em Délhi teve o mérito de promover a discussão de temas que, havia tempos, estavam adormecidos. Prevaleceu em geral uma atitude de cautela, pois nenhum dos participantes queria ser o estraga-prazeres do bem-intencionado esforço do novo ministro indiano de reativar as conversas (ainda que fossem "conversas sobre conversas") em relação à Rodada. Eu não quis destoar do "bom-mocismo" prevalecente e evitei acusações a outros participantes, mas destaquei que não via possibilidade de um progresso real nas negociações enquanto algum país (referia-me naturalmente aos Estados Unidos) insistisse em alterar o equilíbrio do pacote de julho, acrescido de retoques menores que haviam sido feitos pelos coordenadores no final de 2008. Alguns ministros presentes, como o sul-africano Rob Davies e o chinês Chen Deming, concordaram abertamente comigo, cada um naturalmente com matiz próprio. Outros (em geral desenvolvidos) preferiam agarrar-se à ideia de que uma discussão "horizontal", que fosse além das "modalidades" e incluísse temas como serviços e facilitação de comércio (era a primeira vez que esse tema voltava claramente à tona em uma reunião ministerial, desde Cancún), poderia demonstrar a existência de vantagens suficientemente atrativas para trazer de volta os Estados Unidos à mesa de negociações. Para os que expressavam esse tipo de opinião, seriam necessários alguns "ajustes" em NAMA, especialmente referências mais explícitas em "setoriais". Ron Kirk, com seu jeito "simpaticão" de político e jogador de pôquer – atividade de que se confessou aficionado – que não se ocupa de detalhes, continuava a dizer que, do jeito que estava, o pacote era invendável no Congresso norte-americano. Essa posição, enunciada sem preocupação com sutilezas diplomáticas, era uma "ducha de água fria" para os que acreditavam em uma retomada próxima das negociações. Este já não era o meu caso. Minha maior esperança àquela altura (uma esperança bem remota, devo dizer) era que, na próxima Cúpula do G20 – marcada para daí a poucas semanas em Pittsburgh – alguma inspiração baixasse nos principais líderes, especialmente Obama, e pudesse trazer alguma novidade. Mas aí eu já estava beirando o nebuloso terreno do sobrenatural.

No intervalo entre a visita de cortesia ao primeiro-ministro e uma "reunião restrita" dos chefes de delegação, alguns de nós atendemos a um convite para alguns drinques na residência funcional do nosso antigo e irrequieto parceiro, Kamal Nath, na parte nobre de Nova Délhi. Após ver frustradas suas expectativas em seu estado, Nath se tornara ministro das Estradas, pasta que, como ele próprio se encarregou de informar, não inclui as ferrovias, de responsabilidade de outro Ministério. Ignoro se a mudança, ocorrida depois da última eleição geral, era uma promoção, embora talvez tivesse o dom de lhe trazer mais votos. Kamal demonstrou grande descontração e bom-humor, mas tive dúvidas se estaria se divertindo tanto no novo posto quanto na época de ministro de Comércio.

Sem dúvida, tinha menos ocasiões para criar confusão! Manmohan Singh, por sua vez, me distinguiu com um gesto especialmente carinhoso durante a visita de cortesia coletiva dos ministros. Segurou-me um dos braços, chegando muito próximo de um abraço, o que, dada sua natureza reservada, era uma indiscutível prova de afeto que não passou despercebida a meus colegas. Trocou comigo palavras amáveis e deu a entender que, brevemente, retomaria o compromisso com a Cúpula do IBAS (fora obrigado a cancelar um encontro do grupo em virtude de um problema de saúde). Anand Sharma teve também a boa ideia de convidar Rob Davies e a mim para um café da manhã, no qual, além de coordenarmos nossas posições para a reunião, combinamos dar impulso à cooperação trilateral. Por sugestão minha, registramos o encontro em foto e emitimos uma nota à imprensa.

Em Délhi, acertei a visita de Ron Kirk ao Brasil para daí a duas semanas. Eu ainda tinha alguma esperança de convencê-lo dos méritos do "pacote", quem sabe com um "adoçante", que poderia ser uma declaração não vinculante sobre padrões trabalhistas. Mas o calendário era especialmente cruel. Eu tinha acabado de dizer à imprensa que iríamos aprontar nossa lista de retaliações relativas ao algodão em um prazo de dez a quinze dias. Era quase exatamente o período entre o dia da ministerial de Délhi e a data oferecida para a visita de Kirk. "Um mínimo de gentileza me obrigará a dilatar um pouco esse prazo", escrevi no meu caderno, embora soubesse perfeitamente que a recíproca não seria verdadeira. Aí por volta de 1985 ou 1986, Washington escolhera o 7 de setembro para anunciar retaliações unilaterais contra o Brasil, em função da nossa política de informática. Além de o anúncio ter coincidido com a data da nossa festa nacional, ele antecedeu em um ou dois dias o início de uma viagem oficial (felizmente cancelada) do nosso ministro da Ciência e Tecnologia, Renato Archer, aos Estados Unidos. À época, eu era o assessor internacional de Archer. Um último comentário sobre o encontro ministerial: como sempre, tratei de preparar-me o melhor que pude para a reunião. Tomei conhecimento por um dos meus assessores do estudo de uma instituição de pesquisa norte-americana, altamente idônea, em que o Brasil aparecia como um dos países que teria de fazer a maior abertura de comércio, caso os parâmetros do ano anterior fossem seguidos. Não deixei de mencionar esses dados no encontro, mas creio que não foram suficientes para sensibilizar meu interlocutor norte-americano.

No dia 17 de setembro, recebi Ron Kirk no meu gabinete do Palácio Itamaraty, em Brasília. Extrovertido e altissonante, o ex-prefeito de Dallas era um típico representante daquela parte da comunidade negra americana que ascendera às classes mais altas. Advogado e político, o cargo de USTR não se coadunava muito com sua personalidade, pouco afeita a minúcias e impaciente diante de negociações como as da OMC, cheias de siglas e sutilezas frequentemente incompreensíveis. Guiava-se, sobretudo, pelo instinto político e este parecia lhe dizer que o projeto de acordo sobre as "modalidades" que estava sobre a mesa não seria capaz de angariar votos ou apoio da classe empresarial. Não tinha a cabeça estratégica de Zoellick, nem a vocação para a busca de soluções conciliatórias de Rob Portman. Mesmo sem a fragilidade política de Susan Schwab, não transmitia a determinação de um negociador em busca de um acordo. Na breve nota que escrevi sobre nosso encontro, que incluiu um almoço na Sala Bahia, a mais aconchegante e agradável dentre as salas de refeição do Itamaraty, registrei que "raras vezes uma reunião com um USTR foi tão desprovida de tensões", apesar das diferenças sobre Doha e do contencioso sobre o algodão. Além disso, havia nossas críticas sobre o tratamento injusto que o etanol brasileiro recebia nos Estados Unidos, que o sujeitavam a uma dupla taxação. Kirk não tratou dos temas conflitantes e preferiu se concentrar na proposta de um "novo acordo" de cooperação econômica. Não ficou claro para mim se o USTR entendia as limitações impostas pela nossa condição de membro de uma união aduaneira. De qualquer forma, aceitei o desafio de buscar algum tipo de entendimento, talvez um acordo-quadro, que previsse troca de missões empresariais e facilidades para investimentos (sem compromissos com relação a regras e sem mecanismo de solução de controvérsias), e que não fosse tampouco incompatível com o Mercosul. Tanto para Kirk como para a mídia, fiz questão de frisar esse ponto, essencial para nós e indispensável para não gerar desconfiança em nossos parceiros. Meu novo interlocutor (o quarto com quem contracenava em matéria comercial, somente durante o governo Lula)* visivelmente não estava interessado em discutir a Rodada. No momento em que estive a sós com Kirk, entre a reunião no meu gabinete e o almoço, tentei introduzir o tema de Doha, procurando explorar alguma ideia inovadora, que nos ajudasse a pensar de forma não convencional (*out of the box*). Mencionei que talvez fosse mais útil (e mais condizente com a tradição do Partido Democrata, que ele integrava) deixar de lado as ambições mais arrojadas em relação a NAMA (repeti os dados da instituição norte-americana que demonstravam que, dentre os grandes países, o Brasil era o que

* Durante o governo Itamar, minha contraparte fora Mickey Kantor, um advogado magro, que aparentava certa tensão, expressa no constante estalar de dedos. Mas como chefe da área econômica ou embaixador em Genebra tive contato também, nessa ordem, com Clayton Yeutter, Carla Hills e Charlene Barshefsky. De todos, Kirk era o que parecia menos à vontade no cargo. Seu feitio era muito mais o de um secretário de Comércio, voltado para a promoção de negócios, do que o de um negociador comercial no sentido tradicional.

procederia à maior liberalização) e buscar uma declaração política que atendesse às antigas reivindicações norte-americanas sobre temas sociais. Meu raciocínio se baseava no fato de que, com o progresso que o Brasil fizera nos últimos anos em matéria de legislação de proteção ao trabalho e com o impulso que os temas sociais receberam no governo Lula, a questão deixara de ser tão sensível para nós quanto fora no passado. Ainda que ideias equivocadas como a de *dumping social** não pudessem ser aceitas, provavelmente haveria um meio-termo aonde poderíamos chegar, tanto mais que nossos empresários haviam passado a reclamar constantemente da "competição desleal" dos produtos chineses, confeccionados com mão de obra paga com salários aviltados ou, pior, com trabalho infantil ou de detentos. Evidentemente, um caminho como esse implicaria uma mudança nas alianças políticas que os antecessores de Kirk haviam estabelecido. Era uma jogada arriscada, mas que talvez permitisse salvar a Rodada. Afinal, Kirk não comprou minha ideia. Nem mesmo sei se a entendeu plenamente. Nossa conversa foi amistosa, mas nada de prático resultou, salvo o compromisso algo vago de buscar um acordo bilateral de cooperação que não ferisse o Mercosul, mas que servisse para impulsionar o comércio e os investimentos.

"Eles estão mal informados; não leem o *Estado de S. Paulo*"

Minhas notas sobre Doha foram escasseando ao longo de 2009, na mesma medida que os encontros e as conversas telefônicas sobre o tema. Meu compromisso seguinte ligado à OMC foi a participação na reunião ministerial anual, que transcorreu sem emoções no final do mês de novembro em Genebra. No meio tempo, havia me concentrado principalmente na questão do programa nuclear iraniano e na bizarra situação do presidente Manuel Zelaya, de Honduras, deposto e expulso do país, mas que logo voltara, possivelmente com a intenção de provocar uma sublevação popular. Na falta desta, Zelaya acabou por se abrigar na embaixada do Brasil em Tegucigalpa. O encontro de Genebra, no dizer do próprio diretor-geral, deveria transcorrer sem sobressaltos (ser *uneventful*). E, de fato, seria difícil imaginar uma reunião de ministros da OMC tão desprovida

* A ideia de *dumping social*, muito explorada no período que antecedeu Seattle, visava permitir o uso de medidas restritivas ao comércio, alargando o conceito das medidas *antidumping*. Além de se basear em avaliações subjetivas e arbitrárias, a ideia de *dumping social* partia de um equívoco conceitual, já que a essência do *dumping* consiste em vender determinado artigo no mercado externo a preços inferiores aos praticados no mercado doméstico do país produtor.

de interesse. Aproveitei para ter alguns encontros bilaterais (o mais interessante foi com o ministro do Comércio turco) e para reunir, já sem um objetivo muito definido, quase como um ritual, o "nosso" G20 e o grupo ampliado de países em desenvolvimento. O G20 aprovou por consenso um documento que acabou servindo de inspiração para outros grupos. Nada de dramático. Questão apenas de pôr os pingos nos "is" a respeito de quem perde e quem ganha com a paralisia das negociações. Os Estados Unidos voltaram a apresentar seu rol de demandas, singularizando de novo os "grandes emergentes", em particular China, Índia e Brasil. No meu discurso, meio lido, meio improvisado, salientei que não era razoável esperar que os países em desenvolvimento fizessem "concessões adicionais" de forma unilateral. O uso da palavra "unilateral" foi interpretado por alguns como abertura para algum gesto, desde que baseado em reciprocidade. Achei melhor não desmentir.

Além das já mencionadas reuniões de países em desenvolvimento, dois eventos foram dignos de nota: a aprovação das "modalidades" da Rodada São Paulo do SGPC* e a realização da I Reunião Ministerial SACU-Mercosul-Índia. Aproveitei para alfinetar os países desenvolvidos. Disse para a mídia: "O Norte está parado, mas o Sul se move". Era um consolo pequeno. Não poderia afirmar que os líderes haviam abandonado de todo os esforços para uma conclusão da Rodada, pois encontrei em uma carta de Lula a Obama de 26 de novembro, em que foram tratados os temas mais diversos, do Irã a Honduras, passando por mudanças climáticas, um parágrafo sobre Doha. Nela, além de uma referência ao estudo que já mencionei sobre a importante abertura do Brasil, Lula exortou o colega norte-americano a trabalhar para concluir a Rodada, deixando de lado propostas que desequilibrariam o pacote e "poriam a perder todo o esforço anterior". Meus apontamentos nada mais registram sobre Doha em 2009.

Curiosamente, minha atuação na Rodada, a partir de Cancún, foi um dos elementos que a revista *Foreign Policy* (ou melhor, o articulista David Rothkopf, que eu só viria a conhecer meses depois) levou em conta para qualificar-me como o "melhor chanceler do mundo". O fato não passou totalmente despercebido

---

* O protocolo final da Rodada São Paulo do Sistema Global de Preferências Comerciais entre Países em Desenvolvimento (SGPC) viria a ser assinado em 15 de dezembro de 2010, em Foz do Iguaçu. O acordo representou a conclusão do ciclo de negociações lançado em 2004, em São Paulo, por ocasião da XI Unctad. Por meio dele, os países signatários concordaram conceder-se mutuamente margem de preferência de 20% sobre a tarifa aplicada a 70% dos produtos. O acordo foi assinado por onze países em desenvolvimento: os membros do Mercosul, Cuba, Egito, Índia, Indonésia, Malásia, Marrocos e República da Coreia.

pela imprensa brasileira, embora tenha sido pouco comentado. Pouco depois dessa distinção inesperada, um jornalista d'*O Estado de S. Paulo* fez uma longa entrevista comigo, sobre diversos aspectos da política externa. Ao final, perguntou-me a que eu atribuía referência tão elogiosa. Não tive dúvidas e respondi: "É que eles [os editores da *Foreign Policy*] estão mal informados; eles não leem o *Estado de S. Paulo*". O repórter reproduziu com razoável fidelidade as respostas que dei à maioria das indagações, mas esta última foi cuidadosamente omitida.

Nada mais significativo quanto ao recuo de Doha como vetor de minhas preocupações do que seu virtual desaparecimento de minha agenda em Davos, no final de janeiro. Dois temas ocuparam então minha atenção e meus contatos. Um deles foi a catástrofe humanitária decorrente do terremoto no Haiti em 12 de janeiro. Visitei Porto Príncipe em escombros dias depois da tragédia e de lá fui a Montreal, onde participei de uma conferência voltada para as operações humanitárias e para a reconstrução do sofrido país caribenho, no qual havíamos investido tanto em termos financeiros, humanos e emocionais. O Brasil perdera dezoito pessoas (a maioria oficiais e soldados, além da abnegada Zilda Arns) no terremoto. A par dos dramas individuais de cada uma das famílias das vítimas (entre as quais o vice-representante do secretário-geral, o brasileiro Luiz Carlos da Costa, que eu conhecera bem em meus tempos de ONU), isso não era quase nada quando comparado com a dimensão brutal do cataclismo para o povo haitiano. O Haiti seria também – nem poderia ser de outra forma – o foco principal de minha participação no foro de Davos. Estive em uma mesa-redonda em busca de novas ideias de como ajudar o país, ao lado, entre outros, do ex-presidente Clinton e participei de um jantar de trabalho convocado pela diretora do Programa Mundial de Alimentos. Aproveitei encontros de natureza comercial, como a reunião convocada pela ministra suíça Doris Leuthard sobre a OMC, para reclamar da urgência de medidas – como o *duty free/quota free* – que beneficiassem aquele pequeno, porém populoso, país insular (o único qualificado como de menor desenvolvimento relativo nas Américas). Em minha passagem por Paris, anunciei também à diretora-geral da Unesco uma contribuição de US$ 400 mil para um programa emergencial sobre educação voltado para a nação caribenha. Além do Haiti, dediquei-me um pouco a questões ligadas ao desarmamento (um evento organizado pelo *Global Zero*, em Paris, a caminho de Genebra e Davos) e ao Irã, já então muito presente em minhas conversas com outros líderes. É curiosa a maneira como me referi à Rodada, em minhas anotações: "Quanto a Doha, assunto ao qual as pessoas só se referem com um justificado sorriso de ironia, pouco tenho a dizer. Minha conversa com Lamy (...) pareceu render [ao diretor-geral] algum balizamento para a avaliação (*stock taking*) prevista para março. [Na ocasião, Lamy] tentará afunilar os itens para que os líderes possam tomar decisões nas próximas cúpulas do G20 [em 2010] (Toronto e Seul)". "É isso ou nada", escrevi. E logo completei: "Tudo dependerá da disposição de Obama". Apesar da inexistência quase total de ideias novas, meu amigo pareceu haver apreciado a conversa que tivemos durante um jantar a dois no Posthorn, onde estávamos hospedados: "*Finalement, j'ai eu la chance d'une conversation agréable et utile*", disse ele.

Em fevereiro, eu voltaria à Europa (dessa vez, Madri) para um encontro de consultas com Catherine Ashton (promovida a Alta Representante) e Miguel Ángel Moratinos, chanceler da Espanha, país que então presidia o Conselho Europeu. Os temas dominantes voltaram a ser os de natureza política, com o programa nuclear iraniano no centro das conversas, mas a possibilidade de um relançamento das negociações entre o Mercosul e a União Europeia, com a OMC paralisada, pairou sobre os diálogos que mantive. Um ano antes, já havia conversado com Durão Barroso sobre o eventual interesse de um exercício sobre o acordo de livre comércio entre as duas regiões, que, entre outras coisas, poderia servir para "atiçar" o interesse norte-americano por Doha. Quando Durão Barroso fora chanceler de Portugal, ele e eu havíamos sido os responsáveis pelo lançamento do entendimento entre os blocos, em 1994. No final do mesmo ano, os chanceleres do Mercosul assinaram um memorando com o presidente da Comissão, Jacques Delors. Naquela época, tratava-se para mim de contrabalançar uma ALCA, que parecia inevitável. Para a Europa, o objetivo principal era não "perder" a América do Sul (ou sua parte mais dinâmica) para os Estados Unidos. Agora, a ideia voltava à mente, com objetivo distinto: atrair o gigante norte-americano para o foro multilateral. Não me recordo se cheguei a tocar no assunto nas conversas que tive com Ashton, Moratinos e com o próprio Zapatero.

O diálogo com os dois líderes espanhóis não me deixou nenhuma ilusão sobre a viabilidade ou mesmo a utilidade de tal acordo naquele momento em que a crise assolara a economia e abalara os governos. A tese de uma conspiração contra os governos de esquerda ou centro-esquerda europeus rondou meu diálogo com o primeiro-ministro, que lembrou ter sido o Goldman Sachs que denunciou a "maquiagem" dos dados econômicos relativos à Grécia. O ministro do Exterior foi ainda mais explícito. Segundo Moratinos, haveria um movimento para debilitar os governos socialistas ou social-democratas da Europa, por meio de manobras especulativas cujos autores "têm nome e endereço". Diante daquele quadro desolador (mesmo pressionado pela mídia para buscar um acordo com os europeus) perguntei-me: "Interessará ao Mercosul um acordo com uma Europa tão debilitada?". Contrabalancei essa pergunta com outra: "Será que a perda do encanto com o euro produzirá atitudes menos arrogantes e impositivas do que no passado [oferecendo, quiçá, melhores condições de negociação]?". Mas logo concluí que não me sentiria à vontade em conduzir essas negociações, caso de fato fossem relançadas. Diferentemente do que ocorreria em Doha – onde os ganhos sistêmicos em matéria de subsídios agrícolas seriam muito concretos –, não conseguia perceber vantagens em um acordo com os europeus naquele momento. Ao reler essa nota, busco uma explicação para ela. Meus contatos em Madri haviam sido de índole quase exclusivamente política. A economia entrara apenas como pano de fundo explicativo para a crise que enfrentavam os governos com os quais, em tese, tínhamos mais afinidade. Só a crítica constante sobre o suposto abandono de um acordo com Bruxelas, à qual se somava a censura à "aposta errada" que fizéramos em favor do foro multilateral, pode justificar uma digressão como a que fiz sobre uma hipótese de acordo que àquela altura era remota, com pouquíssimas chances de ser bem-sucedida, por mais concessões que fizéssemos.

Mais de dois meses se passaram sem que o tema de Doha – ou qualquer assunto vagamente relacionado com ele – tenha sido objeto de minhas preocupações, voltadas então principalmente para a questão do Irã e para a organização das "macrocúpulas" dos BRICs e do IBAS, em Brasília, que se realizariam logo em seguida a uma viagem a Washington para a reunião sobre segurança nuclear convocada por Obama. Já não lembro o motivo pelo qual o diretor-geral da OMC se encontrava em Brasília no sábado, 17 de abril. O fato é que o recebi em minha casa e conversei com ele sobre temas do momento (para nós, pelo menos), como o contencioso do algodão, que continuava a ter desdobramentos. Como não poderia deixar de ser, falamos um pouco sobre a Rodada. A esse respeito, Lamy opinou que "pouco se poderia fazer" na Cúpula do G20 de Toronto, no meio do ano, mas que "guardava esperanças" em relação a Seul, a realizar-se depois das *mid-term elections* nos Estados Unidos e – acrescentou, por convicção ou delicadeza, não estou seguro – do pleito presidencial no Brasil. Ainda assim, considerava que se deveria buscar na cidade canadense "alguma declaração que, a exemplo da de L'Aquila (que nada adiantara, diga-se de passagem), apoie a conclusão da Rodada". Não me recordo se foram exatamente essas as suas palavras, mas foi o sentido do que disse. Ao final, parodiando o *Guia Michelin*, referi-me indagativamente à nossa conversa: "*Est-ce qu'il vaut le détour?*". De fato, a vinda de Pascal Lamy ao Brasil representara um considerável desvio de rota. Falando à imprensa, o diretor-geral foi generoso, como de hábito. Disse que viera buscar minha "sabedoria". Desnecessário dizer que ninguém publicou.*

Em setembro de 2010, fui a Genebra para um encontro do International Institute of Strategic Studies sobre perspectivas da segurança regional e global. Obviamente, o convite fora feito em função da minha participação na "Declaração de Teerã". Por cortesia – mas principalmente por amizade sincera –, convidei Pascal Lamy para um café da manhã em Mont-Riant. Em meio ao ceticismo generalizado, o diretor-geral continuava empenhado em obter dos líderes algum gesto que permitisse fazer avançar a Rodada. "Quem sabe Lula poderia dizer algo em Seul?", sugeriu de forma algo tímida, como se uma fala do nosso presidente (que não comparecera à Cúpula de Toronto) pudesse, àquela altura, mudar o rumo dos acontecimentos. Curiosamente, Obama – o Democrata, defensor (em tese) do multilateralismo – era muito menos permeável que seu antecessor a sugestões de um líder sindical do terceiro mundo, ainda que "tiradas" aparentemente elogiosas, mas que não escondiam certo paternalismo, pudessem dar (aos menos avisados) a impressão oposta. Ocorreu-me propor a Lamy que, juntamente com Zoellick e Kamal, escrevêssemos um artigo para o *Herald Tribune* em favor da Rodada. Afinal os quatro, mais o australiano Mark Vaile (que tivera problemas de saúde e sumira da cena política) fôramos os responsáveis pelo *July Framework*, que relançara as negociações após Cancún. Essa ideia tampouco prosperou.

No discurso que pronunciei perante a Assembleia Geral da ONU, em nome do Brasil (Lula decidira não comparecer devido à proximidade das eleições presidenciais), não pude, em meio a referências à Declaração de Teerã, ao golpe em

---

* Pascal Lamy soube valorizar o papel do Brasil – e, por tabela, o meu – nas negociações de Doha. Em um texto de julho de 2014 (*L'Organisation Mondiale de Commerce, nouveaux enjeux, nouveaux défis*, disponível no *site* www.entempsreel.com), o ex-diretor-geral se referiu ao crescente papel dos países emergentes nas negociações comerciais e afirmou: "No plano da negociação comercial internacional, essa reativação econômica do não alinhamento foi principalmente conduzida pelo Brasil; foi por ocasião da Conferência Ministerial da OMC em Cancún, em 2003, que o Brasil tomou a iniciativa de um G20 como reação a um projeto de acordo restrito sobre agricultura entre a União Europeia e os Estados Unidos". Lamy aludiu à diversidade de interesses dos países que integravam o grupo, composto de "potências emergentes como a Índia, a China e a África do Sul e de países menos dinâmicos comercialmente, como a Bolívia e a Tanzânia". Segundo Lamy, o G20 permitiu ao Brasil, durante vários anos, impor-se como potência de primeiro plano e tornar-se um negociador de peso na Rodada Doha. O ex-diretor-geral comentou a aproximação entre o G20 e o G90, cujos interesses não seriam idênticos, mas que "compartilhariam certas orientações". E prosseguiu: "Esse movimento do Brasil é fruto da estratégia desenvolvida por Celso Amorim, ministro das Relações Exteriores do presidente Lula de 2003 a 2010 (...); no tempo de Amorim, o Brasil constituía uma força importante; depois sua influência declinou progressivamente".

Honduras e às mudanças climáticas, deixar de mencionar a crise financeira internacional e o risco do protecionismo dos países ricos. Nesse contexto, fiz aquela que provavelmente foi minha última alusão à Rodada Doha em um foro global antes de deixar meu posto de ministro das Relações Exteriores, no fim do ano. Comentei que os países desenvolvidos não haviam demonstrado o compromisso necessário com a estabilidade [econômica] global. Disse que "a lógica baseada em interesses paroquiais" seguia sendo privilegiada. E acrescentei: "Em nenhuma outra área isso é tão evidente quanto na Rodada Doha da OMC. Uma solução equilibrada nesse processo, que se estende por quase dez anos, favoreceria, com o fim dos subsídios distorcivos e das barreiras protecionistas, a expansão econômica e o desenvolvimento nos países mais pobres". Concluí meu pensamento da seguinte maneira: "Afinal, são estes [os países pobres] as principais vítimas da visão estreita e mesquinha que ainda prevalece em relação ao comércio internacional". Eram palavras fortes, pouco usuais na boca de um ministro de país moderado como o Brasil. Como era de se esperar, não tiveram nenhum efeito.

"The rest is [not] History"

Eu seria tentado a terminar esta narrativa com a expressão anglo-saxã "*the rest is history*", mas não sei se poderia qualificar como História, com H maiúsculo, os movimentos desconexos da OMC ao longo de 2010, em que a ênfase recaiu principalmente em evitar retrocessos protecionistas, muito mais atraentes em tempos de recessão. De nossa parte, a paralisia das negociações também levaria a um recrudescimento do recurso à solução de controvérsias. Foi o que fizemos em relação à implementação do *panel* sobre algodão, ao solicitar permissão para tomar medidas de retaliação contra os Estados Unidos. A maneira como fizemos vale uma digressão. Para se contrapor às medidas ilegais dos Estados Unidos (e como tais consideradas pelo Órgão de Solução de Controvérsias), o Brasil recorreu à "retaliação cruzada", possibilidade que fora aberta, em certas circunstâncias, pelo entendimento de Marraqueche. O Brasil ameaçou suspender os privilégios de que os Estados Unidos gozavam sob o Acordo de TRIPs. Curiosamente, a insistência, na Rodada Uruguai, em consagrar esse tipo de "retaliação" partira dos países desenvolvidos, especialmente os Estados Unidos, que procuraram dotar de "dentes" as medidas decorrentes de "violações" em bens. Os países em desenvolvimento resistiram quanto puderam à introdução dessa "novidade". Quando ficou claro, no final de 1991, que a inclusão da "retaliação cruzada" era uma inevitabilidade, eu, como embaixador do Brasil em Genebra, defendi "no apagar das luzes" da negociação do "Projeto de Ata Final", também conhecido como "Relatório Dunkel", que ela valesse nos dois sentidos (não só de propriedade intelectual ou serviços para bens, mas também de bens para propriedade intelectual ou serviços). Isso ocorreu em uma reunião que se estendeu noite adentro, no antigo escritório do USTR, em frente ao GATT. Participaram desse encontro os negociadores-chefes dos Estados Unidos, Warren Lavorel; da CEE, Hugo Paemen, e da Índia, Anwarul Hoda. Na ocasião, jamais poderia imaginar que, como ministro das Relações Exteriores, viria a me valer dessa possibilidade para obter um acordo mais favorável da parte de Washington sobre um tema como o algodão.*

Ao final de 2010, o mandato de Lula terminaria e, com ele, minha gestão à frente do Ministério das Relações Exteriores. Daí em diante, deixei de ser um ator e limitei-me, como espectador distante, a acompanhar da galeria as peripécias, agora em câmera muito lenta, relativas à Rodada. Já "sob nova direção", depois da eleição do inteligente e habilidoso diplomata brasileiro Roberto Azevêdo – um dos melhores negociadores comerciais que conheci, com precisão de engenheiro e habilidade de político –, seria feita nova tentativa de reviver as conversações, que resultariam no Acordo de Bali. Dessa vez, sabedores das dificuldades de alcançarem um acordo amplo, os membros da OMC preferiram buscar um caminho distinto, centrado em um tema específico (facilitação do comércio), complementado por entendimentos políticos, ainda sujeitos a negociação posterior, sobre outras questões, como agricultura. O tempo dirá se essa via é mais promissora do que a que vinha sendo perseguida até então e que prevalecera na Rodada Uruguai. Mesmo após a ratificação do entendimento de Bali resta a dúvida sobre se a preferência por acordos específicos ajudará a alcançar os objetivos fundamentais, voltados para o desenvolvimento, que inspiraram a Rodada Doha, em primeiro lugar.

Não convém esquecer que a própria ideia de uma nova Rodada ampla nascera da dificuldade da União Europeia em cumprir o que estava previsto no Acordo de Marraqueche sobre as "negociações mandatadas", especialmente em agricultura. Outros temas foram incluídos justamente para tornar mais palatável o cumprimento daquela obrigação. E foi a solução de uma dificílima questão ligada ao desenvolvimento, a da relação entre propriedade intelectual e saúde, que paradoxalmente abriu caminho para a aprovação da Agenda do Desenvolvimento Doha. É irônico observar que um dos "temas novos" (facilitação do comércio),

---

* Tratei do assunto no capítulo 14, "Confesso que negociei", do *Conversas com jovens diplomatas*, op. cit.

trazido à tona em Cingapura – o único que sobrou depois de Cancún – e cuja introdução e manutenção na agenda visavam propiciar entendimento sobre as questões remanescentes da Rodada Uruguai, tenha sido objeto de um acordo sem que a negociação sobre a questão agrícola tenha sido concluída em qualquer de seus aspectos. Nem sequer aquele que era considerado o maior ganho de Hong Kong, a eliminação dos subsídios e outras formas de apoio à exportação, foi contemplado com uma decisão vinculante. Sem querer discutir os eventuais benefícios sistêmicos (especialmente para os países em desenvolvimento) da "facilitação do comércio", não é possível deixar de indagar se estamos entrando em uma nova era, marcada pela fragmentação do sistema comercial, não só geográfica, mas tematicamente. Não disponho de um conhecimento detalhado sobre o que foi acordado. Baseado nas informações que me chegaram pela mídia (sempre a serem vistas com um grão de sal) sou levado a pensar que o objetivo central que motivou o Brasil e tantos outros países a se engajarem em uma nova Rodada, qual seja, a diminuição (e, em um aspecto, a eliminação) das distorções do comércio agrícola, continua tão distante quanto sempre foi. É uma triste conclusão, mas é – tanto quanto posso ver – a única a que se pode chegar.*

Para o Brasil, além dos benefícios materiais nada desprezíveis de uma conclusão exitosa da Rodada Doha, o esforço mental, físico e político que foi feito tinha também outro significado. Buscávamos o fortalecimento da OMC, sobre a base de relações mais justas, em que o desenvolvimento – e não apenas o livre comércio – fosse um dos pilares de uma ordem mundial equitativa e solidária. Esse empenho decorria de uma visão do mundo que foi expressa também em muitas outras ações de política externa do governo do presidente Lula, incluindo desde a criação da Unasul até as aberturas para outros países e continentes, como a África e o mundo árabe. Esse esforço contemplava ainda a tentativa de reforma do Conselho de Segurança e a formação de grupos como o BRICs e o IBAS. Todas essas iniciativas eram inspiradas pela concepção de uma ordem global menos sujeita a áreas de influência e hegemonias, uma ordem em que ações unilaterais (no comércio ou no emprego da força) se tornem cada vez mais raras e na qual os países possam basear suas relações em regras equilibradas e previsíveis,

* Dois meses após a finalização deste texto, o Conselho da OMC aprovou o entendimento por meio do qual os EUA extraíram da Índia o levantamento de suas objeções ao Acordo de Bali. Como notou uma agência de notícias, "o acordo é apenas uma fração" do pacote original de Doha. Em tom otimista, o diretor-geral, Roberto Azevêdo, ao saudar a decisão, afirmou ser necessário aproveitar a "oportunidade de progresso" propiciada pelo acordo e recordou que os membros se comprometeram a engajar-se em "todas as decisões de Bali e no programa de trabalho dos temas restantes (*sic*) da Agenda de Desenvolvimento de Doha". Este continua a ser o grande desafio.

não impostas por este ou aquele país – ou grupo de países –, mas acordadas multilateralmente. Contrariamente ao que se alega às vezes, esse não é um "viés ideológico", ainda que possa ser (para tomar o outro termo do binômio de Karl Mannheim)* inspirado por uma utopia. Porém, sem algum elemento de utopia (uma utopia despida de pretensões milenaristas ou distorções fundamentalistas, mas baseada na razão e no sentido de justiça), que outro papel nos resta senão o de sermos espectadores de uma História que não ajudamos a escrever?

Setembro de 2014.

* Ver Mannheim, Karl. *Ideologia e utopia*. 3. ed. Rio de Janeiro: Zahar, 1976 (especialmente os capítulos "Ideologia e utopia" e "A mentalidade utópica").

Índice remissivo

A

Abbas, Mahmoud 34, 141, 153, 173, 178, 202-3, 206*n*, 214-5, 230-2, 234, 237-8, 242-3, 258-63, 268, 270, 273-5, 282, 286, 294-5, 428

Abdallah, Abdelwahab 226*n*, 229-30

Abdullah (Arábia Saudita) 125, 148-9, 207-9, 257-8

Abdullah II 126, 215, 225, 243-4, 275-6

Abi-Sad, Sérgio 150

Abordagem de dois trilhos (*dual track approach*), 39, 50, 56

Abou-Alsamh, Rasheed 206*n*

Abu Dhabi 133, 152

Abul-Naga, Fayza 265

Achmawi, Randa 138, 265

Acordo de troca 10, 30, 33, 38-45, 52-5, 59-63, 70, 78-9, 81, 85, 87

ACP (África, Caribe e Pacífico) 146*n*, 319*n*, 330, 383, 410, 426

Açúcar *ver também* Contencioso do 305, 327*n*

Adana 188-92, 198, 380-1

Afeganistão 16, 22, 185-6, 320, 360

África 105, 108, 135-6, 146*n*, 162-3, 182, 209, 227, 304, 309, 313, 319*n*, 341-3, 355, 373-4, 395, 489

África do Sul 18*n*, 22, 26, 36, 46, 48, 151, 153, 199, 202-3, 310, 316, 323*n*, 342, 345, 347, 351, 355, 358, 360, 366, 375*n*, 378*n*, 400, 410, 421-2, 429-30, 435, 445, 461, 486*n*

Agenda para a Paz 114, 115*n*

AGNU (Assembleia Geral da ONU) 20, 24, 42*n*, 51, 66, 97, 99, 101*n*, 106, 111, 127-8, 139, 145, 160, 183, 197-9, 219, 221, 243, 259, 268*n*, 293-4, 296*n*, 310, 385, 435, 486

Agricultura 40, 123, 257, 264, 302-9, 312-3, 316, 319, 322-3, 328-37, 340*n*, 344-8, 351, 355, 360, 364-6, 369-72, 378, 380, 386, 389, 392, 396-8, 405, 407*n*, 408, 411, 414, 416-7, 422, 424-5, 429, 431, 434, 438, 441-7, 450-3, 460, 467-9, 486, 488

Ahmadinejad, Mahmoud 19, 21, 23-4, 29-30, 32-4, 39-57, 61-2, 71-7, 80-3, 96-7, 241*n*, 260, 275

AIEA (Agência Internacional de Energia Atômica) 16, 18, 21, 22, 29*n*, 30, 32, 36, 42-3, 47-9, 52, 62, 65-7, 70-3, 78, 87, 92, 98, 115, 118, 256, 277, 359, 366
AKP (partido turco) 267
Al-Ahram (jornal) 138, 153, 168, 265
Al-Aqsa (Mesquita de Jerusalém) 109*n*
Al-Assad, Bashar 95, 130, 143-4, 181, 202, 210-5, 221, 222*n*, 237-8, 242, 246, 274, 277-81, 289
Al-Assaf, Ibrahim bin Abdullah 209
Al-Attiyah, Abdul Rahman bin Hamad 147-8, 206
Alawi, Yusuf bin 150
Al-Bashir, Salah 213-5, 225, 243
Albright, Madeleine 145
ALCA (Área de Livre Comércio das Américas) 14, 101, 113, 174, 297, 302, 304-5, 308, 315, 318, 320*n*, 327, 331-3, 394, 439, 475, 484
Alcsa (Área de Livre Comércio Sul-Americana) 113
Al-Dahabi, Nader 213
Alemanha 18, 30*n*, 44, 47, 54*n*, 85*n*, 114*n*, 124, 143, 159*n*, 160, 227, 241, 361, 364-6, 370, 412-3, 440, 448, 453
Alencar, José 146, 357
Al-Faisal, Khalid 206
Algodão *ver também* Contencioso do 304-5, 327, 337, 355, 417, 446, 479-80, 485, 487-8
Ali, Zine El Abidine Ben 157
Aliança de Civilizações (Fórum) 89, 108*n*, 233*n*, 248
Al-Jazeera 248
Allenby Bridge 141, 215
Allgeier, Peter 304, 438
Al-Muallem, Walid 210, 223
Al-Nahyan, Zayed bin Sultan 133
Al-Qudwa, Nasser 142, 288
Al-Rayah (jornal Qatar) 153
Al-Sabah, Mohammed 153-4
Al-Sabah, Sabah al-Ahmad 153
Al-Saud, Abdullah bin Abdulaziz *ver também* Abdullah 125
Al-Sharaa, Farouk 143, 184, 212
Al-Thani, Hamad ibn Jaber 151
AMA (Agricultural Market Access) 313, 372, 389, 393, 396, 401*n*, 403-4, 414-5, 420, 437*n*, 445, 448, 460
Amã 109-10, 126, 141-2, 182, 213-5, 235, 239-40, 269, 276, 289
Amado, Luís 232, 234, 236
Amal (partido xiita libanês) 195
Amano, Yukiya 29*n*, 92
Amari, Akira 450
América do Sul; sul-americano 14*n*, 19, 37, 106, 110, 125, 128, 131*n*, 135, 137-9, 141, 146, 148, 153, 157, 160, 163-5, 168-73, 208, 224-5, 229, 234, 252-3, 273, 295*n*, 298, 300, 304, 351, 369, 379, 386, 390-4, 401, 405, 423, 429, 466*n*, 468, 484
América Latina 18-9, 102, 106, 128, 135, 148, 160, 264, 295, 302*n*, 311, 359-60, 388, 394, 429, 466
América Latina e Caribe; latino-americano 24, 84, 108-9, 185, 190*n*, 255, 300-1, 359, 370, 471*n*
Amrik 105, 170, 218
Ana (Amorim) 5, 12, 192, 206, 264, 356, 411, 432, 461
Anabella 272
Ancara 51-4, 60, 70, 89, 101, 188, 233, 237, 265*n*, 267, 277, 283-5, 291
Angola 56, 118, 153, 341, 355*n*

Anita (Amorim) 5, 188*n*, 264, 372, 411
Annan, Kofi 115, 121, 159, 185-6, 190, 249, 382
Annapolis, Conferência de; Processo de 35-6, 181, 199-206, 210-1, 214-24, 229-38, 252, 270, 274, 286, 434
Ant, Clara 270
Anticoncentração *ver também* NAMA *e* Flexibilidades 333, 440, 445, 448-53, 460
Antidumping (regras) 407*n*, 481*n*
Aqaba 108
Arábia Saudita 125, 129, 132-3, 140, 144, 147-50, 152, 184, 204, 206, 208-11, 219, 223-4, 255-8, 276
Arad, Uzi 285
Arafat, Yasser 111, 126, 134, 140-3, 177, 201, 243, 246, 260, 274
Aranha, Osvaldo 106, 220*n*
Arcabouço de julho *ver também July Framework* 298-300, 303, 311, 320, 324, 382
Archer, Renato 479
Argel 157-64, 167-8, 206, 226-7, 248, 315
Argélia 110, 128, 137, 158-64, 167, 173, 185*n*, 226, 228-9, 276
Argentina 20, 106, 138, 165-6, 170*n*, 190*n*, 224-5, 295, 311, 325-6, 340, 342, 351, 353, 358*n*, 362, 369, 378, 402, 405, 410, 421-2, 427, 433, 435, 441, 445, 453*n*, 456-8, 462, 470
Arns, Zilda 483
Arroz (tarifa japonesa) 369, 437, 450
Asean (Associação das Nações do Sudeste Asiático) 302, 454*n*, 466
Ashtiani, Sakineh 96
Ashton, Catherine 29*n*, 86, 98, 467, 476, 484
ASPA (Cúpula América do Sul-Países Árabes); Cúpula de Brasília; Cúpula da Esperança 14, 105-83, 205-6, 211, 224-6, 228, 230*n*, 245, 250-6, 258
Assad, Hafez 144, 212, 246, 280
Assentamentos israelenses 262, 287, 294
Assunção, Pedro Paulo 111
Astori, Danilo 422
Atlee, Clement 412*n*
ATPDEA (Andean Trade Promotion and Drug Eradication Act) 395
Austrália 299, 302, 309, 311, 323*n*, 324, 327*n*, 328, 340, 347, 379, 405*n*, 406, 432, 437, 447, 453*n*, 458, 476
Autoridade Nacional Palestina 109*n*, 134*n*, 179*n*, 206*n*, 263
AVEs (*ad valorem equivalents*) 306-7, 309, 321, 476
Awada, Saadeh 189
Azerbaijão 266
Azevêdo, Maria Nazareth Farani ("Lelé") 192, 208, 367, 376, 432
Azevêdo, Roberto 73, 230, 345, 355, 391, 412, 414, 423-5, 428, 433, 438-9, 452, 459, 462-3, 467, 469, 488, 489*n*
Aziz, Tariq 113
Aznar, José María 136
Azulay, André 229, 288

B

Babacan, Ali 232-3, 238, 241
Bachelet, Michelle 171, 252-3, 422
Bagdá 107, 113-5, 118-20, 123-4, 182, 213
Baghwati, Jagdish 442-3
Bahadian, Adhemar 304
Bahá'í (comunidade iraniana) 21
Bahrein 119, 148*n*
Baker, James 110
Bakhtiar, Shapour 50, 71-2

Bali, Acordo de 11, 488, 489*n*
Balley, Ken 24*n*
Baltiansky, Gadi 287
Bangladesh 305
Barak, Ehud 212, 284
Barakat, Akram 214
Barbosa, Márcio 255-6
Barbosa, Rui 357, 431
Barghuthi, Mustafá 287
Barnier, Michel 163
Barroso, José Manuel Durão 329*n*, 360, 377, 409, 418, 420*n*, 434, 461, 475, 484
Barshefsky, Charlene 480*n*
Batista Jr., Paulo Nogueira 327
Battutah, Ibn 151, 314
Baucus, Max 468
BBC 90, 93, 288, 298
Beckett, Margaret 191*n*, 373
Bedjaoui, Mohammed 183, 226*n*
Beijing 51, 61, 65-6, 69, 116, 121, 200, 316, 374*n*, 448*n*, 457-8, 469
Beirute 110-1, 126, 128, 144, 152-6, 186-8, 192-8, 211, 214, 279
Bekaa, vale do 187, 198
Belém 272-4
Belkhadem, Abdelaziz 158, 226-7
Bella, Ben 137
Bellerive, Jean-Max 277
Benaissa, Mohammed 165, 226*n*, 228
Benchmarks (fronteira Síria-Israel) 284, 292
Ben-Eliezer, Binyamin 283
Benin 355, 410
Berlusconi, Silvio 26, 95, 138, 360
Berna 19, 214, 430, 438
Berri, Nabih 129, 132, 195-6
Bhurban (Ministerial da OMC) 318-20
Bibliaspa 185*n*
BID (Banco Interamericano de Desenvolvimento) 301
Biden, Joe 270
Bielsa, Rafael 165-6
Bildt, Carl 94*n*, 259
BIT (Bureau Internacional do Trabalho) 455
Blair, Tony 136, 185, 203, 239, 251-2, 294, 298, 334, 336, 338-9, 342, 344, 352, 358-61, 363-70, 378, 389, 400, 409, 412, 418, 420, 426
Blix, Hans 121-4
Blustein, Paul 351*n*, 449*n*, 450*n*, 451*n*, 455
BNDES (Banco Nacional do Desenvolvimento Econômico e Social) 466
Bokova, Irina 256*n*, 276
Bolívia 19*n*, 190, 295*n*, 369-70, 374, 391, 395, 434, 486*n*
Boston Globe 472
Boswel 470*n*, 471*n*
Boueiz, Farès 110
Bouteflika, Abdelaziz 158-60, 163-4, 166-8, 173, 226*n*, 227-8
Boutros-Ghali, Boutros 15, 108, 114, 401
Boutros-Ghali, Youssef 139, 265
Brasil 10-1, 15-296, 298-302, 305-73, 376-84, 386, 388, 390-1, 394, 398-431, 434-8, 440, 444-5, 447-9, 452-4, 456-8, 460-89
Brasil, Isnard Penha 163, 206
Brasil-UE (Cúpula, Cimeira) 98, 370, 420*n*, 422-3, 434
Brasília 17, 19, 29, 33-4, 38, 43, 47, 49, 54, 60, 64-5, 68, 70, 86, 105*n*, 113, 116, 121, 123, 126, 128, 133, 136-40, 145, 148-9, 151*n*, 153, 155, 161, 163, 165-7, 169-70, 172-3, 176, 186, 190, 211, 224-6, 228-32, 251, 255, 259-64, 267-70, 279-81, 286, 291,

294-5, 299*n*, 302*n*, 312, 314, 333, 340, 355, 368, 373, 378, 383, 392, 394, 404*n*, 406, 420*n*, 425, 427-8, 434, 436, 450, 452, 454*n*, 456, 466, 468, 479, 485
BRICs 10, 51, 65-6, 83, 200, 259, 430, 435-6, 438, 475, 485, 489
Brito, Bernardo 141, 182, 213, 218
Brittan, Leon 312*n*
Brizola, Leonel 112
Brown, Gordon 328, 342, 360, 389, 408, 425, 430, 439-41, 458, 472*n*, 474
Bruxelas *ver também* Val Duchesse 16, 182, 308, 312, 318, 333*n*, 337-8, 348, 351, 403, 406, 408, 411, 420, 423, 425-6, 452, 473*n*, 474-5, 485
Buarque, Cristovam, 255-6
Buenos Aires 20, 138, 170, 205*n*, 224, 351, 369, 405, 441, 456-7, 470
Bulgária 92, 349*n*
Burkina Faso 355, 445
Burns, Nicholas (Nick) 29, 102
Burns, William (Bill) 29-30, 33-4, 41, 54-5, 59
Bush, George W. 23, 27, 29, 35-7, 137, 152, 200-3, 206, 228, 286, 320, 331, 345, 358, 365, 370-1, 374-7, 382, 385, 393-7, 401-2, 406, 409, 419-20, 426, 439, 451*n*, 457, 461-5, 468
Bushehr (usina nuclear do Irã) 67, 69
Butler, Richard 115, 118, 120-1
Byrne, Malcolm 99*n*

C

Cabo Verde 281, 438
Çaglayan, Zafer 51
Cairns, grupo de 299, 311, 328, 347, 458
Cairo 115, 126-8, 134, 138-9, 150, 153, 164, 168, 170*n*, 171*n*, 205, 224, 235, 241-7, 250, 258-9, 264-8, 290, 293
CALC (Cúpula Latino-Americana e Caribenha) 259, 466*n*, 471
Calmy-Rey, Micheline 19
Câmara de Comércio Árabe 184
Camberra, Comissão de (Commission on the Elimination of Nuclear Weapons) 15, 114
Camp David 35, 201, 260, 395*n*, 400, 402-3
Canadá 95, 316*n*, 323*n*, 330*n*, 358*n*, 406
Cancún 129, 146*n*, 298-300, 302-4, 310-1, 313, 317-9, 327, 333, 344, 348, 383-4, 386-7, 403, 413-4, 417, 421, 437, 442, 444-5, 478, 482, 486, 489
Cantanhêde, Eliane 174
Cardoso, Fernando Henrique 112, 120*n*, 145, 151*n*, 471
Caricom (Comunidade do Caribe) 140, 313
Carrilho, Arnaldo 205*n*, 218, 224
Carta de São Francisco; Carta da ONU 28, 80, 116, 169*n*
Carter, Jimmy 238
CASA (Comunidade Sul-Americana de Nações) 163, 165-6, 169, 182, 405
Casablanca 108-10, 165
Casbá (episódio do *coup d'éventail*) 164
Casciano, Edgard 285
Castillo, Carlos Pérez del 300
Castro, Fidel 161, 205*n*, 289-90
Castro, João Augusto de Araújo 106
Castro, Raúl 289, 471
Cavalcanti, Carlos 433
Caymmi, Dorival 175
CCG (Conselho de Cooperação do Golfo) 133, 147, 148*n*, 184*n*, 257
CCP (Comissão de Construção da Paz) 169*n*

Cecilienhof 413, 419
CEE (Comunidade Econômica Europeia) 405*n*, 488
Celac (Comunidade dos Estados Latino-americanos e Caribenhos) 466*n*, 471*n*
Chade 355
Chagas, Liliam 84
Charveriat, Céline 314
Chávez, Hugo 37, 155, 165, 172, 177, 205*n*, 208, 228, 252, 332, 353-4, 369*n*, 429-30
Checkpoint(s) 134, 273
Chen Deming 450, 468, 478
Cheney, Dick 235-6
Chiaradia, Alfredo 320, 326, 410
Chile 124, 146*n*, 169, 171*n*, 273, 295*n*, 306*n*, 311, 353, 358*n*, 367, 405, 422, 466*n*
China, governo chinês 18*n*, 26, 46, 50-1, 56, 61-2, 65-6, 85-6, 91, 116, 118, 121, 181, 201, 249, 256, 294, 300, 305-6, 311, 316, 323*n*, 327, 347, 352, 356*n*, 362, 374, 395, 406, 430, 440*n*, 442, 445, 447-51, 453, 464-5, 469-70, 476, 478, 482, 486*n*
Chirac, Jacques 26, 45, 120*n*, 124, 146*n*, 156, 160, 184, 197, 329*n*, 336, 360*n*, 364, 366, 370, 375, 401
Chomsky, Noam 101*n*, 296*n*
Churchill, Winston 144, 214, 412*n*
CIJ (Corte Internacional de Justiça) 114, 117*n*
Cingapura 302-3, 434, 466, 489
Cisjordânia 134, 142, 169, 206, 215-6, 218, 221, 237, 242, 251, 261-2, 272-6
Clemenceau, Georges 455
Clima, mudança do 27
Clinton, Bill 53, 108, 145, 212, 222*n*, 279, 475, 483
Clinton, Hillary 33, 37-8, 44, 47, 51, 54-5, 61-3, 83-4, 90, 96, 101, 249, 252
Clube de Paris 441
CNN 288, 346
Coalizão da Nova Agenda 15*n*, 245
Coeficiente (em NAMA) 303, 334*n*, 339-40, 362, 370, 378-9, 393, 407, 412, 415, 423, 427, 445, 452-3, 456
Coelho, Pedro Mota Pinto 239
Cohen, Roger 87
Colômbia 33, 38, 48, 169, 205, 252, 295*n*, 395*n*, 434, 438
Comércio; relações comerciais; investimentos 11, 25*n*, 27, 32, 37, 53, 69, 76, 107-8, 129, 133, 136, 147, 152, 154, 161, 167-9, 177, 181, 184, 201, 209, 217, 224-5, 228, 251, 253*n*, 265, 279, 293*n*, 299*n*, 303, 305, 307-8, 311-6, 331, 333, 341, 348-9, 361, 364*n*, 368-9, 373, 377, 380, 382, 394, 396, 399, 403-6, 409, 413, 422, 429, 432, 434, 440-7, 452, 455, 457-8, 463, 473-6, 478-81, 484, 487-9
Comissão de Investigação (Resolução 1.595) 183-4
Comissão Europeia 306, 329*n*, 338, 354, 360, 377*n*, 420*n*, 434, 451, 458
Comissário europeu 157, 299, 302, 307-9, 312*n*, 320-1, 324, 330, 334-5, 338-9, 344, 351, 359*n*, 368, 372, 376, 383, 389, 391-2, 396-7, 403, 414, 416, 421, 423-5, 445, 450, 459
Comunidade
  árabe 111, 167, 192, 198, 204, 279
  judaica 175, 177, 229, 270, 280, 289
  libanesa 193*n*

Conferências de Doadores (Estocolmo, Paris, Sharm-el-Sheikh) 184, 200
Congresso
brasileiro 111, 167, 217, 260, 429
norte-americano 215, 322, 371, 372*n*, 443, 478
Conselho de Direitos Humanos da ONU 114*n*, 217, 254
Contencioso do
açúcar 305, 327
algodão 327, 480, 485
COP-15 27, 33, 43-4, 47
Copacabana Palace 368, 383
Coreia do Sul 306*n*, 323*n*, 349*n*, 358*n*
Corrêa, Luiz Felipe de Seixas 157, 161, 300-1, 305, 311, 317
Correa, Rafael 430, 466
Cortes efetivos nos subsídios 384
Costa, Luiz Carlos da 483
Costa Rica 38
Cotton-4 (grupo de países africanos) 355, 383, 410, 445
Crean, Simon 432, 437, 450, 462, 470
Cristianismo, cristãos 24, 108, 156, 194, 276
Cruvinel, Tereza 428
Cruz Vermelha, Crescente Vermelho 189, 249
CSNU (Conselho de Segurança da ONU) 15, 18, 21*n*, 54, 114*n*, 121*n*, 125, 129, 135, 148, 159, 222, 231*n*, 381
Cuba 20*n*, 38, 55, 113, 160, 205*n*, 311, 353, 401, 421, 482*n*
Cúpula *ver também* G8 *e* G20 14*n*, 26-9, 45, 57-9, 65, 73*n*, 80, 82, 84, 92, 95, 98, 105*n*, 125-75, 180-6, 201, 224-5, 244, 250, 252-3, 255, 259, 281-2, 293, 298, 315-6, 320, 342, 345, 359-60, 363, 365-6, 370, 377, 378, 391, 409-10, 412, 422-3, 429-30, 434, 436, 459, 462-6, 471*n*, 473, 477, 479, 486
das Américas 37, 137, 201, 320*n*, 331
sobre Segurança Nuclear (Conferência) 57, 60, 65
Curdos 113
Curtiz, Michael 109

D

D'Alema, Massimo 193
Dalian (reunião miniministerial da OMC) 300, 311, 313, 316-7, 319-20
Damasco 97, 129-31, 136, 142-4, 146, 153, 155-6, 182-3, 187-91, 196, 200, 209-12, 214, 233-9, 242-8, 263, 269-93
Damico, Flávio 328
Danese, Sérgio 227
Dantas, San Tiago 12, 104
Davies, Rob 476, 478-9
Davos, Fórum Mundial de 16, 43, 52, 162, 179, 185, 249-50, 302-4, 321, 357-61, 387-90, 395, 432-4, 438, 472-3, 483
Davutoglu, Ahmet 29, 51-2, 54, 57, 74-6, 79, 82-3, 86, 89, 93, 95-9, 268, 283-5, 291
Declaração de Brasília (ASPA) 170, 172, 211, 224*n*, 228
Declaração de Teerã 10, 13-104, 199, 259, 260*n*, 272*n*, 283*n*, 298, 462*n*, 486
Defesa 33, 45-6, 48, 91, 123, 133, 153, 186, 192, 197, 213, 226, 230, 231*n*, 244, 250*n*, 256, 266, 284, 298, 427, 428*n*, 439, 443*n*
Deiss, Joseph 358
Déjammet, Alain 50, 116-7, 122

Délhi *ver também* Nova Délhi 128, 162, 310-5, 317, 329*n*, 404, 410, 425, 458, 461, 469, 477, 479
Demarty, Jean-Luc 414
Democratas (partido) 386, 462, 468, 474
Depósito (entregue ao presidente Clinton) 212, 279
Dergham, Raghida 250
Desarmamento
Conferência do (CD) 15, 20, 94, 121, 245
controle de armas 15-6, 19-20, 93-4, 106*n*, 118-21, 245, 256, 348*n*, 483
DG *ver também* Diretor-Geral da OMC 375, 380*n*, 381-2, 436, 445, 449-50, 463, 467, 471, 473, 485
Diálogo
entre Civilizações 108*n*
intrapalestino (Hamas e Fatah) 245, 248, 266-7
Didiza, Angela Thoko 351
Dirceu, José 140, 162
Direitos humanos 20, 23, 97, 103, 136, 170, 253-4, 351, 371, 470
Direitos Humanos, Comissão de 21, 122*n*, 473*n*
Diretor-geral da OMC *ver também* DG 73, 157, 166, 326, 358*n*, 359, 368, 374*n*, 375, 377, 463
Dispêndios efetivos *ver* subsídios 414
Ditz, Nilo 432
Djibuti 173
Doha (Conferência das Nações Unidas sobre Financiamento ao Desenvolvimento) 11, 230, 466
Doherty, Patrick 24*n*
Dorda, Abuzaid Omar 283
Douste-Blazy, Philippe 184, 191*n*
Dubai 129, 133-4, 150, 458
Duhalde, Eduardo 130, 138, 166
Dunkel, Arthur 446, 488
Dutra, Elim 265*n*
Duty-free, quota-free 348, 351, 454

E

Economis, The (revista) 101, 307, 337
Ecosoc (Conselho Econômico e Social da ONU) 146*n*, 169*n*
Eddé, Carlos 155
Efivarenz 406
Egito 22, 46, 106, 108, 114, 127-9, 134, 139-40, 154, 167, 171, 179*n*, 205, 219, 224, 233, 240, 242, 245, 247-8, 251-2, 255, 258-9, 262, 264-5, 267, 271, 293-4, 323*n*, 401, 410, 445, 457, 482
Einstein, Albert 270
Ekéus, Rolf 115, 121-2
Elaraby, Nabil 114
El-Baradei, Mohammed 16, 21, 29-30, 33, 87, 93
Elizabeth II (rainha) 364
Embrafilme 127
Embrapa 185, 355
Emirados Árabes Unidos (EAU) 129, 133, 148*n*, 184
Enriquecimento de urânio 25, 31*n*, 41, 48, 52
Equador 252, 295*n*, 383, 395*n*, 430, 466, 468
Erdogan, Recep 53, 57-8, 60, 74, 82, 85*n*, 89, 95, 280, 285, 291
Erekat, Saeb 216-7, 219, 221, 262, 294
Eritreia 118
Esenli, Murat 188*n*

Espanha 84, 146*n*, 147, 169, 205-6, 329*n*, 358*n*, 430, 472*n*, 484
Estado de S. Paulo, O (jornal) 308*n*, 356*n*, 471, 481, 483
Estados Unidos (EUA); governo norte-americano 18*n*, 20, 25-30, 34-5, 37-8, 40, 42-4, 47, 53-6, 59-60, 63-4, 68-9, 83-5, 87-8, 93, 101*n*, 102, 106, 108, 113, 115, 117-8, 121-2, 125, 132*n*, 136, 142, 143*n*, 161-2, 172, 182-5, 200, 202, 210, 230, 232-3, 235-6, 240, 248-9, 254*n*, 266-7, 270, 274, 294, 297, 299-300, 302, 304-6, 311, 313, 316*n*, 317, 320, 322-5, 328-35, 346-7, 349, 356*n*, 362-3, 368, 371-4, 378, 380-3, 386-8, 391-403, 406, 408, 414-5, 417, 422, 424, 426-7, 434, 437, 439, 440*n*, 444, 447-8, 451-5, 460, 464-5, 468-71, 473-6, 478-80, 482, 484-8
Etiópia 118, 316, 358*n*
Évian 26, 125, 158

F

FAB (Força Aérea Brasileira) 48, 51*n*, 66, 188-9, 191-2, 198, 239, 322, 341, 391, 432, 442
Facilitação do comércio 303, 488-9
Faisal, Saud bin 149, 211
Falk, Richard 114*n*, 116*n*
Falkenberg, Karl 307
Farah, Daniel 185*n*
FARC (Forças Armadas Revolucionárias da Colômbia) 434
Farm Bill 322, 387
Farm Bureau 451*n*
Farouk (rei) 134
Fassi, Abbas el- 228
Fatah 134*n*, 140, 201*n*, 205-6, 233, 237, 246, 258*n*, 266, 281-2, 286-8
Ferreira, Sérgio 439
Fiesp (Federação das Indústrias do Estado de São Paulo) 95, 308, 340, 362, 433, 452, 456
Figueira, Luiz Sérgio 148
Fihri, Taïeb Fassi 228
Filadélfia, Faixa de 179, 219
Fillon, François 227
Financial Times (jornal) 87*n*, 92, 299, 317, 337, 387-8, 455
FIPs (Five Interested Parties) 299, 320-1, 324-5, 328, 421*n*, 424, 458
FIS (Frente Islâmica de Salvação) 159
Fischer Boel, Mariann 307, 323
Flexibilidades *ver também* NAMA 57, 60, 73, 333-5, 339*n*, 362, 381-2, 411, 415, 432, 436*n*, 440, 441*n*, 445, 448, 452-3, 456-7
Flint, Guila 288
Fluella (hotel; grupo) 302, 320*n*, 323, 324*n*
FMI (Fundo Monetário Internacional) 429, 462, 465, 474
Focalal (Fórum de Cooperação América Latina-Ásia do Leste) 302*n*, 466
Focem (Fundo de Convergência Estrutural do Mercosul) 326, 466
Folha de S.Paulo (jornal) 25*n*, 63*n*, 100*n*, 121*n*, 124, 174*n*, 265, 327*n*, 356-7, 461
Forças de Defesa de Israel 186, 231*n*
Foreign Policy 62*n*, 87*n*, 99*n*, 294-5, 482-3
França, governo francês 18, 29*n*, 41, 45-50, 55, 64, 71-2, 87-8, 92-3, 114-24, 138, 143*n*, 146*n*, 156, 159-60, 163, 183-4, 191, 231, 235, 322, 329*n*, 350, 364-5, 375, 385, 406, 422, 438
Franco, Itamar 15-6, 20, 106*n*, 108, 113, 151

Frantz Fanon 350
Freeze-for-freeze 16, 22
Fundação Hashemita *ver também* Organização Hashemita de Caridade 242
Furlan, Luiz Fernando 177, 328, 347
Furtado, Celso 405

G

G4 54, 159, 222, 245, 299, 316, 320-2, 328, 332-3, 335-6, 339-40, 343, 358, 360, 367, 369, 374-5, 390-3, 401, 403-11, 414, 416-7, 421, 424, 447, 477
G6 299, 358, 360, 367, 376, 379-83, 401, 404-6, 411, 421*n*, 477
G7 (OMC) 27, 73*n*, 342, 345, 385, 447-8, 451, 460
G8; G8+5; G-8 ampliado 26-7, 46, 95, 125, 158, 222, 241, 259, 298, 316, 342, 359-60, 373-5, 377, 385, 409-10, 439-40, 465, 476
G10 325*n*, 349
G15 73-5, 81, 128, 384-5
G20; G20 comercial; G20 da OMC 27-8, 60, 92, 95, 129-30, 145-6, 153, 160-2, 252, 257, 259, 265, 276, 297, 299-300, 302, 304, 306-7, 309-30, 335*n*, 337, 340-1, 344-54, 358-9, 362-3, 370-6, 382-9, 393, 398-9, 401-2, 405-6, 410-1, 414, 418, 421-3, 426, 428-31, 434-9, 442-6, 450, 454*n*, 457, 459-60, 462, 465, 467, 471, 473-5, 477-8, 482, 484-6
G33 319, 347, 349, 353, 371, 383, 393, 397-8, 401, 403, 406, 410, 428, 431, 442, 443*n*, 449, 453-4
G90 146*n*, 319, 349-50, 423-4, 428, 431, 486*n*
G110 428
Gaddafi, Muammar 135-8, 162, 208, 283
Garcia, Marco Aurélio 33, 40, 354
Gargano, Reinaldo 422
GATT (Acordo Geral de Tarifas e Comércio) 109, 113*n*, 311-2, 316*n*, 325, 350, 370-1, 381, 393, 421*n*, 446, 452, 455, 472*n*, 488
Gaza 33, 36, 97*n*, 109*n*, 176, 178-80, 182, 201*n*, 203, 205, 219, 221, 229, 231-54, 258, 261, 264, 271, 275, 277, 280-5, 290, 294
Geisel, Ernesto 107
Genebra 15, 20-1, 48, 94, 99, 100*n*, 109*n*, 121-2, 138, 151, 185-8, 192, 230, 245, 265-8, 287, 297-490
Gerdau, Jorge 357
Gere, Richard 179
Ghannouchi, Mohammed 230
Gheit, Armed Aboul 127, 163, 224, 232, 241, 245, 247, 258-9, 264, 266-8, 293
Ghislene, Alexandre 141
Gleneagles 316, 342, 364, 477
Globo, O (jornal) 206*n*, 304
Gois, Ancelmo 304
Golã, Colinas de 58, 95, 129, 131, 195*n*, 222-3, 237, 246, 271, 277, 279-80, 284-5, 290
Gonzalez, Arancha 376
Gorgulho, Leonardo 61, 71, 75, 292
Governança Progressista (fórum) 358-61
Grã-Bretanha *ver também* Reino Unido 18, 115-6, 156, 315, 332, 361, 364, 373, 467
Green Room 347-8, 350-8, 443, 447-8, 455, 470-1
Groser, Tim 299
Grupo
  africano 313, 383, 410

de Viena 29*n*, 87, 90, 92-3, 96, 98
do Rio 113, 308, 391, 434, 471*n*
Guarda Revolucionária (Irã) 23-5, 42, 45, 79
Guelleh, Ismaïl Omar 173
Guénaïza, Abdelmalek 226
Guerra
da Coreia 106
de 1967 279
do Golfo (primeira) 107, 109, 115, 130, 227
do Golfo (segunda) 116, 248
Fria 105, 116*n*, 124
Mundial (Primeira) 114*n*
Mundial (Segunda) 105-6, 186, 198, 367*n*
Guiana 45, 252, 263, 341, 347, 392
Guimarães, Samuel Pinheiro 187, 231, 344, 357
Guimarães, Ulysses 301, 356
Guiné-Bissau 209
Gül, Abdullah 52, 186, 188, 267, 378
Gurion, David Bem 220*n*, 239

H

Haiti 35, 43, 53, 56*n*, 88, 113, 162, 182, 226, 256, 269, 277, 320, 395, 437-8, 483
Hamad *ver* Thani, Hamad ibn Jaber al- 151-2, 248
Hamas 140, 176-7, 179*n*, 185, 201, 205-6, 214, 216, 219, 221-2, 231-51, 258, 260-8, 274, 280-2, 285-92
Hammoud, Mahmoud 155
Haniyeh, Ismail 267, 281-2
Hanói 434, 440
Hariri, Rafik 129, 131-3, 142-4, 152, 156-7, 160, 183-4, 210, 214, 330
Hariri, Saad 89
Hassan II 109
Hatnuah (partido israelense) 288
Hatoum, Milton 193*n*
Heilingendamm 409
Herald Tribune (jornal) 54, 94, 335, 337, 417, 486
Hermassi, Abdelbaki 157
Herzl, Theodor 272
Herzog, Misna 175
Hezbollah 156-7, 186, 191*n*, 194-7, 199*n*, 211, 214, 222, 230, 238, 285, 290, 292
Hills, Carla 480*n*
Hiroshima 412*n*
Hoda, Anwarul 488
Holocausto 24, 57, 175, 270, 272
Honduras 33, 38, 43-4, 55, 259*n*, 481-2, 487
Hong Kong 18, 302-3, 314, 320, 323*n*, 327-8, 332-3, 338-40, 342, 345-6, 348, 352-6, 357-455
Conferência Ministerial de 18, 182, 313, 316, 330, 337, 342, 346, 354, 356-7, 359
Hosni, Farouk 255-6
Hudley, Stephen 465
Hugueney, Clodoaldo 230, 305, 317, 353, 364, 379, 418, 423-4, 428, 462
Hull, Cordell 145
Hungria 159, 358*n*
Hussein, Saddam 113, 115, 154, 172

I

IBAS (Índia, Brasil e África do Sul) 36, 65, 182, 199, 203, 245, 252, 259, 262, 267-8, 278, 310, 314*n*, 367, 400,

404*n*, 425, 430, 435, 459, 477, 479, 485, 489
Iêmen 22, 173
Iglesias, Enrique 205
Il teatro 415-6
Ilhas Maurício 300, 341, 349*n*
Império Otomano 156
Índia 18*n*, 22, 26, 36, 46, 54*n*, 103, 130*n*, 138, 143, 151, 153, 159*n*, 160-1, 166, 199, 202-3, 227, 245, 283, 299, 303, 306, 309-16, 319, 322-4, 329-30, 332, 335-6, 344, 347, 353, 358, 362, 374, 377*n*, 386*n*, 390-1, 397, 400-8, 410-1, 415, 417, 419, 421, 424, 426-7, 429, 431, 437, 442-4, 447-51, 453-4, 457-8, 460, 469-70, 473-7, 482, 486*n*, 488-9
Indicações geográficas 363, 401*n*, 453
Indonésia 46, 268, 347, 397, 399, 410, 431, 453-4, 456, 482*n*
Iniciativa Árabe de Paz 132, 163, 167, 209, 257, 290
Instalações nucleares iranianas 266
Instituto Rio Branco 9, 107*n*, 190, 304, 412*n*, 458
International Herald Tribune 54
Intifada 109, 180
Irã; questão iraniana; programa nuclear iraniano 10-1, 13-103, 113, 176, 179*n*, 185, 196-7, 209, 214, 230, 233*n*, 238, 240-1, 246, 248, 258, 260, 263, 266-9, 272, 274-5, 277-9, 283, 286, 294, 320, 359, 366, 401, 476, 481-5
Iraque, questão iraquiana 15-6, 22-3, 27, 36, 45, 50-1, 59, 66, 68, 91, 107, 113-24, 126, 129, 132, 143, 145-9, 151-9, 162-3, 170, 172-3, 182-5, 191, 200*n*, 202, 209, 211, 213, 234, 250, 266, 298, 320*n*, 336
Irmandade Muçulmana 205, 214, 242-3, 258, 267
Isfahan 48-9, 52
Islândia 349*n*
Israel 10, 17, 20, 24, 31, 33-6, 56-9, 97, 100, 106, 108-9, 111-2, 125-6, 128-30, 132, 134, 141, 143, 157-8, 162, 167-8, 171-2, 174-83, 186-99, 201-6, 210-2, 214-23, 226, 229-55, 258-96, 349*n*, 401
Istambul 60-1, 66, 97-8, 190-1, 248, 283, 381
Itália 127, 138, 329*n*, 338, 409*n*, 422
Itamaraty *ver também* MRE (Ministério das Relações Exteriores) 20, 24, 29, 40, 43, 55, 67*n*, 73, 94, 104, 111, 116*n*, 123, 129, 133, 139, 141, 146-7, 162, 167, 170, 182, 184, 187*n*, 188, 190, 191*n*, 198, 200*n*, 203, 231*n*, 253*n*, 262*n*, 279, 293, 301, 308, 309*n*, 312, 320*n*, 327, 329, 356, 358*n*, 364*n*, 391, 402, 403*n*, 431*n*, 440*n*, 456, 462, 464, 473*n*, 479-80
Ivanov, Igor 18*n*, 36*n*

J

Jacarta 397-400, 410, 440, 442, 454*n*
Jaguaribe, Hélio 106
Jaitley, Arun 310
Jalili, Saeed 21-2, 70, 74-5, 79, 82, 98
Japão 54*n*, 86, 117, 159*n*, 160, 227, 299, 316*n*, 323*n*, 324-5, 330*n*, 340, 347, 349*n*, 383-4, 406, 409*n*, 437, 439, 442, 445, 447, 449-50, 453, 454*n*, 468

Jassim, Hamad bin 248
Jawaharlal Nehru Award for International Understanding 408
Jedá (Fórum Econômico) 144-5
Jenkins, Roy 144
Jerusalém 97, 109*n*, 126*n*, 174-231, 235, 237-8, 241-3, 262, 265-6, 269-76, 286-8, 291
Ocidental 240, 278*n*
Oriental 261, 262*n*, 269, 286-8
Jiechi, Yang 61, 65, 86, 249
Jintao, Hu 65, 86, 317
João Paulo II, papa 181
Jobim, Nelson 33, 428*n*
Johanns, Mike 380-1, 408, 414-5
Johnson, Samuel 470*n*
Jones, Jim 33, 53, 55, 63, 71, 95-6, 259
Jordânia 108, 126, 139-42, 182, 200*n*, 204, 213-5, 218-20, 223, 225, 239, 242-8, 268, 271-2, 275, 294
Judeh, Nasser 268, 275
Julho, O grande fracasso de 298, 381, 431
July Framework ver também Arcabouço de julho 298-9, 302, 322, 324, 341, 358, 387, 444, 458, 475, 486

K

Kaddoumi, Farouk 111, 126*n*
Kadima (partido israelense) 288
Kantor, Mickey 480*n*
Karmirian, Sarkis 141
Kassenova, Toghzan 99*n*
Katsav, Moshe 176-7
Kerry, John 99, 290, 292-4
Khadafi *ver* Gaddafi
Khaldûn, Ibn 105, 186, 198
Khalifa, Hamad bin 173, 248
Khamenei, Ali 41, 76-8
Khan, Humayun 318-9, 372, 410-1
Khatami, Mohammed 42, 108
Khomeini, Ruhollah 77
Ki-Moon, Ban 232, 246, 252
King David (Hotel em Jerusalém) 219*n*, 240-1, 286
Kipling, Rudyard 103
Kirchner, Cristina 252, 456
Kirchner, Néstor 165-6, 332
Kirk, Ron 474-6, 478-81
Kish, Ilha de 32
Kissinger, Henry 310
Knesset 180, 270
Köhler, Horst 394
Kouchner, Bernard 46, 232-3, 358, 438
Krishna Cuttaree, Jaya 300
Krishna, S. M. 477
Kuwait 107*n*, 113, 119, 148, 152-5, 248

L

Labour Party 408*n*
Labour standards ver também Padrões trabalhistas 474
L'Acquila 259
Laden, Osama bin 144
Lagarde, Christine 227, 322, 437
Lagos, Ricardo 146*n*, 260
Lahoud, Émile 128-9, 132, 140, 152, 155-6, 194-7
Lamazière, Georges 19
Lampreia, Luís Felipe 174
Lamy, Pascal 157, 230, 299-300, 307-8, 321, 324, 336, 339-41, 350-3, 356, 359*n*, 360, 367-8, 370-1, 375-83, 386-91, 396, 399, 416, 418-9, 421,

423-5, 430, 432, 435-9, 444-60, 462-4, 467-71, 474, 484-6
Larijani, Ali 41, 70-1, 74
Lavorel, Warren 488
Lavrov, Sergei 18*n*, 22, 36, 51, 66-9, 84, 86, 96, 185, 252, 379
LEA (Liga dos Estados Árabes); Liga Árabe 110, 115, 123, 125-35, 138-9, 149-50, 162-3, 166-7, 170*n*, 183, 224, 232, 244, 249, 252, 254, 262, 290, 315
Lehman Brothers (crise financeira internacional) 37, 252, 257, 439
Leitão, Miriam 304
Lembo, Cláudio 198
Leuthard, Doris 389, 433, 438, 483
Levens, Maria 165
Leverett, Flynt 99
Leverett, Hillary 99
Levitte, Jean David 46-7, 50, 54, 92, 95-6, 286
Levy, José 288
Levy, Lord 361, 363
Líbano 89, 107, 110, 111*n*, 128-9, 131-2, 140, 142, 143*n*, 151-63, 182-203, 209-11, 214, 222, 234, 238, 250, 253, 258, 263, 278-9, 378, 380-1, 387-8, 438
Líbia 114, 123, 129-30, 135-8, 153, 283, 435
Líder Supremo (Irã) 24, 32, 42, 55, 73, 76, 79
Lieberman, Avigdor 259, 266, 272, 277, 286, 289
Liechtenstein 349*n*
Likud (partido israelense) 109*n*, 178, 180
Lima, Paulo Tarso Flexa de 177
Lima, Sérgio Moreira 175, 180
Limbert, John 85*n*
Linha de fronteira (Síria-Israel) 280
Lisboa 234-6, 244, 420-4
Livni, Eitan 219*n*
Livni, Tzipi 58, 187, 204, 215, 218-21, 232-4, 239-42, 246-7, 266, 271, 288-9
Lockerbie 123
Londres 22, 103, 124, 153, 185, 316, 321, 325, 330-40, 346, 358, 360-1, 364, 367*n*, 373, 376, 408, 467, 473, 475
Lugar de troca (de urânio) 85
Lugo, Fernando 252
Lula (Luiz Inácio da Silva) 9, 16, 18, 23-9, 33-4, 37-50, 53-92, 95, 97, 99, 100*n*, 107, 122, 124-6, 129-45, 148-9, 153, 155-6, 158-61, 165-7, 170-7, 184, 187, 190-1, 194, 197-204, 207-9, 224-36, 242, 244, 246, 248, 252, 254-65, 268-86, 292-5, 297, 301, 309-10, 317-8, 327-32, 336, 341-2, 344-7, 353-61, 364-70, 373-8, 385-9, 393-6, 399-409, 418-30, 434, 439-41, 447, 450, 456-9, 462-6, 471, 473-7, 480-2, 486, 488-9
Lyrio, Maurício 75

M

Mackay, Peter 186, 406
Mackintosh-Smith, Tim 150, 314*n*
Madani, Nizar bin Obaid 209
Madeira, Ilha da 234, 236
Madhya Pradesh 454, 461
Madri 29, 83, 86, 90, 98, 205, 223, 279, 461, 484-5
Magrebe 106-7, 173, 226, 229-30, 438
Mahbubani, Kishore 120*n*
Maher, Ahmad 127-8, 138

Mali 355
Malki, Riad 216-7, 225, 242, 262, 268, 278*n*, 286
Malloch-Brown, Mark 474
Mandela, Nelson 151
Mandelson, Peter 29*n*, 302, 305, 307-9, 316-7, 320-4, 330, 335-9, 344, 346, 350-2, 358-60, 367-8, 371-6, 381, 387-93, 396-9, 403, 408, 410, 412*n*, 414-26, 432-4, 437, 441, 449-59, 467-8
Mandisi Mpahlwa 302, 347, 473
Mann, Thomas 53, 388
Mannheim, Karl 490
Mantega, Guido 464, 466
Mapa do Caminho 132*n*, 134, 139, 260-4, 318
Mar del Plata 137, 320*n*, 331
Mar Morto (Fórum Econômico Mundial) 126, 222
Marouf, Lamia 111-2
Marraqueche 109, 113*n*, 139, 161, 164-9, 211, 228, 312*n*, 474, 487-8
Marrocos 109-10, 128, 140, 166, 170*n*, 183, 224*n*, 226, 228-9, 259, 482*n*
Martins, Franklin 270
Mauritânia 107, 110
Mazen, Abu *ver* Abbas, Mahmoud 141, 176, 202
Mbeki, Thabo 160, 228, 358-9, 405*n*, 430, 461
MDIC (Ministério do Desenvolvimento, Indústria e Comércio Exterior) 129, 177, 400
Meca 140, 207, 257
  Acordo de 258
Medelci, Mourad 226*n*, 227, 248, 281
Medvedev, Dmitry 66-8, 77, 86
Mehlis, Detlev 184
Melantonio, Cesário 265
Mello, Fernando Collor de 19
Mello, Sérgio Vieira de 146, 230
Melo, Fátima 315
Mendonça, Pedro Carneiro de 463-4, 470
Menczcs, Jean Charles de 191*n*
Mercosul (Mercado Comum do Sul) 101, 113, 130, 133, 135, 138, 148, 165-6, 168, 176, 181, 184, 186, 206, 217, 225*n*, 228, 241, 255, 293, 302, 304, 307-9, 314-5, 318, 320, 325-6, 331-2, 339-40, 342, 345, 354, 362, 365, 373, 378, 387*n*, 418, 421-2, 429, 433, 435-6, 438, 441, 445, 452-3, 457, 462, 466, 471, 480-2
  Mercosul-UE (negociações, acordo) 305, 308
Merkel, Angela 18-9, 358-9, 363-7, 370, 377, 418
Meshaal, Khaled 234, 237, 242, 263
Metha, Gita 314
México 26, 38, 46, 127, 136, 199, 201, 203, 306*n*, 316, 332, 386, 388, 422, 429, 471*n*
Miceli, Felisa 422
Miliband, David 50-1, 54, 252, 408
Miliband, Ralph 50
Millenium Account 395
Ministério da Defesa 427
Mitchell, George 250, 259, 282
Modalidades (em Agricultura e em NAMA) 303, 364, 447, 478, 480
Modi, Narendra 310, 357*n*
Modo 4 323*n*, 344
Mohammed VI 140, 226*n*, 228-9
Mombaça (reunião miniministerial da OMC) 303-10
Monde, Le (jornal) 81, 88, 173, 307, 457

Monte Líbano, clube 193, 198
Moore, Mike 301
Morales, Evo 37, 248, 252, 369, 374
Moratinos, Miguel Ángel 147, 205-6, 232, 238, 241, 246-7, 250, 259, 484
Moreno, Luiz Alberto 301
Morjane, Kamel 230
Morsi, Mohamed 171
Moscou 18*n*, 61, 64, 66-9, 83, 93, 103, 116, 121, 200, 204, 215, 220, 252, 324, 379
Motta, Pedro 270
Mottaki, Manouchehr 20, 23, 42-3, 48-55, 71-82, 86, 93, 96-8
Mousavi, Mir-Hossein 24, 41
Moussa, Amr 127-8, 138-9, 150, 163, 166-9, 214, 232, 245, 249, 254
Mozah (*sheikha*) 248
Mramba, Basil 410
MRE (Ministério das Relações Exteriores) *ver também* Itamaraty 40, 82*n*, 111*n*, 124, 127, 151, 177, 182, 355, 410*n*, 473*n*, 488
Mubarak, Hosni 127, 134, 138, 171, 205, 224, 238, 242, 244-8, 252, 259, 265-6, 290
Mugabe, Robert 461
Mukherjee, Prana 404, 459, 477
Mukhisa Kituyi 305
Mulki, Hani 141
Multilateral/Multilateralismo 37, 42, 57-8, 91, 116, 132, 201, 204, 221, 297, 304, 326, 328, 333, 371, 380-2, 398, 405, 431, 435, 438-9, 442, 444, 447, 452, 457-8, 474, 484-6, 490
Muqaddimah, The 105
Muqata 126, 141, 274
Musharraf, Pervez 320

N

Nafei, Ibrahim 168
Nagasaki 412*n*
Nahes, Anuar 107*n*
Nakagawa, Shoichi 324, 351, 369
NAM (National Association of Manufacturers/Associação Nacional de Produtores de Manufaturas) 451, 465, 468
NAMA (Non Agricultural Market Access) 303, 305, 310, 313, 326, 329, 332, 334*n*, 335, 340, 343, 345-7, 364, 372*n*, 373, 378, 380, 397, 403-4, 407-9, 411-2, 414-5, 417, 419-20, 422-3, 425-6, 433, 435-54, 460, 467-71, 478, 480
NAMA-11 (grupo) 411
Nasr, Vali 10, 99*n*
Nasrallah, Hassan 197
Nasser, Gamal Abdel 106, 267
Nath, Kamal 311, 313, 316-7, 319, 323-4, 335, 346, 353, 367, 372, 374, 376, 384, 390, 392-3, 397, 399, 404, 408, 421, 423-4, 432-3, 435, 437, 443, 449-51, 454, 458-9, 468, 470, 473, 476, 478
NCM (Negociações Comerciais Multilaterais) 11, 35, 113, 129, 298, 326, 332
Nehru, Jawaharlal 106, 408
Netanyahu, Benjamin 58, 98, 266, 268, 271-5, 277-8, 280-1, 283-6, 288-92
New York Times (jornal) 87, 94*n*, 324, 337, 345
Newsweek (revista) 455
Nguesso, Sassou 375
Niemeyer, Oscar 175
Níger 123
Nixon, Richard 180

Nogueira, Ruy 184, 456
Non paper
entregue a Kerry 293
(turco) 53, 57, 160, 292
Noruega 294, 325*n*, 330*n*, 349*n*, 385, 397, 438
Nova Délhi 310, 313, 332, 390, 393, 402, 408-9, 425, 443, 453, 455*n*, 457, 459, 477-8
Nova York 20, 37, 67, 114, 120*n*, 139, 142, 150, 160, 166, 170, 219, 250, 310, 330, 348*n*, 369, 385, 387, 435, 476
Nova Zelândia 358*n*, 405*n*, 458
Novo Quad ver também G4 316, 320, 322

O

Obama, Barack 26, 28-9, 37-9, 43-4, 47, 53, 57-63, 67-73, 85, 89, 95, 101*n*, 145, 235*n*, 238, 259, 263, 270, 276, 287, 290, 462-3, 469, 471, 474-6, 478, 482, 484-6
Obasanjo, Olusegun 228, 309, 318
Obeid, Jean 129, 155-6, 194-5
OCDE (Organização para a Cooperação e o Desenvolvimento Econômico) 302, 306, 309-10, 313, 406, 437-8, 476
OEA (Organização dos Estados Americanos) 38, 260, 434
OIT (Organização Internacional do Trabalho) 276, 455*n*
Okada, Katsuya 86
Okrent, Christine 358
Oliveira, José Aparecido de 151*n*
Olmert, Ehud 177-81, 203, 206*n*, 212-5, 218, 221-3, 231, 278, 280, 284-5, 290
OLP (Organização para a Libertação da Palestina) 111, 126, 246, 288
Olusegun Obasanjo 228, 309
Omã 139, 148*n*, 150-1, 303
Omar (neto) 188*n*, 372
OMC (Organização Mundial do Comércio) 11, 18, 27, 37, 48, 73, 86, 101, 109, 113*n*, 121, 123, 125, 129-30, 139, 146*n*, 152, 154, 157-8, 161, 165-6, 182, 186-7, 220, 230, 234, 265, 298-312, 316-8, 320-1, 325-36, 338, 342-3, 348-52, 356-61, 364-5, 368-96, 400, 405-6, 409, 411-2, 417, 419, 421*n*, 423*n*, 424, 426, 429-32, 437-9, 442-58, 462-7, 470-6, 480-9
ONU (Organização das Nações Unidas) 15, 18, 20-1, 23-4, 28, 36, 43, 51, 54, 56, 66, 76, 80-1, 85*n*, 89, 91, 97, 101*n*, 106, 108, 110-4, 117, 120-2, 124-32, 135, 145, 148, 154, 159, 161-3, 169-74, 177, 182, 186, 190, 200-3, 212, 217, 221-2, 231-5, 243, 245-6, 249, 252, 254-6, 259, 268, 283, 288, 293-6, 308-10, 320, 378, 381-2, 385, 401, 435, 467, 474, 476, 483, 486
Operação
Anabella 272
de paz 105
Raposa do Deserto 118
Yasemin 51-4, 57
Oppenheimer, Yariv 288
Opperti, Didier 388
Órgão de Solução de Controvérsias 417, 487
Oriente Médio 17*n*, 25, 33, 35, 47, 58*n*, 68, 88-9, 95*n*, 101, 103, 105-296, 298, 330*n*, 361, 378, 395, 401, 433-4

Ortega, Daniel 137
Oslo, Acordos de 108-9, 111, 179, 246, 260, 294
OTAN (Organização do Tratado do Atlântico Norte) 46, 53, 89, 136, 138
OTCA (Organização do Tratado de Cooperação Amazônica) 45
OTDS (Overall Trade-Distorting Support) *ver também* subsídios 349, 368, 373, 381, 388-9, 392, 396, 401, 403-4, 417, 420, 423, 427, 435, 438, 445, 446*n*, 448, 450
Ouro-Preto, Affonso 112*n*, 141, 144, 180, 193, 208, 265*n*
Owada, Hisashi 117
Oxfam 314-5
Oz, Amos 222-3, 229, 288

P

P5+1 10, 18*n*, 29*n*, 30, 32, 34, 41, 42*n*, 49, 51-2, 54, 65, 67*n*, 81, 86, 87*n*, 93*n*, 94, 98-101
PAC (Política Agrícola Comum da União Europeia) 339, 352, 361, 363, 368*n*, 401*n*, 452
Padovan, Gisela 121*n*
Padrões trabalhistas *ver também labour standards* 474, 479
Paemen, Hugo 488
País, El (jornal) 173
Países árabes; árabes 10, 17, 105-9, 112, 114-5, 123, 125-41, 147-9, 153-7, 161-86, 199-206, 209-10, 214, 216, 223-4, 228, 232, 240, 242, 248, 250-61, 265-6, 270, 275, 282, 286, 294-5, 467
Palácio Pamphili 337-8, 435
Palestina; Estado Palestino; questão palestina 24, 33-6, 43-4, 58, 101*n*, 107-11, 114, 126-9, 132-5, 139-42, 152-3, 158, 160, 162-3, 166, 168-9, 172-85, 195, 198-206, 214, 216-26, 229, 231-40, 242-54, 258, 260-96
Palocci, Antonio 328, 342
Pangestu, Mari 399, 410-1, 431, 454
Paris 27, 45-6, 51, 54, 72, 75, 88*n*, 94, 110, 116, 161, 186, 190, 197, 199*n*, 202, 215-6, 242, 263, 265, 267, 307, 315-7, 321, 338, 343, 361, 367, 376, 378, 387, 397-8, 406, 408, 411-2, 425-6, 436-8, 441, 476, 483
Parker-Bowles, Camilla 364
Parsi, Trita 62*n*, 87*n*, 99*n*
Partes contratantes 446
Partido
    Trabalhadores (PT), dos 301
    Trabalhista (de Israel) 284, 336
Patel, Dipak 313, 330
Patriota, Antonio 51, 141, 144, 203, 229*n*, 463-4
Paulson, Henry 463
Pedro II, Dom 107
Pedrosa, Vera 139, 166, 321, 411
Pelosi, Nancy 202
Pereira, Pérola 100*n*
Peres, Shimon 111-2, 179-80, 222-3, 260-1, 271-3, 293
Peru 190, 252-3, 295*n*, 383, 395*n*
Pfaffenbach, Bernd 366
Pickering, Thomas 93
Pires, Waldir 192, 356, 427
Pittsburgh 27, 478
PMDR (Países de Menor Desenvolvimento Relativo) 305, 313, 319*n*, 330, 341, 343, 347, 348*n*, 383, 410, 426, 467

Polissário, Frente 110
Política Externa Independente 104, 106
Polônia 358*n*
Pontecorvo, Gillo 164
Portman, Rob 307*n*, 316-7, 321-4, 330-1, 335-6, 344, 346, 351-2, 354, 360, 367-71, 381, 388, 407, 480
Portugal 232, 243, 267, 329, 422, 434, 484
Potsdam 298-9, 325*n*, 333, 403, 407*n*, 408, 411-30, 437
Powell, Colin 38, 59, 136, 201
Powell, Jonathan 361-7, 378, 412
Prejuízo grave 417
Pretória 430
Primakov, Yevgny 266
Primavera Árabe 11, 130, 157, 162, 171, 205, 212, 245, 253*n*, 293
Processo de paz, negociações de paz (entre Israel e Palestina) 33, 35, 132*n*, 139, 141, 148, 151, 153, 163, 167, 181, 195, 197, 199-200, 203, 210, 214, 218, 223, 226, 230, 231*n*, 233, 235, 237, 244-5, 251, 258, 261, 263, 265, 274-5, 278, 286-94
Prodi, Romano 422
Produtos
  especiais *ver* SP 303, 312, 319, 329*n*, 349, 353, 362*n*, 363, 372, 382, 384, 386, 392-3, 396-9, 408, 419, 437, 442, 446*n*, 448-9, 454*n*, 459
  industriais *ver também* NAMA 332, 334, 344, 348, 351, 359-60, 362-3, 384, 405, 411, 415, 435, 456
Programa Mundial de Alimentos 53, 483
Proporcionalidade (conceito) 348
Proximity talks (conversações entre Israel e Síria) 212, 233, 237, 277-80, 284-6
Putin, Vladimir 26, 67-8, 143, 215, 377

Q

Qatar 68*n*, 72, 83, 144, 147, 148*n*, 151-5, 171, 173, 193, 211, 224, 230, 247-8, 269
Qom, Usina de 42, 44, 47
Quad 316, 320, 322
Quadros, Jânio 106
Quantidade de LEU 57, 85
Quarteto 132, 134, 139, 153, 183, 200, 203, 231, 239, 251-2, 268, 294, 344, 390, 406, 465
Queiroz, Eça de 175
Qurei, Ahmed 141

R

Rabat 226, 228-9
Rachid, Leila 148, 308, 326, 353
Rachid, Rachid Mohamed 264-5, 410-1
Rafah, passagem de 240, 247
Rafale (caça francês) 47, 51*n*
Rafsanjani, Akbar Hashemi 42
Ramalá 58, 97, 126, 134, 140-1, 153, 174-99, 205*n*, 213, 215, 218, 220, 234-5, 239, 242-3, 262, 269, 273-4, 282, 286-8, 293-6
Ramírez, Rubén 422
Rangel, Charles 468
Rania (rainha) 276
Rebrip (Rede Brasileira pela Integração dos Povos) 315
Reforma do Conselho de Segurança; reforma da ONU 46, 68, 110, 125, 129, 143, 151, 154, 159, 161, 163, 169, 172, 201, 222, 227, 374, 401, 404, 489
Refugiados 132*n*, 140, 187-9, 200, 211, 214, 220, 230, 380

Reino Unido *ver também* Grã-Bretanha 17, 18*n*, 90, 93, 116, 118, 123, 156*n*, 183, 191*n*, 235, 334, 345, 352, 358, 361, 373, 406, 440, 461
Reis, Fernando 112*n*
Reiss, Clotilde 47, 71-2, 75, 88, 96
República Tcheca 358*n*
Republicanos (partido) 468
Retaliação cruzada 487
Reunião de Líderes Mundiais para a Ação contra a Fome e a Pobreza 145*n*
Reuters, agência 471
Rezek, José Francisco 19-20
Riade 133, 147, 149, 204, 206, 208-11, 255, 257-8
Rice, Condoleezza 18*n*, 35-6, 64, 137, 162, 184, 186-7, 200, 232-3, 235, 286, 374, 378, 394-5, 402
Rice, Susan 90
Richardson, Bill 116-7
Rimon, Tzipora 222
Rio de Janeiro 89, 108*n*, 112, 121, 190, 231, 248, 256*n*, 289, 304, 314, 367-8, 380, 383-4, 399, 407-8, 431*n*, 441, 471
Rocha, Antônio Coelho da 213
Rocha, Antônio Jorge 100*n*
Rocha, Maria Laura da 61, 286
Rodada 153, 298-9, 305, 307, 310, 316-23, 325, 328-32, 334, 337, 339-41, 344-5, 358, 360-6, 369-72, 374-9, 383-6, 389-91, 395-8, 402-7, 410-2, 417, 421, 423, 429-31, 434-41, 444, 446-8, 454, 457-9, 462, 464-72, 474-8, 480-6, 488-9
  Doha 11, 27-8, 43, 45, 53, 129, 145, 151, 153, 161, 187-8, 190-1, 220, 250, 297-9, 305, 307-10, 315*n*, 318, 325, 329, 343, 348*n*, 352*n*, 353, 359, 378, 389, 401, 403*n*, 427-34, 462, 465, 472-3, 486*n*, 487-9
  Milênio, do 121, 312
  São Paulo *ver* SGPC 482
  Uruguai 113, 165, 311-2, 317, 325, 344, 386, 395, 400, 405*n*, 407, 415, 423, 442, 443*n*, 446, 452, 475, 487-9
Rodrigues, José Manuel Silva (Cookie) 354
Rodrigues, Nelson 102
Rodrigues, Roberto 357
Rodriguez, Ali 165
Rogério, Pedro 428
Rohee, Clement 347
Roosevelt, estado 145
Roque, Felipe Pérez 205*n*
Rossellini, Roberto 210
Rossetto, Miguel 347-8
Rossi, Clóvis 356, 388, 461-2, 466*n*
Rothkopf, David 102, 482
Rouhani, Hassan 42
Rousseff, Dilma 67*n*, 133, 253*n*, 295*n*, 369, 391, 428*n*
Rússia, governo russo 68, 72, 84, 85*n*, 87*n*, 88-9, 91, 93, 96, 116, 118, 121, 124, 132*n*, 204, 215, 266, 324, 342, 379, 435-6

S

Saara Ocidental, povo saraui 110, 226, 228-9
SACU (Southern African Customs Union) 429, 473, 482
Sadat, Anuar 260
Sahaf, Said 113
Salam, Fayyad 215, 242, 273-4, 286
Salehi, Ali Akbar 74-5, 78-9
Salgado, Antonio 40, 71

Salloukh, Fawzi 191, 193-5
Samore, Gary 29
Sanções pelo CSNU; unilaterais 69, 87, 172, 271
Santayana, Mauro 449
Santos Futebol Clube 273
São Petersburgo 370, 373, 375*n*, 376, 379
São Tomé e Príncipe 35
Sardenberg, Ronaldo 112*n*, 113, 114*n*
Sarkozy, Nicolas 45-9, 51, 72, 84, 86, 92, 95-6, 231, 233, 263, 265, 267, 286
Sarney, José 429
Saud, Fahd bin Abdulaziz al- 148
Saúde *ver também* TRIPs 30, 37, 256, 297, 385, 405, 473*n*, 488
Sayad, João 301
Scheibel, Camila 61
Scherer, Ligia 218, 239, 294
Schröder, Gerard 124
Schwab, Susan 35, 190, 369-74, 376, 379-83, 387-97, 401, 408-9, 414-23, 425, 432, 435-41, 450-60, 465, 468, 480
Seixas Corrêa, Luiz Felipe de 300-1, 305, 311, 317
Seixas, Eduardo 193
Senado Federal 256, 429
Serviços 142-3, 153, 251, 303, 305, 308-10, 313, 318, 323, 329, 332, 336-7, 340, 343-4, 346, 348, 360-1, 363-4, 369, 389, 392, 395, 407*n*, 412, 422*n*, 434-5, 453, 478, 488
Setoriais 169, 224, 440, 445, 448-51, 460*n*, 465, 468-71, 478
Seul 484-6
SGP (Sistema Geral de Preferências) 330-1
SGPC (Sistema Global de Preferências Comerciais entre Países em Desenvolvimento) 482
Shaaban, Bouthaina 210, 223
Shaath, Nabil 134, 141-2, 150, 281-2, 286, 288, 294
Shadid, Anthony 189*n*, 193*n*
Shalit, Gilad 285
Shalom, Silvan 175-7, 272, 295
Sharaf, Essam 171*n*
Sharma, Anand 474-9
Sharma, Kamalesh 474
Sharon, Ariel 17, 109*n*, 175, 178-81, 201, 280, 284
Shebaa, fazendas de 195
Sheikha Mozah 248
Short, Clare 298
Shroud, Sarah 97
Sibal, Qepil 203
Silva, Aníbal Cavaco 232
Simões, Antonio 145, 304, 320*n*, 345
Simon, Pedro 192
Simultaneidade, conceito 32, 42
Singh, Manmohan 377, 382, 401-2, 404-6, 409, 415*n*, 425, 443, 457, 479
Siniora, Fouad 157, 183, 195-7, 199, 388
Siniora, Hannah 288
Síria, governo sírio 11, 25, 35, 58, 95, 107, 128-33, 136, 140, 142-4, 147, 152-3, 156, 158, 160-1, 172, 182-4, 187, 189-90, 193-205, 209-15, 219, 222-3, 233-50, 260, 263, 271-81, 284-93
Sistema Internacional de Comércio 455
Skaf, Paulo 433
Slaughter, Anne Marie 87*n*
Sleiman, Michel 278
Snowden, Edward 51*n*
Soares, Ayrton 111
Sobel, Henry 177-8

Soberania 31, 45, 65, 111*n*, 119, 132, 135, 143*n*, 157, 169, 216, 316, 346
Sócrates, José 232, 267, 329*n*, 422
Solana, Javier 16-7, 18, 21, 29-30, 33, 36, 163, 185, 475
Somália 170, 281
Somavía, Juan 276
Souza, Celso Marcos Vieira de 127, 265*n*
SP (produtos especiais) 397, 399, 402, 404, 417, 419, 442, 451, 454*n*, 460
Sponeck, Hans von 120*n*
Sri Lanka 460*n*
SSG (Salvaguardas especiais da Rodada Uruguai) 407, 415, 423
SSM (Mecanismo de salvaguarda especial) 397, 402, 404, 407-8, 417, 419, 442, 446*n*, 449, 451, 454*n*, 460, 469-70
Stalin 412, 458
Steinmeier, Frank-Walter 241
Stephens, Phillip 87
Straw, Jack 17
Subsídios 45, 297, 307, 315, 322-4, 327-9, 331-2, 334, 344-6, 352-3, 359, 378, 381, 384-5, 387-8, 391, 399, 401, 409, 414, 417, 432, 435, 437, 442, 444-7, 452, 455, 457, 460, 472, 485, 487, 489
  à exportação 303, 312-3, 317, 319, 327*n*, 340, 343, 347-50, 354-7, 364, 373, 434, 446*n*
  apoio doméstico (OTDS – Overall Trade Distorting Support) 349, 362, 368, 373, 381, 388-9, 392, 396, 398, 401*n*, 403-4, 407, 417, 420, 423, 427, 435, 438, 445-8, 450
Sudão 253-4, 281, 293
Suécia 94*n*, 259, 358
Suez 105-6
Suíça, cidade suíça 19, 23, 48, 53, 302, 324-5, 330*n*, 334*n*, 349*n*, 378, 389, 391, 426, 432, 438, 468
Sukarno 106
Suleyman, Omar 265-6
Summers, Lawrence 37, 475
Sunita(s) 129, 140, 156, 209, 247
Sunset clause 472
Supachai Panitchpakdi 300-1
Suplicy, Marta 301
Suriname 140-1, 165
SVEs (economias pequenas e vulneráveis) 426
Sykes-Picot, acordo 156

T

Taiana, Jorge 225, 351, 410-1, 422, 431, 441, 456
Taif, acordo de 156
Taiwan 349*n*
Talabani, Jalal 172-3, 177, 182
Talal, Hassan bin 108, 243
Tanzânia 341, 353, 355, 410-1, 486*n*
Tareq, Sayid Assad bin 150
Tariff capping 446*n*, 450
Tavares, Cecília Neiva 456
Tavares, Ricardo Neiva 141, 144, 208, 341, 367, 428
Teerã 10, 13-104, 19, 196, 239, 241, 248, 265-6, 268, 274, 276, 285, 292, 462
  Declaração de 10, 13-104, 199, 259-60, 272*n*, 283*n*, 298, 462*n*, 486
Tel Aviv 59, 126, 174, 179, 181, 188, 195, 199, 205-6, 212, 216-7, 221-2, 231, 236, 239, 241-3, 248, 251, 266, 270, 272, 274, 276, 280, 283-4, 288, 290, 292
Telles, Sergio 147, 157

Temporão, José Gomes 405
Territórios Ocupados 108, 132*n*, 203, 261*n*, 278*n*
Terrorismo; ataques terroristas 57, 123, 164, 166, 168, 171, 176, 178, 180, 183, 190*n*, 205, 219*n*, 232, 235-6, 365, 389
Timor Leste 118, 399
Tirman, John 99*n*
TNC (Comitê de Negociações Comerciais) 299, 380-1, 418, 443, 445-6, 451, 458
TNP (Tratado de Não Proliferação Nuclear 15*n*, 17-8, 66, 71, 78, 81-2, 172, 349*n*
Toronto 484-6
Torrejón (Aeroporto de Madri) 84, 86, 223
Toyako 439, 441
Toynbee, Arnold 191
TPA (Trade Promotion Authority) 372, 383, 387
TPI (Tribunal Penal Internacional) 254
Tratado de Versalhes 114*n*
Triângulo de Pascal 327-31, 363, 377
TRIMs (medidas de investimento com impacto comercial) 312, 443
Trípoli 135-6, 283
TRIPs (assuntos de propriedade intelectual relacionados com comércio) 312, 385, 443, 473, 487
TRR (reator de pesquisas de Teerã) 30, 57
Truman 412*n*
Tsvangerai, Morgan 461
Túnis 111, 157, 229-30, 283
Tunísia 157-8, 173, 226, 229-30, 259, 275
Tuomioja, Erkki 94*n*
Turquia 10, 27, 32, 51-3, 56-7, 59-74, 78-82, 86-103, 153, 187-8, 192-3, 203, 212, 222, 233, 242, 247, 249, 256, 267-8, 277, 279-86, 291*n*, 294, 380, 383

U

Unasul (União das Nações Sul-Americanas) 37, 48, 101, 224, 253, 298, 405, 436, 471, 489
Unctad (Conferência das Nações Unidas para Comércio e Desenvolvimento) 308, 348, 435, 482
Unesco 255-6, 276-7, 483
União Africana 110, 146, 254, 300, 319*n*, 341, 374
União Europeia 16, 18, 21-2, 29*n*, 42, 84, 86, 123, 132*n*, 163, 168, 185, 217, 249, 259, 281, 297, 299-300, 305-39, 342, 345-9, 356, 359, 361-3, 366, 368, 370, 372-3, 387-93, 396, 401*n*, 402-3, 411, 417, 420, 422-3, 427, 433-4, 437-8, 440, 444, 447-8, 452, 467, 471, 484, 486*n*, 488
Unifil (Força Interina das Nações Unidas para o Líbano) 111*n*, 193-4, 198
Union Carbide (acidente) 461
United for Consensus (*coffee club*) 127
Unmovic (Comissão de Monitoramento, Verificação e Inspeção da ONU) 115*n*, 121, 123
Unscom (Comissão Especial das Nações Unidas) 115, 118, 120-1
Urânio levemente enriquecido (LEU) 30-2, 34, 41, 52, 57, 59-60, 62, 70-3, 78, 82, 85, 88, 94, 100
Uruguai 113, 165, 252, 295, 311-2, 317, 325*n*, 326, 344*n*, 369*n*, 386, 395, 400, 405*n*, 407, 415, 422-3, 431, 441-2, 443*n*, 446, 452, 466, 475, 487-9
USTR (representante comercial dos Estados Unidos) 35, 190, 299-300, 302, 304, 306-7, 321, 323, 331, 345-6, 351, 371-2, 374, 376, 379, 383,

387, 389, 391-2, 396-8, 409, 416, 418-21, 424, 434-5, 451*n*, 465, 474-5, 479-80, 488

V

Vaile, Mark 302, 486
Val Duchesse 407, 414
Valor Econômico (jornal) 387, 416-7, 436
Vargas, Everton 187
Vasconcellos Junior, João José 191*n*
Vazquez, Tabaré 304
Velayati, Ali Akbar 20
Venetiaan, Ronald 252
Venezuela 19*n*, 20*n*, 35-6, 38, 155, 160, 165, 169, 185*n*, 205, 255, 311, 353-4, 373-4, 421, 429, 433, 471
Vicente (Amorim) 5, 179
Vicenzi, Marcus de 155
Viegas, José 206
Vieira, Mauro 58, 95, 112*n*, 126, 294
Villa-Lobos 175
Villepin, Dominique de 50
Viotti, Maria Luiza Ribeiro 89-91, 233

W

Wadi Araba 108
Wagner, Jaques 262, 270
Wahabitas 258
Walker, Ignácio 169
Wall Street Journal 417
Washington 36-8, 43, 46*n*, 51*n*, 53-64, 67*n*, 69, 72, 83, 85*n*, 87, 89, 95, 99, 102, 111, 116, 122-3, 130, 136, 145, 152, 161-2, 177, 179, 199, 202, 206, 211, 215, 230, 235-6, 240, 253, 266, 274, 280, 287, 294, 300, 321-2, 329-30, 348, 365, 368, 372*n*, 381, 385, 393, 395, 400, 402-3, 414, 423-4, 426-7, 434, 443, 450*n*, 452-3, 458, 462-5, 469-70, 474, 479, 485, 488
Washington Post 24*n*, 34, 74, 462
Watson, Andrea 141, 149
Welch, David 202
Westerwelle, Guido 51, 270
William Rappard, Centro 455

X

Xiita 24, 42, 48-9, 62*n*, 83, 113, 129, 132, 140, 156, 193-6, 209, 211, 247, 258
Xilai, Bo 316, 347, 352, 355

Y

Yad Vashem 272
Yasemin 51-4, 57, 188*n*
Yeo, George 302, 466
Yeutter, Clayton 480
Yudhoyono, Susilo 399

Z

Zakaria, Fareed 410*n*
Zaluar, Achilles 117
Zâmbia 305, 313, 330, 341, 355*n*, 461
Zapatero, José Luiz Rodriguez 108*n*, 146, 329*n*, 422, 484
Zelaya, Manuel 33, 38, 259, 481
Zimbábue 353, 355*n*, 461
Zoellick, Bob 299, 302, 304, 306, 323, 344, 358, 370-1, 421, 474-5, 480, 486
Zuma, Jacob 228
Zuma, Nkosazana 203, 351
Zurique 302, 320*n*, 323, 387, 393, 430, 432

Outros títulos do autor

- Conversas com jovens diplomatas
- Breves narrativas diplomáticas